Adam Storck

Ansichten der freien Hansestadt Bremen und ihrer Umgebungen

Adam Storck

Ansichten der freien Hansestadt Bremen und ihrer Umgebungen

ISBN/EAN: 9783959136440

Auflage: 1

Erscheinungsjahr: 2017

Erscheinungsort: Treuchtlingen, Deutschland

Literaricon Verlag UG (haftungsgeschränkt), Uhlbergstr. 18, 91757 Treuchtlingen. Geschäftsführer: Günther Reiter-Werdin, www.literaricon.de. Dieser Titel ist ein Nachdruck eines historischen Buches. Es musste auf alte Vorlagen zurückgegriffen werden; hieraus zwangsläufig resultierende Qualitätsverluste bitten wir zu entschuldigen.

Printed in Germany

Cover: Bildvorlage von Anton Radl (1774–1852) aus dem Jahr 1818/1819, Abb. gemeinfrei

ANSICHTEN

der

FREIEN HANSESTADT BREMEN

und ihrer Umgebungen

von

Dr. A. Storck,

Professor in Bremen.

Frankfurt am Main 1822,

im Verlag von Friedrich Wilmans.

ANSICHTEN
der
FREIEN HANSESTADT BREMEN
UND IHRER UMGEBUNGEN
von
D.^r AD. STORCK
Profefsor in Bremen.

Mit 16 Kupfern.

FRANKFURT AM MAIN 1822
BEI FRIEDRICH WILMANS.

Einem

Hohen Senat

der

FREIEN HANSESTADT BREMEN

ehrfurchtsvoll gewidmet

vom

Verleger.

Hoher Senat!

Wem anders, als der ersten Behörde des freien und glücklichen Bremen, dürfte ein Werk zugeeignet werden, dessen Inhalt die Bewohner dieser Stadt so nahe angeht.

Denn ist wohl zu verkennen wie hoch verpflichtet letztere den Vätern ihres Staates sind, deren weise Fürsorge sich überall durch festes Halten am Gesetz und durch das unablässige Bemühen wahres Bürgerglück durch alle Stände der Gesellschaft zu verbreiten, so rühmlich ausspricht. Nicht ohne innige Rührung legt daher ein Sohn der glücklichen Freistadt am Weserstrome dies Werk vor einem hohen Senate nieder. Kann er gleich der geliebten Vaterstadt keine wichtigen und wesentlichen Dienste leisten, so gibt er wenigstens was er zu geben hat, und die gute Absicht, der ehrliche Wille, wird in den

Augen der Grossmuth auch der kleinen Gabe einen Werth verleihen, und den entfernten Geber der Huld seiner Gönner von Neuem empfehlen. Wäre der, ach! leider zu früh geschiedene Hauptverfasser dieser Ansichten noch in der Lebenden Reihe; er, der um Bremen so verdiente Fremdling, würde diese aus dem Herzen eines entfernten Bremers sich hervordrängenden Empfindungen, mit inniger Rührung unterschrieben haben.

In tiefer Ehrfurcht, verpflichtet und dankbar unterzeichnet

Eines hohen Senats

gehorsamster

FRIEDRICH WILMANS.

Vorrede des Verfassers.

In dem Wechsel meiner Verhältnisse ist es von jeher meine Maxime gewesen, mich in jeder neuen Lage des Lebens mit der Oertlichkeit und der Geschichte der Gegend vertraut zu machen, in welcher ich zu leben hatte. Selbst thue ich diefs wenn ich mich nur einige Wochen auf der Reise an einem Orte aufhalte. Als ich daher um Uebernahme des Werks, das ich hiermit dem Leser übergebe, angesprochen wurde, fand mich der Antrag nicht ganz unvorbereitet.

Dennoch machten mich manche Rücksichten bedenklich. Dafs ich ein Fremder, ein Rheinländer, dafs ich erst seit wenigen Jahren hier wohnte, erschwerte manches, indem manches gelernt und studirt seyn wollte, was der hier Gebohrene mit der Muttermilch einsaugt. Dieses Bedenken wurde aber durch den Vortheil ersetzt, ein Fremder bemerkt manches Interessante, was dem Einheimischen verschwindet, der Fremde spricht ohne Vorurtheil.

Ein wichtigeres Bedenken war folgendes: Wem wirst du es zu Dank machen? Gehe ich in die Tiefe, so wird das grofse Publikum mein Buch gelehrt schelten, und es bei Seite legen; begnüge ich mich mit Schilderungen der Aussenseite, gebe nur das längst Vorhandene mit andern Worten, so genüge ich mir selbst nicht und eben so wenig denen, denen ich genügen mögte; der Einheimische, der die Natur einer solchen Arbeit nicht kennt, und ziemlich in den Geschichten und Sitten seiner Stadt zu Hause ist, wird sich manchmal beklagen, dass er nicht viel Neues findet, indefs der Ausländer, dem der Inhalt meines Buchs neu ist, sich an diesem Neuen ergötzen mag.

Der strenge Historiker wird mich tadeln, dafs ich sorgsamen Untersuchungen malerische Schilderungen der Natur beigemischt; derjenige, der sich unter dem Titel Ansichten nur eine leichte Lectüre gedacht, wird über die Forschungen ungehalten seyn. Es war nun einmal die Bestimmung dieses Buchs, dafs es so seyn sollte und nicht anders; es blieb mir also anders nichts übrig, als es in dieser Form so gut zu machen, als es in meinen Kräften war.

Diejenigen, die gern in's Schwarze malen, werden mich tadeln, dass ich so manche Mängel, die wohl der Republik Bremen wie jedem andern menschlichen Ding ankleben mögen, nicht hervor gezogen habe. Es ist meinem Charakter wie meinen Grundsätzen gemäs, das Böse, so physisch wie moralisch, nur als Ausnahme in der Natur, wie im Menschen, zu betrachten; ich überlasse daher die Tadelsucht gerne denjenigen, die mehr mit der Welt Ursache haben unzufrieden zu seyn, als ich. Dieses Buch überhaupt zur schwarzen Tafel unsrer Staats- und gesellschaftlichen Gebrechen zu machen war vollends unpassend. Ich rühme das Horazische: ubi plurima nitent etc.

Die geschichtliche Abhandlung in diesem Buch ist das Resultat mühsamer Forschung und langen Nachdenkens. Der Leser im Allgemeinen, und wie viele gelehrte Leser nicht auch, die sich nicht besonders mit der nehmlichen Specialgeschichte beschäftigt haben, sehen selten einer geschichtlichen Arbeit die Mühe an, die sie gekostet, wenn nicht die Citate fast den Text verschlingen. Nun bin ich aber der Meinung, dass die meisten Citate nur eine literarische Pralerei sind und weiter nichts, und dass ein Citat nur da mitgetheilt werden müsste, wo die Ausbeute oder die Folgerungen und Resultate neu sind und allerdings die Frage: Woher weisst du das? aufgeworfen werden muss. Denn dass durch Citate auch beim Bekannten die Glaubwürdigkeit des Geschichtschreibers gewinne, ist nur eine Selbsttäuschung, die sich auf Leichtgläubigkeit gründet; denn wie viele sind es, welche die Richtigkeit der Citate, ihre richtige Anwendung, ja auch nur ihr Verständniss, und ob sie auch wirklich im Original gelesen worden, beurtheilen können? Wer wollte z. B. Johannes Müllers Quellen alle nachschlagen?

Dass nun in einem Buch, wie dieses, vollends keine Quellencitate mitgetheilt worden, geht aus der Natur des Buchs hervor. Indessen, so gern ich zugeben mag, dass auch ich irren kann, stehe ich gern Jedem Rede, der in dem geschichtlichen Theile dieses Buchs etwas zu finden glaubt, das mit dem, was Roller und die Chronisten sagen, nicht ganz übereinstimmt; denn wenn auch dieses Buch keine Citaten hat, so ist doch meine erste Handschrift ziemlich vollgespickt davon. Das berühmte Diplom, das Kaiser Karl der Grosse zu Gunsten der Stadt dem H. Willhad gegeben haben soll, und wenn man gleich eine Beziehung darauf in einem Diplom Friedrich des I findet, kommt bei mir nicht in Betracht, wie sehr und wie oft auch Roller und Andere als auf eine entschiedene Sache sich darauf beziehen. Das Wort Rempublicam nobis restituit des Adamus Bremensis, und was einige Zeilen weiter darüber steht, habe ich auch nicht beachtet, da das Diplom Otto des Grossen hier mehr gilt und analogisch richtiger angewandt werden kann. Auch das berühmte privilegium Henricianum hat mich ungerührt gelassen. Doch ich sage zu viel für eine Vorrede und setze nur so viel hinzu: dass ich zu allem, was ich in den ersten Bogen dieses Buchs gesagt und nicht gesagt, meine sehr wohl erwogenen Gründe hatte.

Und nun möge dieses Büchlein, so wie es

ist, als ein Gemälde, so treu ich es in meinem Standpunkt entwerfen konnte, von den biedern Bewohnern der Stadt, die mir eine zweite Heimath geworden, eben so herzlich aufgenommen werden, als ich es mit ganzem Herzen und mit Liebe auszuführen im Stande war.

Ich wünsche, dass dieses Buch seinem Zwecke gemäss den Leser unterhalte, dem Kenner aber probehaltig und tüchtig erscheinen möge. An gewissenhaftem Fleiss in den Untersuchungen habe ich es nicht fehlen lassen.

Nachschrift zu Obigem.

Der Verfasser des grössten Theils der vorliegenden Blätter hat die Vollendung seines Werks nicht erlebt. Eine langwierige Krankheit, die zuletzt in eine Luftröhrenschwindsucht überging, entriss ihn den Seinigen und der deutschen Gelehrtenrepublik am 19. April 1822 viel zu früh für beide. Auch seine Mitbürger haben schmerzlich um ihn getrauert.

Sein Geburtsort war Trarbach an der Mosel. Erst seit dem Iahre 1817, wo er zum Professor an der Bremischen Handelsschule berufen ward, hatte er Bremen zu seinem bleibenden Wohnsitze erwählt. Wie heimisch er sich hier fühlte, mit welcher entschiedenen Neigung, mit welchem mühsamen Fleisse er sich hier vollends einzubürgern strebte, davon geben seine früheren schriftstellerischen Arbeiten, so wie die gegenwärtige, das ruhmvollste Zeugniss. Dennoch erwartete er selbst nicht, dass dieselbe ohne vorgängige Prüfung und Revision mehrerer seiner Bremischen, mit dem Detail der hiesigen Localitäten und Begebenheiten theils von Jugend an durch eigene Anschauung und lebendige Tradition, theils durch ein längeres und vollständigeres Quellenstudium vertrauter gewordenen Freunde, die lezte Feile würde erhalten können.

Mit einigen derselben hatte er wiederholt die Abrede getroffen, dieser Revision besondere gesellige Zusammenkünfte mit ihnen zu widmen. Anstrengungen dieser Art wurden ihm während seiner langen Krankheit, die sowohl lautes Reden, als jede lebhafte Unterhaltung zu vermeiden gebot, von seinem Arzte gänzlich untersagt. Es blieb seinen nachgelassenen Freunden zur Erfüllung jenes Versprechens daher nichts anders übrig, als die noch unbearbeitet gebliebene letzte kleinere Hälfte dieser Schrift, unter Benutzung der von dem Verstorbenen gesammelten Materialien und hinterlassenen Skizzen vollends auszuarbeiten, und dem Werke anzuschliessen. Die so behandelten Aufsätze sind mit einem † bezeichnet.

Dem ersten und grösseren, schon völlig bearbeiteten Theile, glaubten sie dagegen aus Achtung für ihren verstorbenen Freund und für das Publikum, dem seine Arbeit versprochen war, nur, soweit beschränkter Raum und beschränkte Zeit es gestatteten, in einem Anhange einige der Berichtigungen und Ergänzungen nachtragen zu dürfen, womit sie den Verfasser unterstüzt haben würden, wenn die Revision, zu der er sie aufgefordert hatte, gemeinschaftlich mit ihm hätte Statt finden können.

Bremen, im November 1822.

Inhalts-Verzeichniss.

I. Bremische Geschichten.

	Seite
Lage und Ursprung der Stadt Bremen	7
Das Stift	8
Die Stadt	10
Die freie Gemeine	18
Bremen zur See und im Auslande	21
Stadt und Erzbischof	22
Stedinger Krieg	26
Die Hanse	33
Bremen in der Hanse	35
Der Rath	35
Die Kasalsbrüder	41
Krieg mit dem Dom-Dechant Moritz	43
Krieg mit dem Grafen von Hoya	45

	Seite
Die grande Compagnie	47
Gefahren der Freiheit	49
Kriege	55
Die Gebrüder Dado und Gerold	56
Rüstringer Krieg	59
Unglück der Zeiten	63
Der Neue Rath	64
Joh. Vasmer	65
Heinr. Vasmer	70
Beruhigung	73
Stellung nach Aussen	73
Die Reformation	75
Innere Unruhen	77
Rudolph von Bardewisch, Comthur des deutschen Ordens	80
Die Hundert und Vier	87
Rückkunft der Ausgewichenen	99
Die neue Eintracht	100
Rechenschaft	102
Krieg mit Junker Balthasar von Esens und Wittmund	104
Bremen im Schmalkaldischen Bunde	108
Religions Unruhen	112
Aeltermänner Collegium	120
Der Kurzrockische Vergleich	122
Reichsunmittelbarkeit Bremens	125
Der siebenjährige Krieg	125
Das neunzehnte Jahrhundert	126
Reform der Verfassung	130
Der Elsflether Zoll	144

II. Die Stadt.

Allgemeine Ansicht der Stadt 151
Der Markt 162
Das Rathhaus 163
Die Börse 177
Der Roland 178
Der Domshof 187
Das Stadthaus 194
Der Schütting 195
Das Museum 196
Der Wall 209

III. Kirchen, Kapellen und Klöster, die einst bestandenen und noch bestehenden.

Der Dom 235
Die Liebfrauenkirche 258
Die St. Martinikirche 261
Die St. Ansgariikirche 263
Die St. Stephanikirche 273
Die St. Paulikirche in der Neustadt 275
Die St. Rembertikirche in der Vorstadt 276
Die St. Michaeliskirche in der Vorstadt 279
Die Willehadikirche 281
Die Heilige-Geistkirche 283
Die St. Veitskirche 284
Das St. Paulskloster 285
Das St. Catharinenkloster 288
Das St. Johanniskloster 294

Seite

IV. Milde Stiftungen und wohlthätige Anstalten der ältern und neuern Zeit:

Das St. Jürgengasthaus 303
Das St. Gertrudengasthaus 306
Das St. Ilsabeengasthaus 306
Das Beguinenhaus 308
Das Altemannhaus 309
Das Nicolai Wittwenhaus 309
Das Gasthaus für Pilger 309
Das Petri Wittwenhaus 310
Das Haus Seefarth 310
Das Armenhaus 310
Das Krankenhaus 311
Die Armenanstalt 311
Die Waisenhäuser 312

V. Bremens neuere und neueste Zeit. Sitten. Gewerbe. Wissenschaft. Kunst. Verfassung. Neustadt. Stadtgebiet. Umgebungen.

Gegeneinanderstellung des Zustandes der Sittlichkeit der alten und neuen Zeit 319
Handel und Schiffarth 377
Wehrstand der Bürger 404
Kirchliche Verfassung 410
Schul- und Gelehrtengeschichte Bremens 416
Kunst in Bremen 483
Musik in Bremen 488
Das Theater 494

XXI

	Seite
Gerichtswesen	501
Staatshaushaltung	506
Die Neustadt. 1. Entstehung	515
2. Jetziger Zustand	523
Stadtgebiet von Bremen	524
Vegesack	540
Bremens Umgebungen	546

Anlage A.
zu Seite 556. 569

Anlage B.
zu Seite 559. 586

Anhang.
Berichtigungen, Erläuterungen und Zusätze 589

Verzeichniss der Kupfer,

nebst der Seitenzahl, wohin sie gehören.

Das Rathhaus und der Markt . . . . . . Seite 162—163

    Standpunkt: der Eingang in den Dom; man sieht den Roland (S. 178) den vordern Theil der Obern Strafse an deren Ende den Ansgarii-Thurm.

Ansicht der Bürger-Viehweide . . . . S. 181

    Man vergleiche die Volkssage, wie diese Weide an die Stadt gekommen ist. Im Hintergrunde Bremen, linker Hand der neue Begräbnifsplatz von italiänischen Pappeln umgeben, mit der durchblickenden S. Remberti Kirche.

Der Domshof . . . . S. 187

    Rechts das zum Stadthause modernisirte alte Palatium (S. 194)

Ansicht vom alten Walle . . .   S. 220—222

    Standpunkt östlich von der Wache am Oster-Thore. Unterhalb der Windmühle befand sich die erwähnte Batterie, links der s. g. Bär (Batardeau) mit Schleusen, um das Weser-Wasser in den Stadtgraben zu lassen.

Erste Ansicht des Osterthor-Walles . . . .   . S. 224

    Links das Schauspielhaus, im Hintergrunde der Zwinger (S. 222)

Zweite Ansicht des Osterthor-Walles . . S. 225

Der hier erwähnte Hügel von der Seite des Glacis (gewöhnlich Contrescarpe genannt) zu welchen ein, seit der letzten Zeit aufgeworfener Damm mit einer Brücke führt; der schmale Weg endigt in der Bischofsnadel.

Ansicht des Heerdenthor-Walles S. 226

Standpunkt: von dem hier erwähnten Belvedere genommen, im Vollblick der Herren Seemann und Duntze neue Wohnhäuser; links das Glacis, rechts der Wall unterhalb der Windmühle.

Vegesack . . . . S. 540

Das abgehende Dampfboot; links das Oldenburgische Land; im Mittelgrunde rechts die Mündung der Lesum; im Vorgrunde ein Theil der Erdzunge zwischen der Weser und Lesum (S. 555)

Ansicht der Stadt von der Südostseite . . . . . S. 553

Gegenstück zur folgenden Ansicht von der Westseite. Standpunkt: der grofse Vieh-Werder; im Hintergrunde die grofse Weser-Brücke, vorher die Eisbrecher; von unten herauf die Martini und Ansgarii-Kirche, der Dom, die Windmühle auf dem alten Wall, der Zwinger. Auf dem Flufse die Oberländischen Kähne.

Ansicht der Stadt von der Westseite . . . . . . S. 554

Standpunkt: das Kehrmannsche Haus auf dem Bollwerke; linkerhand die Windmühlen vor dem Steph. Thor und auf dem Walle; rechts der Neustädter Deich; das ankommende Dampfboot. Im Fernblick die Stadt bis zum Theerhofe hinauf.

Ansicht von Lesum . . . . S. 555

Der gleichnamige Flufs, das Dorf mit seiner hochliegenden Kirche.

Lampen-Holz . . . . S. 560

Das Lampensche (Klüversche) Holz. Lampens Haus im Hintergrunde. Die Allee erstreckt sich bis Ober Neuland.

Ansicht vom Dorfe Horn von der Lehe her . . . . S. 561

Die ehemalige — jetzt neu zu erbauende Evangelische Kirche in Horn, nebst einigen sehr bekannten Häusern.

Ansicht von Burg . . . S. 563
    Das Zollhaus an der Brücke über die Lesum, nebst den fertigen und in Bau liegenden Schiffen.

Ansicht von St. Magnus. Zur Anlage A. . . . S. 569
    Standpunkt: die Brookseite, dem Landhause des Herrn Focke schräg gegenüber

Ansicht von Blumenthal. Zur Anlage B. . . . . . S. 586
    Ein Bauernhaus von gemeiner Art.

I.

Bremische Geschichten.

Boden.

Meeresfluthen überströmten in der Urzeit die niederdeutschen Flächen der Weser bis hinauf an die westfälische Pforte. Zermalmter Granit, was wir Sand nennen, bildete den Grund dieser Wasserfläche. Blöcke dieses Gesteins liegen allenthalben vereinzelt in dem Boden als stumme Zeugen der Veränderungen der Urwelt, die auf unsere Fragen keine Antwort geben. Als die Wasser zurücktraten und dieser Sandboden auf's Trockene kam, bahnte sich der Fluſs Weg durch die weichen Massen, fand aber nach unten den Widerstand der immer wiederkehrenden Fluthen zu mächtig, und zertheilte sich in vier schmale Mündungen. So noch bis ins zwölfte Jahrhundert. Die Fluth, welche über das Land mit den Mündungen des Stroms floſs, brachte die Schiffe in den Fluſs und führte sie fort·

Aber der Fluſs strömte nicht allein den Sand, den er in seinem Laufe fand, fort, und warf hin und wieder Sandbänke auf, sondern er brachte auch jenseits seiner Pforte aus fetten Fluren feine Erdtheilchen, die in seinen Wogen schwammen, da sich jene Sandzüge nur in der Tiefe wälzten. Jener ursprüngliche Sandboden bildete die Geest, der Niederschlag fruchtbarer Erdtheile bildete die Marsch. Auch die trübe Woge des Meers brachte Sand, wie fruchtbare Theile, und wirkte auf dieselbige Art *).

Der Marschboden ist anfangs Slick, eine nasse breiartige Masse, in welchem schwere Körper versinken. Bald aber erzeugen sich zähe Pflanzen, die den Schlamm zusammen halten. Nicht lange, so ist derselbe so hoch, dafs ihn das Wasser nicht mehr überströmt; dann wird er härter, und das tragbare Land erwartet die bearbeitende Hand des Menschen. Sechs Fufs hohe Marsch erfordert eine Zeit von achthundert Jahren. So wirkt immer die Natur erneuend, zerstörend. Noch macht die Fluth bis acht und zwanzig Stunden die Weser hinauf das alte Gebiet des Meeres geltend, noch etwas weiter besuchen die Seemöven ihr altes Reich; in einigen Jahrhunderten wird es schon anders seyn.

So höheten sich einzelne Striche allmählig; die Wasser drängten sich zusammen; auf den Erhöhungen oder Wurten baute sich der Siedler an. Aber unsicher war diese Lage immer noch. Diese Wurten konnten nur durch Erdwälle gegen höhere

---

*) Geest und Marsch heifst trocknes und sumpfiges, oder auch hohes und niedriges Land. In lateinischen Schriften des Mittelalters heifst es humidum et siccum oder auch altum et bassum. Geest und Güst ist einerlei, und bedeutet unfruchtbar.

Fluthen geschützt werden; in dem Schutze derselben konnten die Wohnungen stehen, konnte sicher das Vieh auf den unabsehbaren Flächen weiden. Das Land jenseits blieb so niedrig, als es war, diesseits der Erdwälle oder Deiche wurde es durch neue Anspülungen höher. Durch beides wurden die Wasser immer mehr zusammengedrängt; der Strom ward gezwungen, seine schmalen Mündungen zu verlassen, und sich in eine breite Mündung zu beschränken, die auch jetzt noch ihre Entstehung verräth.

Wo der ursprüngliche Sand, also die jähhohen Ufer der Weser, oder die Geest endet, liegen die Moore, die zum Theil jenen Sandhöhen ihre Entstehung verdanken. In diesen tiefen Flächen konnte das Wasser stehen bleiben; sie nahmen die von Regengüssen und Ueberschwemmungen losgerissenen Gewächse in sich auf, erzeugten Wasserpflanzen, verschlangen diese wieder, in dem Maaſse, wie sich neue erzeugten und die alten verdrängten. Da bildete sich in diesen Tiefen auf dem festen Sandboden eine aus Pflanzentheilen bestehende Lage, durchdrungen von Erdharz, die je tiefer, desto dichter und schwerer durch den Druck der obern Lage, je höher desto leichter, faseriger, mehr den Ursprung verrathend, erschien. Dieſs ist das Moor, das den Torf liefert, sich immer neu erzeugt, und nur dann aufhört, wenn es mit Graben durchzogen, und so den Wasserpflanzen die Nahrung entzogen wird.

In dem Maaſse, wie das Meer oder der Fluſs Sandbänke oder Erhöhungen aufwarf, die nach und nach den Wellen nicht mehr erreichbar waren, ward auch hier die Ansiedlung möglich. Aber nur die Bewohner der Geest waren ganz vor der steigenden Fluth sicher. Ansiedlung auf der Marsch war von der Natur dem Ackerbauer angewiesen; die Geest belohnte des Landmanns Mühe nur nach vieler Verbesserung, wenn auch nicht mit reichlichen, doch mit vorzüglichen Arten von Feldfrüchten; das Moor war am undankbarsten.

Dieses vom Meer verlassene oder ihm entrissene flache Sumpf- und Sandland gab seinen Bewohnern gegen willkührliche Herrschaft von Aufsen den Schutz, welche den Gebirgsbewohnern ihre unzugänglichen Felsmauern zu gewähren pflegen. Die Bewohner dieses Landes, begünstigt durch die Lage und durch Einheit der Gesinnung, hatten schon seit unbekannter Zeit dasjenige erworben und bewahrt, was jedem Menschen das theuerste ist: Unabhängigkeit von aller Willkühr und selbstständiges Gemeinwesen.

Lage und Ursprung der Stadt Bremen.

Auf beiden Seiten der untern Weser wohnte ein Volk, das den Römern unter dem Namen Chaucen bekannt war; ein Volk, von welchem Tacitus sagt, es besitze nicht allein sein Land, sondern fülle es auch; dieses unter den Germanen sehr angesehene Volk wolle seine Gröfse durch Gerechtigkeit, ohne Habsucht, ohne Leidenschaft, behaupten; ruhig und verborgen lebe es, ohne den Krieg zu scheuen, ohne ihn zu suchen; es sey nicht durch Raub bekannt; der Chaucen Kraft und Tugend werde vorzüglich darin erkannt, dafs sie ihre Ueberlegenheit nicht durch Ungerechtigkeiten erlangten; doch alle seyen zum Kriege bereit, wenn es die Noth heischte, und sie flösten auch im Frieden Ehrfurcht ein.

Zu diesem die Gerechtigkeit ehrenden Volke gehörte der offene Ort, der dicht an der Weser, dreifsig Stunden von der Stelle, wo sie jetzt durch Sandbänke sich in die Nordsee windet, lag, und erst zur Zeit Karl's des Grofsen, als der geehrte Namen der Chaucen in der allgemeinen Benennung Sachsen untergangen war, unter dem Namen Bremen zur Kunde der Geschichte kam, nach dem er vielleicht von Ptolemäus, dem Geographen, mit dem unkenntlichen Namen Phabiranum unter den vier und neunzig germanischen Städten lange vorher war bezeichnet worden.

In der Niederung zwischen zwei Sandhöhen, wo die Balge, ungewifs ob von Natur oder durch Kunst, einen kleinen Strich Land umflofs und zur Insel machte, wo das Bett der Weser durch eine Halbinsel getheilt, leichtere Verbindung mit dem andern Ufer gestattete, haben wohl um die Zeit, wo unsre Geschichte beginnt, in Sicherheit vor plötzlichen feindlichen Ueberfällen Fischer, Schiffer und Handelnde gewohnt.

Das Stift.

Als Karl der Grofse die kaum durchs Schwert bezwingbaren Sachsen durch eine die Barbarei mildernde Religion sicherer zu bezwingen und zu behaupten gedachte, wählte er zum Sitze des nördlichsten Bisthums den Ort Bremen, der also um dieser Bestimmung willen schon nicht unbedeutend gewesen seyn mufs, aber auch durch Handlung schon mit Recht in Betracht gezogen wurde. Dem Bisthum übergab er die durch fischreiche Wasser und fette Weiden schätzbaren, aus zehn Gauen bestehenden, Provinzen Wigmodia und Lorgau, und einen Theil von Friesland zum Sprengel, und den Zehnten aller Erzeugnisse des Landes zur Unterhaltung und Beschützung der Diener Gottes, doch ohne irgend eine Gerichtsbarkeit oder andere Landeshoheit, weder über die Stadt noch über das Land.

Um die neu gepflanzte Kirche nach canonischer

Ordnung einzurichten, den Samen des Wortes Gottes und des übrigen Unterrichts auszustreuen, wurde Willehad, ein englischer Priester sassischer Abstammung, von Karl dem Grofsen (788) zum ersten Bischof ernannt. Aus Vorliebe für das Land seiner Väter hatte er schon früher an dem Ufer der Weser die Heiden bekehrt, schon einmal eine kleine Kirche und Gemeine in Bremen gestiftet; dann hatte er durch Ueberfall der heidnischen Sassen nach Italien entfliehen müssen, war nach Wittekinds Bekehrung zurückgekommen, bauete unter des mächtigen Karls Schutz das zerstörte Heiligthum wieder auf, und fand endlich als Märtyrer an der untern Weser das Ziel seines Tagewerks.

Aufserhalb des durch die Balge *) und die Weser begränzten Ortes, auf einer, vor der Gewalt des Flusses sicher liegenden, nach allen Seiten sichtbaren, mit Heidekraut bekleideten Sandhöhe, wo sich jetzt der Dom in majestätischer Länge hinstreckt, ward von dem Apostel und ersten Bischof der nördlichsten Sachsen und Friesen eine den Bedürfnissen und Mitteln angemessene, gewifs nicht grofse, hölzerne Kirche erbaut, und mit andern dazu gehörigen Gebäuden umgeben.

---

*) Balgen heifsen an der untern Weser die Gräben, welche die ablaufende Ebbe auf den Watten macht. Dafs weiter hinauf auch andere ähnliche Sandgräben, die nicht dieselbige Entstehung hatten, so genannt wurden, ist natürlich. Watt nennt man an der See diejenige Gegend, die wenigstens durch die Springfluth überschwemmt wird.

Als es unter Kaiser Ludwig dem Frommen für nöthig erachtet wurde, ein noch nördlicheres Bisthum zu errichten, wurde Ansgarius zum Erzbischof von Hamburg ernannt, das bald durch den Tod des dritten Bischofs unbesetzte Bisthum Bremen mit jenem vereinigt, und dagegen von allen Suffraganverbindlichkeiten gegen das Erzstift Cölln freigesprochen, obgleich dies durch Gunst des Kaisers gegen letzteres noch nicht gleich zur Vollziehung gebracht werden konnte. Der siebzehnte Erzbischof von Hamburg, Liemarus, da seinem Sprengel die in Dänemark, Norwegen und Schweden entstandenen Bisthümer entzogen worden, nannte sich Erzbischof von Bremen, und fortan wurde nur dieser Titel gebraucht.

Die Stadt.

Ueber die Verfassung der norddeutschen Städte, wenn man sie so nennen will *), zur Zeit, als die Römer das nördliche Deutschland kennen lernten, und einige Jahrhunderte später, weifs man wenig oder nichts. Ihre Einwohner, in so fern sie frei waren, nahmen, wie jeder freie Hofbesitzer, Theil an den Nationalversammlungen, in welchen auch die Richter gewählt wurden. Als Karl der Grofse Sachsen eroberte, liefs er das Verhältnifs der Edelfreien,

---

*) Vicos locant non in nostrum morem, connexis et cohaerentibus aedificiis. Suam quisque domum spatio circumdat, sive adversus casus ignis remedium, sive inscitia aedificandi. Tac. Germ.

Freien und Leibeigenen, wie es war, nur dafs die Gemeinfreien den Zehnten an die Bischöfe liefern mufsten, und ihnen ein königlicher Richter gesetzt wurde. Die Landeshoheit und die Strafgefälle blieben also beim König. Grafen, Sendgrafen, in Kriegszeiten Herzoge, verwalteten das Regiment für den König, safsen zu Gericht, schützten die Kirche, und achteten auf die Schöffengerichte. Zu Karls des Grofsen Zeit wurden die Schöffen durch den Grafen oder Oberrichter und die freien Einwohner gewählt, die das Urtheil fanden, und nach deren Weisthum der Graf sprach. Nur die Freien (zwischen Freien und Edelfreien war kein Unterschied der Rechte, sondern nur des Besitzthums und des Ansehens) waren Bürger; nur aus ihnen wurden die Schöffen und andere obrigkeitliche Personen gewählt, nur sie hatten Theil an der Wahl. Die übrigen Einwohner waren unfreien Standes und beschäftigten sich mit Gewerb.

In den unruhigen Jahrhunderten nach Karl dem Grofsen rechneten es selbst freie Leute für ein Glück, Bischofsleute zu werden, sich nach und nach dem Königsrichter zu entziehen, und nur der Ansprache des Bischofsgerichts verbindlich zu seyn. Erzbischof Adaldagus, von hohem Stande, jung, schön, von trefflichem Charakter, gelehrt, hochgeschätzter Kanzler der drei Ottonen, hatte nemlich von Otto dem Grofsen für sein Erzstift erlangt, was auch schon andere Bischöfe für ihre Sitze erworben, dafs die Leute seiner Klöster keinem weltlichen Richter unterworfen seyn sollten, sondern allein des Erzbischofs Schirmvogt, so lange er ihrer mächtig seyn könne. Was also, ohne besonders den Vortheil der Stadt Bremen zu berücksichtigen, vielmehr für den Vortheil des Bischofs, verlangt und vom Kaiser bewilligt worden, war dennoch mittelbar von höchster Wichtigkeit für die Förderung der Stadt und die Ausbildung des Gemeinwesens, und wurde von der Gemeine gewiſs als eine ihr vorzüglich heilbringende Anordnung geschätzt und benuzt. Nichts konnte der Stadt lieber seyn, als die Verdrängung der Königsvögte oder ihrer Beauftragten, denen die Gerichtsbarkeit über die hörigen Handwerker (den gröſsten Theil der Gemeine), die Erhebung der Abgaben und das Halsgericht zustand, die oft auf eine greuliche Art ihre Gewalt miſsbrauchten, und in andern Städten ihre Vogtei in landesherrliche Hoheit verwandelten *). Ein von den Herzogen oder Vögten gemachter Versuch, die von Adaldagus erlangte Befreiung wieder zu vernichten, scheiterte an der Klugheit des Erzbischofs Adalbert.

Hinwiederum war den Bischöfen durch Verdrängung der Königsvögte und eigene Erwerbung ihrer,

---

*) Adam. Brem. 82. In diesem Sinne ist das Wort dieses Geschichtschreibers zu verstehen, wenn er sagt: Iste est, qui nobis rempublicam restituit, d. h. Adadalgus hat uns von der willkührlichen Gewalt der Vögte befreit, und uns einen regelmäſsigen Gerichtshof und bürgerliches Verhältniſs wieder hergestellt. Er hat uns den weltlichen Potestaten entzogen und uns unter bischöfliche Aufsicht gestellt.

obgleich im Namen des Kaisers auszuübenden, Rechte der Weg zur Landeshoheit gebahnt, und dafs Bremens Bischöfe dieselbe nicht über die Stadt Bremen in der Art erlangten, wie andere in manchen Städten, wo die Kathedrale war, lag in der durch grossen Handel früh erworbenen städtischen Kraft; denn durch Verdrängung des weltlichen Vogts war ein wichtiger Schritt gethan, um die hörigen Handwerker mit der Zeit des Stadtrechts theilhaftig zu machen, wodurch sie aus zins- und dienstpflichtigen Bewohnern freie Bürger wurden. Dadurch kamen die Gewerbe schnell empor und der Reichthum der Stadt wuchs.

Zugleich erklärte aber auch Otto, dafs jeder Edle oder Unedle ein Schutzpflichtiger der Klöster des Erzstifts Bremen werden könne, ohne dafs irgend ein Königsvogt diefs verhindern dürfe; hieraus läfst sich die grofse Menge der stiftischen Ritterschaft, die im Erzstift Lehn nahm, so wie die schnell zunehmende Bevölkerung unserer Stadt erklären. Auch erlangte Adaldag vom Kaiser die Marktfreiheit, die Gerichtsbarkeit, Zoll, Münzgerechtigkeit und alle königlichen Einkünfte in Bremen.

Die Regalien, welche Adaldagus durch Otto's Vergünstigung erworben, betrafen jedoch gewifs nur die Klöster, geistlichen Stiftungen und vormaligen Krongüter im Erzstift, wie in der Stadt Bremen selbst, und die Verwaltung mufste Kastenvögten übergeben werden. Eine weitere Ausdehnung bis zur Landeshoheit ward erst in späteren Zeiten versucht.

Adaldagus safs als Erzbischof vier und funfzig Jahre; die Befolgung derselbigen Grundsätze so lange Zeit hindurch erklärt den Erfolg seiner Bemühungen. Als Adaldag aus Italien zurückkam vernahm er mit Wohlgefallen des Volkes Zuruf: Gelobt sey, der da kommt im Namen des Herrn.

Durch Erzbischof Liemarus wurde die Vogtei wieder veräufsert, als er in der Gefangenschaft die Vogtrechte dem Grafen Lothar von Supplingenburg, nachmaligem Kaiser, übertrug.

Das Haus Sachsen sah diese Vogtei nicht mit dem Tode Lothars als erloschen an, und als Albrecht von Anhalt, durch die Gunst Kaiser Konrads, zum Nachtheil Heinrichs des Stolzen, das Herzogthum Sachsen erhielt, damit auch Bremen, so wurde für Letztern durch Bundesgenossen die Stadt Bremen erobert.

Während einer ziemlich langen Ruhe nach diesem Sturm zogen die Bremer im Verein mit andern sächsischen und westfälischen Rittern nach Gallizien, vertrieben dann aus Lissabon die Saracenen und erlangten gleiche Handelsvorrechte mit den Eingebornen.

Auch Heinrich der Löwe eroberte Bremen, plünderte die Stadt, die seiner Vogtei sich nicht unterwerfen wollte; viele Einwohner versteckten sich in die friesischen Moore, bis durch Hartwichs Vorsprache der Friede hergestellt wurde. Das Unglück Heinrichs brachte der Stadt viele Ruhe, und sie nahm so sehr an Kraft zu, dafs sie den wider ihren

Willen zum Erzbisthum gelangten Hartwich II. vertrieb, der nur durch den Einfluſs des Kaisers wieder hergestellt wurde.

Auf jeden Fall war den Bremern, wenn ein Uebel seyn muſste, die bischöfliche Vogtei lieber, als die weltliche, weswegen sie im Jahre 1217 mit Erzbischof Gerhard I. einen Vergleich trafen, sie wollten in dem Verhältniſs zu ihm stehen, wie ihre Vorfahren zu den ersten Bischöfen, dafern er sich anheischig mache, so wie jene, ihre Freiheiten, Gewohnheiten, Privilegien und Rechte zu achten, und daſs jede Streitigkeit zwischen beiden Partheien durch Schiedsrichter geschlichtet werden sollte.

Ein Versuch wurde wieder von Heinrichs des Löwen Neffen, Otto, Herzog von Braunschweig und Lüneburg, gemacht, die Vogtei von Bremen zu erlangen. Er belagerte im Jahre 1235 die Stadt, verwüstete umher das Land, und lieſs sich nur durch eine Summe Geld von der Stadt und im folgenden Jahre durch einen Vertrag mit Erzbischof Gerhard, in welchem die Ansprüche auf die Vogtei, die von Erzbischof Liemarus dem Lothar übergeben worden, gänzlich beseitigt und niedergeschlagen wurden, zur Ruhe bringen.

Durch die Immunität und Freiheit, die Adaldagus erlangte, waren zwar die Bürger der Stadt, wenn sie auch von freiem Stande waren, nicht mehr das, was der Lehnsadel auf seinen Burgen war, aber doch von den Schutzpflichtigen des Bischofs unterschieden, ja erstere sogar waren später dem Bischof, obgleich er sie bevogtete, dennoch keinen Kriegsdienst schuldig. Die vielen ritterlichen Bürger, welche hauptsächlich die Gemeine ausmachten, waren durch das Stadtrecht, das sie verband, eben so geehrt und angesehen als der Lehnsadel.

Erzbischöfliche Ministerialen, so auch freie Grundeigenthümer, die sich dem Bischofsschutze unterwarfen, oder um der städtischen Vortheile willen gern in der Stadt Bürgerrecht nahmen, bildeten unstreitig den angeseheneren Theil der Bürgerschaft. Als erstere sich zum Theil auf Burgen oder Landsitze zogen, zum Theil in der Stadt zurückblieben und mit den freien Schutzpflichtigen des Bischofs von der Natur angewiesen Handel trieben, und sich von diesem mehr als jedes andere dem Zufall heimgegebenen Gewerbe abhängig machten, so konnte vielleicht, mit Ausnahme der ersten Jahrhunderte der Selbstständigkeit, wo noch manche anderswo begüterten Edlen sich in der Stadt Burgrecht erworben, die nur von ihrem Grundeigenthum lebten, wohl kein anderes Patriciat, als nur der Gegensatz der freien Bürger zu den unfreien, aufkommen. indem dasselbe nur auf festerm und dauerhafterm Fundament entstehen und fortdauern kann, als der Handel gewährt, wenn auch nicht derselbe als Hauptbetrieb einer Stadt oder eines Staates an sich schon völlige Gleichheit bedingte und erzeugte. So zeigt sich der Unterschied der stiftischen Ritterschaft, der freien Bürger und der noch zur Zeit hörigen Handwerker. Die erstern konnten sich in einem Verhältnisse nicht gefallen, wo Handelswichtigkeit den Grundbesitz, wo Reichthum den Glanz des Adels zu verdunkeln schien; ja es entstand ein Hafs zwischen den Bürgern und Edelleuten, der in seinen Grundzügen nie erloschen ist, so wie sich späterhin ein Gegensatz zwischen den Handwerksinnungen und der Kaufmannschaft gezeigt hat.

Wäre auch jene Zeit schreibseliger gewesen als sie war, so würden sich doch in einer so früh dem Handel ergebenen Stadt nur wenige authentische schriftliche Nachrichten finden. Die alten Urkunden sagen ausdrücklich, dafs nur um dem Gedächtnifs der Menschen und der Nachwelt zu Hülfe zu kommen, schriftliche Verträge gemacht worden, die also in der Meinung nicht mehr Rechtskraft hatten, als mündliche Verabredung. Wo keine Familiengerechtsame zu verwahren sind, da sammelt man nicht; und Familien, die nicht auf Fideicommissen und Primogeniturrechten oder auf gewissen erblichen Vorzügen im Staate beruhen, gehen unter, werden arm, ziehen weg; ihres Namens wie ihres Daseyns Gedächtnifs vergeht. In Bremen gab es nicht, wie in andern Städten, bevorrechtete Familien, denen ein Archiv Noth that, sondern gröfstentheils durch Handel emporgestiegene. So wie in freien deutschen Städten, wo Geschlechter waren, die Namen sich sehr lange erhalten, und von den umliegenden Stammburgen oder Plätzen in der Stadt genommen sind, so findet man, dafs die Namen bremischer Bürger, so weit wir sie schriftlich finden, gröfstentheils von nah und weit entlegenen Dörfern, Burgen und Städten, aus denen sie oder ihre Vorfahren gebürtig gewesen, entlehnt sind. In dem Maafse, wie dieses allgemeiner erscheint, zeigt sich auch immer mehr das Erheben des ephemeren kaufmännischen und Handwerksstandes über den Grundbesitzer, indem die Zünfte keine Adelichen aufnahmen, diese auch vielleicht durch die sich bildenden Corporationen eine zu grofse Gegenwehr gegen ihren Einflufs entstehen sahen. Die Klügern vom Adel vermischten sich lieber mit Aufopferung ihrer Standesprivilegien mit den bürgerlichen durch Annahme des Gewerbs und durch Heirath.

Die freie Gemeine.

Schon seit Otto des Grofsen Zeit verbreitet sich, wie durch Verabredung, oder als wenn ein allgemein nachgeahmtes Vorbild da gewesen, ein selbstständiges Gemeinwesen in den Städten Deutschlands, so wie es noch in Italien zum Theil geblieben war, zum Theil sich weiter ausbildete, wo noch ein Begriff altrömischer Städte-Verfassung sich erhalten hatte; nur mit dem Unterschied, dafs dieselbe, da sie dort aus dem heidnischen Römerthum ins christliche Kaiserthum überging, nur selten harmonisch erscheint, und zwischen ewigem Wandel von hergebrachter Form und Bedürfnifs der Zeit schwankt; dagegen sich die norddeutschen Städte rein nach dem Bedürfnifs formten, mehr Sitte und ächte Religiosität *) bewahrten, und somit die Bürgschaft für ruhigere und längere Existenz und gegen das Entstehen von kleinen Tyrannen aus der Mitte der Bürger in sich trugen.

Das Fortschreiten der niederdeutschen Städte zur bürgerlichen Freiheit ging langsamer als dasjenige der süddeutschen, weil sie sich nicht eben so nahe lagen, um sich gegenseitig beizustehen, und nur eigentlich erst nach der Auflösung der Welfischen Macht anfangen konnten sich zu rühren. Jenes fast gleichzeitige Ausbilden bürgerlicher Verfassung hat der Zeitgeist zu Stande gebracht und das Bedürfniſs; die Kaiser haben die Verfassungen nicht gegeben, nicht gemacht; sie haben das üblich Gewordene auf Antrag der Gemeindevorsteher bestätigt, in so fern es kaiserlicher Macht ersprieſslich war, welches sich bald zeigte.

Wie frühe und unter welchen Verhältnissen sich die freie Gemeine in Bremen gebildet, ist nicht auszumitteln. Ja, sie war ursprünglich da gewesen, aber nach Karls des Groſsen Zeit verkümmert worden, so daſs jene Regeneration durch Adaldagus nöthig ward, um sie aus der Willkühr weltlicher Vögte unter den Krummstab zu bringen.

Wenn Bremen unter den ältesten Städten Deutschlands genannt wird, so sollte man sich dar-

---

*) — que popoli, che sono più propinqui alla chiesa Romana, capo della Religione nostra, hanno meno Religione. Macchiavelli Discorsi sopra la prima Deca di Tito Livio. L. I. C. XII.

unter kein Dorf, mit Hörigen bewohnt, denken. Daſs eine Gemeine, mit der Fähigkeit, unabhängiges Eigenthum zu besitzen, frühe, wenn nicht immer, vorhanden gewesen, zeigt das Vermächtniſs der Bürgerviehweide durch die Gräfin Emma von Lesum an die Stadtgemeine im Jahre 1032, welche Schenkung noch nach geraumer Zeit Erzbischof Hartwich nicht als gültig anerkennen wollte.

Die Kreuzzüge, der Antheil, den die Erzbischöfe daran nahmen und der dazu nöthige Aufwand, gaben sodann der durch Handel bereicherten Bürgerschaft Gelegenheit, sich den Besitz mancher Gerechtsame zu erkaufen, oder auch durch die in jener Zeit herrschende Verwirrung in allen Verhältnissen auf dem Wege der Ausübung zu erwerben; so nicht minder Landbesitz und Unterthanen auſserhalb der Stadt.

Kaiser Friedrich der Erste, der die Wichtigkeit freier Städte im Norden von Deutschland, als Gegengewicht gegen die mächtigen Welfen, erkannte, verlieh der Stadt Bremen das Recht [*], daſs Jedermann, ausgenommen Stifts- und Klosterleute, nach einjähriger, unangefochtener Niederlassung in der Stadt, von seinem Zinsherrn nicht zurückgefordert werden könne [**]. Daſs drei und vierzig Jahre später wegen stark zugenommener Bevölke-

---

[*] 1186.
[**] In den übrigen freien deutschen Städten war diese Frist sechs Jahre.

rung das Liebfrauen-Kirchspiel in drei getheilt werden mufste, ist gewifs jenem Recht zuzuschreiben.

Bremen zur See und im Auslande.

Mancherlei trug zur Vergröfserung der Macht und des Reichthums der Stadt Bremen bei. Der hohe Geist des Erzbischofs Adalbert *), seine Prachtliebe, Gastfreundschaft, Freigebigkeit, Freundlichkeit, sein scherzhaftes und herablassendes Wesen, sein weiter Wirkungskreis zog, als er im höhern Alter sich hauptsächlich in seinem Bischofssitze aufhielt, aus allen Ländern der Erde, besonders aus dem Norden, eine Menge Menschen heran, dafs man das kleine Bremen das nördliche Rom nannte, und Abgeordnete aus Island, Grönland und von den orkadischen Inseln gesehen wurden, die um Lehrer des Christenthums baten **). Hiedurch zog sich auch ein bedeutender Handelsverkehr nach Bremen ***), der nur leider zu oft unter der unruhigen Regierung Adalberts durch Gewaltthaten aller Art gestört wurde.

An den Kreuzzügen nahm Bremen eifrigen An-

---

*) Er hatte sich vorgenommen, „ut nec dux, nec comes, nec aliqua judicialis persona aliquam jurisdictionem nec potestatem in illo haberet" (Aut. inc. ap. Lindenbr.) Er zog auch als Feldherr vor seinen Heeren. Wolter S. 42. Es lag gewifs nicht von seinen Gedanken sehr entfernt, im Norden den Pabst zu spielen, darum nannte er gern Bremen seine parvula Roma.
**) Ad. Brem. 93 und 127.
***) Negotiatores, qui ex omni parte terrarum Bremam solitis frequentabant mercibus, Ad. Br. 116.

theil. Mehrere der angesehensten Bürger zogen mit aus. Als in der langen Belagerung von Accon Krankheit unter den Kreuzfahrern überhand nahm, da spannten Bremer und Lübecker gemeinschaftlich ein Segel zum Zelte aus, nahmen Kranke auf, verpflegten sie, und diefs war der kleine Anfang des deutschen Ritterordens. Otto von Karpen, der seines Gleichen nicht im gottseligen Wandel hatte *), ein Bremer Bürger, war zweiter Ordensmeister. Dreissig Jahre früher (1158) war ein auf Cabotage ausgesandtes, reich beladenes Bremer Schiff in der Ostsee von seinem Weg abgekommen, mufste in die Dwina einlaufen, und gab Veranlassung zur Gründung der Stadt Riga, und eines dauerhaften, vortheilhaften Handelsverkehrs, wie zur Bekehrung der heidnischen Lieflländer **). Von den Kreuzzügen hatten überhaupt die niederdeutschen Seestädte lange nicht den Vortheil, wie die italienischen; desto mehr aber von der Kolonisirung an der Ostsee und dem Handel mit diesen Kolonien.

Stadt und Erzbischof.

Als Bischof und Gemeine beide ihrem Vortheil angemessen fanden, sich von dem Drucke des Königsvogts oder Hofrichters zu befreien, war es

---

*) Des Chronisten Renners Worte.
**) Das Wappen der Stadt Riga, ein Schlüssel, bezeugt noch jetzt die alte Abstammung. Erzbischof Hartwich der Erste weihete den ersten liefländischen Bischof Meinard; seine meisten Nachfolger kamen in den nächsten Jahrhunderten aus Bremen.

den ersteren nicht bedacht gewesen, daſs die Mauern und Thürme *), die sie zum Schutze des Bischofssitzes, der Kathedrale und der Stadt gegen Hunnen, Normannen und später gegen begehrliche Nachbarfürsten und andere Feinde väterlich errichtet, zur Ermächtigung der Bürgerschaft so dienen würden, daſs diese sich dem Streben der Bischöfe nach Landeshoheit selbst eines Tages widersetzen könnte. In der Theilnahme der Bremer an dem ersten und folgenden Kreuzzügen, an einem Zuge gegen die Saracenen in Portugall, läſst sich der Einfluſs des Bischofs nicht verkennen, und die Stadt scheint nur wenig in feindliche Berührung mit ihm gekommen zu seyn, wie denn auch sein väterliches Verhältniſs zu ihr und gemeinschaftlicher Vortheil gegen gewaltthätige Nachbarn diefs so lange mit sich brachten, als die Bürgerschaft keine Wünsche höherer Selbstständigkeit kannte, und der Bischof kein lebhafteres Trachten nach Landeshoheit über die Stadt in sich fühlte.

Stand aber der Vortheil des Kaisers und der Geistlichkeit feindlich gegen einander, so pflegte die Stadt zu dem erstern zu halten. Dieſs deutet auf frühe Selbstständigkeit und richtige Anerkennung des Standpunktes zum Kaiser und zu dem Bischof. Als Hartwich II. (1187), von Kaiser Friedrich geächtet, aus der Stadt getrieben wurde, kam diese in

---

*) Im Jahre 1231 wurde vom Kaiser allen geistlichen Reichsfürsten die Befugniſs ertheilt, die Stadt ihres Kathedralsitzes mit Mauern und Graben zu des Reichs Frommen zu befestigen.

den Bann, der Gottesdienst hörte auf, die Altäre wurden ihres Schmuckes beraubt, das Allerheiligste wurde nicht gezeigt, die heiligen Reliquien wurden unter die Erde gebracht, die Bilder und Crucifixe verhüllt, kein Mefsopfer verrichtet, keine Glocken geläutet, kein Todter in geweihte Erde begraben, Trauungen nur auf dem Kirchhofe im Nothfalle vollzogen, überhaupt keine sakramentalische Handlung vorgenommen. Das Interdict wurde in Bremen so strenge gehalten, dafs aus Mangel an Todtenmessen viele Todte unbegraben lagen. Erst nachdem Hartwich mit dem Kaiser wieder versöhnt war, wurde das Interdict aufgehoben *).

---

*) Gebote und Verbote treffen oft nur den Armen, eingerechnet höchstens die mittleren Stände. Angesehenere wufsten sich auch in dem Interdict schadlos zu halten. Da pflegte man sich Indulte und Erlaubnifsscheine vom Pabste zu verschaffen, um bei verschlossenen Kirchenthüren, in Gegenwart auserlesener frommer Christen, Gottesdienst und Messe halten zu dürfen. Ein Dokument vom Jahr 1392 sagt, dafs der Rath einen gewissen Plato mit Geld (300 Ducati) nach Rom geschickt, um sich die Erlaubnifs zu erkaufen, während des Interdicts dennoch Gottesdienst halten zu können. Dafs Bremen jedoch seit dem dreizehnten Jahrhundert nicht viel von dem Interdict zu leiden hatte, wird sich in der Geschichte unserer Klöster zeigen. Im Jahr 1499 hatten sich zwei Jungen unter der Vesper bis auf's Blut in der Lieb-Frauen-Kirche geprügelt. Die Kirche war also entweiht, und der Weihbischof verlangte vierzig Rh. Gulden. Erzbischof Johann Rode, der gerade in Bremen war, erklärte, jener solle kein Geld haben, die Bürgerschaft habe keine Schuld. Mit vier Gulden mufste er sich abspeisen lassen. Ein andermal ward der Kirchhof durch die Verwundung eines Reiters entweiht. Dafür bekam der Weihbischof abermals vier Gulden, drei Wachslichter, für 12 Groten Fleisch, ein Stübchen Wein und neun Stübchen Bier.

Indessen ward von der vorsichtigen und reichen Bürgerschaft nicht unbenutzt gelassen, wenn der Erzbischof wegen unzureichender Einkünfte in Verlegenheit war und Vorrechte veräufsern oder verpfänden mufste. So kamen manche Regalien zuerst nur auf bestimmte Zeit, dann auf immer an die Stadt. Mehrere Erzbischöfe, von Albert dem Zweiten (1369) an, verpfändeten unter andern oft der Stadt die erzbischöfliche Münzgerechtigkeit auf gewisse Jahre, ehe noch von Kaiser Karl dem Fünften (1541) die Münzfreiheit der Stadt urkundlich zugesichert worden. Manches mochte durch verjährten Gebrauch in Uebung gekommen seyn, was sich durch schriftlich bestätigte Gerechtsame nicht erweisen liefs *), und nur so lange stillschweigend ungestört blieb, als sich keine Widerrede erhob. Vieles lag auch in dem Charakter oder in den besondern Staatsmaximen der Bischöfe, so dafs der eine wieder sinken liefs, was der andere gebauet hatte, je nachdem höheres Alter, besondere Neigung zu kirchlichen Verrichtungen, lange Abwesenheit, Dienste an des Kaisers Hofe bei manchen, oder kräftigere Jahre, Kriegslust, Theilnahme an Reichshändeln bei andern, die zur Freiheit strebende Stadt bald hemm-

---

*) Noch im Jahr 1613, als der Erzbischof sich wegen des bischöflichen Stadtvogts auf einen Vertrag der Stadt mit Erzbischof Hildebold bezog, antwortete der Rath, dafs derselbe seit viertehalb Jahrhundert, oder vielmehr nie in Gebrauch gewesen, und sie sich auf dieses alte Herkommen stützten.

ten, bald gewähren liefsen, ja, wenn es Noth und Vortheil erheischten, gar beförderten. Doch hat der Kampf zwischen Bischof und Stadt, jenem, der seinen Bischofssitz gern als ‚Landstadt zu eigener Sicherheit erhalten, dieser, welche jenen mit seinen Anmafsungen gern aus ihren Ringmauern verdrängen wollte, nie auf lange Zeit ganz aufgehört. Zu einem sehr lebhaften Ausbruche der Unzufriedenheit gab Erzbischof Gerhard Veranlassung.

Die Bremer hatten schon lange Zollfreiheit auf der Weser bis zum gesalzenen Wasser ausgeübt. Erzbischof Gerhard sprach ihnen dieses Recht ab und forderte den Zoll in seinem festen Schlosse Wittenborg, zwei Meilen unterhalb Bremen (1220). Die Kette, womit er an dieser Stelle den Flufs gesperrt, wurde von den Bremern gesprengt, die Burg eingenommen und niedergerissen, mit den Steinen wurde ein Theil der Stadt gepflastert und die Kette im Triumph aufgehangen. Die Folge dieser Streitigkeit war, dafs den Bremern ein Recht, das bisher nur in der Ausübung bestanden, nunmehr durch erzbischöfliche, nachmals öfters bestätigte, Urkunden zugesichert wurde.

Stedinger Krieg.

Unter diesem Erzbischof fand sich eine noch wichtigere Gelegenheit, die Rechte wie das Gebiet der Stadt zu erweitern. Als Gerhard gegen die ketzerischen Stedinger, die ohngefähr vier Stunden unterhalb Bremen in der Grafschaft Oldenburg wohnten *), einen Kreuzzug bereiten wollte, lag ihm viel an der Theilnahme der Bremer Bürgerschaft. Er gestattete ihr urkundlich grofse Vorrechte, die Aufhebung mit Unrecht erhobener Zölle, die Zusage des dritten Theils aller von den Stedingern zu machenden Eroberungen und Gelderwerbungen, auch dafs kein bremischer Kaufmann zu diesem Feldzug verpflichtet sey, er müfste denn als Ministerial- oder Schutzpflichtiger der Kirche zum Dienste verbunden seyn, wofür er jedoch einen Bewaffneten stellen könne **). Diefs zeigt, dafs damals nicht alle Bürger Bremens in gleichen Verhältnissen zum Erzbischof standen.

Die Kastenvögte, welche für den Erzbischof die Gerichtsbarkeit im Stedingerlande verwalteten, namentlich die Grafen von Oldenburg und Stotel, hatten in dem Lande Schlösser angelegt, und ihre Burgmannen erlaubten sich empörende Beleidigungen gegen die Weiber und Töchter der Stedinger. Diese griffen zu den Waffen, verjagten die Adelichen, zerstörten die Burgen und erlangten völlige Freiheit. Solche Befehdungen hatten schon im Jahr 1187 angefangen, und die Stedinger hatten sich

---

*) Der Stedinger Land gehörte nicht allein unter den Kirchsprengel des bremischen Stuhls, sondern sie waren auch seit dem zwölften Jahrhundert zehntpflichtige Unterthanen und Meier desselben.
**) Cassel Sammlung ungedruckter Urkunden S. 122. die Urkunde ist von 1233.

endlich Ruhe erkämpft. Im Jahr 1230 gab folgendes Ereignifs Veranlassung zu dem Kreuzzuge.

Eine stedingische Edelfrau communicirte bei einem Priester, und dieser steckte ihr, statt der Hostie, den geopferten Beichtpfennig, als eine seiner Meinung nach zu geringe Gabe, in den Mund. Sie klagte es ihrem Manne. Dieser stellte den Priester zur Rede, und als ihm, statt erwarteter Entschuldigung, höhnisch geantwortet wurde, zog er entbrannt das Schwert aus der Scheide und erstach den Priester.

Das Volk theilte mit Recht den Unwillen des beleidigten Gatten und erklärte sich zu seinem Schutze bereit. Der Erzbischof hatte nun erwünschte Gelegenheit, den lang gehegten Plan in Ausführung zu bringen. Die Stedinger wurden für Zauberer und Ketzer erklärt, in den Bann gethan, und das Kreuz wurde gegen sie gepredigt. Der Kreuzzug begann auf Weihnacht des Jahres 1230 und dauerte bis 1234. Der berüchtigte Ketzerverfolger, Konrad von Marburg, brachte auch einen grofsen Haufen Kreuzfahrer. Ein Heer von vierzig tausend Mann reichte kaum hin, das kleine, aber tapfere Volk zu besiegen. Es bildete mit eilf tausend Mann eine dichtgedrängte keilförmige Schlachtordnung. Auf der Seite des Kreuzheeres sangen die Dominikaner aus der Ferne »media vita.« Herzog Heinrich von Brabant führte das Kreuzheer an, konnte aber nichts ausrichten, bis der Graf von Cleve in die Flanken brach. Von den Stedingern blieben sechs tausend Mann auf dem Schlachtfelde, sehr viele ertranken in der Weser und in Gräben. Fast das ganze Volk wurde auf seinen Höfen ausgerottet *).

Um diese Zeit hatten auch die Zünfte der Handwerker selbstständige Verbindungen geknüpft, was bei der verwirrten Zeit unter Kaiser Friedrich des Zweiten Regierung nicht gut verhindert werden konnte. Auch suchten die Bürger sich immer mehr von der Gerichtsbarkeit der kaiserlichen Vogtei, die der Erzbischof ausübte, frei zu machen, so daſs ein Vertrag geschlossen werden muſste, wie weit der Bischofs-Vogt zu richten habe (1246).

Sieben und dreiſsig Jahre später muſste Erzbischof Hildebold der Kraft und Festigkeit der bremischen Bürgerschaft weichen. Er hatte den Bürgern zum Trotz das Schloſs Warflethe an der Weser gebaut und die Friesen gegen die Stadt gereizt, die ihr groſsen Schaden zufügten. Nach dreijähriger Fehde muſste er das Schloſs den Bürgern übergeben, welche es zerstörten, indem er der Stadt zugleich vertragsmäſsig versprach, keine Burg am Weserstrome ferner anzulegen. Er bestätigte die vom

---

*) Der Bann wurde vom Pabst im Jahr 1235 wieder aufgehoben. In der Stadt Bremen wurde zur Feier dieses Siegs eine Procession und ein jährlicher Festtag angeordnet. In dem vom Erzbischof Johann Rode besorgten Missale secundum ritum ecclesiae Bremensis (Strasburg 1511 fol.) findet man den funften Sonntag nach Ostern dazu angesetzt, mit den Worten: agitur solenne officium de beata Virgine contra Stedingos.

Erzbischof Gerhard der Stadt ertheilten Freiheiten, und zu seiner Zeit gewann die Stadt vorzügliche Kraft, indem viele Zünfte ihre eigenen Gerichtsherren aus dem Senat erhielten *).

Sehr wichtig war auch für die Bildung des bremischen Gemeindewesens die Zeit Erzbischofs Giselberts. Einer seiner Leute hatte einen Bürger verwundet. Da wurde sein Pallast von der erzürnten Menge erstürmt, vieles zerstört, dann in Brand gesteckt. Der Erzbischof entfloh. Auf mannigfaltige Weise geängstet und gequält demüthigte sich zwar die Bürgerschaft; vierzehn Jahre später aber, als indessen die Stadt in die Hanse aufgenommen worden, erklärte der Erzbischof urkundlich, dafs der Rath in weltlichen Dingen volle Macht haben, der Erzbischof aber sich in der Stadt nur um das geistliche Regiment bekümmern solle. So war also das Verhältnifs des Erzbischofs zur Stadt, wie es vor Adaldagus gewesen, wieder hergestellt; nur mit dem Unterschied, dafs das Gemeinwesen sich seit jener Zeit ausgebildet hatte, und was sonst des weltlichen Königsvogts Recht gewesen, dann in die Hände der Bischöfe oder ihrer Vögte gekommen, nunmehr mit geringen

---

*) Im Jahr 1261 erlangten die Handwerker ihre eigenen Gerichte, mit Ausnahme der Blutgerichte. Im Jahr 1243 hatte sich die Stadt auch mit den Grafen von Oldenburg vertragen, dafs sie gegen ihren Willen keine Burgen noch Thürme am Ufer der Weser bauen, den Bremern keinen Zoll abfordern, auch ihnen in Nöthen helfen sollten.

Ausnahmen eine Gerechtsame der Bürgerschaft ward. Die Folge dieser wichtigen Bewilligung, und um dem nun bestimmt gewordenen Verhältnifs Dauer zu geben, war, dafs im Jahre 1303 die ersten noch vorhandenen Stadtrechte beschrieben wurden. Es waren gewifs schon geschriebene Gesetze vorhanden, ohne jedoch in eine Sammlung geordnet zu seyn; eben so gab es manche, die nicht schriftlich abgefafst waren. Wenn also Rath und Bürgerschaft im Jahre 1303 beschlossen, **dafs sie wollten ihre Rechte beschreiben, so wie es auf ewig bleiben solle**, so zeigt dieses an, dafs bis dahin die Rechte weder für die Dauer, noch für die Kraft hinreichend bestimmt gewesen *).

---

*) Das bremische Statutenbuch ist auf Pergament geschrieben und hat die Aufschrift: Anno Domini millesimo trecentesimo tertio, sequenti die Andree Apostoli, inchoatus est liber Justitie Bremensis civitatis. Auf der folgenden Seite liest man: „Dit is dat erste Anbeghin des Stadesboke van Bremen, dharvon Recht steit an bescreven." Die Sammlung und Verfertigung geschah mit Uebereinstimmung des Raths und einer Deputation von sechszehn Bürgern, deren aus jedem Quartier der Stadt vier gewählt wurden. Die Sammlung besteht aus 13 Artikeln, welche bürgerliche, und 16, die Kriminalsachen enthalten. Im Jahre 1304 wurden noch 35 Artikel in bürgerlichen und Polizeisachen hinzugefügt. Darauf folgen noch 149 Ordalien, welche nicht alle auf einmal niedergeschrieben, sondern nach Beschaffenheit der Zeit und Umstände beigefügt wurden. Diese Ordeln waren Gesetze, die aus den Urtheilssprüchen der Schöffen und geschwornen Bürger entstanden sind. Diese Statuten wurden im Jahr 1433 verbessert und wiederholt, und sind so bis zu den neuesten Zeiten geblieben.

Eine andre Sammlung von Polizeigesetzen, die im

Ob nun gleich der bedeutendste Schritt zur Selbstständigkeit der Stadt gethan war, so bewiesen doch oft wiederholte Versuche von Seiten des Erzbischofs, unterstützt durch benachbarte Fürsten, theils auch in Gemeinschaft mit unzufriedenen Bürgern, dafs es ihm sehr empfindlich war, Bremen nicht als eine ihm untergeordnete Stadt behaupten zu können, was doch andere Bischöfe in andern Städten erlangt hatten. Die Bürgerschaft hatte um so mehr grofser Standhaftigkeit nöthig, da auch von Seiten weltlicher Fürsten manche Versuche zur Unterwerfung der Stadt gemacht wurden, in welchem Falle freilich Bischof und Bürgerschaft für einen Mann

---

Jahr 1489 *) angefertigt worden, nennt man die Kundige Rulle (Rolle), welche jährlich am Sonntage Lätare nach der Hauptpredigt von der Erkerstube [in Niedersachsen Löwen (Laube) genannt] über dem Eingang des Weinkellers, später von der Gallerie des Rathhauses herab den versammelten Bürgern vorgelesen wurde, nachdem einige Stunden vorher eine grofse Tapete, auf welcher das Gericht Salomons eingewirkt war, von den Fenstern herabgehangen hatte. Diefs geschah auch in andern Städten, damit in einer Zeit, wo die wenigsten Leute lesen konnten, keiner sich mit Unwissenheit zu entschuldigen hätte. Seit der Mitte des achtzehnten Jahrhunderts unterblieb der einst für den Bürger, der sich um Geschriebenes wenig bekümmerte, so nothwendige und löbliche Gebrauch, da er nur zu einem Possenspiel in den Augen des Pöbels geworden war. Die Kundige Rolle wurde von Ferdinand dem Dritten bestätigt, dessen Urkunde von den folgenden Kaisern fast wörtlich wiederholt worden.

Die beste Ausgabe der Statuten ist die in 4. von Oelrichs. Eine Uebersetzung in's Hochdeutsche ist von Roller.

*) Dieses Jahr ist allgemein angenommen. Man hat jedoch ein älteres Exemplar der Kundigen Rolle vom Jahr 1450 aufgefunden.

standen, und letztere oft bedeutende Vortheile errang.

Indessen bedurfte die Stadt unter so wechselnden und oft drohenden Verhältnissen, ohne vertragsweise von Kaiser und Reich bestimmte Unabhängigkeit, nur mit grofsen Freiheiten beglückt, keinesweges aber so ganz reichsfrei wie Regensburg und Lübeck, eines Stützpunktes, ohne welchen sie jene Vortheile mit Erzbischof Giselbert nicht erlangt und die weitere Ausbildung ihrer Selbstständigkeit nicht zu Stande gebracht oder das Erlangte nicht behauptet haben würde.

Die Hansa.

In den dunkeln Zeiten der Gesetzlosigkeit bildet sich ohne bestimmten Plan, wie ohne Schrift, eine Verbindung einiger wendischen und niederdeutschen Städte, die den Handelsgeist weckt, und eben so neue Begriffe wie Waaren in Umlauf bringt, eine Verbindung, die, bis auf die schwachen Reste der heutigen Zeit, stets als Faktorin des inländischen Gewerbfleifses aufgetreten ist.

Gemeinsames Geschäft, vorzüglich Schiffahrt und Seehandel, gemeinschaftliche Sache in den Kreuzzügen, gemeinsames Kolonisiren im Nordosten von Europa, bringen eine Annäherung zwischen norddeutschen Städten zu Stande, die von den an der Ostsee wohnenden christlichen Fürsten und Völkern erst für sich, dann auch für schwächere Städteverwandte, Strandgerechtigkeit und Schutz gegen Seeräuberei zu erstreben suchten.

Seit dem vierzehnten Jahrhundert bildet sich die Verfassung der zufällig zusammengetretenen Städte aus; ein gemeinschaftlicher Name wird angenommen; sie nennen sich die deutsche Hansa, bilden eine Korporation, nehmen Mitglieder auf, stossen andere aus, schliefsen Verträge als Macht mit andern Mächten und umfassen einen Bundeskreis von dem rechten Ufer der Maas und dem Ausflusse der Schelde an den Küsten hin bis nach Esthland und Reval, mit Inbegriff einer Menge inländischer Städte. Nach Alleinhandel, nach Erlangung des ausländischen Handels ward mächtig und glücklich gestrebt. Frei vom Drucke der Fürsten und Edelleute durch Zölle und unangefochten durch vornehme und geringe Räuber sollen die Kaufleute ziehen. Bei obwaltenden Streitigkeiten zwischen bundesverwandten Städten, oder dieser mit fremden Staatsgewalten, wird Schiedsrichteramt geübt. Fernerhin Einmischung in die innere Verwaltung der Bundesstädte, Aufrechthaltung der städtischen Obrigkeit gegen das Andringen der unzufriedenen Zünfte, gewaltsame Erzwingung von Handelsvorrechten, um die früher gebeten worden, Ansprache auf Recht, was vorher als Begünstigung gestattet worden:

So tritt die Hansa auf im Bündnifs, im Krieg, im Handel.

Bremen in der Hansa.

Zu diesem Bündnifs nun trat im Jahr 1284 die Stadt Bremen, durch Seefahrten in den Kreuzzügen bereits bekannt, durch Handelsvorrechte von Königen und Fürsten, durch Vergleiche mit andern Städten begünstigt. Durch Tuchhandel und Ausfuhr trefflichen heimgebrauten Biers, selbst über die See, durch Handel mit fettem Vieh, Leder, Käse und Butter aus Friesland, hatte Bremen Handelswichtigkeit und Reichthum, durch Fehden mancher Art, besonders durch Theilnahme an dem grofsen Siege der Lübecker bei Bornhövte, Kriegsruhm, durch entschlossene Stellung gegen den Erzbischof bedeutende Selbstständigkeit erlangt. Auf dem Hansetage hatte Bremen seinen Platz unmittelbar nach Cölln *).

Der Rath.

Nicht so bald aber zeigt sich städtische Selbstständigkeit, so erscheint auch das Resultat der Geschichte aller Freistaaten: regiersüchtige, gewaltthätige Bürger, welche das Regiment drückend und in ihren Familien fortlebend machen wollen; Geduld und Gehorsam von Seiten der Bedrängten, so lange

---

*) „Wen de von Collen hier nicht sind, so hort idt (der Platz) alle Tidt den von Bremen. Wente Collen und Bremen sind unse Ertzhovetstede in der düdschen Hense," entschied der lübeckische Bürgermeister Jakob Pleskauw. Renner a. 1372.

noch ein Schein des Rechts da ist, gegen Hohn und Gewaltthat aber Widerstand.

Ueber die Einrichtung des bremischen Raths ist bis zur ersten Hälfte des dreizehnten Jahrhunderts nichts bekannt; dann erscheinen in unbestimmter Anzahl jährlich neu gewählte Rathsherren, zum Theil aus stiftsfähigem Adel. Das ganze Gemeinwesen in die Hände einer einzigen Familie zu spielen, war damals um so leichter, da die nachmals festgesetzte Regel, dafs ein gewisser Grad der Blutsverwandtschaft ausschliefsen solle, noch nicht bestand.

Die seit dem Jahre 1250 verordnete Einrichtung des Raths war sehr zweckmäfsig, indem alle halb Jahr die Hälfte der zwölf Rathsherren abging, und eben so viele neu nach den vier Quartieren der Stadt aus der Bürgerschaft gewählt wurden *). Erst nach vier Jahren waren die Abgegangenen wieder wählbar. Kein Bürger konnte in so kurzer Zeit ein Uebergewicht erlangen, im Gegentheil die Aussicht,

---

*) Die Rathsherren wurden in der Art aus den vier Quartieren gewählt, dafs aus demjenigen, das einen Rathsherrn durch den Tod oder auf andere Art verloren hatte, auch der neue gewählt werden mufste. Bei einer solchen beschränkten Wahl konnte nicht immer der Würdigste in den Rath kommen, und die Bürgerschaft fing an, das Mangelhafte dieser Einrichtung zu begreifen. Wer hatte aber Autorität, eine Aenderung zu machen, ohne dafs bürgerliche Unruhen zu befürchten waren? Man wandte sich in dieser Angelegenheit an den Pabst, und Bonifacius der Neunte erliefs eine Bulle (1391), welche gestattete, dafs in Zukunft, ohne Rücksicht auf das Stadtviertheil, immer nur der tüchtigste gewählt werden könne.

bald wieder Bürger unter Bürgern zu seyn, selbst auch die Furcht vor Verantwortung, liefs den Bürger nie die Augen über das wahre Interesse der Bürgerschaft noch über seine persönliche Gefahr verschliefsen.

Nun geschah es, dafs mehrere der im Jahr 1289 nicht abgegangenen Rathsherren sich nicht allein über die Zeit auf ihrem Posten erhielten, sondern auch unter dem Vorwande grofser Geschäfte Verwandte und Anhänger in den Rath zogen, so dafs jene festgesetzte Zahl überschritten wurde; ferner bewirkten sie, dafs die ihnen zugethanen Abgegangenen noch vor Ablauf der vier Jahre wieder gewählt wurden.

Es hatte sich also ein Patriciat gebildet. Reiche Menschen fragten nichts nach Recht; die zügellose Jugend erfüllte die Stadt mit Mord, Gewaltthaten aller Art und frechen Ausschweifungen, und die Rathsverwandten mit ihren Familien trieben den Uebermuth so weit, dafs sie sich sogar das Vorkaufsrecht auf dem Markt bis zu einer gewissen Stunde des Tages anmafsten.

Ein adeliger Bürger, Arend von Gröpelingen, dessen Familie das Erbschenkenamt des Erzstifts hatte, der aus dem Rath abgegangen war, und wahrscheinlich sich nicht zu den Grundsätzen jener Uebermüthigen bekannte, hatte zum Kindtaufsschmause auf dem Markt einen ungewöhnlich grofsen Hecht gekauft, und als er ihn nach Hause bringen lassen wollte, kam einer von der Rathsparthei,

Götje Frese, hinzu, und verlangte von Arend, dafs er ihm diesen Fisch abtreten sollte. Es entstand Hin- und Widerrede; das Volk sammelte sich, und hörte mit Vergnügen die entschiedene Sprache Arends, der sich auf die Anmafsungen Frese's gar nicht einlassen wollte, und seinen Hecht nach Hause brachte.

Frese vergafs indessen die Beleidigung nicht, wagte aber keine offene Gewalt gegen einen allverehrten, ritterlichen Bürger. Kurz darauf ward Gröpelingen krank; sein Ende nahete sich, und der Priester gab ihm die heiligen Sakramente. Dieser hülflose Zustand kam dem Ruchlosen erwünscht, um an dem Sterbenden noch seine Rache zu vollziehen. Er stürzte mit Mordgesellen in Arend's Haus und drang in des Sterbenden Zimmer. Ein Diener, der die Absichten der Hereinbrechenden erkannte, eilte die Treppe hinauf, um seinen Herrn zu vertheidigen. Da er aber bald merkte, dafs er der Uebermacht erliegen müfste, beugte er sich zu den Häupten des Bettes über seinen Herrn, um ihn mit seinem Leibe zu schützen. Die Bösewichter durchbohrten hierauf ihn und den Herrn.

Diese empörende Schandthat öffnete endlich dem redlichen Theil der angeseheneren Bürger die Augen und zeigte ihnen die Nothwendigkeit einer Aenderung. Sie beriethen sich im Stillen mit den wenigen Wohlgesinnten des Raths, und beschlossen an die Unternehmung, durch welche die Freiheit hergestellt und der aristokratischen Unterdrückung ein Ende gemacht werden sollte, Leib und Gut zu wagen. In einer Nacht versammelten sich mehrere hundert Mann, redliche Bürger und Rathmänner, in S. Nikolaus- (S. Clawes-) Kirche, zogen schwer gerüstet die lange Strafse entlang mit zwei Bannern nach dem Markte und liefsen ausrufen, dafs Jeder, dem Recht lieb und Unrecht leid wäre, mit seinen Waffen erscheinen und den Todtschlag rächen sollte. Schnell strömte das Volk gewaffnet auf dem Markte zusammen.

Als die Uebermüthigen sahen, dafs ein Theil des Raths selbst gegen sie war, ergriffen sie die Flucht, und wurden mit Weib und Kindern friedelos *) gelegt, ihre Namen auf eine Tafel verzeichnet, die am Rathhause aufgehangen wurde, und ins Stadtbuch eingeschrieben. Ein Versuch der Geächteten, mit Hülfe des Herzogs von Braunschweig-Lüneburg und der Ritterschaft wieder in die Stadt zu dringen, wurde durch die Mannhaftigkeit der Bürger und eine starke Mauer vereitelt, womit nun die Stadt war umgeben worden.

Eine wesentliche Aenderung wurde damals im Rathe nicht gemacht. Dafs nur immer ein Rath war, dafs dieser sich selbst ergänzte, dafs in demselben viele von stiftsfähigem Adel waren, zeigt und erklärt das Streben nach Aristokratie und Patri-

---

*) Das ist vogelfrei. Wenn der Stadtvogt einen entwichenen Mörder vorlud, so sagte er am Schlusse: „und legge ehne echtelos, rechtelos, fredelos, des Künings Viendt, des Landes Schade."

ciat, das aber nie zu einem Geschlechterregiment, wie in süddeutschen Städten werden konnte, weil, wie schon früher gesagt, das Vermögen der meisten Rathsherren-Familien sich auf den so ungewissen Handel gründete, und bei dem schnellen Wechsel des Glücks der Rath, statt sich aus seinen eigenen Familien zu ergänzen, oft zu reich gewordenen neuen Menschen greifen mufste. Ob nun gleich der Rath aus manchen Angriffen von Seiten der Innungen siegreich und immer mächtiger hervor ging, besonders dadurch, dafs ihm der stiftische Adel, theils aus Verwandtschaft, theils aus angeerbtem Hafs gegen Bürger und Gewerbsleute, immer beistand, so wurde doch durch die spätere Bestimmung, dafs Verwandte in gewissem Grade nicht zugleich im Rathe sitzen könnten, dem eigentlichen Patriciat vorgebeugt, nicht aber auch verhindert, dafs nur solche in den Rath gewählt wurden, von deren Maximen und Neigung zur Ruhe man überzeugt seyn konnte.

Seit dem Jahr 1306 wurde die Anzahl der Rathmänner wieder auf sechs und dreifsig bestimmt; zwölf derselben sollten ein Jahr lang wirklich regieren, sie hiefsen dann der sitzende Rath. Nach drei Jahren waren also sämmtliche Rathsherren an der Regierung gewesen. So ging es ordentlich bis zum Jahr 1330, wo theils innere, theils äufsere Verhältnisse, wovon die Geschichte wenig Bericht giebt, beitrugen, dafs die Verfassung des Raths umgestürzt wurde. Der alte Rath war zwar geblieben, aber es waren so viele neue Mitglieder, man weifs nicht wie, unter mancherlei Vorwänden, und weil jeder gern seinen Anhang verstärken wollte, hinzugekommen, dafs man einmal hundert und vierzehn in den Registern zählt.

In dieser Zeit hatte die Stadt nach Aufsen Unfrieden mit den Nachbaren und im Innern so viel Zwietracht, dafs man die Herrschaft der unvernünftigen Menge über die verständigen Wenigen nur gar zu deutlich erkennt.

Erst um das Jahr 1351 sind wieder nur sechs und dreifsig Rathsherren. Aber auch selbst diese Entfernung so vieler Rathmänner, um die geringere Zahl wieder herauszubringen, konnte nicht ohne Partheiungen abgehen, und scheint noch nicht von Dauer gewesen zu seyn.

Die Kasalsbrüder.

Fast in allen Städten des Mittelalters vereinigten sich die Bürger, je nachdem sie zusammen pafsten, in Gesellschaften, oft in Waffenbrüderschaften, die sich irgend eine Benennung beilegten, und in einem bestimmten Hause oder in einer Trinkstube zu versammeln pflegten. In diesen Gesellschaften stellten sich bald die politischen Partheien des Staats dar, die Bürger gegen die Adelichen, die Mittelbegüterten gegen die Reichen.

Eine solche war in Bremen die Kasalsgesellschaft, die ihr Versammlungshaus in dem festen Hofe Curt's von Gröpelingen an der Oberstrafse hatte und sich durch Unordnungen aller Art auszeichnete *). Ein Genosse derselben, Otto Lange Marten, gedachte auf der Wachtstrafse seinen Oheim zu erschlagen, und pafste ihm auf. Er irrte sich aber, durch die Dunkelheit der Nacht getäuscht, in der Person und griff einen andern Bürger Namens Gröne an. Obgleich unerwartet überfallen, setzt sich dieser dennoch zur Wehr, reifst im Ringen jenem Hoyken und Kagel (Mantel und Kappe) ab, wird aber endlich von dem stärkern und jüngern Manne überwältigt und bleibt todt auf der Stelle liegen. Am folgenden Morgen wird der Erschlagene gefunden, und der Thäter durch Mantel und Kappe, die ihm der Angefallene abgerissen, erkannt. Als man den Todten wegbrachte durch die Strafsen, wurde die Kappe und der Mantel des Mörders auf einer Stange vorausgetragen. Wie nun über ihn das Urtheil gefällt werden sollte, drangen die Kasalsbrüder stürmender Hand auf's Rathhaus, ihren Bruder zu befreien und verwundeten einen Rathsherrn. Hierauf wurde die Sturmglocke gezogen. Die Gemeine kam auf dieses Zeichen zusammen, die Unruhstifter wurden überwältigt, geächtet, auf ewig verbannt, die Kasalsgesellschaft aufgehoben und ihr Haus zerstört.

---

*) Eodem anno (1347) destruebatur casale in Brema, unde insolentiae non paucae contigerant, et interfectiones non modicae et rapinae et fuit quasi domus fortis in curia Conradi de Gröpelinge, ubi confluxerant violenti interfectores pro nefariis; et dicebatur casale a casa. Wolt. Chron. brem.

Krieg mit dem Domdechant Moriz.

Vier wichtige Kriege wurden binnen sechszehn Jahren von den Bremern geführt.

Gottfried Graf von Arensberg war vom Pabst, hingegen der Domdechant Moriz Graf von Oldenburg vom Kapitel zum Erzbischof gewählt worden *). Moriz war Herr des Stiftes und aller Schlösser, und der Rath fand es angemessen, den Erfolg des Schisma ruhig abzuwarten, und den anzuerkennen, der Sieger seyn würde.

Gottfried wuſste indessen unter der Hand vier Bürger zu gewinnen, die vor dem Rath erschienen, die entschiedene Rechtmäſsigkeit Gottfrieds, als des vom Pabst erkohrnen Erzbischofs, darstellten, den Rathmännern ihre Partheilichkeit für Moriz, mit dem sie geschmaust, getrunken, getanzt, und Hofgepränge mit Frauen und Jungfrauen getrieben, vorhielten, und den Rath nicht allein zwangen, seine ruhige Stellung zu verlassen, sondern auch dem Domdechant Moriz Fehde anzusagen.

Der Krieg wurde von beiden Seiten mit vieler Verwüstung geführt. Moriz hatte groſse Vortheile für sich und schadete besonders dem Handelsverkehr, auf den Straſsen wie auf der Weser; wollten die Bremer etwas gegen das Erzstift gewinnen, so muſste eine Brücke über die Lesum geschlagen, dieselbe verbollwerkt, und durch Erbauung einer Burg,

---
*) 1349.

ja auch durch einige Kriegsfahrzeuge, gesichert werden.

Nun stand den Bürgern der Weg ins Erzstift offen, welches so ausgeplündert wurde, dafs Moriz an der Spitze von neunhundert Reutern, mit ihm Graf Engelbert von der Mark, Balduin, Bischof von Paderborn, der Graf von Steinfurt, Graf Curt von Oldenburg, nebst andern Verwandten und Freunden gegen die Stadt zogen.

An S. Remberts-Spital stürzten zur Vertheidigung der Landwehre die Städtischen ohne Ordnung entgegen und wurden mit bedeutendem Verluste zurück geschlagen. Die gerettet wurden, hatten ihr Leben den Zäunen zu verdanken, über welche sie sprangen.

Moriz rückte vor's Osterthor, schlug fünf Edelleute zu Rittern, verheerte alles um S. Pauls-Kloster und weiterhin bis zur Lesum und kam abermals vor die Stadt. Die Thore standen offen, Todtenstille überall! Einige wagten hinein zu reiten die Strafsen hinauf; auch die Strafsen waren todt, nirgends ein Mensch zu sehen, die Häuser verschlossen! So verödet war die Stadt durch die fürchterliche Pest, die seit drei Jahren ein Drittheil aller Bevölkerung in Europa hinweggerafft hatte *)!

---

*) Man hat oft gefragt, wie war es möglich, dafs so viele Menschen in den noch bestehenden Ringmauern der Städte gewohnt, als in dieser Pest, wie die Chronisten erzählen, gestorben sind, z. B. in Florenz hundert tausend, zu Venedig

Als die Mannen dem Erzbischof ansagten, die Stadt sey gewonnen, er möge nur hineinziehen, sprach der verständige Mann: »Nein, das werde ich nimmer thun, da Gott mit ihnen krieget; heute gesund, morgen todt, das kann uns auch begegnen, es wäre grofse Sünde und Schande. Wir haben ihnen genug Schaden gethan, das hätten wir gern unterlassen, wenn es möglich gewesen wäre. Wir haben so manchen schönen Tag da verlebt, mit Tanz und Lust, mit Jungfern und Fräulein. Sind wir Feinde, wir können wieder Freunde werden.« Nach diesen Worten zog er ab.

Die Bürgerschaft, die den Rath zur Feindschaft gegen Moriz gezwungen, erkannte ihr thörigt Werk, rieth zur Sühne mit ihm, und schwor, sie wolle nie wieder gegen des Raths Willen thun. Gottfried blieb Erzbischof und Moriz wurde Administrator des Stifts, mit dem Beding, jenen anständig zu unterhalten, was nicht immer geschehen zu seyn scheint.

Krieg mit dem Grafen von Hoya.

Unterordnung unter höhere Einsicht fällt dem ungebildeteren Bürger des Freistaates stets schwer, er ist im Gegentheil der natürliche Widersacher der Einsicht, weil er von ihr Uebervortheilung fürchtet,

---

desgleichen, in Lübeck neunzig tausend, ja sogar einmal auf einen Tag tausend fünfhundert. Aber die zunehmende Bevölkerung, die innerhalb der Stadtbefestigung selbst nicht Raum hatte, liefs sich aufserhalb nieder und gründete die Vorstädte.

und diese Eifersucht, so schädlich sie manchmal seyn kann, gehört doch zu den Bedingnissen der Fortdauer eines Freistaats. Kaum sechs Jahre nach jener reuigen Erklärung gegen den Rath *) zwangen die Bürger diesen abermals, dem Grafen von Hoya den Krieg anzukündigen, weil er Eingeborne aus seiner Grafschaft, die nach der grofsen Pest sich in Bremen niedergelassen, und das Bürgerrecht erlangt, als Leibeigene in Ansprache nahm, was ihm nach jenem vom Kaiser Friedrich ertheilten Recht, nicht zustand. Mehrere Jahre vorher hatten die Herren von Krummendike einen Leibeigenen, der in Bremen Bürger geworden, zurückgefordert, und wegen der Verweigerung einen bremischen Bürgermeister und Rathsherrn, die zum Hansatag nach Lübeck reis'ten, gefangen genommen. Andere ebenfalls aus der Grafschaft Hoya gebürtige Bürger wurden dadurch auf ein gleiches bevorstehendes Schicksal aufmerksam gemacht, und so war der Kriegseifer leicht entflammt **). Alle von dem Grafen bezeigte Nachgiebigkeit, alle vorgeschlagenen Vergleiche wurden von der wüthenden Menge verworfen.

Unter diesen Umständen verband sich Moriz mit

---

*) 1356.
**) „De römische Borgermeister Appius Claudius," sagt bei dieser Gelegenheit Renner sehr naiv, „hefft nicht ummesust, also Titus Livius schrifft, so hart darup gestahn, dat man den gemenen Mann den Tögel nich laten scholde, un is ock gewifslick wahr, wor Herr Omnis regeret, dar geit idt nummer wol tho, und solches is di Stadt Bremen wol wies gewurden."

der Stadt, und bewog den Grafen Engelbert von der Mark mit sechshundert Gleven *) zu Hülfe zu kommen. Alles wurde bereit gehalten, der Graf mit bedeutender Mannschaft lag um die Stadt her; da kam ein Brief, nachdem er den gelesen, brach er, ohne ein Wort zu verlieren, mit all seinem Volke wieder auf, und zog fort, und kein Anerbieten konnte ihn anderes Sinnes machen. Nach dem Gebrauch damaliger Zeit fehlte es nicht an Spottgedichten auf ihn und seinen Abzug, und es wurde ihm feige Flucht vorgeworfen. Der Graf vernahm diefs so übel, dafs er einige Jahre später mit Mannschaft in der Stadt Gebiet rückte und viele Häuser im Vielande verbrannte.

In dem Treffen bei Verden wurden die Bremer geschlagen, viele reiche Bürger, viele des Raths, der damals über hundert Mitglieder zählte, wurden gefangen und mufsten sich mit schwerem Gelde loskaufen. Auch ihr Plan, Hoya vermittelst zweier Kriegsfahrzeuge, Eichen genannt, einzunehmen mifslang; dagegen eroberten sie auf der Heimkehr die Burg Thedinghausen. Darauf kam es zum Frieden.

Die Grande Compagnie.

Aus dem eben erzählten Kriege entsprang bald eine bedeutende Unruhe in der Stadt, indem diejenigen, die sich durch eigenes Vermögen aus der Gefangenschaft des Grafen von Hoya losgekauft,

---

*) Eine Glavie oder Gleve sind fünf Reiter.

eine Erstattung vom Staat, diejenigen aber, die aus Unvermögen zurückgeblieben, auf gleiche Weise losgekauft zu werden verlangten.

Den zu diesem Zweck vom Rath ausgeschriebenen Schoſs wollten die geringern Bürger nicht bezahlen. An ihrer Spitze standen Remmer und Wildehoens; sie nannten sich nach einem damals in Deutschland allgemeiner gewordenen Namen, die Grande Cumpanie. Es gesellten sich vor und nach mehrere zu ihnen, und es war die Rede davon, in der Kirche einen neuen Rath zu wählen. Sie ergriffen eine Schiffsflagge mit der Stadt Wappen, liefen in die Häuser derjenigen, die für den Schoſs oder doch nicht dagegen gewesen; und als sie die Männer nicht fanden, stachen sie mit den Schwertern durch die Betten.

Um diesem Unfug ein Ende zu machen, rief der Rath viele Adeliche des Stifts in die Stadt zu Hülfe und zog mit ihnen und den gut gesinnten Bürgern Morgens in voller Rüstung auf den Markt. Die Thore wurden indessen geschlossen, die Sturmglocke wurde geläutet, und ein Theil der Frevler ergriffen. Noch am selbigen Tag Abends hegte der Vogt das peinliche Gericht. Achtzehn Rädelsführer wurden sogleich enthauptet, die Entflohenen friedelos erklärt, ihr sämmtliches Vermögen eingezogen und zur Einlösung der Gefangenen in Hoya verwandt. Dem gemeinen Volk wurde verziehen. Remmer wurde bei dem Dorfe Mittelsbühren todtgeschlagen, und der Rath ließ dem Leichnam den Kopf abhauen. Hoens, des Pelzers, ältester Sohn wurde enthauptet, der zweite gehängt, der dritte, ein Kind, wurde Mönch in Mönchshude, wo der Vater als Laienbruder sein übriges Leben zubrachte. Die Kaufmannschaft, welche es bei diesen Unruhen mit dem Rath gehalten, drang nun in denselben, die Stadt, welche wegen eigenmächtiger Handelsunternehmungen nach Flandern *) und geweigerter Verantwortung vor dem Hansetag **), dann wegen Hollmanns Seeräubereien, aus der Hansa war gestofsen worden, und dadurch sehr gesunken war, wieder in dieselbe zu bringen, welches auch gelang; denn in demselbigen Jahr segelte ein Schiff mit fünfzig Kriegsleuten unter dem Bürgermeister Berend von Dettenhusen mit der hansischen Macht gegen den König von Dänemark. Der Rath hatte seine Leute gleichförmig gekleidet, damit man sie desto besser kennen möchte. Graf Heinrich von Holstein, wegen seiner Tapferkeit der eiserne genannt, der Städte Rittmeister, lobte vorzüglich die Tapferkeit dieser Bremer Mannschaft.

Gefahren der Freiheit.

Die Neigung der hohen Geistlichkeit, ein freies Gemeinwesen, in dessen Mitte sie ihren Sitz hatte, zu beschränken, zeigte sich, wie überall, so auch

---

*) 1356.
**) 1361.

oft in Bremen. Es ist zu verwundern, daſs es überhaupt bischöfliche Residenzstädte gab, die sich frei erhielten, da die deutschen Bischöfe mehr oder weniger in Deutschland Land und Leute beherrschten, welches bei Vergleichung der Verhältnisse der italienischen Freistädte und ihrer Bischöfe mit den deutschen wohl zu berücksichtigen ist. Erzbischof, oder vielmehr Administrator Moriz hatte die Stadt ihres Eides entlassen, und sein Nachfolger Albert empfing die Huldigung gegen Gewährleistung der städtischen Rechte, schloſs auch im folgenden Jahr einen gemeinen Landfrieden zu Wasser und zu Lande mit dem Grafen von Hoya und der Stadt Bremen (1366).

Ehrgeizige Menschen, denen die Mittel und der Charakter fehlen, eine dem Gemeinwesen nützliche groſse Rolle zu spielen, hoffen durch Vernichtung desselben sich zu heben, und so auf schändlichem Wege leichter zu erlangen, wonach sie trachten, als auf dem Wege der Ehre.

Die heimlichen Freunde jener theils zersprengten, theils hingerichteten Grande Cumpanie eröffneten dem Bischof die Aussicht zur Wiedererlangung verlorner oder Erwerbung neuer Rechte über eine Stadt, die sich schon lange bedeutender Unabhängigkeit vom Bischof erfreut hatte.

Freitags vor Pfingsten fuhren bei Nachtzeit die Erzbischöflichen oberhalb der Brücke an des treulosen Bürgermeisters Johann von der Tyver Hause an, wurden hereingelassen, indessen Johann Hollmann, jener Seeräuber, um dessentwillen Bremen zum Theil aus der Hanse gestofsen worden, sein Haus, die Hollmannsburg, zur Beförderung des Vorhabens erleuchtete. Die Verräther in der Stadt halfen ihnen, und liefsen Andere zum Brück- und Heerdenthore herein. Der damals noch hölzerne Roland, das Sinnbild der Reichsunmittelbarkeit, wurde verbrannt.

Der Rathmann Heinrich Gröningk bei Ansgarii behielt Fassung, versammelte gutgesinnte Bürger um sich, zog mit ihnen auf den Markt, und begann den nächtlichen Kampf. Da rief der wilde Johann Hollmann laut: »Ihr stolzen Bürger, wer bei seinem alten Rechte bleiben will, trete zu uns. Mein Herr von Bremen ist nur gekommen, um gerechtes Gericht zu halten, dafs jeder bei seinem Recht bleiben soll.«

Da traten Viele, die Gröningk gefolgt waren, zu Hollmann über; Andere, die sich bei Tage geschämt hätten, ihre Verrätherei zu offenbaren, handelten ohne Scheu unter der Hülle der Nacht, so dafs es gewifs besser gewesen wäre, wenn Gröningk die Thore und die Häuser am Markt verschlossen und den Anbruch des Tages abgewartet hätte. Er selbst, nachdem ihm der Stadt Banner über der Faust abgehauen, wurde bis vor des alten Rathhauses Treppe gedrängt und gefangen, andere Rathmänner wurden getödtet. Der Morgen ging nicht über einer freien, sondern erzbischöflichen Stadt auf; die Freunde der Freiheit waren entflohen.

Indessen war das Osterthor verpallisadirt worden, so auch Hollmanns Steinhaus, in welches die Verräther Lebensmittel zusammen trugen, die sie Feinden und Freunden abnahmen; durch dieses rücksichtlose Verfahren wurden der getäuschten Menge die Augen geöffnet.

In der Nacht des Verraths waren jedoch manche wohldenkende Bürger entkommen, und nach Delmenhorst zum Grafen Carsten gezogen, dessen Gesinnung ihnen bekannt war. Johann von Haren, Sohn desjenigen von Haren, der zur Zeit der Vertreibung Fresens Bürgermeister gewesen, war in dem Getümmel in die Tresen (Archiv) geeilt, und hatte den Vertrag zwischen der Stadt und dem Erzbischof mitgenommen. Er zog damit von Stadt zu Stadt, zeigte ihn vor und klagte laut, wie der Erzbischof gegen Eid und Brief und Siegel gehandelt.

Die Ausgewichenen, obgleich von den Verräthern friedelos gelegt, unterhielten Einverständnifs mit wohlgesinnten Zurückgebliebenen, und überlegten, wie die Stadt wieder zu gewinnen sey, nicht ohne Vertrauen auf Gott und seine Heiligen durch Gebet und Gelübde. Eine Procession zu unserer Lieben-Frauen, Vergabungen an alle Kirchen in Bremen, und Wallfahrten nach heiligen Orten wurden gelobt, so Gott das Unternehmen segnen würde.

Indessen waren von denjenigen Bürgern, die gern die Ruhe wieder hergestellt haben wollten, dem Erzbischof Vorstellungen zu einem Vergleich gemacht worden, um ihn aus der Stadt zu entfernen, wodurch allein der Weg zur Wiederherstellung der Freiheit gebahnt werden konnte. Eine Summe von zwanzig tausend Mark, Wasserzölle und die Unterhaltung zweier Burgen wurden ihm durch eine Verschreibung zugesagt. Hierauf verliefs er nach acht Tagen die Stadt.

Drei Tage später hatten die Ausgewichenen Verbündete gewonnen und die nöthigen Maafsregeln zur Wiedereinnahme der Stadt getroffen. Am Sonnabend vor S. Peter und Pauls Tage ward von ihnen, unterstützt durch die Grafen von Oldenburg und Delmenhorst, das Osterthor erstürmt, und die Stadt war bald ohne grofse Mühe in ihren Händen, da diejenigen, die sich schuldig wufsten, keinen Widerstand zu leisten wagten, sondern sich einer nach dem andern verloren.

Kräftigere Gegenwehr hatte man von den in der Stadt liegenden Burgen zu erwarten. Graf Curt von Oldenburg erstürmte die Hollmannsburg; der gefürchtete Johann Hollmann wurde getödtet *) und sein Leichnam zum Fenster hinaus gehangen. Der riesengrofse Leichnam erregte noch Entsetzen. Bei diesem schrecklichen Anblick sank sein Weib nieder, genafs eines Kindes und starb.

Die gefangenen Rädelsführer erhielten bald ihre Strafe, selbst die Frauen derselben entgingen kaum der Rache. Der Bürgermeister Johann von der

---

*) Mit einer Gensen, sagt Renner, das ist ein Schwert mit einem Rücken wie ein Messer. S. brem. niedersächs. Wörterbuch. Th. II.

Tyver wurde an seiner eigenen Thüre neben der Holzpforte an einem eisernen Haken aufgehängt. Andere wurden von Pferden Strafse auf und Strafse ab Kopf unter am Seil geschleift; Hollmanns Knechte wurden in den Strafsen erschlagen, und fünf andere, die nochmals den Bischof zu einem Versuch aufgefordert, enthauptet. Auf die Vorsprache angesehener Bürger, mit der Bemerkung, dafs der Rath durch zu grofse Milde und Nachsicht selbst an der Frechheit der Aufwiegeler Schuld gewesen, wurde den Uebrigen verziehen.

Darauf wurde mit Söldnern das Stift durchzogen und ausgeplündert, so dafs der Bischof sich bald bequemte, auf jene in der Noth von der Stadt geleisteten Versprechungen keinen Anspruch machen zu wollen. Der schuldige Theil der Bürgerschaft gelobte Gehorsam für die Zukunft und erhielt Verzeihung.

Indessen hatte sich bei dieser Gelegenheit geoffenbart, wie verderblich es dem Gemeinwesen war, dafs den Zünften eigene Gerichte zugestanden worden; es wurde demnach verordnet, dafs fortan zwei Rathmänner in den Versammlungen der Zünfte Sizzung haben, zum Rechten sehen und auf Aeufserung unruhiger Gesinnung achten sollten.

Auf diese Weise ging aus der Gefahr gröfsere Sicherung für die Zukunft hervor; ein engeres Band verknüpfte den Rath und die Aemter, und fernern Partheiungen war so viel wie möglich, menschlicher Vorhersehung nach, vorgebeugt.

Kriege.

Es ist nicht zu leugnen, dafs die Periode der Entwickelung der politischen Verhältnisse eines Staats gröfsere Talente und wichtigere Ereignisse hervorbringt, als die Zeit, wo Alles in Ruhe gekommen ist. In dem Maafse, wie in den Staaten der Möglichkeit, Unruhen zu erregen, vorgebeugt wird, verliert ihre Geschichte an Interesse; die Beispiele erhabener Vaterlandsliebe und edler Aufopferung werden seltener, und die Geschichte wird ihres schönsten Schmuckes beraubt.

Ein unglücklicher Krieg gegen die Butjadinger beschäftigte eine kurze Zeit die Bremer. Von gefährlicherer Art war die Fehde des Erzbischofs Albert und der Stadt Bremen gegen die verdensche und lüneburgische Ritterschaft und den Herzog von Braunschweig-Lüneburg. So scherzhaft die Veranlassung war, die Behauptung des Domdechanten von Zesterfleth, dafs der Erzbischof ein Zwitter sey, folglich nach dem canonischen Recht nicht Geistlicher und Bischof seyn könne, ein Gerücht, das nur durch dreimalige Besichtigung in Bremen, Hamburg und Stralsund widerlegt werden konnte, so wichtig waren die Folgen. Für Bremen war der Ausgang der Fehde vortheilhaft.

Fehden mit den umwohnenden Häuptlingen liefen glücklich ab, und König Wenzel bestätigte im Jahr 1391 der Stadt Privilegien. Von den häufigen Kriegen gegen die seeräuberischen Friesen, zum

Theil in Verbindung mit der stiftischen Ritterschaft und den benachbarten Grafen von Oldenburg, Delmenhorst und Diepholz hatte die Stadt Vortheil. Besonders lebhaft waren seit dem Jahr 1407 diese Fehden fast sechzehn Jahre hindurch, da die Seeräubereien der Friesen den immer mehr zunehmenden Handel der Bremer aufserordentlich hemmten. Die Stadt erlangte es endlich, dafs sie das Schlofs Fredeburg, nicht weit von Atens, an dem Flusse Leehste erbauen konnte, um ihre Schiffahrt zu sichern. Dem Grafen Christian dem Achten von Oldenburg war dieses unangenehm. In einem kurzen Kriege wurde er von den Bremern gefangen, und mufste sich mit schwerem Lösegeld und wichtigen Verpfändungen und Verschreibungen loskaufen.

Die Gebrüder Dado und Gerold.

Die Häuptlinge von Stadtland und Esens hatten gewifs ungern zugeben müssen, dafs die Bremer zur Sicherung ihres Handels die Fredeburg baueten. Nur die Noth hatte ihre Einwilligung, so wie das Versprechen, ferner die Schiffahrt der Bremer nicht zu stören, ja sogar zu fördern, erzwungen. Neue Versuche und Bruch des gegebenen Wortes zogen einen Krieg nach sich (1418); diesem folgte eine kurze Ruhe. Aber einige Jahre später vereinigten sich fast alle Friesen, um die Burg zu zerstören. Am Abend S. Cosmä und Damiani naheten sich, ohne die Hauptschaar abzuwarten, des verstorbenen Lubke Ommekens, Häuptlings von Esens, beide

Söhne, Dedo *) und Gerold, mit vier und zwanzig Friesen und zwanzig deutschen Schützen. Es gelang ihnen, die Aufsenwerke zu zerstören und den Befehlshaber in der Burg, der zum Fenster hinaus die Seinen ermunterte, zu tödten; sie konnten aber nicht der ganzen Burg Meister werden. Die Besatzung lief aus den Häusern zusammen, schofs aus den Thürmen herab auf die Friesen; die Hülfe kam nicht, Viele waren verwundet; sie benutzten die Dunkelheit der Nacht, um sich zu verstecken.

Als der Morgen kam, rieth der jüngere Bruder zur Rückkehr. Der nächtliche Ueberfall, sprach er, hat uns nicht so weit gebracht, dafs wir den Burgfrieden gewonnen hätten. Es ist besser, wir versuchen es ein andermal. Seine vernünftige Rede fand kein Gehör. Feigheit wurde ihm vorgeworfen. Gut, sprach Gerold, meinen Rath habt ihr gehört. Uebrigens thue ich, was ihr thut.

Sie begannen wieder zu stürmen. Bald aber sahen die Friesen, dafs die deutschen Schützen mit der Besatzung von Uebergabe redeten, dafs im selben Augenblick die Wurdener zu Hülfe zogen, und sich schon der Brücke näherten. Düre war nach der Brücke gestürzt, gab das Zeichen zum Abzug, aber von Innen wurde den Zuziehenden gerufen, sie möchten eilen. Da war alle Rettung hin. Die Friesen wurden sämmtlich gefangen, und nach Bremen gebracht.

---

*) Wiarda nennt ihn Ditte, welches derselbige Name ist.

Man führte die Gefangenen alsbald hinaus zum Tode. Dedo, der ältere Bruder, ward zuerst enthauptet. Gerold nahm das Haupt des geliebten Bruders und küfste in innigster Wehmuth den bleichen Mund.

Viele des Raths sahen diefs nicht ohne Rührung, es regte sich die Neigung, dem herrlichen trauernden Jüngling das Leben zu schenken *). Bleibe bei uns in Bremen, sprachen sie, verheirathe dich unter uns, du magst dir eine angesehene Bürgertochter zum Weibe wählen, und ein geehrter Mann unter uns seyn. Der Jüngling hob sein Haupt empor, blickte sie stolz an und sprach: »Ich bin ein edelfreier Friese **), eure Pelzer- und Schuhmachertöchter sind nicht für mich. Wollt ihr mir aber das Leben schenken, so will ich euch ein halb Scheffel voll Gulden geben.«

Das stolze Wort gefiel jüngeren Rathleuten, und machte sie geneigt, sein Erbieten anzunehmen; aber Arend Balleer, ein alter Rathmann, sprach: »Nicht so, der wird nimmer den Kufs auf seines Bruders todte Lippen vergessen. Ihr habt nie etwas Gutes von ihm zu gewarten.«

---

*) Ihn zum Bürger in Bremen zu gewinnen, wäre vielleicht ein Mittel gewesen, die Streitigkeiten zwischen Bremen und den Friesen zu stillen.
**) Die Friesen nannten ihr Land Frei-Friesland; Heil, edler Freimann! war friesischer Grufs. Uebrigens erkennt man aus seiner Antwort den Groll der Edelinge gegen die Bürger der Städte.

Da ging auch der hochherzige Gerold zum Tode; ihm folgten zwanzig Friesen, die wurden auf's Rad gelegt. Die Deutschen wurden begnadigt um ihres Verraths an den Friesen willen. Der grausame obwohl kluge Balleer wurde später von einem Friesen erschossen.

Ein Gastfreund Gerolds in Bremen liefs ihm zum Gedächtnifs am Ende des Dom-Umgangs ein steinern Bild mit langen Haaren errichten. Ein Richtschwert steht vor der Gestalt *). Tausende mögen vorbeigehen, und dieses nun übertünchte, nicht von Meisterhand verfertigte, Steinbild übersehen; aber wer diese Zeilen liest, wird vielleicht hingehen, über eine barbarische Zeit seufzen, dem Tod früh anheim gefallene Jugend beklagen, und dem biedern Gastfreund ein Andenken weihen **).

Rüstringer Krieg.

Die fünf Kirchspiele des Budjadinger Landes gehorchten eben so vielen Häuptlingen, welche die Kirchen stark befestigt hatten, und sie als Burgen

---

*) Roller irret, wenn er S. 325. seiner Geschichte meint, das Bild sey nicht mehr da. Freilich im Dom ist es nicht; Renner aber sagt ausdrücklich, es stehe in der Ecke des Umgangs, wenn man aus der Thüre tritt, die vom Chor in den Umgang führt.
**) Der Rathsherr, Dr. Deneken, hat dem Künstler Tischbein in Eutin das rührende Schicksal Gerolds zum Gegenstand eines Gemäldes aufgegeben. Ich habe den Künstler auslegen hören, wie das Bild zu fassen sey, so dafs es das Ereignifs ausspricht. Seine Idee war gut, die Ausführung aber verzögert sich.

gebrauchten. Unter ihnen war Sybeth der mächtigste und unternehmendste, ein Verbündeter jener hingerichteten Jünglinge.

Ihre Unterthanen, mit Abgaben überladen, riefen die Bremer zu Hülfe und trugen sich ihnen zu Unterthanen an. Hierauf rüstete der Rath, und schickte den Rathmann Johann Frese mit tausend Bürgern und Geschütz *). Die befestigten Kirchen wurden eine nach der andern erobert; diejenige aber, in welcher der Häuptling Sybeth selbst saſs, und welche die festeste war, widerstand vier Wochen. Das Elend wurde groſs, das im Bollwerk befindliche Vieh starb aus Mangel an Nahrung und verbreitete pestilenzialischen Gestank, und Sybeth muſste kapituliren; die Thürme wurden sämmtlich unterminirt, mit Pfählen gestützt, diese in Brand gesteckt, worauf die ganze Steinmasse zusammenstürzte.

Ein Krieg mit den Herzogen von Braunschweig in demselben Jahr war von keinen bedeutenden Folgen.

Das Blut der Rüstringer Häuptlinge war nicht vergessen; die Fredeburg und ihr Droste, der Rathmann Frese, der allgewaltig das Land beherrschte, war drückend. Die Häuptlinge Ocko Kenen von dem Broke und Focko Ukena, die berühmtesten Helden der Friesen, brachen ins bremische Gebiet, ehe der

---

*) 1418.

Rath den Absagebrief erhalten haben konnte. Der mächtige Thurm zu Golswarden wurde dem bremischen Hauptmann Schlangstorff durch Drohungen entrissen. Als diefs der Droste Frese auf der Fredeburg vernahm, kapitulirte er ebenfalls. Hamburg und Lübeck suchten eine Versöhnung zwischen Bremen und den Friesen zu vermitteln, die auch endlich in der Art zu Stande kam, dafs die Schlösser Golswarden und Fredeborg, welches letztere sechszehn Jahre gestanden, geschleift wurden.

Einig, so lange sie einen gemeinschaftlichen Feind zu bekämpfen hatten, griffen die Häuptlinge Ocko und Focko, nach beendigter Fehde gegen die Bremer, einander selbst an. Ocko war mit Oldenburg und Braunschweig durch Heirath verwandt, und konnte auf die Hülfe dieser Häuser rechnen; mit ihm hatte sich Erzbischof Nikolaus von Bremen verbunden. Furchtbar war die Schlacht bei Deterden (1426). Unüberlegtes Verfahren, Kälte, Nässe, nächtliches Kampiren im Freien, Mangel an Nahrung, Alles hatte den Kriegsmann unmuthig gemacht; dieses und panischer Schreck gaben Focko Ukena den Sieg *); fünf tausend lagen todt auf der Wahlstadt, unter ihnen Johann von Hoya, Heinrich von Altona,

---

*) Focko besiegte bald auch den Häuptling, Hiddo Taminga. Als dieser gefangen vor ihn gebracht wurde, fragte ihn Focko, wie er wohl ihn als Gefangenen behandelt haben würde? Hiddo antwortete: „Ich würde dich getödtet haben." Focko rief: „So empfange, was du mir bestimmt hattest!" und durchstach ihn mit eigener Hand.

Ritter, Graf Curt von Diepholz, Graf Johann von Rittberg, die in Rastede begraben wurden. Auch Diedrich, Junker von Oldenburg, und der Graf von Teklenburg wurden nicht wieder gefunden. Drei tausend waren gefangen, mit ihnen der verwundete Erzbischof, um dessentwillen in allen Kirchen Bremens öffentliche Gebete angestellt wurden.

Um Pfingsten des Jahres 1427 versuchte der Rath zu Bremen, die Häuptlinge zu versöhnen, und die Loslassung des Erzbischofs und des Grafen von Hoya zu bewirken, für welche zwanzig tausend Gulden und Urfehde von dem ganzen Stift gefordert wurden. Der Mann, dem dieses wichtige Geschäft anvertraut worden, und der durch Beredsamkeit und Klugheit Alles zum glücklichen Ende hinausführte, und den Sieger sogar dahin brachte, den Erzbischof ohne Lösegeld auf sein Ehrenwort loszulassen, war der bremische Bürgermeister Johann Vafsmer. Ihm war zugesellt jener Befehlshaber der Fredeburg, Johann Frese.

Seit den früher geschilderten Unordnungen im Rath war es leidlich bei dem alten Herkommen geblieben. Man wollte sich mit einer bessern Einrichtung des Raths nicht übereilen; daher kam es, dafs erst im Jahr 1399 der Rath zu vier und zwanzig Mitgliedern mit Inbegriff der vier Bürgermeister bestimmt wurde. Die Regierung sollte von halb Jahr zu halb Jahr wechseln, und nach zwei Jahren von vorn angehen. So blieb es, bis durch das Unglück der Zeiten herbeigeführte Mifsstimmung erst Verwirrung und Partheiung im Staat, dann Gewaltthat an Unschuldigen, dann allgemeines Unheil erzeugte.

Unglück der Zeiten.

Das Unglück des Erzbischofs, Ansprache auf Entschädigung durch die Stadt von Seiten aller, die im Friesenkriege mit ihm gehalten, Schuldenlast aus den anhaltenden Fehden und Staatsbauten, Verwüstung des Landes, daraus entstandene Theurung, endlich ansteckende Krankheit, Folge eines zu warmen Winters, — alles dieses hatte eine verderbliche Stimmung hervorgebracht.

Der gemeine Mann pflegt bei unabwendbaren Unfällen gern die Schuld auf die Obern zu wälzen. Fehlt es an Geld, müssen Schulden gemacht werden, so haben nach seiner Meinung die Vorgesetzten sich bereichert, Betrug geübt; ist ein Heer geschlagen worden, so waren die Anführer Verräther; treffen Calamitäten das Land, so ist's Strafe des Himmels für die Mifsgriffe der Obrigkeit.

So erhoben sich Klagen gegen den Rath; unredliche Verwaltung des Staatsguts, Bereicherung der Rathsglieder, wurde von den Unzufriedenen bei jeder Gelegenheit zur Rede gebracht. Der Bürgermeister Duckel nebst einigen andern Rathsherren mufsten darum sogar auf öffentliche Anklage ihr Amt niederlegen, und eine ansehnliche Geldstrafe erlegen, um welche Ungerechtigkeit Bremen abermals (1427) aus der Hanse gestofsen wurde.

Trauriger waren die Folgen für das innere Staatswesen.

Der neue Rath.

Den durch gehässige Nachreden verdächtig gemachten alten Rath durch neue Einrichtungen zu entfernen, und einen ganz neuen zu bilden, war jetzt das Streben der Unzufriedenen, wozu der erste Schritt durch ungesetzliche Eindrängung vier neuer Rathsherren von ihrer Parthei gethan wurde.

Schon daſs nur drei durch's Loos bestimmte Rathsherren, dahingegen eben so gewählte sechs Glieder der kaufmännischen und Zünfte-Deputirte, an die Stelle der halbjährlich abgegangenen sieben Herren vom Rath, die selbst nicht wieder zur Wahl kommen konnten, aus der Bürgerschaft wählen sollten, lieſs voraussehen, daſs bald von dem bestehenden Rath kein einziges Mitglied mehr da seyn würde, und so geschah es. Hierauf verlieſsen viele der abgegangenen Rathsglieder die Stadt, und selbst die mit den Zurückgebliebenen eingegangene Sühne oder Eintracht konnte nur die gänzliche Unterdrückung zur Folge haben.

Jene Entwichenen des alten Raths, die sich indessen bei mehreren Reichsständen um Hülfe bemühten, wurden, da sie der Einladung zur Rückkehr von Seiten des neuen Raths kein Gehör gaben, ihrer Güter verlustig erklärt. Die zurückgebliebenen sechszehn Herren des alten Raths wurden in den Thurm geworfen. Sie durchbrachen aber das

Gewölbe so weit, daſs ein Mann hindurch konnte, machten Seile aus Decken und Stroh und lieſsen sich daran hinunter an den Fluſs, wo von Freunden ein Schiff zur Flucht bereit gehalten wurde. Nur einer blieb zurück, der zu dick war für die Oeffnung, und auch von der Gefängniſsluft erkrankt darnieder lag. Sie flohen sämmtlich zu den andern Ausgewichenen, wohin ihnen ihre Freunde folgten *).

Johann Vaſsmer.

Jener beredte und kluge Patriot, der so trefflich in dem unglücklichen Friesenkriege gewirkt, war der einzige vom alten Rath, der die Hoffnung nicht verlor, der guten Sache ohne Gewaltthat den Sieg zu verschaffen, und der theuern Republik auf dem Wege der Güte die innere Ruhe wieder zu geben. Ein ganzes Jahr war er rastlos in seinem Bemühen. Er verkannte, daſs es dem neuen Rath nicht um Vertragung mit dem alten, sondern um gänzlichen Sieg über jenen zu thun war.

Aber auch bei den Ausgewichenen, die sich um den früher so schwer verletzten Bürgermeister Duckel in Stade versammelt, und indessen mächtige Freunde und selbst die Hansa für sich gewonnen hatten, fand er einseitige Stimmung; daher wandte er sich um

---

*) In dem §. 3. des ersten Statuts vom Jahre 1433 wird Ordensleuten, Weltgeistlichen, Laien, Männern, Frauen, Alten, Jungen, Knechten oder Mägden die Rückkehr gestattet. Es scheint also eine ziemliche Emigration gewesen zu seyn.

Vermittelung an den Grafen von Oldenburg, den er sich durch Befreiung des Erzbischofs Nikolaus, vom Hause Oldenburg, aus der Friesen Gefangenschaft verpflichtet hatte. Das war aber gegen die Meinung des neuen Raths.

Am sechsten Juni des Jahres 1430 zog der edele, beredte Greis Johann Vafsmer von Stade, wohin er sich begeben, gen Oldenburg zum Grafen. Ein wenig diesseits der Mühle, als er nach Reckum abbeugen wollte, wurde er von einem Fleischer erkannt, und den Gerichtsboten, die ihm der über sein Bemühen ergrimmte Rath nachgesandt, verrathen. Den andern Morgen um sechs Uhr ward er in die Stadt gebracht, und in den Hurrelberg, ein unterirdisches Kriminalgefängnifs in der Hakenstrafse, gesetzt.

Sonnabends, als des Herrn Leichnam in Procession getragen wurde, erschien Rixa, Gräfin von Delmenhorst, Erzbischof Nikolaus Mutter, eingedenk jener durch Vafsmer ihrem von Focko Ukena gefangenen Sohne erzeigten Dienste, auf dem Rathhause, und bat herzlich um die Loslassung Vafsmers. Weder ihr Geschlecht, noch ihr Rang, noch ihr ehrenvolles Alter, noch dafs sie den Erzbischof in ihrem Schoofs getragen, konnte auf die Leidenschaftlichen Eindruck machen; der Rath gab nur Vafsmers Knecht los.

Am Dienstag wurde Vafsmer ohne Untersuchung gebunden auf den Markt vor das durch den erzbischöflichen Vogt und zwei Beisitzer (einer derselben war Vafsmers Schwiegersohn) aus dem Rath, gehegte Blut- oder Nothgericht geführt, und Klage gegen ihn erhoben, dafs er und sein Sohn an der beschworenen Eintracht meineidig geworden. Umsonst versicherte Vafsmer seine Unschuld und verlangte einen Mann, der ein Urtheil über ihn fände. Der Ankläger erklärte hierauf, der Rath habe die Gichting *) darin gegeben. Demohnerachtet bestand Vafsmer auf seinem gerechten Begehren.

Da rief der Vogt unter der umstehenden Menge den Tonnenmacher Barthold auf. »Suche ein Urtheil,«

---

*) Erklärung des Raths, dafs der Procefs, ob er nun geführt worden oder nicht, beendigt sey, das Urtheil vollzogen werden könne, und er es auf seine Verantwortung nehme.

In Peter Costers bisher nur handschriftlich und selten existirenden Chronik wird bei einer Hinrichtung im Jahre 1664 Folgendes erzählt: Ein Chr. Pape hatte sein Weib ermordet und in den Brunnen geworfen. Ohne Tortur gestand er seine That, wurde zum Tode verurtheilt und darauf vor des Stadtvogts Gericht geführt. In Gegenwart der beiden Blut- oder Gerichtsherren ward er gefragt von dem Stadtvogt nach der Gewohnheit, und er leugnete die That. Deswegen schickten die zwei Herren des Raths den Gerichtsdiener auf das Rathhaus, um solches zu melden, der mit dieser Antwort zurückkam: Ampliss. Senatus gebe die Gichting, d. h. er wolle das gesprochene Urtheil vor Gott, Ih. Kaiserl. Maj., auch Ih. Königl. Maj. zu Schweden, als Herzog von Bremen und sonst vor Jedermann verantworten. Der Stadtvogt schwieg hierauf stille, der Gerichtsschreiber aber befahl im Namen des Raths dem Scharfrichter die Execution, worauf der Verbrecher beim Roland mit glühenden Zangen gezwickt und dann auf dem Stakenberg bei Walle geköpft, der Körper aufs Rad gelegt, der Kopf oben auf den Pfahl gesteckt wurde. — Diefs zur Erläuterung des Wortes Gichting.

sprach Vafsmer, »das recht ist, denn der Rath und die Gemeine beschuldigen mich des Meineids mit Unrecht. Als Kläger, Zeugen und Richter in Einer Person können sie nicht gegen mich auftreten, das untersagt ihnen das Gesetz. Als ich den Erzbischof Nikolaus ohne Lösegeld aus Focke Ukens Gefangenschaft frei gemacht, da habt ihr Bürger mir oft wiederholt, ihr könntet nie weder mir noch meinen Kindern genug Dank dafür vergelten; jetzt ist der Tag gekommen, wo ihr mir diesen Dank beweisen könnt, indem ihr nur das Einzige mir gewährt, was Jedem zusteht: mein Recht.« Hierauf bat er den Vogt, dafs er dem Berthold geböte, ein gerechtes Urtheil zu finden.

Als der Vogt die zwei beisitzenden Rathmänner fragte, ob sie etwas dagegen einzuwenden hätten, gingen sie zweimal auf's Rathhaus, fragten den Rath um Verhaltungsregel, und brachten die Antwort zurück, dafs nach gegebener Gichting weiter von keiner Urtheilsfindung die Rede seyn könne.

Umsonst suchte der Vogt dem ungerechten Urtheil auszuweichen; der erzbischöfliche Beamte hatte mehr Erbarmen als Vafsmers Schwiegersohn, Johann von Minden, der jenem drohete, und erklärte, dafs nicht ihm, sondern nur dem Scharfrichter zukäme, das Urtheil zu sprechen. »Bist Du derjenige,« sprach hierauf Vafsmer zu seinem Eidam, »bist Du derjenige, der gegen mich alle Rechte übertritt? Ach Gott, wie ungnädig ist mir der Richter!« »Ich thue Euch kein Unrecht,« sprach der Vogt. »Ich meine

Euch nicht,« antwortete Vafsmer, »sondern die ungerechten Richter.«

Nach einigem Hin- und Wiederreden erklärte der Scharfrichter, der Rath wolle Vafsmern begnadigen und ihm den Kopf abhauen lassen. Sehet zu, was Ihr thut, sprach der redliche Vogt. Vafsmer verlangte, dafs auf Kosten seiner Familie von irgend einem Notarius der ganze Vorgang aufgeschrieben würde, und sprach die Appellationsformel aus: „Ick schelde, dar ick schelden mag,« und wollte weiter reden, da erstickte der Tumult seine Worte, da rifs ihn das Gedränge fort zum Osterthor hinaus auf den S. Pauls Berg; und das silbergelockte Haupt, ergraut unter Sorgen für das Wohl des Staats, ward durch das Richtschwert von dem Körper getrennt.

Freunde trugen den Leichnam in S. Pauls-Kirche und begruben ihn vor dem Taufstein.

Vafsmers Gattin wollte zur Ruhe der Seele des unschuldig Gemordeten Vigilien und Seelenmessen feiern lassen. Die auch durch seinen Tod noch nicht versöhnte Wuth des neuen Raths untersagte ihr nicht allein die Erfüllung der frommen Pflicht, sondern zog auch ihr Vermögen ein. Schmerz und Herzeleid zogen sie und ihre Töchter, deren einige schon mit dem Brautkranze geschmückt waren, dem theuern Gatten und Vater bald nach in die Gruft. Vafsmers Bruder, der in Nienburg wohnte, starb in demselbigen Jahre aus Gram über des verehrten Bruders Tod, nachdem er vorher verordnet, dafs Vafsmers zwei Söhne aus seinem Besitzthum unterstützt werden sollten, um die Wiedererlangung ihres Eigenthums zu bewirken. Der eine Sohn Johannes starb in Rom.,

Der Greuel geschah am 21. Juni 1430. Er lag auf dem Gewissen des Raths, der die Verantwortnng dreist übernommen. Die Vergeltung blieb nicht aus.

Heinrich Vafsmer.

Exoriare aliquis nostris ex ossibus ultor.

Von einer ganzen herrlich blühenden, in hohem bürgerlichen Ansehen stehenden Familie, von tyrannischen Oligarchen in der Ermordung ihres ehrwürdigen Hauptes vernichtet, blieb nur Heinrich Vafsmer übrig, der Mann, dem Vergeltung zu üben, und des Vaters geschändeten Namen zu Ehre zu bringen, vorbehalten war.

Heinrich Vafsmer zog an Kaiser Siegmunds Hof, klagte den Rath an, und forderte Genugthuung. Nach langen vergeblichen Bemühungen gelang es ihm endlich, dafs auf dem Reichstag zu Nürnberg die Stadt Bremen in die Acht und Oberacht erklärt, und den benachbarten Fürsten und Städten die Vollziehung des kaiserlichen Mandats aufgetragen wurde. Es war ein harter Kampf kindlicher Treue gegen eine verirrrte Stadt, die auch jetzt Schutz bei den verwandten Hansestädten fand, so dafs des Kaisers Wille unvollzogen blieb. Auch des Kaisers Räthe waren bestochen worden, und Heinrich Vafsmer fand zum zweitenmal kein Gehör, indem man ihm zu verstehen gab, Siegmund sey ungehalten auf ihn.

Demungeachtet reiste er dem Kaiser nach bis Wien, folgte ihm nach Ungarn, erreichte ihn in einem Walde, ritt auf ihn zu, sprang vom Pferde, griff des Kaisers Pferd in den Zügel, kniete nieder, flehete um Recht und klagte, wie er von einer Zeit zur andern vertröstet und so oft abgewiesen worden. In der ersten Stadt werde ich dir helfen, sprach Siegmund.

Zu Preſsburg erhielt Heinrich Vaſsmer ein strengeres Mandat an viele niederdeutsche Fürsten, Bischöfe und Städte. Mit diesem ritt er nach Nürnberg, verbreitete von dort eine Menge beglaubigter Abschriften desselben, zog darauf nach Hamburg, wo damals sich viele Bremer aufhielten, und erlangte von dem Rath kraft kaiserlichen Befehls ihre Gefangennehmung; und so warf er auch an andern Orten die Bremer, wo er sie fand, in die Gefängnisse.

So vielfältig geängstet und beschädigt muſste die Stadt Bremen ihm sein väterliches Vermögen zurückgeben und alle Unkosten vergüten; und da sie wegen bedeutender Summen, die sie dem Kaiser, um der Acht entlassen zu werden, gegeben, ihm nicht das Versprochene sogleich leisten konnte, so wurden ihm bis zur gänzlichen Abtragung der Weinkeller und die Ziegelbrennereien zum Unterpfand verschrieben. Dem Andenken seines Vaters muſste die Stadt in Ansgarii Kirche einen Altar zur Ehre des heiligen Leichnams und eine an demselben zu feiernde ewige Seelenmesse stiften, und die Belehnung dieser Vikarie dem Aeltesten von dem Geschlecht des Gemordeten übergeben. In die Abtei S. Pauli wurde eine Tafel mit einer Aufschrift in deutschen Versen gehangen *). Auf der Stelle, wo er enthauptet worden, wurde ein steinernes Kreuz errichtet, das noch bis auf den heutigen Tag unter dem Namen Vafsmers Kreuz oder auch das steinerne Kreuz vorhanden ist, und dessen Unterhaltung mit zu den Verpflichtungen des Organisten an der Lieb-Frauen-Kirche gehört. Die kaum mehr lesbare Inschrift desselben heifst also: »Im Jahre unsers Hern 1430 des Dingstedages na Johannis Baptisten wurd Her Johan Vafsmer Borgermeister hir enthövedet. Biddet God vor sine Sehle.«

Auf Vafsmers Leichenstein stand die in ihrer Einfachheit vielsagende und rührende Inschrift: »Hier ligt de unschuldige Vafsmer!« **)

---

*) *Do man schreef vertein hundert un dartich Jahr*
Schach dusse Schichte, dat is wahr,
Do wurd vorrichtet an den Doht
Johan Vafsmer, den genade Gott,
De Bremen in ehren lange vorbatt,
Ein Borgermeister dersulven Statt,
Als düsse sulwige Jammer geschach
Was nechst S. Protasius Dach,
De unschuldige Mann hir begraven is
De Seele in Gott rouwet gewis.

**) Heinrich Vafsmer wurde später Aeltermann, dann Rathsherr; zwei seiner Urenkel wurden Bürgermeister; einer derselben war in der Zeit des schmalkaldischen Kriegs thätig. Im Jahr 1567 starb Hermann, der letzte dieses Geschlechts, der auch Bürgermeister gewesen. Der Name existirt noch.

Beruhigung.

Ehe noch die Vafsmersche Angelegenheit beseitigt war, vertrugen sich der alte und neue Rath durch Vermittelung des Erzbischofs und benachbarter Fürsten und Städte (1433). Kraft der sogenannten Tafel oder alten Eintracht *) trat der alte Rath wieder in seine Rechte, und zwar so, dafs in Zukunft der Rath aus vier und zwanzig Rathsherren und vier Bürgermeistern auf Lebenszeit bestehen, und sich aus der Bürgerschaft durch eigene Wahl ergänzen sollte. Jeder Bürgermeister hat in seinem Quartier sechs Rathsherren zu Gehülfen. Dieses ist bis auf die neueste Veränderung so geblieben.

Stellung nach Aufsen.

Während dieser inneren Geschäfte behauptete Bremen seine Stellung nach Aufsen nicht ohne Nach-

---

*) Diese Vereinigung besteht aus zwölf Artikeln, und heifst Tafel, weil sie damals auf öffentlich ausgestellten Tafeln geschrieben war; daher schwört jeder neue Bürger: „Ich will halten Tafel und Buch." Unter letzterm versteht man die Statuten. Tafel und neue Eintracht sind im Jahr 1676 gedruckt worden. Der Titel ist: „Tafel, dat is, eine löfflike wohlgegrundede Verdrach, tho Wohlstande der Stadt Bremen, unde tho Unterholdinge borgerlicker Eindracht, im Jahr Christi 1433 upgerichtet, und gemacket, und Newe Eindracht, so tho geliken Ende im Jahr Christi 1534 berahmet und belevet, und darin de vorige Eindracht elder Tafel bestediget is."

Schiedsrichter waren Johann und Otto Grafen von Hoya und mehrere Domherren. Ferner die Städte Lübeck, Hamburg, pen nach Bremen bringen, und dieselben in Ansgarii-Kirche *) mit Beifall von der Kanzel verkünden, der Widerstand aber des Erzbischofs, des Domkapitels und der übrigen Geistlichkeit fruchtlos seyn würde.

Das Benehmen des Raths war eben so folgerichtig, als die Sache selbst. Nicht Klage der Kezzerei, nicht Verlangen, den Neuerer auszuliefern, wurde angenommen, sondern Widerlegung desselben vorgeschlagen. Heinrich predigte mit stets gröſserm Beifall, bis zwei Jahre später ein grausamer Märtyrertod bei den Ditmarschen seinem Leben ein Ende machte. Der Anstoſs von ihm war indeſs gegeben und die Wirkung ging unaufhaltsam fort. Der lateinische Gottesdienst wurde aufgehoben und die widerspenstigen Priester abgesetzt und verwiesen. Nur im Dom, in den Kloster-Kirchen und in einigen Kapellen dauerte der katholische Ritus fort. Bald wurde den Kloster-Geistlichen der Gottesdienst untersagt, ihre Kirchen wurden geschlossen; das schwarze Kloster wurde in ein Gymnasium, das graue in ein Hospital verwandelt. Den Bürgern verbot der Rath bei Strafe, die Messe im Dom zu hören; auch in den Dorfschaften wurde die neue Lehre eingeführt, und endlich entwichen die Domherren,

---

*) Diese Kirche war damals wegen Thätlichkeiten, die in derselben vorgefallen, in dem Interdict, also ohne Gottesdienst, wodurch das Auftreten des Bruder Heinrich in derselben um so viel begreiflicher wird.

als sie bei Veranlassung städtischer Unruhen von den gewaltthätigen hundert und vier Männern im Dom überfallen, in den Horen gestört und mifshandelt wurden, und ein Predicant die Kanzel bestieg. Hierauf hörte der katholische Gottesdienst im Dom ganz und für immer auf; wenn auch gleich später das Domkapitel, das indessen gröfstentheils protestantisch geworden, zurückkehrte.

Innere Unruhen.

Unter solchen Verhältnissen mufste der Rath stets auf Feindseligkeiten von Aufsen gefafst seyn; er befestigte deswegen die Stadt und liefs niederreissen, wo aufserhalb der Feind eine Stellung nehmen konnte. Ein Angriff des Erzbischofs lief glücklich für die Stadt ab; ein versuchter Vergleich blieb fruchtlos.

Indessen zog ein Gewitter über dem Gemeinwesen herauf, das lange drohete, dann furchtbar ausbrach. Die vor Kurzem eingeführte Reformation, die feindliche Stellung gegen den Erzbischof, das Kapitel und die übrige Geistlichkeit hatte die Gemüther an Neuerungen gewöhnt, und der Geist der Unruhe war so wenig zu beschwichtigen, dafs im Gegentheil jeder Anlafs, Neues an die Stelle des Alten zu setzen, selbst ohne Rücksicht, ob die Aenderung auch eine Besserung sey, oder ob die Folgen erwünscht seyn würden, begierig ergriffen wurde. An solchem Anlafs fehlte es auch in der innern Einrichtung unserer Staatsmaschine nicht. Das Recht des

Raths, sich selbst zu ergänzen, die geringe Kontrolle, welcher er unterworfen war, das Uebergewicht der Kaufmannschaft durch das Kollegium der Aelterleute, das veränderte Verhältnifs des letzteren selbst in Beziehung auf das Gemeinwesen, reizte die Unzufriedenheit der Zünfte. Das Vorbild anderer niederdeutschen Städte, wo früher Aehnliches nicht ohne Erfolg versucht worden, gab zu der Hoffnung Raum, eine Reform bewirken zu können, die auch manchem ruhigen und wohlmeinenden Bürger erwünscht seyn mufste. Selten werden solche Reformen in guter Absicht von der Gesammtheit unternommen, und läge auch eine gute Absicht im Anfang zum Grunde, so wird sie doch bald durch Ehrgeiz und Eigennutz aus ihrer Bahn geworfen.

Neuerungssüchtige Menschen nehmen leicht die Miene an, als gehe ihnen der Druck und die Armuth der geringern Volksklassen zu Herzen. Das Streben nach Veränderungen, durch die sie sich zu heben gedenken, scheinbar auf Bürgerpflicht und Menschenliebe gegründet, verblendet den grofsen Haufen, der alles für sich unternommen glaubt; verblendet selbst oft diejenigen, die durch ihre Stellung einen klaren Blick in die wahre Absicht haben müfsten.

Schon früher war von einem wohlgesinnten Mann, gewifs nicht ohne Grund, Klage erhoben worden, wie die Bürgerviehweide immer kleiner werde. Die Neuerer fafsten diefs einmal ausgesprochene Wort später auf, um unter dem Vorwande dieser

Beschwerde auch andere bedeutendere zur Sprache zu bringen. »Der arme Mann wird immer mehr und mehr gedrückt, bei wem soll er Recht finden, da die Hohen und Reichen zusammenhalten? Jene von der wohlthätigen und heiligen Gräfin Emma von Lesum vor Jahrhunderten der Gemeine geschenkte grofse Viehweide ist von Jahr zu Jahr kleiner geworden; die Domherren namentlich haben Wiesen und Gärten davon gewonnen, und doch sollten so wenig Aufsenbürger als Geistliche ein Recht daran haben. Was davon losgerissen, mufs wieder damit vereinigt werden.« Man berief sich auf eine alte lateinische Urkunde des Erzbischofs Hartwich über einen im Jahr 1159 wegen der Weide mit der Stadt getroffenen Vergleich, die keiner der Klagenden verstand und nie gesehen oder gelesen hatte.

Dafs der Begriff Gemeine und derer, die Anspruch an die Gemeinweide haben sollten, von Zeit zu Zeit erweitert worden, zeigt die von Albero den Wilhads- und Stephans-Kapiteln ertheilte Erlaubnifsurkunde (1139), zur Vereinigung in S. Stephans-Kapitel, in welcher erklärt wurde, dafs denjenigen Stephanern, so etwas für jene Kirche gethan oder thun würden, es frei stehen solle, ihr Vieh auf jene Gemeinweide zu schicken, und dafs der Erzbischof darüber zu verfügen *) habe.

Von den Klagen des Volks bestürmt legte der Rath den Besitzern der Grundstücke, welche an die

---

*) S. Urk. bei Cassel über St. Stephans-Kirche.

Gemeinweide grenzten, und allein von derselben abgerissen seyn konnten, auf, ihren Besitztitel vorzulegen. Als dieſs zur Genüge geschehen war, gingen die Kläger weiter, und verlangten Beweise von Jahrhunderten, welche wie natürlich in jenen Zeiten, wo so Vieles auf mündliches Wort, so Weniges schriftlich beurkundet wurde, von Wenigen beigebracht werden konnten.

So begannen die Unruhen, so dauerten sie fort, ohngeachtet sechszehn Männer zur Untersuchung gewählt worden (1530). Vermittelung benachbarter Städte wurde von der klagenden Parthei zurückgewiesen, weil sie wohl einsehen mochte, daſs das Interesse des Domkapitels wie des Raths ein zu starkes Gewicht in die Wagschale des Rechts auch bei andern Reichsständen gegen sie legen mochte. Täglich wurde Vieh auf der Weide gepfändet, und das Geld, womit der Eigenthümer es wieder einlösen muſste, vertrunken. Solche und andere Unordnungen und die Immoralität der Anführer zeigten leider daſs die Fürsorge für das Gemeinwohl nicht von reiner Art war.

Rudolph von Bardewisch, Comthur des deutschen Ordens.

Da Rudolph von Bardewisch, ein Mann von schuldlosem Lebenswandel, der geringern Bürgerschaft aber aus andern Ursachen verhaſst, sich weigerte, sein Recht an seine Besitzungen, die an die Weide grenzten, zu beweisen, so wurde, vielleicht mit Grund verbreitet, dafs in seinen Händen die wahre Urkunde sey, welche die Grenze der Weide bestimme. Der Rath lud ihn deshalb vor, und als er, früher gewarnt, dafs ihm aufgelauert werde, seinen Hof nicht verliefs, sondern, statt selbst zu kommen, Mutter und Schwester schickte, um den Willen der Bürgerschaft zu erfahren, wollte der rasende Pöbel fort, ihn mit Gewalt zu holen. Umsonst versprach der Rath, ihn durch zwei Glieder aus seiner Mitte augenblicklich zu beschicken. Die Bürger liefen nach Hause, ergriffen Spiefse, Hellebarden und Büchsen, und drangen in des Comthurs Haus.

Als Bardewisch erkannte, worauf es abgesehen war, und er in seinem Hause nicht Schutz gegen die Gewalt zu finden hoffen durfte, rettete er sich eilends mit sieben seiner Leute auf die zur Comthurei gehörige heil. Geist-Kirche und nahm zwei Laden mit Papieren und Silbergeräth mit hinauf. Der Aufforderung des an ihn abgeordneten Rathsherrn Veldhusen, dafs er sich in den Schutz des Raths begeben möchte, glaubte er nicht Folge leisten zu dürfen. Zum Unglück warf einer der Seinigen, ob durch Zufall oder absichtlich ist unbekannt, einen Stein unter die tobende Menge, und traf den Rathsherrn, der nun, durch augenblicklichen Eifer hingerissen, ausrief: »Thut euer Bestes!« *)

Somit war das Losungswort selbst aus dem

---

*) Das im Archiv befindliche plattdeutsche Manuscript über dieses Ereignifs sagt, Bardewisch habe nicht werfen lassen.

Gemeinweide grenzten, und allein von derselben abgerissen seyn konnten, auf, ihren Besitztitel vorzulegen. Als diefs zur Genüge geschehen war, gingen die Kläger weiter, und verlangten Beweise von Jahrhunderten, welche wie natürlich in jenen Zeiten, wo so Vieles auf mündliches Wort, so Weniges schriftlich beurkundet wurde, von Wenigen beigebracht werden konnten.

So begannen die Unruhen, so dauerten sie fort, ohngeachtet sechszehn Männer zur Untersuchung gewählt worden (1530). Vermittelung benachbarter Städte wurde von der klagenden Parthei zurückgewiesen, weil sie wohl einsehen mochte, dafs das Interesse des Domkapitels wie des Raths ein zu starkes Gewicht in die Wagschale des Rechts auch bei andern Reichsständen gegen sie legen mochte. Täglich wurde Vieh auf der Weide gepfändet, und das Geld, womit der Eigenthümer es wieder einlösen mufste, vertrunken. Solche und andere Unordnungen und die Immoralität der Anführer zeigten leider dafs die Fürsorge für das Gemeinwohl nicht von reiner Art war.

Rudolph von Bardewisch, Comthur des deutschen Ordens.

Da Rudolph von Bardewisch, ein Mann von schuldlosem Lebenswandel, der geringern Bürgerschaft aber aus andern Ursachen verhafst, sich weigerte, sein Recht an seine Besitzungen, die an die Weide grenzten, zu beweisen, so wurde, vielleicht mit Grund verbreitet, daſs in seinen Händen die wahre Urkunde sey, welche die Grenze der Weide bestimme. Der Rath lud ihn deshalb vor, und als er, früher gewarnt, daſs ihm aufgelauert werde, seinen Hof nicht verlieſs, sondern, statt selbst zu kommen, Mutter und Schwester schickte, um den Willen der Bürgerschaft zu erfahren, wollte der rasende Pöbel fort, ihn mit Gewalt zu holen. Umsonst versprach der Rath, ihn durch zwei Glieder aus seiner Mitte augenblicklich zu beschicken. Die Bürger liefen nach Hause, ergriffen Spieſse, Hellebarden und Büchsen, und drangen in des Comthurs Haus.

Als Bardewisch erkannte, worauf es abgesehen war, und er in seinem Hause nicht Schutz gegen die Gewalt zu finden hoffen durfte, rettete er sich eilends mit sieben seiner Leute auf die zur Comthurei gehörige heil. Geist-Kirche und nahm zwei Laden mit Papieren und Silbergeräth mit hinauf. Der Aufforderung des an ihn abgeordneten Rathsherrn Veldhusen, daſs er sich in den Schutz des Raths begeben möchte, glaubte er nicht Folge leisten zu dürfen. Zum Unglück warf einer der Seinigen, ob durch Zufall oder absichtlich ist unbekannt, einen Stein unter die tobende Menge, und traf den Rathsherrn, der nun, durch augenblicklichen Eifer hingerissen, ausrief: »Thut euer Bestes!« *)

Somit war das Losungswort selbst aus dem

---

*) Das im Archiv befindliche plattdeutsche Manuscript über dieses Ereigniſs sagt, Bardewisch habe nicht werfen lassen.

Munde desjenigen, der den Aufruhr dämpfen und den Unglücklichen retten sollte, gegeben. Als der Comthur das wüthende Getümmel der Menge unter sich wogen sah, welche in die Kirche zu dringen suchte, als er ihr Wuthgeschrei hörte, als aus allen Fenstern benachbarter Häuser Mordgewehre auf ihn zielten, trat er oben unter dem Dach auf einen Erker hervor, blickte traurig auf das tobende Volk, erhob die Hände flehend, wollte bitten, dafs sie doch sein und der Seinen Leben schonen möchten! — Vielleicht hätten sich die grausamen Herzen erweichen lassen, wenn nur das Tosen des Haufens seine Stimme nicht erstickt hätte. Da schofs einer aus dem Haufen nach ihm, und dieser Schufs war gleichsam das Signal, das den Wahnsinn zu unaufhaltsamer Raserei weckte. Der Comthur sah nun, dafs Alles verloren war, und empfahl seine Seele Gott.

Da wurde von neun Uhr Morgens bis Nachmittags zwei die Kirche gestürmt. Der Rathssyndikus Dr. Wyk, die beiden Kämmerer, erschienen umsonst im Namen des Raths zur Beruhigung der Bürger. Der Rath begab sich endlich selbst auf die Domsheide, schlug vor, man wolle den Comthur gefangen legen, ihn vor Gericht stellen; doch ihm Leben und Gut mit Gewalt zu rauben, würde nimmer von guten Folgen seyn.

Befehle, Gründe und Bitten trafen taube Ohren; immer dichter wurde das Gedränge, immer wilder ras'te der Aufruhr, der Rath selbst hatte Ursache das Schlimmste zu fürchten, und ging, man kann denken mit welcher Bekümmernifs, auseinander. Viele Stimmen hatten laut genug geäufsert, der Rath sey ja selbst Schuld an dem Unglück, warum habe er nicht früher die Klagen der Armen gehört. Indessen war es zwölf Uhr Mittags geworden. Als die Menge sah, dafs sie mit ihren Geräthen nichts ausrichten konnte; als der Comthur und seine Leute nun, da Alles verloren schien, ihr Leben theuer verkauften; als schon mehrere Bürger durch Schiessen und Steinwerfen getödtet, andere verwundet waren: da wurden zwei Karthaunen herbeigeholt; da wurde des Raths Büchsenmeister, Franz Renner, gezwungen, sie auf den Thurm zu richten, in welchem, wie man glaubte, der Comthur sich befände; da standen sie um den Büchsenmeister und droheten ihm Böses, wenn er den Thurm nicht träfe; und als ein Theil des Thurmes niederstürzte, da hallte wildes Freudengeschrei in den Einsturz.

Umsonst drang der Jammerruf um Gnade aus dem Thurm; umsonst streckte der Ritter, der nun schaudernd auf der schmalen Bahn, die Zeit und Ewigkeit trennt, wankte, umsonst streckten die Seinigen flehentlich die Hände empor, umsonst wurde durch einen Hut auf einer Stange angedeutet, dafs er sich ergeben wolle. Mit Leitern erstiegen die Wüthenden den Erker und drangen zum Fenster hinein. Zweimal sank der Comthur vor Johann Kremer nieder, bat um Gotteswillen, man möge sein Leben schonen, er wolle der Stadt tausend Gulden schenken. Kremer rief diefs dem Volke zu, und äufserte, dafs man ihn dafür wohl leben lassen könne. Als er dem ängstlich Harrenden verkündete, dafs sein Anerbieten nicht angenommen sey, sank dieser abermals nieder, und versprach ihm tausend Gulden, der Stadt aber sein ganzes Vermögen. Auch dieses fand beim Volke kein Gehör; da trat Kremer auf den Verzweifelnden ein, und stiefs ihm die Partisane durch die Brust. Mit ihm wurden fünf der Seinigen ermordet, und durch eine Dachlucke hinab auf den Kirchhof geworfen. Der Comthur ist trotz so vieler Wunden und nach dem hohen Fall noch einige Zeit seines entsetzlichen Zustandes, wo die Gewifsheit des Todes und die Sehnsucht zum Leben mit einander kämpfen, bewufst gewesen. Einen Knaben von sechszehn Jahren schonten sie, und einer der Knechte, der ausgesandt worden, ehe noch der Tumult so heftig tobte, um Bier auf die Kirche zu bringen, ward dadurch gerettet.

Nun wurde die Comthurei ausgeplündert, Fenster und Kisten und Kasten zerschlagen, Vorräthe geraubt oder vernichtet, die Nacht durch in dem Keller getrunken, und sinnlos von Wuth und Trunkenheit sprachen schon einige davon, wie sie sich in drei Haufen vertheilen, und den Pfaffen, dem Rath, den Prädikanten eben so thun wollten, wie sie dem Comthur gethan; da schlichen sich, um dem Wahnsinn die Nahrung zu rauben, wohlgesinnte Bürger in den Keller, zogen die Krahnen aus den Fässern, und liefsen die Getränke auslaufen.

Der Befehl des Raths, dafs jeder Bürger sich

augenblicklich nach Hause begeben und sich mit Hand und Mund ruhig verhalten solle, wurde nicht geachtet.

Das Unglück wollte, daſs um diese Zeit auch des Erzbischofs Gericht nicht bestand, da ihm dieses Vorrecht durch Kammergerichtsentscheidung wegen der Kloster-Osterholzischen Streitigkeiten genommen war.

Am folgenden Tag ging der Tumult von Neuem an; zwei von dem Rath eingezogene Uebelthäter bei dieser Schandthat wurden auf Drohungen frei gelassen: »Ihre Sache sey gemeinsam, keiner solle vor dem andern leiden;« — und nur der Entschluſs des Raths, einer aus den vier Kirchspielen gewählten Deputation von vierzig Bürgern die Anordnung der Weideangelegenheit zu übertragen, hielt die Menge von Gewaltthaten ab. Aber auch diese Deputation verfuhr gewaltsam, forderte die Domherren, die bereits von der Wittheit sich zu einiger Rücksicht um der allgemeinen Ruhe willen hatten stimmen lassen, auf's Rathhaus, wenn sie nicht eines gleichen Schicksals, wie der Comthur, gewärtig seyn wollten; da entflohen diese aus der Stadt.

Die Verwirrung wurde noch durch freches, fremdes Gesindel vermehrt, das kein Herz zur Stadt und ihrem Wohl hatte, und um so mehr zu gewinnen hoffte, je gröſser die Verwirrung ward. Einreden weiser und verständiger Leute waren vergebens. Seit der Ermordung des Comthurs schien Gott sie mit Unsinn vollends heimgesucht zu haben. Um sich zu stärken, wählten sie aus dem angesehenern Theil der Bürgerschaft noch vier und zwanzig Männer zu ihrer Deputation, die sich aber diese Ehre verbaten.

Zu Basdahle wurde inzwischen, um dieser Verwirrung ein Ende zu machen, von Abgeordneten benachbarter Fürsten und Städte, des Domkapitels und der Vierzig ein Tag gehalten. Die Vorschläge zum Guten fanden bei den Vierzigen kein Gehör.

Da diese sahen, dafs der gesunde Theil der Bürgerschaft, namentlich auch die Aeltermänner, Schiffer und Prädikanten nicht für sie waren, verstärkten sie ihren Anhang durch ausgewichene Bürger, aus den Klöstern entsprungene oder ausgewiesene Pfaffen und anderes liederliches Gesindel, das nichts zu verlieren hatte, bei dem Vertheilung alles Besitzthums die Losung war. Hierauf, unter dem Vorwande, dafs nicht blofs in Weidesachen, sondern auch für andere Angelegenheiten dem Rath eine Bürgerdeputation zur Seite stehen müfste, gewannen oder zwangen die Vierzig noch vier und sechszig andere angesehene Bürger für sich, und somit bestand die Parthei aus **hundert und vier Personen**.

Ein naturgemäfses organisches Verhältnifs hatte sich in unserer freien Stadt wie in andern, seit die Handwerker in Bürgerrechte eingetreten waren, gebildet. So wie der Rath der Vorstand des Staats war, die Seniores oder der Senatus gesammter Republik, eben so hatte die Kaufmannschaft, eben so jede Handwerkszunft ihren gewählten Vorstand, ihre

Aeltermänner, in der Idee mit dem Begriff Senatus übereinstimmend. In dem Maafse, wie sich der Handel und der Einflufs desselben hob, und das Interesse der Edelleute dem der Kaufleute hatte weichen müssen, trat der Handelsstand und die Aeltermänner desselben in ein höheres Verhältnifs, als dasjenige der Zünftevorsteher; dann aber auch wurde ihre Stellung zum Rath bedeutender, um so mehr, da es an einem grofsen Rath fehlte. Die Unzufriedenheit der Zünfte war schon oft ausgebrochen, und eine nähere Aufsicht des Senats war nöthig geworden, wie früher gezeigt. Dennoch konnten die Zünfte die Stellung der Aeltermänner der Kaufmannschaft ohne Neid nicht ansehen, und es erhoben sich Unzufriedene, eigentliche Radikalreformatoren der damaligen Zeit, wo die Reform nur das Wort, die Aussicht auf Verwirrung und dadurch auf Gewinn an Macht und Vermögen die Sache war. Der Charakter der Anführer beweist, dafs es wirklich so war, wenn auch gleich manche unter den Hundert und vier seyn mochten, die ernstlich das Bessere wünschten, wenn auch gleich ein Besseres wirklich wünschenswerth war.

Die Hundert und vier.

Ein zu verdienter Strafe aus dem Kollegium der Aelterleute ausgestofsener und vom Rath verwiesener Aeltermann war in diesen Unruhen in die Stadt gekommen, hatte sich auf die Seite der Unzufriedenen geschlagen, und suchte nun das Kollegium.

zu dem er vorher gehörte, zu vernichten. Einige Aeltermänner hatten sich im Anfang der Weideklagen der Bürgerschaft angenommen und ihre Beschwerden mit Eifer vor den Rath gebracht. Als jenes Kollegium aber das Unheil sah, welches daraus erfolgt war, zeigte es sich den unruhigen Köpfen abgeneigt und erklärte sich dagegen entschieden für den Rath und seine Rechte. Da nun die Vierzig selbst unter andern auch den Wirkungskreis jenes Kollegiums für sich erlangen wollten, um somit den grofsen Rath zu bilden, ein Verhältnifs, das in andern deutschen freien Städten fast allgemein war, oder, wenn diefs nicht gelänge, das Aeltermanns-Kollegium zu sich herabzuziehen und den Zunftvorstehern gleich zu stellen, so sprach Johann Dove, ein Hauptwortführer der Vierzig, die mit dem Begehren der auf dem Domshof versammelten Gemeine, dafs die Hundert und vier vom Rath genehmigt werden möchten, auf dem Rathhause erschienen, also: »Was sollen uns die Aeltermänner? Die Meister von den Aemtern mögen wohl zur Mitberathung herangezogen werden, und in dieser Eigenschaft mögen es auch die Aeltermänner, nicht aber als mitregierender Theil. Wir können nicht zwei Herren zugleich haben; sie sind uns verhafst, sie haben es uns darnach gemacht.« Es scheint, dafs die Aeltermänner das Ansehen des Raths bei verschiedenen Gelegenheiten mehr unterstützt hatten, als der Gesammtheit lieb oder auch ersprieſslich war. Diefs war namentlich in den Unruhen der Grande Compagnie der Fall gewesen. Auch scheinen aus angeführten Gründen die anderen Zünfte [wie auch aus den damaligen Feindseligkeiten gegen die Gewandschneider (Lakenhändler) hervorgeht, welche unter dem Vorsitz zweier aus ihrer Mitte gewählter Aeltermänner standen und schon seit dem Jahr 1263 mit besondern Privilegien begünstigt waren] über diese Vorsteher der Kaufmannschaft, als den angesehensten Theil der Bürger, eifersüchtig gewesen zu seyn, und wünschten sie mit der Vorsteherschaft der Zünfte gleich zu stellen.

Bei diesem Ansinnen berief sich der Rath auf gesetzliche Uebereinkünfte; wie Jeder bei seinen erworbenen Rechten bleiben müsse, so jeder Bürger, so auch die Aeltermänner, und wie eine Unregelmäfsigkeit gegen diese auch andere gegen alle Bürger nach sich ziehen würde; gestand aber der Gemeine die Wahl und den verlangten Wirkungskreis der Hundert und vier zu. Auf das Ansinnen, die wegen des ermordeten Comthurs Gefangenen loszulassen, entschuldigte sich der Rath mit seinem Eide, wovon er nicht lassen könne, dafern die Gemeine ihn nicht selbst davon lossprache. Diefs geschah, und so erlangte die aufrührerische Parthei, unter dem Scheine, als thue sie jeden Schritt ruhig und folgerecht nur zum Besten des Gemeinwesens, in aller Weise ihren Willen, und die Lage der Sachen wurde, je verführerischer der Schein der Rechtlichkeit war, von Tage zu Tage bedenklicher und verwickelter.

Diefs geschah in den ersten Tagen des Jahres 1532.

Aber die Parthei, wie verblendet auch in sittlicher Hinsicht, begriff, dafs zur Bestimmung ihrer Competenz, so wie zur Sicherung ihrer Fortdauer die blofse Wahl und die Zustimmung der Bürgerschaft nicht hinreiche, sondern ihr Bestand durch den Rath mit Brief und Siegel für jetzt und immer befestigt werden müsse. Diesem Ansinnen, das, im Fall der Weigerung, eine Siegelung Namens der Gemeine, und nach diesem einen eigenmächtigen Schritt in weiterer Progression den ganzen Sturz des Raths zur Folge haben konnte, begegnete der Rath fest, klug und weise, wie es die Umstände heischten, und erlangte acht Tage Bedenkzeit.

Als nach Verlauf dieser Zeit Johann Dove, mit seinem Anhang, vor dem Rath erschien, wurde ihnen im Namen der Wittheit erklärt, wie diese Versiegelung gegen Tafel und Buch, der Brief selbst schlecht abgefafst, und vor allen Dingen frühern Uebereinkünften, durch Fürsten, Prälaten und Städte gewährleistet, ganz entgegen sey.

Es schien offenbar, dafs durch die Zwischensprache der Parthei zwischen dem Rath und der Gemeine nichts gefördert wurde, indem letztere nie das Rechte erfuhr. Der Rath zog daher zwei und zwei *) unter die auf dem Domshof versammelte

---

*) „als de Schape mank einen Hupen ritende Wulve, welches barmhertig anthoseende was, unde mennigen de Ogen avergiugen," wie Renner sagt.

Gemeine, in der Meinung, dieselbe durch mündliche Erklärung von ihrem Verlangen abzubringen. Diefs gelang nicht, im Gegentheil folgte der grofse Haufen einem der Wortführer, Wulbern Rulves, nach einem andern Theil des Domshofes, und liefs den Rath mit drei hundert wohldenkenden Bürgern allein.

Nach einigen Tagen, nachdem der Rath umsonst versucht, wenigstens eine andere, mit der Verfassung der Stadt mehr übereinstimmende Urkunde an die Stelle jener unpassenden vorzulegen, geschah, was die Hundert und vier verlangten. Diefs erregte grofse Freude, man dankte Gott und dem Rathe, wie für eine mühevoll durchgesetzte gute Sache, und so, als wenn nun Alles zum Besten vollendet sey; und warum auch nicht, wenn die Anführer minder neuerungssüchtig und ehrgeizig gewesen wären, und durch eigene Schlechtigkeit das Gute der Sache nicht selbst vernichtet hätten?

Da einmal der Versuch, Gerechtsame zu verletzen und Verträge nicht zu achten, gelungen war, ging die Anmafsung immer weiter. Die Aeltermänner wurden gezwungen, den Hundert und vier den Schütting einzuräumen; und in Allem, was zwischen ihnen und dem Rath gemeinschaftlich zu verhandeln war, mufste es nach ihrem Willen gehen. Die Nachgiebigkeit des Raths erklärt sich hinlänglich aus dem damaligen politischen Zustand der Dinge in Deutschland. Wo sollte er ohne Söldner oder anderes stehendes Militair, da die Stadt sich zum Protestantismus gewandt,

Hülfe finden? Der Kaiser war abgeneigt, die protestantische Union hatte wichtigere Dinge zu bedenken.

Aber bei allem rücksichtlosen Handeln scheuete dennoch die Faction die öffentliche Stimme, die sich in den Predigten der Prädikanten aussprach, welche nach damaliger allgemeiner ächter Reformatoren Weise laut von den Kanzeln gegen ihr eigenmächtiges Verfahren donnerten. Die Faction verlangte daher vom Rath, er solle ihnen politische Aeußerungen in der Kirche verbieten, worauf geantwortet wurde: Auch der Rath müsse sich dergleichen von ihnen gefallen lassen, selbst Könige und Kaiser; es sey am besten, ihnen keine Veranlassung zum lauten Tadel zu geben.

Als nun Johann Dove sich mit dreißig der Faction in Martinikirche, wo sich die Prädikanten versammelt, begab, um Antwort auf einen an sie zu oben erwähntem Zweck gerichteten Brief zu erhalten, nahm der Prediger Jakob Probst von U. L. F. das Wort, hielt ihnen ihr ungerechtes Thun vor; wie ihr Regiment, das nicht von Gott gegeben, sondern aus Aufruhr erwachsen, und mit des Comthurs unschuldigem Blute bestätigt und besiegelt sey, nichts Gutes, sondern nur Schaden bringen könne; und erklärte in Aller Namen, daß sie nie unterlassen würden, das Tadelswürdige zu tadeln.

Dove rechtfertigte das Verfahren der Faction in einer stundenlangen Rede, aber Probst sagte ihm in's Angesicht, »ihr Thun sey Aufruhr, sie sollten in ihre Schranken wieder zurücktreten, und wollten sie nicht getadelt seyn, so möchten sie es darnach machen. Es sey keine Kunst, den Armen auf Kosten der Reichen Gutes zu thun, sey aber gegen das siebente Gebot.« Hierauf legte sich Dove auf's Bitten, erhielt aber von den Prädikanten das bestimmteste Nein.

Auch von der gewaltsamen Besitznahme des Doms rieth der Rath ab, da diefs noch in keiner protestantischen Stadt bis dahin geschehen, und vom Kaiser wie vom Erzbischof übel aufgenommen werden würde. Zu diesem Gewaltstreich fand jedoch, wie denn in allen guten Dingen Mangel an folgerichtigem Handeln selbst von Seiten der Bessern und Einsichtsvollern zum gröfsten Schaden gefunden wird, die Faction die Prädikanten geneigt, und Jakob Probst wurde im Dom auf die Kanzel geführt.

In derselbigen Woche wurde beschlossen, alle Häuser, die auf dem alten Grund der Weide sollten gebaut seyn, niederzureifsen, und in einer gewissen, willkührlich angenommenen, Strecke alles Land in Besitz zu nehmen. Dem Rath, der sich diesem Vorhaben widersetzte, wurde von einem Schmidt, Namens Dietrich Meyer, der wider seinen Willen sich unter den Hundert und vier befand, die Warnung heimlich gegeben, dafs die Faction beschlossen habe, die Wittheit auf dem Rathhause nicht eher auseinander zu lassen, als bis ihr Begehren bewilligt sey.

Dieser Plan war auf den nächsten Montag verabredet, und es war keine Zeit zu verlieren. Die Bürgermeister und mehrere Rathleute beschlossen, nach Bederkesa zu entweichen, um dort abzuwarten, wie sie mit Hülfe auswärtiger Freunde, oder auch durch Beschwichtigung im Innern, vorzüglich von Seiten der Prädikanten, von deren Ergebenheit sie versichert waren, die Sache zu einem erwünschten Ende bringen könnten.

Augenblicklich ritt der Bürgermeister Martin Heymborg nach Blumenthal, von da nach Bederkesa. Der Bürgermeister Daniel von Büren liefs heimlich ein Pferd am Pagenthurm vor dem Heerderthor bereit halten, und ging in Hauskleidung, damit es nicht auffallen sollte, hinaus, bestieg sein Rofs, und ritt durch's Hollerland nach dem Schlosse Bederkesa. Sonntag Abends gingen die beiden anderen Bürgermeister und mehrere Rathleute durch den Marstall, setzten sich in einen Kahn, fuhren die Weser hinunter in derselbigen Absicht, und Montag Morgens bei Anbruch des Tages folgten die Andern, als sie von der Entweichung Jener gehört hatten.

Diefs machte die Faction stutzig und hemmte einigermafsen ihren tollen Eifer. Einige der Frechsten aber freuten sich und glaubten nun gewonnenes Spiel zu haben, da die Machthaber aus dem Wege waren. Der zurückgebliebene Theil des Raths wurde angegangen, dafs er den ausgewichenen zur Rückkehr bewegen möge. Einige Nachgiebigkeit in Ansehung der Weide, obgleich mit Versicherung, dafs sie im Leben und Tod zusammen halten wollten, zeigte ein Schwanken unter den Neuerern. Die Ausgewichenen hatten, nach einem vorläufigen Schreiben an den zurückgebliebenen Rath, welches der Bürgerschaft vorgelesen wurde, auch an jedes der vier Kirchspiele insbesondere geschrieben; da aber die auf dem Domshof zusammenberufene Gemeine zu keinem Beschluſs kommen konnte, der eine sich für die Fortdauer der Hundert und vier, der andere für ihre Aufhebung laut erklärte, so riethen verständige Leute, jedes Kirchspiel möge in seiner Kirche sich zur Fassung einer Gesammtmeinung versammeln.

Am folgenden Morgen begab sich Johann Dove mit einem Theil seines Anhangs in Martinikirche. Der sehr lange Brief des ausgewichenen Raths wurde vorgelesen, darauf Dove ersucht, sich des Regiments zu begeben. Das Kirchspiel, obgleich klein, zeigte sich kräftig und unerschrocken für die gute Sache. Dove wurde muthlos, nur Wenige, die von des Comthurs Bier getrunken, wie der Chronist sagt, hielten ihm zu. Mehrere von den Hundert und vier, die zu diesem Kirchspiel gehörten, traten von ihm ab, und er machte eine klägliche Miene.

Der andere Wortführer, Wulbern Rolves, hatte U. L. F. Kirchspiel in seiner Kirche zu gewinnen gehofft; und als es hier auch nicht nach Wunsche ging, rief er mit lauter Stimme, wie sehr der Rath die armen Bürger betrüge, könne man an dem Scheffel des Kornhauses sehen, der viel zu klein sey. Man ließ ihn sogleich holen, maſs ihn und fand ihn gröfser. Der Lügner mufste hierauf entfliehen und sich mehrere Tage versteckt halten.

In Ansgarii Kirche zeigte sich guter Wille zum Besseren; da bestieg der Schmidt Meyer die Kanzel, und schrie, dafs auch die Bürgermeister und Rathleute Theile der Weide besäfsen.

In S. Stephan, als dem damals ungebildetern Kirchspiele der Stadt, fand dagegen die Faction Anhang. Endlich traten zwanzig aus den Kirchspielen erwählte schätzbare Bürger mit mehreren des gebliebenen Raths zusammen, und unterhandelte zu Beversted mit dem ausgewichenen Rathe. Alles schien sich zum Frieden zu neigen und nach dem Wunsch der Gutgesinnten auszuschlagen.

Nach Pfingsten ging aber der Lärm wieder an durch das Gerede, jene Uebereinkunft sey nur zum Besten der Reichen. Abermals traten die Kirchspiele zusammen, abermals zeigte sich derselbige Geist, in S. Martini gut, in S. Stephan schlecht, in den andern zwischen beiden, doch Ansgarii mehr für die Faction.

Der Augenblick war da, wo die Sache ohne Bürgerblut nicht mehr abgemacht werden zu können schien. In S. Stephans Kirchspiel rottirte man sich zusammen, da absichtlich Gerüchte von Gefahr für die Faction verbreitet worden. Freilich hatten sich auch muthige Bürger und Junggesellen auf jeden Fall verabredet; auch hatte der Rath Rennern, dem Büchsenmeister, befohlen, unbemerkt in dem

Büchsenhause auf dem Domshofe einige Kanonen für den Fall der Noth zu laden.

Es war allgemein die Rede, dafs der ausgewichene Rath mit gewaltsamer Hand eingelassen werden sollte; die aus Stephani Kirchspiel drangen daher gegen Abend aus diesem noch damals durch Festungswerke getrennten Theile der Stadt in grosser Menge in die Altstadt. Als diefs den guten Bürgern angesagt wurde, erschienen sie alsbald in voller Rüstung auf dem Markt, und manche riethen zum Angriff auf die Steffener. Das schwere Geschütz sollte ihre Ordnung erst brechen, dann das reifsige Zeug eindringen und sodann die Schlachtordnung folgen. Alte erfahrne Bürger riethen ab; »nicht alle unter uns,« sprachen sie, »sind darum unsere Freunde, weil sie unter uns stehen.« Kampfbereit standen also beide Theile der Stadt gegen einander bis zum Morgen, da ein Waffenstillstand gemacht wurde, und jeder wieder nach Hause ging.

Während einige Zeit Ruhe war, entfernten sich mehrere des gebliebenen Raths aus der Stadt, und neue Versuche wurden zu ihrer Aufrechthaltung von der Faction gemacht. Martini Kirchspiel blieb auch jetzt standhaft. Bemühungen des Erzbischofs richteten nichts aus. Ein Tag zur Burg mit vier stiftischen Edelleuten war auch umsonst. Da beschlossen Heine Woltken, Andreas van Lubbcke, Hinrich Hügen und Johann Cantor, mit gerüsteter Macht das Letzte gegen die Aufrührerischen zu versuchen. Johann Dove, der das Häuflein der Hundert und vier täglich abnehmen sah, versuchte nochmals durch eine heuchlerische Anrede in S. Martini das Kirchspiel zu gewinnen.

Auf Verordnung des gebliebenen Raths wurden am Mittwoch nach Bartholomäi alle Thore geschlossen von Morgens bis Abends, und die Kirchspiele versammelten sich abermals in ihren Kirchen. In S. Martini Kirche verlas Merten, des Raths Secretarius, den Beversteder Recefs, und verlangte von der Gemeine die Wiederherstellung der Dinge. Die Faction hatte viele Armen versammelt, die gewaltig schrieen, man müsse die Hundert und vier beibehalten, und es dauerte eine ganze Stunde, ehe man sich verständlich machen konnte; endlich aber siegte die Gemeine, erklärte, sie wolle bei Tafel und Buch bleiben, und verlangte den Rath zurück in seine Rechte. Liebfrauen Kirchspiel ward denselbigen Morgen aufgefordert, und that desgleichen. In Ansgarii Kirche aber erhoben die Schmiede, Fleischer und Schwertfeger zwar einen grofsen Lärm, dennoch siegte auch hier die gute Sache. In S. Stephan kostete es mehr Mühe, das Beispiel der drei andern Kirchspiele wirkte aber zu mächtig, und Johann Dove, der das Spiel verloren sah, da ihm von der Parthei nur Wenige mehr übrig waren, rieth nun selbst zum Nachgeben, vielleicht in dem Glauben, dadurch für sich selbst zu retten, was noch zu retten wäre.

Freitags darauf versammelten sich die vier Kirchspiele auf dem Domshofe; ein neues Schreiben des ausgewichenen Raths wurde vorgelesen. Der Stadthauptmann Heine Woltken und Andere, sammt den herein verordneten Kriegsleuten aus den vier Gohen, von Lehe und Bederkesa, wo sich der ausgewichene Rath aufhielt, waren gerüstet und schlachtfertig, welches der kräftigen Ermahnung Woltkens nicht wenig Nachdruck gab. Die ganze Gemeine erklärte sich für die Entsetzung der Hundert und vier.

Der versiegelte Brief, durch den der Rath die Hundert und vier hatte bestätigen müssen, wurde aus Johann Doves Haus auf der Wachtstrafse, wo er mit gröfster Sorgfalt verwahrt worden, herbeigeholt. Cord Hemeling besah die Urkunde, ob sie auch die rechte sey, hielt sie darauf hoch vor den Augen der ganzen Gemeine empor, und durchstach sie mit dem Messer zweimal. Bei diesem Anblick entblöfsten alle rechtlichen Bürger die Häupter und dankten Gott innig. Somit war die Herrschaft der Hundert und vier am Ende.

Rückkunft der Ausgewichenen.

Herrlich wurden die Bürgermeister und der Rath, begleitet von der stiftischen Ritterschaft, eingeholt. Der Rathmann Berend Scharhar und die Hauptleute Woltke und Huge zogen mit vierzig gerüsteten Pferden bis Walle entgegen. Die ganze Stadt hatte sich wie zu einem Freudenfeste gerüstet; festlich waren alle Menschen geschmückt, prächtige Teppiche hingen aus den Fenstern, mit Blumengehängen waren Häuser und Strafsen geziert. Die

Häuser und die Straſsen in der Nähe konnten die Menschenmenge nicht fassen, als der Rath mit einem Gefolg von hundert Reitern zu Ansgarii Thor herein zog. Es war eine Vorbildung der stets neu gebährenden Zeit jener nach viel schwereren Stunden wieder stattgehabten Einsetzung des Senats am 6. November 1813.

Am Rathhaus stiegen sie ab, gingen gleich gestiefelt und gespornt hinauf, nahmen ihre Stellen wieder ein, dankten und lobten Gott; und wie nach guter alter deutscher Weise kein Freudenfest ohne guten und reichlichen Trunk gefeiert werden kann, so schenkte der Rath sogleich der Bürgerschaft, die in voller Rüstung da stand, eine Last Bier auf dem Schütting zu vertrinken.

Der Freudentag sollte nicht durch Bestrafung der Frevler entweiht werden, aber Tags darauf wurden die Rädelsführer ergriffen; da entliefen Viele, die sich schuldig wuſsten, deren aber einige eingeholt wurden.

Die neue Eintracht.

Es ist nach bürgerlichen Unruhen gewöhnlich viel zu vergeben und zu vergessen; Mancher, welcher der besiegten Parthei zugethan gewesen, mag sich dem Sieger geneigt zeigen, und spricht nicht, um frühere Schuld nicht in Erinnerung zu bringen; die Herzen Vieler sind durch festliche Stimmung so hingerissen, daſs für den Augenblick die Folgen nicht berechnet werden. Diejenigen, die kühn, ehrgeizig und beredt gewesen, sind vernichtet. So diente auch das ganze so bedenkliche Ereignifs nur zur Befestigung des Raths und seiner Gewalt. Die neue Eintracht (d. h. Vertrag) enthielt die merkwürdigen Worte: »So denn ein vollmächtiger Rath, wie er von je gewesen, fortan zu ewigen Tagen seyn und bleiben solle.« *) Das Wesen eines gewissen Patriciats blieb, insofern man das Vorrecht des Raths sich selbst zu ergänzen behalten und befestigt hatte. Es konnte sich aber aus früher angeführten Gründen nicht zu einer eigentlichen Aristokratie ausbilden, da ein gewisser Grad der Verwandtschaft ausschlofs, da aus Mangel an Primogeniturvorrechten auf gewisses vom Handel unabhängiges Grundeigenthum keine Gewährleistung für den Bestand der regierenden Familien vorhanden war, und der Rath, da die Besoldungen, damals nicht stark, nur ein Ehrensold zu nennen waren, sehr häufig aus neu aufgekommenen Familien wählen mufste. Es wurde verordnet, dafs in Privatgesellschaften, Versammlungen der Kaufleute oder Zünften keine Staatsgeschäfte verhandelt, auch die Kirchspiele nicht zu dem Zweck versammelt werden sollten. Das Nöthige wurde verordnet, damit Keiner mit Unwissenheit des Bürgereides sich entschuldigen könne, oder hergelaufenes Gesindel sich in Bremen aufhalten möchte. Der Rath will, so er Berathung mit der Gemeine für nöthig

---

*) N. Eintr. Art. 2.

findet, selbst aus der Kaufmannschaft und den Zünften die Männer auffordern, die er tüchtig dazu hält. — Die Kritik dieser Verordnungen gehört nicht hierher.

Den Schuldigen, insofern sie gegen den Rath sich vergangen, gelobte der Bürgermeister Daniel von Büren Vergessen und Verzeihung; aber nicht ungeahndet sollte bleiben was sie gegen Tafel und Buch gethan, als Mord, Verrath, Selbsthülfe, Raub.

Die Bürgerschaft genehmigte jene Artikel; und diese Urkunde, die man die **Neue Eintracht** nennt, wurde von dem Erzbischof von Bremen, dem Bischof von Münster, Herzog Ernst von Lüneburg, den Grafen Anton von Oldenburg und Jobst von Hoya, den Lehnsmännern des Stifts, und den Städten Lübeck, Hamburg, Lüneburg, Stade und Buxtehude gewährleistet. Die Unruhen hatten ohngefähr fünf Vierteljahr gedauert.

Rechenschaft.

Nachdem erst dieses geordnet, da wurde auch Rechenschaft über des Comthurs Ermordung und den Aufruhr gehalten. Eine Staatsveränderung, mit Vergiefsung unschuldigen Blutes begonnen, konnte nicht zum guten Ende gelangen; Drachenzähne waren gesäet, wie konnte eine gute Aerndte erwartet werden? Schon früher hatte die Stadt durch einen Vergleich, theils als Schadenersatz, theils als Sühne, eine bedeutende Summe an die Mutter und die Geschwister des Comthurs bezahlen müssen. Sein

Mörder, Johann Kremer, und zwei seiner Helfer wurden, ehe sie entfliehen konnten, ergriffen und enthauptet. Johann Dove wurde mancher früherer Verbrechen überführt, und litt, nachdem er den Rath um Vergebung gebeten, und die Bürger zum Gehorsam gegen die Obrigkeit ermahnt, den Verbrechertod. Wulbern Rulves war entkommen. Ein Rathmann, sein Freund, wollte ihn warnen, ohne den Eid der Verschwiegenheit zu verletzen, und ging an Rulves Hause vorbei, und sagte: »Heute ist schönes Wetter, ziehet aus.« Rulves verstand den Wink und entfernte sich. Viele Andere wurden mit Frau und Kind auf immer verwiesen. Es zeigte sich überhaupt, daſs Viele der Hundert und vier die Zeit ihrer Gewalt zu ihrer Bereicherung und Ausraubung Anderer benutzt hatten. Das Domkapitel zog mit Gepränge wieder ein, und um die Streitigkeiten aus der Welt zu schaffen, trat es ein bedeutendes Stück Land zur Weide ab.

Unter ungeheuern Verhältnissen, wo das Schicksal ganzer Nationen und ihrer Herrscher auf dem Spiel steht, wo in einer Feldschlacht mehr Menschen todt bleiben, als unser ganzer Staat Einwohner zählt, mögen unsere Weidestreitigkeiten klein erscheinen. Aber da der Mensch in groſsen wie in kleinen Verhältnissen immer derselbe erscheint, da die Leidenschaften auf dem Thron wie in der Handwerksstube sich in ihren Aeuſserungen gleich sind, und nur sich durch die Masse ihrer Wirkungen unterscheiden, so verdienen die Ereignisse kleiner

Staaten, obwohl unwichtig in den Folgen, bei dem Freunde der Geschichte doch grofse Aufmerksamkeit; denn um so viel kleiner der Schauplatz dieser Ereignisse ist, um so leichter läfst sich das Getriebe der Leidenschaften erkennen, und um so leichter ein Maafsstab zur Beurtheilung gröfserer Verhältnisse gewinnen. Und endlich ist das Wort klein und grofs sehr relativ. Johann Müller sagt: »Eine kleine Stadt, welche thut so viel sie kann, ist vor der Welt ehrwürdiger, als der mächtigste König, der seine Schuldigkeit nicht thut.

Krieg mit Junker Balthasar von Esens und Witmund (1537).

Junker Balthasar, Oheim des Herzogs Karl von Geldern, hielt sich in vielerlei Weise von den Bremern beleidigt, und hatte ihnen, als ihm in Bremen kein Aufenthalt, noch weniger Erlaubnifs, auf der Weser gegen seinen Todfeind, Graf Enno von Friesland zu kriegen, zugestanden worden, fürchterliche Rache geschworen. Das erste war, dafs er Bremer Schiffe wegnahm. Eine versuchte Unterhandlung scheiterte an den Forderungen des Junkers; selbst nach der Reichsacht *), die über ihn ausgesprochen

---

*) Reichsacht von Karl dem Fünften 1538. (S. Cassel ungedr. Urk. 491.) Nicht Jedem ist die Formel der Acht bekannt. Es heifst in diesem Achtbriefe an die Fürsten und Städte deutschen Reichs: Wir entbieten euch — dafs ihr den vorbenannten Balthasar für des Reichs Achter und Ungehorsamen haltet

wurde, fragte er nichts, setzte sein Rauben fort, nahm sogar sechs Bremer Schiffe auf einmal weg.

Im Herbst bekamen die Bremer Nachricht, dafs auf der Elbe drei mit Bier beladene Schiffe für den Junker lägen. Sie pafsten auf, und erwischten sie, brachten aber nur zwei nach Bremen. In dem dritten nämlich hatte sich die Bremer Mannschaft in dem guten Hamburger Bier berauscht, den Esensern aber zu wenig mitgegeben, so dafs diese nüchtern blieben. Als nun jene in trunkenem Muthe in den Schlaf fielen, setzten diese sie ans Land, und brachten ihr Schiff glücklich wieder heim.

Bedeutend vermehrten die Bremer ihre Schiffsmacht gegen Balthasar, und es gelang ihnen, seinen Hauptmann Franz Böhme, der für ihn auf Seeräuberei, besonders gegen die Bremer, zog, und oft die Mannschaft der genommenen Schiffe über Bord werfen liefs, mit seinen Leuten zu fangen; an die fünf

---

und meidet, ihn nirgends in unsern erblichen und euern, und des Reichs Fürstenthümern, Landschaften, Grafschaften, Herrschaften, Gebieten, Gerichten, Schlössern, Städten, Märkten, Dörfern, Höfen, Häusern oder Behausungen nicht einlasset, behauptet, hofet, ätzet, tränket, enthaltet, leidet, oder geduldet, vorschiebet, durchschleppt, schützet, schirmet, begleitet, oder sonst einigerlei Gemeinschaft mit ihm habet, noch solches alles und jedes zu thun den Euern befehlt, oder gestattet, weder heimlich noch öffentlich, in keinerlei Weise, Wege oder Scheine; sondern sein Leib, Hab und Güter, wo ihr sie zu Wasser oder Lande betretet, erfahret oder findet, angreift, niederlegt, verkümmert, arretirt und verhaftet; — was an des gemelten Balthasars Achters Leib, Hab und Güter vorgenommen und gehandelt wird, das soll als nicht gegen das heil. Reich gefrevelt angesehen werden.

und achtzig Mann, die als Seeräuber (auch nach dem Verlangen der Gubernatorin der Niederlande, Maria von Oestreich) angeklagt wurden. Sie entschuldigten sich, daſs eine Ladung Juden zugehört, auch seyen sie in Diensten eines regierenden Herrn. Auf Letzteres wurde ihnen gesagt, daſs Junker Balthasar in der Reichsacht sey und auf kein Recht Anspruch machen könne. Es wurde also über sie, als überwiesene Seeräuber, das Todesurtheil gefällt.

Der Herr von Mohrkirchen wurde hierauf, um seiner Familie Willen, im Ansgarii-Thor bei verschlossenen Pforten enthauptet, in einen Sarg gelegt, und auf Ansgarii Kirchhof beerdigt, die andern aber alle auf der Richtstätte enthauptet und auf Remberti Kirchhof begraben.

Als Balthasar dieſs erfuhr, lieſs er ebenfalls einige in seinem Gewahrsam befindliche Bremer enthaupten. Die mit der Execution gegen ihn beauftragten Reichsstände verhielten sich still, und Balthasar, wie man in Bremen vernahm, rüstete sich.

Indessen sandte Fräulein Maria, Herrin von Jever*),

---

*) Sie war die letzte Abkömmlingin von dem groſsen friesischen Häuptling Sibeth Wimken Papinga. Da ihre Mutter eine Gräfin von Oldenburg war, so vermachte sie ihre Herrschaft an Oldenburg. Durch Anton Günthers Anordnungen kam hernach Jever an die Kinder seiner Schwester Magdalena, einer verehelichten Fürstin zu Anhalt-Zerbst. — Als ein gewisser ostfriesischer Graf sich um Fräulein Mariens Hand bewarb, nachdem ihr Graf Enno von Friesland untreu geworden, schlug sie ihn aus mit den Worten: „Ich weiſs wohl, er freit mehr um meinen grünen Rock, als um meine Person." Sie meinte damit ihre fruchtbare Herrschaft.

ihren Rath Böing von Oldersum an den Rath mit Klage, wie Balthasar ihr Land ausgeplündert und gebrannt, und verlangte Hülfe. Der Rath schickte den Stadthauptmann Andreas von Lübbcke ins Jeverische; dieser vertrieb mit Hülfe der Kriegsleute des Fräuleins die Feinde, und nahm das Esenssche ein. Balthasar hatte nur noch die Burgen Esens und Witmund, die nun, jene von den Bremern, diese von den Jeverischen belagert wurden (29. September 1540). Rathmänner und Aelterleute waren im Lager vor Esens zur Kriegsverwaltung; der Stadthauptmann, Bürgermeister Hoyer, kommandirte die Belagerung. Sehr viel und schweres Geschütz wurde aufgepflanzt, die Stadt wurde in Brand geschossen, und eine Kugel fiel beinahe in Balthasars Krankenzimmer. »Ich wollte, ich könnte mein Land in den Abgrund treten, damit es die Bremer nicht bekämen«: diefs war sein Sterbegebet, und damit schied er von hinnen. Vor Esens fand der Stadtrittmeister, der früher genannte treffliche Heine Wöltke, seinen Heldentod. Nach Balthasars Tod ergaben sich beide Schlösser, welche an Bremen fielen. Der Rath belehnte mit beiden Herrschaften den Schwestersohn Balthasars, den jungen Grafen Johann von Rietberg, gegen eine bedeutende aber dennoch für die Kriegskosten unzureichende Summe.

Bremen im schmalkaldischen Bunde.

Bremen konnte in dem Kriege Kaiser Karls des Fünften mit dem schmalkaldischen Bunde um so weniger unberührt bleiben, da, trotz einer ausführlichen Vertheidigungsschrift gegen die Anklagen des Erzbischofs wegen Vertreibung des Domkapitels und Aufhebung des katholischen Gottesdienstes im Dom, trotz des Beweises, dafs nur von der unruhigen Faction gewaltsam zu Werke gegangen worden, und diefs nicht dem Rath, der ja auch so gut wie das Domkapitel der Gewalt habe weichen müssen, so wenig als der ganzen Gemeine zuzuschreiben sey, dennoch der Kaiser lieber das Geschehene als von der Gesammtheit ausgegangen ansehen mochte. Von keinem Reichsstande Entschuldigungen zuzulassen lag in seiner damaligen Stellung gegen das deutsche Reich, wo die Religion nur als Vorwand vorgeschoben wurde.

Im Anfang des Jahres 1547 naheten sich aus den Niederlanden die kaiserlichen Feldherren Jobst von Croning und Christoph von Wrisberg durch Westphalen der Stadt Bremen, die sich gehörig vorsah und die Befestigungswerke in Stand setzte.

Achtzehn Fähnlein und fünf hundert Reiter schlossen die Stadt ein.

Der Erzbischof stand zur Burg auf dem Kirchhofe, sah die brennenden Häuser im Stadtgebiet, freute sich herzlich und lachte laut. Diefsmal war seine Freude umsonst.

Kurfürst Johann Friedrich von Sachsen, der auf die Treue der Stadt Bremen vor allen andern Ständen des schmalkaldischen Bundes sein höchstes Vertrauen setzte (wie sie denn auch nebst Magdeburg von allen niedersächsischen Städten dem Bund allein treu blieb) schickte den Grafen Christoph von Oldenburg mit dreifsig Pferden nach Bremen.

Viele eigenthümliche zum Theil spafshafte Vorfälle fanden bei der Belagerung statt.

Die Bremer unter ihrem Anführer Andreas Lübbcke erfochten manche kleine Vortheile, und jagten den Feinden manche Zufuhr ab, so zu Lande wie auf der Weser; und es gereichte den Bremern die Wohlfeilheit aller Lebensmittel, besonders der wunderbar reiche Fischfang, der oft in einem Zug sechszig Lachse gab, nicht wenig zum Vortheil. In einem Scharmützel wurde Croning tödtlich verwundet; den Tag darauf kamen sieben stark bemannte hamburger Schiffe die Weser herauf, den Bremern zu Hülfe. Diefs veranlafste Wrisbergen die Belagerung aufzuheben und ins Stift zu ziehen. Er hatte die Stadt sechs Wochen eingeschlossen gehalten.

Indessen erschien Herzog Erich von Braunschweig, vom Kaiser gesandt, vor Bremen, und forderte die Stadt auf, die aber nun erst Alles aufbot, um sich zu verwahren; doppelte Pallisaden, viele tausend spitzige Pfähle in die Erde gesetzt, Fanggruben dicht beieinander vom Osterthor bis an S. Stephani, Siedpfannen, Pechkränze, Mastbäume auf dem Wall und der Brustwehr, um die Stürmenden nieder zu schlagen. Den Hamburgern wurde die Weser bis zur Mündung zur Vertheidigung übergeben. Von S. Martini bis zur Hollmannsburg wurde eine Schanze zur Deckung der Weser aufgeworfen, mitten in den Flufs grofse Mastbäume mit Ketten und Anker befestigt, damit weder Flöfse noch Schiffe sich der Stadt nahen konnten. Ober der Holzpforte wurde der Flufs mit doppeltem Pfahlwerk gesichert, die Weserbrücke zu beiden Seiten mit Tuch behangen, und alles Bauwerk aufserhalb der Stadt vernichtet.

Indessen war Erich mit neun und zwanzig tausend Mann und viel schwerem Geschütz an der einen Seite der Weser angekommen, und Wrisberg, der sich seit einiger Zeit nach sechswöchentlichem vergebenem Bemühen entfernt hatte, zog nun auch wieder heran. Eine abermalige Aufforderung Erichs wurde vom Rath eben so standhaft wie die erste beantwortet.

Nun wurde die Belagerung ernstlicherer Art, sogar wollten die Feinde die Weser abgraben; und obgleich die Bremer in keinerlei Weise den Muth sinken liefsen, ja sogar im Ganzen in allen Gefechten siegten, so war es doch ein fröhlicher erster Mai, an welchem die Nachricht kam, dafs Graf Christoph von Oldenburg, vereint mit den Hamburgern,

drei tausend Mann stark, in Herzog Erichs Land
gefallen sey, und zum Entsatz von Bremen heranrücke.
Das schwere Geschütz Erichs that nicht viel Schaden; und als er eines Abends zwölf Schüsse nach
der Stadt thun liefs, ein Triumph über des Kurfürsten von Sachsen Gefangenschaft bei Mühlberg, wovon eben die Nachricht eingegangen, so war es
den Bremern keine geringe Freude, dafs von allen
diesen Schüssen nur drei junge Katzen im Neste,
auf der Tiefer, erschossen worden, welches den
Feinden mit spöttischem Lob ihres männlichen Mu-
thes zugerufen wurde. In der Stadt blieben von
allen Schüssen in der ganzen Belagerung nur eine
Kuh und ein junger Mensch todt.

Während so der Erfolg für die Kaiserlichen
sehr zweifelhaft schien, erhielt Erich Nachricht, dafs
Albrecht von Mansfeld, auf seinem Rückzug aus der
Schlacht bei Mühlberg ihm ins Land gefallen sey
und von da ihm nach Bremen nachrücken wolle.
Auf diese Nachricht hob Erich mit Wrisberg die
Belagerung auf, zog am 22. Mai ab, und die Stadt
hatte die entzückende Genugthuung, mit trefflicher
Gegenwehr sich gezeigt zu haben, so wie nun mit
Freudigkeit den Feind, der auch nicht das Geringste
ausgerichtet, heimkehren zu sehen. Der Herzog
ging gerade nach Hoya; der Oberst sollte seinen
Weg über Verden eben dahin nehmen, konnte aber
nicht zur bestimmten Zeit, da das Geschütz oft im
Sande stecken blieb, zu Hoya eintreffen.

Die Schlacht bei Drackenburg befreite Bremen

von dem Feinde. Herzog Erich verlor viele Menschen an Todten und Gefangenen, dazu achtzehn Stück grofses Geschütze, darunter folgende genannte: der Leopard, die Nachtigall, die Katharine von Sachsen, die Sängerin, der fliegende Drache, der Falk u. s. w., die nach Bremen gebracht wurden, und zehn Jahre bis zur Rückgabe auf dem Domshof standen. Auch Erichs Streithengst und prächtige Pistolen fielen in die Hände der Bremer. Die Zahl der getödteten Feinde betrug 2500, die Zahl der Gefangenen 2519. Auf den Pfingsttag wurde sämmtlichen Fürsten und höhern Offizieren des siegreichen Heeres auf dem Schütting ein treffliches Gastmahl gegeben.

Bremen wurde gegen einige Opfer, die es bringen mufste, von der Reichsacht frei. Die Lehnsherrlichkeit über Esens und Witmund mufste an den Kaiser abgetreten und Mitunterhaltung des kaiserlichen Kammergerichts angelobt werden.

Religionsunruhen.

Unter den in Bremen mit Festlichkeit empfangenen Fürsten und Herren war ein Mann, der für Bremen wichtig werden sollte, der Prediger Albert Hardenberg, der in der Schlacht nebst andern Prädikanten mit Beten und Singen die Krieger zur Schlachtfreudigkeit ermuntert hatte. Er war ein Friese, der sich früh zu den neuern Lehren gewandt, in Löwen die akademischen Würden erhalten, in Mainz Vorlesungen gehalten, später in Löwen gelehrt hatte und verwiesen worden war. Da er sich jedoch nicht von der katholischen Kirche losgesagt, so fand er Aufnahme im Kloster Aduwert, verliefs es aber wieder, begab sich nach Wittenberg zu Melanchton, wurde sein Freund, und von ihm dem Kurfürsten Hermann zu Cöln als geistlicher Beistand zugeschickt. Er hielt sich darauf abwechselnd bei ihm und in Strafsburg und Zürich auf. Die Entsetzung des Kurfürsten hatte auch die Dienstlosigkeit Hardenbergs zur Folge, der nun zu dem Heere des schmalkaldischen Bundes kam, das Bremen von der Belagerung befreite. Bei dieser Gelegenheit wurde er, nachdem der Dom seit 1532 bis 1547 unbenutzt geblieben, von den nunmehr meistens protestantisch gewordenen Domherren als erster lutherischer Prediger am Dom angestellt.

Um diese Zeit wurde Bremen der Schauplatz spitzfindiger theologischer Streitigkeiten, die wir hier mit Recht übergehen würden, als menschlicher Betrachtung unwürdig, in so fern sie zwecklos sind, wenn nicht Unruhen im Staat und Einmischung auswärtiger Mächte in die Angelegenheiten desselben die Folgen davon gewesen wären.

Timann, Prediger an Martini Kirche hatte im Jahr 1555, weniger auf die heilige Schrift als auf das Ansehen alter und neuer Gottesgelehrten gegründet, mit vieler Heftigkeit in einem Buche behauptet: dafs der menschliche Leib Jesu nach dem Grundsatz der Allgegenwart Gottes, bei allen Geschöpfen gegenwärtig sey. »Wo der Sohn Gottes ist,« hiefs es, »da ist auch Mariens Sohn, in demselben Augenblick zu Rom, zu Jerusalem und in Friesland; er ist z. B. in einem Apfel und in einer Birne, so gut wie er im Brod des Abendmahls ist; indefs wird uns im Apfel und in der Birne der Leib Christi nicht ausgetheilt, wie es vom Brode gesagt ist u. s. w.« Es ist klar, wie solcherlei Untersuchungen in abweichende Meinungen vom Abendmahl übergehen mufsten, in welchen Hardenberg eine Hauptrolle zu spielen gezwungen war.

Was soll man sagen, dafs um solche Zänkereien der König von Dänemark an den Rath einigemal geschrieben, die Gräfin von Ostfriesland, der Graf von Oldenburg sich darum bekümmert, die Kreisstände sich versammelt hatten; dafs Hardenberg, ein gelehrter, aufrichtiger, seinen Zuhörern theurer Mann, der an klarer Einsicht hoch über seinen Kollegen stand, aus Bremen und dem niedersächsischen Kreise verwiesen und seines Amtes entsetzt wurde; dafs in der Osterwoche 1562 drei Bürgermeister, sechszehn Rathsherren, fünf Prediger und viele Bürger, die es mit dem gröfsten Theil des Raths gegen Hardenberg gehalten, auswichen, um benachbarte Mächte für ihre Absichten zu gewinnen, und neue Rathsherren an ihre Stelle gewählt wurden; dafs die Stadt aus der Hanse gestofsen und erst nach dreizehn Jahren wieder aufgenommen wurde; dafs die Ausgewichenen, mit Ausnahme einiger, zwar wieder zurückkehrten, aber nur als gemeine Bürger, und von Neuem den Bürgereid schwören mufsten; dafs demohngeachtet bei aller dieser Verwirrung keine Veränderung der Religion in Bremen statt fand, Melanchtons Lehre vom Abendmahl Beifall behielt, dabei aber die Augsburgische Confession, Luthers Katechismus u. s. w. für symbolische Bücher der bremischen Kirche in dem verdenschen Vertrag erklärt wurden? Der Dom blieb sieben und siebenzig Jahre wieder verschlossen. Die Anhänger Zwinglis nahmen in dem Verhältniſs zu als die Lutheraner abnahmen, und es bildete sich zwischen beiden Partheien eine Stellung, die oft zu unangenehmen Auftritten Veranlassung gab, die Familien spaltete, oft zur Intoleranz führte, und der Stadt eine Physionomie aufdrückte, die noch jetzt in mancher Beziehung allzu kenntlich ist. Seit dem Jahre 1698 bestand der Rath aus lauter Reformirten, und hierüber wurde festgehalten bis das neunzehnte Jahrhundert zu liberaleren Ideen führte.

Indessen hatte die Reformation auch die politischen Verhältnisse der Stadt sehr geändert. Der im Jahr 1566 verstorbene Erzbischof Georg, aus dem Hause Braunschweig, war protestantisch gewesen. Johann Adolph fand, als er sich verheirathete, bei dem Domkapitel Widerspruch, eben so sein Nachfolger Johann Friedrich, dessen Heirath darüber nicht zu Stande kam. Unter seinem Nachfolger, einem dänischen Prinzen, der den Dom in Bremen wieder öffnen lies und den lutherischen Gottesdienst unter Protestation des Raths einführte, kam das nun säkularisirte Erzstift Bremen erst durch den Krieg, dann durch den westphälischen Frieden unter schwedische Herrschaft und die von dem Erzbischof so oft versuchten Ansprüche an Bremens Reichsunmittelbarkeit gingen nun auf Schweden über, und wurden auch geltend gemacht. Diefs geschah ums Jahr 1652 auf eine gewaltsame Art *).

Der damalige Statthalter der Herzogthümer Bremen und Verden war Graf Königsmark. Ohngeachtet der Inhibition von Seiten des Kaisers fuhr er fort Bremen zu bedrängen, besetzte einen Theil des Gebiets der Stadt, befestigte die Burg, einen wichtigen Pafs über die Lesum. Bremen hatte ein Häuflein von 4000 Mann in Dienst genommen, dazu kamen die wohlbewaffneten und geübten Bürgerkompagnien. In einem Ausfall waren sie so glücklich, die Schanze zur Burg, auch diejenige bei Vegesack zu erobern und die Stadt Verden zu brandschatzen. Auf dem Rückweg aber wurden sie von den Schweden eingeholt und mit einem Verluste von 180 Mann geschlagen.

---

*) Die Streitigkeiten wegen der Immediatät haben in den zwei vorletzten Jahrhunderten der Stadt viel Beschwerde verursacht und zu manchen Vertheidigungsschriften Veranlassung gegeben, da doch einen langen Besitz als ungültig ansehen und die Rechtmäfsigkeit desselben seit langen Jahren erwiesen sehen zu wollen allen denen, die in einem Besitze sind, die gröfste Gefahr droht. Fast kein deutscher Reichsstand hätte sich rühmen dürfen, unangefochten zu bleiben, wenn ein mächtigerer als er solche Untersuchungen angestellt, und die Rechte, welche der Besitz und die Zeit giebt, für ungültig erklärt hätte. Aber auch selbst dieser hat zu befürchten, dafs früh oder spät seine Grundsätze gegen ihn selbst geltend gemacht werden.

Am fünften September eroberte jedoch Königsmark die Burg wieder, und es kam am sechsten, als gerade bei einem grofsen Bufstag die Bremer in den Kirchen versammelt waren, die Kunde, durch Verrätherei seyen die Schweden schon in der Stadt, und der Verräther sey der Bürger Statius Speckhan.

Der Rath war von der Kirche gleich aufs Rathhaus gegangen; dorthin stürmte der Pöbel nach und beging Gewaltthätigkeiten in der Rathsstube; doch als es sich auswies, dafs Alles nur ein blinder Lärm gewesen, begab sich Jeder wieder nach Hause.

Indem nun Königsmark neue Angriffe auf die Stadt bereitete, traten benachbarte Fürsten und Städte ins Mittel, und so wurde ein Waffenstillstand, dann ein Vergleich zu Stade 1654 geschlossen; durch welchen Bederkesa nebst dem Gericht und dem Flecken Lehe den Schweden abgetreten, auch ihre Territorialhoheit über Blumenthal und Neuenkirchen vorbehalten, die Frage wegen der Immediatät aber auf weitere Traktate verschoben wurde; ein schwedischer Bevollmächtigter empfing die Huldigung der Stadt in der Art, wie sie früher den Erzbischöfen war geleistet worden; doch empfing auch der Kaiser in Wien die Huldigung Bremens im Jahr 1660 als einer freien Reichsstadt.

Die Stadt konnte jedoch keiner langen Ruhe entgegensehen, und der Rath liefs die Bürgerschaft kompagnienweise Mann für Mann in die Pfarrkirchen fordern, und Jedem wurde die Frage vorgelegt: ob er in bevorstehender Gefahr Gut und Blut für die

Freiheit der Stadt aufopfern wolle? Die Antwort war ein begeistertes Ja. Anordnung von Bufs- und Bettagen für Stadt und Gebiet wurde nicht unterlassen und die Stadt rüstete sich aufs Beste zum Streite, im Fall gütliche Unterhandlungen mit der schwedischen Regierung zu Stade ohne Erfolg bleiben sollten.

Am neun und zwanzigsten August 1666 begann der schwedische General Wrangel die Feindseligkeiten, beschofs die Stadt, jedoch ohne Erfolg. Die Bremer wehrten sich aufs Beste und thaten glückliche Ausfälle. Nach erfolgter Einrede des Kaisers vermittelten die Kurfürsten von Cöln und Brandenburg, die Herzoge von Braunschweig und Lüneburg und der Landgraf von Hessen-Kassel den Vertrag, den man den Habenhäuser nennt. Die wichtigsten Punkte desselben waren, dafs die Stadt ihr Sitz- und Stimmrecht auf dem Reichstage vom Ende des damaligen Reichstages an bis zum Jahre 1700 nicht in Ausübung bringen, und sich in Geschäften mit der Krone Schweden des Titels Reichsstadt enthalten sollte. Jener Reichstag hat aber bis zu den grofsen Veränderungen im deutschen Reich, welche gegen das Ende des letzten und den Anfang dieses Jahrhunderts geschahen, nie aufgehört; die Stadt kam also nie in den Fall, ihr Sitz- und Stimmrecht auf dem Reichstag aufgeben zu müssen.

Am 20. November 1666 zog Wrangel von der Stadt ab.

Seit dieser Zeit bietet die bremische Geschichte wenig dar, was den Leser anziehen könnte. Der westphälische Friede hatte den Kriegen der kleinen Reichsstände ein Ende gemacht; und ob auch Bremen einmal ein Fähnlein dem Kaiser im Türkenkrieg zu Hülfe geschickt, so war es doch mit dem Waffenruhm der Bürgerschaft vorbei. Nicht mehr zogen kriegeübte Bürger unter Anführung von Rathmännern und Aeltermännern aus den Thoren, um Nachbaren zu schützen oder zu bekriegen. Ritterliche Tugenden und Turniergeschicklichkeiten schmückten nicht mehr den Bürger, und es blieb ihm fast kein anderes Verdienst zu erwerben, als ein fleifsiger Handelsmann und sparsamer emsiger Handwerker zu seyn. Grofsherzige Gesinnungen schrumpfen in dem bürgerlichen Gewerbsleben ein; Angriffe auf die Regierung können nicht mehr statt finden, da, wo Jeder nur darauf denkt, wie er sein eigenes Ich am Besten versorgen kann. Statt stahlgerüsteter Bürger erscheint ein abgelebter, geringgeschätzter, mit Spottnamen bezeichneter Söldner auf schlecht unterhaltenen Wällen. Die Geschichte verliert das Schönste, wenn das offene Gegeneinanderstreben der Leidenschaften, der Kampf der Unterdrückten gegen die Uebermacht, des Rechts gegen das Unrecht sich in ein sorgsames Verwahren, Beobachten verliert. Die Blitzfunken, welche aus den Reibungen der Leidenschaften sprühen und die Tiefe und Höhe der Menschheit in raschen Lichtern erscheinen lassen, bilden den grofsen Reiz alterthümlicher Geschichten. Dem neunzehnten Jahrhundert war es vorbehalten, die kriegerischen Tugenden der Vorfahren neu aufleben zu sehen.

Aeltermanns - Kollegium.

Schon früher ist von den Aeltermännern der Kaufmannschaft, auch Collegium seniorum genannt, gesprochen worden, und wie dasselbe auf dem Wege der natürlichen Ausbildung des Staats, ohne geschaffen zu werden, nach und nach in ein Verhältnifs zur Staatsgewalt gekommen ist. Ich verweise auf die Unruhen der 104 Männer und was bei Gelegenheit der neuen Eintracht im Allgemeinen angeführt worden, und erwähne jetzt nur der Vorfälle, durch welche dem Aeltermanns-Kollegium vertragsgemäfs sein Wirkungskreis, so wie er bereits gröfstentheils durch Herkommen bestimmt gewesen, zugeordnet wurde.

Die Aeltermänner sind zu allen Zeiten als Vertreter der Bürgerschaft und ihrer Rechte gegen den Rath angesehen worden. Alles, was sich auf Handel und Schiffahrt bezog, stand unter ihrer Leitung, als den erfahrensten, wichtigsten und redlichsten ihres Standes. Deputirte des Kollegiums und der Bürgerschaft repräsentirten die Stadt und hiefsen Stadtsorten (consortes). Zu Krieg, Frieden, Bündnissen mufsten sie um Zustimmung angefragt, von den Stadtgütern mufste ihnen Rechenschaft abgelegt werden. Die Zusammenkünfte der Senioren auf dem Kaufhause oder Schütting, zur Berathung über auch über die Bewahrung der bürgerlichen Rechte waren herkömmlich. Da sie in den Senat gewählt werden konnten, so war es ein gebräuchliches Mittel, die geistreichsten und unruhigsten, welche irgend ein dem Rath unangenehmes Vorhaben förderten, bei der ersten Vakanz in den Rath zu versetzen und so aus der Opposition heraus zu ziehen. Ein Mittel, das jedoch nur selten gebraucht werden konnte, da unter einem Personal von 28 Personen die Vakanzen nicht häufig waren.

Es hatte sich unter ihnen ein Esprit de corps im Verlauf der Zeiten ausgebildet, der sich erhielt, da das Kollegium sich eben so gut selbst ergänzte, als der Rath. So wie einige Aeltermänner im Jahre 1523 durch Anregung der Weidestreitigkeiten den Rath in grofse Verlegenheit setzten, sich selbst aber am Ende die Uebermacht der Faction eben so sehr über den Kopf wachsen sahen, so dafs zusammenstimmendes Verfahren mit dem Rath nöthig wurde, eben so verfafste der hernach so unglücklich gewordene Aeltermann Burchard Lösekanne mehrere Beschwerden Namens der Bürgerschaft, welche von dem Kollegium und andern angesehenen Bürgern auf dem Schütting unterzeichnet wurden, nämlich: die Stadt sey in bessere Verfassung wider äufsere Gewalt zu setzen, die Justiz bedürfe einer Reform, manche Unordnungen bei Verwaltung des gemeinen Guts seyen abzuschaffen, auf Erhaltung alter bürgerlicher Rechte müsse sorgsamer geachtet werden, das Polizeiwesen sey mangelhaft. Der Senat erkannte zwar die Absicht solcher Beschwerden als billig an, indessen wurde Alles eine Reihe von Jahren hin gehalten. Mehrere der bedeutendsten Bürger, die sich bei diesen Beschwerden eifrig gezeigt, wurden bei vorkommenden Vakanzen in den Rath genommen und so beschwichtigt. Lösekanne, der sich in den Beschwerden des Aeltermanns-Kollegiums gegen den Rath vorzüglich thätig gezeigt, fiel bald nach dieser Zeit in den Verdacht, daſs er mit den Schweden Verbindungen unterhalte, welche die verrätherische Uebergabe der Stadt zum Zweck hätten, und wurde enthauptet.

Der Kurzrockische Vergleich.

Indessen dauerten die Berathungen der Aeltermänner und Bürger im Schütting fort.

Ein Aeltermanns-Eid wurde von dem Kollegium eingeführt, der unter andern dem gewählten Aeltermann die Verpflichtung auferlegte, nie etwas von des Kollegiums Interesse zu verrathen, wenn er je in den Rath sollte gewählt werden. Beschwerungen, eine über die andere, wurden dem Rath eingegeben, dieser legte bei Strafe dem Kollegium auf, ohne Wortführer oder Syndikus vor dem Rath zu erscheinen. Bei einigen Gelegenheiten war der eine oder andere Aeltermann, wenn er beschwerend vor den Rathsstuhl trat, mit dem Ehrentitel Bellhammel begrüſst worden.

Unter solchen Umständen traten endlich Aeltermänner und Bürger zusammen, und das Kollegium wandte sich »pro conservanda libertate contra impetitiones Senatus« an den Kaiser. In dieser Schrift ist das Collegium seniorum und die Bürgerschaft als eins betrachtet und die Verfassung geschildert als nur sehr wenig aristokratisch *). Eigenmächtige persönliche Benutzung städtischer Gefälle wurde dem Rath Schuld gegeben, und überhaupt um Gerechtigkeit gegen die Anmaſsungen desselben gefleht, da »imminens libertatis pristinique Reipublicae status periculum« vor der Thüre sey.

Jetzt erklärte der Rath den obenerwähnten Aeltermanns-Eid für null und nichtig, und diejenigen, so ihn geleistet, als nicht dadurch gebunden; auch sey das Aeltermanns-Wappen nicht zu gestatten, und würde, wo es sich an öffentlichen Oertern in den Fenstern gemalt befände, weggenommen werden.

Auf Antrag der Aeltermänner beim Kaiser wurde dem Rath jedoch jede Neuerung dieser Art untersagt.

Die Entscheidung in dieser Sache, nachdem

―――――

*) Mit Anführung der Stelle aus Koppen deciss. „Consules atque senatores in nostris civitatibus Germaniae gubernandae quidam civitatis curam habere, sed quando de rebus magni momenti agitur ipsi soli potestatem non habent sed necesse est convocari civitatem, vel qui curam omnium gerunt" u. s. w. Durch die neue Eintracht war ein gewaltiger Riſs in dieses urdeutsche Recht gemacht worden.

noch manche Schriften gewechselt worden, wurde endlich dem Könige von Dänemark, als Grafen von Oldenburg aufgetragen, und dieser übertrug dem kaiserlichen Residenten in Bremen, Freiherrn von Kurzrock, den Vergleich zu Stande zu bringen. Diefs gelang am 17. Mai 1681. In der Geschichte unserer Stadt kennt man dieses Uebereinkommen unter dem Namen Kurzrockischer Vergleich. Da in demselben allenthalben nur von competirenden Prärogativen die Rede ist, so wurden oft noch neue Erörterungen nöthig, obgleich im Ganzen die Aeltermänner ihren Willen durchgesetzt hatten. Wegen der Versammlungen in bürgerlichen Angelegenheiten heifst es also: Die Aeltermänner könnten zwar in kompetirenden Angelegenheiten 40 bis 50 Handelsleute auf dem Schütting versammeln, aber was zum Regiment und zur Berathschlagung des Raths allein gehöre, darüber könne nichts von ihnen berathschlagt noch beschlossen werden; doch können solche bürgerliche Klagen von dem Kollegio dem Rath mit geziemendem Respekt und Bescheidenheit rekommandirt, von demselben nach Billigkeit reflectirt, die Aelterleute mit aller Liebe, Vernunft und Bescheidenheit tractirt werden, sie auch mit andern angesehenen Bürgern Kaufmanns- andere und gemeine Wohlfahrt der Stadt betreffende Sachen, jedoch nach Unterschied der Umstände, dem alten Herkommen gemäfs vornehmen, und soll ihnen daran Part gegeben werden. Die Versöhnung wurde auf dem Schütting mit einer kostbaren Fastenmahlzeit abundant gefeiert *).

Reichsunmittelbarkeit Bremens.

Die für Bremen so beschwerliche und oft erneuerte Frage wegen der Reichsunmittelbarkeit wurde endlich durch ein Reskript Georg des Zweiten im Jahre 1731 zu Gunsten der Stadt entschieden. Fortan führte die Stadt unverkümmert den Titel kaiserliche freie Reichsstadt, und zahlte unmittelbar ihren Beitrag zu den Reichs- und Kreissteuern; in dem Stader Vergleich 1741 trat Bremen das Amt Blumenthal, das Gericht Neuenkirchen, die Dörfer Mittelsbühren, Niederbühren, Grambeke, Mohr, Oslebshausen, Wasserhorst, Wummsiehl, Niederblockland und Vahr mit aller Landeshoheit ab, behielt sich aber das Eigenthum des Hafens Vegesack und der niedern Gerichtsbarkeit über den Flecken Vegesack und die acht letztgenannten Dörfer vor.

Der siebenjährige Krieg.

In diesem Kriege kam Bremen als Reichsstadt in die Lage, so wenig von den Franzosen, als von den Verbündeten geschont zu werden, trotz ihrer erklärten Neutralität. Lieferungen an Geld und Vorräthen wurden von beiden Partheien gefordert, die Stadt wurde mit Einquartirungen belästiget und

---

*) Des Chronisten Costers Ausdruck.

das Zeughaus zum Theil vorzüglich von den Hannoveranern ausgeräumt.

Dann brachte aber auch dieser Krieg zum erstenmal jenes zweifelhafte Beförderungsmittel der Kultur, welches bis dahin unter der Obhut eifriger Geistlicher, als eine Pest, war vermieden worden, eine Schauspielertruppe unter Josephi's Direction, die zwischen beiden Brücken spielte. Indessen so wie sie mit dem Kriegsvolk gekommen, mufste sie mit demselben auch wieder abziehen.

Das Merkwürdigste nach diesem Kriege war ein Aufruhr der Schneidergesellen im Jahr 1791. Man sahe, wohin eine sonst der Ruhe ergebene Menschenklasse gelangen kann, wenn sie einmal in einen gereizten Zustand versetzt worden. Sie waren erzürnt, dafs die Meister auch unzünftige Gesellen in Arbeit nahmen, ohne zu bedenken, dafs diese ihre Arbeit wahrscheinlich besser machten, als die zünftigen. Sie wiegelten hierauf auch die Gesellen anderer Zünfte, besonders der Zimmerleute auf. Die Garnison und sogar Bürgerkompagnien wurden zur Stillung dieser Unruhen, die mehrere Tage dauerten, aufgeboten, und da der Pöbel sich auch darein mischte, so mufste endlich Gewalt angewandt werden, wobei einige Menschen todt blieben.

Das neunzehnte Jahrhundert.

Sehr lästig fühlte noch immer die Stadt so manche vormalige erzbischöfliche Rechte, Güter,

Einkünfte und Häuser, die, als das Erzstift säkularisirt wurde, an Schweden, dann an Hannover gekommen waren. Durch die Regensburger Reichsdeputation im Jahre 1802 wurde Bremen dieser Last entledigt. Der Dom mit allem in Bremens Ringmauern befindlichen hannöverischen Eigenthum, Einkünften und Rechten wurde hierauf der Stadt übergeben, so auch die meisten derjenigen Gebietstheile, welche im Jahre 1741 durch den Stader Vergleich an Hannover abgetreten worden und noch jetzt zu dem bremischen Stadtgebiet gehören.

Bei der Aufhebung der Unmittelbarkeit der freien Reichsstädte waren nebst den Hansestädten nur einige andere ausgenommen worden, bald liefs man nur jenen noch ihre alte Verfassung und Freiheit. Bremen hatte durch seine Neutralität einen höchst vortheilhaften Handel, und fühlte sich glücklich, jedoch nicht ohne Sorgen. Es wäre für Napoleon ein Kleines gewesen, die von ihm früher begünstigten kleinen hanseatischen Freistaaten in ihrer Lage zu lassen; allein das Continentalsystem, dem man überhaupt seinen Untergang mittelbar fast allein mit Recht zuschreibt, konnte ohne den Besitz aller Küsten der Nordsee für Deutschland nicht durchgeführt werden. Damals nannte er die Hansestädte Faktoreien der Engländer, ein überspannter, lächerlicher Ausdruck, der in neuern Zeiten ohne Verstand nachgesprochen worden ist. Noch ehe Bremen förmlich in Besitz genommen war, begann es schon das drückende Joch Frankreichs zu fühlen.

Die auffallendste Abnahme des Handels folgte zunächst daraus. Als diese Stadt darauf mit dem ganzen Unterweserlande, unter dem Titel: »Departement der Unterwesermündungen« in Besitz genommen wurde, verlor sie ihre freie Verfassung, erhielt dagegen den Titel einer bonne ville de l'empire, mit der Voraussetzung, sie solle gut genug seyn, alle Schmach und Unbill ruhig zu ertragen *). Zugleich wurde sie der Hauptort des Departements der Wesermündungen und der Sitz eines Tribunals.

Die Leiden, die Opfer, die Belagerung und Einnahme dieser Stadt, ihr Patriotismus, ihre lebhafte Theilnahme an dem Befreiungskrieg — das Alles ist noch in zu frischem Angedenken, als dafs es hier weitläuftiger Auseinandersetzung bedürfte.

Man weifs, wie thätig die deutschen und russischen Truppen im Herbst des Jahres 1813 an der Niederelbe zu Werke gingen. Man erwartete mit jedem Tage in Bremen eine Veränderung der Dinge, als Tettenborn schnell mit einem aus Kosacken und Lützowern bestehenden Corps auf Bremen zu marschirte, indefs Davoust an der Stecknitz unbeweglich stand. Die Besatzung von Bremen bestand aus zwölf hundert Schweizern, unter dem Kommando des Obersten Tullier. Schon den folgenden Tag, nachdem

---

*) Napoleon hatte keine sonderliche Meinung von der Gesinnung seiner guten Stadt Bremen. Er sagte einmal zu den Deputirten dieser Stadt: „Ma bonne ville de Bremen est la plus mal intentionné de tout mon empire."

die Stadt beschossen worden, wurde der Oberst am Osterthor von der Kugel eines Jägers getödtet, worauf die Besatzung abzog. Diefs geschah am vierzehnten Oktober. Die Bremer konnten sich leider nicht lange dieses glücklichen Ereignisses erfreuen, denn schon acht Tage später rückte ein Heerhaufen von 1500 Mann Franzosen heran und besetzte wieder die Stadt. Da jedoch indessen die Schlacht bei Leipzig vorgefallen war, so konnte Tettenborn am 4. November nach Bremen zurückkehren, wo augenblicklich unter allgemeiner Freude und Rührung die alte Verfassung wieder eingeführt und der Rath eingesetzt wurde (6. November).

Kaum fühlte sich Bremen frei, als es auch mit der lebhaftesten Begeisterung, trotz der langen gewerblosen Zeit, mit Opfern aller Art bereit war der guten Sache aus allen Kräften zu dienen. Der patriotische Frauenverein, die vielen freiwilligen Gaben, selbst aus den Spartöpfen der Kinder und des Gesindes, die Schaar von Jünglingen aus den besten Häusern unter dem Lützowischen Corps, die Kompagnien, welche der Zuckerfabrikant Böse auf eigene Kosten warb, ausrüstete und in's Feld führte: Alles diefs erinnert an die kriegerischen Tugenden der alten Bremer vor dem westphälischen Frieden, und wird in der Geschichte unvergefslich bleiben. Seit jener Zeit hat die Stadt wieder bedeutend an Wohlstand gewonnen, der sich auffallend in der zunehmenden Verschönerung der Privat- und öffentlichen Gebäude zu erkennen giebt.

Reform der Verfassung.

Nicht umsonst sollte ein gleichmäſsiger Zustand, der Jahrhunderte gedauert hatte, eine Reihe von Jahren unterbrochen gewesen seyn. Jetzt, oder vielleicht nie, war der Zeitpunkt gekommen, wo, durch die traurige Erfahrung belehrt, daſs Alles auch anders seyn könne, als es bisher immer gewesen, die Einsichtsvollern erkannten daſs die Ideen des Bessern zur Wirklichkeit gebracht werden konnten. Die Gemüther waren durch das Unglück der Zeiten hinlänglich gereift.

Seit der neuen Eintracht ist in der Verfassung unserer Republik keine wesentliche Veränderung, bis zur gänzlichen Aufhebung derselben durch die Franzosen, gemacht worden. Bald nachdem die Stadt von dem fremden Joche frei geworden, schritt man zu einer Verbesserung der Verfassung, um sie mit den Wünschen der Zeit übereinstimmender zu machen. Noch ist man nicht ganz damit zu Stande gekommen. Anerkannt sind zwei Gewalten im Staat: der Senat, und die auf dem Konvent versammelte Bürgerschaft; beide bilden den Staat und haben gemeinschaftlich die Hoheit. Ein Theil des Senats beschäftigt sich mit der Administration, der andere mit der Justiz. Daſs beide in demselbigen Kollegium sind, hat zu vielen und gerechten Erinnerungen von Seiten der Bürgerschaft Veranlassung gegeben, und es wäre die Trennung, wenn sie auf irgend eine Art möglich gemacht werden könnte, zu wünschen. Der Regierungssenat besteht mit Inbegriff der beiden Syndiker aus vierzehn Personen, die Zahl der Nichtstudirten dabei darf nicht unter fünf und nicht über sechs seyn. Der Justizsenat besteht aus fünfzehn Mitgliedern gelehrten Standes. Die Zahl der Bürgermeister ist vier.

Der Senat hat neben der vollziehenden Gewalt das Recht der Oberaufsicht über alle verfassungsmäfsig bestehenden Staatseinrichtungen, das Recht in Polizeisachen Verordnungen zu erlassen, die Büchercensur, die Repräsentation des Staats im deutschem Bunde, die Aufnahme neuer Bürger, das Recht der Ernennung und Beeidigung zu Staatsämtern und Bedienungen, die Ertheilung von Privilegien und Concessionen, in sofern sie nicht durch die gesetzgebende Gewalt, nämlich Rath- und Bürgerschlufs, beschränkt ist, die Begnadigung und Milderung in Strafsachen, die Ertheilung von Dispensation in Ehesachen, die Ausübung des juris circa sacra und der Episcopalrechte im protestantischen Sinn, die freie Verfügung über 10000 Rthlr., jedoch mit der Bedingung, Rechnung davon abzulegen, die Ansetzung der Zusammenkünfte mit der Bürgerschaft oder deren Repräsentanten, die Verwaltung des Staatsguts mit verfassungsmäfsiger Theilnahme der Bürgerschaft, das Recht der Gesetzgebung und Besteuerung u. s. w. gemeinschaftlich mit der Bürgerschaft. Die nähern Bestimmungen zu jedem Artikel konnten hier, um Weitläuftigkeit zu vermeiden, nicht mitgetheilt werden. Das was dem Justizcollegio des Senats zukommt, ist das Gewöhnliche und bedarf der Anführung nicht.

Wittheit nennt man die Versammlung des ganzen Raths. Vor denselben gehören die Regierungsgeschäfte im engern Sinn, namentlich die auswärtigen Angelegenheiten, die Finanzsachen und die Polizei.

Die wichtigste Veränderung war das neue Statut in Betreff der Wahl der Senatoren. Die Veränderungen des Raths überhaupt, sind früher in der Geschichte unseres Staats beschrieben worden. Seit der neuen Eintracht ergänzte sich der Senat selbst, jedoch waren viele Verwandtschaftsgrade ausgeschlossen, so dafs dadurch einer Aristokratie von wenigen Familien oder nur einer vorgebeugt war. Es wurde nun die zeitgemäfse Idee aufgestellt, dafs durch die Mitwirkung der Bürgerschaft bei der Wahl die Verfassung demokratischer, und jeder möglichen Einseitigkeit bei der Rathswahl vorgebeugt werden würde. Die Wahl wurde also nun so bestimmt: »Der versammelte Konvent wählt zwölf Bürger, diese loosen vier aus ihrer Mitte; eben so loost der Senat vier von den seinigen; diese acht treten zusammen, und bringen drei Kandidaten zum Vorschlag, aus denen der Senat einen wählt.«

Jede Korporation hat gewisse, in ihrem Wesen gegründete, ihr Bestehen ausmachende Maximen, die einer auf einem andern Standpunkte entweder nicht fafst, oder gar verabscheut, oder dessen Charakter und Handlungsweise vermuthen läfst, dafs er sie nicht in sich aufnehmen werde. In solchem Falle würde z. B. die Selbstergänzung eines Körpers am zweckmäfsigsten seyn. Da aber Zeiten kommen, wo ein neues Lebensprinzip oft in einem Körper an die Stelle des lang bestandenen aber nun abgestorbenen treten mufs, so mufs bei Zeiten gesorgt werden, dafs Wahl und Zufall gemischt sey. Unbedingte Wahl aus sich verursacht Aristokratie, und wenn nicht Verwandtschaftsgrade ausgeschlossen sind, Herrschaft einer oder weniger Familien; eben so werden schlechte Grundsätze alsdann stagnirend. Durch Zufall können neue belebende Elemente in eine solche Korporation kommen, was absichtlich durch Wahl nie würde geschehen seyn. Die Wahl ganz dem Zufall zu überlassen, könnte grofse Gefahr bringen. Die neu vorgeschlagene Art in den Rath zu wählen war ungemein gut ersonnen, um Zufall und Absicht auf gleiche Weise wirken zu lassen.

Dafs der Rath aber ein altes wichtiges Recht aufgab, konnte von verständigen Leuten nicht ohne Verwunderung bemerkt werden. Von dem, der ein wichtiges Recht freiwillig aufgiebt, wird natürlich vorausgesetzt, dafs von der andern Seite einem noch wichtigeren entsagt werde. Die Sache fand jedoch mit Recht Beifall; auch selbst die Klausel, dafs nun nähere Verwandtschaftsgrade zugelassen werden könnten, da durch Theilnahme der Bürger an der Wahl kein Aristokratismus zu befürchten sey. Bei der Frage, ob solche Verwandtschaftsgrade mit sechs oder sieben Stimmen zugelassen werden könnten, bestand der Senat sehr dringend auf den sechs Stimmen und setzte diefs auch gegen die Bürgerschaft durch.

So sehr, es zu beklagen wäre, wenn zufällig durch die ausschliefsenden Verwandtschaftsgrade die geschicktesten und gescheutesten Leute des Staats zu einer gewissen Zeit keine Mitglieder der Regierung seyn könnten, so möchte doch diefs in einer Demokratie, wo jeder Bürger sein Geschick und Wissen auf mancherlei Art allgemein nützlich machen kann, kein grofses Unglück seyn; zumal da in einer Regierungskorporation mehr die herkömmlichen Maximen regieren, als der politische Geist des Individuums. Ein Unrecht wäre es auf keinen Fall, wenn ja ein Gesetz darüber bestände; eine Unbilligkeit eben so wenig, da ja nicht das Mitregieren der Zweck ist, nach welchem ein guter Bürger streben und welchen er billigerweise erreichen soll, sondern eben derjenige und kein anderer, als ein guter Bürger zu seyn. Dafs Niemand weder eine Ungerechtigkeit noch Unbilligkeit in der Unfähigkeit mehrerer Bürger zur Regierung zu gelangen finden würde, könnte sich bald zeigen, wenn nach dem bekannten Spruch *) die Republiken auf den Fufs gesetzt würden, dafs die Staatswürden nur Lasten und keine Vortheile gewährten. Die Bürgerschaft lasse es sich

---

*) *Republiken hab' ich gesehn, und das ist die beste,*
    Die dem regierenden Theil Lasten, nicht Vortheil gewährt.
                                            G ö t h e.

nur stets angelegen seyn, die selbstständigsten, einsichtsvollsten und redlichsten Bürger zu Wahlherren zu ernennen. Und was ist überhaupt zu befürchten, wenn beide Wahlpartheien nach ihrem Gewissen wählen, da sie ja hierauf einen Eid ablegen müssen, und jede schlechte Wahl nicht allein den bürgerlichen Wählern und den Ihrigen, sondern auch den Verwandten und Nachkommen der Wähler aus dem Senat, als Gliedern des Staats, in negativem oder positivem Sinn verderblich werden würde.

Eine zweite wichtige aus den Verfassungsberathungen hervorgegangene Veränderung ist der anders angeordnete Konvent. Bis dahin war kein Bürger verpflichtet, auf dem Konvent zu erscheinen, sondern jeder der konventsfähig war, erschien, wenn ihn die vorhabenden Sachen interessirten oder blieb zu Haus, wenn das nicht der Fall war.

Der Konvent stimmte nach den vier Quartieren der Stadt, unter der Leitung der Aeltermänner, welche die Stimmen der Bürger sammelten, und aus den vier Votis der Kirchspiele ein Votum bildeten, welches der Bürgerworthalter vor den Rath brachte. Durch den Einfluſs der Aeltermänner, da sie die zu verhandelnden Materien vorher in ihren Versammlungen diskutirt und zum Vortrag vorbereitet hatten, konnten die Stimmen der Bürger leicht geleitet werden; und so wie der Rath sich durch diese Opposition oft im Unnützlichen gehemmt sah, so konnte er auch oft, wenn Einseitigkeit oder Partheigeist dazu kam, das Gute nicht durchsetzen. Um die

Aeltermänner von diesem Einflusse zu entfernen, wurde es der Bürgerschaft begreiflich gemacht, dafs sie bisher unter einem eigentlichen Zwang gestanden, und an die Stelle der bisherigen Art zu votiren Plenarversammlungen vorzuziehen seyen. Die Idee wurde durch den Zeitgeist begünstigt, und fand Beifall. Nach der neuern Ansicht der Dinge stand freilich das Kollegium der Aeltermänner sehr im Wege, wenn es, seinem herkömmlichen und rechtlich begründeten Standpunkte gemäfs, mehr seyn sollte, als blofs der Vorstand der Kaufleute.

Die Mangelhaftigkeit der bürgerlichen Plenarversammlungen zeigte sich jedoch bald und fast bei jeder Versammlung. Es liefs sich auf der einen Seite nicht verkennen, dafs gewisse Kenntnisse in staatsbürgerlichen, Verwaltungs- und Gewerbsverhältnissen, durch Ueberlieferung erworben und durch eigene Erfahrung bestätigt und vermehrt, gewisse Maximen, deren Tüchtigkeit durch Jahrhunderte geprüft und bewährt worden, nur durch ein stabiles Kollegium bewahrt werden konnten. Hiezu kam noch die Verwahrung eines eigenen wichtigen Archivs. Ein solches Kollegium ganz seines Einflusses berauben wollen, mufste wohl Bedenken verursachen, vorzüglich da bei demselben kein minderer Eifer für das Wohl des Staats vorausgesetzt werden konnte, als bei dem Senat, und die Mitglieder obendrein fast unentgeldlich ihre Zeit opferten.

Einer der wichtigsten Einwände war, dafs sich das Kollegium nicht immer gut ergänze. Diefs konnte beseitigt werden, wenn die Wahl der Aeltermänner so wie die neuere des Raths angeordnet wurde, nämlich die Aeltermänner durch die Bürgerschaft auf Lebenszeit zu Repräsentanten wählen zu lassen. Somit war das Vortheilhafte des Kollegiums gerettet, das Nachtheilige vermieden und das Mittel, gewisse erprobte Kenntnisse und Staatsgrundsätze zu erhalten und fortzupflanzen war gefunden.

Um nun aber das Versteinern derselben zu verhüten und die Repräsentation ganz tüchtig zu machen, hätte die Bürgerschaft eben so viele oder doppelt so viele jährlich oder zweijährlich zu wählende zeitliche Deputirte hinzugesetzt. So hätte es weder an der anhaltenden noch an der forttreibenden Kraft gefehlt.

Es ist nämlich zu bemerken, daſs an einem Handelsplatz nur wenige Familien sich ein Jahrhundert, geschweige denn mehrere hindurch, in einem gewissen Zustande von Wohlhabenheit erhalten. Diefs ist vorzüglich in Bremen seit dem Speculationshandel in ferne Welttheile der Fall; also seit beinahe vierzig Jahren; der Zustand der Glücksgüter ist seitdem weit schwankender und ungewisser geworden als vorher. Seitdem sind eine groſse Menge neuer Namen hier aufgekommen, Bürger, die ihre Jugend hier nicht verlebt haben, nicht aus dem Munde ihrer Väter bremische Geschichten und Angelegenheiten gehört, und nicht an der Brust ihrer Mutter die Liebe zu der freien Stadt Bremen eingesogen haben. Für manche von ihnen ist nur die

Möglichkeit an einem solchen Platze durch den Handel zu gewinnen der Betrachtung werth; und in wiefern die Verfassung und die Unabhängigkeit dieser Stadt auch für ihren pecuniären Vortheil wichtig ist, das liegt ihnen zu fern; denn wenn es nicht mehr so seyn sollte, wie es ist, so haben sie ihr Vermögen im Portefeuille, und nehmen es mit; oder wenn sie auch im Portefeuille nichts haben, so bringen sie um so leichter ihre Thätigkeit anders wohin.

Ohne besonderes patriotisches Interesse für die Stadt, ohne Kenntnifs ihrer Verfassung, Gesetze und Geschichte, ist es ihnen lästig und deucht ihnen überflüfsig, den Bürgerkonvent zu besuchen, der ihnen die Zeit zu ihren Geschäften oder Vergnügungen raubt, und mit dessen Gegenständen sie nur wenig vertraut sind, oder welche, wenn dieselben sie nicht unmittelbar angehen, sie ohne Theilnahme lassen.

Ich sage dieses von Bremen, und unsere neuen Bürger in Bremen brauchen diefs nicht besonders auf sich zu beziehen, aber es ist allenthalben so, wo sich ähnliche staatsbürgerliche Verhältnisse wie in Bremen finden, und es hat sich auf dem letzten Bürgerkonvent des Jahres 1820 gezeigt, als bei der Anfrage, ob die auf zwei Jahre konventspflichtigen Deputirten aus den verschiedenen Korporationen auch ferner den Konvent besuchen oder sich ablösen lassen wollten, dieselben sich einstimmig für das letztere erklärten. Alle Mittel, die also der Senat aufgeboten hatte, die häufigere Besuchung des Konvents zu bewirken, waren fehlgeschlagen, und es hat sich erwiesen, daſs so wie in Athen dem die Volksversammlung besuchenden Bürger eine Schadloshaltung für die versäumte Zeit aus der Staatskasse gegeben werden muſste, dieſs auch in andern kleinen Staaten fast nöthig seyn möchte.

Aber nicht allein diese Abneigung den Konvent zu besuchen, sowohl von Seiten der Nichtverpflichteten, als derer, die auf zwei Jahre durch Wahl dazu verpflichtet waren und dieſs als einen sehr lästigen Zwang ansahen, bewies das Mangelhafte der neuen Einrichtung, sondern so manche unüberlegte Vorschläge und Anträge des Einen und des Andern, der doch nicht umsonst in der Bürgerversammlung stehen wollte, drangen die Ueberzeugung auf, wie weit schneller das Ziel erreicht werden würde, wenn eine vaterländische, konstitutionsmäſsige, nicht klubartige Korporation erst unter sich einen Gegenstand debattirt hätte und ihn dann zur Sprache brächte. So wird eine Sache gleich beim rechten Ende angefaſst, vernünftige, überlegte Gründe finden gleich Billigung von Seiten der Redlichdenkenden und Verständigen, und Zeit und Verdruſs wird erspart; und da man sagt, daſs jenes Abstimmen nach Quartieren zeitraubender gewesen, so hätte dieſs wegfallen müssen. Daſs die Opposition gegen den Senat dadurch gewichtiger und bedeutender wird, ist nicht zu leugnen; wäre sie aber unter solchen Umständen, wenn auf beiden Seiten das Gute gesucht wird, zu scheuen? Ja ginge auch die Opposition über ihre Schranken, was nach der mäfsigen Gesinnung des Deutschen nur selten so der Fall seyn würde, wie bei andern Völkern, so liegt auch diefs selbst in ihrer Natur, indem bei stets zu erwartendem Widerspruch der regierende Theil nicht leicht einen unüberlegten Schritt thun wird, im entgegengesetzten Falle aber, wenn die Idee volksgemäfs und gemeinnützlich ist, leicht seinen Weg gehen und um so mehr im Ansehen gewinnen wird, als nicht ohne Einrede und Schwierigkeit eine Maafsregel durchgesetzt worden. Einen Ersatz soll die Vorbereitungsdeputation geben, welche aber auch noch nicht zu Stande gekommen. So wie denn überhaupt die Verfassung Bremens in vielen Stücken nur provisorisch ist, und bei dem langsamen Gange der Dinge kann es auch noch Jahre dauern, ehe man mit der Reform ganz zu Stande gekommen seyn wird.

Es läfst sich nicht leugnen, dafs seit der neuen Einrichtung des Konvents im Verhältnifs früherer Zeiten eine weit gröfsere Menge nützlicher Beschlüsse gefafst und ausgeführt worden ist, indem eine Opposition, wenn sie im Partheigeist handelt, das Gute wie das Böse hindert; wo aber wenig oder keine Opposition vorhanden ist, da geschieht das Gute, so lang es gut geht; das Böse kann aber eben so gut an die Reihe kommen, und auf jeden Fall, wie die Geschichte aller Freistaaten beweist, leidet das Staatsvermögen da, wo wenig oder keine Opposition ist, sehr Noth, indem die Geldbewilligungen selten Anstand finden.

Nach den neuern Veränderungen in der Verfassung sollte das Kollegium der Aeltermänner aus sechszehn Personen, nebst einem oder zweien Syndikern, die aber der Rath nur Konsulenten genannt wissen will, bestehen. Allein die Bürgerschaft verlangt deren zwanzig. Bis zur entschiedenen Sache bleibt wie bisher die Zahl unbestimmt. Das Kollegium ergänzt sich selbst, so wie es sich auch seinen Präsidenten aus seiner Mitte erwählt. Ein Aeltermann, der fallirt, kann so wenig mehr ein Aeltermann seyn, als ein fallirter Bürger überhaupt konventsfähig ist. Zahlt er späterhin all sein Verschulden ganz nach, so ist er rehabilitirt. Man braucht nach dieser Bestimmung nicht zu erstaunen, wenn in Bremen die Rechtlichkeit so weit geht, daſs ein fallirter Kaufmann, selbst nachdem er akkordirt hat, doch bei wiederkehrenden Glücksumständen gern den Rest nachbezahlt.

Der Elsflether Zoll.

Die Stadt Bremen hatte seit undenklicher Zeit die Oberherrlichkeit über die Weser bis zur gesalzenen See behauptet und ausgeübt. Die ältern Friesen-Häuptlinge an der untern Weser konnten nichts dagegen einwenden, und begnügten sich mit Seeräuberei an bremischen Schiffen und Gütern. Der Erzbischof war in diesen Gegenden der einzige mächtige Fürst, der es versuchen konnte, an der Weser unterhalb Bremen Burgen anzulegen und Zoll zu erheben; aber wir haben gesehen, daſs es ihm immer nur auf kurze Zeit gelang, daſs die Bremer des Bischofs Burgen zerstörten, und jedesmal eine Entsagung jenes Rechtes auf den Weserstrom urkundlich errangen. Als vollends Bremen auf kurze Zeit den Besitz des Butjadingerlandes erhielt, konnte keine Rede mehr davon seyn, so lange nicht das Gebiet eines ziemlich mächtigen Fürsten an die Weser grenzte, und so lange ein ehrwürdiges, stets behauptetes, und durch unablässige Ausübung begründetes Herkommen über Gründe anderer Art zu siegen vermochte. Aber auch selbst die von Oldenburg an der Weser erbauten Schlösser waren zerstört, oder ihre Erbauung gerichtlich bestritten worden. Wiederholte Verträge mit Oldenburg untersagten die Anlegung von Zöllen und Burgen an der Weser unterhalb Bremen. Dazu hatte die Stadt Bremen fast allein jederzeit Alles gethan, was dazu dienen konnte, den Strom schiffbar und von Seeräubern frei zu erhalten. Und dieſs hätte hinreichend seyn müssen, wenn auch nicht geläugnet werden konnte, daſs die Diplome von Karl dem Groſsen und Heinrich dem Fünften, in welchen auch jener der Stadt Bremen übergebenen Jurisdiction über die Weser bis zum Meere gedacht wurde, anbrüchiger Art waren.

Die Lage der Dinge änderte sich, als ein kleines Geschlecht in diesen Gegenden sich nach und nach erhob und seine Besitzungen an der Weser ausbreitete. Dem Grafen Anton Günther von Oldenburg war es vorbehalten, diese schwierige Sache durchzusetzen. Das Haus Oldenburg hatte sich schon auf den Reichstagen von 1562, 1565 und 1570 um einen Zoll auf der Weser bemüht. Schon im Jahre 1612 auf dem Wahltage zu Frankfurt am Main und drei Jahre darauf zu Prag bei Kaiser Mathias hatte er erläutert, wie sein flaches Land, von Meer und Flüssen stets bedroht, kostbare Dämme zum Schutze bedürfe, wenn nicht, wie schon so oft geschehen, ganze Landstrecken mit Städten, Dörfern und ihren Bewohnern ein Raub der Wellen werden sollten. Ja es sey zu befürchten, dafs ohne diese kostbaren Anstalten mit der Zeit Niedersachsen gröfstentheils von der Nordsee verschlungen, und so das gesammte deutsche Reich bedeutender Abnahme ausgesetzt seyn werde. Selbst jene Dämme seyen von steter Zerstörung bedroht, und bedürften kostbarer Unterhaltung. Auch die Weser schiffbar zu erhalten, und manches Andere erfordere grofse Ausgaben; dazu gebühre ihm eine Entschädigung, und diese sey am füglichsten durch einen Zoll an der Weser zu erlangen.

Es wurde hierauf eine Kommission zur Lokaluntersuchung ernannt. Diese erstattete einen den Absichten des Grafen günstigen Bericht und ohngeachtet Bremen und einige andere Reichsstädte, besonders auch die Generalstaaten lebhaft protestirten, so gestattete das Kurfürsten-Kollegium, das schon durch die Zusicherung, daſs die Waaren kurfürstlicher Unterthanen zollfrei seyn sollten, gewonnen war, dennoch dem Grafen den Zoll.

Es ist wahrhaft zu bewundern, mit welcher Beharrlichkeit und Klugheit der bremische Senat in dieser der Bürgerschaft so höchst wichtigen Sache vierzig Jahre lang gegen einen Fürsten operirte, der durch gewinnende Persönlichkeit, durch verwandtschaftliche und andere Verbindungen, so wie durch kluge Räthe ein so wichtiger Gegner war. Daſs aber Anton Günther Alles an die Erlangung des Zolles setzte, war nicht zu verwundern, da sich später auswies, daſs der Elsflether Zoll den fünften Theil sämmtlicher oldenburgischer Landeseinkünfte ausmachte. Daſs aber auch Bremen rastlos gegen den Zoll arbeitete, war dieser Stadt nicht zu verdenken, da durch diesen Zoll ihren herkömmlichen Rechten offenbar zu nahe geschah, die Waaren vertheuert und die Konkurrenz mit andern deutschen Seeplätzen bedenklicher wurde, ohne anderer Schwierigkeiten zu gedenken.

Dreimal wurden die protestirenden Bremer und ihre Fürsprecher vom Kurfürsten-Kollegium abgewiesen und dem Grafen wurde im Jahre 1623 das kaiserliche Zolldiplom ausgefertigt. Damit war aber die Sache bei weitem nicht beendigt.

Als der Zoll angeordnet war, die Erhebung desselben begonnen hatte und Alles im Reinen schien, da fing erst der rechte Kampf an, der so lange fortdauern, ja sogar noch ziemlich weit ins neunzehnte

Jahrhundert hinein Zwistigkeiten erregen und Gemüther erbittern sollte. Die Bremer suchten nicht allein durch kluge Abgeordnete Freunde zu gewinnen, sondern auch mit Gewalt zu verhindern, dafs der Zoll nicht Thatkraft erlangen möchte.

Der Erzbischof von Bremen, aus andern Ursachen persönlich gegen Anton Günther erbittert, brachte es beim Kaiser dahin, dafs derselbe abermals eine Kommission ernannte, und nochmals das Gutachten der Kurfürsten forderte. Ohngeachtet nun die wiederholten Bemühungen und Einreden der Bremer in demselben sehr getadelt wurden, so legten diese doch noch bedeutendere Macht an die Zollstätte, um die Schiffe von Bezahlung des Zolls abzuhalten, und brachten es sogar zu Stande dafs die Sache zum grofsen Verdrufse der Kurfürsten völlig vor den Reichshofrath gezogen und von neuem eine kaiserliche Kommission zur Untersuchung ernannt wurde, vorzüglich auch zur Prüfung der Ansprüche Oldenburgs auf die Jurisdiction über den Weserstrom.

Als beim westphälischen Frieden auch die eingeschlichenen Zölle zur Sprache kamen, war es die Sache der Bremer, den Weser-Zoll als einen solchen darzustellen, so wie Anton Günthers, demselben durch Einrückung in das Friedens-Instrument Kraft auf immer zu geben.

Da der Graf Rücksicht für die schwedischen Unterthanen des säkularisirten Erzstifts Bremen in der Zollerhebung zu nehmen versprach, so war die

Einrückung der Zollsache kaum einem Zweifel mehr unterworfen; und wie sehr auch die Bremer Alles aufboten, um diese verderbliche Einrückung zu verhindern, so geschah sie dennoch, und der Graf war demnach durch den westphälischen Frieden in dem Besitz des Zolles bestätigt. Die Bremer boten jetzt Hundert tausend Thaler zur Abkaufung des Zolles, welche nicht angenommen wurden, worauf sie nach wie vor die Erhebung des Zolls verhinderten.

Schwedens Vortheil heischte indessen, daſs die Ausführung dieser Zollsache unter der Hand aufgehalten würde, und zwar wegen des vorauszusetzenden Heimfalls der Grafschaft Oldenburg an Dänemark, da Anton Günther ohne eheliche Nachkommen war. Besonders durch den ernsten Beistand der Generalstaaten und der andern Hansestädte gewann Bremen so viel, daſs Anton Günther sich nun, da Alles wegen der Zollsache im Reinen zu seyn schien, mehr als je bedrängt sah.

So fest sich jedoch die Generalstaaten stets für die Bremer gegen den Grafen, ja sogar ihren Willen sich mit bewaffneter Hand der Bremer anzunehmen, mehrmals erklärt hatten, so war doch zuletzt gar nicht mehr von der Sache die Rede, wegen des zwischen Holland und England ausgebrochenen Krieges.

Die Stadt Bremen, die nun sich selbst überlassen war, wurde wegen ihres Ungehorsams (1652) in die Reichsacht erklärt. Der kaiserliche Herold wurde jedoch nicht in die Stadt eingelassen, mit der Ausrede, daſs man Miſshandlungen des Pöbels gegen ihn fürchte. Er verlas also am Wartthurm das Executionsurtheil, und zur Anheftung der Achtserklärung blieb ihm nichts Anderes übrig, als zwei Weidenbäume auſserhalb des Schlagbaums.

Die früher erzählten Angriffe Schwedens auf die Reichsunmittelbarkeit Bremens, die um diese Zeit statt fanden, machten es jedoch dem Rath zur Nothwendigkeit, nicht weiter zu widerstreben. Die Stadt bedurfte des Beistandes des Kaisers und der Kaiser mochte es auch nicht dahin kommen lassen, daſs eine der mächtigsten Reichsstädte sich den Schweden hingäbe. Von beiden Seiten fanden sich also weniger Schwierigkeiten. Die Bremer erkannten den Zoll an, zahlten den halben Poenfall und 73000 Thaler zur Entschädigung des Grafen und seiner Unterthanen, und der Kaiser hob die Acht auf.

Die neue kaiserliche Zollbelehnung ward am 20. August 1653 ausgefertigt. Der Zoll betrug damals nur 17000 Thaler. Wie sehr der Handel auf der Weser oder eigentlich der bremische Handel aufblühte, läſst sich aus der jährlich steigenden Zunahme des Zolls bis zu seiner Aufhebung ermessen.

Die bremischen Bürger, die sich in dieser höchst schwierigen Sache vorzüglich auszeichneten, waren die Syndici Buxtorf und Wachmann, und die Rathsherrn von Bobert und Erbbrochhausen.

Man zählt an die vierzig Druckschriften in lateinischer, deutscher und holländischer Sprache, welche in dieser Weserzollangelegenheit gewechselt worden.

Als am Ende des achtzehnten Jahrhunderts viele Verhältnisse im deutschen Reich sich änderten, erwachte auch bei dem Bremer Rath die Hoffnung, sich des drückenden Zolls, der nun schon seit dem westphälischen Frieden auf der Stadt gelastet hatte, entledigen zu können. Thätige und einsichtsvolle Männer, die Bürgermeister Gröning und Smith und der damalige bremische Geschäftsführer, jetziger Senator Horn, wirkten höchst zweckmäfsig in Regensburg, Rastadt, Paris und beim Bundestag in Frankfurt, so dafs endlich am 1. Mai des Jahres 1820 der Zoll sein Ende nahm, jedoch nicht ohne einige kleine Nachwirkungen zu hinterlassen, die eine Zeitlang die Zeitungen beschäftigten, nun aber auch, und wir wollen hoffen für immer, beseitigt sind.

II.

Allgemeine Ansicht der Stadt. Der Markt. Das Rathhaus. Die Börse. Der Roland. Der Domshof. Das Stadthaus. Der Schütting. Das Museum. Der Wall.

———

Allgemeine Ansicht der Stadt.

Wer vor der französischen Occupation nach Bremen kam, von welcher Seite es auch seyn mochte, hätte schwerlich die Nähe einer grofsen und reichen Handelsstadt vermuthen können. Ohne Verwünschungen konnte kein Fahrender durch die elenden Sandwege sich durchschleppen, oder auf dem entsetzlichen Steinweg, dessen runde Steine jeden Winter vom Wasser und Eis losgewühlt wurden, sich wund stofsen lassen. Die Franzosen zeigten schnell durch die Musterstrafse von Wesel nach Hamburg die Ausführbarkeit guter Chausseen; die Wichtigkeit derselben wurde eben so bald eingesehen; und als Bremen wieder sich selbst angehörte, schritt man gern zu ähnlichen Unternehmungen, welche durch die veränderte Einrichtung des Konvents ohne grofsen Widerstand beschlossen und ausgeführt wurden. So ist denn nun das bremische Gebiet nach allen Seiten bis zu den Grenzen mit den schönsten Kunststrafsen in einem sehr nachtheiligen Boden durchschnitten, und von welcher Seite der Fremde nun nach Bremen kommen mag, er wird überall eingestehen, dafs er sich in einem wohlhabenden und wohlregierten kleinen Staat befinde, auch ohne die Stadt selbst noch gesehen zu haben.

Die Kunststraſsen von Hamburg und Vegesack führen nicht zu denjenigen Zugängen der Stadt, wo dieselbe als wichtiger Handelsplatz erscheint, denn diese nördliche Seite ist ganz von den schönsten Anlagen und Spaziergängen umgeben, die geschmackvollen neuen Häuser haben keine kaufmännische Einrichtung, sondern sind gröſstentheils von Rentenierern und Beamten bewohnt.

Anders ist der Anblick von der entgegengesetzten Seite. Wer auf der rheinischen Straſse nach Bremen kommt betritt zuerst die Neustadt.

Das Auge ruht hier auf nichts Altem, der ältern Geschichte Angehörigem, weil hier Häuser und Kirchen aus neuerer Zeit herrühren, bis die Weserbrücke erreicht wird. Hier entfaltet sich denn der ganze Anblick der alten Hanse- und kaiserlichen Stadt. Weit die Weser hinab und hinauf drängen sich hohe massive Häuser, zum Theil in alterthümlicher Gestalt, dicht an den Fluſs, und aus der Häusermasse hervor steigen die Kirchthürme.

Martinikirche, an der Wasserseite, das alte düstere Mauerwerk mit Bäumen erheitert, ist ganz am Ufer zu sehen, und die sogenannten Lauben oder Vorbaue, die an den Häusern über dem Wasser schweben. Weiter hinab ragt in alterthümlicher Stattlichkeit das ehemalige Kornhaus.

Die kleine Weserbrücke, oder die Brücke über eine Bucht, welche der Fluſs bildet, wird zurückgelegt. Links hinab zieht sich die Spitze der Insel, die ganz mit Gebäuden bedeckt ist. Wir durchwandeln diese Insel, wo einst ein stattlicher, sehr fester Zwinger, die Braut genannt, gestanden, und befinden uns nun auf der Hauptbrücke, die zwar nur von Holz, aber doch sehr stark und breit ist. So wenig die Weser mit dem herrlichen Rheine verglichen werden kann, da ihr Wasser trüb, ihr Strom, in dieser Gegend, ohne malerischen Reiz ist, so bietet dahingegen auch keine Stadt am Rhein diesen herrlichen Anblick eines Flusses, der von Schiffen aller Art bedeckt ist, wo oft in thätiger Handelszeit Mast an Mast, Segel an Segel sich drängt, die Schiffe, wie auf einem See, mit Leichtigkeit, blofs mit Hülfe des günstigen Windes den Strom hinauf wie herunter gehen, und es einen eigenen Zeitvertreib gewährt, dieselben zu klassificiren, welchem Ort, welcher Bestimmung sie ihrer äufsern Form nach angehören mögen.

Die vielen Wassermühlen, welche an die Brücke angehängt sind, endlich das berühmte Wasserrad werden im Vorübergehen bemerkt, doch nur wenig, indem man mit dem Gedränge der Weserbrücke fortgeschoben durch das Thor, auf welchem wir die Inschrift: »Conserva Domine hospitium ecclesiae tuae« bemerken, in die geräuschvolle Strafse hineintritt, welche zu dem merkwürdigsten und wichtigsten Theile der Stadt führt, zu dem Markt und dem Domshofe.

Zunächst überrascht die gewaltige Höhe der Häuser, ihre Stärke und die spitzige Form der Dächer, eben so die als Erker vorgebauten Stuben, hier Auslucht *) genannt, deren helle Fenster von Spiegelglas von Innen mit den schönsten Blüthengewächsen verziert sind, was einen ungemein reizenden Anblick gewährt. So wie man diese Häuser sieht, sind sie offenbar nach dem Bedürfnifs des Gewerbs wie des Klimas und der Oertlichkeit entstanden. Erst seit dem Jahre 1258 kann man rechnen, dafs eine solide Bauart anfing gebräuchlich zu werden, da bis dahin die Häuser meistens von Holz gebaut und mit Stroh gedeckt gewesen waren. Eine in diesem Jahre ausgebrochene schreckliche Feuersbrunst machte auf das Gefahrvolle dieser leichten Bauart aufmerksam; und da eine Menge neuer Häuser an die Stelle der abgebrannten gebaut werden mufsten, so wurden diese gröfstentheils von Stein aufgeführt und mit Ziegeln gedeckt. So nahe wie möglich sich an den Flufs zu drängen, mit Ausnahme derjenigen Gebäude, die zum Dom gehörten, in der Luft also den Raum zu gewinnen, den der Boden nicht gab; die Dächer, da sie bestimmt waren, Kaufmannsgüter trocken und sicher zu verwahren, sehr jäh in die Höhe zu treiben, wodurch aufser der Gewinnung des Raums auch bewirkt wurde, dafs der Regen schnell herabflofs, der Schnee nicht erst die warmen Winde zu erwarten hatte, um abzuschmelzen, sondern kaum, indem er fiel, einen Halt fand: diefs

---

*) In Schottland Out-look.

war zu berücksichtigen bei Erbauung dieser hohen Häuser.

Mode und Geschmack tadelt oft, was die Vorfahren seit länger als einem halben Jahrtausend als dem Klima und der Oertlichkeit angemessen bewährt gefunden. Die verfeinertere Zeit findet die Unruhe des Einfahrens, Packens u. s. w. der Waaren so lästig, die kirchähnlichen Packräume im besten Theil des Hauses so unfreundlich und düster, den Mangel vieler stattlichen Stuben so drückend, die spitzigen Dächer und dicken Mauern so gothisch und finster! Man hat gereist, man hat in milderen Klimaten die platten Dächer und die herrlichen Säle gesehen; man will bei einem neuern Bau zeigen, daſs man gesehen und Geschmack gewonnen hat. Indessen läſst sich die Natur nicht, ohne Schaden dessen, der von dem Gebote der Nothwendigkeit abweichen will, Trotz bieten.

Hin und wieder in ganz alten Theilen der Stadt sieht man noch jene mächtigen und massiven Gebäude, die im Aeuſsern ganz die Form von Kirchen haben, und im Sommer in der weiten Hausflur Kühlung, im Winter durch die gewaltigen Mauern, wenn einmal in der Temperatur, Wärme gewähren. Hier sieht man auch noch die Veranlassung zu der Kunstneigung der Vorfahren. Diese weiten Hausplätze waren mit groſsen Oelgemälden ausgeziert, wie man es noch hin und wieder in alten Häusern findet.

In dem Maaſse, wie die groſsen Hausfluren den schmalen Gängen haben weichen müssen, sind auch die vielen gröfseren Oelbilder, die von fern gesehen seyn wollten, und unter denen gewifs viele gute waren, verschwunden. Wir fragen umsonst nach den Bildern, welche die geflüchteten niederländischen Familien mitgebracht, oder die von holländischen Künstlern, die sich hier zur Ausübung ihrer Kunst aufgehalten, gemalt worden sind.

Was den Fremden angenehm überrascht, ist die grofse Sauberkeit und Reinlichkeit der bremischen Häuser, vorzüglich derer, die an den Hauptstrafsen und am Walle liegen. Diese Reinlichkeit geht durch das Innere des Hauses, zeigt sich in den Mobilien, kurz in Allem was den Bremer umgiebt, und besteht auch da, wo der Vermögenszustand den Luxus nicht erlaubt. Man ist gern geneigt, von der Wohnung auf den Bewohner zu schliefsen, und so kann es nicht fehlen, dafs das Aeufsere der Stadt schon ein günstiges Vorurtheil für ihre Einwohner erweckt. Die Häuser am Wall, der Markt, der Domshof, die lange Strafse, ohne gerade Paläste aufzuweisen, ersetzen durch den Anblick der Regelmäfsigkeit, des allgemeinen Wohlstandes und der Reinlichkeit die Pracht der Paläste, und sind so schöne Stadttheile, wie man sie in irgend einer der schönsten Residenzstädte findet.

In den drei Strafsen, welche mit ihren Zweigen zum Theil ganz, zum Theil halb in der Richtung des Flusses die Stadt durchziehen, erkennt man, wie der Anbau am Flusse begonnen und landeinwärts fortgesetzt wurde. Daher ist der an dem

Flusse zunächst liegende Theil sehr zusammen gedrängt, namentlich ist der Tiefer, diesem verworrensten und engsten Theile der Stadt, nicht die Modernisirung zu Theil geworden, wie den Strafsen unterhalb der Brücke. In diesen engen Gassen pflegte sich die Pest am ersten zu zeigen und am längsten zu halten, so oft sie grassirte, wovon man Spuren bis zu Ende des siebenzehnten Jahrhunderts hat. Der regelmäfsige Zug dieser Strafsen, unterhalb der Brücke, die durch Zwischengäfschen verbunden sind, erleichtert dem Fremden das Zurechtfinden.

Der auf einer Höhe an der Haide liegende, die untere älteste Stadt dominirende, gebaute Dom veranlafste bald nach seiner Entstehung einen Anbau, doch in anderem Sinne, als die untere Stadt. Hier erhoben sich nämlich nach und nach die Wohnungen der zum Dom gehörigen Personen, welche vorher gröfstentheils in dem Kloster an dem Dom zusammen gelebt hatten. Sie waren mit Höfen und Gärten umgeben, die man zum Theil noch sieht, Ja sogar alles später an diese Domcurien Angebaute scheint nur auf schmalen Streifen, die zu jenen gehört, seinen Boden gefunden zu haben. So zeigt es sich, dafs vom Osterthor an, ferner die Sandstrafse und Königsstrafse, die Buchtstrafse, der Domshof und die Domshaide, und der Platz der Klosterkirche fast nur von Domkurien und ihren Gärten erfüllt gewesen.

Im Jahre 1035 wurde ein gröfserer Raum mit

einer neuen gemeinschaftlichen Mauer umgeben. Sie fing östlich an der Weser an, ging nördlich bis an's Ansgarii-Thor und endigte südwestlich wieder an der Weser. Von dieser Mauer wurde jedoch ein Theil wieder niedergerissen, um den Dom von neuem zu erbauen. Im Jahre 1307 fing man auch an Stephani Kirchspiel mit dieser Mauer zu umschliefsen, ohne jedoch die alte Mauer mit ihren Thürmen, Wällen und Graben, die vom Ansgarii-Thor, gerade nach der Natel oder dem südwestlichen Thore führte, zu vernichten, wodurch also noch zwei hundert und fünfzig Jahre hindurch die Stephansstadt von der befestigten Stadt getrennt blieb, und wenigstens bei Nachtzeit durch Schliefsung des Thors bei der Natel die Verbindung aufgehoben war.

Die zwei Strafsen, die man den Neuen- und Alten-Weg nennt, sind entstanden, als bei verschiedenen Veranlassungen die Verbindung mit der Stephansstadt hergestellt wurde. Im Jahre 1512 wurde die Befestigung auch aufserhalb der Mauer mit einem Wall und Graben vermehrt, und zu dem Behuf der bis dahin vorhandene Ausgang durch das Abbenthor zugedämmt, daher man jetzt auch weiter nichts als einen Ausgang auf dem Wall hier sieht. Aus ähnlichen Gründen verlor auch die Bischofs-Natel (das Thor des Bischofs) den Ausgang aus der Stadt.

Seit dem Jahre 1514 geschah vorzüglich viel zu einer zweckmäfsigen Befestigung; unter andern wurden die drei grofsen massiven Zwinger, an dem Osterthor, an der Brücke und an dem Stephansthor erbaut. Die beiden letztern hießen die Braut und der Bräutigam. Durch zufällige Entzündung des in denselben liegenden Pulvers flogen sie in die Luft und sind nicht mehr vorhanden; der Zwinger im Osterthor dagegen, obgleich im obern Stock modernisirt, ist noch zu sehen.

Außer diesen burgartigen Thürmen und der Menge kleinerer, die regelmäßig von Ferne zu Ferne mit der Stadtmauer ein Ganzes bildeten, war noch an der kleinen Holzpforte ein starker Thurm, die Batterie genannt. Derjenige an der großen Holzpforte hieß der Morgenstern; an der Schlacht diente die Hollmannsburg als Feste, und am äußersten Ende der Stadt war der Fangthurm.

In den Kriegen Karls des Fünften mit den protestantischen Ständen war es ein wahrer Wetteifer zwischen den verschiedenen Kirchspielen, daß jedes einen Theil der Stadt vorzüglich befestigen wollte. Das Rondeel nebst dem Wall auf dem Schwanngatt (zwischen Ansgariithor und Abbenthor) ward im Jahre 1550 in fünf und dreißig Wochen fertig gemacht, wobei der dritte Theil der Bürgerschaft immer arbeitete und einige Rathsherren zugegen waren. Hiedurch ward die alte Befestigung, welche die Stephansstadt von der alten Stadt noch trennte, überflüssig, sie wurde daher niedergerissen, und der gewonnene Platz zum Bauen verkauft.

Im Jahre 1630 wurde in der Neustadt das hohe Thor gebaut. Was die Besetzung der Mauern mit Kanonen betrifft, so findet sich, daß im Jahre 1448

Rath und Bürgerschaft zum erstenmal drei schwere Kanonen hat giefsen lassen. Man nannte sie Steinbüchsen, weil Steine mit denselben geschossen wurden, deren man auch noch in neuern Zeiten im Zeughaus gesehen hat. Der Giefser derselben wurde von der Stadt auch als Rüstmeister angenommen, unter dem Titel Arkeley-Meister. Arkeley (vielleicht von Arcus) ist vor Alters das Rüstzeug überhaupt, folglich auch die Artillerie. Ob die Bremer bei der Belagerung von Esens griechisches Feuer, wie Halem (Oldenburg. Gesch.) meint, oder, nach Wiarda (Ostfries. Gesch.) glühende Kugeln geworfen, lassen wir auf sich beruhen. Auf jeden Fall haben sie sich als gute Feuerwerker gezeigt. Ihre Artillerie war stets in der besten Ordnung, so wie die Zeughäuser der freien Reichsstädte überhaupt trefflich und oft mit raren Waffenstücken versehen waren.

Im dem sechszehnten Jahrhundert liefs die Stadt vorzüglich viele Kanonen giefsen. Es war in der bedenklichen Zeit des schmalkaldischen Krieges, worin Bremen in der Gegenparthie des Kaisers stand. Im Jahre 1530 liefs der Rath aus den Thürmen der vier Pfarrkirchen die besten Glocken nehmen und Stücke davon giefsen. Die religiöse Gesinnung, in welcher der Krieg geführt wurde, zeigte sich auch in den Aufschriften der nun verschwundenen Kanonen, welche während und bald nach diesem Kriege gegossen wurden. Eine handschriftliche Sammlung bremischer Inscriptionen hat unter anderen folgende vom Jahre 1548:

In angest bringestu de fienden dien
oft over schoon noch se vele syn
wo du men holdest up diner sidt
Gerechte sacke unde Godt mit fliet.

Up dine macht gaer nichtes wage
An diner swackheit nicht verzage
Godt is alleine de averwindt,
vor em besteit geen menschenkint.

Bi Gades wordt wage lif und bludt
vor dine Er alle have unde guet
Dine Frigheit di nicht nemen laet
Wulten bestaen, dat is min raet.

C a t h a r i n a.
Den Fienden tho scaden
Mooth Godt boraden
Des Mesters kunst
Is sosth umbsunst.

Andere Inschriften aus frühern Zeiten waren scherzhaft, und man erkennt in ihnen eine frische kriegslustige Zeit, die mit dem Tod scherzt, indefs man zu unsern Zeiten Elegien macht. Indem man den Kanonen Namen gab, und sie gleichsam durch den zugegebenen Vers ihre Gesinnung aussprechen liefs, waren sie personificirt, und standen mit in Reih und Glied, nicht als willenlose Dinge, sondern sie sprachen ihr tödtliches Wort, als eben so viele Kriegsleute *).

Der Markt.

Das christliche und erzbischöfliche, das reichsfreie, das handelnde Bremen, die Republik und das Handelsgemeinwesen Bremens — alles diefs stellt sich in einem Ueberblick höchst merkwürdig auf dem Markte unserer Stadt vor die Augen. Wer in der

---

*) Ein Stück, das hundert Pfund schofs, hatte diese Verse:
*Scharpe Grete bin ick geheten
Wan ick lache, dat ward den Viend verdreten.*

*Scharpe Metze Burlebus
thu einen end in thu andern us.*

Martha.
*Martha is de Name myn
van Art kann ick nicht stille sin
Und wo mi Viend vor ogen staen
Laet ick mun eichen in se gaen.*

*Ick hete de swarte Raven
Wen min Ei drapet
Strecket de Klawen.*

*Ick hete de Kukuk
Den min Ei drucket
Dem geit de buck up.*

*Margareta is myn name
Wen ick myn fynde sehe herkamen
So do ick se frundlich gröten
Dat se verleren hende und vöten.*

*Mynen freundt ick Nachtigal mit Gesange wecke
Mynen fiendt mit minen Klang ick schrecke.*

Mitte steht erblickt rechts den Dom und das vormalige erzbischöfliche Palatium, das nun zu andern öffentlichen Zwecken umgebaut worden. Vor sich hat man in ganzer Länge das Rathhaus, links erscheint die Börse, und an der Weserseite das Versammlungshaus der Aeltermänner, genannt Schütting; und näher beim Rathhaus blicket die Rolandssäule hoch und ernst über das Geräusch des Marktes hinweg.

Das Rathhaus.

Das Auge des Kunstkenners, wie des Verehrers des deutschen Mittelalters ruht mit gleichem Wohlgefallen auf diesem schönen Gebäude. Das eigentliche Bauwerk mit seinen aufsen herumgestellten steinernen Figuren ist aus älterer Zeit, und ersetzte selbst auch wieder ein noch älteres, das den Raum zwischen der Sögestrafse, der Obernstrafse und dem Liebfrauen-Kirchhofe einnahm. Zur merkwürdigen Erinnerung für alle die, die im Rathhause je sitzen sollten, wohin Selbstsucht, Herrschsucht und Gewaltthätigkeit am Ende in einem Freistaat führen, ward es auf dem Platz, wo einst des verbannten Bürgermeisters Götke Frese, schon seit fast hundert Jahren unbewohnt gebliebenes, beinahe zerfallenes Haus gestanden, aufgeführt; und da dieser Platz nicht hinreichte, wurde das Zunfthaus der Lohgerber vertragsweise mit dazu genommen.

So begann der Bau im Jahre 1405 und ward fünf Jahre später beendigt. Im Jahre 1491 wurde das Rathhaus nach Norden erweitert; im Jahre 1545 die Witheitsstube*) angelegt. Es ist nicht schwer, das damals gebaute von dem später angesetzten zu unterscheiden. Die steinernen Figuren ringsum an dem sehr einfachen Hauptgebäude deuten auf schwerfällige Kunst, und sind nur in so fern von Werth, als sie in den grofsen und leeren Feldern zwischen den Fenstern einen zweckmäfsigen Platz einnehmen, und mit dem Charakter des ältern Gebäudes in Harmonie stehen. Diese Steinbilder, welche an den breiten äufsern Seiten des Rathhauses stehen, stellen Weise und Redner des Alterthums vor. An der Vorderseite über der Gallerie stehen die 7 Kurfürsten und ein Kaiser. Diese Bilder haben wenig Kunstwerth, desto mehr aber die Tragsteine, worauf sie stehen. Da ist 1) eine Nonne mit einem naiven und lieblichen Gesichte; ihre eine Hand hält ein Eichhörnchen, die andere ihr schön drappirtes Gewand. 2) Ein Löwenkopf. 3) Eine Jungfrau mit schönem regelmäfsigen Gesicht, glattem Haar, mit Halsketten. 4) Ein schreiender Kopf. 5) Ein kräftiger Silen. 6) Ein kräftiger Mann, der ein zierliches Windspiel in den Armen trägt. 7) Ein zierliches Mädchen in faltenreichem Gewand, so den Stein trägt. 8) Ein sehr liebliches jungfräuliches Haupt mit Epheu gekränzt. Hinter den Schultern blicken zwei junge Löwen hervor. Das steinerne Bildwerk an den beiden Haupteingängen ist eben so alten Ur-

---

*) Die Witheit ist der ganze versammelte Rath im Gegensatz zu dem sitzenden oder wirklich regierenden.

sprungs, wie das ganze ältere Gebäude, und ist nicht unrühmlich in Erfindung und Arbeit.

Manche Eigenthümlichkeiten, die den Baumeistern des Mittelalters oft Spafs machten, und die wir oft betrachten, zweifelnd, ob sie durch Zufall oder Absicht entstanden seyen, finden sich an unserm Rathhause. Hohe Fenster an der Westseite sind nahe an der linken Seite der Nische hin schief, das mittlere gröfsere stellt sich gerade dar. Wie diefs gemacht ist habe ich nicht heraus sehen können. Optische Täuschung kann es kaum seyn. Dafs das äufserste dieser Fenster rechts zum Drittheil unten zugemauert ist, wurde durch die spätere Anflickung der das ganze Gebäude mifsstellenden Sternkammer nothwendig.

Zwei Jahrhunderte später (im Jahr 1612) wurde durch den Steinmetz Lüder von Bentheimb dasjenige zur Verzierung des Gebäudes hinzugefügt, was selbst ein ungeübtes Auge für disharmonirend mit jenem ältern Gebäude erkennen mufs. Damals wurden die beiden Gallerien und die drei Giebel hinzugefügt. Es ist jedoch nicht zu leugnen, dafs die Arkaden mit der Gallerie, den Giebeln und dem Fries, sämmtlich mit Basreliefs bedeckt, auf den ersten Anblick dem Rathhause ein sehr reiches Ansehen geben. Besinnt man sich näher, so findet man bald, dafs die Giebel überladen sind, und dafs am Ende die schöne verhältnifsmäfsige Form des eigentlichen Gebäudes für sich im Grunde den gefälligen Eindruck hervorbringt, den man vorher den modernen Verzierungen zuzuschreiben geneigt gewesen war. Damals als Lüder das Steinwerk besorgte, war dem Zimmermeister Stolling die Holzarbeit übertragen, und die Südseite wurde mit Kupfer gedeckt. Nach einer Abbildung in Dilichs Chronick war die Gallerie nicht allein mit einem Dach versehen, sondern hatte auch Fenster, diese wurden bei Haltung eines peinlichen Gerichts geöffnet. Die reichen Basreliefs waren noch nicht da, so wenig als das schöne Dachgesims mit all dem Reichthume von emblematischen und mythologischen Figuren mit Beziehung auf Gewerbe und Gemeinwesen bedeckt. Die Zahl der Bogen ist zwölf. Die beiden Nebengiebel ruhen nicht auf den Bogen, sondern auf dem Mauerwerke des Gebäudes. Unter diesen Arkaden sitzen, wie in andern Städten, Höckerweiber, Scheerenschleifer und andere Käufer und Verkäufer.

Als Bremen noch den Stadtvogt hatte, pflegte dieser an dem zweiten Bogen des Rathhauses über einen vom Rath verurtheilten Missethäter das Halsgericht zu halten. Man nannte diefs Güding. Der Rathsdiener pflegte den Vogt mit dieser Formel anzureden: »Herr Vaget, hier steit N. N. (der Rathsdiener) von wegen eines erbaren Rades, un biddet, dat gy ehne willen eine Güdinge hegen.«

Dieser Stadtvogt oder Advocatus Archiepiscopi liefs das Urtheil durch einen der Umstehenden finden, und machte es bekannt, ohne es ausführen zu lassen. Er war nicht nothwendig die erste Instanz, sondern so wie man von ihm an den Rath appelliren konnte, so konnte man ihn auch vorbeigehen. Er mufste sein Amt nach den Vorschriften der bremischen Statuten verrichten. Seit dem Jahre 1656 hegte er nur noch das peinliche Nothgericht. So lange er im Amte war, konnte er nicht Bürger seyn. Diefs erinnert an den Ursprung des bischöflichen Stadtvogts in dem kaiserlichen Potestat, und findet seine Uebereinstimmung in dem fast immer fremden Podestà der italienischen Freistädte.

Es möchte zu lang seyn, all der unendlichen Verzierungen an der neuen Façade zu gedenken. Jeder Balkenkopf, jede Dachrinne hat einen wohlgearbeiteten Löwen- oder Menschenkopf. Unter den Basreliefs in den Feldern der Bogen sieht man die vier Evangelisten mit ihren Attributen, die Klugheit, die Wahrheit, die Politik, die Zeit, den Handel. An dem vorletzten Bogen links ist die Liebe unter der Gestalt einer Henne mit Küchlein. Diefs ist für Handwerksburschen das Wahrzeichen von Bremen. Gleich daneben sieht man die Wachsamkeit mit einem Hahn.

An der Ostseite ist ebenfalls ein Anbau. Hier sieht man noch ein Stück eines alten Thürmchens, in welchem wahrscheinlich eine Wendeltreppe hinauf aufs Dach führte, und es ist zu denken, dafs ähnliche Thürmchen auf allen vier Ecken gewesen, wie es sich auch aus der Abbildung in Dilichs Chronik ergiebt, deren oberer Theil bei der Erneuerung abgebrochen, der untere verdeckt wurde. Die Gallerie um das Dach her hat ebenfalls steinerne Figuren. Die Verzierungen sind in gutem Geist erfunden.

Das Innere des Rathhauses, ich meine den in ganzer Länge sich erstreckenden Saal, hat einiges gute Schnitzwerk in Holz; einige Thüreingänge zu den Kommissionsstuben dagegen sind von ganz schlechter Arbeit. Hier stand sonst der gewaltige Rathsstuhl, in dem Geschmack des Stuhls der hanseatischen Abgeordneten im Hansesaal in Lübeck, der nun auch nur noch in der Abbildung zu sehen ist. Von dem viereckigten mit Schranken umgebenen Platz mit vier Bänken, wo der regierende halbe Rath safs, kam der Ausdruck: binnen vier Bänken, in der Bedeutung: vor Gericht stehen *).

Die Gemälde sind unbedeutend. Ein sehr grosses Bild, das Gericht Salomonis vorstellend, ist ohne allen Werth. Der Maler, der es im Jahre 1724 überpinselte, hat sein werthes Haupt, mit einer wohlgepuderten Perücke bedeckt, auf demselben angebracht. Das beste ist die Unterschrift: »Amor, timor et commodum proprium pervertunt judicium.«

Auf einem andern sehr grofsen Gemälde sieht man Karl den Grofsen, der den Bremer Dom in Händen hält, wie er war, als der zweite Thurm noch stand. Auf der andern Seite sitzt der heilige Willehad, der Apostel der Sassen und Ostfriesen, erster Bischof von Bremen und Erbauer von St. Peter, dem ersten Dom. Doch stellt sich die Zeichnung des Doms an-

---
*) Brem. Stat. Ordn. 5, 6, 7.

genehmer dar, als er wirklich ist, indem das Hauptschiff, nach der Façade zu urtheilen, in Verhältnifs zu den Nebenschiffen, in gröfserer Breite erscheint. Dagegen sind die vier Thore in der Façade, wovon nur noch eins da ist, indem die andern nur Blenden sind, und das letzte in einem daran gebauten Hause versteckt ist, in dem Gemälde gegen die Breite zu hoch.

Unter Kaiser Karls des Grofsen Bildnifs hat das Gemälde folgende Inschrift *):

Carolus magnus segt:
Carolus de grote bin ick genandt.
Ein weldig Koninck auer vele landt.
Van düdeschem blode gair hochgebaren.
Dartho hefft my godt utherkoren
syn loff to bringen in sassenlandt.
dar syn name was vor unbekandt.
vele stryde hebbe ick gar koenlick gedaen
dat ick minen fienden mogt wedderstaen
dörch franckryck, spannien und düdeschem landt
bet ick se brochte under mine handt.
bedwang ock gantz italiam
jegen de lombarderers ick darin quam.

---

*) Die Bremer werden es nicht tadeln, dafs dieses Probestück der Rathhauspoesie mitgetheilt worden, wenn sie bedenken, dafs dieses Buch auch für Nicht-Bremer geschrieben ist.

den Köninck geuangen öhr landt vorheerdt.
dardorch myn ryck ganz groot gemeerdt.
binnen rome bin ick thom Keiser gekohren.
welck ick vele lever hat ontbahren.
de romischen Kerken hebbe ick hoch erheven
welck constantinus falschlyck wert thogeschreven
de ick met romanidola begauet und bedacht
daruth gevolget is öhre grote macht.
minen krieg ick jegen de hunnen vörde.
so lange dat ick se gantz verstörde.
de greckischen Keiser hebben mine macht gemeden
de persier myt gauen mine frundtschup gebeden
africa was vor my voruehrdt.
wowol ick nene frombde rycke begehrdt.
gar menighen krieg hebbe ick gevöhrdt
und menighen schwaren vyandt gespöhrdt
averst ick vandt nicht der sassen geliecke.
doch dancke ick godt vam hemelricke.
dat ick thom lesten hebbe vollenbracht.
darna myne vörvaderen so lange getracht.
de sassen vorwunnen met stridbairheit.
dairuha bewagen mit miner gudigkeit.
dat se sick tho gade hebben gekeert.
woirdorch syn godlicke rycke vormeerdt.
hebbe se van allen tribute vrig gegeven.
up dat se wolden in gades vruchten leven.
myt wedekindt öhren eddelen forsten goedt.
dat he lehte sinken sinen moedt
mynes rickes im söss und veertigesten

*mynes olders im twe und söwentigesten jair
starff' ick und bin tho acken begraven vorwahr.*

Unter Bischofs Willehadi Bildnifs läfst sich der Heilige Bremens also vernehmen:

*Ick wylhaed de erste bischop in desser stadt
gantz vele ich godt almechtig batt.
dat sick de sassen doch mochten bekehren
woruth mine olderen gesproten weren
went ick bin gebaren ein englisch man
dar de historien spreken van
dat se sint van sassen gekamen
de Koninck worteger int ricke genamen
mit hertoch hingste den vader siner vrouwen
dat sine viande scholden ören macht schouwen
hefft öhnen dat landt kent thom ersten geschenkt
darna is idt glucke heel tho de sassen gelenckt
dat se de ganze krohnen sind auerkamen
leden dahl den olden brittanneschen namen
den engelschen nah engern wedder upgericht
do gebordt is dusse marcklicke geschicht
dat de sassen hier erst syn afgefahren
is by veerde halve hundert und söven jahren
ehe de kercke tho bremen ward gestichtet
de van Könink Carell is thogerichtet
nha gades borth VII^{C}LXXXVIII jair
groth arbeidt dede ick hier vorwair
mit wanderen, predicken und innigen bede
nha rechter apostolischer sede*

wedekindt hefft my groot verfolg gedahn
woirinne my godt noch nhe verlaan
miner jungeren hefft he vele ummegebracht
beth dat idt godt hefft anders bedacht
und gehulpen Könink Carell dem edlen heren
mit segen umb dat landt tho bekehren
de sassen hefft he mit stride verwunnen
dairnha mit anderen wapenen begunnen
mit gute und lindigkeit dit volk tho vrede gebracht
gefriet gehanthauet und nicht upgelacht
behaluen tho underholden de dener des heren
den se alle scholden den tegenden thokeren
worup he in sassen vele karken fundeert
dat gades wort wurde jo recht geleert
de frygen Kunsten mochten underholden werden
dorch mestere de vergeuens leerden
myne brodere hebbe ick twe jair XVI weeken regeert
und to blexem god mit miner marter geert.

Die plattdeutschen Verse, welche die Entstehung und den Fortgang der Stadt, so auch die Theilnahme der Bremer an den Kreuzzügen schildern, werden um Weitläuftigkeit zu vermeiden hier nicht mitgetheilt, eben so wenig eine Menge anderer lateinischer Sprüche, die nicht in dem sentimentalen Styl unserer Zeit abgefafst sind, aber viel praktischen Verstand verrathen.

Man sieht da ferner eine Darstellung von Bremen, wie es vor einigen Jahrhunderten aussah. Bei den Abbildungen von Wallfischen, so da hängen, erinnert man sich bei Beschauung desjenigen, dessen Skelett nun auf dem Museum hängt, der Verhandlungen, die zu Stade zwischen dem im Jahre 1669 dahin gesandten Syndikus Wachmann und der schwedischen Regierung wegen dieses Wallfisches statt fanden. »Kanzler Bley«: Wir hätten auch einen Wallfisch geschossen, und von der schwedischen auf die Bremer Seite gezogen, begehrte die königliche Regierung wenigstens das Skelett.

Ego. »Der Wallfisch hätte sich nach empfangenem ersten Schufs aus dem Gericht Leesum selbst nach bremischer Seite begeben und auf den Schlick geworfen, woselbst er a nostris gänzlich erschossen, occupirt und nach Bremen geliefert. Das Skelett hange jetzt daselbst auf dem Rathhause, und würde Senatus sich gestaltenen Umständen nach nicht schuldig erachten, solches heraus zu geben, wie ich denn auch nicht hoffen wollte, dafs königliche Regierung auf solches schimpfliche Zumuthen beharren würde.« Vom Wallfisch ward nichts weiter monirt.

In diesem grofsen Raum, der Halle des Rathhauses, versammelten sich vormals die Bürgerkonvente; da diese nun aber auf die Börse verlegt sind, so wird der Saal nur noch zu den Ceremonien der Aufführung eines neu gewählten Rathsherrn gebraucht.

Diese Feierlichkeit verdient wegen ihrer altväterlichen Würde gesehen zu werden, und man hat nur zu bedauern, dafs der Rath nicht auch in älterem deutschem Kostüm dabei erscheint, und die aus französischer Zeit noch übrig gebliebenen Klapphüte dabei obwalten. Doch ist in den neuern Verhandlungen wegen der zu verbessernden Verfassung auch die Rede von einem anzuordnenden Kostüm für die Rathsherren.

Der neue Rathsherr wird von den Mitgliedern des Senats, den Aeltermännern und der Geistlichkeit, so wie von den ihm Wohlwollenden aus der Kaufmannschaft und den Zünften in seiner Wohnung abgeholt. Genau nach Rang und Würden in feierlicher Procession schreitend führen diese ihn auf das Rathhaus in den abgekleideten Theil. Der Syndikus, oder wer sonst darum ersucht wird, hält über irgend einen gemeinnützigen Gegenstand eine Rede, worin am Schlusse der dem Redner mitgetheilte Lebenslauf wie auch die Familiengeschichte des Neuerwählten erzählt und derselbe dem Wohlwollen des Raths und der Bürgerschaft empfohlen wird. Die Rede des Präsidenten hat vorzüglich zum Zweck, die Verdienste des Vorgängers zu würdigen. Hierauf sagt der Präsidirende dem Neugewählten den alten plattdeutschen Eid vor, den dieser Wort vor Wort nachspricht.

Die Kaiser, die in langen Reihen an der Decke des Saals gemalt sind, haben nichts mehr als Tapetenverzierung zu bedeuten; die in Oel gemalten im Sitzungszimmer sind auch nur mittelmäfsig.

Steigt man die Treppe hinab, so befindet man sich abermals in einem weiten Raum, den Bilderhändler und andere Detaillisten, Hausirer (letztere jedoch nur am Eingange) gegen Miethe in Besitz genommen haben, mit Ausnahme des Zimmers, wo das Niedergericht gehalten wird.

Ist aber das Innere des Rathhauses über der Erde nicht von Bedeutung, so steigen wir aus dem Tempel der Gerechtigkeit und der Politik hinab in den Tempel des Bacchus, in den berühmten Rathskeller, dessen köstlicher Inhalt, wie die Wände zeigen, in früheren Zeiten zu deutschen und lateinischen Versen begeistert hat. Der Eingang ist mit der Sternkammer, welche ehemals die Laube (de Löven) hiefs, überbaut. Hier wurden jährlich am Sonntag Lätare die Kündige Rolle, d. h. die Polizeigesetze, der versammelten Bürgerschaft vorgelesen.

So wie Cölln, Achen, Lübeck und andere Städte Niedersachsens und Westphalens unterhielt auch Bremen einen städtischen Keller, der allein mit Rhein- und Moselwein handeln durfte. Diese Keller waren auch die Versammlungsörter derer, die sich aufser dem Hause erholen oder in Gesellschaft heiter seyn wollten. Zu dem Behuf waren kleine Verschläge mit Tischen und Oefen, oder auch gröfsere Zimmer angelegt, die gar zu Gastereien gebraucht werden konnten, die auch jetzt noch, obgleich bei veränderten gesellschaftlichen Ansichten bei weitem nicht mehr so häufig, besucht werden.

Diejenige Abtheilung, wo der köstlichste und älteste Rebensaft verwahrt ist, und dem sich ein Ungeweihter ohne Begleitung eines Rathsherrn oder Erlaubnifs eines Bürgermeisters nicht nahen darf, heißt die Rose, und ist mit manchen lateinischen und deutschen Versen an den Wänden ausgeschmückt, die nicht übel gemeint sind.

Es wird gefragt, warum in Bacchus Grotte die Rose, die Blume der Venus, gesehen werde?

Antwort: **Ohne Wein friert selbst Venus.** —

Ueber der Thüre stehet die Warnung, daß so wie Amor, dem Harpocrates die Rose, die Blume der Venus, geschenkt habe, damit ihr Thun geheim bleibe, so auch in diesem Keller die Rose abgebildet sey, als Sinnbild, daß ein in demselben in Weineslust zu viel gesagtes Wörtchen nicht außerhalb müßte weiter erzählt werden. Endlich erklärt ein Doctor Düsing in wohlgesetzten lateinischen Distichen, daß da die Rose nur alte Weine enthalte, Bacchus selbst auch ein nur alter Gott sey, hier auch nur alten Leuten der Zutritt zu gestatten, junge Leute aber wegzuweisen seyen.

Die deutschen Verse von H. Post sagen Alles, was je ein deutscher Freund des Weins bei einem Gläschen ächten alten wohl gefühlt und gedacht haben mag, und lassen sich also vernehmen:

Was Magen, Leib und Herz, Saft, Kraft und Geist
    kann geben,
Betrübte trösten mag, Halbtodte kann beleben,
Theilt diese Rose mit; Sie hat von hundert Jahren
Den Preis, ein edles Oel mit Sorgfalt zu bewahren.

Die zwölf Apostel (so heißen zwölf Stückfässer

sehr alten Rheinweins) weichen dem schlechtesten unter ihnen, dem Judas Ischariot. Der älteste Wein soll über zwei hundert Jahre alt seyn, doch soll ein alter Moselwein den Preis über alle davon tragen.

In dem gröfsten Zimmer werden Fremde gewöhnlich auf eine akustische Merkwürdigkeit aufmerksam gemacht, die man auch anderswo findet, und meistens ein Werk des Zufalls ist.

Der Keller steht unter einer eigens angeordneten Administration; der oberste Kellerbeamte führt den Titel Kellerhauptmann. Galletti sagt in seinem neuesten Werk »Deutschland« der Keller habe sonst kostbare Weine enthalten. Da nicht leicht ein Fremder von Bedeutung, der Empfehlung in Bremen hat, hier durchgeht, ohne dafs man ihm eine Ehre im Keller erwiese, so begreifen wir kaum, woher der geschätzte Professor Galletti diese irrige Kunde haben kann.

Die Börse.

Gegen das Ende des siebenzehnten Jahrhunderts fand die Direction des Rathskellers denselben schuldenfrei, und es wurde daher vom Rathe beschlossen, die Einkünfte desselben zur Errichtung einer regelmäfsigen Börse zu verwenden, nachdem bis dahin die Kaufmannschaft sich vor dem Rathhause auf einem offenen mit Bäumen bepflanzten Spaziergang zu ihren Geschäften versammelt gehabt hatte. Ein französischer Flüchtling, Namens Proves, der durch sein vortreffliches Zeichnen ein günstiges Vorurtheil für sich gewonnen, zeichnete den Rifs zu der Börse und verfertigte auch von Holz das Modell dazu. Beides fand Beifall und der Rath trug ihm auf, das Gebäude auszuführen; der Anfang wurde im Jahr 1686 gemacht.

Andere Meister und die Steinmetzen machten bedenkliche Gesichter über die Schritte des Franzosen, aber dieser mit der seiner Nation eigenthümlichen Zuversichtlichkeit wufste sie so einzuschüchtern, dafs sie gern schwiegen.

Als die vier Wände standen, und nun die Last der bereits fertig gehauenen Steine zum Fries, als Unterlage des Daches aufgesetzt werden sollten, fand es sich, dafs die Mauern zu schwach waren; er befestigte dieselben daher mit grofsen Eichbalken, die er mit eisernen Klammern mit den Mauern verband, und diese sollten nun die gesammte Last tragen.

Indessen hatte der Bau schon aufserordentlich viel gekostet, und der Rath fing an bedenklich zu werden, man verdingte daher das noch Fehlende gegen eine grofse Summe dem Baumeister; allein ehe man es sich versah entfloh er mit seinem Weibe, und liefs das Werk unvollendet. Hierauf unternahmen es zwei andere Baumeister, diesem Gebäude seine Vollendung zu geben. Man rechnete die Kosten auf 25000 Thaler.

Der Roland.

Unter Kaiser Otto dem Zweiten waren in mehreren Städten des nördlichen Deutschlands Rolandssäulen errichtet worden, und da Bremen von Otto dem Grofsen auf Fürsprache seines Günstlings und Kanzlers Erzbischofs Adaldag einen Markt, den Königsbann-Zoll und Münzrecht, folglich den zum Gedeihen des Markts erforderlichen Marktfrieden, also auch die Marktgerechtigkeit erhalten, so ist es nicht unwahrscheinlich, dafs unter ihm oder seinem Sohne auch die Bremer Rolandssäule gesetzt worden. Andere, welche in derselben ein Zeichen ausgebildeterer Gerichtsbarkeit erkennen, als sie unter jenen Kaisern seyn konnte, suchen ihren Ursprung in späterer Zeit.

Wer bedenkt, wie sehr Karl der Grofse, in den Freistädten als Sinnbild und Inbegriff aller Herrscherherrlichkeit verehrt und auf alle Weise in Bildern dargestellt wurde, besonders auch für die Bewohner der unteren Weser verehrt, als Schützer gegen die verwüstenden Normannen; wie nächst ihm keiner von seiner Familie so sehr als Sinnbild alles Helden- und Ritterthums der Gegenstand der Sagen und Gedichte geworden ist, als sein unehelicher bei Roncesvalles gebliebener Sohn Roland, so bedarf es keiner weitern Forschung und Erklärung, warum diese, wenn gleich in anderer Beziehung errichteten steinernen Riesen, um ihrer Gröfse und Rüstung willen Helden, oder, um es gleich mit einem bestimmten Namen zu bezeichnen, Rolande genannt wurden

Karl der Grofse war bei den Occidentalen, wie König Salomon bei den Orientalen, der Inbegriff alles Hohen und Heiligen. Von ihm hatten fast alle niedersächsischen Städte und Landschaften Freiheitsbriefe aufzuweisen, die obwohl meistens falsch, doch alt genug waren, um bei Gläubigen für ächt gehalten zu werden. Ihm wurden Heiligenfeste gefeiert, seine Reliquien wurden gesucht, die Gedichte des Mittealters drehen sich um seine Person.

Das erste hölzerne Bild Rolands wurde bei einem verrätherischen Ueberfall und Kampf auf dem Markte bei nächtlicher Weile im Jahre 1366 in der Meinung verbrannt, daſs somit die Freiheit vernichtet wäre; und da zwei Jahrhunderte hindurch keines Rolands erwähnt wird, so kann man den noch jetzt stehenden, als den zweiten erneuerten ansehen, der im Jahre 1512, als Erzbischof Christoph die Rechte der Stadt Bremen bestätigte, von Grauwerksteinen errichtet und bunt angestrichen wurde. Vor etlichen dreiſsig Jahren muſste sich Roland gefallen lassen, statt seiner Vergoldungen und bunten Farben, einen weiſsen einfachen Anstrich zu erhalten, wodurch leider so manches Bezeichnende ganz vernichtet wurde.

Und so steht denn noch dieses Sinnbild der höchsten Staatsgewalt, oder der Gesammtheit von Rath und Bürgerschaft und der mit der Marktgerechtigkeit zur Erhaltung des Marktfriedens verbundenen höchsten Gerichtsbarkeit vor unsern Augen *).

---

*) Mit dem Namen Roland ward häufig der Staat selbst bezeichnet, wie in der Inschrift des im Jahre 1591 gebauten Kornhauses:

An eine auf gothische Art verzierte Säule gelehnt steht auf einem Postament die stark achtzehn Fufs hohe, geharnischte, und mit bis auf die Füfse herabfallendem Mantel bekleidete Gestalt. Rolands Angesicht ernst, grofs und voll Bedeutung ist gegen den Dom gerichtet, als wenn er die Rechte der Stadt gegen die Anmafsungen der Erzbischöfe schüzzen wolle.

Auf dem Schild am linken Arm ist der Reichsadler mit der plattdeutschen Inschrift:

Vryheit do ick juw openbahr,
De Carel unn mannig Vorst vorwahr,
Deser Stat gegeven hat,
Des danket Gode, is mien rath.

Auf der linken Seite waren sonst ein Löwe und ein Hund gemalt, die sich um einen Knochen streiten, mit der Umschrift: Eenen jeden dat syne.

Zu den Füfsen sieht man eine Figur liegen, von welcher die Sage erzählt, dafs es der Krüppel sey, welcher die Weide, so die Gräfin Emma von Lesmon der Stadt Bremen so grofs zum Geschenk

Roland hat diese Kornschüre
Anstatt der olden Stadt Müren
Laten an dissen Orte bouwen,
Thom Behuf siener getrouwen
Borgerschup, damit se han Brod,
In Theurungs Zeit und Krieges Noth.

versprochen, als derselbe in einem Tage würde umkriechen können, für die Bürger gewonnen hat.

Die Säule als Kunstwerk betrachtet ist nicht ganz zu tadeln. Die Verhältnisse sind beobachtet, und die Stellung so wie das Gesicht sind nicht ohne Würde, wie es die Bedeutung des Bildes erfordert.

Ist nun Roland das Weichbild Bremens und das Sinnbild der Macht, des Marktrechtes und der Gerichtsbarkeit, so erklärt man seine Attribute also:

Die Handschuhe deuten auf die Marktgerechtigkeit und den Marktfrieden; das blofse Schwerdt in der Hand auf die Gerichtsbarkeit über Hals und Hand, denn so safs der Oberrichter mit blofsem Schwerdt auch an der Gerichtsstätte. Das entblöfste Haupt zeigt den Respekt gegen kaiserliche Majestät, so die Privilegien ertheilt; sein Kinn ist ohne Bart, so war es Mode bei den sächsischen Vornehmen; er steht auf dem Markt, weil da das Schöppengericht gehalten wurde. Die Figur zwischen den Füfsen ist ein enthaupteter Missethäter, und bedeutet die Kriminalgerichtsbarkeit. Das Bild der um einen Knochen sich beifsenden Thiere bezeichnet das Gericht über Mein und Dein.

Wie aber der Roland in allen Zeiten den Bremern ihr Sinnbild in Fehden und Kriegen aller Art war, zeigen die nachfolgenden Verse, die auf Veranlassung eines Krieges gemacht wurden. Graf Gerhard von Oldenburg und Delmenhorst hemmte und beschädigte sehr den Handel der Hansestädte, so dafs endlich Bischof Heinrich von Bremen und Münster sich genöthigt sah, mit Hülfe beider Stifter und der Hansestädte, ihm Gewalt zu bieten. Des Bischofs Bruder belagerte Delmenhorst und verlor nach einer vierwöchentlichen Belagerung das Leben. Erst dreizehn Wochen später wurde das Schlofs Delmenhorst von dem Bischof eingenommen und jedem der Abzug frei gestellt. Des Grafen Moriz Tochter, die sich in dem Schlosse befand, wollte nicht fort, weinte laut und jammerte, es sey ihr väterliches Erbe, sie habe ja nichts verschuldet, wie man ihr dasselbe nehmen, wie man sie aus demselben vertreiben könne! Der Bischof redete ihr zu, berief sich aufs Kriegsrecht, und sagte, sie könne ziehen, wohin sie wolle, auch ihre Habseligkeiten und Kostbarkeiten mitnehmen. Aber sie widerstand lebhaft, und erklärte ihren entschiedenen Willen, nicht von der Stelle zu gehen. Endlich liefs der Bischof das Fräulein durch seine Diener mit Gewalt fortbringen. Ihr Bruder Jakob rüstete Schiffe, befehdete zur See, und verlor in einem Gefecht sein Leben. Graf Gerhard aber zog auf Betfahrt nach S. Jago di Compostella und starb auf der Rückreise in Frankreich.

Ueber jenen Krieg nun ward folgendes Lied in Bremen gedichtet und gesungen, das zugleich Probe seyn mag, wie in damaliger Zeit in Bremen die Schriftsprache war, und in welchen Tönen sich die bremischen Musen im fünfzehnten Jahrhundert vernehmen liefsen:

Frisch frölich wille wy singen,
Ein Förste is uns bekand,
Van einem edlen Heren,
Regerde sin Land in Ehren *),
Bischup Henrick is he genand.

In de Veide **) *is he gekamen,*
Un wurd darin gebracht
Mochte se des hebben entbaren,
He hedde nicht dartho gekaren,
He wehrede sich mit Macht.

De Kopman reisede mit Sorgen,
De Husman, de leth Noth,
Dat schöle gy Stede merken,
Und düfsen Forsten sterken
Des hebbe gy Ehre grot.

Delmenhorst hedde he bestellet
Mit mennigen Edelman,
Und ock mit guten Gesellen,
Se kunden öhre Händ woll schnellen,
Se fellen dar frischlich an.

---

*) Hielt sich übrigens mehr im Stift Münster, als im Stift Bremen auf, wohin er kaum alle drei Jahre einmal kam. Er ist derjenige, der 16000 Mann nach Nuifs gegen Karl den Kühnen, der diese Stadt belagerte, führte, unter welchen seine 8000 eigenen Krieger grün gekleidet waren, wovon er im Lager den Spitznamen der **grüne Heinrich** erhielt.
**) Fehde.

Eddele Forst, du schalst nicht vorzagen
Was frisch und wollgemoth,
Gott will dy sulven sterken
In allen dinen Werken
Alse he de Truwen doth.

Kayser Carl, du eddele Stridförste,
Du leven Sunte Wilhad *),
Weset düses Försten Gesellen,
Helpet öhm syn Ritt bestellen,
Vorlehnet öhm wysen Rath.

Schicket öhm an sine Spitze
Roland den könen Mann,
Wente he vorschlog den Resen,
Vor öhm konde nemand genesen,
Mit dem Schwerde, dat he gewan.

De Provisor **) *word geschaten,*
Dat he is bleven doht,
Von einem fürigen Herte
Entfingt he de grote Schmerte
Dorch siner Fründe Noht.

---

*) Karl der Grofse und der heilige (sunte, sankt) Wilehad spielen bekanntlich in der frühern bremischen Geschichte eine grofse Rolle, und erscheinen auf dem Rathhaus in Bildern und geehrt durch manche plattdeutsche Reimen.
**) Des Bischofs Bruder, ein Herr von Schwarzburg.

Des wurd so mannig bedrövet,
Dem dat to Herten gaht,
So ferne im fremden Lande,
Dar men ehn woll kande,
Gott geve der Seelen Raht.

Der Bremer Bürger aber sieht, gestützt auf uralte Sage, in diesem Roland das Palladium seiner Freiheit; so lange er steht, ist nichts für die Freiheit zu fürchten, und selbst, sollte er auch gestürzt werden, so ist, nach dem Volksglauben, noch nicht Alles verloren, falls er nur binnen vier und zwanzig wieder Stunden aufgerichtet wird, zu welchem Zweck im Rathskeller noch ein anderer, obgleich kleinerer, im Hinterhalte liegen soll, der im äufsersten Falle an die Stelle des gestürzten gesetzt werden kann.

Den Franzosen blieb der Volksglaube wegen des Rolands nicht unbekannt; und wäre der Nutzen einer solchen Gewaltthat nicht gar zu unbedeutend gegen die Furcht einer grofsen Unzufriedenheit und offenen Ausbruchs des Hasses gewesen, so würden sie gewifs das alte Weichbild eben so vernichtet haben, wie sie die Reichsadler und Schlüssel, die Wappen Bremens, theils übertünchten, theils zerschlugen.

In diesem Sinne wurde auch, als Bremen wieder die Freiheit erhielt, einstimmig, wie durch Verabredung, der französische Adler durch das Volk zu den Füfsen Rolands zerschlagen, und die Bildsäule selbst mit Blumen bekränzt. Letzteres geschieht noch immer am achtzehnten Oktober zum Andenken der Leipziger Schlacht; denn wir schämen und scheuen uns nicht, diesen wichtigen Tag in Bremen alljährlich feierlich zu begehen mit Militäraufzug, frommem Gesang einer unzählbaren Menschenmenge in allen Häusern, auf den Dächern rings um den Markt zu dem hehren Schall der Posaunen und Zinken, die von der Rathhausgallerie herab den Gesang leiten. Nicht oft ist mir etwas Innigeres und Feierlicheres vorgekommen, als dieses »Nun danket alle Gott« einer einst so unglücklichen, jetzt sich beglückt fühlenden frommen, gerührten Bürgerschaft, im Angesicht des ehrwürdigen herrlich gebauten Rathhauses, des stattlichen Schüttings, der modischen Börse; und der so ehrwürdige, steinerne Roland blickt so ernst hinaus, als wenn auch er es fühlte, daſs er nun nicht befürchten darf, umgestürzt zu werden, und daſs der Glaube der Bürger an seine Unvernichtbarkeit ihnen auch die Klugheit und die Mittel an Hand geben werde, ihn vor Umsturz zu bewahren.

Der Domshof.

Dieser gröſste und schönste, obgleich etwas abschüssige Platz wird durch das Stadthaus mit der Hauptwache, die neuere Seite des Doms, das Petriwaisenhaus, das Museum, und manche ausgezeichnete Gebäude eingefaſst; ein Viertheil des Raumes ist mit Linden bepflanzt.

Wo jetzt die Wachtparade aufzieht, wurden

einst militärische Uebungen anderer Art gehalten. Schon von Kaiser Heinrich dem Ersten war verordnet worden, dafs Turniere und Gastmähler in die Städte zur Emporbringung derselben verlegt werden sollten. Auch in unserer Stadt und zwar auf dem Domshofe wurden oft Turniere gehalten. Die Veranlassung dazu war einmal von besonderer Art.

Am heiligen Osterfest 1335, als Erzbischof Burchard *) auf das Chor im Dom gehen wollte, barst die Mauer, und es kam ein süfser Geruch heraus, wie nie Jemand etwas Aehnliches gerochen. Nun besprach er sich mit dem Domkapitel, wie er das da verborgene Heiligthum, die Leichname der heiligen Aerzte Cosmas und Damianus **), zu künftigen Pfingsten übers Jahr herausnehmen und bei der Gelegenheit ein grofses Fest anstellen lassen wolle. Diefs liefs er im ganzen Erzstift bekannt machen, und seine Bischöfe, Edeln, Prälaten und Untersassen zu der Hochzeit (Fest) einladen, dazu aber auch den Rath zu Bremen, und viele Bürgerfrauen und Jungfern. Da wurde getanzt und gastirt, und Sonntags vor seinem Saale (palatium) auf dem Domshofe Turnier gehalten, wozu sich die reichen, ehr-

---

*) Burchard Grelle, eines Bürgers Sohn aus Bremen, regierte sehr löblich sieben und zwanzig Jahre; seine rechte Hand war sein Bruder. So ist es klar, warum ihn die Turniergeschicklichkeit der Bürger so freute.
**) Erzbischof Adaldagus hatte diese heiligen Leiber, nebst dem heiligen Quiriacus und Caesarius, Victor und Corona, Felix und Felicianus mit aus Italien gebracht. Ad. Brem. S. 45.

baren Bürger stattlich geziert hatten, sich auch ritterlicher und geschickter als die Stiftsadelichen zeigten. Und am Pfingstmontag, als die heiligen Leichname in Gegenwart aller Bischöfe, Aebte und Herren herausgenommen worden, und Hochmesse gefeiert war, und nun die Mahlzeit beginnen sollte, da schlug er auf dem Domshofe, Gott zum Preifs und dem Hochstift zu Ehren, zwölf Ritter seiner besten Mannen, die zugegen waren, darunter auch die Bremer Bürger Lüder und Martin von der Hude.

Da stand Herr Hinrick Doneldey, Bürgermeister, in einem Wasserküven, das ein Fuder Wasser halten konnte, da wurde er heraus geopfert mit Kleinodien, Gold, Silber und Geld. Und als das heilige Pfingstfest vorbei, und der Hof geschlossen war, versammelte der Erzbischof das Kapitel, und fragte, was mit dem Opfer geschehen, und ob ihm einige Schadloshaltung für die Kosten, so er für die versammelten Herren und der heiligen Kirche zu Ehren gehabt, daraus werden solle. Darauf antwortete das Kapitel, es wolle mit dem Bürgermeister sprechen. Und Herr Hinrick Doneldey hiefs das Kapitel den Bischof fragen, wie viel er haben wolle; und als er dreihundert Mark forderte, da sagte Herr Hinrick Doneldey: »die wollen wir ihm geben, damit ist das Essen nicht bezahlt.« Und den Rest verwandte Doneldey zur Ausbauung des Südenthurms, des Doms und zur Giefsung der grofsen Glocke Susanna.

Auf diesem Domshof wurde 1446 vor dem erzbischöflichen Palaste unter freiem Himmel jener Vertrag zwischen den Abgesandten Königs Jakob des Zweiten von Schottland und der Stadt Bremen geschlossen, durch welchen die Schotten dem Ersatz für den ihren Kauffahrern von den Bremern zugefügten Schaden zur See entsagten.

Auch im Jahre 1503 sah der Domshof ein Schauspiel, das die Aufmerksamkeit aller Bürger in hohem Grade erregte. Der Kardinal-Bischof von Gurk, päbstlicher Legat, kam nach Bremen, und man empfing ihn mit stattlicher Procession »mit groter ere von Geistliken unde Werliken unde alle Bremere, in aller mathe so men den hilligen Licham umme de Stad dreggend na Corporis Christi« *). Die Geistlichen in schönen Chorkappen, Kafeln und Diakonenröcken, mit Wachskerzen zogen, entgegen bis Walle. Die Thore aufser St. Stephan wurden geschlossen, und der Rath mit der Bürgerschaft begab sich zum Empfang vor das besagte Thor. Vor dem Kardinal her wurde das Kreuz getragen, zu beiden Seiten ritten Erzbischof Johann und der Administrator Herzog Christian von Braunschweig. Der Rathssyndikus, kniend sammt Bürgermeister und Rath, redete ihn lateinisch an, worauf er lateinisch antwortete. Unter St. Stephans-Thor wurde er abermals von vier Rathsherrn empfangen und begrüfst.

Hierauf ging der Zug durch die lange Strafse, über den Markt nach dem Dom; hier empfing ihn

---

*) Aus der Erzählung eines Zeitgenossen.

der Domprobst und führte ihn auf das Chor. Nachdem hier abermals eine Anrede an den Kardinal gehalten, folgte der Gottesdienst. Sodann zogen sie nach Pauls-Kloster, wo dem Kardinal seine Wohnung bereitet war, und der Senat begleitete ihn bis über die Domshaide.

Den folgenden Tag wurde eine herrliche Messe gefeiert, und ein sechszig Fuſs breites Gerüste auf dem kleinen Domshofe *) erbauet. Auf demselben erhob sich ein Altar, so groſs wie der Hochaltar im Dom. Rund um standen die Herren und Fürsten, Domherren, Prälaten, die Stiftsritterschaft und der ehrsame Rath zu Bremen. Der Boden und alle Häuser waren mit einer unzählbaren Menschenmenge erfüllt.

Der Kardinal las hierauf eine prachtvolle Messe, und das Volk stieg die Treppen hinauf, küſste seine Hand, und empfing seinen Segen. Da aber Hand und Mund nicht hinreichte für die Menge, so hatte er noch einige andere Bischöfe zu demselbigen Zweck verordnet, deren Segen dieselbige Kraft haben sollte. Bei der Mahlzeit in der Domprobstei war aber vergessen worden, den Rath einzuladen, welches denn nicht gutgeheiſsen wurde.

Am Abend sandte der Rath nach St. Paul für den Kardinal ein Faſs Eimbecker Bier, sechs Tonnen Bremer Bier, ein Ohm weiſsen Wein, drei frische Lachse und einen Stör. Und es gefiel dem

---

*) Der damals umschränkte, nun offene Platz vor dem Dom.

Kardinal so gut, dafs er den Kärnern, so die Sachen brachten, vier rhein. Gulden schenkte. Aber der Rath schickte ihm das Geld wieder, mit der Antwort, des Raths Diener nähmen kein Geschenk. Hierauf lud der Kardinal die Bürgermeister und mehrere Rathsherren zu Tafel nach St. Paul, und der Rath schenkte ihm einen silbernen Pokal, in Gestalt einer Blume, gefüllt mit vier Stübchen Clarett.

Jedoch war der Rath nicht ohne Besorgnifs gewesen, und hatte sich, ehe der Kardinal kam, von ihm die Versicherung geben lassen, dafs er nichts gegen die Rechte der Bürgerschaft thun wolle, und dafs nichts, was um seinetwillen geschähe, als ein Recht für den Erzbischof angesehen werden dürfe *). Es hatten sich nämlich viele Geächtete und andere geflüchtete Verbrecher, ja sogar Mörder, aus Bremen, an den Legaten angeschlossen, um durch seine Vermittelung ungestraft wieder aufgenommen zu werden. Er erklärte jedoch, dafs er gegen den Willen des Raths für keine Verbrecher Fürsprache einlegen wolle.

Das ganze Gepränge bezweckte vorzüglich den Ablafs. Der Legat erliefs eine Bulle, dafs wenn beim Läuten der Domglocke Mittags der Gelehrte ein Pater noster und den Psalm Deus miseratur

---

*) Diese Reversales, so wie die Ablafsertheilung, S. in Pratje's kurzgefafste Religionsgeschichte der Herzogthümer Bremen und Verden. S. 43.

nobis läse, der Ungelehrte aber schlechtweg ein Pater noster sagte, ihnen dafür ein Ablaſs auf hundert Tage ertheilt werden würde.

Zu den prachtvollsten Scenen des Domshofes gehörte ohnstreitig die Einführung eines neu gewählten Erzbischofs, wenn der Schenk *), der Pütken **), der Küchenmeister ***), der Frohn ****), der Kämmerer *****) und der Brodspinner ******), sämmtlich stiftische Vasallen aus den ersten Familien, ihr Amt mit vielem Glanze wahrnahmen. Beim Einzug trug der Hofmarschall †) das Schwerdt vor-

---

*) Das Erbschenkenamt war anfänglich bei der Familie von Gröpelingen, dann bei der von Issendorf.
**) Pütjen heiſst in Niedersachsen ein wenig kosten oder schmekken. Der Pütker war also der Vorschmecker beim Erzbischof. Dieses Hofamt war bei der Familie von der Borch.
***) Das Erbküchenmeisteramt war bei dem Geschlecht der Schulten.
****) Der Erbfrohn hatte das Amt, bei ausgeschriebenen Land- und Lehentagen den Ständen anzusagen, wann sie bei dem Erzbischof zur Audienz zugelassen wurden. Dieſs Amt war bei den Herren von der Borch, als Herren von Schönebeck.
*****) Der Erbkämmerer ritt bei dem feierlichen Einzug des Erzbischofs in die Stadt Bremen unmittelbar vor demselben; nur wenn Vasallen von freiherrlichem oder gräflichem Stande zugegen waren, ritten diese zunächst, und vor ihnen erst der Kämmerer. Dieses Amt war bei der Familie von Luneberg.
******) Eigentlich Brodspender. Er reichte bei öffentlichen Freudenmahlen das Brod und besorgte auch bei solchen Gelegenheiten die Spende der Lebensmittel an die Armen. Erzbischof Rhode nennt keine Familie, so mit diesem Amt bekleidet gewesen. Vielleicht hing die Ernennung zu demselben, so wie die zu dem Amt des Erbdrosten von der Willkühr des Erzbischofs ab.
†) Dieses Amt war in der Mitte des fünfzehnten Jahrhunderts bei der Familie Kind von der Cronenburg, darauf bei den von Bachtenbroke.

auf bis zu dem Palatium, dann stieg er vom Pferde, legte das Schwerdt nieder, hielt des Erzbischofs rechten Steigbügel, und wenn derselbe abgestiegen war, so kniete er nieder und bat um Ertheilung seines Amtes. Nach kurzem Bedenken küfste und belehnte ihn der Erzbischof. Hierauf schwor der Marschall, und brachte das Pferd weg, wenn der Graf von Brockhausen nicht zugegen war. Sodann kniete der älteste Rathsherr nieder und huldigte im Namen der Stadt, und allen Geächteten wurde die Rückkehr erlaubt. Bei solcher Gelegenheit schlug der Erzbischof auch Ritter vor dem Palatium.

Den folgenden Tag zog er zur Kirche, wo das Te deum gesungen wurde, die Kapitularen von ihm den Eid empfingen, und ihm darauf die Burgen des Stifts und die Kleinodien übergaben. Hierauf leisteten die Kastellane, Vögte und andere Beamte den Eid der Treue.

Wie oft dieser Domshof der Schauplatz bürgerlicher Unruhen war, sieht man aus dem Abrifs der Geschichte. Jetzt ist er alle Tage um Mittag wegen der Wachtparade und der schönen militärischen Musik sehr besucht. Andere Feierlichkeiten fallen hier nicht mehr vor.

Das Stadthaus.

Auf dem Domshofe erhebt sich seit kurzer Zeit das aus dem erzbischöflichen Palatium hervorgegangene Stadthaus, welches, in so fern die administrativen Schreibstuben in demselben enthalten sind, diesen Namen mit Recht führt, und von dem Rathhause, dem Versammlungsplatz des Senats, zu unterscheiden ist. Die Höfe der Bischöfe hiefsen, so wie die fränkischen Königshöfe, in lateinischen Urkunden palatia. An manchen Orten war Pfalz und Rathhaus einerlei, z. B. in Regensburg. Der für dieses schöne Gebäude gewählte Name, den man mit goldenen Buchstaben im Frontispitz liest, ist also der alten Benennung angemessen. In diesem vormaligen Bischofssitz befindet sich nun auch die städtische Hauptwache und die Post.

Das alte bischöfliche Palatium war im Jahr 1286 gebaut worden, nachdem der Bischof, nach dem Vorgange Bischof Chrodegangs von Metz im achten Jahrhundert, bis dahin stets in einem Kloster, der jetzigen Gelehrtenschule, mit seinen Mönchen, Kanonichen genannt, gewohnt hatte. Durch eine Gallerie stand der Bischofspalast zur Bequemlichkeit des Erzbischofs mit dem Dom in Verbindung. Man mufs aber nicht glauben, dafs sich der Erzbischof gewöhnlich in demselben aufgehalten habe, sondern in Bremervörde. Es findet sich, dafs 1446 der Bürgermeister Johann Vrese in demselben gewohnt hat.

Der Schütting.

Die Vorsteher oder Aeltermänner der Kaufmannschaft kauften schon im Jahr 1425 ein grofses Haus, um in demselben ihre Zusammenkünfte zu halten. Es wurde wegen Baufälligkeit im Jahr 1537 niedergerissen, und an derselbigen Stelle das stattliche

Gebäude aufgeführt, das noch jetzt zu demselben Zwecke dient. In ältern Zeiten wurde dieses Haus auch Kaufhaus genannt, so unter andern in der von mir anderswo angeführten Schrift des Kollegiums der Aeltermänner an den Kaiser gegen den Rath. Es ist ein sehr ansehnliches Gebäude, das jedoch in der Architektur nichts Ausgezeichnetes hat. In demselben verwahrt das Kollegium eine Bibliothek und ein eigenes Archiv. Beide sind für die bremische Geschichte wichtig.

An diesem Hause stand die Inschrift: neque Albidium, neque Unidium. Sie soll auch am Essenhof gestanden haben. Bekanntlich bezeichnet jener Name einen Verschwender, dieser einen Geizigen. (Hor. Serm. I. 1.) Dieser Satz will also so viel sagen, daſs bei Erbauung zweier der prachtvollsten Gebäude der Stadt die Bauherren weder zu geizig noch zu verschwenderisch zu Werke gegangen.

Das Museum.

Kein Fremder wird leicht unser Museum betreten, ohne sich einer so trefflichen Anstalt von Herzen zu erfreuen, welche eine der ersten dieser Art war, und bald in andern Städten Nachahmung fand. Indem wir etwas ausführlicher die Entstehung und Ausbildung des Museums beschreiben, glauben wir allen denen, die Bremen besuchen, einen Gefallen zu erweisen.

Diese ausgezeichnete Anstalt fand ihre Entstehung in einer Zufälligkeit. Mehrere Bürger verbanden sich, auf gemeinschaftliche Kosten die in Berlin im Jahr 1774 herausgekommene Hawkesworthsche Sammlung von Reisen um die Welt kommen zu lassen. Andere Werke wurden darauf in Circulation gesetzt, und die Interessenten wünschten, eine Bibliothek aus den auscirculirten Büchern gegründet zu sehen.

Dieser historischen Lesegesellschaft folgte bald die Stiftung einer Gesellschaft für Physik und Naturgeschichte, eines Naturalien-Kabinets, einer Sammlung physikalischer Instrumente und einer in diefs Fach schlagenden Bibliothek; auch die Kunst blieb nicht vom Plan ausgeschlossen. Einige günstige Zufälligkeiten erleichterten die Anschaffung der Sammlungen. Die Mitglieder bestanden aus ordentlichen und aufserordentlichen.

So war denn eine gemeinnützige Stiftung zur Beförderung gründlicher Kenntnisse unter allen Ständen, eine gesellschaftliche Verbindung, die ohne Spiel bestand und zusammenhielt, zu Stande gekommen. Aber bald zeigte sich Mifsvergnügen mit der Verfassung; kein Gesetz band den sechs Stiftern die Hände, sie hatten Niemand Rechenschaft von ihrem Thun und Lassen, von Ausgabe und Einnahme abzulegen, und so wie diefs in jeder Staatsform eines civilisirten Volkes unerträglich ist, wie viel mehr mufste es in einem kleinen Freistaat der Fall seyn, wo in der Regel ein Auge das andere eifersüchtig bewacht.

Auch die Mittel, auf deren Zulänglichkeit man

gerechnet hatte, fanden sich der Erreichung so mancher Zwecke nicht angemessen. Anstatt einiger Zimmer wurde nun in der Neustadt ein ganzes Haus mit einem Garten gemiethet, und es ging darum, diesen nun zu grofsen Raum zweckmäfsig zu benuzzen und zu füllen. Die Zahl der Mitglieder nahm bedeutend zu.

Jeden Montag, wo regelmäfsige Versammlungen statt fanden, wurde eine Vorlesung über Gegenstände der Natur oder Kunst gehalten, und merkwürdige Stücke und Seltenheiten wurden gezeigt, Experimente gemacht. Dann folgten gesellschaftliche Unterhaltungen, und im Winter, trotz des weiten und unbeleuchteten Weges, war die Gesellschaft noch zahlreicher, als im Sommer.

Indefs trat auch hier bald eine Stockung ein; Gleichgültigkeit und Kälte liefsen eine baldige Auflösung des so schön Entstandenen befürchten; Rechnungen sollten geordnet und geprüft, Schulden bezahlt werden. Die Direction wurde also mit sechs von gesammter Gesellschaft gewählten Personen vermehrt, und diese mit den ältern Directoren übernahmen gegen Actien die Zahlung der Schulden. Ersparungen wurden gemacht, aber auch neue Beiträge waren erforderlich, zu denen die Mitglieder nicht verpflichtet waren, und zu denen sie nur durch eigene Bestimmung gewonnen werden konnten. Die Sache nahm also einen Gang, wie im Mittelalter, als die Fürsten nicht mehr aus Domainen und eigenem Besitz sich und ihre Kriegsmacht erhalten konnten, sondern an Steuern appelliren mufsten. Man verstand sich zu dem erhöhten Beitrag, mit dem Beding, dafs jährlich Rechnung abgelegt werden sollte.

Auf diese Weise bekam die Gesellschaft eine Verfassung, und von der Stunde an, war ihr Gedeihen entschieden. Es gab keine verschiedenen Klassen mehr; gleiche Rechte und gleiche Pflichten waren für alle Mitglieder ohne Unterschied. Im Jahre 1783 wurde eine Kommission mit Durchsehung der bisherigen Verfassung, mit ihrer Erweiterung und Verbesserung beauftragt. So verblieb die ausführende Gewalt, die Kasse, die Bibliothek, das Kabinet in der Hand einer Direction von zwölf Personen. Die Gesellschaft dagegen behielt das Recht, neue Glieder zu wählen, wirkliche Glieder auszustossen, die erledigten Stellen der Direction zu besetzen, die Gesetze zu ändern, neue zu fassen. Eine republikanische wohlgeordnete Form, angemessen dem Staat, in welchem die Anstalt existirte, war gegeben.

Die nun stark zunehmende Gesellschaft, die durch Kauf und Schenkung stark angewachsenen Sammlungen, so wie die gröfsere Bequemlichkeit der Besuchenden, die doch, besonders im Winter, den weiten Weg nach der Neustadt scheuen mufsten, machte ein anderes Lokal erforderlich und man miethete am Domshof dasjenige Gebäude, das jetzt noch unter dem Namen: das alte Museum, ein viel besuchter Gasthof ist.

Zur Vervollkommnung der Konstitution wurde später auch die Anordnung eines Ausschusses aus gewählten Gliedern der Direction und doppelt so vielen der übrigen Gesellschaft für gut gefunden, zur Erklärung und nähern Bestimmung der Gesetze, zum Vorschlage neuer, und Abänderung alter Gesetze, zur Schlichtung der Streitigkeiten, zur Rechnungsabnahme u. s. w.

Durch alle diese Veranstaltungen stieg die Zahl der Mitglieder bald auf zwei hundert. Bedeutender Ueberschufs bei der jährlichen Abrechnung gestattete wichtige Anschaffungen für das Naturalienkabinet und die Bibliothek. Von letzterer waren die Werke der Hauptfakultäten, wie auch Philologie und schöne Wissenschaften ausgeschlossen. Hauptgegenstand blieb Geschichte und Naturkunde in ihrem weitläuftigsten Umfang, so dafs nicht allein in allen in diese beiden Fächer einschlagenden Wissenschaften der wifsbegierige Geschäftsmann, sondern auch der Gelehrte für seine Studien Wichtiges sollte finden können; und wenn auch nicht gerade seltene Werke der Gegenstand des Anschaffens einer gemeinnützigen Bibliothek seyn konnten, so waren doch Prachtwerke, anschaulich machende Kupferwerke nicht ausgeschlossen.

Nunmehr ward es für zweckdienlich gehalten, das treffliche Gebäude aufzuführen, in welchem gegenwärtig das Naturalienkabinet, der Saal zu den Vorlesungen, der Saal der Zeitungen und Blätter, und derjenige, der zum geselligen Vergnügen bestimmt ist, ungerechnet die Konferenzzimmer, und die Wohnung des Oekonomen beisammen sich befinden. Das Lese- und Versammlungszimmer ist von Gaslicht erleuchtet.

Wenn man allein in Betracht zieht, wie die wöchentlichen Vorlesungen zur Bildung, nicht der oberflächlichen belletristischen, sondern streng wissenschaftlicher Bildung der Bürgerschaft gewirkt, wie der Saal gedrängt voll war, wenn Dr. Olbers den Jahresbericht über die Astronomie erstattete, und andere gelehrte Aerzte über Naturphilosophie und Naturgeschichte lasen, wenn physikalische Versuche angestellt wurden, so läfst sich der Nutzen, den das Museum für unsere Stadt geschaffen, kaum ermessen. Möge nur durch unbedeutende Erörterungen über Belletristerei, die im Allgemeinen wohl freilich mehr unterhalten und eine müfsige Stunde tödten helfen mögen, aber keine Ausbeute für Belehrung und Aufklärung geben können, nie der Sinn für die Wissenschaft, der man früher in diesem Saal so rein huldigte, verdrängt werden! Möchten die Zuhörer, die in der Vorlesung zugebrachte Stunde nicht blofs als eine angenehme Unterhaltung ansehen. Jeder, der im alten Geiste des Museums vorliest, wünscht vor allen Dingen zu belehren. Diefs kann auch für die schönen Wissenschaften geschehen, dafern nur wirklich dadurch das Urtheil der Zuhörer geleitet oder berichtigt wird. Dem Kaufmann, der so selten Zeit hat, sich mit den Wissenschaften vertraut zu machen, sollten diese Vorlesungen, wenn sie sind, was sie seyn sollen, vorzüglich angenehm seyn.

Die Sammlungen des Museums bestehen in Naturalien, Kunstgegenständen, Modellen, physikalischem Apparat und einer Bibliothek. Die Naturaliensammlung befindet sich zusammen in einem grofsen Saal, und ist an manchen, selbst seltenen Gegenständen reich, wozu der Gemeingeist eines Freistaats, da jeder Bürger die Sammlung als ein Miteigenthum betrachtet, immer beiträgt. Kein Schiff kommt kaum aus fernern Welttheilen oder der Kapitain bringt etwas Seltenes für das Museum mit, weil er weifs, dafs er sich damit den ganzen gebildeten Theil der Bürgerschaft verbindet. Aber die Sammlung ist auch gut geordnet, und die umfassende Kenntnifs der Naturgeschichte des gefälligen und freundlichen Herrn Konservators, des Herrn Dr. Kellner, macht die Beschauung des Kabinets jedem Fremden und Einheimischen doppelt angenehm.

In der zweiten Etage sieht man den belvederischen Apoll, den Gladiator, den Laocoon in guten Gipsabgüssen in dem Vorplatz aufgestellt.

Ein rascher Ueberblick des Interessantesten mag hier genügen. Hier fällt denn zuerst bei Betrachtung der zahlreichen ausgestopften Vögel auf, wie eine lange Reihe von norddeutschen Vögeln so höchst natürlich, viele in charakteristischen Stellungen, wie zum Raub oder zur Vertheidigung bereit, in Ruhe oder in Bewegung, sich darstellen. Die Kunst, womit diefs ausgeführt ist, bezeugt genaue Beobachtung der Natur und lebhafte Vorstellungsgabe. Die genannte Sammlung ist von dem Dr. Oppermann in Delmenhorst ausgestopft worden.

Rechts von der Thüre ab bemerken wir fünf einheimische Arten des Vogels der Minerva.

Zwei Exemplare des Seeadlers und ein Gerippe desselben werden nicht übersehen werden. Ferner achtzehn Arten Falken, darunter der Stofsfalke (falco palumbarius), der Edelfalke und der Sperlingsfalke, den vornehme Damen sonst auf der Hand getragen, in Schottland selbst mit in die Kirche genommen, daher, wenn in einem englischen Gedicht der prächtige Anzug der Burgfrau, indem sie in der Kapelle zur Trauung erscheint, geschildert wird, der Falke auch nicht unbemerkt bleibt:

Ein Lerchenfalk safs auf der Hand,
Gehalten an einem seidenen Band.

Unter den Hühnern sieht man den gewaltigen Auerhahn, den Birkhahn mit braunem, und am Halse dunkelblau schillerndem glänzendem Gefieder, das Schneehuhn in zwei Exemplaren, wie es im Sommer und im Winter aussieht. Eine Seltenheit ist der amerikanische Auerhahn (Penelope circinnata).

Unter den drei Arten Fasanen sieht man ein treffliches Exemplar des Goldfasanen. Die Krontaube, grofs wie eine Truthenne von Neuguinea, ist dunkelblau mit braunen Flügeln. Der schwarze Storch, herrlich schillernd, der einsam auf Bäumen nistet. Unter den Regenpfeifern und Strandreitern zeigt sich der Austernleser (Haematopus ostralegus), schwarz und weifs. Unter den Reihern ist die Aigrette. Der Rohrdommel ist in der Stellung ausgestopft, wie er auf einen Feind losspringt. Der seltenere Rallen-Reiher (Araea comata). Der Nachtrabe mit drei weifsen Federn hinten am Kopfe.

Der kleine Rohrdommel, selten. Ein schönes Exemplar des Purpur-Ibis, wovon die brasilianischen Nonnen allerlei Schmuck verfertigen. Der Sichelschnabel aus der asiatischen Türkei zeigt die Farbe des Purpurs der Alten. Strandläufer sind sieben Arten, Schnepfen fünf. Eine Seltenheit ist der südamerikanische Kibitz mit Spornen an den Flügeln.

Vier Arten Gänse. Unter den neunzehn Arten Enten sieht man die zierliche Brautente (Anas sponsa, aus Amerika) mit liegender Haube. Der Pfeilschwanz (Anas acuta), die Knackente (Anas querquedula), mit herunterhängenden bandartigen Rückfedern, sind zu bemerken.

Der Singschwan ist auch im Gerippe zu sehen, an welchem man die sonderbare Einrichtung des Brustknochens, wie zum Resonanzboden bestimmt, erblickt. Er kommt im Winter in die Wesergegenden, wenn das Land überschwemmt ist. Wenn er sich erhebt, giebt er einen Ton von sich, wie die Aeolsharfe.

Drei Arten Tauchergänse, darunter die Nonne (Mergus albellus).

Zwei Arten Seeraben, in China und England zum Fischfangen gebraucht; Carbo cormoranus, der Seerabe.

Der mifsgestaltete Fremdling Pinguin, der schwarzkehlige Taucher, und der Colymbus arcticus, grofs wie ein Truthuhn. Letzterer ist selten. Der Colymbus cristatus ist ein seltsamer, obgleich kein seltener Vogel.

Die drei Arten Alca, Papageientaucher, wegen ihrer sonderbar gestalteten Schnäbel so genannt.

Zehn Arten Möwen, fünf Arten Seeschwalben. Der Struntjäger, manchem schlechten Schriftsteller und Kritiker zu vergleichen, dem endlich der gebührende Lohn zu Theil wird.

Der Sturmvogel (Procellaria glacialis), wegen seines starken Moschusgeruchs widerlich. Die grönländische Taube, die schaarenweise sich auf die abgespeckten Wallfische niederläfst.

Unter den zwanzig Arten Papageien ist der Paradiespapagei selten.

Vier Arten Tucan (Pfefferfresser), durch ungeheure pergamentartige Schnäbel auffallend; zwei Arten Bartvögel, eine Art Sägeschnabel. Zwölf Arten Spechte, darunter einige prachtvolle brasilianische. Drei Arten Eisvögel, wovon zwei brasilianische. Drei Arten Heher, unter welchen der Corvus cristatus, Haubenheher, aus Mexiko. Corvi überhaupt sind hier zehn Arten.

Die prachtvolle Mandelkrähe (Coracias garrula) wird, obgleich einheimisch, doch leicht den Blick des Beschauers auf sich ziehen.

Drei Arten Kukuck, darunter der cayennische, kaffeebraun mit sehr langem Schwanz.

Drei Arten Paradiesvögel. Unter den acht Arten Oriolus (Amsel) ist der Haemorrhous, Blutschwanz, aus Südamerika. Unter den Drosseln sind mehrere Amerikaner. Der höchst zierliche einheimische Seidenschwanz wird von den über alle Beschreibung prächtigen brasilianischen Seidenschwänzen (Ampelis cotinga und superba) bei weitem übertroffen.

Der Kreuzschnabel (Loxia recurvirostra) in seinen vier Farbenveränderurgen. Die nordamerikanische Loxia cardinalis, röthlich über und über wie die Morgendämmerung mit leichten Wölkchen, auf dem Kopf eine Haube.

Der südamerikanische Kardinalsperling (Tanagra Brasilia) dagegen blendend scharlach roth. Ein auffallender Fremdling von der Küste Guinea ist die Wittwe oder der Paradiesfink (Fringilla paradisea). Sein Schwanz ist fast viermal so lang als der Körper, und ist auch überdiefs am Anfang seltsam gebauscht. Der südamerikanische Stieglitz ist ein kleiner Juwel, der in den buntesten und strahlendsten Farben glüht.

Die vierzehn Arten Colibri, nebst einem Nestchen mit dem Ei, werden von solchen, die nur Abbildungen von diesen lebendigen Juwelen gesehen, mit Bewunderung betrachtet werden. Kürzlich hat das Museum von den Herren Kalkmann, Hölty und Senator Lameyer an die 450 brasilianische Vogelbälge erhalten, welche bald zu einer vorzüglichen Zierde der Sammlung gereichen werden.

Unter den Säugethieren bewundert man zuerst

das Gerippe eines dreifsig Fufs langen Wallfisches (es ist der Hechtskopf, Balaena boops). Er wurde im Jahre 1669 in der Lesum, welche in die Weser mündet, gefangen. Die Abbildung des Fisches sieht man im Rathhause, wo auch sonst dieses Gerippe sich befand. Eben so sieht man den vollständigen Schädel eines Elephanten.

Unter den Affen zeichnet sich zuerst der Cynocephalus Sphinx, Männchen und Weibchen, aus Borneo aus. Man sieht ihn ganz in der natürlichen Stellung, wie wir ihn noch lebendig hier in Bremen sahen. Auch die kleine Sphinx ist selten. Jener hat eine Brust-, dieser eine Rückenmähne. Der Dianenaffe aus Guinea, selten. Das zierliche Löwenäffchen aus Südamerika.

Zwei Arten Faulthiere. Zwei Arten Viverren. Das Rüsselthier aus Südamerika. Moschus Meminna, Zwerghirschchen, sehr zierlich, aus Ostindien.

Zu den Seltenheiten in Spiritus gehört das ungeborne Junge der Seekuh (Manatus australis), drei Arten Ameisenbären, zwei Arten Schuppenthiere und Gürtelthiere, zwei an der Seite verwachsene Kinder, der Fötus des Tapirs, das amerikanische Stachelschwein mit dem Wickelschwanz.

Man findet hier einen seltenen Reichthum an Amphibien.

Eine grofse Anzahl von Schildkröten, darunter die noch unbestimmte vom Missisippi mit ihrer Hieroglyphen-Zeichnung besonders merkwürdig. Mehrere sehr grofse Pipa und Froscharten. Sieben verschiedene Krokodille zum Theil mit Eiern. Eine grofse Reihe von andern Eidechsen, darunter Chamäleonen, fliegende Drachen, auffallend durch sonderbaren Bau. Unter den Schlangen sind mehrere Arten von Boa, die Abgottsschlange, die Riesen-, Klapper- und Brillenschlange, das Lanzeneisen und andere zum Theil sehr schöne Arten.

Die Sammlung von Fischen in Weingeist, wie von Insekten und Würmern, ist nicht sehr beträchtlich, doch sind auch unter diesen mehrere schöne und seltene Stücke. Die Conchyliensammlung vermehrt sich rasch, die der Mineralien ist schon sehr ansehnlich und belehrend. Ein Stück Bernstein, $3/4$ Fufs lang, $1/4$ dick, $1/2$ breit. Mehrere sehr schöne Dendriten, treffliche Stücke Jaspis. Waffen und Opfermesser aus Feuerstein, eine antike Streitaxt aus dem Hessischen, von Serpentin. Ein sonderbarer grofser Cyanit aus Airolo am St. Gotthard. Ueberhaupt sind die Mineralien zweckmäfsig geordnet.

Unter den Muscheln sieht man den polnischen Hammer, der nach Funke gewöhnlich hundert Thaler kosten soll. Die sehr grofse Perlmuttermuschel, mehrere Steckmuscheln, Perlenmuscheln. Ein grosser Nautilus mit gravirter Oberfläche mit dem Bremer Wappen.

Die braune Mohrenkrone, die Davidsharfe, die Teufelsklaue, die ächte theuere Wendeltreppe. Auch von Versteinerungen ist eine bedeutende Sammlung da mit seltenen Stücken.

Die Bibliothek des Museums enthält gegen sechzehn tausend Bände, meistens Werke über Naturwissenschaft, Landwirthschaft, Handels- und Staatswissenschaft, Statistik, Geschichte, Literatur und Societätsschriften. Von ausgezeichneten Werken findet man die Prachtausgabe des Buffon in acht und dreifsig Bänden, Blochs Naturgeschichte der Fische, Shaw's Naturalist's Miscellanies, die Prachtausgabe von Peron's Reise nach Australien, Ross Reise nach dem Nordpol, Homer von Heyne und Tischbein, Tiedemann's Amphibien, mit den trefflichen Abbildungen der Krokodile; Regenfufs auserlesene Schnekken, Muscheln und andere Schalthiere; Martini und Chemniz Conchylienkabinet, des Philodemus Werk de Musica, nach den im Herkulanum gefundenen Papyrusrollen gestochen; Annales et Mémoires du Musée, die Philosophical transactions, den Moniteur vollständig u. a. m.

Unter den Verstorbenen, die sich theils durch Arbeiten, theils durch Geschenke um das Museum verdient gemacht, nennt man den Aeltermann Kulenkamp, die Doktoren Gildemeister und Wienholt, den Aeltermann Pundsack, besonders den unvergefslichen Albers, der für das Museum so unablässig gewirkt hat. Unter den Lebenden die Professoren Heineke und Mertens, die Gebrüder Treviranus, Dr. Olbers und Andere.

Der Wall.

Wie die Befestigung Bremens nach und nach

entstanden ist, habe ich anderswo angegeben. Nur wenig ist mehr davon zu sehen.

An der Stelle der Bastionen sind nun freundlich übergrünte und beschattete Höhen, an der Stelle der Thürme, die von Ferne zu Ferne aus der dicken Stadtmauer emporstiegen, sieht man freundliche und stattliche Häuser, an der Stelle dunkler, gewundener, hohlhallender Thorgewölbe führt die freie Strafse sogleich in Gottes freundliche Welt hinaus, an der Stelle der Zugbrücken führen feste Brücken über den reinen Wassergraben, und der lustwandelnde Bürger blickt nicht mehr von seinen hohen Wällen zwischen düstern Mauern, wo höchstens eine Reihe von Ulmen die Sehnsucht nach dem Freien noch trauriger machte, hinaus in die Natur. Das schauderhafte Bild des Krieges ist verschwunden, Friede und Ruhe webt und wallt in diesem Blüthengesträuch, summt in den blühenden Linden, flötet aus dem dichten Gebüsch am Wasser, und spiegelt sich in den friedlichen Fluten, wo die Flotten zahlloser Enten Streifen nach sich ziehen und der majestätische Schwan seine Kreise windet.

Die Wallanlagen erhalten in der ersten Frühlingszeit vorzüglichen Reiz und Mannichfaltigkeit durch die vielen Weiden- und Pappelarten, indem die ersteren anfangs durch ihre goldgelben Blüthenkätzchen dann durch das zarte Grün ihres Laubwerks, letztere durch silbergraue Blüthenkätzchen das Auge erfreuen. Einen herrlichen Schmuck bilden dann auch die vielen reich blühenden Prunusarten und wilde Apfelbäume. Später entfalten sich die jungen Blätter immermehr; Geisblatt schlingt sich durchs Heckigt, und spendet seine Düfte; wilde Rosen beschauen sich sinnig im Wasser; der Hagedorn sieht wie beschneit aus. Dort sammelt sich eine Gruppe lauschender Menschen im Dickicht, sie sind entzückt über den Brautgesang einer Nachtigall. Und während die Frühlingsluft durch das zarte Laub der Weiden am Wasser hinsäuselt, kommt still ein Kahn unterm Gebüsch hervor, in welchem ein Freund der Fischerei seine Angel oder sein Netz vorsichtig auswirft, um die Aale oder Hechte, welche dieser Graben vorzüglich hegt, zu fangen.

Das Prachtgewächs aber, das dann vorzüglich dem Wall Reiz und Wohlgeruch spendet, ist der allenthalben angepflanzte Faulbeerbaum. Freilich klagt man, daſs er bald nach der Blüthenzeit von einem Insekt ganz eingesponnen wird, und sich in der trostlosesten Gestalt zeigt; aber so wie er blühend von zahllosen Bienen durchsummt war, so dient er jetzt den Nachtigallen zum Sammelplatz, die hier vorzüglich Nahrung an den Insekten finden, die ihn umspinnen.

Doch der erste Sohn des Frühlings ist der rothe Ahorn (acer rubrum), der früher als andere Blüthenbäume mit rothen Blüthen, ohne eine Spur von Blatt, bedeckt ist, dann rothe Früchte trägt, endlich im Herbst mit rothem Laube bekleidet ist. Nicht weit von diesem schönen Baume sieht man einen Wildling aus deutschem Walde, die populus canescens, die alle Pappelarten, wenn wir auch der italienischen das prachtvolle, zu Palästen passende, oder um zwischen anderm Gehölze hervor Gruppen zu bilden, Landstrafsen einzufassen, zugestehen, an Schönheit der Krone übertrifft, und sehr spät ihr frisches Grün verliert *).

An Pappeln ist der Wall überhaupt sehr reich. Es irre jedoch den Fremden nicht, wenn er die populus canadensis so häufig sieht, einen Baum, der eben so nutzlos als unmalerisch ist, dessen sperrige Aeste nie eine angenehme Krone bilden, so dafs, ob auch noch so viele dieser Bäume beisammen stehen, dennoch nie eine schöne Gruppe entsteht. Als aber der Wall angepflanzt wurde, wollte man schnell Schatten und Grün haben, um gegen den Sonnenbrand geschützt zu seyn. Grund genug um einen Baum anzupflanzen, der in seinem schnellen Wachsthum die Versicherung noch schnellerer Vergänglichkeit trägt, und der zu seiner faden Existenz nur Wasser bedarf, das ihm hier reichlich zu Theil werden konnte. Diese Bäume, die mittlerweile eine bedeutende Gröfse erreicht haben, und dem Spaziergänger zu Danke da stehen, werden nach und nach ausgemerzt und mit schönern und nützlichern ersetzt werden. Auch die populus balsamifera (Balsampappel) sieht man als gewaltigen Baum.

---

*) Ich sah sie im Jahr 1819 bis Ende November im schönsten Grün.

Der mancherlei Weiden habe ich schon erwähnt. Man hat deren früherhin 130 Arten herbeigeschafft, die sich aber hernach wieder verloren haben. Man bemerkt vorzüglich die sehr schöne Lorbeerweide (salix pentandra); die mit Silberblättern geschmückte einem Tropenbaume gleichende Salix viminalis; die goldästige Salix vitellina, der Schmuck einer unbelaubten Winterlandschaft; die grünen Springbrunnen, die babylonische oder Thränenweide, welche in den drei letzten milden Sommern Kraft gegen die Winterkälte gewonnen und nun sehr üppig gedeihen. Hin und wieder strebt auch die majestätische Salix Ruselliana mit der Salix alba um die Wette zum Himmel auf, in so weit und weitläuftig verbreiteten Zweigen, daſs das Himmels Angesicht allenthalben durchblicken kann. Es ist ein Baum, der in englischen Parks gar nicht entbehrt werden kann.

Manche Ahornarten breiten ihr aus schön geformten Blättern zusammen gewobenes Dach anmuthig über das niedrigere Gesträuch, aus welchem die weiſsen Blüthen der Viburnumarten gar freundlich hervorleuchten, und der Purpur der Syringa vulgaris, mit der weiſsen Abart wechselnd, den köstlichsten Duft verbreitet.

Unter den Eichen bemerkt man einige nordamerikanische, im Herbste unter andern die Quercus rubra mit rothen Blättern; Pinus Larix (Lerchentanne) hat hier ein vortreffliches Gedeihen, und ist mit Recht ein beliebter Baum, dessen schlanke Gestalt, zartes Grün und zierliche Blüthe ein Bild froher und schuldloser Jugend darstellen.

An angemessenen Plätzen findet man liebliche Acacienwäldchen. Dieser, von unsern Nordostwinden leicht beschädigte, wenig nützliche Baum ist doch mit Recht ein Liebling aller Freunde der schönen Natur, mag man seinen geregelten und doch mannigfaltigen Aestewurf oder die Zierlichkeit seiner Blätter, den spielenden Schatten, den sein Dach über den Boden streut, oder den Reichthum und die Schönheit seiner Blüthen in Betracht ziehen. Den Oekonomen wird er sich trotz aller frühern Anpreisungen nie empfehlen. Der Stamm und die Zweige bieten dem Winde wenig Widerstand, geben zum Brennen nach Verhältnifs wenig Hitze, reichen zum Bau weder Balken noch Bretter. Auf unserm Wall sind die Acacienwäldchen, da sie verständig in Vertiefungen, geschützt gegen den Wind, gepflanzt sind, sehr schön erhalten, und sind auch darum beliebt, weil sie ihr schönes Grün eben so lange in den Herbst hinein behalten als die Eichen, wenn nicht der Frost zu früh kommt.

Von Linden sieht man die drei Arten.

Um den ganzen Wall längs der Fahrstrafse hin ist nun eine Allee von Edellinden gepflanzt, auch sind da, wo das Terrain breit genug war, Esplanaden von diesem schönen Gewächs angelegt, die mit der Zeit von ausgezeichneter Schönheit seyn werden.

Im Sommer erscheint der Wall schon in etwas anderer Gestalt. Alles ist voller, verwachsener, das

Grün dunkler, und so angenehm nun der dichtere Schatten ist, so hat man doch auch über die Populus monilifera zu klagen, welche ihren in Wolle eingehüllten Samen verstreut, der sich an die Kleider hängt. Man hat nun angefangen, die weiblichen Bäume auszurotten. Mehrere ausländische Fraxinus und Juglans scheinen das Klima ihres Vaterlandes nicht zu vermissen. Der Acer tartaricum leuchtet schon mit seinem rothen Samen hervor, wenn die Gleditschia triacanthos noch nicht einmal blüht; sie war sonst bei uns selten. Rosen blicken nicht allein aus allen Gebüschen, sondern abgesonderte sehr grofse Rosenbeete hin und wieder geben sich schon von weitem durch den anmuthigsten Geruch zu erkennen. Mancherlei Rosen sind gewöhnlich durch einander gepflanzt. Das Bild der verschämten Jungfrau, die blasse Rose, die der Engländer so sinnig Maiden blush nennt, findet sich häufig. Die Rosa pimpinellifolia und Spinosissima sind mit weifsen und röthlichen Blüthen bedeckt, von denen einige Spätlinge in dem weichen Winter 1818 um Neujahr den Hut schlittschuhlaufender Knaben schmückten. Rosa majalis ergötzt noch weit über den Mai hinaus mit ihren lieblichen der Centifolie ähnlichen Blättern. Die Rosa rubiginosa mit dem trefflich riechenden grünen Laub, wovon in den rheinischen Gegenden, wo sie wild an den Felsen wächst, die Sage geht, die Jungfrau Maria habe die Windeln des Kindes darauf getrocknet, daher rieche das Laub so gut. Die Engländer nennen sie defswegen auch

Sweet briar. Sie steht der zimmtfarbenen Schwesterrose nicht nach (R. bicolor), wenn diese auch gleich den Blick schneller auf sich zieht.

Die Spiraea opulifolia, die im Frühjahr mit weifsen Trugdolden prangte, schimmert nun von rothen Fruchthüllen. Die unvergleichliche Spiraea hypericifolia, so wie die bescheidene laevigata sind ihres Blüthenschmuckes schon beraubt, denn in der Nähe hängt schon die Pimpernufs hernieder, und die Vogelbeeren röthen sich. Die Cornusarten, die auf die goldgelbe Cornus mascula, den frühen Schmuck noch unbelaubter Sträucher folgten, bilden weifse Trauben auf dem dunklern Gebüsch; besonders aber zeichnen sich allenthalben die blühenden Dächer des Hollunders aus, getragen von dem knorrigen Stamm. Hinter'm Wachthause des Ansgarithors steht ein solches Gewächs, das vielleicht 40 Fufs hoch ist.

Auch der Spätherbst giebt unserm Wall mannichfaltigen Reiz; die Abwechselung, sonst von den Blüthen hervorgebracht, entsteht nun durch die tausenderlei Farben des Laubes. Diese Abstufungen — vom braundunkeln Grün der Rofskastanien bis zum feuerfarbenen Laub der wilden Steinobstbäume, die wie Flammen aus dem falben Gebüsch herausschlagen; ferner vom hochgelben bis zum schmutzigen braungelb des verdorrten Blattes — machen die Scene mannichfaltig. Dazwischen strecken die Linden, die Pappeln und alle die andern Pflanzen, die uns am frühesten im Lenz mit ihrem Grün willkommen heifsen, dürre Arme empor. Entblöfst vom Laub, nun nicht mehr durch den Kontrast des frischen Grüns heiter, hängt die rothe Vogelkirsche, und die dunkel violette Frucht des Hollunderbaums. Nur der Liebling des Frühlings, die Syringe, und der Liguster bewahren noch ihr grünes Laub. Der holde Vögelgesang hat schon längst diese entlaubten Gebüsche verlassen.

Der Winter zeigt unsern Wall in anderer Gestalt. Diejenigen Spaziergänger, denen es um Sonne zu thun ist, sieht man nun zwischen zwölf und ein Uhr gewöhnlich auf dem sonnigen Glacis spazieren, und auf dem Graben tummelt sich nach vollbrachten Schulstunden die lebhafte Jugend. Wie ein breites Band, statt mit Perlen mit Menschen besetzt, zieht es sich zwischen den entlaubten Hecken und Bäumen durch, um die Stadt; und der höher auf dem Wall Spazierende sieht freudig in das Getümmel hinab. Zu den Thoren hinaus klingeln die Schlitten, um zum Horn oder in Gröpelingen eine Langkohlparthie zu machen, und auch so zeigt sich noch selbst im Winter die Neigung zu dem Dorf- und Landleben. Und wer scheuete die Kälte so sehr, dafs er nicht, wenn zwischen zwölf und eins die vortreffliche Militärmusik an der Osterthorswache spielte, einen Spaziergang auf der Contrescarpe gemacht hätte? Diese Lust ist vorbei.

Oft erblickt man auch am Wintertag den Himmel in seltsamen Farben, die der festen Erde einen allgemeinen Ton mittheilen, so weit das Auge reicht.

So sah ich einmal auf der Stephanibastion an einem heiteren Wintertag alle Thürme, Thürmchen und Windmühlen purpurblau, den niedrigsten Horizont graublau, das sich in schmutziges, dann in helleres Gelb und endlich in helles Blau verlor. Die Sonne in diesem düstern Grunde wie eine dunkelglühende Feuerkugel; die Weser aber vom Eise frei, sehr hoch, von jenseits mattgelb, näher grünlich, glatt wie ein Spiegel; alle Gegenstände, die struppichten Bäume und die Häuser am Wasser auf und nieder nur Massen bildend.

Wie aber überhaupt diese Wallanlagen zärtlich gehegt und gepflegt sind, wie sie mit Geschmack und malerischem Sinn geordnet, wie mit Bedacht der Ausblick in die Ferne noch ferner, die Verschlossenheit der Nähe noch verschlossener erscheint, wie das Wasser bald als Flufs, bald als See sich zeigt, bald als ein städtischer Kanal, in welchem sich Häuser und Brücken spiegeln, bald als ein Waldsee, in welchem wildes Gebüsch und hohe Waldbäume sich einsam und still beschauen, und wie, wenn auch wegen des flachen Terrains nicht bewirkt werden konnte, dafs das Wasser bald nur gehört, bald nur gesehen werde, doch in anderer Art Alles geschehen ist, das läfst sich nicht ohne Ruhm erwähnen. Und was noch mangelhaft genannt werden könnte, wird mit jedem Tage besser. Der Mann, der einer ganzen Stadt diesen Genufs mit jedem Tag angenehmer macht, hat gewifs die Natur in ihren schönsten Momenten belauscht, und gesehen, aus welchen Blumen sie am liebsten den Kranz zusammen setzt, womit sie ihre Stirne schmückt. Der einsam seynwollende Spaziergänger hat nur zu beklagen, dafs, da die Anlagen sich immer in gleicher Nähe an der Stadt hinziehen, kein Fleck zu finden ist, wo er nicht zu jeder Stunde des Tages Menschen begegnet.

Die vortrefflichen Wallspaziergänge ziehen sich in einem weiten Bogen um die ganze Landseite der Stadt und verbinden sich oben und unten mit der Weser. Indem die Anlagen nicht allein den Wall, sondern auch die Contrescarpe erfüllen, so erscheint der sehr rein erhaltene breite Graben wie ein lieblicher Flufs, der sich fantastisch zwischen Baum, Heckicht und Weidigt durch windet, an dessen Ufern sich hin und wieder ein geschmackvolles aber einfaches Landhaus erhebt; und der Landschaftsmaler (wenn dem Genie auch sonst künstliche Anlagen nicht zusagen können, und welchem poetischen Landschaftsmaler könnten sie das?) mag hier oft die Natur belauschen, wenn an einem hellen Tage die Ufer mit dem mannichfaltigen Gesträuch und Gestrüpp sich abwärts im Wasser spiegeln, und eine Wildnifs unter der Wildnifs erscheint.

Leider wird solches Dickicht aus lauter Reinlichkeitsliebe gar zu sehr vertilgt oder gelichtet. Man vergifst oft, dafs die nachhelfende Hand des Menschen nur bewirken soll, dafs das mit Kunst und Absicht Angepflanzte den Schein der sich frei gelassenen Natur immer haben sollte. So mögte es hin und wieder angenehm erscheinen, wenn die Blätter der Nymphaea lutea und alba über die Fluth sich breiteten, und ihre schönen Blumen daraus emporstiegen. Aber mit Recht wird man hier entgegnen, dafs die Duldung dieser Pflanzen bald die Verwilderung des Grabens zur Folge haben würde.

Und doch wie malerisch erscheint oft eine schräg über das Wasser liegende Weide, mit all ihrem Gezweig, das in das Nafs hinab hängt und darin schwimmt! Wie oft bildet ein vom Wind umgerifsener grofser Baum, aus dichtem Gebüsch hervorragend und mit einem Theil des Stamms und mit der Krone auf dem Wasserspiegel, ruhend ein effektvolles Gemälde unter passender Beleuchtung!

Der sogenannte grofse Wall war vormals die äufserste Bastion nach Osten, und ist jetzt noch einem ansehnlichen Hügel zu vergleichen. Dieser sonnige Platz wird vorzüglich in der Jahrszeit, wo man die Sonne noch angenehm findet, von Ammen und Kinderwärterinnen besucht, wenn nicht Eitelkeit und Neugierde sie auf den besuchteren Neuen Wall treibt. Aber auch ältliche Personen und Freunde der schönen Natur lustwandeln und sitzen hier gern. Man wird hier kaum gewahr, dafs man sich in einer grofsen Handelsstadt befindet. Der Flufs schleicht durch ein weit ausgedehntes Weideland, Hunderte des schönsten Rindviehs weiden auf der andern Seite, hier da erhebt sich ein einzelnes Gehöfte, und in der weitesten Ferne zeigt sich scheinbar ein etwas höheres Land, an dessen Rande sich Dörfer hinziehen. Dann und wann wird die Scene durch ein oberweserisches Schiff belebt, das die Produkte des Landes zu der alten Hansestadt zum weitern Vertrieb herbeibringt.

Dieser alte Wall wäre als Parthie für sich jeder Verschönerung auch in botanischer Rücksicht empfänglich, indem er gegen Ost und Süd frei liegt. Als die Höhen des Walls abgetragen wurden, um die Stadt zu entfestigen, blieb diese. Traurig ist die Bemerkung, daſs ohne Rücksicht auf das, was die Natur mit einem Gewächs vor hat, hier manchmal unbarmherzig geschnitten und gehauen wird, um nur das Gebüsch niedrig zu halten. Den Stamm des durch Blüthen wie durch Frucht prangenden Weiſsdorns (Crataegus oxyacantha), der in englischen Höfen und Parken vorzüglich geschätzt ist, sah ich hier in baumähnlicher Dicke unten am Boden abgesägt; so den prächtigen Bohnenbaum, den Traubenhollunder, den Kreuzdorn und andere.

Zeigt sich die Natur hier Morgens und Abends in der schönen Jahrszeit in der erfreulichsten und erheiterndsten Gestalt, so kann aber auch der erstaunte Süddeutsche hier den norddeutschen Winter in seiner ganzen Schrecklichkeit sehen, wenn zuerst dieses weite flache Wiesenland durch die Herbstüberschwemmungen in einen See, darauf in eine Eisfläche verwandelt wird, und dann gegen das Frühjahr die ganze Ebene mit übereinander gedrängten und geworfenen Eismassen wie eine verwüstete Stadt aussieht, wo Mauertrümmer und Steinblöcke nur den Ort bezeichnen, den sonst Häuser und Palläste erfüllt haben; bis endlich der versöhnende Frühling aus dem Chaos wieder Ordnung und Schönheit hervorgehen heifst.

An der Stelle, wo jetzt auf dem alten Walle eine Windmühle steht, war noch in der letzten Belagerung durch Tettenborn eine Batterie. Ein Douanier pflegte gern über die Brustwehre zu sehen, und äufserte einem Soldaten, der ihn warnte, er wäre kugelfest. In demselben Augenblick erschlug ihn eine feindliche Kugel.

Wenn man den alten Wall verlassen, so findet man zunächst das merkwürdigste, ja fast einzige Befestigungsgebäude, das aus alten Zeiten sich noch zum Theil erhalten, den Zwinger. Dieser feste gewaltige runde Thurm erscheint nicht ganz in seiner alten Gestalt. Ein Blitzstrahl entzündete [*]) das in dem obern Theil verwahrte Pulver, die Hälfte des Thurms flog in die Luft und es wurde eine neue hölzerne Kuppel darauf gesetzt, die nichts Merkwürdiges hat, als das Zimmerwerk, das von reisenden Zimmerleuten bewundert wird. Jakob Bakes von Vollendorff hat diesen Zwinger, so wie auch die beiden andern, die Braut und den Bräutigam, im Anfang des sechzehnten Jahrhunderts gebaut, und es war den Bremern kein geringer Stolz, als Herzog Heinrich von Braunschweig auf seinem Zug nach Friesland bei Erblickung des Osterthorzwingers erklärte, man sollte einem Baumeister, der ein

---
[*]) 1624, 3. Juni.

so vortreffliches Werk errichtet, die Augen ausstechen, damit er kein ähnliches mehr bauen könne *).

Wenn die Morgensonne die braunen dicken Mauern vergoldet, und ein Baum, der an denselben hinauf gewachsen, seine weifsen Blüthen und saftig grünen Blätter, vom Morgenlicht erleuchtet, über das todte Gestein hinwebt und die Vögel, die in grofser Menge in den Mauerfugen ihren Jungen eine Wiege gebaut, ab und zu flattern: so vergifst man gerne, dafs der obere Theil des Thurms nicht zum untern pafst. Freilich nur das Zusammengehörige kann dem Auge wohlthun; daher ist das verfallenste Gebäude in so fern es doch die Idee darstellt, interessanter, als ein aus verschiedenartigem Geschmack in verschiedenen Zeiten zusammen geflicktes Ganze.

In dieser Gegend wurde im Jahre 1813 der französische Kommandant von Bremen erschossen. Das Osterthor ist noch mit einem Thurm überbaut, den man die Glocke nennt, welcher, so wie der Zwinger, zum Verwahren der Gefangenen dient.

Das gewölbte Osterthor mit seinem Thurm hat nichts besonderes. Die schöne lateinische Inschrift habe ich nicht mehr gesehen, welche sagte: **Eine Stadt mufs anstatt mit Mauern und Steinen durch die Tugend ihrer Bürger befestigt seyn. Sind diese durch Eintracht fest, so ist keine Mauer unüberwindlicher.**

---

*) Er kam durch Bremen in der merkwürdigen Fehde, als die Friesen hinter hanshohen Eismassen bei Rodenkirchen verschanzt standen und dem Herzog Trotz boten.

Das zunächst hauptsächlich in die Augen fallende Gebäude ist das Komödienhaus, das so gebaut ist, dafs es mit den Wallanlagen ein Ganzes ausmacht, und beide sich gegenseitig zur Zierde dienen.

Das Frontispitz, nach den Häusern des Walls zu gerichtet, wird von vier hölzernen Säulen getragen. Die Inschrift heifst: Interponite gaudia curis. Es liegt bedeutend höher, als der Graben, an einer Seite zieht sich ein schön gehaltener Rasen hinab, an der andern Gebüsche, und das Haus selbst ist mit Pappeln umpflanzt. In der Nähe desselben sieht man Quercus rubra, und Rhus typhinum mit grofsen rothen Früchten, den Kreuzdorn und Hippophae rhamnoides, einen Dünenbaum, der hier geblüht hat, was einige Botaniker nach seiner Verpflanzung nicht bemerkt haben wollen.

Vom Komödienhause kommt man an mehreren wohlgebauten Häusern vorbei.

Von hier aus breitet sich in ziemlicher Tiefe ein üppiges Acacienwäldchen am Wasser hin; eine stille, anziehende Parthie! Darauf erhebt sich rechts ein bedeutender Hügel, der Ueberrest einer Bastion, auf welchem später ein Tempel gestanden, gegenwärtig aber nur ein Baum zu sehen ist. Die Aussicht ist hier ganz unterhaltend. Darauf kommt ein Ausgang, den man die Bischofsnadel oder das Bischofsthor nennt *). Man glaubt, der Bischof habe

---

*) Andere Glossarien aufser dem bremischen haben das Wort nicht unter der Bedeutung eines Thors. Denkt man sich einen

hier ein ihm eigenes Thor gehabt, um zu jeder Stunde aus der Stadt kommen zu können, welches aber doch kaum denkbar, da an dieser Stelle nie eine Brücke gewesen.

Ein schmal fortlaufendes mit Baumgruppen besetztes Ufer erweitert sich sodann zu einem weiten Rasen, der die vortreffliche Parthie am Heerdenthor bilden hilft. Dieses Thor wurde also genannt, weil diejenigen Bürger, welche Vieh hielten, es aus diesem Thor zur Bürgerviehweide trieben. Es ist im Jahr 1563 gewölbt worden, und hatte die einfache, aber viel sagende Inschrift:

Bremen wes gedechtig
Laat nich mer in
Du syst erer mechtig.

Das Thor wurde vor einigen Jahren abgebrochen, und an seiner Stelle ist jetzt ein freundlicher weiter Platz und eine breite Ausfahrt. Zu den Seiten stehen einige der schönsten Gebäude Bremens.

Die zierliche Wache und das neu gebaute Reithaus an der andern Seite des Grabens werden nicht übersehen werden. Ueberhaupt zeichnet sich, was zu beiden Seiten des Heerdenthors zwischen der Bi-

---

dünnen runden, spitz zulaufenden Thurm, mit dem Pförtchen an der Erde, so liegt die Aehnlichkeit mit einer Nadel nicht sehr fern. In einem lateinischen Dokument von 1377 wird dieses Thor defswegen acus genannt.

schofsnadel und dem Ansgariithor gebaut ist, sehr aus, und man kann diese Reihe Häuser ohne Bedenken den schönsten Theil der Stadt nennen. Das Anbauen am Wall schreibt sich von den Anlagen her, da vormals Jeder, der ländlich wohnen wollte, in der freundlichen Neustadt sich Haus und Garten verschaffte. Daher sind die Grundbesitzungen in der Neustadt aus Mangel an Nachfrage im Preise sehr gesunken, indefs die Bauplätze auf dem Wall sehr theuer bezahlt werden.

Zwischen dem Heerden- und Ansgariithor sind beide Seiten des Walls vorzüglich schön, mehr von der geputzten Schönheit als von der ländlichen, wozu nicht wenig die zierliche Rotunde des Belvedere, so wie die stattlichen Gebäude am Heerdenthor, die sich von beiden Seiten im Wasser spiegeln, beitragen. Bald darauf wird Alles wieder ländlicher; man findet am Wasser die schöne Bandweide, die im Frühling so lichtgelb blüht; und indem man aus dem verwachsenen Weg herauskommt, befindet man sich in der offenen reizenden Parthie am Ansgariithor. Dieses Thor ist noch im Innern in seiner alten Gestalt, gewölbt und mit einem nicht ausgezeichneten Thurm überbaut. Es ist vom Jahr 1571. In dem Thor ist über dem Eingang auf den Schuldthurm ein Bild auf Stein gehauen, welches einen Mann mit einem Maulkorb am Munde, einer Peitsche in der Hand und einem Hasen zu seinen Füfsen vorstellt, mit der Inschrift:

Hic fraudum terminus esto!

Eine andere lateinische Inschrift an diesem Thor sprach diesen Sinn aus:

Durch Gerechtigkeit und Frieden wächst der Staat, durch Frömmigkeit wird er erhalten. Die Eintracht stärkt, die Zwietracht schwächt den Staat.

Von hier bis zum Abbenthor ist die neu angelegte Lindenesplanade, die zu ihrer Zeit eine der ersten Zierden des Walls seyn wird. Von da bis zum Doventhor thut man wohl am Wasser vorbei zu gehen. Da steht eine Bank, wo man links die Schwaneninsel sieht und rechts auf der Bastion eine Windmühle. Wer sich im Sommer Abends um sechs Uhr auf diese Bank setzt, sieht ein sehr angenehmes Landschaftsbild. Der hier sehr breite Graben bildet einen Busen. Der Vordergrund liegt im Schatten; die Höhe jenseits, welche den Busen umfaſst, ist von der Abendsonne beleuchtet. Ueber dem Ufer breitet ein Acacienwäldchen sein hellgrünes reizendes Laubwerk, und aus demselben blickt halb eine gewöhnlich von Holz gebaute, aber eben darum zur Landschaft passende Windmühle hervor. An der anderen Seite ist ein regelmäſsiger mit Pappeln besetzter Weg. Dieses Alles spiegelt sich hell in dem stillen Wasser, das nur eine gelinde Bewegung erhält, wenn eine Ente mit ihrer weiſsen Flotte die stille Fluth durchsegelt. Einige wenige Spaziergänger spiegeln sich fern in dem Wasser und Alles ist so ruhig, daſs man die Stadt vergiſst.

Am Doventhor (das in unsern lateinischen Schriften über Bremen Porta Surdorum genannt wird) war, als es noch stand, eine gute lateinische Inschrift zu lesen, die folgenden Sinn aussprach: **Die Staaten haben nächst Gott kein sichereres Bollwerk als die Tugend der Bürger. Der ist aber ein Bürger, der sein Vaterland aufrichtig liebt, und wünscht, dafs es allen Redlichen wohl gehen möge.**

Auf dem Wege nach dem Stephanithor ist der Weg am Wasser hin zu beachten, besonders eine kleine Parthie nahe bei der Windmühle, wo in einer kleinen Vertiefung ein gar anmuthiges Häuslein in romantischer Umgebung steht. An der im Jahr 1660 neu angelegten Brücke am Stephanithor hielten zwei Löwen das Bremer Wappen, und dabei waren folgende Reimen zu lesen:

Schau hie die Löwen an wie innig dafs sie halten
Den Schlüssel dieses Reichs; sie lassen Gott stets walten,
Wann Gottes rechte Hand die Thore schliest auf und zu,
So hat die Bremer Stadt den süfsen Fried' und Ruh.

Man sieht aus diesen Versen, dafs die alten Bremer im Lateinischen geistreicher waren, als im Deutschen, so gut gemeint und wahr gesagt das Wort auch seyn mag.

Am Stephanithor vorbei erscheint Alles sehr ländlich, keine ausgezeichneten Gebäude, wenn man das Armenhaus ausnimmt, erinnern an eine grofse Handelsstadt, man blickt unmittelbar hinaus in die

Gärten und Bauernhäuser, und das Landleben schliefst hier eng mit dem Stadtleben zusammen. Der Stadtgraben wendet sich in einer Krümmung wieder der Weser zu, und von demselben umfafst erhebt sich die hohe St. Stephans-Bastion, vormals die äufserste Befestigung Bremens, jetzt eine Plattform mit Gebüsch umgeben und mit Bänken besetzt. Sie wird gern von solchen besucht, welche die Weser dicht unter sich sehen, und des Ueberblicks über den ganzen Strom hinauf bis zur Brücke und hinunter bis nach Woltmershausen mit allen seinen Schiffen nebst der gegenüber liegenden Neustadt geniessen wollen. Dieser Stephaniwall sammt der Bastion wurde im Jahr 1602 angelegt.

Der Wall zeigt in verschiedenen Tags- und Jahreszeiten verschiedene Menschenklassen. Früh Morgens im Sommer sieht man höchstens einzelne Hausbesitzer, die im Negligé in der Nähe ihres Hauses sich ergehend ein Cigarrendankopfer dem Morgen spenden; aufser ihnen sieht man einige, die den Brunnen trinken, und dabei auf- und nieder gehen. Im Ganzen aber kümmern sich nicht viele Menschen in Bremen um den schönen Frühmorgen, sondern das warme Bett hat mehr Anziehungskraft. Der Wall wird erst lebendiger, wenn die Kindermädchen mit ihrem Gefolge heranziehen. Wird die Sonnenhitze stärker, so entsteht Stille, wenn nicht Arbeiter um zwölf Uhr über den Wall nach Hause zum Mittagessen gehen, oder Kaufleute vor dem Anfang der Börse um ein Uhr sich noch eine kleine Bewegung machen. Erst gegen Abend um sechs oder sieben Uhr oder noch später sieht man eigentlich den Wall in seinem Glanze. An solchen Tagen, wo auch der Handwerker mit der Eheliebsten spazieren geht, ist der Hauptwall vorzüglich von dieser Klasse bevölkert, und wer das Gedränge nicht angenehm findet, zieht nach der Contrescarpe auf der andern Seite des Grabens, wo alsdann mehr die Beau-Monde zu finden ist. Diese Parthie ist besonders angenehm an den Tagen, wo Abends in den öffentlichen Gärten Musik erschallt, wozu freilich die Kegelkugeln einen fatalen Diapason machen. Aber an keinem Tage sieht man den Wall mehr mit Menschen besetzt, als wenn an dem grofsen Bufs- und Bettage schönes Wetter ist. An diesem Tage sind nämlich alle öffentlichen Häuser bis zu einer gewissen Stunde geschlossen, und alle Arbeit wird unterlassen; kein Zeitvertreib bleibt also übrig, als der Spaziergang auf dem Walle. Auch geschieht es, um das Glockengeläute zu hören.

Dafs viel für die Unterhaltung und Verschönerung unseres Walls gethan wird, würde nicht allein hinreichen, denselben in dem Zustand des Aufputzes zu erhalten, worin man ihn immer sieht. Es ist eine Art Patriotismus, welche die Schonung alles dessen, was zu den Wallanlagen gehört zur Gewissenssache macht; und sodann sind auch der lieben Jugend besondere Spielplätze auf dem Wall eingeräumt, wo sie sich nach Lust ergötzen kann, ohne welche Absonderung die der Jugend so eigene Zerstörungslust sich überall auslassen würde.

III.

Kirchen, Kapellen und Klöster, die einst bestandenen und noch bestehenden.

Kirchen, Kapellen und Klöster.

Die Kenner altdeutscher Baukunst, namentlich Moller, haben gefunden, dafs in den ältesten deutschen Kirchen sich eine gemischte Manier zeigt, worin südliche Formen, z. B. flache und nicht sehr hohe Dächer und halbkreisförmige Bogen und Gewölbe vorherrschen; in der zweiten Bauart sieht man noch den antiken Halbkreis, allein das dem Norden angemessene hohe Dach kommt dazu. Diese spitze und hohe Form des Daches verlangte in harmonischer Bedingung auch die spitz anlaufenden Fenster-, Thürund andere Gewölbe, wenn auch gleich in den kleinen Verzierungen der Halbkreis noch beibehalten wurde. Aber auch diese mufsten endlich die allgemeine spitz aufstrebende Form annehmen. Durch dieses Aufstreben erscheinen seit dem zwölften und dreizehnten Jahrhundert alle Verhältnisse der Baukunst schlanker, leichter und kühner. Somit war die Spitzbogen-Bauart in ihrer reinsten Ausbildung vorhanden, und erreichte auch sogleich ihr Höchstes, denn der Dom zu Cölln ward im Jahr 1248 und das Münster zu Strasburg im Jahr 1276 angefangen; so dafs nur die zweite Hälfte des dreizehnten Jahrhunderts die Blüthezeit dieser Baukunst gewesen zu seyn scheint. Wenn man die vorerwähnten Grundsätze auf die kirchlichen Gebäude in Bremen anwendet, so findet sich, dafs der Bau der drei ältesten Pfarrkirchen (die Stephanskirche ist neuern Ursprungs, wenigstens in der Gestalt, wie sie jetzt steht), so wie der beiden Klosterkirchen, in der zweiten Hälfte des dreizehnten Jahrhunderts begonnen hat. Die Spitzbogenform ist daher allenthalben und durchgängig beobachtet, abgerechnet was später angeflickt worden ist. Was die übrigen Attribute der Baukunst des dreizehnten Jahrhunderts betrifft, nämlich Leichtigkeit, Kühnheit, Gefälligkeit der Form, da stehen die drei Pfarrkirchen den beiden Klosterkirchen bei weitem nach. Unter jenen ist die Liebfrauenkirche, obgleich gar nicht ausgezeichnet, doch die beste, und Ansgariikirche, ihren herrlichen Thurm abgerechnet, die schlechteste. Die Kirche selbst mufs einen andern Baumeister gehabt haben, als der Thurm. Dafs jener nicht viel verstanden haben kann, beweist der Einsturz eines Gewölbes, der während des Baues schon statt fand. Unter den Klosterkirchen ist diejenige, die man nun zur katholischen Kirche bestimmt hat, ohnstreitig in den Verhältnissen die schönste. Stände St. Paulskloster noch, oder hätte man treue Risse und Abbildungen davon, so liefse sich, da dieses schon früh im zwölften Jahrhundert gebaut worden, der eben beschriebene Uebergang der Architektur erkennen. An der abgerissenen Wil-

lehadskirche war nur der Thurm aus einer Zeit vor
dem dreizehnten Jahrhundert, der wegen seiner
Stärke bei einem Neubau der Kirche stehen geblieben seyn mochte. Der Thurm hatte noch lauter
Halbkreisbogen, die Kirche aber nur Spitzbogen.
Die kleine Urkunde auf Pergament vom Jahr 1340,
die man bei dem Abbrechen des Thurms im Dache
gefunden, zeigt wenigstens, dafs der Thurm früher
als um das Jahr 1340 vorhanden war.

Wir wenden uns zum Dom, der in merkwür-
diger Zusammenflickung das eilfte, das dreizehnte
und den Anfang des sechzehnten Jahrhunderts an
sich trägt, und Stoff zu mancherlei Betrachtung
bietet.

Der Dom.

Aufserhalb der ältern Stadt Bremen, auf einer
hohen Haide, wo einst der heilige Willehad mit Gefahren, Schwierigkeiten und manchen Unterbrechungen, bald von Karl dem Grofsen beschützt, bald
von heidnischen Sachsen bedrängt, dem Apostelfür-
sten Petrus ein Heiligthum von Holz geweihet, erhob sich durch Bischof Willerich eine steinerne
Kirche, die, obwohl Bremen dreimal von den Hunnen ausgeplündert und verbrannt wurde, dennoch
wegen ihrer abgesonderten Lage unversehrt blieb.

Ein Geistlicher und Verwandter des Erzbischofs
Bezelin, auch Alebrandt genannt, der sich in der
Hoffnung, die Stelle eines Domprobstes zu erhalten,
getäuscht sah, steckte diesen zweiten Dom, nach-

dem er zwei hundert und siebenzig Jahre gestanden, aus Rachsucht in Brand, wodurch auch ein grofser Theil der Stadt, das Domkloster, der Kirchenschatz, die Bücher und Mefsgewänder verzehrt wurden. Der Erzbischof war gerade in Friesland, als diefs geschah; er eilte zurück, legte das Fundament und erbaute einen neuen Tempel *).

Das Unglück geschah im Herbst. Den Sommer darauf waren schon die Fundamente gelegt, standen schon die Säulen, Bogen und Seitenmauern. Bezelin würde ihn schnell vollendet haben, aber kurz vor Ostern des folgenden Jahres 1043 starb er an den Folgen einer Procession, die er baarfufs mitgemacht, wurde die Weser hinauf nach Bremen gebracht und in dem Dom neben Willehads Ruhestätte beerdigt.

Sein Nachfolger war der bekannte Adalbert, unternehmend, durchgreifend, Freund der Künste, selbst ausübend und Pracht liebend. Nicht cöllnisch, nicht deutsch, in fremderer Weise sollte diese seine Kathedralkirche und das Kloster erbauet werden.

---

*) Ad formam ecclesiae coloniensis, sagt Ad. Brem. 177. Wolter verändert es in ad ritum eccl. col. Der berühmte cöllnische Dom ist nicht damit gemeint, denn der war noch nicht angefangen. Erzbischof Konrad von Hochstedten legte im Jahr 1248 den Grund, um 1320 wurde der Gottesdienst im hohen Chor begonnen. Der Bau dauerte fort bis ins sechzehnte Jahrhundert, wo er stockte. Doch konnte der alte, von Willibert gebaute, nachmals abgebrannte Dom in Cölln noch stehen.

Ecclesia bedeutet übrigens in dem Latein des Mittelalters meistens eine Pfarrkirche.

Schon im ersten Jahre der Ordination hatte Adalbert mit zu grofser Uebereilung, um nur erst den Dom zu vollenden, die von seinem Vorgänger angefangenen Stadtmauern, als das minder Nothwendige, abbrechen, und die Steine zum Dom verwenden lassen. Zu demselbigen Zweck wurde auch der prachtvolle Thurm von sieben Stockwerken, den Bezelin zur Befestigung der Stadt, an dem westlichen Thor in italischer Manier *) erbauen lassen, niedergerissen. Was Bezelin nach dem Vorbild der cöllnischen Kirche angefangen, hat Adalbert nach dem Vorbild des Doms zu Benevent, der von dem griechischen Baumeister Landolfi im Jahr 1114 erweitert worden, fortgesetzt.

Nach sieben Jahren war das Werk so weit gediehen, dafs der Hauptaltar der Jungfrau Maria und der in der westlichen Abseite **) dem heil. Petrus geweihet wurde. Wegen Mangel an Geld blieb das Werk bis ins vier und zwanzigste Jahr der Regierung Adalberts unvollendet; als er nun selbst nach Bremen kam, wurden die Wände geweifst und die westliche Crypta dem heil. Andreas geweiht. Von einem italienischen Maler Transmandus liefs er den Dom mit Gemälden ausschmücken.

Die nach dem Brande wieder erworbenen Kostbarkeiten des Doms wurden durch Adalbert selbst verschleudert, theils um den König sich geneigt zu

---

*) Ad. Brem. Lindenbr. 73.
**) Ad. Brem. 81 und ff.

machen, theils um Lustdirnen und Günstlinge zu beschenken. Goldene Krüge und Kelche, von Edelsteinen schimmernd, Vieles, was die Gräfin Emma geschenkt, wurde zerschlagen, um es zu verschenken oder zu Gelde zu machen, und der fromme Goldschmidt, der die Heiligthümer zerbrechen sollte, glaubte bei jedem Schlage des Hammers die klagende Stimme eines Kindes zu hören.

Unsere Chronisten sagen, der von Adalbert gebaute Dom habe auch unter Liemarus durch Brand gelitten, worauf dieser abermals viel daran gebauet. Die hohe Spitze auf dem Domsthurm ist sogar erst 1446 fertig geworden. So ist also theils Zufall, theils die egoistische Sucht des menschlichen Stolzes, nur selbst zu gründen statt fortzuführen, Stifter statt Vollender zu heifsen, Schuld gewesen, dafs der Dom nicht ganz das geworden ist, was er werden konnte. Ueber anderweitige Veränderungen bis zum sechzehnten Jahrhundert finden sich keine schriftliche Nachrichten.

Ums Jahr 1502 wurde durch den Baumeister Cord Poppelken die Nordseite zu der Höhe des Hauptschiffes hinaufgeführt. Ueber diesem Bau verflossen zwanzig Jahre, und was seinem Plane gemäfs noch am Dome hätte weiter geschehen können, unterblieb durch die von der Reformation herbeigeführten veränderten Verhältnisse.

Was nun ferner im Innern und Aeufsern, seitdem der Dom von den Lutheranern gebraucht wurde, verändert worden, mit Ausnahme der gänzlichen Umgestaltung des Chors, welches nach der Analogie des ganzen Styls eine andere, etwa fünfeckige Form gehabt haben muſs, ist zu unbedeutend, als daſs es in der allgemeinen Form die Betrachtung über die Bauart der Kirche stören könnte.

Wenn uns die Geschichte nur so wenig die Hand zur Erklärung des Doms bietet, so müssen wir uns an die Steine wenden, und sie reden lassen.

Die Form des Doms, so groſsartig und einfach, zeigt einen eigenthümlichen, aber edeln Geschmack: nur wenige Verzierungen, nicht die Menge über einander gesetzter, mit zierlichen Steinarbeiten überladener Strebepfeiler, nirgends Bogen über Bogen, dagegen ein erhabenes Verhältniſs der Länge zur Breite und Höhe. Das Widersprechende läſst sich aus den häufigen Veränderungen in verschiedenen Zeitaltern erklären.

Die Vorderseite stellt sich dar mit zwei Portalen und zwei gleich groſsen dazwischen liegenden Blenden mit halbzirkelförmigem Bogenschlag.

Wenn wir das Portal betrachten, so zeigt sich die entschiedenste Aehnlichkeit mit denjenigen an den Domen zu Worms und zu Mainz, welche aus dem zehnten und eilften Jahrhundert, folglich aus einer Zeit herrühren, in welcher auch von Bezelin kurz vor seinem Tode der neue Bau in Bremen unternommen worden *). Hier ist die Halbkreisform durchgängig noch sichtbar, und es ist gewiſs, daſs

---

*) S. Moller Denkmäler der deutschen Baukunst.

die Vorderseite des Doms der älteste Theil desselben ist. Das ergiebt sich aufs bestimmteste aus der Bauart, indem die Thüren des Doms an der Vorderseite durchaus den reinen Halbkreisbogen haben; der sich an keinem andern Gebäude in Bremen mehr findet. — Die Thüre zeigt verdorbene römische Bauart mit deutscher Eigenthümlichkeit. Die Römer baueten nämlich ihre Thüren im Verhältnifs zu dem Gebäude, daher hat der Eingang im Pantheon in Rom 36 Fufs im Lichten. Im Mittelalter und in einem kalten Lande suchte man die Unzweckmäfsigkeit der ungeheuern Thüren mit dem Verhältnifs des Gebäudes sinnreich zu vereinigen. Daher erweitert sich an unserer Domsthüre die innere Thüröffnung in schiefer Linie nach Aufsen, und die beiden sich erweiternden Seiten sind mit Säulen verziert.

Ueber den Thüren standen die beiden Thürme. Zwischen denselben erhebt sich die vordere Seite mit spitzem Giebel und halbkreisförmigen Verzierungen, und einem grofsen Fenster, das zur Rose bestimmt, jetzt aber nur noch die runde Form, sonst keine Verzierung hat. Nur der eine jener Thürme, der höchste einst in ganz Niedersachsen, steht noch, ist jedoch jetzt nur 162 Fufs, bis wo das alte Mauerwerk aufhört, mit der neuen Spitze aber 182 Fufs hoch, seitdem er durch einen Wetterschlag im Jahr 1656 seine hohe Spitze verloren hatte.

Am 14. Februar 1656 schlug nämlich um halb neun Uhr Vormittags mitten in einem heftigen Schneegestöber der Blitz in den noch stehenden

Domsthurm. Es zeigte sich bald, daſs die hohe Spitze in Brand war. Bald brach die Flamme mit furchtbarem Ungestüm und Krachen zwischen den Kupferplatten hervor. Das Blei floſs wie Wasser in den kleinen Domshof. Zu helfen war nicht, denn jeden Augenblick war der Einsturz des hohen Thurmdachs zu befürchten, und die Tausende harrten nur angstvoll, wohin es fallen würde. Der Wind wehete vom Dom nach dem Rathhause und drohete noch gröſseres Unglück.

Jetzt stürzten brennende Balken nieder, bald sah man die Spitze wanken, endlich gegen ein Uhr hob die Flamme die Spitze etwas empor, die dann hinab auf das Dach der Domkirche fiel, zerbrach und das Dach anzündete. Der Knopf stürzte in zwei Theilen auf den kleinen Domshof.

Der Sturz des Thurms rettete die Kirche, indem man sich nun hinan wagen konnte. Das Innere blieb unversehrt, besonders das Chor, weil es einen besondern Giebel hatte. Der Rath ging nicht auseinander bis den folgenden Tag, wo das Feuer gelöscht wurde. Niemand blieb todt, oder ward beschädigt. Der Zeiger der Domuhr blieb bis auf ein Viertel vor zwölf stehen; nach eins ging er bis auf ein Viertel vor zwei und dann wieder auf eins. Man hörte die Domsglocke zum letztenmal zwölf schlagen.

Auch was das Leblose zu leiden scheint, bleibt bei so groſsem Unglück von der theilnehmenden Menge nicht unbemerkt.

Den folgenden Tag flog bei hellem Wetter, Sonnenschein und starkem Frost ein Storch um 3 Uhr Nachmittags über der Stadt und kreiste über Liebfrauen-Kirchhof mehrmals. Eine Menge Menschen liefen hin, es zu sehen. Der Chronist, so dieſs erzählt, wünscht andächtig, daſs das frühe Erscheinen dieses Sommergastes keine böse Folgen haben möge *).

Der andere Thurm, in welchem die Glocken hingen, und der mit der Spitze nur etwas höher war, als das Mauerwerk des ersteren, stürzte im Jahr 1638 mit acht Glocken und der Uhr zusammen, zerschmetterte zwei Häuser, und acht Menschen verloren das Leben. Ein Knabe, der unter einem kleinen Tische saſs, um und über welchem sich Berge von ungeheuern Steinen gethürmt hatten, blieb unversehrt, und wurde mit groſser Mühe befreit. Der Senat beklagte sich in öffentlichen Schriften, wie die Domherren, nur auf köstliches Leben versessen, leicht durch zeitige Reparatur diesem Unglück hätten vorbeugen können. Von diesem Thurm sieht man äuſserlich nichts mehr, indem derselbe sammt dem sehr schönen Portal von einem Hause überbaut ist.

---

*) Wie der Dom nach dem Brande ausgesehen, sieht man aus zwei radirten Blättern von Nutzhorn, die selten geworden sind. Es ergiebt sich daraus, daſs alles Dachwerk bis auf das hohe Chor, so auch das Dach des am Domsthurm angebauten Hauses verbrannt war. S. Pet. Costers Chronik. MS.

An der Vorderseite des Doms finden sich, wie schon gesagt, Rundbogen, an den übrigen Theilen, in Fenstern und innern Gewölben durchgängig Spitzbogen.

Nach Büschings Theorie, womit die bisher angestellten Nachforschungen in ganz Deutschland übereinstimmen, würden jene vor das dreizehnte Jahrhundert zu setzen seyn, diese nach demselben. Die nördliche Seite rührt aus dem Anfang des sechzehnten Jahrhunderts her.

Im Innern zeigt sich das Hauptschiff mit dem mächtigen Gewölbe, dessen Gurten in die runden Säulen an den Pfeilern sich verlieren. Ein Querschiff vor dem Chor bildet die Form des Kreuzes. An den Seiten des Schiffes führen breite Gänge, jeder mit seinem besondern Gewölbe, nach dem Chor, und hierauf folgen die meistens zu Kapellen bestimmt gewesenen Abseiten, wovon in diesem Dom nur noch eine ist, indem die nördliche bis zur Höhe des Schiffes hinaufgeführt worden.

Der in der Sandstrafse sichtbare fliegende Strebepfeiler, der das Chor stützt, zeigt deutlich, dafs die Breite und Höhe dieser Abseite gerade so wie die der entgegengesetzten gewesen, auf welcher letztern sämmtliche fliegende Pfeiler in der ganzen Länge noch vorhanden sind. Die untere Fensterreihe hat in der Spitze jene einfachen Spitzbogenverzierungen, die mit der Hall'schen Weidenruthen-Architektur übereinkommen. Die Spitzen der zweiten Fensterreihe sind kunstreicher, und das letzte Fenster in der Sandstrafse verdient besondere Betrachtung; doch sind diese Verzierungen nicht so auffallend, dafs wir bei Betrachtung derselben in die schönen Verse des Dichters ausbrechen könnten:

— — — — — *Mondenschein*
Blickt durch dünn Gesäul von Stein,
Das Laubbildwerk schön verband.
Hat aus Weidenzweigen schwank,
Zwischen Pappeln hoch und schlank,
Wohl geschlungen Feenhand
Manch verworr'n phantastisch Band,
Und durch Spruch, als es vollbracht,
Das Gezweig zu Stein gemacht?

Dafs aber dem Baumeister des eilften Jahrhunderts die Idee seines Baues klar aufgegangen, dem aus dem sechzehnten aber nicht, zeigt sich deutlich. Ein gewaltiges Werk, jäh von allen Seiten himmelan steigend, widersprach dem Schönheitssinn des Baumeisters, weil es ungeheuer erschien. Durch Ansetzung von nur halb so hohen Abseiten erhob sich das Hauptschiff majestätischer, indefs das Auge durch die allmälige Schmalerwerdung beruhigt wurde. Die auf die niedrigen Abseiten aufgesetzten Strebepfeiler, gleichsam Arme, die das Ganze hielten, gestatteten die mannigfaltigsten Verzierungen, wie man sie besonders im Dom zu Cölln bewundert, indem diesen Strebepfeilern durch die spitzenartige Durchbrechung die Schwerfälligkeit benommen wurde. Die norddeutschen Kirchen haben selten diese Verzierungen der Pfeiler, so auch nicht unser Dom, und eben so wenig die schöne Marienkirche in Lübeck.

Indem Cord Poppelken im Anfang des sechzehnten Jahrhunderts das Seitenschiff am Domshof breiter machte, und es bis zur Höhe des Hauptschiffes beinahe erhob, hat er bewiesen, daſs ihm die wahre Idee des ersten Baumeisters nicht aufgegangen, daſs überhaupt die deutsche Baukunst von dem Zeitalter nicht mehr begriffen war. Doch bewundern wir des Baumeister Cords treffliches Gewebe der Gewölbegurten oder Rippen, obgleich die Gewölbe, wie es sich an den vielen eisernen Riegeln zeigt, zu schwach sind; und wir haben uns über gestörte Symmetrie überhaupt nicht zu beklagen, da die alte beibehaltene Südseite gar nicht in Verbindung mit der neuen von Auſsen gesehen werden kann.

Indessen läſst sich nicht leugnen, daſs jene halb dunkeln, dämmernd groſsen Massen des Mittelalters zum protestantischen Gottesdienst nicht mehr paſsten, und so wie die Begriffe heller wurden, auch auf gröſsere Helle der kirchlichen Gebäude gesehen wurde. Auch erforderte der protestantische Gottesdienst einen gröſsern, einer ganzen Gemeinde zugleich nutzbaren Raum. Jene erhöhete Abseite unsers Doms hat denselben so hell und heiter und so viel geräumiger gemacht, daſs wenigstens nicht mehr mit Smollet an Uebereinstimmung der Bauart des Mittelalters mit der maurischen zu denken ist, welches wir ohnehin nicht zugeben können *).

Der Dom ist 297 Fuſs lang, 124 breit; die Höhe hat 102 bis 105 Fuſs. Er bildet mit dem Domsumgang ein Viereck, wovon er eine Seite ausmacht. Die nach dem Umgang gerichtete Abscite ist noch in ihrer ursprünglichen Form, Höhe und Breite, mit den fliegenden Strebepfeilern oder überschlagenden Bogen, um dem Druck des Dachs zu widerstehen, und gerade so ist auch die Nordseite gewesen. Diese, bis an das Dach der Kirche erhöhet, bedurfte nun nicht mehr der fliegenden Pfeiler, sondern stützte das Dach durch eigene Kraft und mit Hülfe der mit der Mauer eine Masse bildenden Streben. Die Verzierung des Geländerwerks in dem Umgang gehört in die Spitzbogenform, und ist ohne zierliche Ausführung.

---

*) Er sagt: „Wenn ich die gewaltigen allen Sonnenschein fast ausschlieſsenden Massen in der gothischen Architektur betrachte, so kann ich nicht umhin, an eine Architektur maurischen oder südlichen Ursprungs zu denken, wo es darum zu thun war, kühle Gebäude zu schaffen. Betrachtet man selbst in Spanien die Ueberreste maurischer Palläste, so dringt es sich gleich auf, daſs hier von keiner Zierlichkeit, Heiterkeit, Symmetrie die Rede war, sondern lediglich von Kühlheit. Ein Gebäude in einem heiſsen Lande, das für zahlreiche Versammlung bestimmt war, erforderte doppelt jenes Abgeschiedenseyn von der Sonne, und da in jener Zeit die mathematischen Wissenschaften von den spanischen Mauren ausgegangen sind, warum nicht auch eine andere Architektur? Bestätigung findet sich in den ältesten spanischen Kathedralen." Diese Ansicht, so unstatthaft und der Geschichte der deutschen Baukunst entgegen, ist doch immer noch besser als die Hall'sche Weidenruthen-Theorie.

Fragt man nun nach den Merkwürdigkeiten des Doms, so ist von den ersten Reformatoren Bremens trefflich gesorgt worden, dafs Altäre, Heiligenbilder von Stein und Holz, und Gemälde hinausgeschafft würden, und die leeren Wände sehr vernünftig und kalt sich darstellen möchten; auch konnte manche schöne kupferne Tafel auf einem Grabmahl gut zu Gelde gemacht werden, und mufste zum Kupferschmidt wandern. Im Jahr 1586 wurden auf Verlangen der Geistlichkeit alle Hochaltäre aus den bremischen Kirchen weggeschafft. Was also noch jetzt vorhanden, ist kaum der Rede werth. Uffenbach sah noch im Anfang des achtzehnten Jahrhunderts in einer Seitenkapelle des hohen Chors den Platz, wo Cosmus und Damianus begraben gelegen. Ueber dem Gewölbe waren sie auf zwei Feldern klein in Stein gehauen, der eine verbindend, der andere Oel aufgiefsend, weil sie Aerzte gewesen. Vor der Oeffnung des Gewölbes war ein kleiner Altar; die Steine der Treppe, die zu demselben führte, sollen von den vielen Gläubigen ganz abgekniet gewesen seyn. Die Gebeine der beiden heiligen Aerzte sind nach der Reformation an einen Bischof von Paderborn für viel Geld verkauft worden. Die alten Grabsteine, erzählte der Küster unserm gelehrten Reisenden, würden oft herumgedreht, und neue Grabschriften drauf gehauen. »Solche Veneration und Verstand, ruft er mit Recht aus, hat man in einer solchen vornehmen Stadt vor alten Monumenten!«

Unter das Wenige, was wir von den vormaligen Merkwürdigkeiten des Doms wissen können, gehört ein auf Pergament mit goldenen Buchstaben geschriebener Psalter, den die Kaiserin Hildegardis gebraucht, und welchen Karl dem Pabst Hadrian, dieser dem ersten Bischof von Bremen, Willehad, geschenkt hatte. Er wurde über acht hundert Jahre lang im Dom als ein besonderes Heiligthum verwahrt, und mit andern Reliquien an hohen Festtagen dem Volke zur Verehrung gezeigt. Nach der Reformation kam er, man weifs nicht wie, nach Wien *). Von Kaiser Karl dem Grofsen waren noch ein silbernes, vergoldetes, mit Edelsteinen eingefafstes Kreuz, sein kaiserlicher Rock, in welchem an hohen Festtagen das Evangelium im Dom gelesen werden sollte, eine silberne Flasche mit Heiligenbildern verziert, seine prachtvollen Handschuhe und Sandalen dem Willehad geschenkt worden.

Eine Dombibliothek ist nicht vorhanden. Die Königin Christine von Schweden liefs dieselbe mit dem nach Stade versetzten erzbischöflichen Archiv nach Schweden bringen, und das Schiff ging auf der Fahrt unter.

Das Holzschnitzwerk an den Chorstühlen mit allerlei grotesken, oft anstöfsigen Figuren kann für

---

*) Ob das Horarium, welches ein englischer Reisender noch im Jahr 1820 in der kaiserl. Bibliothek gesehen, und von welchem ihm gesagt worden, dafs es der Hildegardis gehört habe, das Buch sey, das einst unser Dom besessen ist mir ungewifs. Jenes Horarium, wie es der Reisende vielleicht fälschlich benannt hat, ist auf Pergament mit goldenen Buchstaben.

eine halbe Stunde Unterhaltung gewähren. Einiges Bildwerk aus feinem Sandstein, auf's Sauberste und Geschmackvollste in Arabeskenmanier ausgearbeitet, ist nur ein trauriger Beweis, dafs einst Schönes in diesem Dom vorhanden war; aber auch dieser Ueberrest ist versäumt. Besonders hat die Gallerie an der Nordseite ein treffliches, aus Stein gearbeitetes Geländer. Aehnliches sieht man unter der Orgel.

Eine alte aus Eisen gegossene Taufe, anderthalb Zoll dick, rundum mit vergoldeten Zierrathen, ohne Inschrift, ruht auf vier bronzenen Gestalten, die gewifs ein höheres Alter, als die Taufe haben, und nicht ursprünglich zu diesem Zweck bestimmt gewesen zu seyn scheinen, indem sie in keinerlei Weise befestigt sind. Zwei Männer und zwei Frauen reiten auf vier Löwen, jene frei, die Arme in die Seite gestemmt, diese ängstlich, krumm, die Löwen an den Ohren fassend. Diese Bilder scheinen von uraltem Machwerk.

Von so vielen Reliquien, deren sich vor Alters der Dom berühmte, und den kostbaren Behältern, worin sie sich befanden, von der heil. Scholastica, dem St. Benedikt, der heil. Anna, Mutter der Mutter Gottes, und andern heiligen Leichnamen, so auch von dem Schwerdt, womit Petrus dem Malchus das Ohr abgehauen, ist, wie begreiflich, nichts mehr vorhanden.

Die mystischen Gemälde an den Lettnern sind kläglich. Das jüngste Gericht, ein sehr grofses Oelgemälde, ein ex voto einer bremischen Bürgerin, ist etwas besser, ohne ausgezeichnet zu seyn. Da der Teufel auf diesem Bilde in stahlblauer Farbe erscheint, so sagt der gemeine Mann in Bremen, der lutherische Teufel sey blau. Unter dem Gemälde steht H. Berichau fec. Hamb. An. 1698.

Das Wahrzeichen des Bremer Doms für die Handwerksbursche ist eine auf einem Grabmahl abgebildete Windmühle des Walls, die gerade über Adams Haupt erscheint, der eben mit Eva den Apfel versucht. Auf einem andern Denkstein sieht man den Senior Friedrich Schulte, der ganz unentschlossen nach der blutenden Wunde Christi und nach der Brust der Mutter Gottes blickt, und der gute Mann weifs nicht, wohin er sich wenden soll, ob zu den Wunden des Sohnes, ob zu den Brüsten der Mutter; vel ad vulnera filii, vel ad ubera matris, so sagt die Inschrift.

Im Kreuzgang findet sich auf einem Stein das Wappen der Stiftsvasallen von Stein, zwei flache Hände. Die Sage aber erzählt, ein Knabe habe seine Mutter geschlagen, und als er gestorben sey, habe die Erde die ruchlosen Hände nicht bedecken wollen, bis die Mutter mit der Ruthe darauf geschlagen.

Von dem Denkmal des Friesenhäuptlings Gerold ist oben gesprochen.

Zu einem hölzernen, fleifsig angestrichenen Altar im Chor möchte man sagen: Que me veux-tu? Gleiches zu Gleichem! Wird das Alte auch nicht erreicht, so suche man sich ihm doch wenigstens zu nähern. So sehr die Kunstrichtung irgend eines Zeitalters mit den Sitten, der kirchlichen und politischen Verfassung zusammenhängt, und also in einem veränderten Zeitalter nicht wiederherzustellen ist, so mag doch wenigstens das Vorhandene als Vorbild bei Reparaturen oder Zusätzen dienen.

Unter den auffallenden Festen, die in dem Dom und den andern bremischen Kirchen gefeiert wurden, war das Lanzenfest zum Andenken und zur Verehrung der Lanze, womit der römische Kriegsknecht Christo in die Seite gestochen *). Es wurde zuerst im Jahr 1353 in Bremen gefeiert. Erzbischof Rode's Missale enthält die lateinische Hymne auf dieses Fest, wovon die letzten Strophen also lauten **):

Gruſs dir, Eisen des Triumphes!
In die Brust des Hohen dringend
Oeffnest du die Himmelsthür.

Du, mit seinem Blut befeuchtet,
Speer, verwunde unsre Herzen
Mit des Opfers Liebe, du.

Mögen durch das Blut befeuchtet
Und befestigt durch die Nägel
Unsre Herzen immer seyn.

---

*) Innocens VI. hat es im Jahr 1353 auf Verlangen Kaiser Karls des Vierten gestiftet, und auch (S. die Bulle in J. H. von Seelen Miscell. T. 1. 394.) im Stift Bremen angeordnet.
**) Hodiernae festum lucis etc.

Gruſs dir, Jesus Nazarener,
Der, um unsre Schuld zu tilgen,
Uebernahmst den bittern Tod.

Den erhabnen Vater sühne,
Daſs mit seines Himmels Sel'gen
Ewig kröne uns sein Ruhm.

Berühmte Todte sind nicht in dem Dom beerdigt, auſser den Bischöfen Willehad, Anschar, Hermann, Bezelin, Adalbert, Liemarus, Hildebold, Giselbert, Florens, Otto, Albert, Otto II., Johann, Balduin, Gerhard III., Johann II.

Der bekannte Freiherr Adolph von Knigge, hannöverischer Landeshauptmann in Bremen, ein Mann, der durch ein gutes Liebhabertheater den Geschmack für die dramatische Kunst unter den Bremern belebte, und dessen beiſsender Witz sich noch in vielen Anekdoten im Andenken erhalten hat, ruht im Chor bei den alten Erzbischöfen. Sein Buch: Ueber den Umgang mit Menschen ist leider nur in zu vieler Menschen Hände gekommen, und hat nicht wenig zur frivolen Ansicht des Lebens in seiner Zeit beigetragen. Nicht Schauspiel und Roman wirkt so verderblich, als eine dem groſsen Haufen zugängliche leichte Philosophie, in welcher jeder Flachkopf seine eigene Nichtswürdigkeit auf scheinbare Vernunftgründe gestützt findet.

Unter den spaſshaften Grabschriften des Doms finden sich folgende: Anno D. 1397 Sabb. post ascensionis obiit: **Habe qui cum Elisabe** uxore sua etc., und diejenige auf den Domvikar und Lehrer Christoph Stein, die aber nicht mehr zu sehen:

Unter diesem Stein liegt ein andrer Stein,
Gott wolle der Seelen gnädig seyn *).

In dem Dom findet man den Grabstein einer Frau von Mandelsloh, deren Mann, gewesener Structuar am Dom, zu Braunschweig, wohin er sich in den schwedischen Unruhen geflüchtet, begraben ist. Dort wurde er auf einem Kirchhof krank, setzte sich auf einen Leichenstein und starb. Er hatte sich in Bremen zur Zeit einer Pest einen schönen Sarg machen lassen, in welchem er ruhen wollte. Diesen füllte er jedes Jahr ganz mit Korn, welches er an Arme vertheilte. Ein Dr. von Büren hatte diesen Sarg lange auf seinem Boden stehen, und ließ endlich im Jahre 1725 seinen Hofmeier in Osterholz hineinlegen.

Eine der bekanntesten Merkwürdigkeiten Bremens befindet sich in unserem Dom; es ist der berühmte Bleikeller. Die Bleitafeln, womit der Dom zum Theil gedeckt ist, sollen in diesem Gewölbe gegossen worden seyn. Zufällig wurde vor beinahe zwei hundert Jahren die Eigenschaft an demselben entdeckt, daß seine Luft todte Körper vor Verwe-

---

*) Aus einem Manuscr. Inscriptiones Brem.

sung schützte. Mehrere Leichname, auch vierfüfsige Thiere und Vögel erscheinen in einem ausgetrockneten Zustande ohne Spur von Verwesung. Die Gebeine sind wie mit Pergament überzogen, Zähne, Haare und Nägel sind geblieben; die Farbe ist weifs, und man kann bei dem Anblick dieser Körper bei weitem nicht an Mumien denken. Die hohe Lage des Doms und die trockene und scharfe Luft in dem Gewölbe, die durch vier vergitterte Oeffnungen hereinströmt, erklären vielleicht diese Erscheinung, welche häufiger ist, als man glaubt. Ja selbst in der Gruft der Familie Erskine in unserm Dom fand man beim Eröffnen eines Sarges ein Frauenzimmer in wohl erhaltenem Zustande.

Der German Spy (vor 90 Jahren) sagt: Vor einigen Jahren wurde dieses Gewölbe bei Reparirung der Orgel einem Bleigiefser eingeräumt, um die Pfeifen zu giefsen. Die Särge wurden bei Seite und auf einander gesetzt, um Platz zu machen. Einer der Arbeiter, in der Hoffnung etwas zu finden, oder aus Neugierde, öffnete einmal, als er allein war, einen Sarg, und fand den Leichnam trocken. Er erzählte diefs den Uebrigen, man öffnete auch die andern Särge, und fand sämmtliche Leichname in demselbigen Zustande.

Der Dom liegt nur von zwei Seiten vortheilhaft; ein Theil der Vorderseite, und das nördliche hohe Seitenschiff, seitdem die zwischen den Strebepfeilern eingeklebten Häuser weggebrochen sind, steht ganz frei an dem weiten Domshofe; die andern Seiten sind mehr oder weniger von Häusern versteckt. Ihn von allen Seiten freizustellen ist nicht ausführbar, und könnte es geschehen, so müfste der eingestürzte Thurm wieder erbauet, und die südliche niedrige Abseite mit den fliegenden Pfeilern breiter und höher werden, sonst würde das Ganze einen unangenehmen Eindruck machen. An solche grofse Unternehmungen ist nicht zu denken, da es wirklich eine Menge öffentliche dem Mittelalter unbekannte Bedürfnisse giebt, die wichtiger sind, als solche Bauten. Und wozu auch, da man nie so viel von den umgebenden Häusern wird wegbrechen können, dafs der Dom als ein Ganzes erscheint?

Die Geschichte der bremischen Erzbischöfe knüpft sich natürlich an unsern Dom. Die wichtigsten sind jedoch mit ihren vorzüglichsten Unternehmungen gelegentlich genannt. Von der Unwissenheit der bremischen Domherren hat sich eine seltsame Anekdote erhalten. Sie feierten einst schon das Osterfest, ob aus Unwissenheit oder aus Achtlosigkeit ist ungewifs, als andere Christen erst den Sonntag Oculi begingen; darüber wurde ihnen der Vers zum Spott gemacht:

Asini Bremenses cantaverunt: Resurrexi
Cum populus Dei cantavit: Oculi mei.

Die vortreffliche, aber schwer zu spielende Orgel ist im Jahr 1698 von Schnittger, einem in ganz Europa berühmten Orgelbauer, verfertigt worden.

Die kurzen Nachrichten, die ich nur nach vielem Nachforschen über unsern Dom zusammenbringen konnte, schliefse ich mit einer allgemeinen Betrachtung. Man hat oft gefragt, ob sich denn jene so herrliche deutsche Baukunst, wovon auch unser Dom so treffliche Proben giebt, nicht wieder ins Leben zurückrufen lassen könne? Darauf dient eine vielleicht einfältige, aber doch von Manchem nicht bedachte Antwort, nämlich, wenn alle die Umstände wieder zurückkehren, unter denen jene Bauart zeitgemäfs wurde, so wird auch wieder so gebauet werden, und wenn diefs nicht der Fall ist, so wird alle Bemühung in dieser Rücksicht vergebens seyn. So lächerlich es erscheint, wenn gothische Fenster, Thüren oder andere Verzierungen modernen Gebäuden aufgeflickt werden, so unangemessen erscheinen die Reparaturen in der Manier der griechischen oder römischen Baukunst in den Kirchen des Mittelalters. Es ist schon schlimm genug, dafs diese von den Protestanten nun gebrauchten Kirchen, wo das Anhören der Predigt ein Hauptzweck ist, da hingegen in den katholischen Kirchen das Niedersinken, Anbeten aus der Tiefe, wenn das Allerheiligste erhoben wurde, Zweck war, nun mit Lettnern verunstaltet worden. Findet man aber vollends hölzerne Säulchen, winzige Kapitälchen in jonischer und korinthischer Ordnung, Urnchen, Galleriechen, Alles fein säuberlich angepinselt, so mufs man sich besinnen, durch welchen Unstern diese Sächelchen in einen hehren Christentempel des dreizehnten

Jahrhunderts gekommen. Ich zähle mich nicht zu den Rigoristen, die alles Widerstrebende mit Stumpf und Stiel verwerfen wollen. Die festen Gebäude sind einmal da; niederreifsen und neu erbauen wäre in aller Art unsinnig; aber da ihre erste Bestimmung nicht mehr ist, da sie zum protestantischen Gottesdienst eingerichtet werden mufsten, und nach Maafsgabe, als die Gemeine wächst, Neuerungen nothwendig sind, so wäre es nun hier eine schöne Aufgabe, sich von dem Genius des ursprünglichen Erbauers wenigstens in so weit warnen zu lassen, dafs nicht, wie Horaz sagt, Menschenkopf und Pferdehals vereinigt werden. Auch hierin ist ein grofses Verdienst von unsern Architekten zu erwerben, wenn ihnen anders freie Hand gelassen wird.

»Gewifs ist es,« sagt ein schätzbarer gelehrter Architekt, »dafs Schönheit und Zweckmäfsigkeit nicht an eine einzige Bauart und an die Autorität berühmter Männer gebunden sind, dafs jedes Kunstwerk nur nach den Gesetzen innerer Vollkommenheit beurtheilt werden kann, und dafs jedes Gebäude, was in seinen Theilen unharmonisch und unregelmäfsig erscheint, schlecht ist, es heifse gothisch, römisch, griechisch oder modern. Es ist zu wünschen, dafs diese Ueberzeugung recht allgemein werden möge; denn in keiner Wissenschaft oder Kunst scheint so häufig der Schlendrian und die Befolgung alter sogenannter Kunstregeln, mit alleiniger Schätzung, ob ein Gebäude sich mehr oder weniger dem römischen oder griechischen Styl nähert, mit Nichtachtung der ewigen Regeln des Menschenverstandes verbunden zu seyn, als gerade in der Baukunst.«

Liebfrauen - Kirche.

Ob diese Kirche von Willerich dem Zweiten, Bischof von Bremen, der fünfzig Jahre seine geistliche Würde bekleidete, und viele Kirchen bauen liefs, oder von Ansgarius unter dem Namen St. Veits-Kirche errichtet worden, ist nicht sicher, gewifs aber war sie die erste Pfarrkirche in Bremen. Sie war zuerst von Holz, und wurde bei dem Ueberfall der Hunnen im Jahre 916 verbrannt. An ihre Stelle ward eine neue errichtet, aber auch diese schon im Jahre 1160 wieder abgebrochen, und die jetzt noch vorhandene von Quadersteinen aufgeführt. Die Gemeine hatte seit der ersten Stiftung so zugenommen, dafs kaum zehn Geistliche hinreichten, um die Pfarrdienste zu verrichten. Durch ein Breve Gregors des Neunten wurde daher Erzbischof Gerhard der Zweite beauftragt, die Gemeine in drei Pfarren zu vertheilen. Diese Kirche hat zwei Thürme; einer, die Tresenkammer dieser Kirche, enthält das geheime Archiv der Republik, das jedoch nur gröfstentheils die Originalien derjenigen Urkunden in sich fassen soll, die längst abschriftlich in Aller Händen sind; also nur darum geheim und heilig ist, weil es Niemand anrührt, nach dem bekannten französischen Vers. Auf dem Rande der grofsen Glocke, die, nachdem sie einmal geborsten war, wieder umgegossen wurde, stehen einige gute lateinische Verse in folgendem Sinne:

Als ich der Jungfrau einst geweiht noch war, da zerbrach ich,
In der neuen Gestalt dien' ich dem Heiland allein!

Du, so oft dein Ohr vernimmt die rufenden Töne,
Sprich: Vor des Weltrichters Thron heifst mich erscheinen der Klang.

Erz bin ich, du Staub; mög' länger dauernd als Erz seyn
Dieses Gebäud', und stets hallen vom Preise des Herrn.

Zwei Prediger versehen den Gottesdienst an dieser Kirche. Die Orgel ist ein Meisterstück von geschmackloser, überladener Verzierung. Sie ward im Jahre 1635 verfertigt und kostete vier tausend Reichsthaler *). Der Organist erhält aufser seinem Gehalt zwei Bremer Mark aus der Rhederkammer für die Verpflichtung, jährlich das Vasmerkreuz in der Vorstadt zu besichtigen, damit dasselbe im Stande erhalten werde.

Unter der Orgel stand eine im Jahre 1317 gegossene kupferne Taufe. Sie wurde im Jahre 1723 weggenommen und verkauft. Sie wog 582 Pfund.

*) Costers Chronik. MS.

Ob sie alterthümlichen Kunstwerth gehabt, ist unbekannt.

Noch im Jahre 1567 wurden Lichter in dieser Kirche beim Gottesdienst gebraucht. Von den letzten Seelbädern *) ist im Jahre 1565 die Rede. Seit dem Jahre 1527 werden die Geistlichen nicht mehr Kerkherren, sondern Prädikanten in L. F. K. genannt.

Mehrere ziemlich grofse Grabmäler zeichnen sich durch Kunst nicht besonders aus. Die Glasgemälde an den Fenstern verdienen beschen zu werden. Diefs ist durchaus Alles, was von den innern Merkwürdigkeiten dieser Kirche aufgefunden werden konnte. Die Architektur derselben heischt unmittelbar nach dem Dom und den Klosterkirchen ihren Rang, ohne sich jedoch auszuzeichnen.

Die Brüderschaft der Mutter Maria der Barmherzigkeit hatte eine wohl ausgezierte Kapelle in L. F. K., wo das Sonnenbild der Jungfrau Maria hing. Das Bild war von Holz, wohl angemalt. Mutter und Kind mit einem Heiligenschein. Von allen Seiten gingen Sonnenstrahlen aus.

So wenig eine Grabschrift die Versicherung geben kann, dafs sie in Wahrheit das Verdienst desje-

---

*) Man hat diesem Ausdruck noch andere Bedeutungen beilegen wollen. Er ist aber wirklich wörtlich zu nehmen, denn Seelbad nannte man ein Bad, das zum Besten der Seele des Stifters den Dürftigen bereitet wurde. Wenn mehrere zugleich solche Seelbäder nahmen, so mochten sie aus langer Weile viel schwatzen, daher vielleicht das Wort: Saalbadern.

nigen ausspricht, den der Stein bedeckt, so finden sich doch manche, die von unwiderstehlicher Wahrheit zeugen, und bei deren Betrachtung man sich der Trauer nicht erwehren kann, wenn man sieht, wie es immer mehr abzukommen scheint, dafs die Ueberlebenden die Todten durch Stein und Schrift ehren. In dieser Kirche ist eine lateinische Grabschrift auf eine Frau Adelheid Alers, eine edle fromme Matrone, ein seltenes Muster der Bescheidenheit, im Hause sparsam, gegen Dürftige freigebig, die beweinte Mutter **von sechs mit eigener Brust aufgesäugten Töchtern.**

Am Sonnenweiser dieser Kirche steht ein lateinischer Vers folgendes Sinnes:

Wie dem Zeiger der Schatten, so folgt der Tod unsern Schritten.

St. Martini - Kirche.

Pabst Gregor der Neunte verordnete durch ein vom 1. August 1227 datirtes Breve die Vertheilung des bisher einzigen Kirchspiels U. L. F. in drei verschiedene, deren Grenzen noch heut zu Tage, so wie sie im Breve angegeben, genau zu erkennen sind. Durch die starke Zunahme der Bevölkerung war diese Maafsregel nothwendig geworden. St. Martini-Kirchspiel umfafste das älteste von der Balge und der Weser begränzte Bremen. Die auf Kosten der Bürger im Jahre 1376 durch den Rathmann Arend Doneldey begonnene und in acht Jahren vollendete

Kirche konnte ohngeachtet mancher Anstalten nicht gegen Ueberschwemmungen gesichert werden, die oft lange Unterbrechungen des Gottesdienstes mit sich führten, bis durch eine Erhöhung des Bodens, wie des die Kirche umgebenden Terrains, diesem Uebel auf immer abgeholfen wurde. Alle diese Beschädigungen, so wie die geringen Einkünfte, konnten nur durch oft ertheilten Ablaſs für Alle, welche für die Kirche etwas stiften würden, gedeckt werden.

Auch diese Kirche hat gar nichts im Innern für den Beschauenden, ist auch als vormalige katholische Kirche, wie alle in Bremen, sehr lästig eingerichtet, so daſs dem Geistlichen das Predigen schwer wird, und bei aller Anstrengung der Vortrag in manchen Theilen des Gebäudes undeutlich schwirrt, wenn die Stimme auch vernehmbar ist. Zwei Prediger sind an derselben angestellt.

Tieman, der den Streit wegen der Ubiquität gegen Hardenberg anregte, und dadurch zu so manchen den kleinen Staat beunruhigenden Streitigkeiten Veranlassung gab, war Prediger an dieser Kirche. In neuern Zeiten hielt der liberale, geistreiche und gelehrte, seit kurzem in Zürich verstorbene J. J. Stolz eine lange Reihe von Jahren hindurch hier seine der Martinigemeine unvergeſsliche Vorträge, die, obgleich ohne empfehlenden Vortrag, ja auch nur mit wenigem Schmuck der Diction, dennoch auf die Zuhörer einen groſsen Eindruck machten, indem sie dieselben auf ihr Inneres verwiesen, ihnen für die geschäftige Woche zu denken gaben, und so wesentlich zur moralischen und geistigen Ausbildung dieser Gemeine beitrugen.

St. Ansgarii-Kirche.

Es wäre nicht Recht, wenn wir den vornehmsten Heiligen der Bremer Kirche, einen Mann, der wegen Verbreitung des Christenthums dem ganzen nördlichen Deutschland, wie den scandinavischen Ländern, sehr wichtig ist, unberührt lassen wollten.

Der heil. Ansgarius war in Frankreich geboren, verlebte seine Jugend in dem Kloster Corby bei Amiens, wurde dann im Jahre 823 in das kurz zuvor von Ludwig dem Frommen gestiftete Kloster Corvei an der Weser versetzt, predigte das Evangelium in Jütland, und wurde von Kaiser Ludwig dem Frommen zum Erzbischof des neu errichteten Erzstifts Hamburg ernannt, und von Drogo, Bischof von Metz *) in Worms 831 im Beiseyn vieler geistlichen Oberhirten geweihet; Gregor der Vierte ernannte ihn zum Legaten über alle Norderlande. Er fuhr fort in Dänemark und Schweden das Evangelium zu verkünden, entwich aber vor zu starker Verfolgung nach Flandern, wo er Rembertus seinen Nachfolger kennen lernte, und zum Gehülfen

---

*) In mehreren Abschriften der Runnerschen Chronik heifst er fälschlich Drogo von Mentz. Drogo, ein unehelicher Sohn Karls des Grofsen war Bischof von Metz.

Der erhaben triumphiret,
  Seliger Ansgarius.

Aufgenährt in Corbie's Höhlen,
Bald in Heiligkeit erhaben
Steigt er auf zur höchsten Stufe,
  Steigt hinauf zum Erzbisthum.

Und es füllt der Wind die Segel,
Zu den Dänen geht der Heil'ge,
Und das Himmelslamm verkündet
  Er selbst an dem Ziel der Welt.

Der Barbaren dürre Herzen
Tränkt er aus dem süfsen Brunnen
Gottes Wortes, und mit Zeichen
  Und mit hohen Tugenden.

Sieger wird er dreier Reiche,
Stürzt der Heiden Tempel nieder,
Und den eiteln Dienst der Götzen
  Treibet er von ihnen aus.

Und von Glauben stralen Dänen,
Und die Schweden und Norweger,
Und Grönländer und Isländer
  Unter Bremens Erzbischof.

Seele du, nach Oben strebend,
Salz und Licht der weiten Erde,

Stets von ew'gem Glanze stralend,
Unterm Scheffel nicht versteckt.

Mit emporgehobnem Herzen
Lebewohl sagt er den Brüdern,
Schwebt hinauf in sel'gem Fluge
Zu des Himmels Engelschaar.

O Ansgarius, frommer Hirte,
Sey du Führer dieses Lebens
Allen, die dich heut verehren
Auf dem Pfad der Tugenden.

Leit' in diesem Pilgerthale
Du zur Hürde deine Heerde,
Dafs grausamer Wölfe Rachen
Morde nicht die irrende.

Der heilige Ansgarius oder Anscharius ist von besonderer Wichtigkeit für die bremische Kirche.

Unter seinen Stiftungen wurde diejenige zum Unterhalt zwölf armer Männer die berühmteste. Aus ihr ging die Ansgarii-Kirche hervor. Hartwich der Zweite verwandelte mit päbstlicher Bestätigung diese Stiftung *) in ein Kollegiatstift für zwölf Kanoni-

---

*) Das in Menk Script. Rer. germ. fehlerhaft abgedruckte Dokument ist vom Jahre 1187. Es ist aufser von Geistlichen auch von erzbischöflichen Ministerialen unterzeichnet.

chen zur Ehre Gottes, seiner heiligen Mutter und des heil. Ansgarius, und vergabte ihm manche Güter, die durch den westphälischen Frieden von der Königin Christina von Schweden, als ersten weltlichen Beherrscherin des Erzstiftes Bremen, eingezogen wurden.

Die Bestätigung Clemens des Dritten ertheilt dem Ansgarii-Kapitel das Vorrecht, wenn das ganze Land im Interdict wäre, bei verschlossenen Thüren, ohne Läuten der Glocke, mit leiser Stimme den Gottesdienst zu feiern, auch den Probst sich zu wählen, und die Präbenden, an wen es will, zu vergeben. Auch schenkte Hartwich diesem Kapitel seine eigenen bedeutenden Grundbesitze. Die Kanonichen hatten in Willehadi und St. Michaelis ihren Gottesdienst 37 Jahre lang gehalten, bis die Kirche nach der Theilung der Liebfrauen-Kirche gebauet wurde. Nach Chrodegangs Regel lebten sie in engen Klausen beisammen in einem Hause. Darauf bezogen sie Jeder sein eigenes Haus. Unwannus hat diese monasterische Regel in die kanonische verwandelt, aus Mönchen wurden Canonici regulares, aus diesen seculares.

Renners kurze Beschreibung der Kostbarkeiten dieser Kirche giebt uns von der Arbeit keinen Begriff.

Der Stifter und Wohlthäter dieses Stifts, Hartwich, war nach seinem Tode 1207 im Dom beigesetzt worden. Als aber im Jahre 1243 Ansgarii-Kirche fertig geworden, wurde sein Leichnam von den Kanonichen mit vieler Feierlichkeit dahin gebracht, und sein Gedächtnifs jährlich begangen.

Kurz nachdem die beiden Kirchspiele aufser der Liebfrauen-Kirche durch Erzbischof Gerhard waren bezeichnet worden, schritt man zur Erbauung der Ansgarii-Kirche. Nur dreizehn Jahre hatte der Bau gedauert, und im Jahre 1243 stand das Ganze da, wie es noch zu sehen. Der Thurm soll sich durch eigenes Gewicht tragen und ohne Fundament gebaut seyn. In so fern ein spitziger Thurm, eine Form, die, wenn sie auch durch diejenige der Obelisken und Pyramiden der Aegypter alterthümlich geheiligt seyn mag, dennoch geschmacklos und unzweckmäfsig genannt werden mufs, ja auch den Minarets der Mahomedaner nachgeahmt ist, schön seyn kann, mag der Ansgarii-Thurm zu den schönsten gerechnet werden. Er steigt in sehr edlen Verhältnissen bis zu einer Höhe von 324 Fufs. Nirgends zeigt sich die kunstreich durchbrochene Arbeit, jene Nachahmung der Spitzen und der Stickerei, die man so sehr an andern Thürmen des Mittelalters bewundert, und deren Festigkeit bei all dem zahllosen Gesäul und Gebild den Baumeistern unserer Zeit als ein Wunder erscheint.

In verschiedenen Zeiten wurden von frommen Bremern eine Menge Altäre in dieser Kirche gestiftet, und viel Land dazu vergabt, theils als Gelübde aus Frömmigkeit, theils zur Seelenruhe verstorbener Angehörigen, so dafs das Eigenthum der Kirche bedeutend wurde.

Diese Kirche besteht aus einem dreifachen Schiff. Die reiche dahin eingepfarrte Gemeine sorgt lobenswerth für Sauberkeit und Heiterkeit des Innern, so dafs die Kirche, obwohl alt, dennoch hell und freundlich, wie die neuesten, erscheint; dagegen bilden aber auch manche kleine, unpassende Verzierungen einen unangenehmen Kontrast mit den alterthümlichen Formen des Bauwerks. Im Allgemeinen aber verdient auch die Architektur dieser Kirche kein besonderes Lob, und entspricht keinesweges dem schönen Thurm. Die bekannten Streitigkeiten zwischen Reformirten und Lutheranern hatten zur Folge, dafs an die reformirte Ansgarii-Kirche zum erstenmal ein lutherischer Geistlicher gewählt wurde. Auf diese Weise hat die Ansgarii-Gemeine das erste Beispiel einer Vereinigung beider Konfessionen in gewisser Art gegeben, also den ersten Schritt in einer Sache gethan, die vor einigen Jahren so vielfach in Deutschland verhandelt und besprochen worden ist, ohne dafs einer Seits die Ausführbarkeit, anderer Seits die Nützlichkeit und Nothwendigkeit einer solchen Maafsregel ganz klar geworden wäre.

Ansgarii-Kirche besafs früher einige Kunstwerke; selbst der Stifter, Erzbischof Hartwich, hatte ein treffliches Crucifix, eine Madonna und silberne Ampeln geschenkt; jetzt ist sie noch die einzige 'in Bremen, die sich eines schönen Altar-Gemäldes zu erfreuen hat. Vor ohngefähr vierzehn Jahren wurde dem neapolitanischen Tischbein, der seit geraumer Zeit in Eutin lebt, der Auftrag gegeben, ein Altar-

Gemälde für diese Kirche zu verfertigen, und durch eine Sammlung in der Gemeinde wurden zwei tausend Thaler zusammengebracht, und ihm dafür bezahlt. Er wählte die Scene, wo Christus sagt: »Lasset die Kindlein zu mir kommen u. s. w.« In der Zeit, als dieses Bild entstand, wurde zu viel davon gerühmt. So gut gedacht das Bild auch ist, so läſst sich doch leicht erkennen, daſs Tischbein mehr homerischer, als christlicher Maler ist. Er und Flaxmann haben um das Homerische in den bildenden Künsten, das zu einer Zeit einmal ganz vorherrschend wurde, und das Kirchliche verbannte, dasselbe Verdienst, was Voſs um das Homerische in der Poesie. Beide Künste sind in den letztern Jahren fein albern, mystisch und afterreligiös geworden, und verständige Leute beten noch immer: »Herr, erlöse uns von dem Bösen!«

In Ansgarii-Kirche ist das steinerne Denkmal Arnolds von Gröpelingen. Er ward von der herrschsüchtigen Parthei des Frese im vierzehnten Jahrhundert auf dem Krankenlager überfallen, und mit seinem Diener, der sich über ihn neigte, um ihn zu schützen, ermordet. Auf dem Steinbilde sieht man den Ritter auf seinem Bett, die Hand zieht das Hemd von der Brust, als wenn damit die Wunde angedeutet werden sollte, und hinter ihm, das Kopfkissen lüftend, erscheint in kleiner Gestalt der Diener. Die Inschrift dieses von Arnolds Söhnen gesetzten Denkmals ward im siebenzehnten Jahrhundert erneuert, und der Stein, der wahrscheinlich auf einem Sarcophag gelegen, oder auch nur ein Leichenstein gewesen, ward nun, unnatürlich genug, in die Wand gefügt, und aus einem liegenden Gröpelingen ist nun ein stehender geworden *).

Unter den Denkmälern der Ansgarius-Kirche sieht man auch dasjenige des berühmten Kirchenlichtes Friedrich Adolph Lampe, dessen Angedenken einer grofsen Klasse von Christen mit Recht unschätzbar ist. Nach dem Geschmack der Zeit ist seine Grabschrift mit Anspielungen auf seinen Namen erfüllt.

Schau, hie liegt ein Licht begraben,
Das von Gottes Eifer brannt,
Dem zu Dienst es seine Gaben
Sich verzehrend angewandt.

Doch diefs Grab kann's nicht verdunkeln,
Lampen's Schriften machen wohl,
Dafs, so lang die Sterne funkeln,
Sein Gedächtnifs leben soll.

Konnt'st du, Bremen, in dem Lichte
Nicht gar lange fröhlich seyn,
Bete, dafs Gott mehr zurichte
Lampen von so hellem Schein.

---

*) Die Inschrift heifst also: Monumentum Dn. Arnoldi de Gröpeling viri nobilis et consularis Reip. Brem. una cum protectore famulo sub agone mortis nefarie confossi A. C. MCCCVII a filiis ejusdem Gotefrido et Arnoldo de Gröpeling quondam erectum. Renovatum ab Aedilibus divi Ansgarii.

In dieser Kirche ruhen auch die irdischen Reste eines der ausgezeichnetesten Erzbischöfe von Bremen, Hartwichs des Zweiten.

St. Stephani-Kirche.

Auf der erhabenen Stelle, wo diese alte Kirche jetzt steht, stand einst Galgen und Rad und zwar aufserhalb den ältesten Grenzen der Stadt. Dort befand sich auch ein Nonnenkloster. Ein Bösewicht lockte drei dieser Klosterjungfern eine nach der andern heraus, mordete sie nahe bei dem Gericht, und begrub sie in den Sand. Vielleicht steht die Sage von der weifsen Frau, welche dort nächtlich ihre Wanderungen hält, mit dieser Greuelthat in Verbindung.

Den Tag zuvor war ein Verbrecher aufs Rad geflochten worden, der ein neues Barett auf dem Kopfe trug. Eine Magd des Bürgermeisters hatte um einen neuen Rock gewettet, dafs sie in der Nacht dem Verbrecher das Barett vom Kopfe nehmen wollte. Sie war kühn genug, ihre Verheifsung wahr zu machen, und begab sich auf den Platz. Als sie aber eben die Hand nach dem Barett ausstreckte, sah sie wie der Bube die dritte Jungfrau tödtete und begrub. Die muthige Magd schwang sich bei diesem furchtbaren Anblick rasch auf des Mörders Pferd, das an das Rad gebunden war, ritt in die Stadt, band das Pferd an des Bürgermeisters Haus auf der obern Strafse, an dem Gäfschen das hinab zur Hundestrafse führt.

Der Mörder, der sein Pferd hatte wegtraben hören, in der Meinung, es wäre entlaufen, folgte nach, fand es, und wollte sich, als wenn nichts geschehen, darauf setzen, verrieth sich aber dadurch selbst, und erhielt seinen gebührenden Lohn.

Erzbischof Adalbert stiftete die St. Stephans-Präpositur und eine Kapelle, die aber wahrscheinlich nicht der Kirche die Entstehung gab, sondern nur von einigen durch Almosen unterhaltenen alten Frauen bewohnt wird. Die Kanonichen von St. Stephan und St. Willehad, da jedes einzelne dieser Kapitel nicht hinreichende Einkünfte zum Unterhalt hatte, vereinigten sich. Albero bestätigte diese Vereinigung, erlaubte auf dem St. Stephansberge ein Kloster zu bauen und bestimmte die dazu gehörige Kirche zu einer Pfarrkirche, wohin die Einwohner von Walle, Uthbremen u. s. w. eingepfarrt seyn sollten. Wer etwas zu der Kirche giebt, soll Antheil an der Gemeinweide haben, und die Pfarrkirche soll von der Gerichtsbarkeit des Domkapitels frei seyn.

Dieses Stift hatte nach dem dreifsigjährigen Kriege gleiches Schicksal mit den andern geistlichen Stiftungen. Im Jahr 1179 scheint die noch stehende Kirche schon da gewesen zu seyn. Die Thurmspitze brannte im Jahr 1754 ab, die Glocken und die Orgelpfeifen zerschmolzen, und obgleich diese wieder hergestellt wurden, so erhielt doch der Thurm seine Spitze nicht wieder.

An einem Pfeiler des Thurms steht folgende

plattdeutsche Inschrift, die sehr kräftig und kurz an die Gleichheit der Stände im Tod erinnert:

Hyr hyt yderman lyck unde recht
Hyr licht herr, frowe, maget und knecht
Gelerde un Kinder liggen ock hir by
Dunket dy dat unterschet der person sy,
So kam und schowe se alle wol an
Un segge, welker is de beste darvan.

Diese naive Erinnerung an die Gleichheit aller Menschen im Tode spricht sich auch auf einem Leichenstein in St. Stephan aus:

Wat ick was dat bis tu
Wat ick bin dat wars tu.
Hodie mihi
Cras tibi.

Aus Seefahrern und Fischern besteht der gröfste Theil der Stephansgemeinde. In keinem der Bremer Kirchspiele hat sich so viel Eigenthümliches erhalten. Sagen und alte Volkslieder sind hier zu Hause, auch die Sprache hat etwas Besonderes.

Die Pfarrkirche St. Pauli in der Neustadt.

Als im siebenzehnten Jahrhundert die Neustadt mit Festungswerken umgeben wurde und die Bevölkerung zunahm, richtete man ein grofses Wohnhaus zur Kirche ein. Vierzig Jahre später ward die jetzt noch vorhandene Neustadts-Kirche erbaut, und im Jahre 1682 geweihet.

St. Remberti-Kirche in der Vorstadt.

Als der heil. Ansgarius vor den Verfolgungen der Heiden aus seinem Erzstift nach Flandern fliehen mufste, lernte er dort Rembertus, ein treffliches Rüstzeug für das Werk des Herrn kennen, nahm ihn mit, bediente sich seiner in manchen Verhältnissen, auch als Missionar unter den Heiden der Norderlande. Nach so manchen Verdiensten ward er sein Nachfolger, der fünfte Bischof von Bremen.

Nach diesem heiligen Rembertus nun wurde, nach allgemeiner Annahme, jedoch nicht mit historischer Gewifsheit, ein in ungewisser Zeit, doch wahrscheinlich während den Kreuzzügen gestiftetes Hospital für Aussätzige (wohin nachmals überhaupt Unheilbare gebracht wurden) aufserhalb Bremens Ringmauern benannt. Dabei war eine Kapelle, die später zu einer Kirche *) erweitert wurde. Nach Zerstörung derselben in der Belagerung Bremens im Jahre 1547 versammelte sich die Gemeine in dem steinernen Wirthschaftsgebäude des Hospitals. Dann ward eine neue Kirche im Jahre 1596 errichtet, zu welcher die in der Nähe wohnenden Vorstädter, als zu ihrer Pfarrkirche, sich anfingen zu halten. Diese Kirche war

---

*) In den Urkunden heifst sie Ecclesia Leprosorum, Kirche der Aussätzigen, auch de Secken Karke, d. h. die Siechenkirche.

aber nach 140 Jahren auch schon baufällig. Die jetzt noch stehende heitere Kirche wurde im Jahre 1737 fertig. Ihre Umgebungen sind ländlich und still, und man hat in neueren Zeiten nicht versäumt, auch den Kirchhof mit Gartenanlagen zu schmücken.

Der erste Geistliche von St. Rembert, der sich zur Reformation neigte, Johann Bornemacher, hatte ein trauriges Schicksal. Er war nach Wittenberg gereist, um Luther von Angesicht zu Angesicht kennen zu lernen, kaufte seine Schriften, aber zugleich auch eine Menge von Heiligthümern, die aus den nun nicht mehr katholischen Kirchen in Wittenberg und anderswo verworfen worden. Als er auf der Rückreise durch Verden kam, ergrimmte er über die Aeufserung des Dompastors auf der Kanzel zum Lob der Jungfrau Maria und widersprach ihm laut und heftig. Ein fürchterlicher Lerm entstand in der Kirche. Erzbischof Christoph, der sich damals in Verden aufhielt, liefs ihn festhalten, und ihm durch den Scharfrichter die Tortur geben, worauf er bekannte, dafs er eine Nonne geheirathet habe, in Wittenberg gewesen sey u. s. w. Auf dieses Geständnifs wurde er zum Feuertod verurtheilt und aufserhalb der Stadt lebendig verbrannt.

Das St. Remberti Hospital war anfangs für Aussätzige bestimmt. Später rechnete man die mit der Liebesseuche Behafteten zu diesen Aussätzigen, die man von dem Verkehr mit Gesundern zu entfernen suchte. Lazarethe für Kranke solcher Art, die man lang für unheilbar hielt, wurden immer aufserhalb den Thoren angelegt. Das Siegel dieses Hauses zeigt einen abgezehrten Kranken auf seinem Lager, der mit der Rechten nach einem Kreuze zeigt und mit der Linken sich auf sein Lager stützt. Aus seinem Munde kommt der Name Lazarus. Umher steht Sigillum infirmorum in Brema. Das Hospital war nämlich hernach in ein Armen- und Krankenhaus verwandelt worden.

Nach der Zerstörung des Hospitals wurden mehrere kleine Häuser gebaut, in welche gesunde Leute aufgenommen wurden, die der wenigen noch übrigen Mittel der Stiftung bedürftig waren. Sie hiefsen Brüder und Schwestern von St. Rembert.

Später fanden sich Personen beiderlei Geschlechts, ja auch Familien, die gegen eine gewisse Einlage freie Wohnung, Nahrung und Feurung erhielten. Sie hatten auf diese Weise eine Präbende, daher werden sie Prövener, die Stiftung selbst aber der Pröven genannt, ein Ausdruck, der jedoch auch früher von den aufgenommenen Kranken schon gebraucht worden war *). Sie besteht aus der Kirche, der Prediger- und Schullehrerwohnung, und fünf und zwanzig kleinen Häusern, die einen viereckigen Hof umgeben, und gar nicht unlieblich anzusehen sind. Die Einlage beträgt 500 Rthlr. Die Möbeln des verstorbenen Pröveners verbleiben der Anstalt, oder er zahlt zwanzig Thaler zu der Einlage, dann fallen sie

---

*) „Johann Wetenkamp, ejn uthsettisch Prövener" u. s. w. so fängt eine von Cassel mitgetheilte Urkunde vom Jahr 1502 an.

an seinen Erben. Ein Bürgermeister und ein Rathsherr sind Provisoren, und ein unentgeldlich aufgenommener Prövener versieht das Amt des Pförtners.

Die Trefflichkeit einer solchen Anstalt anzupreisen, wäre eine überflüssige Arbeit. Alters- und Standesgenossen finden hier eine stille Freistätte von Mühen des Lebens. Nirgends erscheint der kränkende Anblick, weder der Armuth, noch des Reichthums. Dieses Zusammenleben in einer Begränzung, ohne zusammen seyn zu müssen durch Bewohnung desselben Zimmers; dieses Klösterliche, das an die frühesten Gemeinschaften solcher Art erinnert, wo ganze Familien in Aegypten gegen die Verfolgungen in den Einöden Schutz fanden, und noch an keine Absonderung von Geschlechts- und Staatsverbindung gedacht wurde: das Alles schmeichelt dem Beschauer ums Herz, wenn er gleich bei näherer Bekanntschaft auch finden würde, dafs das Bild des Friedens nicht immer auch den Frieden voraussetzt. Die Erde, die zwischen der Venus und dem Mars im Weltgebäude schwebt, kann nie und nirgends, so wenig zu Saturnus, als zu Cäsars Zeit aufhören zwischen Hafs und Liebe und Krieg und Friede zu schweben, und so mögen denn auch an den St. Remberti Pröven nicht mehr Ansprüche gemacht werden, als von dem ganzen Menschengeschlecht verlangt werden können.

St. Michaelis-Kirche.

Wo jetzt die Tuchrahmen aufser der Stadt zwischen dem Ansgarii- und dem Doventhorswall zu sehen sind, stand eine vom sechsten Bischof, Adalgarius, gestiftete und dem Erzengel Michael geweihete Kirche. Die Erzbischöfe Adalgar, Hojer, Reginwald und Adaldag fanden in derselben ihre Ruhestätte.

Im Jahre 1524 verbot der Senat die Einführung des Hamburger Biers, um die vormals berühmten Brauereien Bremens wieder in Flor zu bringen. Wer solches verbotene Bier auskundschaftete, sollte den dritten Theil zur Belohnung erhalten. Einige Bürger berauschten sich bei Gelegenheit eines solchen Fundes, zogen im trunkenen Muthe zum Thor hinaus, und rissen die Michaelis-Kirche nieder. Die Sache wurde nie untersucht; vielleicht mochte es dem Rath lieb seyn, weil es in den Unheil drohenden ersten Zeiten der Reformation für die Sicherheit der Stadt erspriefslich war, dafs aufserhalb der Befestigung kein steinernes Gebäude, das dem Feinde zum festen Punkte dienen konnte, stehen bliebe, und man geistliches Gut von Staats wegen nicht gerne antasten mochte. Das Ereignifs von St. Pauls-Kloster diente zum Vorgang. Von den Baumaterialien und den geringen Einkünften wurde eine Kapelle im nahen Dorfe Walle gebaut und fundirt. Die zunehmende Bevölkerung gab Veranlassung, dafs an einer andern Stelle eine neue Kirche desselben Namens erbauet und im Jahre 1700 geweihet wurde.

An diese Vorstadts-Kirche stöfst ein ländlich anmuthiger Kirchhof, auf welchem manche Denkmäler die Ruhestätten der Verstorbenen bezeichnen. Leider dafs auch hier, wie fast überall, der Geschmack selten auf eine angemessene Form des Monuments und das Gefühl selten auf eine willkommene Inschrift stöfst, wo doch das Einfachste und Natürlichste in beiden wohl auch das Zweckmäfsigste gewesen wäre.

Willehadi-Kirche.

Der heilige Willehad, ein Engländer, aber von sassischem Stamm, kam als Heidenbekehrer zu Karls des Grofsen Zeit über die See in das Land, wo seine Vorfahren gewohnt, predigte in Friesland, baute an der Weser einige Kirchen, ward bald von Wittekind vertrieben, und seine Jünger und Anhänger wurden erschlagen. Er entfloh hierauf zu Schiff die Weser hinab nach Friesland, ging von da nach Rom, dann nach Frankreich. Aber sein Herz führte ihn trotz aller zu erwartenden Mühen und Gefahren in seinen alten Wirkungskreis, wo er ein beschauliches Leben in der Einsamkeit führte, bis er von Karl dem Grofsen zum Bischof zu Bremen verordnet wurde. In seinen Bemühungen um die Verbreitung des Christenthums wurde er von den Friesen in Blexum ermordet. Sein Leichnam wurde nach Bremen in die von ihm gestiftete St. Peters-Kirche gebracht. Bischof Willerich liefs ihn 70 Jahre später, aus Furcht, die Seeräuber möchten ihn wegen des Rufs der Wunder, die an seinem Grabe geschahen, zu entführen suchen, was damals häufig der Fall war, in die kleine Willehads-Kirche bringen. Er ward schon frühzeitig canonisirt. Sein Fest wurde am achten November gefeiert.

Ansgarius brachte den Leichnam Willehads aus jener Kapelle, in welche er von Willerich vor den Normannen versteckt worden, wieder in St. Petri, und beschrieb sein Leben und seine Wunder.

Willehads-Kirche, wenn wir ihr Alter bis 1013 zurückführen (wir haben wenigstens keine Nachricht, dafs sie seitdem neu gebaut worden), würde der Theorie, dafs vor dem dreizehnten Jahrhundert keine Spitzbogen Regel gewesen, widersprechen, wenn nicht der Thurm mit seinen Rundbogen bewiese, dafs er älter, und die Kirche selbst nach dem dreizehnten Jahrhundert neu gebaut worden. Man hat beim Abbrechen gar nichts Interessantes gefunden, aufser einer kleinen Urkunde vom Jahr 1340, die in dem Gebälke des Thurms versteckt gewesen, und ohnstreitig für das hohe Alter desselben zeugt.

Das bei dieser Kirche vom Erzbischof Adalbert gestiftete Kollegium von Canonichen vereinigte sich, weil die Einkünfte nicht hinreichten, mit dem später gestifteten St. Stephans-Kapitel, zu einem gemeinschaftlichen Kollegiatstift, dessen Kirche fortan vorzugsweise von diesen Canonichen gebraucht wurde. Beide wurden, nachdem die Präbenden seit der Reformation zur Besoldung verdienstvoller Männer und Gelehrten waren verwandt worden, wie die übrigen zeitlichen Stiftungen im dreifsigjährigen Krieg von den Schweden eingezogen. Die Kirche selbst, nebst drei kleinen Wohnungen blieb ein Eigenthum der lateinischen Schule, war eine Zeitlang ganz verschlossen, wurde dann als Zeughaus, später als Hopfenmagazin gebraucht, welswegen sie auch die Hopfenkarken hiels, wo der Stadtweinkeller den Hopfen, wovon er das Monopol hatte, verwahrte. Seit das Monopol aufhörte, war St. Willehadi-Kirche ein Weinlager, bis sie abgebrochen wurde.

Im Jahre 1287 wurde vom Dompropst verordnet, dafs wenn ein fremder Kaufmann in Bremen stürbe, er begraben werden könnte wo er wollte, jeder andere Durchreisende oder Besuchende aber soll in St. Willehad begraben werden.

Und so hatte denn die Kirche, die dem ersten Apostel der Niederweser, dem Stifter der ersten Christengemeinde und des ersten Gotteshauses in Bremen, dem ersten Bischof geweihet war, die seinen Namen führte, deren Boden sein Leichnam geheiligt hatte, das seltsame Schicksal, von ihren Canonichen bald verlassen, dann dem Kriege, dann dem Bier, endlich dem Wein, also geistigen wenn auch nicht geistlichen Zwecken geweihet worden zu seyn. Seit einem Jahr ist keine Spur mehr von ihrem Daseyn. Sie stand, wenn man vom Markt nach der Domshaide geht, rechts in der Loopstrafse, und war wenig zu sehen.

Heilige-Geist-Kirche.

Nicht weit vom Osterthor, wo die Compterstrafse noch durch ihren Namen das Verschwundene bezeichnet, war die deutsche Ordenscommenthurei mit der dazu gehörigen Kirche zum heil. Geist. Als der letzte Comterherr mit Tode abging, kaufte die Stadt sämmtliche Comthureigüter. Diese Kirche, der Schauplatz jener grauenvollen Ermordung des Comthur von Bardewisch und seiner Knechte, die in der Geschichte erzählt ist, und zu dessen Andenken noch vor nicht langer Zeit ein Steinbild daselbst zu sehen war, diese Kirche, vom Volke Kantersaal genannt, dient wenigstens jetzt nicht mehr zu kirchlichen Zwecken, jedoch ist die Form mit dem Strebepfeiler noch sichtbar.

Veits - Kirche.

Sie lag aufser dem Osterthor und war von Unwannus, dem zwölften Bischof von Bremen, erbaut worden. Sie ist wahrscheinlich schon im vierzehnten Jahrhundert, als der Administrator Moriz die Stadt belagerte, zerstört worden. Nur ein Thurm war stehen geblieben, der noch einige Jahrhunderte als Wartthurm diente. Es ist nicht zu vergessen, dafs Ansgarius dem heiligen Vitus, dem Schutzpatron der Abtei Corvei, wo Ansgarius als Mönch gelebt, zu Ehren, auf der Stelle, wo jetzt Liebfrauen-Kirche steht, eine Vitus-Kirche gebaut hatte.

Unter den Kirchen, die theils gar nicht mehr oder nur zum Theil vorhanden sind, nennen wir noch die Jakobikirche, deren Chor der Schmiedezunft zur Versammlung dient, und wo man noch einen schönen bronzenen Leuchter sieht, den die Schmiede bei der Zerstörung des Pauli-Klosters

(1523) erbeutet; der Kirchhof dieser Kirche ist nun bebauet.

In der weiland Nikolai-Kirche haben jetzt einige alte Frauen ihre Wohnung. Dieses Wittwenhaus wird jetzt neu gebaut.

Die Maria-Magdalenen-Kirche war in des Bischofs Palatio, und zwar an der Stelle des Hauses, welches das Rathhaus und das jetzige Stadthaus verbindet.

Klöster.

Die Geschichte unserer bremischen Klöster ist sehr karg. Nicht das gleichförmige Wirken stiller Naturkräfte prägt sich der Erinnerung der Menschen ein, sondern die Wuth und Zerstörung der Elemente. Wo Mord und Kampf, Plünderung und Brand vorgefallen, das erzählt die Sage, aber von dem stillen, geräuschlosen Wirken eines Klosters, sey es im Guten, sey es im Bösen, schweigt sie *).

St. Paul.

St. Pauls-Kirche war durch Erzbischof Adalbert von einem Theil der Güter des von Ansgarius gestifteten Gasthauses erbauet und fundirt worden, auf

---

*) Die Verwaltungspapiere der bürgerlichen Vorsteher sind noch vorhanden, die Papiere der Mönche sind verschwunden. Man glaubt, sie hätten sie bei drohender Aufhebung nach anderen Klöstern weggeschafft.

der Stelle aufserhalb dem Osterthor, die noch jetzt der Paulsberg heifst.

Graf Trudbert von Stotel, der letzte von dem direkten Geschlecht dieses grofsen und alten Hauses, war Mönch geworden, hielt sich in jener Paulskapelle auf, und hatte die Absicht, da ein Kloster zu stiften. Sein weltlicher Bruder, der regierende Graf Ulrich, der ohne männliche Erben, als letzter des Stammes, gestorben war, hatte seine Grafschaft der Kirche zu Bremen vermacht. Als diefs jener geistliche Graf Stotel vernahm, und er Tücken und Ueberlistung in der ganzen Sache erkannte, griff er zu den Waffen, und that vorzüglich auch der Bremer Bürgerschaft bedeutenden Schaden auf der Weser. Ueber solchen Versuchen fiel er in die Hände der Bremer, und wurde auf dem Paulsberge, als Landfriedenbrecher, enthauptet. Ein Verwandter von andrer Linie, Gerbert von Stotel, fühlte sich durch die dem Grafen Trudbert angethane Gewaltthat, so wie durch den Schimpf der ganzen Familie empört, kündigte Fehde dem Erzbischof, wie der Stadt. Diefs machte solchen Eindruck, dafs ein Vertrag zu Stande kam, Kraft dessen der Bischof *) und die Stadt auf der Stelle, wo Trudbert enthauptet worden, das Paulskloster stiften und dem Gerbert von Stotel die Schirmvogtei übertragen mufsten, wofür er das Kloster noch aus eigenem Vermögen begabte;

---

*) Adalbero. Er regierte von 1124 bis 1148.

mit dem Beding jedoch, daſs er dem Erzstift keine Dienste zu leisten, dafür aber auch keine Dienste, noch Einkommen zu fordern habe, auſser dem Gebet der Mönche von St. Paul; aber die dem Stift zugedachte Grafschaft behielt er nun auch *).

St. Pauls-Kloster war im Jahr 1138 mit Benediktinern besetzt worden, und stand lange in bedeutendem Ansehen. So war es noch kurz vor der Reformation, als der Kardinal-Legat Raimund bei seinem Aufenthalt in Bremen in diesem Kloster seine Wohnung aufgeschlagen hatte. Die hohen und festen Gebäude dieses Klosters lagen so nahe bei der Stadt, daſs sie im Falle einer Belagerung von Feinden zum Nachtheil derselben benutzt werden konnten. Der Rath hatte umsonst den Mönchen ein anderes Lokal im Umkreise der Stadt angeboten.

Um die Zeit der Reformation hatten sich Kriegsleute des Erzbischofs in das Kloster gelegt, und der Abt fragte beim Rath an, was nun zu thun sey? Man machte ihm das nämliche Anerbieten, wie früher, und als die Bürgermeister vor dem Rathhause zufällig einen Lohgerber fragten, wie wohl das Kloster am besten niedergerissen werden könne, welches der Abt selbst wünsche, so setzte dieser die Stadt in Bewegung. Alles stürmte hinaus, das Kloster ward in einem Tage bis aufs Mauerwerk zusammen gerissen. Die Mönche wurden, so lange

---

*) Die Urkunde bei Mushard Mon. nob. 43.

sie lebten, von dem Domkapitel, das die Klostergüter behielt, versorgt. Die Schmiedezunft erhielt ein ganzes Jahr Befreiung von Wachten und Umpflichten, um in den Feierstunden alles noch übrige Mauerwerk niederzureifsen. Mit den Steinen wurde der Weg von der kleinen Weserbrücke bis zum Wartthurm gepflastert. Die Schmiede bewahren noch in ihrem Zunfthause zum Andenken einen metallenen Leuchter aus jenem Kloster, dessen einstiges Vorhandenseyn auch kein Stein mehr bezeichnet.

St. Katharinen-Kloster.

Schon zehn Jahre nach der Stiftung ihres Ordens erschienen die Dominikaner in Bremen. Ihre Unabhängigkeit von der Gerichtsbarkeit der Bischöfe, ihr Zweck, an allen Orten zu predigen, wefswegen sie auch Predigermönche hiefsen, machte sie den Fürsten, wie den Reichsstädten angenehm, besonders da sie auch nach dem durch Bischöfe und Erzbischöfe ausgesprochenen Interdict nichts zu fragen hatten. Sie sowohl, als die grauen Mönche, die Franziskaner, waren Bettelmönche, also, wenn gleich dem Pabste wichtig und vorzüglich dienstbar, doch den Bischöfen, wie der gesammten Weltgeistlichkeit verhafst. Daher wurde ihr Unternehmen, ein Kloster in Bremen zu bauen, auch nicht von der hohen Geistlichkeit, wohl aber und allein von der Bürgerschaft unterstützt.

Die erste hölzerne Kirche war schon im Jahr 1253 gebaut. Das Kloster wurde später fertig.

Jene Kirche war keine Pfarrkirche, indem die Stadtgegend des schwarzen Klosters, welches mit seinem Zubehör den Raum zwischen der Sögestrafse, dem Schöttelkorb, der Katharinenstrafse und der Querenstrafse füllte, zu Liebfrauen-Kirche eingepfarrt war; daher mufsten die Mönche sich auf andere Art ihr Auskommen suchen, errichteten unter verschiedenen Zünften Brüderschaften *), um für ihre Verstorbenen Seelenmessen zu lesen u. s. w.

In einem Zeitraum von 152 Jahren findet sich von diesem Kloster keine einzige Urkunde.

Der Name des Priors und des ganzen Convents unter wichtigen Verträgen des Erzbischofs zeigt ihr grofses Ansehen **). In dem Kreuzzuge gegen die Stedinger zeigten sie sich, wie ihre Brüder gegen die Albigenser in Süd-Frankreich. Bremer Dominikaner waren es, die in Holland, Westphalen, Flandern, in den rheinischen Provinzen umherzogen, Ablafs denen, die das Kreuz nahmen, ertheilten, diejenigen in den Bann thaten, die nicht so willfährig waren, und so 40000 Pilger oder Kreuzfahrer zusammenbrachten. Bremer Dominikaner waren es, die in der Schlacht gegen die Stedinger auf einer Anhöhe stehend, das grausenhafte Media vita sangen, und sechs tausend tapfere Feinde triumphirend

---

*) Sie entstanden in den im Mittelalter so oft wiederkehrenden Pesten, um sich von dem überflüssigen Verdienst der Mönche etwas zuzueignen.
**) So unter andern in dem früher erwähnten Vertrag Gerhards II. mit der Stadt wegen des Stedinger Krieges.

von weit überlegenen Gegnern niederhauen sahen. Zwei Dominikaner waren kurz vorher von den Stedingern, denen sie das Kreuz predigen wollten, getödtet und als Märtyrer nach Bremen gebracht worden. Wenn jedoch der Rath dieses Kloster begünstigte und den Mönchen ein Asyl zu demselben gestattete, wohin sich jeder, der in Noth war, flüchten konnte, das jedoch immer offen und nur mit einer vier Fuſs hohen Umzäunung umgeben seyn sollte: so sah er doch bald ein, daſs Beschränkung nothwendig war. Beweise finden sich in den Statuten und Verträgen. Ein belehnter und geweiheter Pfaff soll mit andern gleich nahen Verwandten nicht **erben**, er sey denn einziger Erbe *). Niemand soll Geistliche zu Vormündern setzen. Einer, der mit seinen Kindern abgetheilt, konnte sein übriges Erbe geben, wem er wollte, doch nicht an geistliche Leute, weder durch Schenkung, noch durch Kauf (Stat. 11.). Niemand konnte eine Handfeste oder Weichbild **) auf den Namen eines Geistlichen schreiben lassen, dieser konnte es also nicht eigenthümlich besitzen (Stat. 6.); er konnte nur in wenigen Fällen gerichtlich zeugen, auf jeden Fall nur, wenn es ihm vom Bischof erlaubt war (Urth. 38.).

---

*) Oelrichs Statuten. S. 354.
**) Wikbelde bedeutet die Stadt und das Gebiet, dann aber auch die Immobilien in der Stadt. Von jedem Erwerben einer Handfeste sagte man, man habe Wikbelde erworben.

(Sehr vernünftig, denn was konnte sonst der Eid vor der Obrigkeit helfen?) Aebte und Prioren in den Klöstern sollen keine Kleider tragen, die den weltlichen an Gestalt und Farbe gleich kommen *). Im Jahre 1450 wurden in Bremen Steinkanonen gegossen, zu den Kosten mußten die Mönche Accise vom Korn geben.

Die Dominikaner und Franziskaner in Bremen hatten Freiheitsbriefe gegen die großen Geistlichen des Landes und die weltliche Obrigkeit, welcher zu gehorchen, nachdem sie einmal in Bremen warm geworden und festen Fuß gefaßt, sie sich auch nicht verpflichtet glaubten, gemißbraucht. Die deswegen in 50 bis 60 Jahren gehabten Unruhen bestimmten den Senat zu der Verordnung, daß von nun an keine mehr als die wirklich eingezogenen grauen und schwarzen Mönche von dieser und andern Regeln sich hier niederlassen und Häuser in der Stadt anschaffen sollten, besonders auch darum, damit die Anzahl der Geistlichkeit weder zu sehr vermehrt, noch durch die vielen und großen Gebäude mit Vorplätzen, Gärten, Kirchhöfen, die Stadt beengt, noch durch das beständige Almosenfordern die Bürgerschaft mehr und mehr beschwert werde **).

---

*) Ein gutes Gesetz, das auch noch auf manche protestantische Geistliche in Deutschland in Anwendung zu bringen wäre.
**) S. Cassel über das Katharinen-Kloster. In dem Nichtbesitzendürfen eines Grundstücks liegt aber auch die Erklärung eines Umstandes, wovon sich Mancher einen falschen Begriff macht. Wenn es heißt, ein Grundstück oder ein Haus wird dieser

Im Ganzen waren jedoch die Klöster durchaus im Interesse des Staats. Rath und Bürgerschaft verwalteten ihre Stiftungen, die auch meistens von der Stadt herrührten, dagegen verpflichteten sie sich, Messen lesen und singen zu wollen, selbst wenn die Stadt im Interdict läge (1443). Eine merkwürdige Sache, daſs diese Mönche im Mittelalter es für zweckdienlicher hielten, es mit der weltlichen, als der geistlichen Obrigkeit zu halten. Uebrigens waren diese Interdicte eine Prellerei; es brauchten sich nur einige Buben in der Kirche geprügelt zu haben, so wurde es ausgesprochen, und die Lösung geschah durch Geld.

Durch diese Beschränkungen der Klostergeistlichkeit haben wir denn in Bremen eine Menge milder Stiftungen, Gasthäuser, Armen- und Krankenhäuser gehabt, aber — Dank der Weisheit der Vorfahren — nur zwei Klöster, mit Ausnahme des auſserhalb der Stadt gelegenen St. Pauls-Klosters.

Zu dem schwarzen Kloster gehörten auch die Beguinen, die deshalb in dessen Nähe wohnten. Anderswo nannte man diese Art Nonnen auch Seelwei-

---

oder jener geistlichen Corporation vergabt, so blieb dasselbe unter der weltlichen Jurisdiction, und trug weltliche Lasten; nur der Zins wurde bezahlt, und dieser Zins ging auf jeden neuen Besitzer des Grundstückes über, indem nur das Grundstück den Zins bezahlte. So hatten manche Klöster Fleischbänke u. s. w. Zinsen von Mobilien oder Geld galten ja für schändlich, man muſste also die Sache umgehen, und einen andern Namen brauchen.

ber, in Bremen hießen sie auch wegen ihrer Kleidung schwarze Nonnen. Sie warteten den Kranken auf, redeten Sterbenden Trost ein, wenn kein Priester da war, standen im Verdacht, manche der christlichen Lehre entgegengesetzte Grundsätze zu haben und zu verbreiten, weil sie an den Sterbebetten durch die tägliche Betrachtung des Todes die Unanwendbarkeit vieler damaliger Glaubenslehren wohl bemerkt haben mochten *).

Die Beguinen in Bremen hatten keine eigenen Priester, waren daher zu reichlichem Schutz und Schirm ihrer Keuschheit (wie der Brief des Erzbischofs Hildebold sagt), zu den schwarzen Mönchen eingepfarrt, bei denen sie beichten und zum Abendmahl gingen. Sie standen unter einer Magistra. Sie hießen auch Katharinenjungfern. Der Rath konnte sie im Jahre 1602 nur durch ernsten Befehl dahin bringen, ihr seit 400 Jahren bewohntes Asyl zu verlassen, und in ihre neue Wohnung im Schöttelkorb zu ziehen.

Almosen, Messen, Vigilien hörten nach dem Anfang der Reformation in Bremens Klöstern auf; mithin waren die besten Erwerbsquellen der Mönche versiegt, und im Jahre 1527 zeigte der Rath den Dominikanern an, sie sollten ihren Ceremonien ein Ende machen. So wurde das Kloster zum Behuf einer lateinischen Schule geräumt, das weitläuftige Grundeigenthum außer den Gebäuden wurde zu Bauplätzen verkauft; ein Theil der Sögestraße, der

---

*) Gemeiner Geschichte von Regensburg.

Schöttelkorb, die Katharinen- und Querenstraſse haben sich auf dem Grund des schwarzen Klosters erhoben. Die Mönche erhielten sich eine Zeitlang, so gut sie konnten, zum Theil durch den Verkauf ihrer kirchlichen Kostbarkeiten, bis der Rath ihnen ein bestimmtes Einkommen auf Lebenszeit und Wohnung im Kloster zusagte.

Die Kirche dieses Klosters war zuerst von Holz, später ward ein stattliches Gebäude, obgleich in sehr unreinem Geschmack mit runden Pfeilern aufgeführt. Nachdem die Bestimmung derselben durch die Reformation aufgehört, ward das vorher auf dem Domshof befindliche Bussenhaus oder Zeughaus hinein verlegt. Zwischen den Jahren 1820 und 1821 ist eine groſse Veränderung mit dieser Häusermasse vorgegangen. Die Dominikaner-Kirche wurde zusammengerissen und in ein Wohn- und Packhaus verwandelt. Man wird bald kaum den Ort noch kennen, wo sie gestanden.

So weicht alles lang Bestandene weniger der zehrenden Gewalt der Zeit, als der Allgewalt des Zeitgeistes. Welcher Sterbliche traut es sich ungestraft zu, dem aufstrebenden Menschengeist Fesseln anzulegen? Wie geschieht Manches so ganz anders, als die Klugen, welche auf die Menschheit, wie auf eine Maschine zu wirken geglaubt, sich gedacht hatten!

Das Johannis-Kloster.

Die Franziskaner kamen im dreizehnten Jahrhundert nach Bremen, und erhielten von der Bürgerschaft am Fuſse der Höhe, auf welcher der Dom mit seinen Curien sich erhob, einen groſsen Platz zur Erbauung eines Klosters und einer Kirche. Die Mönche muſsten vertragsmäſsig dem Rath versprechen, daſs sie selbst im Interdict den Gottesdienst fortsetzen wollten. Die Dignitarien dieses so wie anderer Klöster waren der Prior, der Guardian, der Lesemeister und der Custos.

Die Einkünfte dieses Klosters bestanden auſser milden Gaben nur in Messen und Vigilien. Auch konnten die grauen so gut wie die schwarzen Mönche auſser ihrer Kirche in allen Kapellen und Hospitälern predigen, wo keine ordentlichen Priester waren. Die Menge wohl dotirter Altäre gab ein regelmäſsiges Einkommen. Dieſs Alles fiel, als die Reformation nach Bremen kam, weg, und daher war auch dieses Kloster arm. Aber so wie der Rath demselben einst die Ausbreitung und Grundbesitzerwerbung durch Statuten gehemmt, eben so lieſs er die Mönche auch jetzt nicht im Elend; sie blieben bis zum Aussterben mit geziemendem Unterhalt im Kloster.

Im Jahr 1531 wurde das Johannis-Kloster zum Armen- und Krankenhause verordnet, und die Einkünfte von Gertruden-Gasthaus wurden dazu geschlagen. Arme Wegfahrer, Schiffbrüchige und andere Nothdürftige sollten, wie zuvor im Gertruden-Gasthaus, aufgenommen und eine Nacht, jedoch abgesondert von den gemeinen Kranken, gespeist, getränkt und gebettet werden. Vorsichtig wurde aber verordnet, dafs, wenn das neue Gasthaus aufgehoben würde, die von Gertruden genommenen Einkünfte wieder an dasselbe zurückfallen sollten. Vorab hatten bremische Bürger und Bürgerinnen, die nach Gottes Rath an ihren zeitlichen Gütern verarmt waren, Anspruch auf die Aufnahme, jedoch mit Ausnahme deren, die durch Verschwendung oder Leichtsinn herunter gekommen. Wenn der Prövener stirbt, so fällt nicht nur das, was er mit hineingebracht, sondern auch sein übriger Nachlafs, oder was ihm während seines Aufenthaltes im Kloster angeerbt worden, dem Kloster anheim. Die Aufgenommenen hiefsen Prövener (Präbende, Pröven). Unter den Prövenern sind immer drei Arme von der Schuhmacherzunft, sonst Corduaner *) genannt, weil diese Zunftgenossen als Mitstifter des deutschen Hauses von dem deutschen Orden das Versprechen erhalten, dafs derselbe ihre Kranken und Unvermögenden in sein Armenhaus aufnehmen wolle. Als hernach der Rath die Güter des Ordens an die Stadt kaufte, übernahm er die Verbindlichkeit gegen die Corduaner.

Die Gestalt des Klosters ist schwer zu erkennen, da es sehr verbaut zwischen andern Häusern steckt. Es bildet drei Flügel des Vierecks, dessen Vorderseite die Kirche einnimmt. Die Länge ist 136, die Breite 80 Fufs. Aufser der Konventstube

---

*) Cordewanarios (s. Cassel ungedruckte Urkunden. S. 525.)

zählt es 72 Zimmer; für jeden Prövener ist eins; die meisten können geheitzt werden. Die sogenannten Dorenkisten sind starke, eichene, sehr enge Verschläge, in denen der Tolle neben seinem Lager sich nur ein wenig bewegen kann. Für noch schlimmere Unsinnige sind kleine Gewölbe. Ein grofses Zimmer, wo nun Wäsche getrocknet wird, heifst noch die Lieberei, weil hier die Mönche ihre Bibliothek gehabt.

Die Klosterkirche ist nach dem Dom unstreitig das schönste kirchliche Gebäude in Bremen. Die Pfeiler sind schlank und leicht, die Gewölbe kühn. Acht Pfeiler tragen das Gewölbe. Der ganze Raum mifst 200 Fufs in der Länge, 62 in der Breite. Die Höhe ist 60 Fufs. Der Chor allein ist 70 Fufs lang.

Schon vor zwei hundert Jahren ist in Bremen eine französische reformirte Gemeinde gewesen. Vorzüglich hatten sich mehrere Brabänter, verscheucht durch die spanische Inquisition und Herzog Alba's Blutdurst, nach Bremen gezogen. Auf dieselbe Weise kamen nach dem Tode Heinrichs des Vierten vor und nach bedrängte Hugonotten. Diese bildeten eine französische Gemeinde, und feierten ihren Gottesdienst in der Johannis-Kloster-Kirche. Auch andere Gemeinden Bremens versammelten sich hier, wenn ihre Kirchen wegen Reparaturen und Unfällen (wie z. B. Martini-Kirche wegen Austretung der Weser), nicht besucht werden konnten.

Bis zum Jahr 1775 predigte auch ein für das

Armen- und Krankenhaus angestellter Prediger alle Donnerstage in dieser Kirche.

Als merkwürdig für die Geschichte des deutschen Theaters ist bei dieser Kirche zu erwähnen, dafs im Jahr 1783 der bekannte Schauspieler Abt, Direktor des Bremer Theaters, sehr feierlich in dieselbe beerdigt wurde, welches um so mehr zu Verhandlungen in Druckschriften, namentlich in Schlözers Staatsanzeigen, Veranlassung gab, da nicht lange vorher der Sinn der Bremer weit von einer solchen Toleranz entfernt gewesen, auch der Stadtkommandant von Bentheim in derselben Zeit ganz still war beerdigt worden. Ifland schrieb bei dieser Gelegenheit, wie eine Regierung den Schauspielerstand heben und veredeln solle.

In dieser Kirche liegt auch ein Prinz, Louis François de Bourbon Conti, Graf de la Marche, begraben, der im Jahr 1757, als der Herzog von Richelieu in Bremen stand, hier an den Blattern starb *).

Diese Kirche mit ihren Umgebungen bildet, aus der Gelehrtenschule herab in angemessener Beleuchtung gesehen, ein anziehendes Gemälde, vielleicht die einzige malerische Häusergruppe im Innern von Bremen. Die wenigen vorstehenden Bäume im sonnenhellen Frühlingsgrün gegen das dunkelbraune alterthümliche Gebäude, wie Gegenwart

---

*) Cassel sagt, es sey ein Duc d'Antin, Maréchal de France, gewesen.

und Vergangenheit, stimmen das Gemüth zu elegischer Betrachtung.

Die Kloster-Kirche, lange als Waarenlager benutzt, geht nun einer würdigen Bestimmung entgegen. Sie ist der katholischen Gemeinde zum Gottesdienst übergeben, und wir wünschen, daſs die nöthigen Renovationen in derselben nicht im Widerspruch mit dem ganzen Baustyl stehen mögen.

Daſs die Kirchen in Bremen, obgleich gröſstentheils aus der schönsten Zeit der deutschen Baukunst herrührend, sich doch so wenig auszeichnen, läſst sich schwer erklären. Entweder war Bremen damals nicht so reich und wichtig, als man es sich zu denken geneigt ist, oder die Neigung an Kirchen und Klöster das Seinige zu verschenken und dem rechtmäſsigen Erben das Nachsehen zu lassen, war hier nicht so groſs, als in andern Städten von ähnlicher Gröſse, so daſs nur das nächste Bedürfniſs bei Erbauung der Kirchen berücksichtigt wurde. Auf letztern Gedanken führen leicht die früher angeführten bei Errichtung der Klöster von der Stadt gemachten Verordnungen; und wer weiſs, ob die Grundsätze der benachbarten Stedinger in Betreff des Ansehens der Geistlichkeit nicht ziemlich allgemein an der untern Weser waren *). Eine gänzliche, blinde

---

*) Von den Friesen, zu deren Stamm auch die Stedinger gehörten, wissen wir es. Gezwungen gab der Friese den Geistlichen, seinem Priester, Dekan oder Bischof keinen Kreuzer, und wider seinen Willen konnte ihm der Bischof kein Huhn nehmen. Die Friesen waren das einzige Volk in der Christen-

Unterwerfung unter ihre Gewalt und Führung vertrug sich schwerlich mit dem alt angestammten Freiheitssinn der Bewohner dieses Landes. Wollte man anführen, daſs die Wichtigkeit des Handelskapitals in einer Handelsstadt keine groſse baare Verwendung an solche öffentliche Gebäude zuläſst, die nicht unmittelbar zum Dienste der Kaufmannschaft und zum Schutze des Gemeinwesens bestimmt sind, so läſst sich die damals wichtigere Handelsstadt Lübeck anführen, die mit sehr schönen Kirchen prangt.

---

heit, welches von den Abgaben der Zehnten und der Erstlinge frei war. Auch seinen Hausfrieden sicherte der Friese dadurch, daſs er keinen **unverheiratheten** Priester unter sich duldete. Wiarda Ostfries. Gesch. 1 B. 252.

IV.
Milde Stiftungen und wohlthätige Anstalten der ältern und neuern Zeit.

Milde Stiftungen und wohlthätige Anstalten der ältern und neuern Zeit.

Sankt Jürgen Gasthaus. Dieses älteste Gasthaus *) ist von dem heiligen Erzbischof Ansgarius gestiftet und aufser dem Heerdenthor zur Verpflegung der Armen und Kranken gebaut worden. Seine Nachfolger Rembertus, Adaldagus und die beiden Libentius verbesserten und erweiterten dasselbe; Libentius der Erste wartete sogar täglich selbst den Armen auf. Adalbert dagegen, dem es weniger um Beförderung des Guten, was seine Vorfahren gethan, als um Verherrlichung seines eigenen Namens zu thun war, nahm demselben die meisten Güter, und stiftete davon die St. Pauls-Kirche aufserhalb Bremen. In einem Zeitraume von 241 Jahren ist nicht mehr die Rede von dem beraubten Hospital. Erst ums Jahr 1300 findet es sich, dafs Rath und Bürgerschaft, durch neue Schenkungen wohlthätiger Einwohner unterstützt, ohne Zuthun der Erzbischöfe das Gasthaus von Neuem hergestellt und verwaltet haben, bei welcher Gelegenheit auch be-

---

*) Gast hiefs überhaupt jeder Fremde, der auf Hospitalität Anspruch macht.

schlossen wurde, daſs es fernerhin innerhalb der Stadt seyn solle. Es wurde demnach an der Ecke längs der Hutfilzerstraſse gebaut, an der Straſse, welche darum die kurze Wallfarth heiſst, weil die Geistlichkeit von St. Ansgarii, wenn sie wegen ungünstiger Witterung ihre feierlichen Umgänge nicht weit fortsetzen konnte, von der Kirche über den Kirchhof durch diese Straſse zog, und durch das eine Ende der Molkenstraſse wieder an die Kirche kam. Von einer Menge wohlthätiger Bürger und Bürgerinnen waren unter andern Vermächtnisse, um den Armen an gewissen Tagen im Jahre ungewöhnliche Gastmähler zu geben, damit sie auch ihre Freudentage haben sollten, und wär' es nur ein Weitzenbrod für Jeden, (Wegane, en Wegge) gewesen, so Dietrich Rycmer am Tag vor Mariä Verkündigung zu vertheilen verordnet. Im Jahr 1369 stifteten zwei Rathsherren zu diesem Gasthause das Bild des St. Hulpe und Erzbischof Albrecht der Zweite bestätigte es urkundlich. Dieser auch anderwärts verehrte Heilige hatte seinen Tag am Montag nach Trinitas und wurde unter die wichtigsten bremischen Heiligen gerechnet. Wie nun die Imago beati Martyris Sancti Hulpi ausgesehen, weiſs man nicht, doch sieht man ein Bild der Art in der Buchtstraſse [*].

---

[*] Karl der Groſse lieſs zum Dank für einen doppelten Sieg im Jahr 783 zwei Kapellen errichten und nannte sie sanctum adjutorium. Hieraus entstand wohl der St. Hulpe und vielleicht das in Bremen bekannte Jodute-Rufen.

Die Verse in Renners kleiner Reimchronik, welche auf einen aufserordentlichen Reichthum des Gasthauses zur Zeit des Erzbischofs Burchard Grelle schliefsen lassen, widerlegen sich theils von selbst, theils durch die Vergleichung mit den Schenkungsbriefen. Sie lauten also:

> *Sankt Jurgens Gasthus was so rick,*
> *Dat men dar konde dagelick*
> *Sostein hundert un veertig Mann* *)
> *Spisen, dat is nu all gedahn* **).

Drei und siebenzig Jahre später, im Jahr 1413, verordnete der Rath, dafs nur vier und zwanzig Personen in dem Gasthause unterhalten werden und nur wenn sich die Einkünfte besserten mehrere aufgenommen werden sollten. Im Jahr 1597 brannte das Gebäude ab; an eine Wiederaufbauung, ohne den Kapitalbesitz der Stiftung anzugreifen, war nicht zu denken, daher wurden die Prövener und Armen von St. Jürgen in das Johannis-Kloster verlegt, und der Bauplatz der Brandstelle wurde zum Besten der Armen verkauft. Ein Bürger baute sein Wohnhaus auf die Stelle, das im Jahr 1793 in ein Gasthaus nach unsern Begriffen, wo Hospitalität für Geld ausgeübt wird, verwandelt und auch dem Auslande unter dem Namen »das blaue Haus« be-

---

*) 1640 Mann.
**) Das ist nun Alles vorbei.

kannt geworden ist, nun aber auch nicht mehr als solches fortdauert.

Sankt Gertruden Gasthaus. Um fremde Bettler und arme Pilgrime, die durch Bremen wandern würden, eine Nacht zu beherbergen und mit Trunk und einem Weitzenbrod zu erquicken (den länger Verweilenden sollte nichts gereicht werden), hat der bremische Bürgermeister Hermann von Ruten im Jahre 1366 sein Eckhaus bei St. Martini-Kirchhof im Osten nebst einigen Einkünften bestimmt, wogegen der Rath die Stiftung von allen bürgerlichen Lasten frei erklärte.

Im Jahr 1531 vereinigte man Rutens, so wie alle spätern Schenkungen an das Hospital, mit dem Johannis-Kloster, das zu einem Armen- und Krankenhause war eingerichtet worden; das Haus selbst wurde zum gemeinen Stadt-Kornhaus bestimmt. Die Kellerwohnungen unter diesem Hause nennt man noch jetzt Gottesbuden, d. h. unentgeldliche Wohnungen für arme Leute, die von frommen Bürgern mit Aufwartung und Einkünften begabt waren. Man findet ähnliche mit diesem Namen bezeichnete Armenwohnungen in verschiedenen Gegenden der Stadt.

Sankt Ilsabeen Gasthaus. Das Gasthaus der heil. Elisabeth wurde von Rath und Bürgerschaft im Jahr 1499 gestiftet, um armen Kranken in demselben Obdach zu geben, da es, wie die Stiftungsurkunde sagt, nicht ungewöhnlich sey, daſs in Winterszeit die Armen auf Kirchhöfen und Straſsen trost- und hülflos, und ohne Sakramente verscheiden mufsten. Zu dem Zwecke wurde ein Haus in der Hutfilzerstrafse gekauft. Eine gewisse Frau Alecke Gherdt Busen bewies vorzüglich ihre Mildthätigkeit gegen dieses neue Gasthaus, erklärt aber in der Vermächtnifsurkunde, deren Inhalt in der Bestätigung des Raths (von 1499) angeführt ist, höchst verständig: »Alles Vorgeschriebene sollte auf ewige Zeiten bleiben, es wäre denn, dafs der Rath in zu kommenden Zeiten etwas Besseres für die Armen und des Hauses Beste sonder Arglist finden könnte« *). Liegt das nicht stillschweigend in dem Sinn aller Stiftungen? Leider hat man in der neuern Zeit dieses erstere allzu gut erkannt, nicht aber auch das wichtige Wort der frommen Wittwe Alecke beobachtet, nämlich: »etwas Besseres für die Armen und des Hauses Beste sonder Arglist.« Kann man sich überall in Deutschland rühmen, dafs die eingezogenen Stiftungen ihrem Zwecke gemäfs in veredeltem Sinn auch wieder angewandt werden, wie in Bremen?

Als in Bremen andere Armenanstalten aufkamen, wurde diese Bestimmung zur Wirklichkeit gebracht, und dieses Gasthaus zwanzig betagten Frauen oder Jungfrauen zur Wohnung angewiesen, wobei sie auch einen grofsen Theil ihres Unterhalts fanden. Sie schliefen nun zusammen in einem grofsen Raume, doch jede in einem besondern Bette, wozu ein

---

*) S. Cassel über das Ilsabeen Gasthaus.

kleiner Platz gehörte. Als dieses Zusammenseyn zu Streit und andern unangenehmen Auftritten führte, wurde das Gasthaus in kleine abgesonderte Zimmer vertheilt, wo nun jede besonders wohnt, speist, und monatlich ihr Gewisses an Geld, Lebensmitteln und Feuerung erhält. Dagegen muſs jede seitdem ein Eintrittsgeld von 200 Rthlr. bezahlen. Da sie bei Tage ausgehen können, so steht es ihnen frei, sich auch durch Handarbeit noch etwas zu verdienen. Ein groſser Garten nebst andern Gebäuden gehört zu dem Hause, so daſs dieser Anstalt nichts fehlt, um den Frauen, wenn sie zufrieden seyn können, ein erfreuliches Asyl für das höhere Alter zu gewähren. Dreimal im Jahr wird in diesem Gasthause von einem der Prediger von St. Ansgarii das Abendmahl ausgetheilt.

Das Beguinenhaus. Das Kloster dieser heiligen Jungfrauen stand bis an das Ende des sechzehnten Jahrhunderts in der Hutfilzerstraſse der Nikolai-Kirche gegenüber. Sie lebten unter ihrer Magistra (s. oben vom schwarzen Kloster). Als dasselbe in ein Waisenhaus verwandelt wurde, wies man den Beguinen eine Wohnung in der Straſse Schüsselkorb an. Die Zahl dieser Jungfrauen ist zwölf, ihre Vorsteherin heiſst Domina. Die früheren Verhältnisse sind nicht mehr, sondern die Bestimmung dieser Stiftung ist auf eine zweckmäſsige Weise verändert, indem sich jetzt Frauenzimmer in die Wohnung und gewisse damit verbundene Einkünfte einkaufen, und so ohne Sorge, wenn sie freundlos sind, dem höhern Alter entgegen sehen können. Im Jahr 1820 ist das alte, ungemüthliche Haus niedergerissen und ein neues geschmackvolles und ansehnliches an die Stelle gebaut worden, so dafs mit erhöhterem Einsatz auch Frauenzimmer von bessern Ständen, wenn sie übrigens zu dieser Lebensart Neigung fühlen, hier eine anständige Wohnung finden können, indem sie nicht gemeinschaftlich, sondern in abgesonderten Zimmern wohnen.

Das Alte-Mannhaus. Eine ähnliche, wie die eben geschilderte Anstalt für Frauen, ist für zwölf bejahrte Männer gestiftet, und befindet sich auf dem Armenhause in St. Stephani-Kirchspiel, ohne jedoch mit demselben in irgend einer andern Verbindung zu stehen.

Sankt Nikolai Wittwenhaus. Von der Nikolai-Kirche in der Hutfilzerstrafse stand nur noch das Chor, und dieses war zur freien Wohnung für bejahrte Wittwen eingerichtet worden. Auch dieses Haus wird nun neu gebaut.

Auf der Tiefer, nicht weit von der Holzpforte, stand vormals ein Gasthaus für Pilger, die nach St. Jago di Compostella wallten. Noch jetzt, obgleich dieses Gebäude nur von Wittwen bewohnt ist, sieht man über der Hausthüre den Jakobus Major in Pilgerkleidung mit Pilgerstab und Muschelhut, und der gemeine Mann nennt ihn Joks Major. Der Fremde, der ihn sehen will, mag sich durch ein Labyrinth von Gäfschen führen lassen, sonst kann er sich leicht verirren.

Das Petri-Wittwenhaus. Es liegt in der Buchtstrafse. Es leben mehrere Wittwen in demselben. Vor der Thüre ist ein Brunnen, auf welchem ein Bischof abgebildet ist, der einem knieenden Bettler in die dargehaltene Schale etwas eingiefst. Der bekannte englische Reiseschriftsteller Holcroft hat über dieses Bild sentimentale Betrachtungen angestellt. Auch diesem Hause steht eine Reform bevor.

Die Seefahrt. Wer die Hutfilzerstrafse hinuntergeht, sieht an dem Eingang eines Gebäudes rechts Schiffer und Schifferembleme abgebildet. Dieses Haus ist die sogenannte Seefahrt und wurde im Jahr 1545 durch Kaufleute und Schiffer, zur Versorgung alter unvermögender Schiffer und deren Wittwen errichtet. Ueber der Hauptthüre stand ein ausgehauenes Bild, welches ein Schiff im Sturm vorstellt, mit der trefflich gewählten Inschrift: »Navigare necesse est, vivere non necesse est.« (Schiffen ist nöthig; Leben ist nicht nöthig). Im Jahr 1663 wurde die Seefahrt neu gebaut. Die mangelhaften Einkünfte werden durch eine jährliche Sammlung in der Stadt verstärkt.

Das Armenhaus. Am St. Stephans-Thor in einer gesunden Lage war seit dem Jahr 1696 ein Haus gebaut, bestimmt um ganz unvermögenden Bürgern beiderlei Geschlechts, ohne Unterschied der Confession Aufenthalt, Unterhalt, Kleidung, ärztliche Hülfe und Seelsorge zu geben. Die in demselbigen Jahre angestellte Sammlung in der Stadt brachte 11591 Rthlr. Dieses Haus hat eine Kirche mit einer Orgel.

Es ist jetzt im Plan, das Krankenhaus in der Neustadt nach der Altstadt, und zwar aller Wahrscheinlichkeit nach auf die St. Stephans-Bastion zu verlegen. Daſs hiervon eine treffliche Anstalt zu erwarten ist, darf nicht bezweifelt werden, wenn man die Vorliebe unserer Bürger für Unternehmungen der Wohlthätigkeit kennt.

Die Armenanstalt, welche ebenfalls unter bürgerlicher Verwaltung steht, und den Zweck hat, theils durch freiwillige Beiträge, theils durch zweckmäſsige Beschäftigung die Armen vom Betteln abzuhalten, verdient in ihrer ganzen Einrichtung das höchste Lob. Es wird freilich, wie überall, wo man sich auf solche Art der Armen annimmt, die betrübende Erfahrung gemacht, daſs mit jedem Jahr die Zahl der Armen zunimmt, und die Beiträge verstärkt werden müssen. Eine angemessene Beschäftigung könnte hierbei viel helfen, da stehen aber die zünftigen Handwerker im Weg, und der Menschenfreund findet sich in seinen besten Absichten hier überall gehemmt, kann nur das Uebel beklagen, aber demselben nicht abhelfen. Indessen könnte der Schade leicht noch gröſser werden, wenn die von Einigen begünstigte Armensteuer eingeführt würde. Es giebt kein wirksameres Mittel, die Zahl der Armen schnell zu vermehren, als die Armensteuer. England ist es gewahr geworden, und keine Maaſsregel bleibt der Regierung übrig, das so hoch gestiegene Uebel wieder auf eine tiefere Linie zurückzuführen.

Waisenhäuser.

Eins der sehenswürdigsten Gebäude am Domshof ist das Petri-Waisenhaus. Kein fühlender Mensch wird dieses musterhafte Institut ohne innige Anerkennung seiner trefflichen Einrichtung besehen und verlassen. Sein Ursprung ist klein. Im Jahr 1681 waren durch gute Verwaltung der Armengefälle des Doms 100 Rthlr. auf Zinsen verliehen worden. Diese Summe nahm bis zu 1000 Rthlr. in sechs Jahren zu, und man beschloſs ein Waisenhaus damit zu gründen. Der König von Schweden, damaliger Besitzer der Herzogthümer Bremen und Verden, schenkte zu dem Zweck eine Domcurie und allen Grundbesitz, der zu derselben gehört hatte. Redliche Diakonen besorgten die Einrichtung des Hauses, Handwerker aller Art erboten sich zu unentgeldlichen Arbeiten, eine vom König bewilligte Collecte in beiden Herzogthümern vermehrte die Mittel, und so konnte die treffliche Anstalt am 10. November 1692 eingeweihet werden. Zehn Knaben und fünf Mädchen war die Zahl der Waisen, und mit der zunehmenden Zahl nahm auch die Wohlthätigkeit der lutherischen Gemeine zu.

Als die Menge der Waisen und die Baufälligkeit des Hauses im Jahr 1782 ein neues Gebäude nöthig machten, da gestattete König Georg der Dritte einen bequemen Platz dazu. Binnen vier Tagen kamen in Bremen 22000 Rthlr. durch Collecte zusammen, und als man später noch mit dieser Summe zu dem trefflichen Gebäude nicht zureichte, so wurden vor und nach über 5000 Rthlr. von wohlhabenden Gliedern der Gemeinde zusammen gebracht. Bei der Einweihungspredigt fanden sich in den Becken über 1200 Rthlr. und weil noch die innern Einrichtungen nicht bestritten werden konnten, so schossen sechzig Gemeindeglieder abermals 6000 Rthlr. ohne Zinsen auf zwölf Jahre vor. Was Handwerker ohnentgeldlich gearbeitet, wurde auf 620 Rthlr. angeschlagen.

Aber auch jetzt noch ist die Wohlthätigkeit für diese treffliche Anstalt nicht erkaltet. Drei Sammlungen werden jährlich angestellt. Die letzten kurz vor den französischen Zeiten an den Thüren des Doms brachten jedesmal über 2000 Rthlr. ein. Das Volk betrachtet mit besonderer Zärtlichkeit seine Waisenhäuser. Tritt einer, der hier erzogen worden, hernach mit Bedeutung im Leben auf, so kann man rechnen, daſs ihm vorzügliche Begünstigung unter der Bürgerschaft zu Theil werden wird. Die Bürger sagen dann mit Stolz, besonders die Frauen: das ist unser Waisenkind, das haben wir erzogen. Diese innige Theilnahme des Volks an seinen Waisen zeigt sich auch an dem jährlichen frohen Tag, wo sämmtliche Kinder zu einer einfachen Lustbarkeit aufs Land ziehen. Wenn sie Abends zurückkommen, sind Spaziergänge und

Strafsen bis weit zum Thor hinaus mit Menschen bedeckt, um die geliebten Waisen zurückkommen zu sehen, sie zu empfangen, sie bis an ihre Wohnung zu begleiten.

Es würde zu weitläuftig seyn, alle Einrichtungen dieser trefflichen Anstalt zu schildern, die man nur zu sehen braucht, um an der Schönheit und Reinlichkeit des Gebäudes, an den gesunden, wohl gekleideten, bescheiden frohen Kindern sich von der guten Verwaltung einen Begriff zu machen. Die Anzahl der Kinder beträgt hundert zwei und siebenzig. Sie dürfen bei der Aufnahme nicht unter sechs und nicht über zwölf Jahre alt seyn. Die Vorsteher sorgen dafür, dafs die entlassenen Knaben bei Handwerkern, die Mädchen bei guten Herrschaften untergebracht werden; erstere werden im sechzehnten, letztere im siebenzehnten Jahr entlassen. Zu dem Behuf erhalten sie eine zweckmäfsige Aussteuer an Kleidungsstücken. Aber auch selbst der Welt hingegeben kommen sie nicht ganz aus den Augen der Vorsteher, die von Zeit zu Zeit Erkundigungen über sie einziehen.

Durch eine zweckmäfsige Eintheilung der Zeit zwischen Arbeiten und Lernen wird es bei der so reichlichen Unterhaltung dennoch möglich die Kosten für jedes Kind jährlich mit 50 Rthlrn. zu bestreiten, was in einer theuern Handelsstadt gewifs nicht viel ist. Zwei Lehrer und drei Lehrerinnen besorgen den Unterricht.

Alles, was hier von dem lutherischen Waisenhause gesagt worden, hätte eben so gut von dem reformirten gesagt werden können. Alle Umstände passen hier wie dort, und der Fremde, welcher musterhafte Anstalten dieser Art kennen lernen will, kann sich in dem einen wie in dem andern auf gleiche Weise belehren.

V.

Sitten, Handlung und Schifffahrt, Wissenschaft, Kunst.

Gegeneinanderstellung des Zustandes der Sittlichkeit alter und neuer Zeit.

Wenn man genau beobachtet, was uns an dem Alterthümlichen des deutschen Mittelalters so anziehend ist, so findet sich, daſs auſser dem Reiz, den überhaupt das Alterthum hat, insofern es unsere Nation, folglich auch unsere Vorfahren anging, es vorzüglich der Umstand ist, daſs die Menschen damals ihren Leidenschaften freiern Lauf lieſsen, Liebe und Haſs unbeschränkter und unbemäntelter äuſserten, im Leben auf ihres Körpers Kraft und kampfgewandte Hand, im Tod auf eine sichere Versöhnung mit Gott durch Reue, Stiftungen und priesterliche Vermittelung rechneten. Dazu kam noch etwas Besonderes bei den groſsen Bürgerschaften freier Städte, was die neuere Zeit in Betrachtung so wichtiger Aenderungen, die seitdem Statt gefunden, nicht ohne im Innersten davon durchdrungen zu werden, bedenken kann. Wie standen diese stolzen Städte im Vertrauen auf ihr Recht, auf ihre Tapferkeit und auf ihre mächtigen Bollwerke selbst siegreich gegen mächtige Fürsten! Wie zogen ganze Heere von Bürgern und Söldnern aus ihren Thoren gegen dieselben! Wie oft waren Krone und Scepter und andere Kostbarkeiten der Fürsten bei den reichen Bürgern der Städte verpfändet! Wie stolz, wie trotzig waren diese Bürger, wie glänzend in ihrem Aufzug, wie solid prächtig in ihrem häuslichen Leben! Und diese Städte regierten sich mit unstudierter, in der Anwendung aber desto erprobterer Politik, ohne dieses Wort zu kennen.

Die vorzüglichsten Tugenden unserer Altvordern hatten ihren Grund in der Zeit und in den Verhältnissen. Treue und Worthalten zum Beispiel war durchaus unentbehrlich in einer Zeit, wo man, wegen der häufig mangelnden Schreibekunst, nicht über jedes Versprechen eine schriftliche Uebereinkunft machen konnte. Tapferkeit, Geschicklichkeit in Führung der Waffen war in einem Zeitalter Bedürfniſs, wo ein Jeder stets zur Selbsthülfe bereit seyn muſste. Solche Tugenden werden weniger bemerkt, wenn die besondere Gelegenheit zu ihrer Ausübung und Ausbildung fehlt; kommt diese, so werden dieselben augenblicklich wieder sichtbarer.

So viel aber kann man behaupten, daſs in den deutschen Städten des Mittelalters, besonders in denen, wo groſser Handel getrieben wurde, Sitte mit Sittlichkeit in weit höherm Grade verbunden war, als an den Höfen. Jene war das Resultat des gesellschaftlichen Lebens und eines hohen Grades von Reichthum und daraus entspringenden Wohllebens; diese die nothwendige Bedingung, ohne welche der Handel gar nicht aufkommen kann. Zugleich zeigt sich eine Religiosität, die nicht bloſs auf einem blinden

Mitmachen gewisser vorgeschriebener Uebungen und Ceremonien beruhte, sondern auf das Leben einwirkte, ja auch das Ansehen des Priesterstandes nur so weit gelten liefs, als es sich mit dem bürgerlichen Gemeinwohl und der Ruhe der Familien vertrug. Beispiele hiervon in Betreff der Stadt Bremen finden sich zerstreut in diesem Buch.

Wie dem allen ohngeachtet dennoch Greuel mannichfaltiger Art in Bremen Statt gefunden, wie nicht blofs Mordthaten in Zorn oder aus gereizter Rache in den Strafsen von einzelnen Personen begangen worden, sondern sogar ungescheut eine ganze Gesellschaft sich zu den frechsten Unthaten aller Art vereinigte, die Strafsen mit Mord, die Häuser mit Wehklagen erfüllte, und sich in ihrem festen Hause der Schandthaten sicher freute: das alles sahen wir mit Erstaunen in den Geschichten einer Stadt, die jetzt des ausgezeichnetsten Rufs der Sittlichkeit geniefst.

Zugleich sieht man mit Bedauern, wie die Gerechtigkeit, selbst mit dem besten Willen, irre geht, wenn die Aufklärung fehlt. In dem Jahr 1513 wurden an einem und demselben Tage zwei Hexen verbrannt. Im Jahr 1515 erhielten zwei Personen den Staubbesen, weil sie Liebestränke bereitet, und eine dritte, weil sie das durch Zauberei vereitelte Buttern durch Zauberformeln wieder hergestellt. In demselbigen Jahr wurden zwei Frauenspersonen verbrannt, weil sie Zauberkünste getrieben. Was soll man mehr beklagen, die Dummheit so vieler Menschen, die an solche Zauberei glaubten, oder die Dummheit der Obrigkeit und der Geistlichkeit, welche solchen Unsinn der furchtbarsten Bestrafung werth hielten?

Nicht lange nach der Reformation wufsten sich die Prädicanten einen sehr grofsen Einflufs zu verschaffen. Sie drangen auf eine gröfsere Strenge der Sitten, und die Bürger lernten ihre Strafreden von der Kanzel herab bald so sehr fürchten, dafs man das Mifslingen des gefährlichsten Aufruhrs in dieser Stadt zu einem grofsen Theil ihrem lauten Tadel desselben beimessen kann. Leider war mit dieser gröfsern Strenge der Sitten nicht auch zugleich Aufklärung verbunden. Jener frühere Aberglauben dauerte eben so fort, als wenn das Wort Reformation nie genannt worden wäre. Im Jahr 1520 wurde ein Mann zum Feuer verurtheilt, dann aber aus Gnade enthauptet, der den Leuten den Gefallen gethan, die ihnen gestohlenen Sachen durch Zauberkunst nachzuweisen. Im Jahr 1530 wurde ein Mann wegen Zauberei enthauptet, zwei Jahre später zwei Menschen aus demselbigen Grunde verbrannt. Die Hexe sollte mit dem Teufel Hurerei getrieben, der Hexenmeister aber den Geist eines verstorbenen zwischen Himmel und Erde schwebenden Kindes durch Zaubersprüche zu sich herunter gezwungen haben. Noch acht andere Personen wurden in demselbigen Jahrhundert wegen solcher eingebildeter Verbrechen verbrannt oder enthauptet.

War das Zeitalter nicht so weichlich wie das unsre, so lag ihm dagegen auch das Erbarmen und Mitgefühl mit den Leiden der Creatur sehr ferne.

Wir schaudern, wenn wir lesen, dafs im Jahr 1514 ein Falschmünzer und abermals im Jahr 1629 ein gewifser Hans Peters von Eschen wegen desselben Vergehens öffentlich auf dem Markt in einer Pfanne lebendig gesotten worden *); dafs im Jahr 1539, freilich aus Vergeltungsrecht gegen den Junker Balthasar von Esens, achtzig Seeräuber ohne Gnade nacheinander enthauptet wurden, nachdem die Geistlichkeit versichert hatte, dafs durch ihre Ermahnungen diese ruchlosen Seeräuber gute Menschen geworden; dafs ein Dieb, der mehr als eine halbe Mark, d. h. 16 Grote, gestohlen hatte, gehangen, wenn darunter, im Gesicht gebrandmarkt wurde. Die Tortur wurde unter grausenden Umständen leicht angewandt. In Ansehung der Bestrafung der Selbstrache hatte der Bürger keinen Vorzug vor dem Fremden in den Gesetzen, was in den Rechten anderer Städte nicht allgemein war. Wegen gewisser Vergehungen, die theils in unseren Tagen nicht mehr vorkommen, theils nicht für gleich wichtig gehalten werden, sollte der Verbrecher auf dem Roste gebraten werden. Für diese Strafe werden im Statut zu-

---

*) In den Statuten heifst es (Urth. 102.): „Einen falschen Münzer soll man um sein falsches Geld sieden, und das falsche Geld auf dem Markt verbrennen. Diese Todesstrafe kann nach Gutbefinden des Raths mit einer andern gelinderen verwechselt werden, selbst wann dem Missethäter bereits das Urtheil gesprochen ist." Es scheint, dafs der Rath sein Begnadigungsrecht nicht leicht ausgeübt hat. Es lag in den Sitten der Zeit.

sammen genannt ein abtrünniger Christ, ein Zauberer, ein Giftmischer und ein Verräther.

Man weiſs, daſs es im Mittelalter mit den in ganz Deutschland so genannten Frauenhäusern nicht so schlimm stand, und so genau gehalten wurde wie heut zu Tage *). Ich glaube, man kann die darauf haftende gröſsere Schande von der Zeit an datiren, wo eine schändliche Krankheit in Europa sich äuſserte, die Jahrhunderte hindurch für unheilbar gehalten wurde. In Bremen war ein solches privilegirtes Haus. An Festabenden durfte es jedoch nicht besucht werden, auch wurde scharf gewacht, daſs keine verheiratheten Männer hinein gingen. Im Betretungsfalle wurden diese sogleich ins Gefängniſs geführt. Später entstanden mehrere solche privilegirte Frauenhäuser. Die Prädicanten hatten sehr viel über die Unzucht zu sagen, und der Rath jagte im Jahre 1571 sämmtliche Dienerinnen der Lust zum Thor hinaus. Doch wurde nicht lange strenge darauf gehalten, weil die Ruhe und das Glück ehrliebender Familien ohne das Bestehen jener freilich stets ta-

---

*) Unter den Ehrenbezeugungen, die der Rath von Bern dem Kaiser Siegmund bei seinem Besuch in jener Stadt erwies, war auch die unentgeldliche Anweisung an die Frauenhäuser für seinen Hof. Die Stadt bezahlte. Die quittirten Rechnungen werden dort noch verwahrt. S. Joh. Müllers Schweizergeschichte. Der Rath in Regensburg hatte unter andern Verfügungen zu Gunsten fremder Kaufleute auch ihr Verhältniſs zu den sogenannten armen Töchtern, d. h. Lustdirnen bestimmt. S. Gemeiners Geschichte von Regensburg, Jahr 1147.

delnswürdigen Häuser mehr gefährdet ist als mit denselben.

Gesetze zur Beschränkung des Aufwandes, an deren Nothwendigkeit man mit Recht heut zu Tage nicht mehr denkt, wurden bei verschiedenen Veranlassungen gegeben *). Man erkennt daraus eine mit einer freien Verfassung kaum verträglich scheinende genau abgemarkte Rangordnung von vier Ständen, den Bürgermeistern und Rathsherren; den Aeltermännern, angesehensten Kaufleuten, Brauern und den Vermögendsten aus den wichtigsten Zünften; den gemeinern Zunftgenossen, Schiffern und andern ehrbaren Bürgern, und endlich den Bootsleuten, Dienstboten und andern Personen der niedrigsten Volksklafse.

Jeder Abtheilung wurde genau zugemessen, was für Festlichkeiten, wie lange Zeit dazu, wie viele Gäste, und wie viele Schüsseln zu der Feier erlaubt seyen. Die Zahl der Gäste ward von zweihundert in der höchsten Klasse bis zu sechzig in der untersten bestimmt; für die über diese Zahl Eingeladenen mufste ein Strafgeld bezahlt werden. Aus dem, was gesetzlich erlaubt war, sieht man, welch eine Uebertreibung bei solchen Gelegenheiten Statt gefunden haben muſs. Vorzügliches Gepränge wurde bei solcher Gelegenheit auf dem Markt und unter der Gallerie des Rathhauses getrieben, und dieses dauerte gewöhnlich so lange, dafs die Geistlichkeit, die indefsen warten mufste bis das Brautpaar zur

---

*) Vom Jahr 1577, hernach öfter wiederholt.

Kirche kam, sich drein legte, bis auch endlich dieses von der Obrigkeit beschränkt wurde. Nur die Eltern und Geschwister durften dem Brautpaar Geschenke geben. Nur einer Braut vom ersten Rang durfte von den Rathsmusikanten zur Kirche und wieder zurük vorgespielt werden; einer vom zweiten nur vor ihrem Hause und dem Kosthause, wo der Schmaus gegeben wurde. Die beiden andern Stände mufsten ihre Feierlichkeit ohne Musik abmachen; dagegen konnten sie sich bis Nachts eilf Uhr mit dem Tanz ergötzen, indefs jene schon um neun Uhr auseinander gehen mufsten. Bei Kindtaufen und Begräbnissen fand übermäfsige Ausgabe Statt; ohne kostbare Mahlzeiten und andere Erfrischungen konnte nichts abgethan werden, ja sogar die Landleute waren von diesem Wetteifer der Verschwendung ergriffen; auch dagegen wurde vom Rath weislich verordnet. Je ungebildeter ein Zeitalter ist, desto fester klebt es an dem Herkömmlichen, und keiner wagt sich von dem, was seinem Stande gemäfs gehalten wird, loszureifsen, sollte auch Hab' und Gut darüber zu Grunde gehen. Ein Zeitalter verdient hohes Lob, wo der Mensch in allem dem, worin er unabhängig handeln kann, nach seiner besten Einsicht zu Werke geht, und nichts nach dem fragt, was man Boksbeutel nennt. Das Beispiel eines einzigen schätzbaren Mannes zieht oft eine ganze Gemeinheit nach, wenigstens diejenigen seines Standes.

Indem wir jedoch in jenem zweiten Rang neben den Aeltermännern und angesehensten Kaufleuten auch die Vermögendsten aus den wichtigsten Zünften genannt sehen, so erscheint uns der Handwerksstand in einer höhern Würde, als man ihn sich jetzt anderwärts zu denken gewohnt ist. Dieses zeigt sich auch bis tief ins siebenzehnte Jahrhundert in der Militärverfassung unserer Stadt.

Man kann sich oft nicht denken, woher die Städte im Mittelalter die Geldkräfte hernahmen, um neben den bewaffneten Bürgern bedeutende Söldnerschaaren zu unterhalten, welche nach Verhältniſs des Geldwerthes mehr kosteten, als unsere besoldete Krieger. Es erklärt sich, so lange kein Artillerietrain vorhanden, oder nicht bedeutend war, oder sich höchstens nur auf die Belagerungsstücke beschränkte, denn dieser verursacht hauptsächlich die schweren Kosten der stehenden Heere unserer Zeit. Mit zunehmender Bevölkerung entstand Concurrenz solcher Leute, die um Lohn ihre Haut zu Markte trugen, und der Sold ging herunter.

Nach der letzten Belagerung Bremens durch die Schweden zeigt sich das Bürgermilitärwesen nur als Spielerei, die jedoch im Angedenken alter Thaten ernstlich und feierlich genug behandelt wurde.

Vor dem sechzehnten Jahrhundert liefern unsere Chroniken nur gelegentliche Sittenzüge, ohne Absicht dieselben geben zu wollen. Wären die Papiere unserer Klöster bei ihrer Aufhebung nicht verloren gegangen, so würde uns vielleicht nicht so Vieles aus der früheren Sittengeschichte fehlen. Auf jeden Fall gestaltet sich Vieles seit der Reformation ganz anders. Das Erzstift Bremen kam durch den dreifsigjährigen Krieg an Schweden; die Ansprüche an oberherrlichen Besitz der Stadt Bremen gingen auf diese Krone über und wurden geltend gemacht; die Stadt mufste als Kriegsmacht mehrmal auftreten und hatte mit Schwierigkeiten aller Art zu kämpfen, welche verbunden mit dem neuen religiösen Geiste ungewöhnliche Verhältnisse herbei führten.

Was zuerst unserer Zeit entgegensteht, ist die höhere Würde des Handwerkstandes. Die Ursachen derselben, so wie ihrer Abnahme, zu entwickeln, gehört nicht hieher. Das Zunftverhältnifs hat es allein nicht ausgemacht, denn sonst bestände jene Würde noch. Gewifs ist es aber, dafs als die Handwerke noch mit den Künsten in gleichem Range standen, sich schon durch die höhere Ansicht des Gewerbes ein gewisser Stolz erzeugen musste, der oft genug in Aufruhr ausbrach. Besonders aber war die Waffenführung der Handwerksgenossen und die Geschicklichkeit darin, auch die häufige Veranlassung, dieselbe im Ernst anwenden zu müssen, dasjenige, was den Zünften etwas ritterliches ertheilte. Als die Städte keine Kriege mehr zu führen hatten, wie das im Allgemeinen nach dem westphälischen Frieden der Fall war, versank jener kriegerische Geist in Spielerei, und hörte am Ende ganz auf, bis die neueste Zeit auf das Verlorene und Versäumte aufmerksam machte. Hier nur einzelne Züge.

Seit langer Zeit, man weifs nicht wann es anfing, jedoch nicht ohne mehrjährige Unterbrechung, wie denn in Friedenszeiten leicht kriegerische Uebungen aufser Brauch und Ehre kommen, bestand eine Schützen-Compagnie von ungefähr 271 Mann, zusammengesetzt von den jüngsten Meistern der Zünfte. Die meisten waren aus den Schustern, Schneidern, Schmidten und Krämern. Am dritten Pfingsttag hielt diese Compagnie ihren Aufzug und schofs im Werder mit Armbrüsten nach dem Vogel *), seit dem Jahre 1599 aber mit Büchsen nach der Scheibe auf dem davon genannten Schützenwall. Früh um sieben Uhr versammelten sich die Schützen auf dem Osterthorswall. So wie um zehn Uhr der Gottesdienst vorbei war, wurden die Fahnen geschwenkt und Trommeln und Pfeifen ertönten zum Marsch. Vorauf zog in glänzendem Harnisch ein Raummacher, der mit seinem blanken Schlagschwert geschickte Hiebe führte (statt des heutigen Tambourmajors) und die Gasse breit machte; dann kam der Freischütz mit dem Spiefs, der die Compagnie anführte. Hinter demselben wurden die Preise für den König, und die, welche nach ihm den besten Schufs hatten, getragen. Dann folgten die drei Schottherrn, ein Herr des Raths, ein Kaufmann und ein Krämer in Mänteln. Sie führten zwischen sich den König des vorigen Jahres, der auch im Mantel ging und

---

*) Ein Papagai, popinjay in Schottland, wo ebenfalls nach dem Papagai geschossen wurde.

einen silbernen vergoldeten Papagai am Halse trug. Sie trugen alle vier Schützenhüte *).

Dann folgten die Schützen, die Schiefsenden mit Feuerrohr und Seitengewehr, die Abgehenden mit Pike oder Muskete; die Freischützen aber führten breite Schlagschwerter auf den Schultern und hatten aufserdem ein Seitengewehr.

In der Mitte vor dem Fähnrich ging ein Mann im Kürafs, der mit einem Säbel allerlei Stellungen und Geberden machte. Hinter dem Fähnrich, der unablässig die Fahne schwenkte, ging sein Leibschütze, ein wohlausgeputzter Jüngling.

Auf dem Markte wurde eine Salve gegeben, darauf ging es nach dem Ansgariithors-Wall, und auf dem Abtsrondeel wurde eine zweite Salve gegeben. Hierauf zogen sie in den Schützenwall, wo jede Zunft ihr eigenes Zelt hatte.

Um zwölf Uhr begann das Schiefsen. Zweimal kam an jeden Schützen die Reihe. Wer den besten Schufs gethan, ward mit dem vergoldeten Papagai geschmückt, und am Abend mit Trommel und Pfeifenklang von seinen und andern Zunftgenossen nach Hause begleitet.

---

*) Weifse oder grau zugespitzte Hüte, an welchen zur Seite ein silberner Pfeil geheftet ward. Die Kleidung war schwarz, ein bis auf die halben Schenkel hängendes weites Wamms mit einer Reihe Knöpfe ganz herunter. Der Schütze trug ein ledernes Wehrgehenke, eine Beffe und graue Strümpfe. Der Freischütz aber trug sein Seitengewehr an einer schwarzen Schärpe und trug schwarze Strümpfe. Die Schuhe mit rothen Absätzen waren reich mit Bändern gebunden.

Dies war nicht allein eine grofse Ehre, sondern sein Königsjahr hindurch war er von Accise und Bürgerwache frei, und nach Verlauf des Jahrs wurde er so ehrenvoll, wie vorerwähnt, aufgeführt. Glückte es einem Schützen, dreimal hinter einander König zu werden, so wurde ihm der silberne Papagai geschenkt, und er war aufs ganze Leben accise- und wachtfrei. Dieses Glück hatte in der Mitte des siebenzehnten Jahrhunderts der Schneider Johann Schriefer. Mittwochs und Donnerstags darauf waren herrliche Gastereien auf dem Schütting, und so gings die ganze Woche fort. Der Fähnrich hatte jedoch die Ehrenlast, dafs er die Schottherrn und Freischützen auf eigene Kosten tractiren mufste. Dies war oft auch für den vermögenden Handwerker drückend, und man kann sich von dem Wohlstand des damaligen Handwerkstandes einen Begriff machen, wenn man hört, wie damals oft der Fähnrich über 600 Rthlr. aufwenden mufste. Die Obrigkeit unterliefs nicht, zuweilen beschränkende Gesetze zu dem Behufe zu erlassen.

Die Schützen-Compagnie hatte das ehrenvolle Vorrecht, an Tagen der Gefahr voraufzuziehen. Als aber im Jahre 1654 die Schützenfahne hinaus gegen den Grafen Königsmark sollte, der die Burg (drei Stunden von Bremen) belagerte, da fehlte die Lust. Die geäufserte Abneigung, Feigheit oder Widerspenstigkeit ward jedoch nicht vergessen. Zur Strafe wurde der Aufzug nächste Pfingsten zwei Monate später untersagt, und im Jahr 1664 wurde die Compagnie ganz aufgehoben, die Fahne ins Zeughaus gebracht, und der Fähnrich, ein Schustermeister, kam ohne Kosten davon.

Wenn es zum Kriege kam, pflegten aufser den pflichtigen noch freiwillige Compagnien zusammenzutreten. Die zahlreichen Zünfte bildeten jede ihre eigene Compagnie. Bei verschiedenen Gelegenheiten zeichneten sich diejenigen der Schuster - und Schneidergesellen durch Haltung und Benehmen aus.

Dafs es in einer Zeit, wo Jedermann Seitengewehr trug, wo sogar der Rath ein Verbot wegen der Gymnasiasten, die eine Klinge an der Seite trugen, erlassen mufste *), läfst sich leicht denken, wie beim Trunk, ja überhaupt bei jedem Wortstreit Blut flofs und Mord die Folge war.

Was soll man mehr bewundern, die Schnellfertigkeit im Hinrichten von Seiten der Obrigkeit, oder die Häufigkeit des Mordes und anderer viehischen Verbrechen? Ja wahrlich, wer das Mittelalter sammt der Zeit bis zum achtzehnten Jahrhunderte über unser Zeitalter setzt, weifs nicht, was er will, oder er hat keinen Blick in die Specialgeschichten geworfen. Das siebzehnte Jahrhundert sah acht und vierzig Mordthaten in der Stadt Bremen. Vierzig Personen wurden, oft noch unter schauderhafter Vergröfserung und Ver-

---

*) Als die Gymnasiasten keine Klingenwehr tragen durften, so prügelten sie sich mit Stöcken, forderten sich heimlich heraus, duellirten sich, so dafs der Rath durch eine Verordnung das Tragen der Mäntel, das Schliefsen aller Fechtböden anzubefehlen, das Lernen und Lehren des Fechtens zu verbieten sich veranlafst sah. S. Verordnungen des Raths vom 16. Februar 1681.

längerung der Qual, mit dem Schwerdte gerichtet, nachdem sie meist alle erst die Tortur erlitten. Keine Mordthat konnte durch mildernde Umstände eine geringere Strafe als das Schwerdt erhalten. Nur Flucht oder Selbstmord rettete den Mörder. Vierzehn Verbrecher wurden gehenkt. Diese entehrende Todesart war besonders für die Soldaten. Nach den Statuten *) mufste der Dieb, der über den Werth einer halben Mark gestohlen, hängen; war es weniger, so bekam er den Staubbesen und wurde gebrandmarkt. Ein Räuber aber wurde wegen der Räuberei enthauptet; der Mörder, der Kirchenräuber, der Mordbrenner wurde gerädert; der falsche Münzer wurde gar gesotten in einem grofsen Kessel. Diese Strafe wurde noch im Jahre 1629 an einem Hanns Peters von Essen vollzogen, obgleich er den Falschmünzern doch nur behülflich gewesen.

Da das Statut sagt, dafs der Rath diese fürchterliche Strafe mit einer andern vertauschen könnte, so begreift man nicht, warum er hier sein Begnadigungsrecht nicht ausgeübt. Ein Zeitgenosse bemerkt als etwas auffallendes, dafs zwischen 1644 und 1676 keiner in Bremen gehenkt worden. Man staunet auch oft, wenn man sieht, wie manchmal in gleichen Fällen, wenn es sogar anderen noch scheufslichern Vergehen galt, als Mord, doch nicht gleiches Urtheil gefällt wurde, und wie die städtische Obrigkeit we-

---

*) Ordeel 102.

gen Hemmung von Wien aus nicht gerechtes Gericht vollziehen konnte.

Gustav Adolph Münzbruch, der Sohn eines angesehenen schwedischen Beamten in Osnabrück, ein frecher Bursche von 17 Jahren, der die Bremische Schule besuchte, erstach am 4. März 1678 Abends, um unbedeutender Ursachen willen, einen Bremer Bürgerssohn, und versteckte sich. Die Thore wurden zwei Tage verschlossen gehalten, und so ergriff man ihn endlich bei einem Schneider; zwei Tage darauf ward er zum Tode verurtheilt. Die Hinrichtung sollte auf dem Osterthorswall vollzogen werden.

In den acht Tagen, die zwischen der That und der Strafe verstrichen, waren indessen die Freunde des Mörders nicht müssig gewesen; einige benachbarte Fürsten legten Fürsprache ein, und in dem Augenblicke, wo er zum Tode hinausgeführt werden sollte, protestirte der kaiserliche Resident, Namens seines Herrn, und die Hinrichtung unterblieb.

Der Vater benutzte diese Zeit, brachte die Sache an das kaiserliche Hofgericht, die nun, Gott weifs durch welche Mittel, bis in den Juli hingehalten wurde, bis zur Geburt des kaiserlichen Erbprinzen. Dieses dem Kaiser so erfreuliche Ereignifs wurde benutzt, um von ihm die Begnadigung des Verbrechers zu erbitten. Obgleich zwar der kaiserliche Befehl anlangte, ihn auf der Stelle ohne alle Strafe freizulassen, so mufste doch der Befehl drei Monate später wiederholt werden, ehe die Stadt sich darin ergab. Der Bursche blieb zu frechem Hohn der Obrigkeit noch fünf Tage nach seiner Befreiung in der Stadt. Zehn Jahre später kam er wieder nach Bremen und sah zu aller Menschen Verwunderung zu Pferde sitzend der Hinrichtung eines Franzosen zu. Um die Zeit, wie dieser freche Mörder losgelassen werden mufste, wurde eine arme verzweifelte Kindesmörderin mit dem Schwerdte gerichtet.

Dafs erst sehr lange nach der Reformation eine ihrer schönsten Früchte, Befreiung von Aberglauben, überhaupt Aufklärung (wir können uns ja wieder dieses einst gemifsbrauchten Ausdrucks bedienen) erfolgte, zeigt auch die Geschichte Bremens.

Noch im Jahre 1630 hatten sieben protestantische Prediger eine Frau, die sieben Jahre vom Teufel besessen gewesen, von Morgens früh bis Nachmittags vier in U. L. Frauen-Kirche in der Arbeit, und haben mit Beten und Singen und Fasten den Teufel glücklich ausgetrieben. Das genauere Ob und Wie ist unbekannt geblieben.

Jede Unthat, jedes Unglück wurde unmittelbar dem Teufel zugeschrieben. Spitzbuben, welche die Kunst verstanden, die Schlösser zu öffnen, hatten dieselbe dem Teufel zu verdanken. Selbstmord war die Folge böser Eingebung, und es wurde mit besonderer Angst und Heimlichkeit davon gesprochen. Ein Chronist aber ist verständig genug einzusehen, dafs die in der protestantischen Kirche aufgekommene Schwärmerei oft Frauenzimmer zum Selbstmord brachte.

Ein sehr geachtetes, treffliches Frauenzimmer, Tochter und Gattin eines Rathsherrn, wurde von den pietistischen Vorträgen des Predigers Theodor Undernick an St. Martini sehr angezogen, so daſs sie nebst mehreren anderen Frauen, die auch über diesem Prediger nicht rechts noch links sahen, nicht allein keine seiner Predigten versäumte, sondern davon so ergriffen wurde, daſs sie in tiefe Melancholie versank, an ihrer Seligkeit verzweifelte, und auf das innigste Befragen ihrer Freunde nur Selbstanklagen, Thränen und Seufzer zur Antwort gab. Eines Morgens ging sie vor Tag in ihren Nachtkleidern hinaus, wartete am Stephanithor, bis es geöffnet wurde, ging dann jammernd und händeringend weiter. Sie wurde vermiſst und gesucht, und endlich nach vier Tagen todt in einem Graben nahe bei der Stadt gefunden.

Leser, wenn du die Weser hinunter fährst und kommst an die einsame moorlose Kirche, so denke an diese und so viele andere unglückliche Opfer der Schwärmerei, und bete: »Gott behüte uns vor Frömmelei, wie vor falscher Aufklärung«; denn die Selbstmörderin, welcher man, nach damaliger Sitte, kein Grab auf einem städtischen Kirchhofe oder in der Kirche geben konnte, fand dort ihre Ruhestätte.

Der Glaube an Hexenkunst war allgemein und keinem Bedenken unterworfen. Die Hexenprocesse und die Verbrennung alter triefäugiger Frauen waren nicht ungewöhnlich.

Von einem gewissen Kaltau, Bürger und Marktvogt in Bremen, der wegen vieler gottlosen Streiche im Jahr 1640 an den Pranger gestellt wurde, und bei seinem Weggehen munter erklärte: darauf soll mir ein Römer Wein gut schmecken, wurde geglaubt, daſs er ein Bündniſs mit dem Teufel gehabt. Folgende Geschichte unter vielen andern wurde nicht bezweifelt.

Kaltau fuhr einst gegen Abend mit einer Ladung Heringe von Eickhuysen nach Bremen. Der Wind ist gut, sagte er zu dem Schiffer, aber wie ist es mit Segel und Tau, sind sie fest genug? Als dies alles bejaht wurde, sagte er zu dem Holländer: „So geht nur schlafen Schiffer, ich will das Steuer wohl wahren." Ein gleiches rieth er dem Knecht, der sich dieses nicht zweimal sagen lieſs. Aber als sie am andern Morgen aus ihren Kojen hervorkrochen, lag das Schiff voll Baumblätter schon in Bremen an der Schlachte, zu ihrer und aller Menschen, die es hörten, Verwunderung.

Kaltau wurde, kurz nachdem er in Bremen am Pranger gestanden, in Burgdamm von einem Schmidt, den er geschlagen, erstochen, und von den Bauern in die Heide begraben.

Ein Schusterjunge, der für seinen Meister Wache stand, zankte mit einem andern wegen des Schilderns, ob es fünf Uhr sey oder nicht, und beide hatten sich für die Wahrheit ihrer Behauptung dem Teufel ergeben. In demselben Augenblick aber verschwand der Junge von der Wache zu aller Menschen Verwunderung. Als er wieder zu seinen Eltern kam, erzählte er, in jenem Augenblicke des Fluchens sey ihm der Teufel erschienen, habe ihm angeboten, die Wache für ihn zu thun, habe ihn aber bis jenseits Arsten geführt, in den Schlamm geworfen, ihm zugesetzt, er solle sich ihm ergeben. Auf seine Weigerung habe er ihm den Degen von der Seite gezogen, ihn gehauen, ihm darauf Geld geboten, und mehrere Goldstücke in die Schuhe gesteckt. Als alles nicht geholfen, habe er endlich abgelassen. Die Goldstücke seyen aber hernach Pferdemist geworden. Das ehrwürdige Ministerium verhörte und untersuchte den Jungen und überzeugte sich von seiner Aussage durch die an ihm bemerkbaren Hiebe.

Als im siebzehnten Jahrhundert mitten im Februar bei heftigem Frost der Blitz in den Domsthurm einschlug, und bald darauf ein Storch mehrmahl über U. L. F. Kirche kreiste, ergriff bange Ahnung Aller Herzen, und die Klage erging: Ach was wird der Blitz und die Erscheinung dieses Sommergastes zu so ungewohnter Zeit noch schlimmeres zu bedeuten haben! Es war damals für Bremen eine Zeit wo man wohl auf vieles Schlimme gefaßt seyn konnte *).

---

*) Im Jahre 1416 kam ein Paar Störche, wahrscheinlich aus Flandern oder Holland, wo diese Vögel sind, zufällig nach Schottland, machten ihr Nest auf St. Giles Kirchendach in Edinburg, und als die Wanderzeit kam flog es weg, und kam nie wieder. Da der Storch ein Fremdling in Schottland ist, und

Unter so manchen Scenen groben Aberglaubens und fühlloser Grausamkeit wird auch zuweilen das Herz durch traurige Ereignisse bewegt, gegen welche selbst die rohe Natur eines weniger gebildeten Zeitalters nicht fühllos blieb. Ein Student von Cassel der mit einer Jungfrau Hartmann, die bei dem Aeltermann Huneken auf St. Martinistrase wohnte, versprochen war, brachte der geliebten Braut bei Nacht ein Ständchen mit Blasmusick. Als die Wache patroullirte und zu den Trompetern kam, verlangte sie von diesen, sie sollten inne halten. Der Bräutigam befahl fortzufahren, darüber kam es zu Thätlichkeiten. Die Braut lag im Fenster, horchte entzückt der nächtlichen Musick, als sie plötzlich das Schreien vernahm; sie glaubte ihren Geliebten in Gefahr, eilte zum Zimmer hinaus, wollte hinab um ihn herein zu lassen. Leider stand die Luke offen, die Eile und die Dunkelheit liefs sie dies nicht bemerken und so stürzte sie hinab und brach das Genicke. Wie war die Freude in Trauer verwandelt, als man dem Bräutigam das Haus öffnete, und er nun den Leichnam der Geliebten fand, und wie grofs war seine Verzweiflung, als er vernahm, dafs sie den Tod gelitten, als sie ihm zu Hülfe ei-

---

ein Vogel den die Menschen oft mit einer Art abgöttischer Verehrung zu betrachten pflegten, so haben die schottischen Chronisten das Kommen eines Storchs eben so sorgsam aufgezeichnet wie ein wichtiges Natur- oder Staats-Ereignifs.
Heron History of Scotland III. 220.

len wollte! Sein erster Entschluſs war, sich selbst zu tödten; die Zeit schien nur wenig seinen Schmerz zu lindern, und man muſste ihn durch zwei Soldaten bewachen lassen, bis er zu seiner Familie nach Cassel zurückgebracht werden konnte.

Das Characteristische der Bremischen Frauen-Kleidung war das Tiphoiken, ein schwarzer Mantel, der bei gemeineren Frauen über den Kopf gehängt wurde und nur die Arme bedeckte, bei den Vornehmeren aber so lang als das Kleid herab hing, und auf dem Kopf mit einem langen schwarzen Horn, oder einer hohen Quaste versehen war. Den Namen Hoiken führen noch jetzt die bei der geringern Volksklasse üblichen Regentücher. Die spitzen Kragen in weiten Falten, das schwere Zeug an der Kleidung, gab eine gewisse Stattlichkeit. Eine sammtene Pelzmütze, ein schwarz sammtenes Oberkleid, das mit Goldschnüren genestelte rothe Leibchen, sammt rothem faltenreichen Rock und weiſser Schürze war hochzeitlich, und das Hoiken blieb alsdann bei Seite.

Unter andern hat man noch die Abbildung einer Mode, welche nach meiner Meinung an Zierlichkeit und Sittsamkeit von keiner andern deutschen übertroffen wird. Sie wurde leider im siebzehnten Jahrhundert von der französischen verdrängt. Die schwarz sammtene Vorhaube, mit einer weiſsen über das Gesicht vorstehenden Besetzung, der bloſse Hals mit reicher goldner Kette verziert, ein sehr breiter Spitzenkragen über einem schwarzen Mäntelchen, das nur den Oberarm bedeckt. Die übrige faltenreiche

Kleidung schwarz, die schmale Schürze weifs, die schwarzen Schuhe immer mit rothen Sohlen und Absätzen.

Als vor sechs Jahren bei den Frauenzimmern hier die altdeutsche Kleidung so sehr in Aufnahme kam, hätte man sich zu dieser wirklich geschmackvollen und einer deutschen Frau würdigen Kleidung der Bremer Urmütter, statt zu der unkleidsamen, umständlichen, die man in Kupferstichen zu Ritterromanen gesehen, wenden sollen. Damals wurde aber nicht die Geschichte und der Geschmack um Rath gefragt, sondern die Deutschheit, und was man in Ritterromanen vom Mittelalter gelesen und gelernt hatte.

Jene beschriebene Kleidungen hatten bei manchen kleinen Abänderungen doch etwas Stabiles, daher wählte man die Zeuge von der schwersten, haltbarsten und kostbarsten Art; und so erklärt es sich, dafs Urenkelinnen noch in den Prachtkleidern der Urgrofsmütter stolzirten. Als aber nach dem westphälischen Frieden, sagt ein Bremischer Chronist, der zu jener Zeit lebte, die französischen Moden aufkamen, wandte man sich zum wohlfeilen Flitterstaat, indem man nicht von einem halben Jahr zum andern wufste, was die Mode neues gebieten würde.

Dafs ein achtzehnjähriger Mohr in St. Remberti*) mit grofsem Gepränge getauft wurde, war der Gemeine eine wichtige Sache. Ob derselbe seinem neuen Glauben Ehre gemacht, ist nicht zur Kunde

---

*) 1687.

dieser Zeit gekommen. Schlimm genug aber gings mit einem Juden. Schon im Jahre 1616 hatten durch ein Vorwort des Landgrafen von Hessen sechzehn jüdische Familien sich um Aufnahme an den Rath gewandt. Der präsidirende Bürgermeister Hoyers fragte darüber bei der Geistlichkeit an, wahrscheinlich um seine Antwort bei dem Landgrafen rechtfertigen zu können. Es erfolgte ein bestimmtes Nein und die Juden blieben draufsen. Im Jahre 1699 wurde der oben erwähnte Jude zu allgemeiner grofsen Erbauung in der Klosterkirche getauft, und er liefs sich in Bremen nieder. Der Vortheil des Bürgerrechts und die Gelegenheit, manche fromme Seele zu betrügen, hatte ihn wohl zu dem Uebertritt hauptsächlich bewogen; denn nachdem er viele angesehene Einwohner um namhafte Summen durch Lug und Trug, namentlich den Pastor, der ihn getauft, und oft Bürge für ihn geworden war, fast um all das Seinige gebracht hatte, lief er mit seinem Weibe davon. Man erfuhr hernach, dafs er zwei Weiber zugleich zur Ehe gehabt. Ein sauberer Convertite! Unsere Zeit scheint es wenig zu begreifen, wie selten ein Apostat aus reiner Absicht es ist. In vieler Rücksicht scheint das Wort Aufklärung nur ein Modewort gewesen zu seyn, wenn man sieht, wie unklar sich das Zeitalter noch immer geblieben ist.

Die Fastnachtslust mufs in Bremen, so wie an anderen Orten sehr fröhlich, und der herrschsüchtigen Geistlichkeit sehr zum Anstofs gewesen seyn. In einer der Verordnungen des Raths aus dem 17. Jahrhundert, heifst es, dafs da Christus und Belial nimmer übereinkommen können, hiemit die aus dem Heidenthum herkommenden Larvereien, Saufereien und Zechungen verboten seyen. Es wurden zu solcher Gelegenheit Schinken, Mettwürste, Geld und andere Sachen zusammen collectirt. In derselbigen Verordnung wird den Barbierern und Haarschneidern ihr Gewerbe auf den Sonntag zu treiben untersagt.

Trotz der Barbarei der Zeiten hielt man auf gewissen Tugenden so fest, dafs die Uebertretung derselben mit Strafe belegt war. Die Schimpfwörter Lügner und Hurensohn wurden für gleich abscheulich gehalten *). Beim Barte zu reifsen war ein schweres Vergehen, und wurde, wenn vorsätzlich, dem Prügeln mit einem Stock gleich gesetzt und bestraft. Dieses Gesetz wurde jedoch in spätern Zeiten beschränkt. Auf Nothzüchtigung, wenn ohne Verlauf der Nacht die Klägerin auftrat, stand Enthauptung; eben so, wer nur diesen Versuch machte an einer Ehefrau, oder ihrer Tochter, oder Nichte, die vor ihr her zur Kirche gehen. Dagegen war die Strafe des Ehebruchs durch die kundige Rolle ziemlich herabgesetzt, indem die Schuldigen die Wahl hatten, am Pranger zu stehen, oder sich mit Geld los zu

---

*) S. Stat. 94. Auch in der Amtsrolle der Bremischen Goldschmiede heifst es also: Welk Amptmann (d. h. zünftiger Meister) den andern lochnet im Torne offte mit Vorsate, de schall geven dem Amte (der Zunft) ein half Pundt.

kaufen, und zwar traf dieselbige Strafe den doppelten wie den einfachen Ehebruch.

Wenn aber Töchter und Nichten in dem Statut als solche bezeichnet werden, die vor der Mutter zur Kirche gehen, so bemerkt man mit Vergnügen und Rührung, dafs diese uralte Sitte auch jetzt noch üblich ist, wenn man so manche würdige Mutter Sonntags mit ihren Töchtern und andern weiblichen Hausgenossen vor sich her sittsam zur Kirche ziehen sieht.

Neue Zeit.

Ein kleiner alter Freistaat, dessen hauptsächliches Gewerbe der Handel ist, mufs, wie ähnlich auch das Menschengeschlecht im Allgemeinen in seinen Bestrebungen und Leidenschaften seyn mag, doch zu jeder Zeit ein eigenthümliches Gepräge der Sittlichkeit und des gesellschaftlichen Lebens an sich tragen, das selbst unter den wildesten Stürmen der Zeit nicht ganz verlöschen kann.

Militärisch streng erscheint nichts in den Verhältnissen dieser Stadt. Das Regieren wird wenig bemerkt; oder anders gesagt, wenn hin und wieder Schroffes hervortritt, so liegt das nicht an den Regierungsmaximen, sondern an der Regierungssucht Einzelner, die theils durch Character, theils aus Unkunde von jener Maxime abweichen. Manches wird berichtigt durch die Vermischung der Gesellschaft. Ueberraschendes, Schroffes kommt demnach selten plötzlich zum Vorschein. Und wenn dieses nicht auffallende Regieren auch manchmal das erzeugt, was Tacitus den Fehler der Freiheit *) nennt, der auf unsern Bürgerconventen vorzüglich bemerkt worden ist und bei den neuesten Veränderungen der Constitution Berücksichtigung veranlafst hat, ohne viele Besserung zu bewirken, so scheint selbst dieser Fehler ein Hauptingredienz in der Masse von Glück unseres, so wie vielleicht jedes kleinen, Freistaates zu seyn. Aus der daraus entspringenden behaglichen Zwanglosigkeit entsteht denn auch, dafs Aeufserungen der Unzufriedenheit durchaus nicht so zu fürchten sind, wie sie in monarchischen Staaten, vielleicht oft auch ohne Grund, gefürchtet werden. In andern Staaten habe ich in ihrer liberalsten Zeit nie so die Maasregeln der Regierung frei, oft frech, oft ungegründet tadeln, nirgends habe ich kleine Verirrungen und Fehler im Regieren (die im kleinen Staat leicht zu bemerken) so ans Licht ziehen gehört, wie hier; dennoch, fällt man dem Tadler in's Wort, so wird er freudig eingestehen: Ich lobe mir mein Bremen, und bin hier lieber, wie anderswo: „Ost, Süd, West — Bremen best." Die Regierung kann ruhig ihre Maximen befolgen, ohne Gefahr von dem Tadel zu befürchten, wenn sie stets die rechte Stimmung nicht verschmäht, eben so wenig aber auch

---

*) Illud ex libertate vitium, quod non simul, nec jussi, conveniunt, sed et alter et tertius dies cunctatione coeuntium absumitur. Tacitus de mor. Germ.

durch die unrechte sich irre machen läſst. Nichts war daher ungegründeter, als jener Ruf, daſs Bremen ein Feuerheerd demagogischer Umtriebe sey. Ein begeisterter Kanzelredner hat zuweilen einen Blick auf die Lage Deutschlands geworfen, ein geistreicher Zeitungsredacteur hat zuweilen seinem Unmuth oder auch seiner scherzhaften Laune Luft gemacht — das war es! Die Bürger haben dies gern gehört und gelesen, ohne aber über ihre eigenen staatsbürgerlichen Verhältnisse miſsvergnügt zu werden, noch andern Miſsvergnügten beistimmen oder helfen zu wollen. Der Senat befand sich dabei zwischen dem, was den Bürgern unverwehrt bleiben könnte, und dem, was auswärtige Regierungen klagten, oft in Verlegenheit. Ist der Mensch in seiner Wirksamkeit überall gehemmt, so hat er die Sehnsucht nach dem Verbotenen, und einmal über die Grenze getreten, findet er keinen Halt mehr, bis alle bürgerliche Ordnung in Trümmer stürzt; findet der Mensch wenig Hemmung, so fällt es ihm kaum ein, über die Grenze zu treten, weil er keine sieht. Das ist der Segen der Freiheit!

Von Publicität durch Druckschriften weiſs man hier herkömmlicher Weise nichts, man geht still neben einander her, und läſst sich gewähren. Die früher zweifelhafte Lage Bremens wegen der Immedietät, das Verhältniſs zwischen Rath, Aeltermännern und den Zünften, endlich der Standpunkt zu den benachbarten Staaten: dies alles brachte dieses Stilleseyn und Gutseynlassen hervor. Es wird hier ein Blatt herausgegeben unter dem Titel Bürgerfreund

Wer sollte nicht denken, daſs in einem so betitelten Blatt bürgerliche Angelegenheiten verhandelt, Materien, die sich zum Vortrag auf dem Convent eignen, discutirt würden! Man findet von allem dem fast nichts, und ein neuer Bürger würde sich umsonst in diesem Blatt nach Belehrung über seine bürgerlichen Verhältnisse umsehen, dagegen aber Gedichte, Erzählungen und Räthsel finden. Ich tadle damit dieses Blatt nicht, welches nicht gut anders seyn kann, als wie es ist; allein es ist auffallend, daſs so gar nichts, was den Staat angeht, zur öffentlichen Sprache kommt. Eine gewisse Gleichgültigkeit gegen alles, was das öffentliche Wohl oder Weh angeht, wird durch diesen Mangel an Publicität doch etwas genährt, und wenn man manchen Bürger über seinen Staat und dessen Angelegenheiten fragte, würde er antworten, wie jener Pariser Krämer einem Engländer: pourvu que la boutique aille son train, qu'est ce que ça nous regarde? Uebrigens muſs man zur Steuer der Wahrheit gestehen, daſs durch die Vermischung der Gesellschaft und die Freimüthigkeit der Aeuſserung alle öffentliche Angelegenheiten so vielseitig in Betracht gezogen werden, daſs schriftliche Discussionen fast überflüssig sind.

Eine andere Absonderung in gesellschaftlichen Verhältnissen, als die aus dem Grade der formellen Bildung hervorgeht, findet hier nicht Statt. Im Museum findet man Rath, Aelterleute und Bürgerschaft in zwanglosem und herzlichem Umgang und Gespräch, und das Hochtragen der Nase, das man an den Beamten monarchischer Staaten, wie vielmehr an den höhern oft bemerkt, würde dem, der sich eine solche Morgue anmafsen wollte, nur lästig und schädlich werden.

Orden und andere Auszeichnungen finden in unserm Freistaat nicht Statt. Es giebt aber Auszeichnungen würdigerer Art, die zwar mit Beschwerden, aber auch mit bürgerlicher Ehre verbunden sind. Wenn einem Bürger nachgesagt wird, er habe die unentgeldlichen, zeitraubenden Verwaltungsstellen an Kirchen, Schulen, Armen-, Kranken- und Waisenhäusern, er habe Curatelen thätig, würdig und uneigennützig verwaltet, er habe in den verschiedenen Commissionen sich einsichtsvoll und thätig bewiesen, er sey ordnungsliebend aber mild (Strenge könnte den besten Bürgerruf vernichten): so steht ein solcher Bürger in allgemeiner Achtung, man erkennt ihn ohne Neid, aber auch ohne demüthige Verehrung, für das, was er ist und was er gethan; sein Wort gilt, seine Fürsprache wird geehrt, seine Meinung wird berücksichtigt: und wahrlich, das ist nächst dem eigenen Bewufstseyn der menschlich schönste Lohn, welcher bürgerlicher Tugend zu Theil werden kann. Selbst durch seine Mitbürger zum Aeltermann und Senator gewählt zu werden, ist alsdann nicht eine Auszeichnung mehr, sondern wird nur als eine Beförderung betrachtet, welcher sich gesammte Bürgerschaft mehr zu freuen hat, als der Beförderte selbst. Ein Bremer Bürger, im schönen Sinn des Wortes, sieht die Erwerbung dessen, was

er dem Staat zu seinen Bedürfnissen, so wie zu
wohlthätigen Zwecken giebt, eben so als den Gegenstand seines kaufmännischen Strebens an, als das, was
er zu seinem und der Seinigen Unterhalte braucht.
Es sind hier viele Bürger von altem, ächten Schrot
und Korn, die nach gar nichts anderm fragen, wenn
ihre Beiträge in Anspruch genommen werden, als:
Ist es ein gemeinnützlicher Zweck? Nun so ist keine
Frage, dafs wir mit dazu helfen. Und wie wollte
dies auch anders seyn, da alle bürgerlichen Aemter,
Intendanzen der Waisenhäuser, der Kirchen, der
Baulichkeiten, der Strafsen, des Wasserbaues, der
Schulen u. s. w., wenn gleich mit grofsem Zeitverlust
und bedeutenden Beschwerden verbunden, ganz un-
entgeldlich verwaltet werden. Kann dem, der seine
Zeit dem allgemeinen Wohl opfert, es schwer fallen,
ihm auch von seinem Vermögen zu opfern?

Die Aussicht auf jene bürgerliche Ehre, besonders in sofern sie schon Menschenalter hindurch auf
der Familie geruht, zügelt den Knaben und den
Jüngling. Den Söhnen und Töchtern einheimischer
Familien läfst sich selten Böses nachsagen, so sehr
beobachtet schon die Jugend jene Sitte und Ordnung, welche allein zur bürgerlichen Ehre führt.
Bedeutende jugendliche Verirrungen würden ein ewi-
ger Vorwurf bleiben, und nur ein späteres ausgezeichnet exemplarisches Leben könnte das Publicum
geneigt machen, milder zu urtheilen. Ich will damit
nicht sagen, dafs hier überhaupt streng geurtheilt
wird, man entschuldigt im Gegentheil fast zu gern;

Vergehen gegen Sittlichkeit, als durchaus das Bürgerglück zerstörend, wird mit Recht strenge gerichtet.

Wenn in den Gesellschaften nicht verläumdet wird, so ist der wichtigste Grund davon wohl ein hoher Grad von moralischer Ausbildung; ein zweiter, dafs man fast in keiner Gesellschaft seyn kann, wo nicht ein naher Verwandter des Gegenstandes der Verläumdung ist, da in Bremen fast alle gute Familien verwandt sind; ein dritter Grund ist der Mangel an demjenigen hämischen Witz, der in der Verläumdung erwünschten Stoff findet.

Nirgends läfst sich in Bremen eine ächte in's Leben übergegangene Religiosität verkennen. Es hat in neuern Zeiten nie an gelehrten, beredsamen und aufgeklärten Geistlichen gefehlt, welche, da es ihnen mit Verbreitung ächter Religiosität Ernst war, sehr viel Gutes gestiftet haben. An Kopfhängerei hat es aber auch in keiner Zeit gefehlt, und man thäte Unrecht, die Weise der Jünger immer auf Kosten des Meisters schreiben zu wollen. Wer oberflächlich urtheilt, könnte hier alles sagen, wenn er bemerkte, dafs der Gottesdienst sehr besucht, die Theilnahme für den Vortrag der Prediger sehr lebhaft ist, die Prediger selbst sehr geehrt und einflufsreich sind; dafs aber auch die Anwendung des Gehörten auf's Leben nicht fehlt, wird man gewahr, wenn man Gelegenheit hat, in das innere Leben der guten Familien einen Einblick zu thun. Findet eine enthusiastische Uebertreibung Statt, so mag es Bremen nicht allein, wenn auch vielleicht etwas mehr als andern Städten, nachgesagt werden, dafs sie gewöhnlich von dem weiblichen Geschlecht ausgeht. Und so mufs es auch fast seyn, dafs das reizbarere, in engere Gesichtskreise gehemmte Geschlecht das anregende; dagegen das festere, kältere, in der Welt lebende Geschlecht das mäfsigende, zum Ziel ordnende sey. So mag das Gute durch zu viele Berechnung eben so wenig unterbleiben, als es durch kränkliche Heftigkeit übereilt unter Weges stirbt, sein Ziel gar nicht oder gar ein verkehrtes erreicht. Lavaterianismus und mystische Phrasen, Magnetismus sammt der Hellseherei, Deutschthümelei, ein wenig zur Carricatur sich neigend, und in den neuesten Zeiten Polemik für Missionsanstalten, und — warum soll ich es nicht sagen? — manchmal auch Enthusiasmus für einen durchreisenden Sänger oder Tonkünstler, wenn er auch kein anderes Verdienst als seine Kunst hat — haben in unserer Stadt ihre Periode gefunden, und man hat die Bemerkung gemacht, dafs die Bremer, obgleich Nordländer, von sehr erregbarer Art sind. In der neuern Zeit scheint durch allgemeiner gewordene Bildung, durch viele, oft ausgesuchte Lectüre, durch Reisen in alle Welttheile in den Jahren der Jugend, der Blick bei dem gröfseren Theil der Bürgerschaft klarer geworden zu seyn, ohne dafs das innere Heiligthum des Friedens bedeutend angetastet worden wäre.

Man fürchtete sehr für moralisches Verderbnifs durch den langen Aufenthalt der Franzosen. Man hat mir gesagt, die Annehmlichkeit des Umgangs und überhaupt des gesellschaftlichen Lebens habe seit jener Zeit sehr gewonnen. Ein solcher Gewinn ist nicht zu verachten. Ob aber dieser Gewinn auf Kosten der Moralität erlangt worden (im Staatsverhältnifs betrachtet, ist wohl das schrecklichste Verderbnifs, wenn Egoismus an die Stelle des Patriotismus tritt), wird sich aus einigen einfachen Thatsachen ergeben.

Es ist gewifs, dafs die Staatsöconomie wenig Kopfbrechen mehr verursachen würde, wenn die Abgaben von dem reinen Einkommen der Staatsbürger erhoben werden könnten. Dies im Allgemeinen auszuführen würde eine Vermögensinquisition nöthig machen, und somit alle bürgerliche Freiheit und Wohlfarth, und durch den unmittelbar mit der Inquisition verbundenen Betrug alle Moralität vernichten. Es auf die Ehrlichkeit des Gebers ankommen lassen, würde in monarchischen Staaten erst für die bessere Welt aufzusparen seyn. Nicht bis dahin hat man in Bremen zu warten, wo schon seit Jahrhunderten jene Erhebungsart, wenn sie in ungewöhnlichen Fällen durch Rath und Bürgerschlufs decretirt wird, auf Bürgersinn und Redlichkeit gebaut, immer das erwartete Resultat gegeben hat. Wäre unser Staat nicht frei, wäre er nicht klein, so würde dies nicht der Fall gewesen seyn. Der Bürger taxirt sich selbst und legt ungesehen in Gegenwart der Commission seine Abgabe (man nennt sie hier Schofs zum Unterschied von andern Abgaben), in einen verdeckten Kasten nach einem angenommenen Maasstab nach Procenten vom Einkommen berechnet. Die zu erwartende Summe läfst sich ungefähr veranschlagen, indem die Procente, die jeder von seinem Vermögen zu verschossen hat, angegeben werden. Trifft die gesammte Einnahme durch den Schofs ungefähr zu, so ist redlich gesteuert worden. Zwar hat die kundige Rolle das Gesetz, (§. 11.) dafs, wenn der Rath oder die Schofsherrn den Verdacht hätten, dafs einer oder der andere nicht redlich geschofst, man ihm sein angegebenes Vermögen bezahlt, und was er mehr hat, zum Besten der Stadt verwendet; aber dies ist in einem kaufmännischen Staat sehr schwer zu vermuthen, es bleibt also immer noch die Möglichkeit des unredlichen Schossens, und es ist erfreulich, wenn man aus den Resultaten sieht, dafs redlich geschofst worden ist.

Als Bremen nach dem Abzug der Franzosen seine goldene Freiheit wieder erhielt, war die Frage: Wird uns der Schofs das wieder leisten, was früher? Werden unsere Bürger unter der Zwangsherrschaft nicht egoistischer, gewissenloser geworden seyn? Werden die vielen fremden Kaufleute, die sich in der Zwischenzeit hier etablirt, die Grundsätze des Patriotismus und der Rechtlichkeit, welche die hier Geborenen zum Erbtheil von ihren Vorfahren empfangen, mit welchen sie aufgewachsen, in deren Ausübung sie in's Alter vorgerückt, ehren und nachahmen? Das Schwanken der menschlichen Natur liefs das Schlimmste fürchten! Dennoch wurde vertrauensvoll der Versuch gemacht. Er täuschte nicht!

Die feurigste Theilnahme zeigte sich in dem Kriege gegen Frankreich augenblicklich mit den bedeutendsten Aufopferungen, die nach so langer Nahrungslosigkeit, nach so langer Aussaugung durch die Franzosen, von doppelt verdienstlicher Art waren. Es wird nie vergessen werden, dafs ein Bremer Bürger auf eigene Kosten eine Compagnie Jäger ausrüstete und sie selbst in's Feld führte; es wird nie vergessen werden, wie sich vornehmlich hier zuerst der Frauenverein zum Besten der Krieger bildete; wie von hier aus nicht blofs sehr bedeutende Summen Geld, nicht blofs alter Wein, Kleidungsstücke, Bettwerk, kurz alles, was dem kranken wie dem genesenden Krieger dienlich seyn konnte, gesandt wurde, sondern auch Abgeordnete männlichen und weiblichen Geschlechts selbst auf die Schlachtfelder nachzogen, in die Lazarete sich begaben, um die richtige Anwendung der Gaben zu fördern, zu helfen, zu pflegen; und für Deutsche waren diese Opfer gebracht, nicht blofs für die Bremer oder Hanseaten; es wird nicht vergessen werden, wie eine Schaar hochgesinnter Jünglinge aus den besten Familien alle Annehmlichkeiten ihrer Verhältnisse dran gaben, um ihre Brust dem Feind entgegen zu stellen; und auch der treffliche Herrmann von Kapff, der von allen Bremer Freiwilligen allein mit dem Leben bei S. Amand zahlen mufste, wird in den Annalen Bremens unvergessen bleiben, wenn auch mit der Zeit sein Denkmal, das ihm Altersgenossen gesetzt, wie alles, was unter der Herrschaft der Zeit steht, in Trümmer sinken sollte!

Obgleich schwerlich solche reichliche Vermächtnisse mehr für Stiftungen und wohlthätige Anstalten in Bremen gemacht werden, wie dasjenige der Bürgermeisterin Aleke Trupen *), so ist doch Wohlthätigkeit immer noch einer der schönsten Züge in dem Character der Bremer, und wollte Gott, daſs sie nie in falsche Canäle geleitet würde! Es ist unglaublich, welche Summe jährlich, ohne daſs der Geber sich nennt, den Armenverwaltungen übergeben werden. Als das Armeninstitut in dem harten Winter 1819 — 20, durch Einbuſse von mehreren Jahren, einen Monat lang den Armen nur die Hälfte des Gewöhnlichen geben konnte, kamen in wenigen Tagen Tausende von unbekannten Gebern ein, und mit groſser Bereitwilligkeit wurden Unterzeichnungen gemacht, daſs das Armeninstitut erhalten werden konnte. Es giebt Ausnahmen von dem, was ich hier als Regel aufstelle, doch, zur Ehre unserer Stadt sey es gesagt, diese Ausnahmen sind selten.

Das Armenwesen wird hier, wie überall, immer kostbarer, seitdem die Bettelei abgeschafft und regelmäſsige Armenversorgungsanstalten eingerichtet worden sind. Wer in Bremen das Mitleid in Anspruch zu nehmen weiſs, ist Herr über den Beutel der Bürger; aber da, wo eine überlegte, auf Ge-

---

*) Im Jahr 1520. Cassel Sammlung ungedruckter Urkunden, S. 552.

sammtwirkung berechnete Wohlthätigkeit ausgeübt werden soll, das Herz also nicht von den speciellen Leiden des Individuums erweicht wird, da geben Viele mit Unwillen und nicht nach Verhältnifs des Vermögens, besonders wenn die Betrachtung hinzu kommt, dafs man schon für besondere Fälle so viel im Jahr ausgegeben. Man hat daher seit zwei Jahren zu dem wirklich traurigen Mittel greifen müssen, die Geber und ihre Gaben zum Besten der Armenanstalt drucken zu lassen. Diejenigen, welche es in ihrer Gewalt haben, durch Erregung des Mitleids reichliche Gaben für einzelne Fälle zu gewinnen, mögen wohl bedenken, dafs es etwas Gröfseres und Wichtigeres ist, für eine grofse, entscheidende Maasregel, deren Wirkung man nur im Ganzen sieht, mit Verstand zu wirken, als für den einzelnen Fall, und dafs eine weiche Empfindung nicht gerade eine Tugend ist.

Dafs Bremen im Stande ist, wohlthätig zu seyn, hat es dem richtigen Maas im Leben zu danken. Es ist hier ein Wort, dafs derjenige Bürger keinen Credit verdient, der ohne hunderttausend Thaler zu besitzen, dennoch Equipage hält. Auffallender Luxus ist daher höchst selten; wer ihn triebe, müfste sich selbst am Ende zur Last werden, da er Niemand finden würde, der mit ihm in Erwiederung gesellschaftlicher Freuden leben möchte. So ist auch das Leben durchgängig mäfsig, das Essen substantiös, aber nicht vielerlei; gilt's aber ein Tractement, so versteht sich der Bremer auf's Reichliche wie auf's Wohlschmeckende, und alle Welttheile müssen ihren

Tribut zu seiner Mahlzeit spenden, Wein aus Frankreich, vom Rhein, von Madeira, aus Portugall, eingemachte Früchte aus Westindien u. s. w. Dieses Maas und Ziel im Leben hat denn auch den Erfolg gehabt, daſs in dem traurigen Wechsel der Zeiten in Bremen nach Verhältniſs wenig Bankerotte ausgebrochen sind, und in den guten alten Familien ein altererbter Reichthum sich erhalten hat.

Bremen ist fast nach allen Seiten von einer weiten Wüste umgeben, bedeutendere Städte liegen daher zu fern, als daſs sich, wenn auch das Republicanische und die früheren Verhältnisse zu den Nachbarstaaten (um nur der Streitigkeiten wegen des Elsflether Zolls mit Oldenburg zu erwähnen, die erst vor Kurzem in Frankfurt entschieden worden) nicht schon von selbst eine gewisse Absonderung mit sich brächte, eine solche Gemeinschaft entspinnen könnte, die zu gegenseitigen längern Besuchen, oder gar Familienverbindungen Veranlassung gäbe. Bremen ist also im eigentlichen Sinn isolirt. Der Bremer verläſst auch nicht gern seine Stadt auf immer. So ist es denn gekommen, daſs in einer gewissen Art von bürgerlichen Verhältnissen fast alle Familien sich verwandt sind, sich fort und fort unter einander verheirathen, so daſs ein Zusammenhalten solcher Verwandtschaftsgrade, die anderswo als sehr nahe betrachtet werden würden, hier kaum möglich ist, weil der Familienkreis sonst eine zu groſse Ausdehnung bekommen würde.

Wenn das

> Où peut-on être mieux
> Qu'au sein de sa famille?

irgendwo seine volle Anwendung findet, so ist es in Bremen. Was allerdings dem Fremden höchst lästig erscheinen mag, ist dem Einwohner eine reiche Quelle der reinsten und seligsten Freuden. Die sogenannten Familien- und Kindertage, die hier allgemein üblich sind, schlingen um sämmtliche Familienglieder ein Band, das immer fester sich schlingt, bis der Tod des Großvaters die zu stark angewachsene Familie endlich veranlaßt, sich zu trennen, und sich nun wieder an die angeheiratheten Verwandten anzuschließen.

Durch diese Familientage bleiben die Alten in jugendlich heiterer Berührung mit der sie umgebenden mittlern und jüngern Menschenwelt; sie fühlen sich nicht verlassen und versäumt, nicht bloß auf den Umgang ihrer Altersgenossen, der so leicht früh alt macht, beschränkt; die Jugend hat hinwiederum den erfreulichen und belehrenden Zutritt zu dem nicht zurückschreckenden Alter. Die Zwanglosigkeit, die in diesen Familienkreisen herrscht, thut jedem Fremden wohl, der Gelegenheit hat, sie kennen zu lernen. Unsere freie Stadt, wie früher fast alle deutschen Reichsstädte, steht im Auslande in dem Ruf der gesellschaftlichen Förmlichkeit. War dies in vergangenen Zeiten der Fall, so finden sich doch jetzt nur wenige Spuren davon. Wer sich von der Wahrheit dieser Versicherung überzeugen will, braucht nur die Familien- und Kindertage kennen zu lernen: wobei sich jedoch der Fremde selbst hüten mufs, nicht den förmlichen, den schweigenden, den beobachtenden Gesellschafter zu spielen. Dafs solche Familienabsonderung zu Einseitigkeit, zu Stolz (jeder hält gern seinen Kreis für den besten), zu unbesiegbaren Vorurtheilen führen kann; dafs die Jugend in der vertraulichen Annäherung zum Alter Veranlassung findet, sich höher als gebührlich zu setzen, vorlaut zu seyn, sich zu viel herauszunehmen, ein Fehler, worüber viel geklagt, aber dennoch nie eine Reform versucht wird: wer wollte das leugnen? Es ist ja eben die Aufgabe, dafs das sich aus der Natur des Verhältnisses von selbst Entspinnende durch verständige Menschen zum Guten verwebt werde.

Ich erwähnte vorhin, die Zeit der französischen Herrschaft hätte dem geselligen Tone Vortheil gebracht. Man kann als Beförderungsmittel äufserlicher Manierlichkeit und eines ungezwungenen Wesens auch die öffentlichen Spaziergänge ansehen.

Noch jetzt herrscht in manchen Gegenden Deutschlands ein Vorurtheil gegen das gesellschaftliche Wesen der Bremer. Man spricht von Bocksbeutel, von reichsstädtischem Stolze, von schwerfälligem Luxus. Wer so urtheilt, vergifst, durch welche Zeiten die letzte Generation Deutschlands gegangen ist, und Bremen eben so gut. Was vor dieser Zeit gewesen, wie verschieden von dem, wie es jetzt ist! Es ist eine Zeit in Bremen gewesen, wo Hexen verbrannt, wo wegen des Ubiquitätsstreites redliche Geistliche vertrieben, die höchsten obrigkeitlichen Personen ihres Amtes entsetzt worden sind. Wer wird solche Zeiten für die Gegenwart anführen? Wer Bremen in dem vor ohngefähr neunzig Jahren herausgekommenen German spy nur kennen gelernt hätte, würde sich angenehm überrascht fühlen, dies alles jetzt sehr anders zu finden. Käme der Englische Reisende jetzt wieder, so würde er nicht, wie damals, bei seinem Eintritt in die Stadt glauben, daſs eine epidemische Krankheit hier herrsche, weil er die Männer nur in schwarzen Mänteln gehüllt, die Frauen nur mit schwarzen Regentüchern überhangen sah; er würde nicht in dem Schütting, wie damals, einen Gasthof finden, nicht ein Sabbathschänder gescholten werden, weil er sich Sonntags nach einem Caffee- oder Weinhause umsah, die an einem solchen Tage verschlossen seyn muſsten; ob er sich gleich im Stillen an vier und zwanzig Groten Bier und Wein mit seinem Wirth ganz angenehm unterhielt; er würde nicht mehr aus dem Fenster des Schüttings auf einem damals noch vorhandenen runden Gebäude mitten auf dem Markte eine arme Dienstmagd auf Begehren ihrer eifersüchtigen Hausfrau ausgepeitscht und gebrandtmarkt sehen; er würde nicht mehr blos Plattdeutsch in allen Gesellschaften sprechen hören, und aus groſsen Gläsern Brandtwein von den Honoratioren, ja sogar von den Damen trinken sehen; er würde nicht mehr den groſsen Zwiespalt zwischen Reformirten und Lutheranern sehen; er würde finden, daſs jene Kopfhängerei nicht mehr ist, die unter dem Schein der Verschmähung dieser Welt sich heimlich schadlos hält, und dafür die sogenannten Kinder dieser Welt verläumdet; er würde nicht mehr die alten Spottbilder, Stadtsoldaten genannt, zu belachen Veranlassung finden, sondern eine begeisternde kriegerische Musik und ein stattliches Militär würde ihn staunen machen, das so lange gut bleiben wird, als das Neue noch nicht alt geworden, oder je nachdem sich von Zeit zu Zeit Gelegenheit finden wird, in das Stagnirende wieder neues Leben zu bringen; er würde nicht mehr den sehr ausführlich geschilderten Rathskeller als den einzigen Versammlungsort der Bürger, wohl aber noch jene trefflichen Weine nur um so trefflicher finden, da sie seit seiner Zeit neunzig Jahre länger gelegen; das Armenhaus, das er damals schon so lobte, würde er noch weit mehr loben; was die Gastereien aber anbetrifft, so würde er jetzt noch einiges nicht sehr viel anders finden, wie damals, als er von einem Aeltermann in sein Haus in der Neustadt eingeladen worden, wo ihm die mancherlei Weine, die Menge Speisen, der Nachtisch aus fremden Welttheilen, das Reihumtrinken der Gesundheiten auffielen; dahingegen würde er Anderes nicht mehr oder doch weniger finden, nämlich die Steifheit und Förmlichkeit der Damen gegen die durch die Gesundheiten ein wenig freier und lebhafter gewordenen Männer, das Entsetzen auf allen Gesichtern bei dem Vorschlag Tanz folgen zu lassen, und widerrufen würde er die Aeuſserung, daſs ein Tanzmeister für ein gefährlicheres

Thier gehalten würde als ein Dorfstier, dafs der Pfaffe das Tanzen nie erlaubte, selbst nicht am Hochzeitstag, und der es dennoch wagte, von ihm auf der Kanzel herunter gemacht werden würde.

Läfst sich nicht leugnen, dafs dieser Engländer, dessen Buch übrigens voller Lügen ist, vor hundert Jahren Vieles in Bremen sehr richtig gesehen hat, wie man aus mündlicher Ueberlieferung und schriftlichen Nachrichten wohl weifs, so ist es dagegen zum Erstaunen, dafs hundert Jahre später ein Engländer, Namens Hodgkin, der in zwei dicken Bänden eine Reisebeschreibung durch Norddeutschland *) herausgegeben, so Vieles in Bremen falsch gesehen hat. „Die Männer tragen altmodische Kleider, und befolgen altmodische Sitten," (Welche Männer? doch nur die alten? So wird es in England ja auch wohl seyn.) „die Frauen haben noch den altmodischen Gebrauch, dafs sie mit ihren Männern öffentliche Plätze besuchen; mit den Eigenthümern dieser Gärten und Kegelbahnen haben sie des Ersparnisses wegen regelmäfsige Contracte, dafs jene ihnen heifs Wasser, Tassen u. s. w. gegen eine kleine Remuneration liefern, sie selbst aber Kaffe, Zucker und Kuchen mitbringen." (Die Engländer wären zu bedauern, wenn der im ersten Satz ausgedrückte Gebrauch bei ihnen altmodisch geworden wäre; im zweiten Fall ist es klar, dafs der Reisende nur eine gewisse Art Belustigungsörter um

―――――――

*) Travels in the North of Germany by Thomas Hodgkin. Edinburgh 1820.

die Stadt her kennen gelernt und in den bessern Zirkeln nie Zutritt erhalten hat. Wann werden die Reisenden doch einmal in ihren Reisebeschreibungen vorsichtiger urtheilen lernen!) ,,In Bremen ist nur ein Buchhändler von Bedeutung, und nur eine circulirende Bibliothek." (Wir haben uns wörtlich dieses letztern ganz englischen Ausdrucks bedienen müssen. Es ist allerdings nur eine grofse Leihbibliothek hier; es sind aber wenigstens an die sechs und dreifsig historische, philosophische, medicinische, naturhistorische, juristische, theologische und ästhetische Lesegesellschaften hier, die eine sehr grofse Menge Mitglieder zählen. Wir haben zwei gute Buchhandlungen. Hätte Hodgkin andere Leute kennen gelernt, als die für zwei Groten auf den Kegelbahnen Kaffe trinken, oder ihm im Schauspiel nicht zu sagen wufsten, wie das Stück heifse, was gespielt würde: (Th. 1. S. 274) so würde er gefunden haben, dafs unsere Kaufmannschaft an Geistesbildung der englischen im Allgemeinen nicht nachsteht.)

Es war eine ächt deutsche Sitte *), dafs in Bremen nichts Allgemeines abgethan werden konnte, ohne eine gehörige und vollständige Mahlzeit dabei zu feiern. Die aufgeklärte Zeit, die, in grofser Selbsttäuschung befangen, der geistigen Sättigung über der körperlichen so viel Vorzug eingeräumt

---

*) Diem continuare potando nulli probrum, sagt Tacitus von den Deutschen. Von den Norddeutschen wäre dies eher vom Essen, von den Süddeutschen vom Trinken zu sagen.

hat, daſs Uebersättigung Folge davon gewesen, hat für zweckdienlich gefunden, diese altdeutschen Mahlzeiten zu beschränken, und mancher traurige Rückblick auf die gute alte Zeit beweist, daſs diese Neuerung nicht allgemeinen Beifall hat. Doch bei der Wahl neuer Rathsherren, so wie bei dem halbjährigen Wechsel des Präsidiums, fehlt es nicht an stattlichen Schmäusen, und daſs diese von den Alten nicht als unwesentlich angesehen worden, zeigt die Verordnung (s. die Statuten vom Jahr 1433, Statut 3, §. 6.), daſs der Rathsherr im ersten Jahr seiner Würde der ganzen Witheit und dem Rathsschreiber ein Tractament geben soll, aber nicht über sechs Schüsseln; des andern Morgens aber kann er seinen Verwandten und den Rathsdienern sechzehn Schüsseln geben. Doch ist diese Verordnung mehr wegen des Zuviel, als wegen des Zuwenig. So oft bei besondern Veranlassungen auf dem wegen seiner Gastereien berühmten Schütting geschmaust wurde, unterlassen unsere Chronisten nicht, es zu erwähnen, mit dem Zusatze, daſs bei ausgebrachten Gesundheiten die kleinen Stücke, die auf einem im Vorplatz angebrachten Schiffchen lagen, tüchtig gefeuert hätten.

Auch die Schmäuse der verschiedenen Brüderschaften, des Jacobus major u. s. w. erhalten sich in alter Fülle und Trefflichkeit. Die Seefahrtsmahlzeit, die alle Jahre einmal gehalten wird, hat zum Hauptgericht den Stockfisch, wird daher auch Stockfischmahlzeit genannt. Sie hat das Eigenthümliche, alt Gastliche, daſs alle fremde Kaufleute, die an dem angesetzten Tage sich zufällig in Bremischen Gasthöfen befinden, als Ehrengäste eingeladen werden, weil nach der Ueberschrift an dem Eingang diese Anstalt von Kaufleuten und Schiffern gestiftet worden. Für dieses Fest wird ein besonderes dickes, kostbares Bier, Seefahrtsbier genannt, gebrauet. Die Quappenmahlzeit, welche von den Kämmerern der Fischerzunft gegeben wurde und manches Eigenthümliche und Seltsame hatte, hat aufgehört.

Die Reiselust ist eine Eigenthümlichkeit der Bremer. Sie haben dies mit den Engländern gemein, und ich möchte behaupten, daſs es keine andere Stadt von gleicher Gröſse in ganz Deutschland gibt, welche so viele zum Vergnügen Reisende in die Welt sendet. Es würde ein Wunder seyn, wenn im Sommer in den merkwürdigsten Gegenden Deutschlands, in der Schweiz, in Italien, in England nicht Bremer Familien zu finden wären, die zum Vergnügen reisen. Der Bremer hat keine Gelegenheit, Berge, Felsmassen, tiefe Thäler, Wasserstürze und Burgtrümmer auf schroffen Felsköpfen zu sehen; die Lectüre so mancher malerischen Reisen erregt also in ihm von Jugend auf eine unauslöschliche Sehnsucht nach den beschriebenen romantischen Gegenden, und diese Materie wird bei aller Veranlassung so lebhaft besprochen, daſs selbst Kinder sich schon über das Reisen als die köstlichste Sache unterhalten, und es den Erwachsenen den gröſsten Genuſs gewährt, wenn sie im Winter die Vorlesungen der Gelehrten im Museum hören, die ihre Ferien-Reiseberichte mittheilen. Man kann sich daher die Wonne denken, wenn nun der lang und feurig gehegte Wunsch endlich in Erfüllung geht.

Auch die Badelisten fast aller bekannten Bäder enthalten Bremer Namen. Wenn man darnach auf viele Kränklichkeiten schliefsen wollte, so würde man sich doch irren; aber eine Badereise gehört so sehr zu dem Leben eines gebildeten Bremers, dafs die Ferien der Gelehrten, sie seyen Geistliche, Schulmänner oder Juristen, Brunnensaison genannt werden, mögen sie nun am Brunnen zugebracht werden oder nicht. Ueberall aber machen sich die Bremer durch ein verständiges, anständiges und stilles Wesen beliebt, und man findet an ihnen die Gabe, wenn auch nicht lebhaft und feurig, doch mit einer gewissen Wohlredenheit und zusammenhängend zu sprechen, eine Uebung, die durch die Verfassung und durch die Veranlassung, häufig öffentlich zu reden, erworben wird. Es ist eine Gabe, die man unter dem Kaufmannstande in andern Provinzen Deutschlands weniger findet, obgleich sich bei öffentlichen Veranlassungen zum Reden bei Vielen das aussetzen läfst, was Plinius von einem deutschen Volke sagt: Naturale enim est, ut affectare velint defectum naturae copia verborum.

Es ist gewifs, dafs nicht allein Sicherheit vor der Gewalt der Tyrannen, nicht die Lage allein den Handel in den freien Reichsstädten gehoben hat, sondern, da bei dem Mangel anderer Auszeichnungen nur das Verdienst der Redlichkeit, Treue und Verständigkeit grofses Zutrauen bei der Gemeine gewinnen und wichtige Aemter geben konnte, so war diese von den Vorältern geerbte, von Jugend auf angenommene Gemüthsrichtung gerade auch diejenige, welche am ersten kaufmännisches Zutrauen erwerben konnte. Und wirklich kann in der Regel der Kaufmann kaum würdiger und rechtlicher erscheinen als in Bremen, indem ein unrechtlicher, in den Geschäften Ränke machender Kaufmann auch als Bürger in keiner Achtung stehen würde, und wäre sein Reichthum auch noch so grofs; indem die Eigenschaften, wodurch der Bürger geachtet ist, eben auch gerade diejenigen sind, die dem Kaufmann Zutrauen gewinnen; und der moralische Credit den ersten, der intellectuelle den zweiten, der physische, wenn ich so sagen darf, der sich auf das Vermögen gründet, oft nur den dritten Rang einnimmt, wenn das Erste dabei fehlt. Von einem grofsen Buchhändler ist vor einiger Zeit in den Zeitungen gerühmt worden, er habe die von einem frühern Falliment zurückgebliebenen Schulden nachbezahlt, nachdem er in bessere Umstände gekommen. Dies ist hier etwas so Gewöhnliches, dafs man nicht besonders viel darüber spricht, der Mann aber, der dies gethan, doch in der öffentlichen Werthschätzung steigt.

Indessen könnte hier ein Bankerott nur dann in der öffentlichen Meinung schaden, wenn er muthwillig zu Weg gebracht, durch wilde Speculation, durch Leichtsinn, durch Unvernunft, durch Verschwendung; und würde ein solcher Fallirter in der

Folge gar zu seiner frühern Lebensart zurückkehren, ohne seine Schulden bezahlt zu haben, so könnte das gewifs nicht ohne Unwillen und Verachtung bemerkt werden.

Ueberhaupt wird in einem Seeplatz der Bankerott mit ganz andern Augen angesehen, als auf Binnenplätzen, wo derselbe so häufig die Folge unverhältnifsmäfsiger Ausgaben, der Liederlichkeit oder der Unordnung ist. Jeder kennt und fühlt das Unsichere mancher Geschäfte, und wie leicht man selbst mit der besten Ueberlegung zu Schaden kommen kann. Es wird daher sehr unterschieden, wie der Bankerott entstanden und ob derselbe in einem Augenblick erklärt worden, wo noch nicht Alles verloren war. Findet sich Rechtlichkeit und Schuldlosigkeit, so beeifert sich ein jeder ächte Bremer von altem Schrot und Korn, dem Gefallenen wieder aufzuhelfen, und an ein strenges Urtheil in der öffentlichen Meinung ist vollends gar nicht zu denken.

Ein berühmter deutscher Schriftsteller hat mit einem harten Ausdruck gesagt, der Deutsche sey von Natur eine ernsthafte Bestie. Die Kunst, fein zu scherzen und die Neigung, es zu thun, kann schwerlich Ersatz für den Mangel edlerer Eigenschaften einer würdevollen Natur geben; aber wenn Socrates und Cicero in den Augen der Mitlebenden wegen ihrer Gefälligkeit im Scherzen, lobenswerth, ja bewundernswerth erschienen, so ist Würde des Characters und Freiheit und Schnelle des Geistes, Ernst und Anmuth recht gut zusammen zu denken; und dasjenige gesellschaftliche Verhältnifs ist immer mangelhaft, wo für eines von beiden die Neigung und das Verständnifs fehlt. In wiefern ich diese allgemeine Bemerkung in einem Buche von Bremen zu machen Veranlassung habe, brauche ich wohl nicht näher zu bezeichnen. Nur dem, der Geistesüberlegenheit fürchtet, erscheint der gutmüthige Scherz als Spott.

Das Ausland erkennt dem Bremischen Frauenzimmer Geistesbildung zu, ohne wirklich die Beschaffenheit dieser Geistesbildung zu kennen. Es ist nöthig, etwas darüber zu sagen. In Bremen wird es mit dem Unterricht des weiblichen Geschlechts ernstlich genommen. Vor achtzehn Jahren werden die Töchter selten confirmirt, bis dahin gelten sie für Kinder, besuchen theils den öffentlichen, theils den Privatunterricht, der durchaus auf Grundsätze gebaut, von dem weiblichen Geschlecht eben die Gründlichkeit verlangt, besonders in der deutschen Sprache, wie von der studirenden männlichen Jugend. Auch die englische Sprache wird viel cultivirt, zu deren Aussprache der Mund der Niederdeutschen vorzüglich organisirt ist. Das Französische lernen sie selten gut aussprechen. Da nun solche Frauenzimmer noch wenig in Betracht kommen, kein junger Mann ihnen Artigkeiten über ihre Geschicklichkeiten vorsagt, überhaupt die Erziehung in dieser Rücksicht auch ziemlich gleichförmig ist, so ist an ein eingebildetes, pedantisches Wesen gar nicht zu denken, sondern die edelste Bescheidenheit verhüllt fast zu sehr manche vorzügliche Talente und Eigenschaften; fast nur bei Gelegenheit und sehr selten zeigen sie sich, und wenn davon die Rede kommen muſs, so sieht man nur Beschämung.

Indem wir dies als etwas Vorzügliches anerkennen, so können wir doch auch nicht ein daraus hervorgehendes Tadelnswürdiges verschweigen, je mehr es wahrhaft für die gute Ausbildung des Geschmacks verderblich ist, ich meine ein zu groſses Miſstrauen zu dem eigenen Urtheil; vielleicht kein groſses Uebel! aber als Folge davon ein gar zu bereitwilliges Anlehnen an das Urtheil selbst oberflächlicher und geistloser Männer. Und wie viele giebt es deren allenthalben, die sich ein Urtheil über Alles zutrauen, selbst über das, wovon sie nie das Geringste gewuſst, noch verstanden haben! Man hat daher oft das Widersinnigste, Geschmackloseste preisen hören, das Geniale und Schätzbare unbeachtet oder gering geschätzt gesehen; Ideen sind in Ansehen gekommen, die dem gesunden Menschenverstand widerstrebten, und wenn bei einzelnen Individuen an denselben appellirt wurde, so berief man sich darauf, dieser oder jener habe es gesagt, man hätte es zwar auch anders gemeint, aber es nicht sagen mögen, weil Andere es anders gesagt hätten. Dem Umstand, daſs das Bremische Frauenzimmer bei aller Geistesbildung doch so selten dem eigenen Urtheil zu vertrauen wagt, haben wir es fast allein zuzuschreiben, daſs namentlich die Künste hier so schwer nur gedeihen können.

Beim Tadeln hat man sich oft zu hüten, dafs ein wirklich Gutes dadurch nicht vernichtet werde. Sonst würde ich hier anführen, dafs dem jüngern weiblichen Geschlecht oft zu viel zum Lernen aufgebürdet wird, was seinem Zweck fremd ist und die Vernachlässigung wichtigerer Pflichten zur Folge hat. Jedes Geschlecht hat seine constitutionellen Anlagen, über welche hinaus jedes Streben für Körper und Geist verderblich ist. Ich habe immer geglaubt, dafs tiefes abstraktes Denken dem männlichen Geist Nahrung, dem weiblichen Vernichtung bereitet. Aufserdem liefse sich auch noch anführen, dafs hier wie in andern Städten das übermäfsige Sticken, womit doch am Ende kein Kunsterfordernifs befriedigt wird, manche gute Constitution verdirbt.

Das Mitleiden, dieses Himmelskind, das ganz Herz ist, aber oft nicht gut sieht, spielt in Bremen eine wichtige Rolle. Wie manche, von der Gemeindewahl abhängige Stelle wird vergeben, ohne Rücksicht auf Geschick und Amtseifer, an einen Mann, von dem gesagt wird, er sey ein so gutmüthiger Mann und habe Frau und Kinder. Die Frage, ob er auch zu dem Amte tauge, ob nicht zehn tauglichere da seyen? kommt gewöhnlich zuletzt, oder gar nicht in Betracht. Höchst klägliche Theaterstücke haben oft das Haus ganz gefüllt, weil weichliche Scenen in denselben vorkamen. Wie mancher Taugenichts fand Unterstützung, weil er Ansprüche auf Mitleid geltend zu machen wufste. Das wahre vernunftmäfsige Mitleid geht aber dem Uebel auf den Grund, sucht der Wurzel des Elendes beizukommen, und hütet sich, durch ein schwächliches Gefühl sich hinreifsen zu lassen, das gewöhnlich mehr verdirbt als gut macht. Unser Armeninstitut lehnt sich auf ein gutes Princip, nämlich dem fleifsigen Armen Gelegenheit zum Broderwerb zu verschaffen. Aber wird dies je zur Ausführung kommen, so lange der Zunftzwang hier herrscht? Leichtsinnig urkundliche Rechte zu vernichten, ist nicht gut, aber einzelnen Corporationen Rechte zu lassen, die ein Unrecht gegen den ganzen Staat sind, ist auch keine kleine Unterlassungssünde. Durch verständige Entschädigung läfst sich ein gegen einander streitendes Interesse schlichten.

Die plattdeutsche Sprache ist national. Der gemeine Mann kann sein Bestes, Stärkstes und Innigstes nur in dieser Sprache sagen, und nur wer ihn in dieser Sprache anredet, findet sein Herz. Es ist den gebildetern Ständen begreiflich, dafs sie diese Sprache eben darum nicht versäumen dürfen, wenn sie auch in dem eigenen häuslichen Kreise oder in Gesellschaft überflüssig, oft unpassend wäre. Juristen und Prediger, freilich jene nicht in öffentlichen Verhandlungen, diese nicht in den gottesdienstlichen Reden, haben doch immer Veranlassung unter geringern Bürgern und Bauern zu verkehren, wo ihnen die Geläufigkeit im Plattdeutschen nothwendig erscheinen mufs. Dem ohngeachtet wird das Plattdeutsche mit der Eigenthümlichkeit seiner Ausdrücke, sprüchwörtlichen und bildlichen Redensarten nach und nach verschwinden; schon jetzt läfst sich fast sagen, dafs das Hochdeutsche nur auf plattdeutsch gesprochen wird, so wie der Savoyarde rühmt, man müsse tanzen: il ballo francese con gambe savoyarde.

Was die Körperlichkeit der Bremer anbetrifft, so zeigt sich durch das fast allgemeine Zusammenhalten der Familien eine gewisse Familienähnlichkeit unter der vermögendern Volksklasse. Im Allgemeinen findet sich unter beiden Geschlechtern das in Bremen, was man ein schönes Blut nennt, niederdeutsche Schönheit, nämlich bei den Frauenzimmern feine weifs und rothe Haut, blaue Augen, blondes oder lichtbraunes Haar, zarter Wuchs, aber häufig vernachlässigte Haltung, weil wirklich, Gott sey gedankt, sehr wenig Coquetterie zu finden ist. Jene römischen robusten Schönheiten, oder die zarten kleinen, aber feurigen Brünetten des südlichen Europa's findet man nicht.

Die zwei wichtigsten geschlossenen Gesellschaften haben in ihrer Entstehung einen wissenschaftlichen Zweck zum Theil oder ganz gehabt.

Von dem Museum ist anderswo die Rede. Vor nicht vielen Jahren fühlten einige verständige Kaufmannslehrlinge und Diener, wie wenig sie ihre freien Stunden, wenn sie sich gesellschaftlich erholen wollten, zweckmäfsig anwenden könnten. Die Familie des Principals kümmerte sich wenig um sie, öffentliche Wirthshäuser zu besuchen, deuchte ihnen kostspielig und der Bildung nicht förderlich. Einige wenige so gesinnte Jünglinge traten zusammen, suchten sich in einem kleinen gemietheten Local mit Lectüre und anderm angemessenen Zeitvertreib zu unterhalten. Bald schlossen sich viele an, die ein ähnliches Bedürfniſs fühlten, und so entstand die jetzt bestehende groſse, über vierhundert Mitglieder zählende Gesellschaft Union, welche in ihrem weitläuftigen Local eine gewählte Bibliothek besitzt, wobei zugleich die wichtigsten in- und ausländischen Zeitschriften gehalten werden. In dem schönen Concertsaal werden im Winter regelmäſsig Concerte, gröſstentheils nur von den musikalischen Mitgliedern der Gesellschaft, aufgeführt.

Wie sehr diese in ihren Grundsätzen glücklich bedachte Einrichtung auf den Geist und die Gesinnung der angehenden Kaufleute wirkt, ist seitdem sehr deutlich erkannt worden. Wenn ein Jüngling den Wunsch hegt, einem gemeinen Zeitvertreib entzogen zu werden, so findet er hier die beste Gelegenheit. Freilich derjenige, dem der Eintritt nur eine gewünschte Gelegenheit gibt, seine vom Comptoir erledigte Zeit, die wohl zweckmäſsiger ausgefüllt werden könnte, mit dem Billard oder den Karten zu verbringen, der hat im Tausche nur zum Theil gewonnen, und der wohlmeinende Principal wird dann nicht viel zu rühmen haben; da jedoch jene ersten Stifter nun selbst schon längst geachtete Bürger und Principale sind und wissen, was Noth thut, so wird darüber gewacht, daſs nicht leicht ein Handelslehrling als Mitglied der Union aufgenommen wird, ohne dafs der Wunsch seines Principals erst berücksichtigt wäre.

Wenn nun dem gröfsten Theil unseres kaufmännischen Publicums eine vielseitigere Bildung zugeschrieben werden kann, als man sie an manchen andern Handelsplätzen findet, so haben diese zweckmäfsigen gesellschaftlichen Veranstaltungen und die damit verbundenen Leseinstitute gewifs nicht wenig dazu beigetragen, und Jeder, der es mit Bremen wohl meint, wünscht ihnen ein fröhliches Gedeihen und Fortschreiten.

Die gesellschaftlichen Zirkel haben selbst unter den gebildeten Ständen nicht einerlei Physiognomie. Wo sich jüngere Frauenzimmer versammeln, da wird viel vorgelesen bei der Handarbeit, und zwar meistens ausgesuchte Lectüre. Daher sind ihnen die deutschen Klassiker, vorzüglich Schiller, fast bis zum Auswendigwissen vertraut. In gemischten Gesellschaften werden häufig Schauspiele mit vertheilten Rollen gelesen, in andern Witzspiele geübt, die meistens nur Wenigen zur Freude, den Meisten zur Qual zu gereichen pflegen. Gesellschaften, die sich nicht oft sehen, müfsten die Stunden lieber mit geistreicher und munterer Unterhaltung ausfüllen; dazu mufs freilich Lust zum Sprechen, die Gabe, anziehend zu erzählen, Witz und Laune mehrern Gliedern der Gesellschaft eigen seyn, wenn die Unterhaltung nicht stocken, oder durch das Reden eines Einzigen lästig werden soll. Die Zuflucht zu den Karten, die in den meisten Gesellschaften ge-

nommen wird, wenn die Unterhaltung stocken will,
ist dann nicht ganz zu verachten. Die Gesellschaft
kommt dann zur Ruhe, sammelt sich, und wenn das
Spiel beendigt ist, sucht man gern wieder Jemand,
mit dem man sich unterhält. Eine Gesellschaft, die
allzu geistig seyn will, ist sich selbst mehr zur Last,
als sie es sich gestehen mag. Die musikalischen
Gesellschaften leiden etwas an Uebertreibung. Von
sieben Uhr Abends bis eilf in der Nacht in einem
weg spielen und singen zu hören, mit dem stillschwei-
genden Beding, nie durch Plaudern seine Langeweile
zu erkennen zu geben, das ist wirklich ein schreck-
licher Zustand. Was hier zuviel geschieht, fehlt in
andern Zirkeln ganz; da ist es, als wenn die Musik
etwas Widerwärtiges, nie genug zu Meidendes wäre;
da steht wohl ein Klavier, aber ein gesellschaftliches
oder geistreiches Lied zu verlangen, fällt keinem
Menschen ein. Vielleicht unterläfst man es auch aus
Furcht, dafs die singenden und spielenden Liebhaber und Liebhaberinnen kein Ende zu finden wissen,
wenn sie einmal in Gang gebracht worden sind.

Im Ganzen mufs man jedoch sagen, dafs in Bremen sich allgemein ein Streben offenbart, den gesellschaftlichen Zusammenkünften eine höhere und
bessere Tendenz zu geben, als sie gewöhnlich anderswo
haben. Trifft dies nicht immer zu, so mufs man sich mit
der reinen und aufrichtigen Absicht trösten, und dafs
so manches in der Welt ist, was man unvollkommen
lassen mufs, ohngeachtet man das Bild des Vollkomm-
neren in sich trägt.

Handel und Schifffahrt der Bremer.

Den bedeutendern Handel Bremens kann man seit jenem von Otto dem Grofsen dem Erzbischof Adaldagus ertheilten Privilegium rechnen. Damals bekam die Stadt einen Jahrmarkt und der Vortheil ihrer Lage begann sich zu entwickeln. Was aber vorzüglich förderte, war der in den ersten Jahrhunderten bedeutende Umfang des erzbischöflichen Kirchsprengels von Bremen und Hamburg. Mit jenen Aposteln, die zur Bekehrung des Nordens auszogen, sogar bis nach Island, Grönland und den Orkadischen Inseln, dem heil. Magnus u. a., oder doch ihren Spuren nach, zogen die Kaufleute. Unter ihrem Schutze, unter dem Schutze ihrer Altäre konnten sie es wagen, mit fremden barbarischen Völkern in Verkehr zu treten, Sicherheit für ihre Person, wie für ihre Waaren zu erlangen. Dann aber hatten die Skandinavischen Völker häufig Veranlassung, in ihren Angelegenheiten an den erzbischöflichen Hof nach Bremen zu kommen, wo, doch besonders zu des vielherrschenden und prachtliebenden Adalberts Zeiten, das kleine Bremen dem päbstlichen Rom vergleichbar war *). Dies wurde von Handeltreibenden benutzt, die in Gemeinschaft mit jenen an den erzbischöflichen Stuhl Abgeordneten reisten, so dafs daraus eine bedeutende Handelsthätigkeit in Bremen entstand, und jene Meere, welche, nach Tacitus Zeugnifs, den Römern unbekannt waren, weil es besser sey, an die Geheimnisse und Macht der Götter zu glauben, als sie zu kennen, von Bremer Schiffen befahren wurden **). So wurde das Christenthum das Band, welches die durch Meere und Barbarei getrennten Völker in Verbindung brachte.

Wie die Theilnahme an den Kreuzzügen auf den Handel der Bremer gewirkt, ist unbekannt; schwerlich wird es bedeutend gewesen seyn. Wichtiger war die Colonisirung in Liefland im Jahr 1160 und die Handelsverbindung dahin. Als Bremen in die Hansa aufgenommen zu werden wünschte, war ihr Streit mit der Stadt London eine bedeutende politische Bedenklichkeit.

Lange zuvor hatten die Bremer sich Vortheile zu verschaffen gewufst, die ihrem Handel sehr förderlich waren. In der Zeit, als Woldemar der Zweite,

---

*) Ita affabilis (Adalb.), ita largus, ita hospitalis, ita jocundus, ita cupidus divinae ac humanae gloriae, ut parvula Brema ex illius virtute instar Romae divulgata, ab omnibus terrarum partibus devote peteretur, maxime ab aquilonalibus populis. Ad. Brem. 93.

**) Negotiatores, qui ex omni parte terrarum Bremam solitis frequentabant mercibus. Ad. Brem. 116.

König von Dänemark, sehr unzufrieden über Hamburg und Lübeck war, wandte sich die Stadt Bremen durch ihren Erzbischof Gerhard den Zweiten an ihn wegen Vergünstigung in Ansehung des Strandrechts. Unter diesen Umständen war die Stimmung des Königs ihrem Ansuchen sehr geneigt, und er gab ihnen das Recht, ihr auf den Küsten seines Reichs Gestrandetes, sowohl Schiff als Gut, zu sammeln.

Woldemars Enkel, Erich, Herzog von Jütland und Schleswig, ertheilte den Bremischen Handelsleuten nicht allein sicheres Geleit und Aufenthalt, sondern sicherte ihnen auch zu, dafs alles Entwendete ihnen doppelt ersetzt werden sollte (1265.).

Selbst ehe noch Bremen förmlich in die Hansa aufgenommen war, hatte es schon durch eine, nur der Bremer Bürgerschaft *) ertheilte, besondere Urkunde Theil an den vom König Magnus dem Sechsten von Norwegen der Hansa ertheilten bedeutenden Handelsbegünstigungen, aus denen hervorgeht, dafs die nordischen Könige es für ein Glück hielten, wenn diese Weser-Kaufleute ihre Staaten besuchen wollten.

Als Erich, des Königs Magnus Nachfolger, mit den Wendischen Hansestädten in Unfriede war, nahm Bremen, obgleich bereits in der Hansa, keine Parthie, und wurde darüber aus dem Bunde ausgeschlossen. Ihr Handelsvortheil gebot den Bremern diese

---

*) Ad instantiam itaque prudentum virorum Consulum et civitatis communitatis Brem. Siehe die durch Cassel mitgetheilte Urk. vom Jahr 1279.

Politik, denn sie hatten das Vorrecht, gegen einen unbedeutenden Zoll an den Norwegischen Küsten Heringe zu fangen. Als demohngeachtet Erich später diesen Zoll erhöhete, wandte sich die Stadt durch den Erzbischof Giselbert und die ganze Bremische Geistlichkeit an den König und stellte ihm ihr längst erworbenes Recht vor. Dies Vorwort fand trefflichen Eingang und es ist erfreulich, bei dieser wie bei andern Gelegenheiten zu sehen, wie in dem barbarischen Mittelalter ein wohlerworbenes Recht selbst des schwächern gegen den stärkern Staat geehrt wurde. König Erich erklärte sich wegen der von den Bremern ihm und seinen Vorfahren erwiesenen Dienste nicht allein sehr geneigt für sämmtliche Bremische Handelsleute überhaupt, sondern setzte den Zoll für die Heringsfänger nur auf fünf Pfenning Sterl. für die Last (1292). Damit nicht zufrieden, suchte auch Erich den um seinetwillen entstandenen Zorn der ostseeischen Städte gegen **seine lieben Bürger zu Bremen** zu beseitigen, und brachte zu dem Zweck einen Vergleich zu Stande.

Kurz darauf erliefs Erich einen für Bremen noch weit schmeichelhafteren und vortheilhafteren Freiheitsbrief. Er sagt, er habe die Bremer unter die Zahl seiner vertrautesten und speciellen Freunde aufgenommen, und sie vor allen übrigen deutschen und englischen Kaufleuten seiner besondern Vertraulichkeit gewürdigt. Ja, er nennt sie mehrmals als seine und seines Reichs Gönner, und setzt, um diese seine freundschaftliche Gesinnung recht zu beweisen, den ohnehin schon niedrigen Zoll für die Bremischen Heringsfänger auf 3 Pf. herab.

Durch ein Privilegium Friedrichs des Dritten (1663) wurde den Bremern ihre eigene Jurisdiction in der Stadt Bergen und die Gleichheit des Zolls mit den eigenen Unterthanen bewilligt, jedoch so, daſs die letztern sechs Tage den Verkauf der von den Bremern gebrachten Güter haben sollen, ehe diese selbst an Jedermann verkaufen *).

Häufig wurde das Interesse der Stadt Bremen mit demjenigen des Erzbischofs und seiner Vasallen verwechselt. Wer durch jenen oder diese verletzt zu seyn glaubte, pflegte auf Bremische Bürger oder Waaren Beschlag zu legen. Oft wurden Reisende in irgend einer Stadt angehalten, um für das, was einer ihrer Mitbürger gefrevelt oder schuldig geworden, Genugthuung zu geben. Auch für solche Fälle hat Bremen mit norddeutschen Städten Verträge zum Vortheil des ungehemmten Handelsverkehrs abgeschlossen.

Der Freiheitsbrief, den die Bremer nach Befehdungen der Schottischen Seefahrer im Jahr 1453 von Jacob dem Zweiten von Schottland erhielten, war höchst wohlthätig für ihre Handlung. Auch der Verkehr nach Lissabon wurde durch Privilegien der Könige von Portugall begünstigt. Unter den Waa-

---

*) Die Urkunden, aus welchen diese Notizen gezogen sind, hat Cassel nebst andern diese Materie betreffenden drucken lassen.

ren, so die Oesterlinge oder Hansestädte dahin gebracht, werden Messing, Kupfer, Zinnober, Quecksilber, Masten, Pech, Theer, Kugeln, Pelzwerk und Wollentuch genannt. Sie mufsten 10 Procent Einfuhrzoll davon bezahlen. Der directe Handel nach den Colonien war ausgenommen. Sie führten zurück vorzüglich Spezereien und Farbehölzer *). Sie durften vor keine Obrigkeit, aufser vor einen einzigen genannten Richter gezogen werden. Von allen Waaren, welche die deutsche Societät zur Bekleidung ihrer Glieder und deren Diener gebraucht, sollte kein Zoll bezahlt werden. In Allem sollen sie den eigenen Unterthanen gleich gehalten seyn. Sie können auch ihre Waffen tragen. Noch später erhielten sie das Bürgerrecht. Dann wurden die Oesterlinge aus Deutschland vom Zoll auf Schiflbauholz, auch von der einheimischen Kleiderordnung befreit, und es wurde eine früher gegebene Erlaubnifs auf Pferden und Mauseln zu reiten wiederholt **).

Mit den nächsten Nachbaren bedurfte Bremen besonderer Verträge, um sich gegen Seeräubereien zu sichern, die doch oft nur kurze Zeit halfen, so mit den Wurstfriesen, dem Lande Würden und manchen andern Friesischen Häuptlingen. Die Victualienbrüder oder Vitalianer, jene Seeräuber, welchen die

---

*) Priv. vom König Emanuel 1503.
**) Cassel, von den Privilegien und Handlungsfreiheiten, welche die Könige von Portugall ehedem den deutschen Kaufleuten und den Hansestädten ertheilt haben.

Städte Wismar und Rostock sichere Aufnahme in ihren Häfen versprachen, wenn sie gegen die Königin Margarethe ziehen wollten, und welche hernach ihr Raubgewerbe auf eigene Hand, besonders von der Insel Helgoland aus, fortsetzten, fanden bei den Friesen geneigte Aufnahme, welche gern die erbeuteten wohlfeilen Waaren kauften. Nicht allein durch Kriege und Verträge, von Seiten der nordischen Hansen gemeinschaftlich, wurden die Friesischen Häuptlinge nach und nach bestimmt, den Vitalianern den Aufenthalt zu versagen, sondern auch durch die Stadt Bremen insbesondere *), welche Wachtschiffe, damals Auslieger genannt, auf die Weser legte.

Ein anderes beträchtliches Hindernifs war das Strandrecht und die Grundrüre. Ein Theil der den Schiffbrüchigen geraubten Güter gehörte sogar mit zu den Einkünften des Erzbischofs **). Schon im Jahr 1269 wurde ein Vertrag mit den Wurstern und nach und nach auch mit andern Nachbaren wegen des Strandrechts geschlossen und öfters erneuert.

---

*) Cassel, ungedruckte Urkunden S. 488, wo Graf Christian von Oldenburg den Städten Lübeck, Bremen und Hamburg für Ede Wymmeken, Häuptling in Rüstringen, verspricht, dafs dieser in acht Tagen die Vitalienbrüder abschaffen soll (1398).

**) Es war doch nicht so schlimm, als die dem Bischof von Winchester zugetheilten Abgaben von öffentlich in seinem Sprengel angeordneten Bordellen, weswegen ihm der Herzog Humphrey von Gloster den Vorwurf macht:
Thou, that giv'st whores indulgences to sin.
S. Shakesp. King Henry VI. 1st part.

Da der Ausfluſs der Weser, wegen der bedeutenden Sandbänke, nur von sehr erfahrenen Schiffern befahren werden kann, und überhaupt die Friesischen Küsten gefährlich sind, so wurde von den Bremern schon früh ein Leuchtethurm oder Bake in der Mündung der Weser errichtet, und schon seit dem zwölften Jahrhundert weiſse und schwarze Seetonnen von Ferne zu Ferne in den Fluſs befestigt, um die sichere Wasserstraſse zu bezeichnen.

Der sogenannte Barsemeister, der diese Tonnen am Anfang des Winters herauszunehmen, im Frühjahr wieder zu legen hat, untersucht für diesen letztern Fall, ob in dem Fluſsbett eine Veränderung während des Winters vorgegangen, und richtet sich darnach. Hiervon schreibt sich die Schiffabgabe, die man in Bremen Tonnengeld nennt, dessen Hebung, so wie die Besorgung des Tonnenlegens eine Sache des Aeltermannscollegiums ist *).

Die Handelsgegenstände waren der Stadt Bremen mit den übrigen Hansestädten gemein. Eigenthümliche städtische Industrie-Producte waren vorzüglich Jahrhunderte hindurch ein treffliches, weit und breit begehrtes Bier. Das Bierbrauen, obwohl es durch die Concurrenz der Hamburger in Verfall kam **),

---

*) In den Jahren 1426 und 1483 fanden Uebereinkünfte zwischen dem Rath und den Senioren der Kaufmannschaft Statt, wie viel diese für die im Flusse zu legenden Tonnen zu fordern hätten.

**) Die Fehde mit dem vertriebenen Frese und seinen Anhängern, ein in derselbigen Zeit erfolgter Brand und daraus entstandene blieb immer noch bedeutend genug, um denen, die sich damit beschäftigten, vorzügliches bürgerliches Ansehen zu geben. Ein anderes ansehnliches Gewerbe war wollen Tuch und Zeuge, die auch in's Ausland geführt wurden. Manchfaltige und grofse Ausbildung der Fabrication wurde theils durch das Zunftwesen unterdrückt, theils nahm auch der Handel die Capitalien in Anspruch, die nur mit minderem Nutzen auf Fabrication hätten verwandt werden können. Getraide- und Weinhandel wurde bedeutend. Die Waaren des Osten und Norden nach dem Süden und Westen von Europa zu bringen, und so umgekehrt, und dies mit dem Vortheil grofser Zollbegünstigungen von beiden Seiten — das war Bremens Handel. Sehr viel verlor der Handel dieser Stadt, als Emden aufblühte, und hauptsächlich den Handel mit den Landesproducten Ostfrieslands erlangte, der früher in den Händen der Hamburger und Bremer gewesen war. Der sogenannte Bergerhandel nach Norwegen, die Heringsfischerei, der Wallfischfang, waren bedeutende Gewerbszweige.

Wann die erste Grönlandscompagnie gegründet worden, habe ich nicht finden können. Sie war im J. 1656 zerfallen, und im J. 1674 wurde eine neue gestiftet, die jedoch keinen bedeutenden Vortheil gab, oder doch nur in so weit von Erfolg war, dafs

---

Armuth, hatte zur Folge, dafs Haferbier unter dem Namen des vormaligen guten ausgeführt wurde; dieses machte sich Hamburg und Wismar zu Nutze. So erzählt Renner.

Vortheil und Schaden nach Abzug der Unkosten sich ziemlich gleich blieben. Im J. 1692 brachten sieben Schiffe achtzehn Fische, wovon das eine allein acht binnen 24 Stunden gefangen hatte, dessen Vortheil auf 20,000 Thlr. angeschlagen wurde. Im Jahr 1693 brachten sechs Schiffe nur sechs Fische. — Das Jahr 1696 war unstreitig eines der ergiebigsten für den Wallfischfang. Die beiden Schiffe der Gebrüder Löning hatten allein 17, welche 890 Kardelen Speck gaben. Von den zwölf ausgesandten Schiffen brachten zwei nichts, ein anderes war verunglückt, die übrigen zehn hatten 43 Wallfische. Das Fischbein allein wurde auf 43,000 Thlr. geschätzt. Eins dieser Schiffe hatte einen Narwal erlegt und brachte den Kopf mit dem Horn nach Bremen, welches ein neuer Anblick für sämmtliche Einwohner war und den Beweis gab, daſs das in den Naturalien-Cabinetten vorkommende Einhorn nichts weiter, als das Horn dieses Fisches sey.

Doch alles bisherige Glück der Grönlandsfahrer wurde von dem Jahr 1697 übertroffen. Der schöne Fang des vorigen Jahres hatte Muth zu stärkeren Unternehmungen gemacht. Diesmal wurden sechzehn Schiffe ausgerüstet. Diese brachten 117 Fische. Der Thran sank von 17 auf 9, das Fischbein von 70 auf 25 Rthlr., so daſs der Gewinn der Interessenten so sehr beträchtlich nicht ausfiel, und nur die Consumenten den Segen Gottes zu preisen hatten, wie es denn alle Tage mit allen Gewerben geschieht, so daſs der Mensch am Ende nicht mehr weiſs, wie viel oder wie wenig Glück er seinen Unternehmungen wünschen soll. — Im Jahr 1698 brachten 15 Grönlandsfahrer 108 Fische. In dem Jahr 1700 brachten 15 Grönlandsfahrer 62 Fische.

Am glänzendsten erscheint das achtzehnte Jahrhundert in seiner ersten Hälfte in der Geschichte der Grönlandsfahrt, zu welcher sich im Jahr 1725 auch die Fahrt nach der Strafse Davis gesellte, die von zwei Schiffen, womit sie anfing, sich im Jahre 1732 bis zu sieben erhob, mit dem Jahre 1738 sich aber wieder verlor, und dann zuletzt, aber nur auf einige wenige Jahre, 1788 wieder geweckt wurde. Aus den genauen vor uns liegenden Verzeichnissen über den Bremischen Wallfisch- und Robbenfang seit 1695 ergiebt sich folgendes.

Die meisten Schiffe, nämlich 25, gingen ab in den Jahren 1723, 1724, 1725. Der reichste Fang war im Jahre 1740, in welchem von 20 Schiffen 190 Fische gefangen wurden. Dann

1701 von 18 Schiffen 147 Fische.
1705 von 19 Schiffen 145 —
1711 von 20 Schiffen 122 —
1722 von 24 Schiffen 107 —

Dagegen waren schlechte Jahre:

1730, wo 20 Schiffe nur 3 Fische fingen.
1810, wo 18 Schiffe ebenfalls nur 3 Fische fingen.
1807, wo 15 Schiffe nur $4\frac{1}{2}$ Fisch mitbrachten.

Um die Mitte des vorigen Jahrhunderts verfiel dieser Gewerbszweig so, daſs in den Jahren 1757 bis 1759 und 1760 nur Ein Schiff auslief und noch dazu leer wieder kam. Daher denn der Stillstand von 1761 bis 1764, während welcher Zeit gar nichts unternommen wurde. Vom Jahre 1766 datirt sich die Wiederbelebung der Fahrten, jedoch steigt die Zahl der ausgerüsteten Schiffe nicht höher als auf 11, und von 1789 bis zu dem Jahr 1822 hat sie zwischen dieser und der Zahl vier geschwankt. In den Jahren 1808 bis 1813 incl. findet sich gar nichts notirt. Die Mittelzahl der jetzigen Ausrüstungen ist seitdem 7 gewesen. In den beiden letzten Jahren, nämlich 1821. 1822, sind in jedesmal 7 Schiffen 24 und 20 Fische angebracht worden. Für das Jahr 1770 findet sich der „reine Segen" aus 27 Fischen auf 140,165 Thaler angeschlagen, als die höchste von allen namhaft gemachten Summen.

Die auf Actien gegründete Heringsfischerei hat bis jetzt den Interessenten wenig Vortheil gebracht.

Der Handelsverkehr mit England wurde durch einen Freiheitsbrief Carls II. begünstigt. Es wurde den Bremern gestattet (1661), auf Bremischen Schiffen unter Bremischen Schiffscapitänen deutsches Product, aber auch nur dieses, frei nach England zu bringen.

Die Weserlachse, die jetzt so selten und theuer sind, waren vormals in groſser Menge, so daſs eine Verordnung vom Rath soll erlassen worden seyn, (die ich aber nicht gesehen habe) welche den Herschaften vorschreibt, wie oft nur in der Woche sie ihrem Gesinde Lachs zu essen geben dürften, weil wahrscheinlich dieses sich über das Zuviel beschwert hatte. Solche Verordnungen sollen auch in Schottland erlassen worden seyn *). Im Jahr 1644 zeigte sich eine solche Menge dieser Fische in der Weser, dafs oft auf einen Zug hundert Stück gefangen worden, und zwei Pfund mit einem Schilling bezahlt wurden.

Auch an Seeabentheuern fehlte es den Bremern nicht. Im Jahr 1529 begegneten einem Bremer Schiff ganz seltene Dinge. Es war mit Weizen und andern Waaren beladen und nach Lissabon bestimmt. Mehrere Bremische Bürger fuhren mit. Es waren im Ganzen funfzehn Mann. Es dauerte nicht lange, so bemerkten sie, dafs sie ganz vom Wege abgekommen, und dafs der Steuermann, welcher glaubte, sie wären an den französischen Küsten, ganz in der Irre war. Die Mannschaft wurde darüber so erbost, dafs sie den unwissenden Steuermann über Bord werfen wollte. Dieser kniete nieder und bat flehentlich um sein Leben, welches ihm auch geschenkt ward.

Nach langem Fahren auf's Gerathewohl erblickten sie eine Stadt, sandten sechs Mann, um sich zu

---

*) Heron hist. of Scotland; und Tales of my Landlord, vol. IV, 170. Der Verf. des letztern Werks, Walter Scott, führt es aus dem sechszehnten Jahrhundert an, und die Verordnung habe bestimmt, dafs dem Gesinde nur fünfmal die Woche Lachs gegeben werden dürfe.

erkundigen, wo man wäre, und das Getreide anzubieten. Man fand Christenmenschen. Das Anerbieten des Getreides kam, weil es theure Zeit war, erwünscht und viele kleine Fahrzeuge näherten sich dem Bremer Schiff.

Aber die Mannschaft glaubte, ihre sechs Gesellen wären gefangen oder ermordet, und die Bewohner der Stadt kämen nun mit starker Hand, um auch sie zu fangen. Man lichtete also rasch die Anker, entfernte sich und liefs die sechs im Stich. Man segelte darauf noch fünf Tage. Die Hitze wurde unerträglich; die Fässer, welche nasse Waare enthielten, zersprangen und der Inhalt lief aus. Der Durst wurde so schrecklich, dafs sich die Mannschaft um ein ekelhaftes Getränk stritt. Sie wurden nun eins, das Schiff zu durchbohren, sinken zu lassen, und an dem Lande, welches sie seit einiger Zeit gesehen hatten, ihr Heil zu versuchen. Sie wandelten am Ufer hin durch Salz, wie durch Schnee.

Da die Noth immer gröfser wurde, gingen zwei tiefer in's Land, um Trinkwasser zu suchen, aber die Kräfte verliefsen sie und sie blieben liegen. Von den andern, die am Ufer entlang gingen, sanken auch einige erschöpft um. Ein Apfelbaum mit lieblichen Früchten erfreute endlich die Armen, aber wie sie in die Frucht bissen, fühlten sie ein heftiges Brennen und am Munde entstanden Blasen. Kurz darauf sahen sie ein Schiff, welches auf ihr Winken und Rufen herzukam. Es war von den Canarischen Inseln. Durch Zeichen gaben die Bremer zu verstehen, daſs sie noch einige Cameraden zurück hätten. Der Canarier gab ihnen einige Pferde, die auf dem Schiffe waren, um damit schnell die lbrigen aufzusuchen. Einige waren noch am Leben, wurden gelabt und erholten sich, bis auf Einen, der zu eilig trank.

Hierauf segelten sie auch zu dem verlassenen Schiff, nahmen ihre Habseligkeiten heraus und kamen nach den Canarischen Inseln, wo sie mitleidig aufgenommen wurden, nachdem man sich überzeugt, daſs sie keine Seeräuber, sondern deutsche Kaufleute waren.

Als die Güter der Unglücklichen inventirt wurden, fand man unglücklicherweise Bücher, auf denen der Name Martin Luther stand, den die Portugiesen wohl lesen konnten. Auf der Stelle wurden sie als Ketzer, als solche, die den Luther als Gott anbeteten, in Banden gelegt. Sie wurden hierauf sammt den Büchern nach Teneriffa zum Gouvernement gesandt. Hier fand sich zum Dollmetscher der Bücher ein Spanier, der Deutsch konnte, und früher selbst in Bremen gewesen war. Der Gouverneur ließ sich von ihm den Inhalt der Bücher mittheilen. Als es aber an das Buch über die Miſsbräuche des Sacraments kam, erklärte der Dollmetscher den Bremern: Wenn ich dies Buch richtig dollmetsche, so seyd ihr eures Lebens verlustig. Nun ging es an ein Jammern und Versprechen, daſs es einen Stein hätte erbarmen mögen, und der Spanier war gutmüthig genug, das Buch so zu übersetzen, daſs man die

Armen für die besten Christen von der Welt erklärte, sie los ließ und ihnen die Erlaubniſs ertheilte, an den Kirchthüren gute Christen um eine Gabe anzusprechen. Eine reiche Wittwe zeichnete sich besonders durch Wohlthätigkeit aus. Johann Cantor, der sein Lebelang ein Schalk gewesen, sagte auf deutsch zu einem, der ihn beschenkte: Wenn du wüſstest, wat ik vor einer bin, du wördest mi so vele Döget nicht dohn. Und es war dem Bremer Schalk keine kleine Freude, daſs er ihm das sagen konnte, und jener meinte, es wäre ein groſser Dank. Aber Hans van Veerden tadelte ihn darob heftig. Einmal versuchten sie auch, bei Nacht sich eines Schiffes zu bemächtigen, wurden aber zu laut dabei und waren glücklich genug, daſs sie sich in der Dunkelheit unbemerkt wieder in ihre schlechte Behausung zurückziehen konnten.

Endlich wurden sie nach Spanien übergeschifft. Von da begaben sie sich über England nach Hause. Die sechs Zurückgelassenen waren schon in groſsem Elend früher zurückgekommen. Es fand sich, daſs es die Westküste von Afrika war, an welcher sie sich versegelt hatten.

Unter den Waffenthaten der Bremer zur See zeichnen sich folgende aus.

In dem Krieg von 1438, den die Hansestädte mit den Holländern, die anfingen, ihrem Handel bedeutenden Schaden zuzufügen, führten, hingen die Holländer und Seeländer, stolz auf ihr Glück, Besen an ihren Masten auf, zum Zeichen, daſs sie die Meere

von den Schiffen der Feinde gereiniget hätten *).
Der Danziger Abgeordnete, Heinrich Rapesilver, hatte den Hansestädten, weil sie keinen Vergleich eingehen wollten, gesagt: Der Löwe schläft, laſst ihn schlafen (Leonem stertentem non excitandum); weckt ihr ihn, so seht zu, wie ihr ihn wieder in Ruhe bringt (ad vexillum alludens militare Hollandiae, leone inscriptum).

Bremen wurde in diese Fehde gemischt. Der Rath klagte bei Philipp dem Gütigen, Herzog von Burgund (1445), daſs seine Unterthanen den Bremer Bürgern das Ihrige genommen und die Schiffe geplündert. Sie verlangten Erstattung und als diese verweigert wurde rüsteten die Bremer ihre Kriegsschiffe, kaperten dreizehn mit Salz beladene Schiffe, eben so einige gröſsere an der Norwegischen Küste, zwei holländische mit Getreide, die von Danzig kamen, und zerstörten durch Wegnehmung der Netze die Heringsfischerei der Niederländer. Der Bremische Capitän Harger Rotermund traf auf eine grofse Burgundische Krake, welche er trotz ihrer Ueberlegenheit an Gröſse und Mannschaft, nach vorläufiger Berathung mit seinen Leuten, muthig angriff. Die Krake aber war hoch und fest gebaut, es kostete also Mühe, hinaufzukommen und die Entscheidung

---

*) Dieses Symbol brauchte auch Admiral Tromp. Als er den englischen Admiral Blake im J. 1653 geschlagen hatte, heftete er neue Besen an seinen Hauptmast, um damit anzudeuten, er wolle das Meer von allen englischen Schiffen rein fegen.

wankte. Da sammelte Harger nochmals seine Besten, und rief sie zur Tapferkeit im Namen der Vaterstadt auf. Nochmals boten sie ihre äufserste Kraft auf, griffen zu ihren Hacken, Hellebarden und anderm Gewehr, und bemächtigten sich endlich des Fahrzeugs, nachdem sie funfzig Mann getödtet. Das Schiff war mit Malvasier, Gewürz und andern kostbaren Kaufmannsgütern beladen; auch fand man zwei lebendige Löwen auf demselben. Das Schiff wurde mit der Ladung nach Bremen gebracht, und die zwei Löwen in einem Kefigt bei dem Rathhause eine Zeitlang unterhalten. Ein grofser silberner Pokal von der Beute wurde den Rathsherren verehrt, die sich über hundert und funfzig Jahre lang desselben bedienten, wenn sie zu Felde zogen. Im folgenden Jahre kam zwischen dem Herzog und Bremen die Aussöhnung zu Stand, in welcher letzteres durchaus mit gleichem Vortheil wie der Herzog aus der Sache schied*).

Unter den Convoyschiffen, welche Bremen den Kauffahrern zum Schutze mitgab, zeichnete sich dasjenige aus, welches im Jahr 1691 vom Rath ausgerüstet und dem Befehl des Holländers Georg Baek untergeben worden war. Er erhielt monatlich 50 Thaler Gage, ungerechnet die Accidentien, und man überliefs es ihm, das Schiff zweckgemäfs innerlich einzurichten und die Mannschaft anzunehmen. Es führte 46 Stücke und sechs Drehbassen, und hatte

---

*) Das weitläufige und merkwürdige Document über diesen Frieden in Vlämscher Sprache hat Cassel mitgetheilt.

eine Besatzung von zweihundert Mann. Er convoyirte zuerst eine Ladung Waaren nach England, die man auf fünf Tonnen Goldes schätzte. Binnen einem halben Jahr wurde die Fahrt dreimal wiederholt. Im folgenden Jahr jagte er einem Dünkircher Kaper drei Prisen ab, convoyirte überhaupt glücklich viermal nach England und zurück, und wufste sich zu grofser Gefahr eben so gut zu entziehen als der angemessenen zu begegnen.

Im Anfang des Dec. 1694 hatte der Bremische Bergerfahrer Hermann Wilson ein Abentheuer, wobei er eben so viel List als Gegenwart des Geistes zeigte. Er kam von Bergen mit Bergerwaaren und stiefs unter Wegs auf einen Dünkircher Kaper, der sein Schiff eroberte, sechs Mann hineinsetzte, und die Matrosen, aufser dem Kapitän und dem Steuermann, in sein Schiff nahm und nach Dünkirchen segelte. Der Wind zeigt sich dem Wilson günstig zur Flucht, er läfst sich also mit drei der Räuber in ein Trinkgelag ein und macht sie so betrunken, dafs sie sich niederlegen und schlafen. In demselben Augenblick zieht Wilson ein bedenklich Gesicht, die drei Andern fragen, was das zu bedeuten habe. „Was das zu bedeuten hat?" sagt Wilson, „das sollt ihr bald sehen, wir sind verloren, das Schiff wird stranden." Voll Angst steigen die drei in den Mastkorb, um sich umzusehen. Wie sie oben sind, ruft er ihnen zu: „Bleibt, wo ihr seyd, kommt ihr herunter, so hauen wir euch Händ' und Füfse ab." Der Schiffer erhielt von einem vorüberfahrenden Schiff noch einige Leute an Bord, benutzte den günstigen Wind und rettete sein Schiff. Seine Leute aber wurden gegen die von ihm gefangenen ausgewechselt.

Capitän Wilson führte auf seinem Schiffe Veritas 32 Stück und 80 Mann und fuhr nach Genua. Auf der Rückkehr, die er in Gesellschaft eines holländischen Schiffes machte, nahm er im Canal einen französischen Kauffahrer, der mit Linnen beladen war, das nach der Türkei sollte. Die Ladung brachte er nach Cadix. Er und seine Rheder bekamen die Hälfte, Matrosen und Soldaten bekamen einen Monat Gage. Hierauf fuhr er nach England, von da mit dem englischen Convoyer und einigen Hamburger Schiffen nach der Elbe. Auf dieser Fahrt begegneten ihnen acht französische Kaper. Der Bremer liefs seine Flagge wehen, erhielt von dreien der Franzosen eine tüchtige Lage, und sah sich genöthigt, allein drei Stunden lang sich tapfer mit ihnen herumzuschlagen, da der andere Convoyer zum Schutz der Kauffahrteischiffe bleiben mufste. Er schofs so glücklich, dafs der gröfste Kaper den Hauptmast verlor. Da jedoch Capitän Wilson auch einen Schufs unter dem Wasser erhalten, so war es ihm angenehm, dafs die Kaper von ihm ablassen mufsten, um ihre Schiffe wieder in Stand zu setzen. Er hatte nur einen Verwundeten und keinen Todten. Ein späterer Versuch der acht Kaper war umsonst, da Wilson sich indessen mit den andern Schiffen wieder vereinigt hatte. Seine Reise hatte im Ganzen sieben Monate gedauert. Die Ladung bestand in Oel, Reis, Baumwolle, Wein,

Limonien u. s. w. und brachte den Theilhabern bedeutenden Gewinn.

Der nämliche Capitän Wilson segelte am 4. Juli 1697 von der Weser, kam nach Genua, nahm seine Ladung ein und wollte weiter, muſste aber westlich um Corsika herum, weil er hörte, daſs zwischen der italienischen Küste und Corsika sechs französische Kaper kreuzten. Auf dieser Fahrt begegneten ihm die türkischen Schiffe, der fliegende Fisch und der halbe Mond, die zusammen 54 Stücke führten, und stark mit Musketiren bemannt waren. Er faſste seinen Entschluſs, wie ein muthiger Mann, schoſs sich mit ihnen drei Stunden lang herum, und richtete sie so zu, daſs sie von ihm ablassen muſsten. Er hatte fünf Todte und acht Verwundete, und brachte als Denkmal von dem Schusse, den er an die Stirn bekommen, eine starke Narbe und einen Knochensplitter zurück nach Bremen. Doch damit war seine Gefahr noch nicht beendigt, er wurde noch von drei französischen und zwei türkischen Schiffen verfolgt und kam mit genauer Noth nach Malaga. Von da segelte er nach Cadix und weiter nach England. Er brachte eine reiche Ladung mit, aber wegen schwerer Unkosten hatten die Interessenten wenig Nutzen davon.

In den letzten 20 Jahren des 17ten Jahrhunderts seheint überhaupt Bremens Wohlstand vorzüglich geblüht zu haben. Die Bevölkerung scheint seitdem nie höher gestiegen zu seyn. Man rechnet über 40,000 Einwohner. Das Brückenthor, die Börse, das alte Waisenhaus zu St. Petri, das groſse Armenhaus und die Kirche zu St. Michaelis in der Vorstadt, wurden in diesen glücklichen Jahren gestiftet und erbaut.

Es ist nicht uninteressant, das Verhältnifs der Bankerotte des siebenzehnten und des neunzehnten Jahrhunderts zu kennen. Das Jahr 1700 zeichnete sich durch viele Bankerotte und Fallimente aus, aber seltsam genug, dafs unter den genannten Fallirten kein Speculant ist, sondern die meisten sind Krämer, Brauer und Handwerker, darunter sogar zwei Barbierer, und obgleich die stärkste der Fallitmassen nur 14000 Thaler betrug, so entstand doch daraus eine solche Bedenklichkeit, dafs sehr viele Rentenirer ihre Capitalien aufkündigten, welches denn noch mehrere Bankerotte zur Folge hatte. Um dem leichtsinnigen Accordiren zu wehren, wurde eine Verordnung erlassen, dafs kein Accord mehr genehmigt werden solle.

Unter den Verordnungen wegen der Ausfuhr bemerkt man in der kundigen Rolle das Bandholz, welches zu Reifen gebraucht wurde, also Weiden u. dgl. eben so konnte Bauholz nur zu eigenem Gebrauch gekauft und nur mit Bewilligung der Stadtbaumeister ausgeführt werden, eben so wenig Torf, Kohlen oder Brennholz und Getreide ohne Erlaubnifs des Raths. Der Handel mit Mühlensteinen war ein Vorrecht des Raths, der das Privilegium dazu vergab. Man unterschied Rheinische und Bergsteine: jene kamen aus Holland über See von Andernach, diese wurden in den Wesergebirgen gebrochen und kamen den Flufs herunter.

Bringen fremde Handelsleute Elsassische oder Rheinische Weine zum Verkauf nach Bremen, den die Stadt-Weinherrn nicht kaufen wollen, so können die Fremden, mit Bewilligung des Raths, den Wein anstechen und maasweise verkaufen, aber kein Bürger soll mit dazu in Compagnie gehen, oder den Gewinn mit ihnen theilen (Stat. 66.).

Schon frühzeitig fand der Rath nöthig, Verordnungen wegen der Veruntreuungen der Kahnführer auf der Weser zu machen, eine Noth, die noch bis auf diese Stunde den Bremer Kaufmann drückt.

Von St. Martini bis St. Peter stand es beim Schiffer und bei den Befrachtern, ob sie ein Schiff auslaufen lassen wollten oder nicht, indem der erstere die Fahrt aufgeben, letztere die Fracht zurücknehmen konnten.

So wie es aber überhaupt eine besondere Politik der Stadträthe des Mittelalters war, bei allen Fürsten durch Verträge ihren Kaufleuten Sicherheit nach Aufsen zu verschaffen, so sorgten sie auch durch weise Gesetze, dafs ihr Handel überhaupt in gutem Credit blieb. Die Verfälschung der Waaren war in Bremen gesetzlich verboten, so dafs sogar Niemand Dänische Butter für Friesische, anderes Salz für Lüneburger verkaufen durfte *).

Als Holland und England, Spanien und Frankreich in den Besitz von Colonien kamen, knüpfte sich mit diesen der bedeutendste Handel für Bremen an, ohne dafs man jedoch die Colonialproducte an Ort und

---
*) Kundige Rolle §. 58. 81. 82.

Stelle holte, und blieb sich einige Jahrhunderte hindurch fast gleich bis zu der Befreiung von Nordamerika. Bis dahin waren keine Bremer Schiffe nach aufsereuropäischen Häfen gegangen, als etwa nach Grönland und der Davisstrafse. Es fiel damals Niemanden ein, die Hansestädte zu verlästern, dafs sie von jenen Nationen die Colonialwaaren aus zweiter Hand erhielten, und dennoch stieg der Reichthum Deutschlands.

Die erste Unternehmung nach Nordamerika, bald nachdem dieses sich frei gemacht hatte, mifslang gänzlich; ein Versuch nach Ostindien lockte wenigstens zu keinem zweiten. Noch im Jahr 1786 war das Verhältnifs so, dafs 101 Schiffe aus Frankreich (aus Bordeaux allein 58), 61 aus England, 3 aus Italien, 6 aus der Türkei, 27 von Norwegen und Schweden, 28 von der südlichen Ostseeküste, 5 aus Amerika, 81 aus Holland, 160 aus Friesland, Hamburg, Oldenburg u. s. w. in Bremen abluden. Sechs Grönlandsfahrer brachten 39 Fische. Zusammen 478 Schiffe.

Indefs hatte jener erste mifslungene Versuch nach Amerika nicht abgeschreckt, obgleich der Handel dahin erst seit dem Seekriege im Jahr 1793 zum Haupthandel Bremens so heranwuchs, dafs die Zahl der in den Jahren von 1796 bis 1799 eingekommenen Schiffe zusammen über 4000 betrug. Der Neutralitätszustand hatte den Bremern grofsen Vortheil gebracht, zugleich aber auch einen künstlich erhöhten, weit über das natürliche Kapital hinausgehenden Handelsschwindel geschaffen, der durch irgend welche Stöfse grofsen Nachtheil nach sich ziehen mufste, so wie der durch raschen Geldumlauf gestiegene Luxus aller Stände schon ein grofser Nachtheil war. So sehr ein Luxus, der sich auf einen dauernden Reichthum stützt, wohlthätig ist, so verderblich ist derjenige, der schnell aus einem vorübergehenden glänzenden Flor der Gewerbe erwächst.

Als demnach der Credit im Jahr 1799 anfing zu wanken, wurden durch Uebereinkunft von Senat und Bürgerschaft zur Begründung einer Waarenbank für eine Million Thaler Staatsbillets geschaffen, und auf eine dem Handelsverkehr günstige Art in Umlauf gesetzt demselben aber in der Folge wieder entzogen; eine Maasregel, welche die erwünschtesten Folgen hatte*).

Im Jahr 1796 kamen 1521 Schiffe, darunter nur 112 englische. Da nun im Jahr 1786 unter 478 Schiffen 61 in England verladene waren, so ist es klar, dafs sich das Verhältnifs sehr geändert hatte, und nicht zum Vortheil der englischen Ausfuhr, indem im Jahr 1786 auf 478 Schiffe 61 englische, im Jahr 1796 auf 1521 nur 112 englische kamen.

In den drei Jahren 1818 bis 1820 importirten 1236 Schiffe, exportirten 455 (die übrigen gingen mit Ballast) unter Bremer, englischer und amerikanischer Flagge, ungerechnet die Küstenfahrer, an der Zahl 2019 Schiffe. Letztere machten zusammen 52,000 Last. Die ganze Zahl der in den benannten drei Jahren

---

*) S. in Smidts Hanseatischem Magazin 3. B. 2. Heft. Bremen 1800. Etwas über die Ursachen der letzten Handels-Krise und ihren Einflufs auf Bremen.

in Bremen eingelaufenen Schiffe beträgt also 3255. Bremen hat allein mit seinen Schiffen in jenen Jahren 279 Schiffsladungen importirt und 128 exportirt, also bei weitem mehr, als irgend eine Nation, welche mit dieser Stadt in Verbindung steht, Ladungen nach Bremen in eigenen Schiffen gesandt hat.

Die Importation schwebte in den Jahren 1815 bis 1820 zwischen 14 und 16 Millionen Thalern jährlich, umfaſste aber gröſstentheils rohe Gegenstände, welche in deutschen Fabriken verarbeitet werden, als rohe Baumwolle, Farbestoffe, rohen Zucker, unbereiteten Tabak, nebst Kaffee, Thee, Wein und Gewürzen. An ausländischen Manufacturwaaren wurden in den genannten sechs Jahren nur für 900,000 Thaler eingeführt, also auf das Jahr für 150,000 Thaler.

Die Ausfuhr schwebte zwischen vier bis sechs Millionen Thalern jährlich, umfaſste dagegen fast **nur deutsche fabricirte Waaren.** In den Jahren 1818 bis 1820 betrug die Ausfuhr der Leinwand allein 8,057,910 Reichsthaler (Louisd'or zu 5), wovon der gröſste Theil nach Westindien ging. In den genannten drei Jahren führte Bremen für 1,743,661 Rthlr. deutsche Waaren nach Groſsbritannien und Irland.

Im Allgemeinen betrugen die durch Bremen eingebrachten ausländischen Manufakturartikel nur den acht und achtzigsten Theil der gesammten Einfuhr.

Die Lage Bremens hat manches Nachtheilige für den Handel; die Kaufmannschaft dieser Stadt bedarf daher ganz vorzüglicher Thätigkeit und Sparsamkeit, um bei so manchen Schwierigkeiten dennoch mit andern Seeplätzen wetteifern zu können. Die Regierung muſs zu dem Behuf mit groſser Weisheit zu Werke gehen, daſs ein gutes Verhältniſs mit andern Mächten aufrecht erhalten, daſs alles, was dem Handel mittel- oder unmittelbar entgegenwirken kann, vermieden und das Gegentheil gefördert, besonders aber, daſs der patriotische Sinn des Bürgers auf alle mögliche Weise aufrecht erhalten werde, welches nur dann geschieht, wenn er nie zu vergessen braucht, daſs er wirklich der freie Bürger eines wahrhaft freien Staates ist. Wenn er dieſs aber ohne Ursache vergiſst, so verkennt er offenbar sein Glück, und verdient nicht, an den Vorzügen, die unser kleiner Freistaat seinen Gliedern gewährt, Theil zu haben. Auch darf nie das gehörige Maas im Leben vergessen werden, in dessen Beobachtung die Vorfahren Reichthümer erwarben, welche noch jetzt das Fundament der Wohlhabenheit unserer guten Familien ausmachen. Ein plötzlich entstehender ungewöhnlicher Flor des Handels hat ganz zuverlässig ein eben so ungewöhnliches Stocken desselben zur Folge. Wer sich durch jenen nicht gleich zu gröſserem Aufwande verleiten läſst, wird in diesem nicht genöthigt seyn, sich herabzustimmen, oder zu falliren. Wird dieſs Alles beachtet, so werden manche natürliche Hindernisse weniger Schaden bringen, als man auf den ersten Anblick glauben möchte *).

---

*) Das Ausführliche über den Handel der Bremer findet man in meiner Schrift: „Ueber das Verhältniſs der freien Hansestädte zum Handel Deutschlands. Von einem Bremer Bürger. Bremen 1821, bei Joh. Georg Heyse."

Der Wehrstand der Bürger.

Bremens Bürger vertraten schon in den ältesten Zeiten die Waffenehre der Vaterstadt und behaupteten sie rühmlich in bedrängenden Belagerungen und offenen Feldschlachten. Die spätere Einrichtung von Soldtruppen beschränkte den wehrhaften Bürger auf die persönliche Behandlung seines eigenthümlichen Feuergewehrs und auf den Schutz der innern Ruhe bei aufserordentlichen Begebenheiten mittelst besonderer Aufforderung, wozu die Bürgerschaft in 30 Compagnien nach den Districten der Alt- und Neustadt und den Vorstädten eingetheilt war. Das besoldete Stadtmilitär von 500 Mann verrichtete den eigentlichen Garnisonsdienst, in Fällen der Unzulänglichkeit von den Bürger-Compagnien unterstützt. Die Bewohner des Gebietes leisteten keinen Waffendienst. Die Einverleibung Bremens an Frankreich lösete im Frühjahre 1811 das Stadtmilitär auf, und entwaffnete zwar später die Bürgerschaft, liefs aber die Formen der bürgerlichen Wehrverfassung unberührt, die sich auch von Zeit zu Zeit, namentlich im Frühlinge und Sommer 1813, mit Gewehren vorsichtig wieder versehen, activ zeigte. In allen Perioden bewährte die nie ganz aufgegebene, wenn auch den Umständen und Ereignissen nach mehr oder minder durch Form oder wirkliche Thätigkeit einschreitende Bürgerbewaffnung die Wohlthätigkeit ihrer Aufrechthaltung.

Die kriegerischen und politischen Umwälzungen im Herbste 1813 veränderten mit der ersten Morgenröthe unserer wiedererlangten Freiheit nach der Zeit angemessenen Grundsätzen die ganze Gestalt der Bewaffnung, die der unverloren kräftige Geist deutschen und freien Sinnes belebte und leitete. Schon standen, während der Usurpator unsere conscribirten Söhne unter fernen Himmelsstrichen noch in seinen Reihen gefesselt hielt, und der letzten Blüthe unserer Jugend uns durch Errichtung der Ehrengarden beraubte, viele Bremische Männer und Jünglinge unter den Befreiern Deutschlands, und die Stämme eigener Bremischen Banner begannen, sich bereits vom Ende Octobers 1813 an, noch vor dem Abzuge des Feindes aus unsern Gegenden, zu bilden. Ein Bataillon Fufsvolk von 800 Mann, eine Schwadron Uhlanen von 150 Mann, und eine Compagnie Büchsenjäger von 120 Mann (letztere, von einem wackern Bremischen Bürger auf eigene Kosten errichtet, ausgerüstet, besoldet, auch von ihm als Hauptmann commandirt), standen in wenig Monaten, mit allen Erfordernissen versehen, zum Dienste des wiedergebornen Vaterlandes bereit, und rückten bereits am 1sten Februar 1814, unter den Oberbefehl des Kronprinzen von Schweden gegeben, ins Feld gen Frankreich. Das hohe Gefühl der Bremer für den ernsten Schritt der Zeit beschränkte sich nicht auf den Muth seiner waffenfähigen Männer; gleich laut und rührend verkündete es sich in den Opfern der Liebe und des Patriotismus, womit nach erschöpfenden Bedrückungen und Erpressungen der freie Wille die Gabe des Reichen und Armen, des Vornehmen und Geringen, des Mannes und Weibes, des Greises und Kindes, zur Bestreitung der vielen Kriegsbedürfnisse auf des Vaterlandes Altar legte. Zugleich, schnell, kräftig und mildthätig trat die Wirksamkeit edler Frauen und Jungfrauen aus deren Verein ins Leben. Unvergefslich viel verdanken ihrer Sorgfalt die leidenden und thätigen Krieger aller verbündeten Heere. Aber, dafs die bedeutungsvolle Zeit ganz aufgefafst und gewürdigt war, bewiesen Bremens Obere und Bürger in der zeitgemäfsen völligen Umgestaltung der Bürgerbewaffnung. Schon Anfang Januars 1814 ward diese organisirt, zu dauernder Erhaltung des aus beabsichtigter Zertrümmerung neu und kräftiger hervorgehenden Volksgeistes, zur Abwehrung innerer und äufserer Gefahren, zur Gewöhnung und Ausbildung kriegerischer Erfordernisse. Unter dem Namen Bürgergarde wurden drei Infanterie-Bataillone, welche sämmtliche männliche Bewohner der Stadt und des Landgebietes vom 20sten bis 50sten Jahre umfafsten, errichtet, völlig militärisch bekleidet, bewaffnet, gleichmäfsig, unter den allernothwendigsten, kaum merklichen, bürgerlichen Berücksichtigungen, disciplinirt und in kriegerisch-regelmäfsigen Waffenübungen ausgebildet. Die vier Compagnien jedes Bataillons theilten sich nach ihren Districten ein; jede einzelne von einem Hauptmann, einem Ober- und zwei Unterlieutenants, nebst Feldwebel und übrigen Unterofficieren, befehligt. Den Stab des Bataillons bildet der Major nebst Quartiermeister und Adjutant. Das rein-militärische Ober-Commando sämmtlicher Bataillons führt als Oberst und Regimentschef ein Bürger. Diesem unmittelbar untergeordnet und in der technischen Leitung des Commando's, der Verwaltung und Ausbildung im Einzelnen und in Massen, so wie in der Erledigung der Dienstgeschäfte zur Seite stehend, ist ein besoldeter General-Adjutant angestellt, der, jenen Erfordernissen zu entsprechen, ein militärisch-gebildeter Officier seyn mufs. Die oberste Leitung und nächste Verfügung über das Ganze ruht in den Händen einer aus Rath und Bürgerschaft niedergesetzten Commission, welcher der Oberst unmittelbar verantwortlich ist, und in deren Mitte er Sitz und Stimme führt. Das Regiment hat seinen eigenen Gerichtsstand in den untern Instanzen. Der Dienst dieser zahlreichen, der Linien-Infanterie ähnlich exercirten Bürgerbewaffnung, begreift, aufser obigen Bestimmungen, den Wach- und Garnisondienst des regulären Militärs im Fall dessen Ausmarsches oder sonstiger Unzulänglichkeit.

Nach der Rückkehr dieses letzteren aus dem Felde im Juni 1814 ward die im Friedensstande dem Staate damals nicht benöthigte Reuterei und die Jäger-Compagnie des Hauptmanns Böse aufgelöset; das Infanterie-Bataillon bis auf die für den täglichen Wacht- und Polizeidienst erforderliche Mannschaft verringert.

Rechtfertigte weises Streben nach erlaubten Ersparungen in einem von frühern Erschöpfungen noch leidenden Zeitraume solche Mafsregeln, so ward nicht minder der gleichgebliebene vaterländische Geist gerechtfertigt, als Deutschland 1815 nach seinen Söhnen rief. Ein vollzähliges Bataillon, eine noch zahlreichere als früher gewesene Jäger-Compagnie, letztere mit bedeutendem eigenen Kostenbeitrage wieder von dem inzwischen zum Obersten der Bürgergarde ernannten Hauptmann derselben (Heinr. Böse) errichtet, stand im möglichst kürzesten Zeitraume schlagfertig und stiefs in Frankreich zur Armee des Herzogs von Wellington, während eine sich selbst völlig ausrüstende Anzahl freiwilliger Jäger zu Pferde und zu Fufs im Preufsischen Heere unter dem Fürsten Blücher, und zunächst unter dem Obersten v. Lüzow, ihrem nachherigen Mitbürger, diente. Bremens Söhne kämpften in den Actionen und Schlachten dieses kurzen, entscheidenden und blutigen Feldzuges, und nach errungenem Frieden empfing sie die edelherzig dankbare Vaterstadt mit rührender Auszeichnung wieder in ihrer Mitte.

Die Hand der Meisten, die das Schwert der Befreiung geführt, widmete sich wieder dem bürgerlichsegnenden Gewerbe. Nur der Stamm eines Infanterie-Bataillons verblieb zur Verrichtung des innern und Garnisons-Dienstes.

Während jenes Feldzuges ward dieser Dienst ausschliefslich von der Bürgergarde geleistet, die sich gerechter Ansprüche auf Achtung ihrer Mitbürger und des zahlreich einquartirten fremden Militärs versicherte. Der Chef des zweiten Bataillons, Major, nachmaliger Oberst, Oelrichs, erwarb sich besondere Verdienste in dem vielfach schwierigen Posten eines Platzcommandanten.

Im Jahre 1817 ward nach bisher praktisch gesammelten Erfahrungen eine Reorganisation der Bürgergarde, die nun zugleich den Namen Bürgerwehr erhielt, vorgenommen. Die Wehrpflichtsjahre wurden auf das Alter vom vollendeten 20sten bis zum vollendeten 35sten beschränkt. Die drei bisherigen Bataillone bildeten sich aus den zehn letzten Jahrgängen nach der alten Eintheilung der Bataillons- und Compagniedistricte. Ganz neu hinzu kam ein viertes leichtes Bataillon, aus den vollendet 20jährigen bis vollendet 25jährigen formirt, dessen hin und wieder von der der drei ersten Bataillons abweichende Verfassung auch durch weit zahlreichere Waffenübungen einer völlig militärischen Einrichtung und Fertigkeit gleicht. Ein beträchtlicher Theil der Officiere und Unterofficiere hat bereits im Felde gedient. Die freiwilligen Krieger der letzten Feldzüge bilden keine abgesonderte Abtheilungen, weil dieses, den Gemeingeist verdrängend, Sectirungen im gleichen Berufe freier Bürger veranlassend, gewiſs sehr richtig erachtet ward. Dagegen hat des Staates freie Dankbarkeit ihnen Vorzüge bei bürgerlichen Anstellungen und Versorgungen bewilligt. Wie hier sind sie auch im Waffendienste bei gleichen Talenten die nächst Berücksichtigten.

Diesemnach zählt Bremens Gesammtbewaffnung unter seinem Stabe ein Regiment Bürgerwehr von drei Linien-Bataillonen und einem leichten Bataillon, deren Dienst sich im Friedensstande zunächst nach Maſsgabe der Waffengattungen auf kriegerische Uebungen, auf Postenbesetzung bei Brandfällen und in besonderen

Ereignissen auf Unterstützung oder Vertretung der Militär-Garnison beschränkt, und ferner für diese Garnison ein mäfsiges Feldbataillon, aus vier Compagnien und einem Schützenzuge bestehend. Die Kriegspflicht wurde bei Eröffnung des Feldzuges von 1815 durch Rath und Bürger-Beschlufs für die eingebornen Jünglinge ausgesprochen.

Zur Bedienung der Löschanstalten ist seit mehreren Jahren ein aus Officieren, Unterofficieren und Brandmännern bestehendes besonderes Corps unter Leitung einer Raths- und Bürger-Commission zweckmäfsig und neu organisirt. Die Verpflichtung dazu tritt nach vollendetem Wehrpflichtsalter unter früherer Berücksichtigung einiger dazu vorzüglich geeigneter Gewerbe, als Maurer und Zimmerleute, Schornsteinfeger u. s. w. ein.

Kirchliche Verfassung.

Schon seit frühern Zeiten rühmt sich Bremen, eine Herberge der Kirche zu seyn; und wenn sich da des Herrn Kirche findet, wo in seinem Geiste, möglichst frei von menschlichen Bestimmungen, die Wahrheiten des Evangeliums verehrt und zur Beförderung des religiösen Lebens genutzt werden, mag es sich dessen wohl rühmen. Seit Heinrich v. Zütphen zwei Jahre lang von 1522 bis 1524 in der Ansgarius-Kirche gepredigt, hatte die Reformation unter allen Klassen und Ständen der Bürger zahlreiche Freunde gefunden. Allein bald wurde es diesen schwer, sich über die Streitigkeiten der protestantischen Theologen zu vereinigen, von denen ein Theil meinte, nicht bindend genug das Uebersinnliche durch bestimmende Begriffe beschränken zu können. Es schien, als würden die Anstrengungen der Geistlichen, welche für diese Bestimmungen eiferten, den Sieg davon tragen; der freiere Geist der Bürger aber behielt die Oberhand. Man gab dem Gelehrtern, Sanftern und Freisinnigern unter den ersten Reformatoren Deutschlands den Vorzug, trat förmlich zu dem Frankfurter Recefs vom Jahre 1558, und duldete hochherzig die Drangsale, welche zum Theil Folge dieses Beitritts waren. Von dieser Zeit an bestanden bis zum Jahre 1638 beide Partheien, die strengere und die freiere, neben einander; jene, die kleinere, ohne öffentlich anerkannt zu seyn; diese, die gröfsere, vom Staate emporgehalten und durch Traktate geschützt. In dem genannten Jahre ward die ehemalige Domkirche zu einer Gottesverehrung nach dem Ritual der lutherischen Confession, wie sich diese in dem Verlauf eines Jahrhunderts ausgebildet hatte, eröffnet, und den Lutheranern eine freie Religionsübung zugestanden, so weit sie mit den Rechten der bestehenden Confession, die sich während dieses Zeitraumes den Gebräuchen und der Lehrform der Reformirten mehr genähert hatte, verträglich war. Eine herrschende Kirche setzt überall der Freiheit der nicht begünstigten lästige Schranken; wie viel mehr in Zeiten, wo man sich, um das Heil der Seelen zu befördern, nur in dem engen Kreise gewisser Lehrsätze und Uebungen meinte bewegen zu dürfen. Doch auch diese Beschränkungen sind durch die Veränderungen, die sich im deutschen Vaterlande ereigneten, durch die sich immer mehr vom Roste der Zeit reinigende Denk- und Sinnesart, und durch die von dem Senate und der Bürgerschaft getroffenen weisen und angemessenen Veranstaltungen gegenwärtig völlig entfernt. Die lutherische Petrigemeine geniefst jetzt dieselben Rechte, wie die Pfarrgemeinen der Stadt; in der Constitution gibt es keine Hindernisse, wodurch dem Lutheraner der Zugang zu den Staatsämtern mehr erschwert würde, als dem Reformirten; der Unterschied beider Confessionen besteht unter den gebildeten Bürgern nur in dem Namen, und es läfst sich hoffen, dafs auch dieser noch zuweilen lähmende Unterschied, wenn gleich die Menge sich noch immer an die Namen hängt, bald der äufsern Vereinigung zu Einer Kirche weichen werde.

Da sich das Verhältnifs des Staats zur Kirche in Bremen nach den Grundsätzen bildete, von denen die der Augsburgischen Confession verwandten Reichsstände ausgingen, so gelangte auch der Senat nach dem Vorgange der übrigen protestantischen Fürsten zur Ausübung der bischöflichen Rechte; dagegen hatte sich das Innere der einzelnen Gemeinen der Stadt schon früh zu einer freiern Verfassung gestaltet. Jede Gemeine hat zwei Aeltesten, welche unter dem Namen Bauherren die Angelegenheiten derselben leiten. Einer von ihnen wird aus den Mitgliedern des Senats gewählt, wenn sich deren in dem Kirchspiele finden.

Mit diesen bilden die Prediger, acht Diakonen und die angesehenern Kirchenglieder einen Ausschufs, der über Gegenstände von geringerer Bedeutung ohne Zuziehung der Gemeine Bestimmungen trifft, diejenigen, über welche die ganze Gemeine zu entscheiden hat, vorbereitet, und die Subjecte zur Besetzung erledigter Kirchenämter vorschlägt. Die Gemeine wählt aus den Vorgeschlagenen, und versammelt sich dazu, wie zu Verhandlungen über Gegenstände allgemeiner Berathung, in Conventen, welche von dem dirigirenden Bauherrn präsidirt, und deren wichtigere Beschlüsse von dem Senate bestätigt werden. Diese Einrichtung, deren Vorrechte bis zum Jahre 1814 nur die vier Pfarreien der Altstadt genossen, seit der Zeit aber auch die Petrigemeine und die in der Neustadt mit ihnen theilt, ist im Wesentlichen dieselbe; nur haben einige Kirchspiele sich in den letztverflossenen Jahren der, den Reformirten eigenthümlichen, Presbyterialverfassung mehr zu nähern gesucht. An den Versammlungen der Petrigemeine können wegen ihrer Gröfse, da die Glieder derselben mehr als die Hälfte der Einwohner Bremens ausmachen, nicht alle Genossen derselben Theil nehmen; ihre Kirchenconvente werden daher nur durch einen Ausschufs, der aus den vier Bauherren, vier Predigern, vier und zwanzig Diakonen, welche früher dies Amt verwaltet haben, den Gelehrten und anderen in öffentlichen Aemtern stehenden Mitgliedern der Gemeine besorgt. Die beiden Gemeinen der Vorstadt haben nur das Recht, ihre Prediger zu wählen, stehen aber in allen übrigen

Kirchen- und Schulsachen unmittelbar unter einer besondern Inspection aus dem Senate. Ebenfalls hängt das gesammte Kirchen- und Schulwesen in dem Gebiete unter Oberaufsicht des Senats von zwei Mitgliedern desselben ab, welche den Namen der Inspectoren oder Visitatoren der Kirchen und Schulen auf dem Lande führen. Doch ist die Gemeine im Flecken Vegesack, gleich den vorstädtischen Gemeinen, zur Wahl ihres Predigers aus einem von der Inspection formirten Wahlaufsatze berechtigt. Die Angelegenheiten ihrer Hauptschule besorgt jede Stadtgemeine durch ihre Bauherren und einen denselben zugeordneten Ausschufs. Das allgemeine Armenwesen wird unter einer Direction aus dem Senate von Bürgern administrirt, und die Verwendung der Hülfsleistungen von den Diakonen der Stadt- und Vorstadtgemeinen besorgt. Aehnliches findet auch bei den frommen Stiftungen Statt. Das Verhältnifs der römisch-katholischen Gemeine wird definitiv bestimmt werden, sobald es nach den Verhandlungen verschiedener deutschen Fürsten und der freien Städte mit dem römischen Stuhl und der dadurch herbeigeführten päpstlichen Bulle vom 20sten August 1821 wird regulirt werden können. Gegenwärtig führt eine obrigkeitliche Inspection, welche aus einigen Mitgliedern des Senats besteht, über diese Gottesverehrung, bei welcher zwei Prediger und zur Verwaltung des Kirchengutes mehrere Vorsteher angestellt sind, die Aufsicht. Den Katholiken, welche ungefähr 1500 Seelen zählen, ward vor einigen Jahren vom Senate eine schöne Kirche angewiesen, zu deren

Benutzung jetzt Anstalt gemacht wird. In dieser verschiedenen Beziehung zum Staate bestehen gegenwärtig neben der lutherischen Petrigemeine sieben reformirte Pfarrgemeinen in der Stadt und den Vorstädten, — von denen die zum H. Ansgarius durch die Wahl eines lutherischen Predigers mehrere Familien dieser Confession mit sich vereinigt hat, — dreizehn in dem Gebiete. Von letzteren sind eilf reformirt, eine lutherisch; die Einwohner des Fleckens Vegesack haben sich zu einer evangelischen Gemeine vereinigt. Das Ministerium, zu welchem die zwölf Prediger der sieben Pfarrkirchen in der Stadt und den Vorstädten gehören, hat nur eine beirathende Mitaufsicht in Kirchensachen, und übergibt seine Vorstellungen an den Senat dem Präsidenten desselben. Es hat die Besorgung der einzuführenden Liturgie und des Gesangbuches, prüft die berufenen Prediger, Candidaten und Schullehrer, verpflichtet und ordinirt die ersten, und veranstaltet mit den Predigern im Gebiete und dem Prediger des Armenhauses zur Erhaltung des kirchlichen Lebens auf eine davon den Kirchenvisitatoren gemachte Anzeige, beliebige Zusammenkünfte. Den Vorsitz bei seinen Versammlungen führt abwechselnd einer der vier Hauptprediger an den Kirchen der Altstadt unter dem Namen eines Direktors, durch den alle die Kirche betreffenden Vorstellungen an den Senat gelangen, so wie dessen Anzeigen und Beschlüsse durch ihn an das Ministerium kommen.

Schul- und Gelehrtengeschichte Bremens.

Die Geschichte des wissenschaftlichen Lebens geht in Bremen, wie in ähnlichen deutschen Städten, von den dafür errichteten Stiftungen, von den Schulen, aus. Diese waren sofort da unentbehrlich, wo zur Gründung, Befestigung und weitern Verbreitung des Christenthums neue Bisthümer gegründet wurden; daher fällt der Anfang literarischer Regsamkeit unstreitig mit der Stiftung des Bisthums zusammen, d. h. in das letzte Viertel des achten Jahrhunderts. Zwar gibt es keine bestimmte Angabe von der Errichtung einer Schule unter dem ersten Bremischen Bischof Willehadus; allein erwägt man, daſs dies Bisthum auf der Gränze nicht nur der Karolingischen Monarchie, sondern auch der damaligen christlichen Welt, und mit dem Ausblick auf Erweiterung derselben nach Norden und Osten hin errichtet wurde: so muſste wohl sofort an eine Anstalt zur Bildung junger Geistlichen, insbesondere künftiger Missionare, gedacht werden. Denkt man sich weiter hinzu, was theils von Karl dem Groſsen selbst, theils auf Synoden im Allgemeinen zur Verbreitung des Christenthums und des damit verknüpften Beginnens wissenschaftlichen Lebens verordnet wurde; und darf man aus dem Umstande, daſs in einem von Karln der Stadt Osnabrück gegebenen Privilegium schon ausdrücklich Graecae et Latinae Scholae als daselbst bestehend erwähnt werden, analogisch auch auf andere Sächsische Cathedralen schliefsen: so erhält die Vermuthung, dafs in Bremen mit dem Bisthume zugleich auch eine Schule gegründet sey, fast Gewifsheit.

Auch das erste historische Datum vom Bremischen Schulwesen bestätigt diese Vermuthung. Im zehnten Jahrhundert wird schon ein Rector der Bremischen Schule Namens Triadhelmus erwähnt, der im Kloster Corvey von Octricus nachherigem Erzbischof von Magdeburg, dem gelehrtesten Manne seiner Zeit, gebildet, der hiesigen Schule Ruf mufs erworben haben; denn unter den Schülern dieses Triadhelmus wird ein dänischer Prinz Odincar genannt; ferner die beiden Bischöfe Osmund und Vicelin, von welchen der letztere sich den rühmlichen Beinamen eines Apostels der Slaven erwarb, werden als Zöglinge dieser Schule erwähnt.

Freilich mögen diese ersten Blüthen wissenschaftlichen Lebens im Sachsenlande sehr gelitten haben in der bald eingetretenen rauhern Zeit. Das gemeinsame Leben der Geistlichen an den Bischofssitzen, diefs wohlthätige Institut Chrodegangs von Metz, das sich so segenreich verbreitet hatte, zerfiel, hier in Bremen namentlich, unter den Erzbischöfen, Unwan und Bezelin. Normannen und Magyaren verstörten wechselseitig das kaum begonnene stillere Leben überhaupt und die Ruhe der Bischofssitze und Klöster insbesondere. Doch fällt noch in den Anfang dieser stürmischen Zeit die rastlose geistige und geistliche Thätigkeit des frommen nordischen Apostels Ansgarius, der sich um Bremen in so mancher Rücksicht verdient gemacht hat. Im folgenden Jahrhundert bringt das Zeitalter der Ottone Italien mit Deutschland abermals in Verbindung; unter Otto dem Zweiten kommt der Sächsische Kaiserhof sogar mit Griechischer Kultur in Berührung. Der zarte Spröfsling des Römisch-Deutschen und Griechischen Kaiserhauses, Otto der Dritte, pflegte mit jugendlicher Wärme was ihm aus dem Heimathlande der frühern Humanität sich anbot, und sammelte um sich und unterstützte und beförderte zu den bedeutendsten Wirkungskreisen die gelehrtesten und gebildetsten Männer seiner Nation und seines Stammes. — Alles diefs mufs vortheilhaft auf das nördliche Deutschland und auch hier zur Belebung des wissenschaftlichen Strebens und der Institute für dasselbe gewirkt haben.

Auch ist hierbei nicht zu übersehen, dafs zu gleicher Zeit das Leben der Laien an einem Orte wie Bremen, wo Flufs- und Seeschifffahrt sich begegnen, bald regsamer werden mufste, als an Orten von nicht so begünstigter geographischer Lage. Die Befreiung von der Macht der Potestaten, welche Otto der Grofse der Stadt gewährte, setzt voraus, dafs freieres und durch eigene Anordnung in Schranken gehaltenes Leben unter den Einwohnern schon entstanden war. Auch diefs mufste bei der Wechselwirkung, worin im Mittelalter Laien- und Kirchliche Welt zu einander stehen, auf die letztere anregend, belebend und erfrischend einwirken, zumal, da beider Stände Strebeziel, bei den Laien Erweiterung der Handelskreise, beim Clerus der bischöflichen Sprengel, sie auf den nämlichen Bahnen noch eine geraume Zeit zu trauten Gefährten verbinden konnte.

Die Bettelorden mögen bei ihrer ersten Ansiedlung in den Städten einigen Ersatz für das verfallene gemeinsame Leben der regularen Chorherren und das damit verfallene Schulwesen gewährt haben; aber hoch läfst sich diefs nicht anschlagen, bei dem einseitigen, das Interesse des Ordens rastlos verfolgenden Geiste dieser Institute und der steigenden Dürre des Scholasticismus. Die Dominicaner bereiteten wenigstens durch die Aufführung des Catharinenklosters und seiner Nebengebäude den später so erfreulich daselbst aufblühenden Lehranstalten ein geräumiges Local; was sie selbst und die Franziscaner in den von ihnen eröffneten Schulen der Jugend boten, hat sich schwerlich über das gewöhnliche geistlose Treiben in solchen mönchischen Instituten erhoben; wenn es auch von den Schulen dieser Orden heifst, dafs sie dieselben nach dem Muster der Oxfordischen, Parisischen und anderer Schulen und Academien eingerichtet. Weder hohe noch niedere Lehranstalten waren in dem stockenden Zeitalter, das vor der Reformation hergeht, geistanregend. Selbst auf der höchsten Lehranstalt in Deutschland, zu Prag, sieht es nach dem Studienplan Kaiser Karls IV. höchst dürftig aus; selbst da spielt das Doctrinale, eine in Leoninischen Versen abgefafste schlechte lateinische Grammatik, noch eine grofse Rolle, und in den niedern Schulen herrschen neben diesem Doctrinale noch barbarischere Bücher,

z. B. der Cisio-Janus *), Mammaetractus, Gemma gemmarum u. s. w. — Alles wurde auswendig gelernt und nur als Gedächtnifssache behandelt.

An die Muttersprache wurde in diesen Schulen gewifs nicht weiter gedacht, als dafs man darin etwa auch lesen lernte; aber auch zu dem, was jetzt schon in Italien und bald weiter die Quelle alles freiern geistigen Lebens wurde, zu dem classischen Alterthume führte das Auswendiglernen jener lateinischen Schulbücher nicht. Das einzige Gemüthanregende mag das gewesen seyn, dafs die lateinischen Kirchengesänge doch auch gesungen wurden, und Beschäftigung mit der Musik und Singübungen, der Kirche wegen, in den Schulen fleifsig getrieben werden mufsten.

In diesen dürresten Zeiten des Scholasticismus zeigen sich desto erfreulicher im nordwestlichen Deutschland, die Niederlande noch mit eingerechnet, wie von unsichtbarer Hand angepflanzt und gepflegt, Oasengleiche Stellen, wo das innigste geistige Leben sich mit unermüdlichem Fleifse zur Hervorrufung einer lichtern Zeit im Stillen vereinigt und geräuschlos schafft.

Es ist nicht überflüssig, dieses erfreuliche Phänomen in der allgemeinen Literar-Geschichte hier mit

---

*) Cisio-Janus ist ein aus 24 lateinischen Versen bestehender Calender, dessen unverständliche Worte, nach ihren einzelnen Buchstaben enträthselt, zur Bestimmung der Kirchenfeste im Jahre Anleitung geben.

ein Paar Worten zu erwähnen, da sich das Besondere aus dem Allgemeinen da nur erklären läfst, wo der speciellern historischen Angaben über jenes zu wenige sind.

Gerhard Groot, ein Geistlicher, stiftete in der letzten Hälfte des vierzehnten Jahrhunderts zu Deventer, seiner Vaterstadt, eine Bildungsanstalt für die Jugend, die man als den ersten Lichtpunct ansehen kann, von wo aus für das ganze nordwestliche Deutschland noch vor der Reformation ein neuer Tag anbrach. Die Brüder und Schwestern seiner Congregation sollten sich nicht blofs mit dem Unterricht, sondern recht eigentlich mit der Erziehung beschäftigen; dabei sollten sie durch ihrer Hände Arbeit selbst sich das Nothdürftige erwerben; in beiderlei Rücksicht bilden sie also einen völligen Contrast mit den Bettelorden. Die Arbeit der Brüder dieser Congregation bestand vornämlich im Abschreiben bildender Schriften, wohin Groot auch die der heidnischen Sittenlehrer rechnete. Schnell verbreitete sich dies unscheinbare Institut durch die Niederlande, Westphalen und Niedersachsen. Eben seine Unscheinbarkeit mochte es im ersten Beginnen der Aufmerksamkeit der Orden entziehen; die nicht gehemmte Verbreitung aber dann um so rascher von Statten gehen, als im deutschen Volke der Durst nach geisterhebender Belehrung gerade in dieser Zeit, wo die in unverständliche Spitzfindigkeiten ausgeartete scholastische Theologie ihm nichts Ansprechendes mehr bot, immer heftiger wurde. Genug, es blühen Lehranstalten, wahre Bildungsanstalten, in fröhlichem Wetteifer auf. Der Nachfolger Groots, Fulgentius, erzog unter andern trefflichen Schülern den so berühmt gewordenen Thomas a Kempis, von dessen Schülern eine ganze Schaar junger kräftiger Männer sich über Deutschland verbreitet. Unter diesen ragen am meisten hervor: Rudolf von Lange, Moritz von Spiegelberg, Anton Liber, Ludwig Dringenberg, Alexander Hegius und endlich Rudolf Agricola. Die Vermögendern der Genannten zogen auf des alten geliebten Lehrers Ermunterung nach Italien, dort die aus Griechenland angelangten Männer zu hören und fleißig in den Werken des Griechischen und Römischen Alterthums zu studieren; die Unbemittelten blieben zwar zurück, aber schafften sich bald in der Heimath als Vorsteher von Schulen einen bedeutenden Wirkungskreis. Hegius, um 1480 Rector der Schule zu Deventer, erzog dort den Hermann von dem Busch, den ersten Adelichen in Deutschland, der nach dem Muster Italienischer Edelleute auf hohen und mittlern Schulen als Lehrer auftrat, und den noch weit berühmtern Erasmus von Rotterdam. Rudolf von Lange hob zu Münster die Schule so, daß er aus derselben die trefflichsten Lehrer nach allen Gegenden Deutschlands entsenden konnte; wahrscheinlich ist auch der erste Rector der Bremischen Schule, Johann Oldenburg, aus ihr hervorgegangen.

Aus diesen wenigen Anführungen erhellt hinlänglich, daß schon vor der Reformation und ehe noch die lateinische Schule hier errichtet wurde, ganz unabhängig von dem, was die Lehranstalten der Mönche boten, so sehr gebildete Männer sich hier und in der Umgegend finden konnten, als z. B. von der Wyk und Gröning gewesen seyn müssen, die zu Rom in Reuchlins Procefs so thätig mit auftreten. — Als dieser berühmte Procefs Reuchlins gegen den Dominicaner und Inquisitor Hochstraten, nachdem ihn Reuchlin in Deutschland schon gewonnen, von den Ketzerjägern von neuem zu Rom war anhängig gemacht, und der bedrängte Reuchlin nun dort keinen Procurator finden konnte, weil jeder die Macht und Rache Hochstratens und seines Ordens scheute, so erbot sich ihm zum Vertheidiger der nachherige Bremische Syndicus Joh. von der Wyk, der eben damals in Rom sich aufhielt. Und als nun Hochstraten durch Uebergebung einer höchst ungetreuen Uebersetzung des Reuchlinischen Augenspiegels noch zu siegen hoffte, wies Dr. Martin Gröning aus Bremen, der gerade auch zu Rom sich befand, in der übergebenen Uebersetzung dreihundert Verfälschungen nach und lieferte eine getreue, deren Richtigkeit er gegen jede Anfechtung der Gegenparthei männlich darthat.

Auch kann es nach diesen Andeutungen nicht befremden, dafs die Reformation sogleich im nordwestlichen Deutschland und namentlich in den gröfsern Städten einen so vorbereiteten Boden fand; aber auch das kann nicht anders als erwartet werden, dafs man hier die ganze wissenschaftliche Kultur, aus welcher sie hervorgegangen war, und an der sie den kräftigsten Beistand sofort gefunden, ins Auge fafste, und nicht blofs die Kirche, sondern auch die Schule, d. h. die wissenschaftliche Bildung, meinte.

In Bremen fällt die Stiftung der neuen Lehranstalt auch fast zusammen mit der Einführung der Reformation selbst. 1522 predigte Heinrich von Zütphen hier zuerst die evangelische Lehre, 1525 brachten es die beiden durch Heinrich von Zütphen empfohlenen und hierher berufenen Prediger Probst und Tiemann dahin, dafs der evangelische Gottesdienst in allen Kirchen der Stadt eingeführt wurde, und schon 1528 wurde das Catharinen-Kloster zu einer lateinischen Schule gemacht.

Von diesem Jahr 1528 an läfst sich ein reges Streben für wissenschaftliche Kultur in Bremen nachweisen. Es war wohl mühsam, erstlich nur die Mittel zu einer Schule aufzubringen. Zu Maasregeln, wie sie im Hessischen, Chursächsischen und Würtembergischen im Grofsen zur Ausstattung und festern Begründung des Schulwesens konnten genommen werden, fehlten so reiche geistliche Güter, als dort sich fanden; denn Bürgerschaften, die ihr Gemeinwesen nach eigener Anordnung freier gestalten konnten, hatten frühe gesorgt, nicht zu viel Gut an die geistliche Hand kommen zu lassen, wovon die nachtheiligen Folgen ihnen bei kleinem Staatshaushalte sehr bald in die Augen fallen mufsten. Die dem Rath übergebenen Klostergüter reichten so wenig aus, dafs noch im Stiftungsjahre der Schule Einkünfte des Gertruder Hospitals zu Hülfe genommen werden mufsten; was noch fehlte, schaffte die Mildthätigkeit patriotischer

Bürger herbei. — Weiter zeigt sich in der Wahl der Männer, die bei der neuen Schule angestellt wurden, eine kluge Sorgfalt. Der erste Rector, Johann Oldenburg, ist wahrscheinlich, wie schon erwähnt worden, ein Zögling der Münsterschen Schule. Er stand von 1528 an sechzehn Jahre der Schule vor. Bald darauf wurde ein hochberühmter Mann bewogen, nach Bremen zu ziehen und der Schule sich wenigstens zum Theil zu widmen. Euricius Cordus, als lateinischer Dichter, wie sein vertrautester Freund Eobanus Hessus, längst durch ganz Deutschland berühmt, durch Reisen in Deutschland (worunter auch die nach Worms in Luthers Gesellschaft 1521 ist) und Italien, wo er zu Ferrara Doctor der Medicin wurde, weiter gebildet, befand sich in Marburg, wohin er als Professor der Medicin 1527 berufen war, in einer ihm nicht zusagenden Lage. Dies bewog den Senat, dem berühmten Mann eine Professur in Bremen anzutragen. Er kam zur Freude der ganzen Stadt. Seine Gedichte bezeugen noch, daſs er sich hier glücklich fühlte, und zugleich, mit welcher innigen Achtung er hier aufgenommen wurde, die der Trauer über seinen frühen Verlust (er starb schon am Ende des Jahrs 1535) gleich kam. Doch es gab gegen die Mitte des sechzehnten Jahrhunderts der Männer viele, die sich den Geist im klassischen Alterthum geklärt hatten, und gerade der Umstand, daſs sie so häufig, da sie fast alle Freunde Melanchthons waren, von den dogmatischen Ultras gedrängt wurden, erleichterte es, Treffliche unter ihnen der Schule zu gewinnen.

Um die Zeit, als die Ubiquitätsstreitigkeiten anfingen das protestantische Deutschland in so grofse Unruhe zu setzen, um 1553, befand sich die Schule in einem blühenden Zustande. Das Scholarchat, nach dem Tode des ersten thätigen Scholarchen Lüder Hals, dem damals auch im Auslande schon geachteten Bürgermeister Daniel von Büren und einem Senator auf zwei Jahre anvertraut, sorgte, so wie die Nachfolger jener beiden Männer, angelegentlich auch für die Temporalien der Lehranstalt. So wurde z. B. 1545 mit den Canonicis zu St. Stephan eine Uebereinkunft getroffen, dafs die Präbenden nur an Männer, die den Wissenschaften oblägen, gegeben werden, und diese Vergebung in den sogenannten mensibus papalibus dem Senat zustehen sollte, der darauf das erste erledigte Canonicat, dessen Besetzung ihm anheim fiel, dem damaligen Rector Christian Stella verlieh; so wurden einige Einkünfte des Gasthauses der Schule abgetreten und wüstliegendes Land vor dem Osterthore um 1552 mit Meiern besetzt, deren jährlicher Meierzins ebenfalls dem Schul-Aerare zugewandt wurde.

Erfreulicher noch blühete unterdessen die Lehranstalt selbst unter trefflichen Lehrern auf. Dahin müssen gewifs gerechnet werden die beiden Bremer, Anton Grevenstein, Lehrer von 1533 bis 1544, und dann noch bis 1571 zugleich Lehrer an der Schule und Prediger zu U. L. F. und Hermann Winkel, der 43 Jahre lang geachtet und geliebt ein Lehramt an der Schule bekleidete. Zu diesen gesellte sich, aber freilich jetzt noch als Gast in Bremen, Johann Molanus (vir scholarum bono natus), der 1553 als Flüchtling aus seinem katholischen Vaterlande Flandern zu Bremen ankam, gerade als der Bürgermeister Detmar Kenkel, einer der eifrigsten Gegner Hardenbergs, Scholarch war. Molanus war ein erklärter Freund Hardenbergs; dennoch verschaffte ihm der Ruf seiner Gelehrsamkeit und Verdienste nicht nur die Achtung Aller, sondern auch Beweise der Werthschätzung selbst von diesem Gegner seiner theologischen Ansichten. Als Molan, begleitet von mehreren jungen Flandrischen Edelleuten, die ihren Lehrer in der Verbannung unterstützten, und nicht verlassen wollten, in Bremen eingezogen war, ehrte ihn der Senat durch Befreiung von allen Abgaben, durch Einräumung einer Wohnung und ein jährliches Geschenk, wogegen Molan eine griechische Lection in der Schule übernahm. So lebte er damals hier sechs Jahre, und Kenkel entließ ihn, als er 1559 nach Duisburg berufen wurde, nicht ohne ein ehrendes Reisegeschenk von Seiten des Scholarchats.

Auch wo sonst unter den Gelehrten der Stadt sich ausgezeichnetes Talent zeigte, da suchte man es der Schule mehr oder weniger zuzuwenden. So übernahmen bald nach Molans Abreise, wo eine Lücke fühlbar seyn mochte, der Canonicus zu St. Stephan, Johann Sloengraben, und der Arzt und Stadt-Physicus, Johann von Ewich, aus eigenem Antriebe Lehrstunden in der ersten Klasse.

Unterdessen hatte der heftige dogmatische Krieg über die Ubiquität recht seinen Heerd zu Bremen gefunden, und von da aus ganz Niedersachsen, namentlich die gröfsern Städte, Braunschweig, Magdeburg, Lübeck, Hamburg, gegen ihre Schwesterstadt, wo Büren seinen Freund Hardenberg männlich schirmte, entflammt. Auch die Schule überstand diesen Sturm nicht ohne Einbufse. Schon der Abzug des gelehrten Fremdlings war Verlust; Winkel wurde als Freund Hardenbergs abgesetzt, auch Grevenstein; andere Lehrer, der Gegenparthei geneigt, entwichen nach Bürens Siege 1562 mit den austretenden Mitgliedern des Raths. — Dafs der Schaden sich bald wieder ersetzte, verdankt die Stadt, scheint es, vorzüglich der Mitwirkung des in diesem Kampfe so unerschütterlich feststehenden Bürgermeisters von Büren, obgleich er damals das Scholarchat noch nicht von neuem übernommen hatte.

Die damaligen Scholarchen Vasmar und Steding riefen die verdrängten Lehrer zurück und gaben dem nach Marburg gerade reisenden Canonicus Sloengraben den Auftrag, sich auf seiner Reise noch nach andern tüchtigen Lehrern umzusehen. Es gelang ihm, drei zu finden, die sofort angestellt wurden. Aufserdem arbeiteten Sloengraben selbst und Ewich, wie schon erwähnt, mit an der Schule. Es fehlte nur noch ein Haupt; denn auch der Rector Ziegenhagen war mit den Anti-Hardenbergianern fortgezogen. Da sehnte man sich wieder nach Molan. Auf wiederholte Einladungsschreiben alter Freunde, besonders des Bürgermeisters von Büren, kehrte er von Duisburg zurück und trat 1563 das Rectorat der Schule an, der er bis zu seinem Tode 1583 vorstand. Er lebte ihr mit ganzer Seele, und war, ob er sich gleich in seinen Briefen gewöhnlich nur Custos puerorum, seltener Rector scholae unterschreibt, beides ganz. Die Zeit, welche ihm etwa noch sein Amt übrig liefs, widmete er seinen in der Spanisch-Katholischen Heimath geängsteten Freunden, deren er viele zu sich einlud, in Bremen mit ihm in ungestörter Gewissensfreiheit zu leben.

Aus der Aufnahme, die Molan als Fremdling und Vertriebner hier fand, ergibt sich eine hohe Achtung für ausgezeichnete Talente und Gelehrsamkeit bei dem wissenschaftlich-gebildeten Theil der Bürger. Allein es ergibt sich weiter noch aus der Geschichte des Sturmes, zu welchem Hardenberg unschuldig Veranlassung gab, auch eine besonnene Unbefangenheit der gesammten Bürgerschaft, die in einer sonst wieder so befangenen Zeit fast befremden mufs. Dafs jene Unbefangenheit vorhanden gewesen ist, zeigt der Ausgang des Kampfes. Schwerlich hätte von Büren bei aller seiner Ruhe und Festigkeit aus diesem lieblosen Gezänke über die orthodoxeste Ansicht vom Mahle der Liebe und dem noch lieblosern Getreibe fast aller lauten Wortführer gegen die beiden Freunde, gegen ihn und Hardenberg, so unversehrt hervortreten können, wenn nicht der Kern der Bürgerschaft, unter dem verwirrenden Geschrei tobender Eiferer doch gesunden Blickes und Herzens bleibend, ihrem biedern und kräftigen Bürgermeister in der heifsesten Stunde des Kampfes ruhig-fest gewärtig gewesen wäre. Hatte vielleicht der Anblick verdrängter Brabanter, Flanderer und Hugenotten Milde und Besonnenheit und Widerwillen gegen verfolgende Eiferer erzeugt? Auf allen Fall hat dies Benehmen in dem Hardenbergischen Streite auch durch die nicht beabsichtigten und entferntern Folgen desselben auf geistige Bildung vortheilhaft eingewirkt, wie sich aus der weitern historischen Darstellung ergeben wird.

Unter diese nicht beabsichtigten Folgen gehörte vornemlich, daſs die Stadt achtzehn Jahre später, als der Sacramentsstreit bis zur Concordienformel gediehen war, bei überwiegendem Melanchthonianismus sich lieber den Reformirten, als der zwietrachtsvollen Eintrachtsformel anschlieſsen wollte. (S. Gerdesii scrinium antiquarium. Tom V. pars 1. pag. 89 et 90.)

Bald nachdem dieser Schritt geschehen war, starb Molan. Sein Verlust wurde tief gefühlt. Die Scholarchen von Büren und Steding, beide Bürgermeister, traten mit dem Superintendenten Pezelius und dem Arzt Ewich in Berathung über die Besetzung der erledigten Stelle. Man sondirte Cruciger in Wittenberg und Gocclenius in Marburg. Die ablehnende Antwort beider mochte mitwirken zu dem Entschlusse, ein Gymnasium illustre zu errichten; doch scheint es mir, daſs die triftigsten Beweggründe für das Scholarchat zunächst in der gegenwärtigen Lage des Kirchenwesens möchten zu finden seyn, das in der Stadt nun anders geworden war, als in der übrigen protestantischen Umgebung derselben. Die Melanchthonisch-gesinnte

Stadt hatte einerseits, eben weil sie als solche in der ganzen deutschen Umgebung nun schon für völlig calvinistisch galt, eine eigene höhere Lehranstalt für ihren theologischen und kirchlichen Bedarf nöthig; anderseits konnte sie, sobald diese in einiger Vollständigkeit vorhanden war, Flüchtlingen aus den Niederlanden, vom Rhein und von Frankreich her, desto mehr entgegen sehen und durch deren Zuströmen selbst beträchtlich gewinnen. Denn diese von verfolgender Unduldsamkeit aus der Heimath gestofsenen Flüchtlinge brachten geistige und leibliche Segnungen der sie aufnehmenden und schützenden Stadt. Es waren zum Theil edle und bemittelte Familien, oder doch erwerbsame und in manchem Zweige der Industrie kenntnifsreichere und erfahrnere Leute. Die gewaltsam fortgedrängten Mitglieder einer Ecclesia pressa sind ja in der Regel die geistig-freiern und sittlich-bessern ihrer Nation. Auf jeden Fall mufste nun theils die Confessions-Verwandtschaft an sich schon, theils der Zuzug verfolgter Confessions-Verwandten, nähere Verbindung mit dem reformirten Auslande, den Niederlanden, dem Rhein, der Schweiz und selbst mit Frankreich einleiten. Besonders wohlthätig konnte innigere Bekanntschaft mit den reformirten Theologen Frankreichs werden, unter denen früh ächte Gelehrsamkeit blühete und Männer von freisinnigem Geiste und klassischer Geschmacksbildung schon jetzt sich fanden, und wo in der Folge noch allgemeiner auch unter den Nicht-Gelehrten gesellige Kultur und eine gewisse Feinsinnigkeit im häuslichen wie im bürgerlichen Leben sich entwickelte. In der Cultur- und Gelehrten-Geschichte der Mark Brandenburg fällt dies mehr im Grofsen in die Augen; allein man kann von dem, was dort offenbarer sich als Einflufs der reformirten Flüchtlinge zeigt, analogisch auch auf eine einzelne Stadt zurückschliefsen, wo noch früher solcher Zuzug Statt hatte. Und so mögen überhaupt die reformirten Puncte im nördlichen Deutschland für das Ganze einen nicht unbeträchtlichen Nutzen gehabt haben. Seit der Aufhebung des Edicts von Nantes ergossen sich diese Segnungen benachbarter Intoleranz noch über mehrere deutsche, auch nicht-reformirte Länder und lassen sich da überall gewahr werden.

Am 14ten October 1584 wurde auf dem abgeräumten Bibliothekssaale des ehemaligen Klosters die Stiftung des Gymnasiums mit einer Einweihungsrede von Ewich gefeiert. Ein berühmter und durch ganz Deutschland schon bekannter trefflicher Schulmann wurde an die Spitze der neuen Anstalt berufen, Joachim Meister aus Görlitz, wo er damals schon funfzehn Jahre dem dortigen Gymnasium vorgestanden. Ein inniger Verehrer Melanchthons hatte er sich dort bewogen gefunden, zu resigniren, und wandte sich nun nach Bremen. Er zog, umgeben von jungen Preufsen, Polen, Böhmen und Deutschen, die von dem verehrten Lehrer sich nicht hatten trennen wollen, in Bremen ein. Leider entrifs ihn eine Krankheit schon am 10ten Febr. 1587 der neuen Lehranstalt. — Sein Tod wurde auch zu Görlitz unter Läuten aller Glocken bekannt gemacht, in der Kirche sein Lebenslauf abgelesen und das Ecce quomodo moritur justus feierlich abgesungen; in der Hauptkirche daselbst wurde von dankbaren Schülern sein Bildnifs mit einer ehrenden Inschrift aufgerichtet; eine Feier, die nicht blos den Werth des Mannes bezeugt, sondern auch ein erfreulicher Zug in dem Charakter dieser Zeit um so mehr ist, als diesen übrigens Hafs und Verfolgungssucht so oft entstellt. — In Bremen und an der kaum aufblühenden Anstalt wurde Meisters Verlust nicht weniger gefühlt. Glücklicherweise hatte das Gymnasium damals schon mehrere treftliche Männer, die, bis sich ein würdiger Nachfolger gefunden, die Lücken auszufüllen strebten. Professor der Theologie war Meisters vertrauter Freund Christoph Pezelius, den als Melanchthonianer die Torgauer Artikel von Wittenberg und seiner theologischen Professur daselbst vertrieben hatten. Pezelius las über Exegese, Moral und Geschichte, in allen diesen Fächern zugleich Schriftsteller. Einen trefflichen Juristen hatte der Verfolgungsgeist jener Zeit aus Köln hergeführt, Caspar Alteneich. Obgleich schon bejahrt, übernahm er doch die Professur der Rechte und war auch aufserdem als Staatsbürger und Rechtsgelehrter der Stadt in ihren Angelegenheiten zur Hand. Er starb, ein neunzigjähriger Greis, 1605, nachdem er 21 Jahre noch hier mit Beifall gelehrt hatte.

Die Professur der Medicin bekleidete der schon oft genannte Arzt und Physicus der Stadt, Johann von Ewich. Er war aus seiner Vaterstadt Kleve als Protestant früh vertrieben, dann erst nach Oberdeutschland und darauf nach Italien gegangen, seine Kenntnisse überhaupt, und in der Arzneiwissenschaft besonders, zu erweitern. Mit der Doctorwürde in der letztern kehrte er aus Italien zurück und wandte sich dann, da ihm die Heimath noch keine Sicherheit gewährte, nach Bremen. Er muſs als Arzt, Lehrer und rathender Freund viel gegolten haben und sehr thätig gewesen seyn, was theils schon aus dem von ihm Angeführten erhellt, theils durch die Titel seiner wenigen Schriften einigermaſsen angedeutet wird. Eine seiner kleinen Schriften handelt von der Pflicht der Obrigkeit, den Staat zur Zeit der Pest vor Ansteckung zu bewahren; eine andere von den Hexen und Giftmischern, bei Gelegenheit einer Hexenverbrennung in der benachbarten Herrschaft Kniphausen, zog ihm einen Gegner an Scribonius in Marburg zu, der die Wasserprobe wenigstens gegen Ewich retten wollte. Ewichs Epitaphium in der Ansgarikirche bezeugt auch noch, daſs er ein sorgfältiger Bibelforscher, Baccalaureus der Rechte und sehr erfahrner Kenner nicht bloſs der alten, sondern auch vieler neuern Sprachen gewesen sey.

Das Rectorat des Gymnasiums übernahm jetzt, aber nur auf einige Zeit, Johann Esych, entsprossen aus einer Bremischen Familie, die in zwei Jahrhunderten der Stadt eilf Mitglieder des Senates und darunter mehrere Bürgermeister gegeben hatte, ein Schüler Molans, der Freund des gelehrten Lipsius, und eine Zeitlang Erzieher und Lehrer des Belgischen

Achills, Moritz von Oranien. Die Leitung des Pädagogiums wurde zu gleicher Zeit dem H. Oldenburg übertragen. Beide Männer lehnten das ganze Rectorat ab und verpflichteten sich auch nur so lange für die Leitung des übernommenen Theils, bis ein würdiger Nachfolger Meisters gefunden sey.

Diesen fanden endlich die Scholarchen von Büren und Steding an Nathan Chytraeus, Professor der Dichtkunst und Pädagogiarch zu Rostock. Auch diesem friedliebenden Dichter wurde zu Rostock von zwei Theologen das Leben sauer gemacht; denn er gerieth in den Verdacht des Crypto-Calvinismus. Von Büren und Steding, denen seine Lage bekannt wurde, säumten nicht, ihn zu dem nur interimistisch besetzten Rectorat vorzuschlagen. Der hart Bedrängte und schon zum Auswandern Entschlossene empfing freudig die Vocations-Schreiben; doch trübte ihm die Halcyonischen Tage, welche er nun in Bremen zu finden hoffte, gleich ein Verlust: der Tag seiner Ankunft war auch der Beerdigungstag seines Freundes und Beschützers von Büren, der 12te Juli 1593. — Chyträus hatte sich auch durch Reisen gebildet; er hatte nicht nur fast alle Universitäten Deutschlands besucht, er war auch in Oxford, Paris, in Basel, Padua, Rom und Neapel gewesen; einen ganzen Sommer hielt er sich bei einem ausgezeichneten Pädagogen, dem Rector Georg Fabricius in Meifsen, auf, um die Methode dieses Mannes genauer zu erforschen. Schade, dafs ein so sehr ausgerüsteter Lehrer der

Stadt sobald durch den Tod entrissen wurde. Er starb 1598.

Chyträus zeichnete sich auch als lateinischer Dichter aus. Man findet dies von mehreren der bisher genannten und noch folgenden Gelehrten angeführt, welches in mehr als einer Rücksicht bemerkenswerth erscheint. Mehr als irgend eine andere Facultäts-Wissenschaft es damals vermochte, bildete die Dichtkunst das ganze Gemüth, vor allem wurde das Talent eines anschaulichen und lebendigen Vortrags dadurch ausgebildet. Die Gelehrten dieser Zeit, welche zugleich Dichter waren, glänzten daher auch als die bessern Lehrer und Erzieher. Und wurde die Gabe der Dichtkunst bei ihnen auch vorzugsweise nur zu Gelegenheitsgedichten benutzt, so sind doch gerade diese selten ohne historischen Werth, da sie in einzelnen charakteristischen Zügen die Vergangenheit oft mit vollerer Lebendigkeit vergegenwärtigen, als es irgend eine Chronik vermag.

Den Uebergang aus dem sechszehnten ins siebenzehnte Jahrhundert macht in der Bremischen Schul- und Gelehrten-Geschichte am füglichsten H. Krefting. Molan zeichnete diesen verdienstvollen Mann schon als Schüler aus. Er war eine Zeitlang schon Churpfälzischer Rath und Professor in Heidelberg gewesen, als er 1591, noch nicht dreifsig Jahre alt, in den Senat gewählt wurde. Von da an wies er die ehrenvollsten Anträge patriotisch ab, und förderte das Wohl der Vaterstadt nicht nur in den gewöhnlichen Geschäften eines Rathmannes, sondern auch als Gesandter und

Schriftsteller. Conring schrieb gegen seinen Discursus de republica Bremensis (der nur im Manuscript vorhanden ist), um die Ansprüche des Erzstifts gegen den patriotischen Reichsstädter zu vertheidigen. An des bekannten Dilichs Chronicon hat Krefting den gröfsten Antheil. Durch eine wohlthätige Stiftung für arme Studierende hat er sich endlich ein Denkmal gesetzt, das noch unter uns seinen Namen erhält.

Die Bremische Gelehrten-Geschichte des 17ten Jahrhunderts zählt mehrere Namen von Männern, die auch der allgemeinen Gelehrten-Geschichte angehören und immer angehören werden. Heerd und Mittelpunct des gelehrten Strebens ist in diesem Jahrhundert immer noch das Gymnasium, welches 1613 auf den Wunsch der Professoren nun auch eine eigene Buchdruckerei erhielt. Sie wurde von den aus Hanau dazu Herberufenen, Thomas und Berthold de Villiers, eingerichtet.

In dem zweiten Jahrzehend des siebenzehnten Jahrhunderts bilden Martini, Crocius und Isselburg ein denkwürdiges Gelehrten-Triumvirat nicht blofs in Hinsicht auf unsere Schulanstalten, sondern auch in der damaligen kirchlichen Welt. Um den ersten, Martini, zu erhalten, ging der Bremische Senator Davemann nach Emden, und bewog daselbst die Bürgerschaft, die ihren geliebten Prediger, um dessen Besitz sie schon mit dem Grafen von Nassau gewetteifert hatte, nicht wollte ziehen lassen, ihn Bremen zu überlassen. — Er entsprach jeder Erwartung. Das Pädagogium erhielt sofort von ihm eine neue Einrichtung, die es im Ganzen bis zum Jahre 1765 behalten hat. Es wurde in sechs Klassen getheilt; neun Lehrer, von welchen der älteste der Pädagogiarch war und nur in Prima lehrte, die übrigen jeder in zwei Klassen, einer als Cantor auch im Singen, ein anderer auch im Rechnen Unterricht gaben, vertheilten sich in sämmtliche Lectionen, die Morgens von acht bis zehn und Nachmittags von zwei bis vier Uhr gegeben wurden. Das Gymnasium wurde zusehends blühender. Studierende strömten herbei aus Dänemark, Polen, Ungarn, vornämlich aus Böhmen und Mähren; denn der gut eingerichteten Gymnasien gab es damals noch wenige, und Martini's Ruf verbreitete sich über Deutschlands Gränzen hinaus. Seine grofse philologische Gelehrsamkeit bezeugt das noch immer geschätzte Lexicon etymologicum, aus dem sich insbesondere eine damals noch gewifs sehr seltene Kenntnifs der arabischen Sprache ergibt. In Martini's theologischen Werken finden sich als etwas Eigenthümliches die von seinem Schüler Joh. Coccejus nachher weiter ausgebildeten dogmatischen Ideen der Bundes- und Haushaltungs-Theorie, die später in dem Bremischen Catechismus, dem Gnadenbunde von Fr. Ad. Lampe, zur Grundlage des ganzen Religionsunterrichts gemacht wurden.

Martini's Amtsgenosse als Professor am Gymnasium und später dessen Nachfolger im Rectorat, Ludw. Crocius, wird als ein trefflicher, heiterer Lehrer geschildert. Er hatte seine gelehrte Bildung zu Marburg, dann zu Bremen, Basel und Genf erhalten. Im

Jahr 1610 nach Bremen berufen, lehnte er alle weitere Anträge ab, obwohl auch hier die Orthodoxie des für sein Zeitalter fast zu liberalen Theologen angefochten und er des Photinianism und Socinianism selbst von einem ehemaligen Schüler, den er weiter empfohlen, sehr mit Unrecht beschuldigt wurde.

Aber es war die Zeit der Dordrechter Synode, wohin diese beiden Männer mit dem dritten hervorragenden Bremischen Theologen und Lehrer am Gymnasium, Heinr. Isselburg, den ein lateinischer Dichter, der Bremische Senator, Matth. Chytraeus, als einen ausgezeichnet friedliebenden Theologen preiset, vom Senat jetzt geschickt wurden. Schade, daſs der Erzieher Morizens von Oranien, Joh. Esych, schon todt war; er hätte dies Triumvirat liberaler Theologen dort noch nützlich verstärken können.

Die Absendung solcher durch freiere Ansichten und Friedensliebe, wie durch ihre Gelehrsamkeit hervorragenden Männer zu jener berüchtigten Synode erscheint als ein Beweis, daſs auch zur Zeit des heftigsten Eiferns reformirter Dogmatiker Hardenbergisch-Bürenscher Geist in Bremen vorwaltete. Wie Hardenberg 50 bis 60 Jahre früher im Nachtmalsstreit männlich-bescheiden als Theologe, Büren als treu-schirmender Freund und unerschütterlicher Staatsmann, den Eiferern gegenüber standen: so diese im Kampf über die Gnadenwahl den von Moriz unterstützten Supralapsariern; — ita, sagt Conr. Iken in seiner Oratio de Schola Bremensi, ut Gomarus non solum projectâ chirothecâ Martinium ad certamen provocaret, sed et plus semel in ipsum aeque ac Crocium acriter inveheret. Ebenderselbe versichert, dafs sie zur mildern Abfassung einiger Decrete nicht wenig beigetragen und darnach erst ihre Orthodoxie, ohne ihre besondern Ansichten aufzugeben, durch Unterschrift der Acten bezeugt hätten. Man könnte sie nach ihrem Benehmen auf dieser Synode vielleicht nicht unpassend die reformirten Melanchthonianer daselbst nennen.

Während des dreifsigjährigen Krieges und auch noch später bleibt zwar die theologische Facultät noch immer im Vordergrunde unsers literarischen Lebens, doch so, dafs die juristische Facultät ihr mehr zur Seite tritt und von jetzt an sehr hervorragende Männer bietet. Dahin gehören Gerh. Coccejus, der ältere Bruder des noch berühmtern Theologen, die beiden Wachmanne, die beiden Cöper (Georg und Johann), die Schöne (Christian und Herm.); der Denkwürdigste unter diesen Hervorragenden ist für Bremen der jüngere Johann Wachmann, der damals, als über die Stadt in den Streitigkeiten wegen des Elsflether Zolls die Acht verhängt war, zu Regensburg, Nürnberg, Augsburg, bei Kaiser und Ständen, unter den mifslichsten Umständen, mit Erfolg sich rastlos bemühete und dabei so viele persönliche Achtung sich erwarb, dafs ihn der Kaiser nach bewirkter Aufhebung der Acht, durch ausgezeichnete Gunstbezeugung ehrte. Nicht weniger zeichnen ihn seine diplomatischen Anstrengungen aus in den Bedrängnissen der Stadt wegen der von Schweden streitig gemachten Reichsfreiheit, die 1656 den Stader Vergleich und endlich nach abermaligen Irrungen 1666 den Habenhauser Frieden herbeiführten. Er war die Seele aller dieser Verhandlungen und ist Verfasser fast aller der Staatsschriften, welche in den Verhandlungen mit Schweden von 1653 bis 1667 erschienen sind. Auch die mit ihm vorher Genannten haben sich auf Sendungen Verdienste um ihre Vaterstadt erworben. Die näheren Lebensumstände dieser und der noch folgenden denkwürdigen Gelehrten können um so eher übergangen werden, da Rotermunds Lexicon aller Bremischen Gelehrten seit der Reformation Notizen darüber und noch weitere Nachweisungen so reichlich enthält. Statt dieser Einzelheiten also nur ein paar allgemeine Bemerkungen. Fast alle diese ausgezeichneten Staatsmänner haben ihre spätere Bildung, nach humanistischer Grundlegung zu derselben auf dem hiesigen Gymnasium, vornämlich holländischen Universitäten zu danken und sie dann durch oft sehr ausgedehnte Reisen zu vollenden gesucht. Fast Alle, mit Ausnahme etwa des ältern Johann Wachmanns, sind dann noch erst einige Jahre Professoren am Gymnasium gewesen, ehe sie in öffentlichen Geschäften sich auszeichnend auftraten. Es mag daher auch das als ein nicht unbedeutender Vortheil der Stiftung des Gymnasiums erwähnt werden, dafs es den auf Academien und Reisen gebildeten jungen Männern vor ihrem Eintritt in Staatsgeschäften Gelegenheit bot, noch nach der Promotion, auf dem Catheder ihre gelehrte Bildung zu fördern. Zumal so lange die lateinische Sprache in solchen Verhandlungen noch gebraucht wurde, oder doch unentbehrlich dabei war, konnte die gröfsere Gewandtheit in derselben, die der öffentliche Lehrer sich eigen machen mufste, schon allein ein persönliches Uebergewicht geben; aber auch später vermochte es, und wohl noch mehr, die vollendetere wissenschaftliche Bildung, welche eine solche Laufbahn so viel erreichbarer macht. Da die ausgezeichneten Rechtslehrer in der Regel nach einigen Jahren in den Senat gewählt wurden, so konnten Viele sich dieses vollendenden langsamen Ueberganges zu den öffentlichen Geschäften erfreuen, der für einen kleinen Staat, so fern dieser vornemlich persönlich gewichtiger Männer in seinen Verhandlungen bedarf, doppelt von Werth ist.

Noch verdient unter den Gelehrten des siebenzehnten Jahrhunderts und nach dem obengenannten theologischen Triumvirat vornämlich genannt zu werden, der geliebteste Schüler Martini's, Johann Coccejus. Der treffliche Lehrer ahndete in dem aufstrebenden Jünglinge den Mann, der in der theologischen Welt ein neues Leben, Epoche machend, beginnen könnte. In Coccejus Jünglingsjahren kam der vielgereisete Grieche Metrophanes Critopulus unter andern auch nach Bremen. Martini ermunterte seinen Schüler, der sich schon an den Fremdling gemacht und anfangs dem griechisch Redenden nur lateinisch antwortete, sich ihm noch weiter durch eine griechische Rede, de Turcarum religione, zu empfehlen, zu welchem Zweck Coccejus schon damals fleifsig den Koran studirte. Weiter rieth Martini dem gereiftern Zöglinge, nun noch nach Hamburg zu reisen, und dort im Rabbinischen sich mehr zu vervollkommnen. Er konnte schon damals am Gymnasium einen trefflichen Grund zu seiner Kunde der orientalischen Sprachen gelegt haben; denn neben Martini lehrte hier zugleich der nicht weniger aller Dialecte kundige Orientalist Gerh. Hanewinkel, der 58 Jahre lang ein Lehramt an der Schule bekleidete. So bildete sich Coccejus zu dem Manne, der, wie Spittler in seiner Kirchengeschichte sagt, sich das grofse Verdienst erwarb, zu einer Zeit, wo die ganze Theologie nichts als Polemik oder Wirbelphilosophie war, die Bibel und ihre Ideen wieder mehr in Gang zu bringen. Die volle Ernte des von ihm mit so unermüdlichem Fleifse bestellten Feldes ging, wie Spittler ebendaselbst bemerkt, freilich von ihm nicht mehr erlebt, erst unter den Männern auf, die nach ihm auf diesem Felde arbeiteten, unter Momma, Burmann, Braun, Witsius und endlich dem gröfsten seiner Schüler, Vitringa.

Doch nicht blofs in Holland, wo er zuletzt zu Leiden Professor war, auch in Bremen, wo er früher als Professor der hebräischen Sprache lehrte, hatte Coccejus seiner würdige Nachfolger. Seinem vorleuchtenden Beispiel ist es wohl vornemlich zuzuschreiben, dafs das Studium der orientalischen Sprachen und der Hülfswissenschaften dazu unter den Bremischen Theologen des achtzehnten Jahrhunderts so viele Verehrer und gründliche Bearbeiter fand, als es an den beiden de Hase (Cornelius und Theodor), an

Conr. Iken und zuletzt noch an dem trefflichen Joh. Peter Berg, der erst 1800 als Professor zu Duisburg starb, gehabt hat. Ueber Leben, Verdienste und Schriften dieser Männer gibt Rotermunds schon angeführtes Lexicon weitere Auskunft. Von Conrad Iken, dessen Compendium der hebräischen Alterthümer den gelehrten Theologen immer noch bekannt bleibt, verdient noch bemerkt zu werden, dafs er besonders durch die Anmerkungen zu seiner Oratio de illustri Bremensium schola einen wichtigen und sehr genauen Beitrag zur Bremischen Gelehrten-Geschichte geliefert hat. — Alle diese Männer waren, wenigstens eine Zeitlang, Professoren am Gymnasium, Cornel. de Hase und Iken auch Rectoren desselben. — Auch der Holland so sehr als Bremen seinem Wirkungskreise nach angehörende Theologe Friedr. Ad. Lampe verwaltete eine Zeitlang das Rectorat. Denkwürdiger ist er noch für Bremen geworden durch seine zahlreichen catechetischen und ascetischen Schriften, die zu ihrer Zeit hier wie in Holland auf Anfachung des religiösen Lebens bedeutend eingewirkt haben, indem sie einerseits Coccejus eigenthümliche alt-testamentliche und überhaupt biblische Ideen dem Verstande populär auseinander setzten, anderseits durch Beschäftigung der Einbildungskraft und mystische Anklänge ihre Leser fesselten. Witz, Einbildungskraft und inniges, religiöses Gefühl haben auf seine theologische Sinnesart, die hier bleibende Spuren nachgelassen hat, stark eingewirkt. Aufserdem hat er als gelehrter Exeget und Kirchenhistoriker sich Ruf und Verdienste erworben.

Mit Iken noch gemeinschaftlich und nachher allein war um die Mitte des achtzehnten Jahrhunderts D. Nicol. Nonnen Rector des Gymnasiums, das nur unter ihm noch den lange erhaltenen Flor behauptete. — Als Theologe und Gelehrter überhaupt strebte dieser, auch sehr beliebte Prediger zu U. L. Fr., eine Universalität an, wie sie in jenen Zeiten nicht gewöhnlich seyn mochte, wodurch er auch in geselligen Zirkeln manches anregte. Mit der englischen theologischen Literatur der Zeit vertraut, bewirkte er hier wohl vornämlich die nähere Bekanntschaft mit derselben, unter andern auch durch Empfehlungen der aus dem Englischen übersetzten theologischen Schriften; wie denn zu seiner Zeit und noch nach ihm die Schriften von Tillotson, Watts, Doddridge und selbst von Clarke neben den Lampischen zu den sehr gelesenen hier gehörten.

D. Elard Wagner, ebenfalls Prediger zu U. L. Fr., zeichnet sich in der zweiten Hälfte des vorigen Jahrhunderts als Gelehrter aus durch ein Kirchenhistorisches Werk: Hardenberg im Dom zu Bremen geführtes Lehramt, Bremen 1779. Gründlichkeit, Anordnung und Diction geben diesem Buche bleibenden Werth. Als Kanzelredner und das menschliche Herz tief erforschender Sittenlehrer erinnert Wagner nicht weniger als durch sein historisches Werk an den berühmten Mosheim. — Ein anderer beliebter Kanzelredner und zugleich kritischer Kenner und Würdiger der Fortschritte, welche damals in der deutschen Literatur so rasch gemacht wurden, war der Prediger in Ansgarii, Dr. Conr. Klugkist. Beide Männer haben wohl am meisten Verdienst um das 1767 erschienene neue reformirte Gesangbuch, welches unter den gleichzeitigen sich lange als ein vorzügliches behauptet hat. — Daſs man bei der Auswahl der Gesänge so weit ging, als es damalige Ansichten nur eben zulieſsen, läſst eine von Klugkist verfaſste Rechtfertigungsschrift vermuthen: „Gründe, warum das reformirte Ministerium zu Bremen bei der Ausgabe eines neuen Psalm- und Gesangbuches nicht die sämmtlichen 150 Psalmen beibehalten hat." Klugkist war selbst geistlicher Liederdichter, aber noch reichlichere Beiträge in diesem Fache der poetischen Literatur, wo sich die deutsche Nation vor andern durch ihren Reichthum auszeichnet, lieferten später der Domprediger Heeren und Wagners Nachfolger im Amte, Dr. Meister.

Ueber zwei berühmte Rechtsgelehrte des achtzehnten Jahrhunderts, über Gerh. von Mastricht, der zum Theil dem siebenzehnten Jahrhundert noch angehört, und Eberhard Otto geben Juglers Beiträge zur juristischen Biographie genauere Auskunft; der erste hat sich auch um die theologische Welt durch seine kritische Ausgabe des griechischen Neuen Testaments verdient gemacht. Des andern Thesaurus iuris Romani hat, obgleich es fünf Foliobände sind, eine neue Auflage und einen Nachdruck erlebt, was allein schon bei einem Werke von solchem Umfange für den

Werth desselben spricht. Beide waren Bremische Syndici, Otto vorher Professor zu Duisburg und dann zu Utrecht.

Mehr auf seine Vaterstadt beschränkte sich, so ehrenvolle auswärtige Anträge ihm auch gemacht wurden, als Gelehrter und Staatsmann der in beiderlei Rücksichten verdienstvolle Bürgermeister Dieterich Smidt, der, nachdem er einige Jahre Professor am Gymnasium gewesen, 1741 in den Rath gewählt wurde. Eine ununterbrochene Thätigkeit im Gemeinwesen der Stadt zeichnet von da an bis zu seinem Tode 1787 sein Leben aus. Unter seiner Leitung kam die neue Einrichtung des Pädagogiums zu Stande; eine Bremische Gerichtsordnung und eine Menge obrigkeitlicher Verordnungen sind von ihm abgefaſst; bei andern öffentlichen Anordnungen war sein ehemaliger Lehrer Otto noch sein Mitarbeiter; an den auswärtiger Geschäften der Stadt hatte er vorzüglich Antheil. Seine gelehrte Muſse wendete er vornemlich den Bremischen statutarischen Rechten zu; aber der Ertrag derselben, eine vollständige Geschichte der Bremischen Gesetze, so wie eine ausführliche Erläuterung der Statuten, ist leider handschriftlich geblieben, weil er das Horazische Nonum prematur in annum über ihre volle Zeitigkeit hinaus verlängerte.

Vor Andern, die hier noch genannt werden könnten, muſs endlich noch hier angeführt werden, namentlich auch wegen wichtiger gelehrten, zum Theil handschriftlich gebliebenen Arbeiten, der erste Archivarius der Stadt Bremen, Hermann Post. In dem ausführlichen Lebenslauf desselben, der von seinem Nachfolger dem Archivar und Professor Dr. I. A. Ahasverus verfaſst und der Trauerrede von Dr. Klughist beigefügt ist, fällt es bei der Jugendgeschichte des verdienstvollen Mannes recht in die Augen, wie viel damals in angesehenen und begüterten Familien auf eine vollendete Ausbildung der Söhne verwandt wurde. Noch nicht achtzehn Jahre alt, 1711, reisete er in Gesellschaft eines gründlichen Rechtsgelehrten, des nachherigen Senators David Dwerhagen, nach Frankfurt, die Feierlichkeiten der Krönung Karls VI anzusehen; 1713 bezog er die Universität Utrecht; von da ging er nach Leipzig, dann in Mascov's Gesellschaft nach Erfurt, wo er Doctor wurde; von da in Begleitung desselben Reisegefährten nach Regensburg, dann an den baierschen und kaiserlichen Hof; weiter nach Venedig, Mailand, Rom und Neapel. Von da kehrten beide Freunde durch die übrigen kleinen italienischen Staaten Florenz, Piemont und Savoyen nach der Schweiz zurück, wo sie sich trennten; Post, um noch nach Paris zu gehen, von wo er über Brüssel und Haag 1718 zu Bremen wieder anlangte.

Der Werth eines so liberal angelegten Bildungsganges muſs an ihm in die Augen geleuchtet haben; denn um ihn sofort für den Staat in Anspruch zu nehmen, wurde ihm die damals erst errichtete Stelle eines Archivars übertragen. In diesem Amte, das er 37 Jahre verwaltete, hat er sich bleibende Verdienste um das Archiv erworben, sowohl im Allgemeinen durch genaue diplomatische Untersuchung des Vorhandenen und Anordnung der Urkunden, Briefe und übrigen Schriften, als auch insbesondere durch die von ihm eigenhändig geschriebene Sammlung Bremischer Urkunden in acht Folianten. Der Verfasser des Lebenslaufs bemerkt, daſs der gelehrte Sammler vorzüglich dasjenige aus eigenem Urkunden-Vorrath und durch seine literarischen Verbindungen zusammen zu bringen gesucht habe, was im Archive noch bisher gefehlt, und bei dem Abschreiben sich eine solche Genauigkeit und Nettigkeit der Abschriften zum Gesetz gemacht habe, daſs ein einziger Schreibfehler ihn schon bewogen, ganze Bogen umzuschreiben. Diese Sammlung machte er kurz vor seinem Tode dem Archive der Stadt zum Geschenk, so wie seine Sammlung zu einem Bremischen Idioticon der damals schon mit einer ähnlichen Arbeit sich beschäftigenden deutschen Gesellschaft. Durch eine wohlthätige Stiftung hat sich endlich dieser, gelehrte Bildung und Anstalten dafür so sehr schätzende, Patriote noch um seine Vaterstadt verdient gemacht, durch ein Stipendium nämlich für auswärtsstudierende Söhne hiesiger Professoren, Prediger und Präceptoren. Diese Stiftung, durch eine sorgfältige Verwaltung in den sechszig Jahren die seit ihrer Gründung verflossen sind, noch beträchtlich angewachsen, kann jetzt jährlich drei auf Academien sich befindende Jünglinge, jeden mit 150 fl. unterstützen. — Wie manchem aufstrebenden Talent mag sie in dieser Zeit die Mittel zur vollständigern Entwicklung geboten, wie manchen Vater in den Stand gesetzt haben, sorgenfreier seinem Lehramte obzuliegen, und wie oft mitgewirkt haben, tüchtige Lehrer, deren studierenden Söhnen sie mit seltenen Ausnahmen ausschliefsend bestimmt ist, den hiesigen Lehrämtern zu gewinnen und zu erhalten!

Die vorhererwähnte deutsche Gesellschaft wurde am 1sten Febr. 1748 gestiftet. Ihren Zweck gab sie selbst nur so an: sie sey zusammen getreten, sich in der deutschen Beredsamkeit und Dichtkunst zu üben; wodurch sie auch schon vorzüglich ihren jüngern Mitgliedern unter den am Gymnasium Studierenden recht nützlich wurde, zumal da sie diese verpflichtete, auch während ihres Aufenthaltes auf Academien Arbeiten einzusenden. Allein bald konnte sie ihren Zweck weiter ausdehnen und sich durch die Bearbeitung und Herausgabe des Bremisch-Niedersächsischen Wörterbuchs, das die frühern ähnlichen Arbeiten von Lichny und Strodtmann an Vollständigkeit so sehr übertrifft, um den Anbau der deutschen Sprache wesentlich verdient machen. — Noch eine denkwürdige Folge dieser Stiftung war die, dafs sie den von der hannöverischen Regierung in Bremen angestellten Gelehrten, wie den Einheimischen, und überhaupt den Gebildeten in der ganzen Umgegend, einen wissenschaftlichen und freundschaftlichen Vereinigungspunct bot. Einer der thätigsten Mitarbeiter war der damalige Subrector an der Domschule, S. C. Lappenberg, nachher Prediger zu Lesum, der so manches Treffliche zur Geschichte des Erzstifts Bremen in die bekannten Sammlungen von Pratje geliefert hat; ferner der damalige Stadtvogt L. F. Renner, welcher der Gesellschaft besonders durch seine genaue Kenntniſs des Niederdeutschen, wovon das plattdeutsche Gedicht Hennink de Han den besten Beweis liefert, nützlich wurde. Auch mehrere Oldenburger waren thätige Mitglieder und der damalige Statthalter von Oldenburg und Delmenhorst, Graf Rochus von Lynar, eine Zeitlang Obervorsteher der Gesellschaft.

Zu den Veränderungen, die 1765 mit der von Martini noch herrührenden alten Einrichtung des Pädagogii vorgenommen wurden, bewog theils der veränderte Zeitgeist, theils örtliche Veranlassungen. Das Schulgebäude war im siebenjährigen Kriege zum Lazareth für englische und hessische Soldaten angewiesen worden; auch einige Lehrer hatten ihre Wohnungen neben dem Schulgebäude deswegen räumen müssen; die Lectionen mufsten hier und da in Privathäusern gegeben werden. Aufser diesem Umstand wirkte noch manches während der Kriegsjahre auf den Flor der Anstalt nachtheilig ein. — Die Veränderung bestand im Wesentlichen darin, dafs die Anzahl der Classen von 8 auf 4 vermindert, die Ferien abgekürzt, die Zahl der Lehrer und der täglichen Lectionen dagegen vermehrt, und als neue Gegenstände aufgenommen wurden: der Unterricht in der deutschen und französischen Sprache, ein mathematischer Cursus und Uebungen im Zeichnen. — Allein auch nach dieser Veränderung nahm die Frequenz der Schule, wenn auch in den ersten Jahren etwas zu, doch bald und zwar von Jahr zu Jahr immer mehr ab, wozu die Ursachen, aufser den nähern, wohl in dem allgemeinen Umschwunge liegen, welchen damals mit dem Erziehungswesen selbst die Ansichten darüber unter den Deutschen, zumal in den protestantischen Ländern, nahmen. Die vorherrschende Richtung auf practische Brauchbarkeit, auf reale Nützlichkeit, welche Friedrich der Grofse so sehr seiner Mitwelt gab, erleichterte es unter andern auch dem entschiedenen Gegner des alten Schulsystems, Basedow, dem Philanthropinismus überall Eingang zu verschaffen. Mit und nach ihm traten eine Menge theoretischer und practischer Erzieher zur Bekämpfung des seit der Reformation in den Schulen waltenden, aber nach und nach freilich auch sehr ausgearteten Humanismus hervor und machten sich geltend. Vor allen mufste in Handelsstädten die überhandnehmende Richtung des Zeitalters auf Brauchbarkeit fürs Leben leicht sich mittheilen lassen und allgemeiner werden können; und eben an den Kaufmannsstand wohlhabender Städte und den sonst begüterten Bürgerstand richteten zunächst die neuen Pädagogen ihre mit Zuversicht versprechenden Ankündigungen. Hatte man daher schon vor der philanthropischen Zeit hier angefangen, Söhne, die nicht studieren sollten, in Pensionsanstalten nach Celle, Hannover und Braunschweig zu schicken, oder doch in die Privatschulen der meist aus dem Anhaltischen hierhergekommenen Candidaten: so wurde dies nun fast allgemeine Sitte. Begüterte scheuten selbst die Kosten des Dessauischen Philanthropins nicht, auch wurden im Geist dieser gepriesenen Anstalt hier Erziehungs-Institute unternommen, und endlich durch alles dies das Pädagogium gegen das Ende des Jahrhunderts fast zur Antiquität.

Aber auch das Gymnasium illustre sah seinen alten Glanz unter dem unaufhaltbaren Einflufs anderer Zeiten erbleichen. Bis gegen die Mitte des vorigen Jahrhunderts dauerte noch die enge wissenschaftliche Verbindung mit Holland fort, der Bremen vielleicht mehr zu danken hat, als beim ersten Anblick erhellt, daher hier noch eine Bemerkung darüber Platz finden mag.

In Holland blüheten nicht nur, wie auf dem ergiebigsten Boden, die humanistischen Studien herrlich auf; nicht nur begünstigten seine reichdotirten Universitäten und Gymnasien Anstrengungen und Unternehmungen für dieselben, wie sie anderswo nicht leicht möglich waren, sondern in den unter langwierigem, beharrlichem Kampfe endlich doch frei gewordenen Staaten war auch der republikanische Geist der alten Muster-Völker zu neuem Leben erwacht. Die Grotius, Heinsius, de Witt, schrieben nicht blos, sie lebten und starben im Geiste der grofsen Alten. Unsere verdientesten Staatsbürger im siebenzehnten und der ersten Hälfte des achtzehnten Jahrhunderts, die fast alle dort studiert hatten, kehrten von da in die Heimath zurück, nicht blos mit vollendeter wissenschaftlichen Bildung, sondern auch mit befestigtem republikanischen Sinn, mit dem geklärten Blick in alle öffentliche Verhältnisse, mit der Beharlichkeit und Unerschütterlichkeit, die das Leben der Wachmanne und der mit und nach ihnen Hervorragenden auszeichnet. Aber Bremen hat sich auch dankbar bewiesen und mancher seiner Gelehrten, der seine Bildung auf Hollands Hochschulen vollendet hatte, hat auch seine besten männlichen Jahre auf ebendenselben mit Ruhm und Beifall lehrend verlebt. Die Zahl Bremischer Gelehrten, die als Professoren holländischen Universitäten zur Zierde gereichten, ist nicht gering. Mit gelehrten Schweizern und Franzosen waren sie es, die den Ruf der Hochschulen Hollands aufrecht erhielten, als die Dordrechter Synode die gelehrtesten Landeskinder theils ächtete, theils sie in ihrem gelehrten Wirkungskreise lähmte.

In der zweiten Hälfte des vorigen Jahrhunderts zogen die deutschen Universitäten nach und nach immer mehr an; unter denselben zunächst die neu gestiftete Georgia Augusta mit ihren ersten berühmten Männern: Pütter, Böhmer, Michaelis, Heyne, Feder, Gatterer, Schlözer u. a. m. Der raschere Gang auf den deutschen Universitäten in halbjährlichen Cursen, die practischere Tendenz der Vorlesungen, bald auch der Umstand, dafs Alles deutsch gelesen wurde, entsprach mehr dem Zeitgeist und den Zeitbedürfnissen. — Schnell theilte sich dann das Forteilen aus den Schulen zu den Universitäten, das da, wo von der Anciennität das Fortrücken abhängt, allerdings einen triftigen Grund hat, auch uns hier mit. Die Zeit, welche sonst zwischen der Schule und Universität dem Bremischen Jünglinge nützlich verflofs, wurde immer mehr abgekürzt, zuletzt fast nur noch zu einer Pause, in der man sich auf die Reise zur Academie rüstete. So sank auch das Gymnasium, mit Ausnahme einiger propädeutischen Collegien zur Antiquität fast herab. Das ganze Institut pafste, so wie es nun war und immer mehr wurde, nicht mehr zur Zeit, und konnte, weil es, bei einseitiger Benutzung zumal, nur halbe Beschäftigung bot, lang verweilenden Jünglingen gar nachtheilig werden, durch die viele Mufse, welche ihnen übrig blieb, falls äufsere Umstände nicht nöthig machten, die leeren Stunden mit Unterrichtgeben auszufüllen. Seit dem Jahre 1798 haben dagegen einzelne Professoren des Gymnasiums, denen auch andere Gelehrte sich angeschlossen, von Zeit zu Zeit Vorträge über wissenschaftliche Gegenstände für erwachsene und gebildete Personen beiderlei Geschlechts in einer Reihe von Vorlesungen eröffnet. — Allgemeine Geschichte, Kirchengeschichte, Pädagogik, Physik, Chemie, Naturgeschichte, Botanik u. s. w. sind von ihnen, vor zahlreichen Auditoren wiederholt, mit Beifall vorgetragen worden, und für die Bildung angehender Chirurgen, Apotheker und Hebammen sind die Professoren der Medicin, die Physiker und andere unserer gelehrten Aerzte, durch besondere Unterrichtsanstalten fortwährend thätig geblieben.

Ehe von Entstehung einiger neuen und der Verjüngung der alten literarischen Institute die Rede ist, mögen hier vorzugsweise diejenigen Bremischen Gelehrten noch erwähnt werden, deren schriftstellerische

Arbeiten sich mehr oder weniger auf Bremen beziehen. Dahin gehört der Professor I. P. Cassel als fleifsiger Sammler von Bremensien und als Erläuterer mancher einzelnen Puncte der Bremischen Geschichte und Alterthümer, vornemlich in Einladungsschriften. In diesen und seinen Bremensibus sind viele Urkunden zum erstenmale abgedruckt worden. In seines jüngern Collegen L. N. Rollers Geschichte der Stadt Bremen findet man alle diese einzelnen Vorarbeiten zur Bremischen Geschichte gelegentlich angeführt und benutzt.— Gerh. Oelrichs, kaiserlicher Rath und seit 1768 Syndicus der Aelterleute, hat sich durch seine vollständige Sammlung alter und neuer Gesetzbücher der Stadt Bremen aus Originalschriften, und um die Erläuterung der Sprache, worin sie geschrieben, durch sein Glossarium ad Statuta Bremensia antiqua sehr verdient gemacht um unser statutarisches Recht. Schade, dafs bei seinen spätern Arbeiten in diesen Fächern ihn vor ihrer Vollendung der Tod übereilte.

Gleich bemüht um vaterländisches Recht und Geschichte war sein Amtsgenosse im Syndicat, I. L. F. Gildemeister, vorher Professor der Rechte in Duisburg, wie aus seinen Beiträgen zur Kenntnifs des vaterländischen Rechts (2 Bände), so wie aus seinen Abhandlungen über Handvesten und Pfandrechte erhellt. Unter den Beiträgen, die er zum Hanseatischen Magazin geliefert hat, darf ein künftiger Bearbeiter der Bremischen Geschichte nicht die im Museum gehaltene Vorlesung: „Warum Bremen noch keine Geschichte habe?" übersehen; und gleich in demselben Hefte (im 2ten des VIten Bandes) gibt der Aufsatz: „Ueber das älteste Gesetzbuch der Stadt Bremen" (auch ursprünglich eine Vorlesung im Museum) einen Beweis, wie er selbst forschte.

Sehr bedeutende, aber handschriftlich gebliebene Werke über Bremische Geschichte hat der Bürgermeister Chr. Abr. Heinecken ausgearbeitet, wozu ihn wie keinen andern seine reiche Sammlung von Quellen und Hülfsmitteln zur Bremischen Geschichte in den Stand setzten. Von der ausgezeichneten Sorgfalt und Genauigkeit, womit er arbeitete, gibt die nach trigonometrischen Vermessungen entworfene Karte des Gebiets der Stadt Bremen, deren neuer Stich von 1806 ist, eine Probe.

Oelrichs, Gildemeister und der als Arzt und Schriftsteller rühmlich bekannte A. Wienholt sind endlich auch hier zu nennen als Mitstifter und sorgliche Pfleger des Instituts, das mit dem letzten Viertel des vorigen Jahrhunderts als eine denkwürdige Erscheinung in das literarische Leben der Stadt eintritt, des Museums. — Ueber die Entstehung und weitere Ausbildung dieses Instituts gibt Wienholt im zweiten Bande des Hanseatischen Magazins ausführliche Auskunft; hier genüge es, die Stimmung anzudeuten, in der es entstand und dann eine nicht geradezu beabsichtigte Wirkung desselben mehr hervorzuheben.

Das Ideal des Bürgerstandes war, zumal in Handelsstädten, die mit Amerika in Verkehr standen, um die Zeit des amerikanischen Krieges — Benjamin Franklin. Wie Friedrich der Große sein Zeitalter auf Nützlichkeit und Brauchbarkeit hingewiesen, wie er demselben dahin vorherrschend die Richtung gegeben hatte, so wurde jetzt der Mann, der den gemeinnützigen Gelehrten, den patriotischen Bürger, den grofswirkenden Staatsmann und den innigsten Verehrer der Religion des Herzens in kindlicher Einfachheit vereinigte, wiewohl im schlichten Bürgerrock bleibend, doch ein hohes Vorbild allen Gebildeten, Patrioten und Biedern. Die dem Geiste jenes Mannes analoge Stimmung blitzte, wie ein heiterer Sonnenblick im ersten Frühling, gewifs vielerwärts belebend und treibend auf; auch hier wurde Theilnahme an wissenschaftlicher Bildung und Gemeinnützlichkeit im Kreise der Mitbürger die Losung; und Freunde gemeinnützlicher Kenntnisse und die das Nihil humani a me alienum puto im Kopf und Herzen trugen, gesellten sich zu einander. Zwar hatte ein Zweig dieser Verbindung, die Gesellschaft zum guten Endzweck, nicht lange Bestand, allein ihr Daseyn zeigt doch die vorhandene Stimmung, gemeinnützig und patriotisch thätig zu werden, und die durch sie genährte Stimmung mag Einzelne, die vermögend waren zu Unternehmungen, wie diese Gesellschaft sie beabsichtigte, geführt haben. So war es z. B. um diese Zeit, dafs der biedere P. Wilkens, der bei reichlichem Vermögen gern patriotisch-gemeinnützig umherblickte, sich der Noth so vieler verarmten Strumpfwirker-Familien annahm, und ihnen durch Errichtung eines Lagerhauses Abnahme der fertigen Arbeit sicherte.

Dauernder aber hat das Museum zur Verbreitung gemeinnützlicher Kenntnisse durch seine Sammlungen, Bibliothek und Lesegesellschaft, und durch die montäglichen Vorlesungen fortgewirkt. Bedeutend scheint auch noch eine andere Wirkung, die sich allmählig, von selbst, und daher fast unbemerkt, ergab. — Was die deutsche Gesellschaft den Gelehrten lutherischer wie reformirter Confession und unter diesen den Hannöverischen wie den Stadt-Bremischen Beamten schon gewährt hatte, einen Vereinigungspunct zu gemeinsamen Bestrebungen, das gewährte noch im weitern Kreise das Museum. Von beiden Seiten fanden sich hier die Gebildetern zusammen und im täglichen Verkehr. Die Domprediger Vogt, Heeren, später auch Bredenkamp, so wie mehrere reformirte Prediger, gehörten zu den fleifsigsten Vorlesern und thätigsten Mitgliedern. Die angesehensten und einsichtsvollsten Kaufleute lutherischer und reformirter Confession gehörten nicht blofs dem Museum an und nahmen an der Direction desselben Theil, sondern waren vorzüglich häufig in den Vorlesungen wie an andern Tagen zugegen, so dafs man behaupten kann, schon vor der vollen politischen Einheit Bremens (1802) habe hier Interesse an gemeinnützlichen Kenntnissen die sonst aufser dem Geschäftsverkehr mehr Getrennten einträchtig zusammen verbunden.

Das lebende gelehrte Bremen ist im Jahre 1801 in einem Aufsatze des Hanseatischen Magazins (Bd. 5. Heft 2.) von dem damaligen Bremischen Professor und Prediger, J. J. Stolz, näher geschildert, und das seitdem

(1818) in zwei Bänden erschienene Rotermundische Lexicon aller Gelehrten, die seit der Reformation in Bremen gelebt haben, gibt darüber eine noch vollständigere Auskunft. Im Allgemeinen sey dieses hier anbemerkt, dafs in den neuesten Zeiten aufser der Theologie und Kanzelberedsamkeit, für welche Bremen fortwährend bedeutende und auch aufser unsern Mauern gefeierte Namen aufzuweisen hatte, z. B. I. D. Nicolai, I. I. Stolz (Uebersetzer des neuen Testaments), I. C. Häfeli, I. L. Ewald, G. Menken, I. H. B. Dräseke u. s. w., dies nicht minder in andern Wissenschaften der Fall war. Vor allen hat sich Bremen seit einer Reihe von Jahren ausgezeichneter gelehrter Aerzte zu erfreuen gehabt. — Die Namen A. Wienholt, W. Olbers, I. Heinecken, G. N. Treviranus (Biologie und Philosophie der lebenden Natur *), I. A. Albers (Preisschrift über den Croup oder die häutige Bräune) u. s. w., erinnern nicht blos an die ersten wissenschaftlichen Beobachtungen der Erscheinungen des Magnetismus in Deutschland, sondern an eine lebhafte und folgenreiche Mitwirkung der Bremischen Gelehrten an den neuesten Fortschritten aller Zweige der medicinischen Wissenschaften und der Naturkunde überhaupt. Dem letztgenannten, vor

---

*) Auch die Untersuchungen dieses Gelehrten über den innern Bau der Arachniden verdient hier erwähnt zu werden. Nicht blos der Text ist von ihm, sondern auch die mit der gröfsten Genauigkeit ausgeführte Zeichnungen und mehrere dazu gehörige Kupferplatten sind meisterhaft von ihm bearbeitet.

einigen Jahren in der Blüthe seines Lebens und unermüdeter Thätigkeit zu früh verstorbenen Arzte gebührt insbesondere noch das Verdienst, durch seine ausgebreitete Correspondenz mit auswärtigen, besonders französischen, brittischen und amerikanischen vergleichenden Anatomen, Naturforschern und Aerzten, die Verbindungen und die Wirksamkeit der deutschen Gelehrtenrepublik in diesen Fächern bedeutend erweitert zu haben. Als gründliche Kenner und wissenschaftliche Erweiterer der Pflanzenkunde sind die Bremischen Professoren L. C. Treviranus (jetzt Prof. der Botanik in Breslau) und F. C. Mertens im In- und Auslande bekannt geworden. — Von dem Letztern, der vorzugsweise die verborgen blühenden Wassergewächse (Hydrophyten) beobachtet und beschrieben, wird nächstens im Verlage der Wilmansschen Buchhandlung in Frankfurt am Main eine nach einem umfassenden Plane bearbeitete Flora Deutschlands erscheinen. — Vor Allem hat die Astronomie seit einer Reihe von Jahren in Bremen einen günstigen Boden gefunden. W. Olbers, der Entdecker zweier Planeten (Pallas am 28sten März 1802 und Vesta am 29sten März 1803) hat seiner Vaterstadt und der durch ihn begründeten Bremischen Sternwarte einen bleibenden Namen gemacht. Seine Berechnung mehrerer von ihm theils entdeckten, theils in ihrer Laufbahn durch fortwährende Beobachtungen verfolgten Kometen, so wie seine vielfachen sonstigen astronomischen Schriften und Correspondenzen, werden nicht minder in der Geschichte der Sternkunde unverges-

.en bleiben. — Als Literator hat der noch lebende Prediger Rotermund (Fortsetzung des Jöcherschen Gelehrten-Lexicons und Bremisches Gelehrten-Lexicon) sich bekannte Verdienste erworben; und nicht minder verdient der gegenwärtige Bremische Bibliothekar, Prof. Rump, ein thätiges Mitglied der Frankfurtischen Gesellschaft für ältere deutsche Geschichtskunde, hier genannt zu werden. — Dr. Braubach ist durch seine nautischen Schriften bekannt.

Die Wahl würde bedenklich scheinen, um unter den ausgezeichneten Bremischen Gelehrten hier noch mehrere namhaft zu machen, doch darf nicht unerwähnt bleiben, dafs auch ein noch lebendes Bremisches Frauenzimmer (Betty Gleim) durch gründliche Schriften über Pädagogik und deutsche Sprache sich vortheilhaft ausgezeichnet hat.

Die im Bremischen Staate vorhandenen Gelehrten- und Schulanstalten erfordern jetzt noch eine kurze Erwähnung

Die ältere Geschichte der bis zum Jahre 1802 einem fremden Staate (zuerst dem Erzbisthum, von 1648—1719 Schweden und von 1719—1802 Hannover) angehörigen lateinischen Domschule und des damit verbundenen Athenäums findet sich in Pratje's Versuch einer Geschichte der Schule und der Athenäen bei dem königl. Dom in Bremen, ausführlich geschildert; — sie kann daher hier füglich übergangen und nur da begonnen werden, wo sie in die Schul- und Gelehrtengeschichte des Freistaats Bremen wirksam einzugreifen beginnt, d.h. seit dem letzten Viertel des vorigen Jahrhunderts, oder noch etwas früher. — Als noch die Verschiedenheit der Confessionen Dom - und Stadtgemeinden strenger schied und die beiderseitigen Prediger meistens nur polemisirend von einander Notiz nahmen, standen auch die verschiedenen Schulanstalten in geringer Berührung und Wechselwirkung. Wie indefs die Controverspredigten mit dem polemischen Zeitalter aufhörten und die Stiftung der deutschen Gesellschaft mehr gemeinsames Leben unter den Gelehrten, dann das Museum unter den beiderlei Confessions-Verwandten überhaupt förderte: da verglich wohl mancher Vater heranwachsender Söhne beide lateinische Schulen schon in der Absicht, um die für seine Kinder zu wählen, welche ihm das, was er von einer Schule begehrte, am besten zu gewähren schien. Bei solcher Vergleichung mufste sich bald eine Verschiedenheit ergeben, die der lateinischen Schule am Dom im letzten Viertel des vorigen Jahrhunderts, auch noch ehe eine Veränderung mit derselben gemacht wurde, allerdings sehr zu Gunsten war. Beide Schulen waren damals noch altlateinische; die reformirte hatte 1765 nur durch einige Lectionen etwa damaligen neuen Bedürfnissen einigermaafsen zu entsprechen gesucht; allein die am Dom war meist mit jungen Lehrern besetzt, die nach einigen Jahren zu Predigerstellen im Herzogthum Bremen befördert wurden, wofern sie nicht aus Neigung das Schulamt vorzogen. Am Pädagogium, wo keine Auskunft der Art Statt hatte, behielten die Lehrer in der Regel ihre Stelle bis hohes Alter es nothwendig machte, sie in den Ruhestand zu setzen, oder der Tod ihr langes Tagewerk endigte. Aus diesem einzigen Umstande läfst sich schon abnehmen, dafs die Domschule früher und leichter, auch noch vor Abänderung des Lehrplans, sich den Zeitbedürfnissen nähern konnte. Daher besuchten seit dem vorletzten Decennium des achtzehnten Jahrhunderts Söhne reformirter Aeltern nicht selten die Domschule; aber auch umgekehrt liefsen die am Athenäum Studierenden sich häufig auch am Gymnasium einschreiben; und mancher, dessen Bildungsjahre in jene Zeiten fielen, bewahrt noch in dankbarer Verehrung das Andenken an treffliche Lehrer in beiden Anstalten. Im Jahre 1794 entwarfen endlich die Lehrer an der Domschule einen neuen, den veränderten Zeitbedürfnissen und den Ortsverhältnissen angemessenen Unterrichtsplan. Der Domprediger Bredenkamp, damals zugleich noch Rector der Schule, beschreibt diese Veränderung ausführlich im Hanseatischen Magazin im zweiten Hefte des fünften Bandes.

Auch zwei ganz neue Lehrinstitute fallen noch in das letzte Jahrzehend des achtzehnten Jahrhunderts. Beide Privatunternehmungen und beide ein sprechender Beweis des damals lebhaft rege gewordenen patriotischen Gemeingeistes. Durch das eine dieser Institute, die Navigations-Schule, wurde einem Bedürfnisse abgeholfen, das sich seit dem nordamerikanischen Kriege, wo Bremens Handlung und Schifffahrt so sehr sich erweiterte, von Jahr zu Jahr fühlbarer gemacht hatte. Dem Plane der Stifter gemäfs, sollten in dieser Lehranstalt Bürgerkinder, die sich dereinst dem Seedienste widmen wollten, unentgeldlich in den nöthigen Vorkenntnissen unterrichtet, und andere, welche schon einige Zeit als Matrosen zur See gefahren hatten, durch zweckmäfsige Anweisung zur Bekleidung höherer Stellen tüchtig gemacht werden.

Wie schön diese Anstalt aufblühete, schildert Prof. Mertens im nämlichen Hefte des Hanseatischen Magazins, S. 307. Sie hat Bestand gehabt bis zum Jahre 1805.

Das zweite Institut, was noch im scheidenden Jahrhundert errichtet wurde, die Bürgerschule, hat zwar auch in der kurzen Zeit ihres Bestehens wohlthätig gewirkt, allein mehr noch verdient sie Erwähnung als Vorläuferin der Veränderungen und Erweiterungen, welche im neunzehnten Jahrhunderte mit dem gesammten Schulwesen der Stadt nach und nach vorgenommen wurden. Das erste Verdienst um die Entstehung dieser Schule hat der damalige Prediger an der Ansgariikirche Dr. Häfeli (starb als Bernburgischer Superintendent und Consistorialrath 1811). Seit er in Bremen eintrat (1793), suchte er für die Verbesserung der Kirchspielsschulen und der übrigen in der Gemeine befindlichen kleinern Schulen thätig zu werden. Die Schwierigkeiten, auf welche er stiefs, erzählt er selbst im Hanseatischen Magazin im ersten Heft des vierten Bandes. Erst als 1796 auch Doctor Ewald (starb als badenscher Kirchenrath 1822), als Prediger an St. Stephani berufen, nach Bremen kam und mit ihm sich vereinigte, gelang es nach einer Vorlesung des Letztern im Museum, aber nun auch rasch, den Plan zu einer Bürgerschule auszuführen. Wie liberal patriotische Bürger die Ausführung unterstützten, erzählt Ewald in demselben Aufsatze des Hanseatischen Magazins.

Auch die weitere Absicht der Errichtung dieses Instituts, daſs es zur Verbesserung der gesammten Kirchspiels- und kleinern Schulen den Weg bahnen sollte, ist allmählig erreicht worden. Eine Commission aus Mitgliedern des Senats untersuchte mit Zuziehung einiger Mitglieder des Ministeriums den Zustand der niedern Schulen und Privatinstitute. Häfeli und Ewald gaben unter obrigkeitlicher Autorität eine kurze Anleitung für Schullehrer und Schullehrerinnen heraus. Bald regte sich auch in den Gemeinen der Wunsch lebhafter, die Kirchspielsschulen den gesteigerten Bedürfnissen der Zeit angemessen eingerichtet zu sehen. Die Gemeine zu U. L. F. ernannte in einem Kirchenconvente zu diesem Zwecke aus ihrer Mitte eine zahlreiche Deputation, und genehmigte sodann den Entwurf dieser Deputation in einem abermaligen Convente den 19ten August 1802. (Ein Abriſs der neuen Einrichtung ist gedruckt Bremen 1803.) Die Veränderungen bestanden nicht blos in einer angemessenern Auswahl der Unterrichts-Gegenstände, zweckmäſsigern Anordnung der Lectionen und in Feststellung bestimmter Schulgesetze, sondern auch in einer Verbesserung der Lage des Schullehrers und seines Gehülfen, in der Anordnung einer fortdauernden Inspection und endlich in der zweckmäſsigern Einrichtung des neuen hellen und geräumigen Schulzimmers.

Diese Schule hat sich seitdem im Flor erhalten und zur Bestätigung dessen, was vom allmähligen Verschwinden des Confessions-Unterschiedes schon früher erwähnt worden, verdient hier namentlich bemerkt zu werden, daſs weit über die Hälfte der Kinder, die diese Schule eines reformirten Kirchspiels besuchen, nicht reformirt sind.

Die übrigen Gemeinen folgten, die eine früher, die andere später, diesem Beispiele und bildeten, je später, desto umfassender und den abermaligen Fortschritten der Zeit genügender, die alten Schulen um.

Schon ein Jahr früher, als die Kirchspielsschulen anfingen sich umzugestalten, erlitt das Pädagogium eine bedeutende Veränderung. — Unstreitig war hier am schwierigsten zu helfen. Mehrere Lehrer hatten das Greisenalter erreicht; andere waren demselben näher gekommen. Ihnen die längstverdiente Ruhe zu gewähren und jüngere Lehrer an ihre Stelle zu setzen, schien die Kräfte des Schulfonds schon zu übersteigen, und doch muſste noch für vieles andere ein nicht kärglich bemittelter Fond da seyn, wenn radical geholfen, wenn die Lehranstalt selbst den Zeiterfordernissen gemäſs erweitert und genügend vervollkommnet werden sollte. — Die Schule selbst wurde unter diesen Umständen immer mehr verödet, die Schüler Privatinstituten oder leichter umzuändernden öffentlichen Schulen zugesandt. — Und da die frühere

Umgestaltung des Pädagogiums gleich nach dem siebenjährigen Kriege so wenig bleibenden Erfolg gehabt hatte und jetzt Manches doch noch unwegräumbar blieb, so fehlte selbst das Vertrauen zu einem abermaligen Versuch. Gleichwohl verjüngte sich jetzt rund um die alte Lehranstalt her so vieles; so manches ganz Neue schofs fröhlich empor. Auch in der Brust der jüngern Lehrer regte sich die allgemeine Frühlingsstimmung. Sie hatten, mit Genehmigung des Scholarchats, schon in der alten Schule selbst, nämlich in einer leeren Klasse derselben, unabhängig von der übrigen Anstalt, besondere Lectionen für die der Handlung sich bestimmende Jugend eröffnet und Erfolg gesehen. Endlich wurde eine Umgestaltung versucht und kam wirklich zu Stande unter dem Scholarchat und der besondern Leitung des damaligen Senators, nachherigen Bürgermeisters H. Lampe (starb 1817). Dem sonst noch mit der Rechtspflege und manchem Verwaltungs- und Regierungsfache so sehr beschäftigten Manne fehlte doch nie die Stunde, in alle Einzelheiten des neuen Plans einzugehen. Vorschläge und Wünsche einzelner Lehrer wurden möglichst berücksichtiget und den Zeiterfordernissen, so weit irgend die sorglichste Verwendung der vorhandenen Mittel es möglich machte, genügt. Die genehmigte Umgestaltung wurde dann dem Publicum mitgetheilt in einer kleinen Schrift, unter dem Titel: „Ueber die veränderte Einrichtung des Pädagogii; „eine Fortsetzung der beiden Aufsätze im zweiten und „vierten Bande des Hanseatischen Magazins über die

„öffentlichen Schulanstalten der Stadt Bremen. Vom „Professor Rump. Bremen 1802." — „Die wesent-„liche Veränderung besteht," heifst es darin, „in „einem Versuche, an die Stelle der bisherigen „lateinischen Schule eine Lehranstalt für die ge-„sammte Jugend aus den gebildeten Ständen treten zu „lassen;" und weiter unten: „Da die Erweiterung „der Lehranstalt gar nicht zur Absicht hat, den „Schulcursus zu verlängern, sondern ihn blofs der „verschiedenen Bestimmung der Jugend genauer an-„passen und dadurch, wo möglich, verkürzen soll, so „hat man es nicht nöthig gefunden, die bisherige An-„zahl der Klassen zu vermehren. Durchaus erforder-„lich für den angegebenen Zweck schien es aber zu „seyn, in den beiden obern Klassen eine Abtheilung „zwischen den Schülern, welche sich dem gelehrten „Stande, und denen, welche sich der Handlung oder „einer damit verwandten Beschäftigung widmen wol-„len, zu machen, um jede dieser Abtheilungen in den „ihnen besonders nöthigen und nützlichen Vorkennt-„nissen und Geschicklichkeiten besonders unterrich-„ten zu können." — Quarta wurde, wie sich weiter aus dieser Schrift ergibt, eine Vorbereitungsklasse, auch in Tertia noch nicht auf besondern Stand Rücksicht genommen; erst in Secunda und Prima waren acht parallellaufende besondere Lectionen für künftige Gelehrte und Kaufleute angesetzt.

Zur glücklichen Ausführung des neuen Plans trug sehr viel bei, dafs in der Vorbereitungsklasse ein junger Mann angestellt wurde, der als trefflicher

Lehrer sich seit ein Paar Jahren schon an der Bürgerschule bewährt hatte, und dadurch dem älterlichen Publikum hinlänglich empfohlen war, Frikke. Schade, dafs sein früher Tod ihn nach wenigen Jahren schon der Schule entrifs. Er starb 1805.

Dem Greise, der, jetzt schon seinem Amtsjubiläum nahe stehend, bisher in der untersten Klasse Hauptlehrer gewesen war, H. W. I. Heger, wurde noch eine Stunde täglich darin gelassen, weil der alte Kinderfreund von seiner Arbeit, wofür ihn mit den Kräften noch nicht die Lust verlassen hatte, nicht scheiden mochte, und sein jugendliches Gemüth ihn bei der Anhänglichkeit der Kinder noch immer fähig erhielt, sich eine Stunde mit ihnen zu beschäftigen. In der allgemeinen Theilnahme, womit im folgenden Jahre sein Jubiläum gefeiert wurde, sprach sich die Achtung der Stadt und insbesondere seiner ehemaligen Schüler gegen den unermüdlichen Lehrer auf eine Weise aus, die ihn nicht blofs jeder Sorge für den Rest seiner Tage, sondern auch für die Seinigen möglichst enthob. — Nur zwei Lehrer wurden höhern Alters wegen völlig zur Ruhe gesetzt; die übrigen ältern Lehrer suchten auch bei dem veränderten Gange der Arbeiten sich der neuen Anstalt noch, so lange ihre Kräfte reichten, nützlich zu machen; die jüngern fafsten neuen Muth, und beide, jüngere und ältere, fühlten sich durch ein plötzliches Aufblühen der Anstalt, die alle ihre Erwartungen übertraf, wie von neuem belebt. Schon im folgenden Jahre 1803 machte das Zuströmen der Schüler eine neue Klasse, Quinta, nothwendig; 1806 mufste Tertia in zwei und bald auch das neue Quinta noch weiter in zwei Klassen abgetheilt werden, so dafs im Ganzen sieben zahlreich frequentirte Klassen entstanden. In den gedruckten Einladungsschriften zu den jährlichen öffentlichen Prüfungen, Redeübungen und der Austheilung der Prämien findet sich auch die Zahl der jährlich entlassenen Schüler. Es ergibt sich daraus, dafs die Schule damals auch von Hannoveranern, Oldenburgern und vorzüglich Ostfriesen stark besucht wurde.

In den letzten Jahren vor der französischen Occupation (1810) wurde endlich auch noch ein Schullehrer-Seminar von einigen patriotischen Bürgern errichtet. Es wurden zunächst dazu die Zinsen eines Kapitals angewiesen, das von den Beiträgen für die 1804 wieder aufgehobene Bürgerschule noch übrig war; das noch Fehlende suchte man durch weitere Privatbeiträge zu sammeln. Diese Anstalt hat unter allen Bedrängnissen der nächstfolgenden Jahre sich behauptet, und mancher Zögling derselben steht jetzt als tüchtiger und beliebter Lehrer theils Kirchspiels-, theils anderen Schulen vor.

Die Schlacht bei Jena hatte für das nördliche Deutschland, insbesondere für die Hansestädte, die bekannten Folgen. In ihrem eigenthümlichen Leben endlich völlig gelähmt, mufsten diese Städte nur auf Erhaltung und Rettung der Institute, die ihr Wohlstand einst geschaffen, genährt und gepflegt hatte, sich beschränken, bis die furchtbare Krisis überstanden seyn möchte. Dies Erhalten und Retten wurde auch nicht aufgegeben, als das grofse Reich uns immer näher kam und uns endlich in sich aufnahm. Doch schien alles Schirmen und Decken nur eine kurze Fristung des schwachen Lebens erringen zu können, als mit der Ankunft Cüvier's und Noel's die Einfügung und Unterordnung aller unserer Lehranstalten unter die grofse Universität als unausweichliches Schicksal uns vor Augen schwebte. — Der Himmel rettete und ermuthigte die Deutschen zum letzten Kampfe gegen mehr als römische Ueberwältigung ihres eigenthümlichen Seyns. — Vieles war nach den Jahren der grofsen Kämpfe und Siege herzustellen; zu dem ersten, wozu Bremens Senat und Bürgerschaft sich vereinigten, gehört die Erneuerung der Anstalten für den öffentlichen Unterricht. — Was dafür seit dem ersten ruhigen Augenblick des wieder gewonnenen freien Lebens geschehen ist und noch geschieht, mag jetzt den heitern Schlufs dieses Abrisses ausmachen. Der Ausführlichkeit wird es hier um so weniger bedürfen, da sich auf Nachrichten und Bekanntmachungen, die Allen zugänglich sind, hinweisen läfst.

Im Jahre 1817 den 23sten September erschien die Bekanntmachung wegen Verbesserung des öffentlichen Unterrichts. Eine gemeinschaftliche Deputation aus Rath und Bürgerschaft hatte diese wichtige Angelegenheit erwogen; der Punct, worauf zunächst Alles ankam, Vermehrung der bisher zu beschränkten Schuleinkünfte war jetzt bald erledigt und der Senat nunmehr in den Stand gesetzt, eine Anstalt für die Jugend männlichen Geschlechts aus den bemittelten Ständen in einem Umfange und mit einer Vollständigkeit sofort ins Leben zu rufen, wie sie früher nur in der Idee vorhanden gewesen war und höchstens als pium desiderium hatte in Anregung kommen können.

Diese Anstalt, die Hauptschule genannt, besteht: a) aus einer Vorschule, der als Ziel aufgegeben ist, die allgemeine Bildung zu begründen, welche in jedem Verhältnisse den Werth der menschlichen Natur hervorhebt, zu jedem anständigen Berufe die Tüchtigkeit vermehrt, und selbst die Wahl zu dem passendsten Beruf leitet. Die Zahl der Klassen ist auf vier festgesetzt, allein die Zahl der besondern Abtheilungen, deren jetzt zwölf sind, richtet sich nach der Zahl der Schüler. Jede Abtheilung hat ihr eigenes Lehrzimmer und ihre besondern Lectionen. Uebersteigt die Schülerzahl in einer derselben dreifsig, so wird für eine neue Abtheilung gesorgt.

Die Hauptunterrichtsgegenstände sind: Religion, deutsche, lateinische und französische Sprache, Geschichte, Erdbeschreibung, Naturkunde und Mathematik, Schreiben, Rechnen und Zeichnen. Der Theilnahme an allen diesen Lectionen darf sich kein Schüler ohne besondere von dem Vorsteher genehmigte Gründe entziehen. In der obersten Klasse wird aufser der gewöhnlichen Schulzeit Unterricht in der griechischen und englischen Sprache ertheilt, dessen Benutzung von den Wünschen der Aeltern und Vormünder und von der Absicht der Weiterbildung abhängt. Ueber alles Weitere, besonders auch über das schöne Local der Schule, gibt der Vorsteher derselben, Prof. Friedr. Strack, ausführliche Nachricht in seiner Schrift: „Ueber die Vorschule. Bremen bei J. G. Heyse."— In Ansehung des Locals ist daraus hier etwa noch zu bemerken, dafs mit dem geräumigen und lichten Gebäude auch ein Garten verbunden ist, der zum Spielplatz für die Schüler umgewandelt worden, und, da die harmonische Ausbildung der geistigen und körperlichen Kräfte als Hauptzweck auch dieser Unterrichtsanstalt in der Bekanntmachung ausgesprochen ist, noch einige Vorrichtung zu Turnübungen enthält.

Aus der Vorschule empfängt die etwa mit vierzehn Jahren daraus entlassenen Schüler entweder: b) die **Gelehrten-** oder c) die **Handelsschule**. Die Aufgabe der ersten, die ebenfalls einen besondern Vorsteher, jetzt Prof. Sanders, hat, ist: bei fernerer Beachtung der allgemeinen menschlichen Bildung ihren besondern Zweck nunmehr, da sie nicht zugleich für die eigenthümlichen Ansprüche anderer Stände zu sorgen hat, desto vollständiger zu verfolgen. Die Lehrgegenstände sind: lateinische, griechische und französische Sprache, klassisches Alterthum, Geschichte, die in der obern Klasse in die der Staaten und der Religions-Gesellschaften zerfällt, Erdbeschreibung, Mathematik, Stylistik und Logik. — Die Gelehrtenschule hat drei Klassen. Die Handelsschule trägt diesen Namen nur, theils um sie von den andern Abtheilungen zu unterscheiden, theils weil unter den verschiedenen Geschäftskreisen, an die sie ihre Zöglinge entläfst, der Kaufmannsstand in einer Handelsstadt doch immer vorzügliche Berücksichtigung erfordert. Aufser der Berücksichtigung solcher Geschäftskreise im Allgemeinen hat diese Anstalt die Hauptbestimmung: dem Jüngling den gröfsern Gesichtspunkt zu öffnen, welcher dem hiesigen Bürger, sofern er berufen ist, an der Verwaltung, Gesetzgebung und allen staatsbürgerlichen Rechten Theil zu nehmen, stets vor Augen liegen mufs. Diese ihre Hauptbestimmung sucht sie nicht allein durch eine sorgfältige Wahl des Unterrichtsstoffes zu erreichen, der aus den Sprachen und Wissenschaften besteht, welche theils die allgemeine menschliche Bildung, theils die Berufsfertigkeit befördern; (zu welchem Zweck sie besonders zu den Fertigkeiten in mündlichen Vorträgen, Buchhalten, Rechnen und Schönschreiben anleitet,) sondern auch durch die Lehrweise, eingedenk, dafs die Bildung für die Welt, für den Stand und die Gesellschaft hier vollendet werden mufs, da die Jünglinge dieser Anstalt nicht noch eine höhere, wie die Jünglinge der Gelehrtenschule die Academie, vor sich haben. — Die Handelsschule besteht jetzt aus zwei Klassen, wovon die untere zwei Abtheilungen hat. Vorsteher ist Professor Mertens. Die Hauptschule besitzt in liegenden Gründen und andern ständigen Revenuen ein bedeutendes jährliches Einkommen. Bei der Ausdehnung, welche diese Anstalt in den letzten Jahren genommen, und bei der consequenten Durchführung des Grundsatzes, sobald eine Klasse über dreifsig Schüler zählt, eine neue Abtheilung zu bilden und Lehrer für dieselbe anzustellen, reicht jenes Einkommen aber nicht völlig aus, und das Fehlende wird aus der Staatskasse zugeschossen. — Im Ganzen werden jährlich über 30,000 Thaler auf die Hauptschule verwendet.

Nach der Anordnung der Hauptschule für die Jugend männlichen Geschlechts aus den bemittelten Ständen blieb noch ein grofses und schwieriges Unternehmen übrig: Verbesserung der niedern Volksschulen. Für diesen Zweck wurde in dem Convente vom 3ten December 1819 eine Deputation aus Rath und Bürgerschaft bestellt, und ihr Geschäft aufser dem Hauptzwecke noch ausgedehnt auf Berathung wegen Errichtung einer Navigationsschule, da die 1798 als Privatunternehmen errichtete 1805 eingegangen war; sodann auch auf Berathung wegen einer Bildungsanstalt für junge Künstler und Handwerker, wozu auch schon ein Privatunternehmen bestand; auch sollte sie überlegen, in welchem Maafse das als Privatanstalt noch fortdauernde Schullehrer-Seminarium von Seiten des Staats zu unterstützen sey.

Die Deputation begann ihr Geschäft mit einer sorgfältigen, mühevollen Untersuchung aller vorhandenen Schulen, Kirchspiels- und Landschulen ausgenommen, und fand nach angestellter Untersuchung, dafs in 75 Schulen von 24 Lehrern und 51 Lehrerinnen ungefähr 4100 Kinder beiderlei Geschlechts Unterricht erhielten. Ich übergehe die ins Besondere und Einzelne gehende Resultate dieser Nachforschungen, so wie die darauf angestellten Berathungen, aus den letztern blos die wichtigsten der Vorschläge aushebend, welche von der Deputation ihren Committenten, dem Rath und der Bürgerschaft, vorgelegt und von diesen sodann sämmtlich genehmigt worden sind. Sie bestehen: 1) In Errichtung des Seminars für junge Schullehrer. 2) In der Anordnung von Instructoren zur practischen Unterweisung angehender Schullehrer und Schullehrerinnen, und zur allmähligen Einführung einer zweckmäfsigen und möglichst gleichförmigen Lehrmethode. 3) In der gänzlichen Trennung der Armen-Freikinder und der Selbstbezahlenden in verschiedene Schulen. 4) In der Aufhebung der Abendschulen, an deren Stelle Unterrichtsstunden an den Nachmittagen des Mittwochs und Sonnabends oder am Sonntage einzuführen. 5) In der Bildung einer eigenen Schulpflege durch Bürger aus den nämlichen Gegenden der Stadt und Vorstadt, in welchen Schulen dieser Art befindlich sind, und soviel möglich aus gleichem Stande und Berufskreisen mit den Aeltern, deren Kinder die ihrer Pflege empfohlenen Schulen besuchen; welchen Schulpflegern im Allgemeinen die Achtsamkeit auf die Erhaltung und Verbesserung dieser Schulen, und besonders die Sorge für den regelmäfsigen Schulbesuch der Kinder, so wie die mit der

Inspection gemeinschaftlich anzustellende Berathung über die Bedürfnisse der Schulen und der Lehrer zum Behuf der dafür vom Staat zu leistenden Unterstützung, auch vorläufige Erkundigung nach dem Lebenswandel und den Eigenschaften neuanzustellender Lehrer obliegen wird.

Endlich ist auch noch von Rath und Bürgerschaft festgesetzt worden, dafs die bisherigen Armenschulen der verschiedenen Confessionen vereiniget und deren, ohne fernere Rücksicht auf Confession, so viele errichtet werden sollen, als das Bedürfnifs fordert, und dafs der Staat künftig, so weit die eigenen Fonds dieser Schulen nicht zureichen, zu der neu-festgesetzten bessern Einrichtung und den erhöheten Besoldungen das Fehlende zuschiefse.

Die Kosten für das laufende Jahr sind von der Deputation auf mindestens 4000 Rthlr. angeschlagen, mit Inbegriff des Seminars, dem sein Fortbestehen nach einem erweiterten Plan jetzt gesichert ist. Die patriotischen Gründer desselben haben dagegen, nachdem ihr Institut nun vom Staat übernommen ist, das ihnen noch übrig gebliebene Capital von 1000 Rthlr., welches schon durch Beiträge wieder sich mehrt, zur Gründung einer wohlthätigen Stiftung bestimmt, welche Lehrern an niedern Schulen theils beim Eintritt in ihren Berufskreis, theils wenn Alter oder Krankheit Hülfe fordert, oder auch diesen Schulen sich widmenden Jünglingen, wenn sie zu Erwartungen berechtigen, und in ihrer Vorbereitungs- und Bildungszeit Unterstützung bedürfen, in sochlen Fällen Erleichterung, Hülfe und Unterstützung gewähren soll. — Diese sämmtlichen Vorschläge sind in der ersten Hälfte des gegenwärtigen Jahres (1822) auf dem Bürgervereine so discutirt und durch Rath- und Bürgerschluſs sämmtlich genehmigt worden, so daſs man sich bereits mit der Ausführung derselben beschäftigt.

Auſser dem Seminar ist auch die Errichtung einer Navigationsschule nach einem vereinfachten Plane beschlossen; ferner eine Anstalt zur practischen Ausbildung junger Künstler und Handwerker, in welche die bisherige Zeichenschule, die seit 1819 schon 124 Handwerkern aller Art, vorzüglich Tischlern, theils unentgeldlich, theils gegen Bezahlung, Sonntags zum Zeichnen und zur Verfertigung von Modellen practisch Anleitung gegeben hat, nunmehr übergeht.

Die Deputation schloſs ihren ausführlichen Bericht mit der Aeuſerung, daſs sie einsehe, wie viel den vorgeschlagenen Einrichtungen noch fehlen werde, um alsbald einen vollkommenen Zustand der von ihr untersuchten Schulen herbeizuführen; daſs sie aber sicherer und heilsamer zu verfahren geglaubt, für jetzt nur die festen Grundlagen eines Zustandes zu beschaffen, aus welchen die Vervollkommnung allmählig sich entwickeln müsse. — Wohl läſst sich, scheint es, noch von einer andern Seite her die Hoffnung, und zwar in Hinsicht unsers gesammten Schulwesens, verstärken, daſs nicht bloſs Vollkommneres sich entwickeln, sondern in den sich vervollkommnenden Anstalten auch der hochwichtige Zweck derselben immer **leichter** vollständig zu erreichen seyn werde. Es ist nämlich eine unausbleibliche Folge wohlangelegter und sorglich gepflegter Schulanstalten, dafs sie in ihrem Kreise auch die häusliche Erziehung bald heben, und daran allmählig, ich mag nicht sagen einen Beistand, nein, einen wenigstens zur Hälfte mitfördernden Genossen ihres Geschäfts haben. Schon hat sich dies bei uns zu bewähren angefangen, am sichtbarsten vielleicht bei der Vorschule; doch auch am reifenden Jünglinge zeigt sich die väterliche Theilnahme an den Fortschritten und dem Gedeihen desselben nicht weniger fördernd, als die der Mutter beim zarten Alter; und der treffliche Vorschlag der Deputation zur Anordnung einer Schulpflege aus Hausvätern, die in dem Sprengel der Schule wohnen und den Aeltern der sie besuchenden Jugend auch sonst näher stehen, läfst noch viel für angelegentliche Theilnahme des älterlichen Hauses in allen diesen Bezirken hoffen. Bei solcher wetteifernden Wechselwirkung aber könnte sich bald der in der Theorie noch nicht geschlichtete Streit zwischen den beiden Erziehungsweisen, dem Humanismus und dem Philanthropinismus bei uns auf practischem Wege friedlich lösen, indem die Schule vornemlich das Heilsame des ersten, das älterliche Haus vornemlich alles Gute des zweiten sich aneignet und Beide zusammenwirkend der aufblühenden Nachkommenschaft gewähren, was aus beider Zusammenwirkung doch am Ende nur allein hervorgehen kann: eine vollständige den gesammten Menschen fördernde und für seine ganze weitere Bestimmung vollendende Erziehung.

Es hat sich in der kurzen Darstellung der Bremischen Schul- und Gelehrtengeschichte bisher kein passender Ort finden wollen, von der Stadtbibliothek ein Wort zu sagen; daher ich ihrer jetzt nachträglich erwähnen mufs.

Der Anfang derselben fällt ins Jahr 1534, wo vom Rath beschlossen wurde, eine gute Liberei, jedoch nur aus den Schriften der Kirchenlehrer bestehend, zum öffentlichen Gebrauch anzulegen. Ungefähr hundert Jahre später vermachte der zu Prag 1628 gestorbene Bremische Syndicus Buxtorf seine aus historischen, publicistischen und juristischen Werken bestehende Büchersammlung dem Rath, der damit die öffentliche Bibliothek vermehrte. Dazu kam durch Ankauf die Bibliothek des Melchior Goldast von Haimensfeld, eines zu seiner Zeit (er starb 1635) sehr fleisigen Sammlers und Forschers nach literarischen Schätzen, woher vornemlich der handschriftliche Reichthum der Bibliothek rührt, der bald darauf durch die Opera omnia manuscripta des berühmten Joh. Coccejus noch einen bändereichen Zusatz erhalten hat. Weiter wurde die Bibliothek noch vermehrt durch die vom Prof. Cassel hinterlassene Sammlung der auf Bremen irgend sich beziehenden Schriften; endlich ist auch die Büchersammlung der eingegangenen deutschen Gesellschaft hinzugekommen. — Die Bibliothekare haben sie dann nach Maasgabe der zum Ankaufe neuer Bücher ausgesetzten sehr geringen Summe (jetzt auf 100 Rthlr. jährlich bestimmt) mit Schriften, die ehemaligen Staatsverhältnisse des deutschen Reichs, die Reichsgeschichte, die Geschichte überhaupt und ihre Hülfswissenschaften betreffend, zu vermehren gesucht; auch hat das Fach der alten Literatur, der Alterthümer, der Numismatik insbesondere, der Literar-Geschichte, und von den Fakultätswissenschaften, die juristische und theologische (letztere jedoch nur im kirchengeschichtlichen Fache), durch gelegentlichen Ankauf nach und nach nicht unbeträchtlich gewonnen, obgleich dabei an keine Vollständigkeit vor der Hand kann gedacht werden. — Die Idee des jetzigen Bibliothekars, an den so zufällig zusammengekommenen alten Bücherschatz ein neues, gemeinnützliches und der gesammten gebildeten Bürgerschaft zugängliches Institut zu knüpfen, ist nicht ohne Beifall aufgenommen, und seitdem mit beträchtlichen Kosten das ehemalige theologische Auditorium des alten Schulgebäudes zu einem würdigen Local für die Bibliothek eingerichtet worden, das auch geräumig genug ist, für das bisher Vorhandene und so mäfsigen Zuwachs, als sich aus der jetzigen Einnahme der Bibliothek kann erwarten lassen. Soll aber jene Idee ganz ins Leben treten, so mufs an Erweiterung des Locals gedacht werden, wozu glücklicherweise das alte Schulgebäude noch in demselben Stockwerke überflüssig Raum bietet. Die Aufstellung und Anordnung in dem neuen Locale ist jetzt erst beendigt und der Bibliothekar seitdem Dinstags und Freitags, mit Ausnahme der Schulferien, für Besuchende gegenwärtig. — Zunächst ist genug erreicht, wenn nur hinlängliches Locale, auch zu beträchtlicher Vermehrung, vorhanden bleibt. Entspricht der Thätigkeit, womit jetzt die Verbesserung des gesammten Schulwesens schon betrieben worden ist und noch betrieben wird, die aus derselben zu erwartende Wirkung, so wird das Bedürfnifs eines Instituts, wie es in den Museums-Vorlesungen über eine auf Nationalbildung berechnete öffentliche Büchersammlung für eine deutsche Stadt, entworfen ist, mit jedem Iahre mehr gefühlt werden; und da dies nicht ausbleiben kann, so läfst es sich mit Zuversicht erwarten, dafs in wenigen Jahren nicht nur für eine reichere Einnahme zum Ankauf, sondern auch für Pflege und Bedienung und tägliche Zugänglichkeit des unter diesen Bedingungen erst wahrhaft gemeinnützlich werdenden Instituts das Erforderliche geschehen werde.

Kunst in Bremen.

Die Umgebungen Bremens waren vormals nur wenig geeignet, den Genius zu wecken und zu befeuern; was von Kunstwerken der Bildhauerei und Malerei in den Kirchen gewesen seyn konnte, war durch die Bilderstürmerei des ersten Jahrhunderts der Reformation verschwunden, doch läfst sich kaum glauben, dafs je etwas bedeutendes von Kunst in den Kirchen gewesen sey, wie denn z. B. kein einziger Pfeiler des Doms die geringste Spur irgend eines Denkmales früherer Zeiten verräth. Wenn nun die so anhaltende, Zeit und Geist einengende, Beschäftigung eines bestimmten Standes, der eben ohne andere Umstände nie der Kunst förderlich war, dazu kam, so läfst es sich erklären, dafs sie eben nicht besonders in Bremen gedeihen konnte.

Aus einer von Cleve hierhergezogenen Familie Tilemann genannt Schenk, die hier zu bürgerlichen Ehren gelangte *), nun aber bis auf einige Nachkömmlinge weiblichen Geschlechts ausgestorben ist, stammte der rühmlich bekannte Historien- und Portrait-Maler dieses Namens, der früher, bei seinem Aufenthalte in Italien, sich einen Namen erworben. Als Portrait-Maler ist er an die Seite der gröfsten Maler gestellt worden. Er malte viel zu Wien und lebte noch im Jahre 1668. Seine Tochter malte vortrefflich Blumen und Landschaften in Wasserfarben. Sein Vater war Prediger zum Horn bei Bremen gewesen. — Man nennt auch einen bremischen Bildhauer Th. Wilh. Frese, der in der Mitte des achtzehnten Jahrhunderts in Italien lebte. Er war Schüler des italienischen Bildhauers Romans, der in Bremen gearbeitet und daselbst ums Jahr 1730 gestorben seyn soll. Der neueste Bildhauer von Geschick und einigem Ruf war Beling. Auch ein

---

*) Ich habe zwölf dieses Namens gezählt, die in Bremen Beamte gewesen.

Maler Tiling, der in Berghems Styl Landschaften gearbeitet haben soll, war in Bremen geboren. Gegen das Ende des achtzehnten Jahrhunderts sah Bremen einige treffliche Künstler unter seinen Bürgern. Rullmann malte Historie; der Rubensche Styl gelang ihm vorzüglich. Man sieht noch hin und wieder Bilder und Skizzen von ihm. Er ging von hier nach Paris und man weifs seit geraumer Zeit nicht, was aus ihm geworden. Wie selten weifs der Künstler den zeitlichen Vortheil mit dem Himmelreiche seiner Phantasie in Uebereinstimmung zu bringen!

Einer der ausgezeichnetesten Medailleurs war Johann Blum oder Bloom. Ob er ein Bremer von Geburt war, ist nicht ausgemacht, aber er hat die meiste Zeit seines Lebens in Bremen zugebracht. Er war vermuthlich ein Schüler Sebastian Dadlers. Seine Münzen gehen vom Jahre 1631 — 1650. Es sind mehrere sogenannten Rolands-Münzen darunter, d. h. solche auf denen unsere Rolands-Säule abgebildet ist. Die erste derselben ist vielleicht in Ansehung der feinen Arbeit nie übertroffen worden. Ferner sind mehrere Medaillen auf den westphälischen Frieden von ihm; eine auf den Tod Gustav Adolphs; drei auf die Eroberung von Breisach mit dem Brustbilde Bernhards von Weimar mit der Ueberschrift: Brisach fortis sed fortior Deus fuit et Weimarius 1638. Seine schönste Denkmünze ist unstreitig diejenige auf die Vermählung Wilhelms Prinzen von Nassau und der Prinzessin Maria von England im Jahre 1641. Auf der vordern Seite ist das Brautpaar, welches sich die rechte Hand reicht; über der Braut wie über dem Bräutigam schwebt ein Engel mit dem Myrthenkranze, weiter oben ist eine Taube. Unten ist ein Theil der Stadt London, wo die Trauung geschah. Auf der Rückseite erscheint der Prinz, begleitet von der Pallas mit blofsem Schwerdt, dabei Kriegsgeräth. Bellona liegt zu Boden; die Göttin des Friedens und Ceres erscheinen, nebst Amor, der das Pfeilbündel der sieben holländischen Provinzen trägt, und dem Prinzen wird der Oelzweig überreicht. Diese Medaille gehört ohne Zweifel zu den vortrefflichsten dieser Art. Noch hat man Denkmünzen von ihm auf den General Banner, Christian den Vierten von Dänemark, auf Herzog Friedrich von Celle; eine auf Friedrich Herzog von Holstein, eine auf Friedrich den Dritten König von Schweden, eine auf die Stadt Danzig. Unter den vielen Trauungs-Medaillen ist diejenige ausgezeichnet, die auf der Rückseite eine Henne führt, welche auf ihren Küchlein sitzt. Fast alle diese Medaillen sind in der schönen Sammlung des Herrn Burkhard zu sehen.

Joh. Heinr. Menken schien von der Natur bestimmt der Niederdeutsche Maler in vollem Sinne des Worts zu seyn. Er erkannte früh was Poetisches in den flachen Wesergegenden verborgen lag. Dafs die Natur da ist, reicht nicht hin, sie will auch gesehen, sie will gefühlt, sie will in ihren geheimen Schönheiten erkannt seyn. Dafs eine malerische Eiche die Phantasie oft eben so in Anspruch nimmt, als ein mächtiges Gebürge, fühlt jeder, der für das Malerische Sinn hat.

Menken rifs im vierundzwanzigsten Lebensjahre sich aus dem Kaufmannsstande los und durch Männer, welche sein Talent kannten und schätzten, gefördert, widmete er sich ganz der Kunst, ging nach Dresden, wo Ruysdaels Charakter der Landschaft ihn gewann und Klengel in einem gewissen Sinne sein vorzüglichster Lehrer ward. Dort, wie nach seiner Rückkehr in die Vaterstadt, malte er eine Menge schätzbare Bilder, in welchen ein eigenthümliches Genie und ein poetisches Gemüth sich offenbarten. Durch eine Sammlung sehr geistreicher radirter Blätter ist er auch denen bekannt geworden, die seine Gemälde nicht kennen.

Das Genie des Vaters ist auf den Sohn übergegangen. Dem Jünglinge Gottfried Menken gefielen die charakteristischen Centauren, die der letzte Krieg vom Don her in unsere Gegend führte, ihre malerische Kleidung, ihre kühne und leichte Haltung auf dem Pferde. Dazu kam die Begeisterung, welche die Ankunft jener fernen Gäste, die die Stadt Bremen von dem fränkischen Joche erlösten in der jungen Seele erregte. Kein Maler hat diesen Kriegern und ihren mageren Rossen so ihre Eigenthümlichkeit abgesehen, als Gottfr. Menken. Seine Bilder stellen Ereignisse dar, die bei und in Bremen vorgefallen sind: den Kosacken-Angriff auf das Osterthor, ein Kosacken-Lager auf der Domsheide u. s. w.

Auch nennt Bremen den genialischen Anton Albers, der sich jetzt zu Lausanne aufhält und aus eigener Kraft sich in Claude Lorrains Styl mit dem gröfsten Glücke hineingearbeitet hat, den seinigen.

Die Sammlungen des Herrn Dreiers und des Herrn Garlichs wird kein Kenner unbesehen lassen, um so weniger, da die früherhin in den alten Familien vorhandene Kunstschätze fast sämmtlich ausgewandert sind. In der Sammlung des letztgenannten Freundes der Kunst sieht man mehrere Bilder aus der Niederländischen Schule, einen Hondekoeter, Backhuyzen, van der Velde, Netscher, van der Neer, wie man sie in wenigen Sammlungen schöner finden mögte.

Musik in Bremen † *).

Was seit Guido von Arezzo, Domcapitular in Bremen und Erfinder der seitdem gebräuchlichen fünf Linien und der Bezeichnung der Tonleiter mit ut, re, mi u. s. w. hier für die Musik geschehen ist, darüber habe ich nur Unbedeutendes finden können. Im siebenzehnten Jahrhundert gab ein Organist, Knoop, an St. Stephani, eine Sammlung Tänze heraus und auf Hochzeiten und bei anderen feierlichen Gelegenheiten spielten die Rathsmusikanten. Noch vor vierzig Jahren gab es hier keine öffentlichen Concerte, da doch so lange vorher schon in Hamburg die Musik geblüht hatte, wo ein Ludwig Kaiser, Händel, Carl Philipp Emanuel Bach u. a. ein erwünschtes Feld für ihre Talente gefunden hatten. Im hiesigen Dom und auch in andern Kirchen wurden damals zwar auch geistliche Musiken aufgeführt, aber mit einem sehr magern Or-

---

*) Zum Theil vom Prof. Storck.

chester, so dafs Pauken und Trompeten das Beste thun mufsten, wobei es denn auch an erbaulichen Possen nicht fehlte: z. B. „Spielet leise, nach Assaphs Weise! (fortissimo). Reifst nicht! (pizzicato)." — An Beistand von Liebhabern war nicht zu denken, da Eltern es unanständig hielten, ihre Kinder öffentlich auftreten und sie, aufser etwa Klavier oder Flöte, irgend ein Instrument lernen zu lassen.

Unstreitig gebührt dem Doctor Müller als Lehrer und Kantor an der Domschule und zugleich Vorsteher eines Privat-Erziehungs-Instituts der Preis, hier die Musik zuerst auf eine höhere Stufe erhoben zu haben. Er sorgte in seinem Institut für Unterricht in Gesang und Spiel, zog einen Violinspieler Wiele aus Oldenburg hieher, der leichte Symfonien für das Orchester seiner Zöglinge setzte, die dann in seinen Privatconcerten aufgeführt wurden. Sein Unterlehrer Meisner, jetzt Professor der Naturgeschichte in Bern, ein geschickter Violoncellspieler, der verstorbene Kaufmann Arnold Oelrichs, der Mäckler Fehrmann und andere eifrige Musikfreunde leisteten thätigen Beistand, und so ertönten in diesem Kreise bald auch Symfonien und Quartetten von Pleyel, Gyrowetz, Wranizky und Haydn, so wie die damals gangbaren Claviersonaten von Kotzeluch u. a. Auch an den Kirchenmusiken im Dom unter Müllers Direction nahmen die in seinen Concerten gebildeten jungen Leute als Sänger und Spieler Theil, und bald hörte man dort und in Concerten gut besetzte und ausgeführte Stücke aus Athalia, den Tod Jesu und andere gröfsere Meisterwerke.

Gleichzeitig fanden auch in andern Privathäusern, vorzüglich bei dem Burgermeister Iken, dem Freiherrn von Knigge u. a. Privatconcerte Statt, woraus bald regelmäfsige öffentliche und das sogenannte Liebhaberconcert einer geschlossenen Gesellschaft angesehener Familien hervorgingen. In dem Letzteren mufsten auch Anfänger sich obligat hören lassen, wurden mit Nachsicht beurtheilt und auf jede Weise aufgemuntert, Musiker von Profession aber für jeden obligaten Vortrag besonders honorirt, und so entstand ein allgemeines Streben nach höherer musikalischer Ausbildung. Leider ist dieser schöne Verein später eingegangen und in dieser Ausdehnung nicht wieder hergestellt, was um so mehr zu beklagen ist, da es seitdem für Liebhaber an Aufmunterung fehlt, als Obligatspieler neben Künstlern vor einem gröfseren Publikum aufzutreten.

Unter den Künstlern dieser Periode zeichneten sich aus: der gründliche Organist Rauschelbach, Schüler des Carl Philipp Emanuel Bach, der sein Instrument würdig und mit Verschmähung aller kleinlichen Klavierkünste zu behandeln wufste. Ferner der Concertmeister Frese, dessen Hauptinstrument die Flöte war. Sein Ton und Vortrag, besonders in langsamen Tempos, war äufserst rein und lieblich, oft wahrhaft rührend. Dann der Musikdirektor Löwe, jetzt bei seinem Bruder in Bromberg privatisirend, auch als Komponist von drei hübschen Klaviersonaten bekannt. Er war in der Kapelle des Markgrafen von Schwedt erzogen und ausgezeichnet in der Kunst, Fehler des Orchesters zu decken, indem er jede Lücke in irgend einer Stimme auf der Stelle ausfüllte, so dafs die Zuhörer davon selten etwas merkten. Für Violinconcerte war sein Ton nicht glänzend genug, in Quartetten und in der Begleitung von Klaviersonaten aber, wo es mehr auf leichte gefällige Manieren, Präcision und festes markirtes Spiel ankommt, ward er gewifs von Wenigen erreicht oder übertroffen.

Seine Stelle ward durch den geschickten Violin- und Klavierspieler Ochernal glücklich ersetzt, unter dessen Leitung auch die grofsen Beethovenschen Symfonien oft vortrefflich ausgeführt werden. Der jüngere Ochernal bildet sich gegenwärtig in Cassel unter Spohr zum Virtuosen auf der Violine aus und berechtigt zu den gröfsten Erwartungen.

Eine wesentliche Verbesserung erhielt des Orchester durch die Feldmusik des 1813 errichteten Linienbataillons, welche der leider zu früh verstorbene Musikmeister Klingenberg, ein vorzüglicher Clarinettist, trefflich organisirte und einübte.

Dafs unter dem Liebhaberpersonal das weibliche Geschlecht sich vor dem männlichen auszeichnet, darf Niemanden wundern, der bedenkt, dafs in einer Handelsstadt der eigentliche Beruf die Thätigkeit der Männer zu sehr in Anspruch nimmt. Unter den Clavierspielerinnen zeichnet sich die Tochter des bereits erwähnten Doctor Müller durch grofse Fertigkeit und kräftigen Vortrag, besonders der Beethovenschen Sachen, auch als gefühlvolle Componistin, Frau Sengstack aber durch vorzüglichen Anschlag und tiefes Eindringen in den Geist und die Nationalität jedes Componisten aus.

Die gröfsten Fortschritte machte seit einigen Jahren unstreitig die Singmusik. Der Organist Grabau eröffnete zuerst eine Singschule, bereitwillige Gemüther, durch die vorgeschrittene allgemeine Bildung des Geistes in Bremen geweckt, vereinigten sich mit lebhafter Theilnahme in seinen Uebungen. Man hörte endlich gröfsere Chöre aus den besten Opern und ganze Cantaten. Der treffliche, durch Reisen gebildete Tenorsänger Lange *), schätzbar auch als Theoretiker, schlofs sich an, und so war alles jetzt auf dem besten Wege.

Es würde jedoch schwer gehalten haben, dafs so viele junge Talente den rechten Weg eingeschlagen hätten, wenn ihnen nicht ein unvergleichliches Vorbild erschienen wäre. Frau Sengstack, geborne Grund, von den gröfsten Meistern in Hamburg gebildet, kam durch Heirath nach Bremen und entzückte durch ihre seelenvolle Stimme und ihren ausdrucksvollen Vortrag alle Menschen, die Sinn für das wirklich Schöne hatten.

Es dauerte nicht lange, so suchten andere junge Talente sich ihre Singweise anzueignen und es war erstaunlich, wie schnell sich schöne Stimmen und ausdrucksvoller Vortrag ausbildeten. Diese treffliche Sängerin ist auch noch jetzt die Zierde der Singaca-

---

*) Er hat auch ein sehr schätzbares Choralbuch herausgegeben.

demie, und was oben von ihrem Spiel gesagt worden, gilt in noch höherem Maaſse von ihrem Gesange.

Im Iahre 1813 wurde der durch seine genialischen Claviercompositionen bekannte Riem als Domorganist hierher berufen. Mit ihm begann eine neue Aera für die Musik in Bremen. Er wuſste die Gemüther für Kirchenmusik im strengeren Styl zu gewinnen. Ihm verdanken wir die Errichtung einer Singacademie, welche sich wöchentlich einmal auf der Börse versammelt, um die unsterblichen Meisterwerke aller Zeiten im strengen und edleren Styl zu üben und vorzutragen. Eine Menge Menschen denken noch mit Entzücken daran, als unter seiner Leitung die hiesige Academie im Herbst 1819, unterstützt durch auswärtige Musiker, Händels herrliches Oratorium, Judas Maccabäus, in dem für solche groſse Musiken geeigneten Dom aufführte. Es waren schöne Tage, an welchen das Bremer Publikum an die Macht der begeisterndsten aller Künste glauben lernte und gleichsam ein electrischer Schlag die Herzen von Tausenden in Schwingung setzte.

Vorher und nachher sind groſse Messen, Oratorien, Kantaten und Motetten von Händel, Sebastian Bach, Gallus, Hammerschmidt, Homilius, Emanuel Bach, Mozart, Haydn, Schneider und Riem aufgeführt worden und man konnte bei jeder späteren Leistung bedeutende Fortschritte bemerken.

Gute klingende Stimmen sind hier jedoch selten. Vielleicht hat das feuchte oft abwechselnde Klima die Schuld, daſs das Organ der Stimme sich so wenig ausbildet. Es ist gar nicht selten, dafs im Winter die Hälfte der Singacademie an Brusterkältung leidet.

Der Enthusiasmus für Singmusik, der gründliche Unterricht, den Grabau, Lange, Ochernal, Riem und Frau Köhl-Valesi, vormals Oldenburgische Kammersängerin, ertheilen, und das öftere Hören klassischer Werke wird sicher auch die Instrumentalmusik heben, die Neigung zu ihrer Ausübung befördern und die Theilnahme an den Instrumental-Concerten immer allgemeiner machen.

Das Theater

Die strenge Ascetik der Reformation, und der vorherrschende Einflufs der Geistlichkeit, welche die von der Lehr- und Sittenverbesserung ausgehenden neuen Bildungsinstitute vorzugsweise leitete, und daher in den ihr eigenthümlichen Kreisen festzuhalten sich bemühte, verstärkten die ökonomischen Schwierigkeiten und politischen Bedenklichkeiten, welche das Aufkommen der Schauspielkunst in kleinen Staaten und vor allen in kleinen Freistaaten neuerer Zeit fast allenthalben gefunden hat, auch in Bremen lange so sehr, dafs eine Eröffnung von Thaliens Tempel hier erst seit etwa 30 Jahren aufgehört hat meteorischen Erscheinungen zu gleichen, deren genufsreicher Anblick von Gewissensscrupeln nicht unverkümmert blieb, und für deren fortwährenden Bestand sich lebhaft interessiren den Verdacht moralischer und religiöser Libertinage auf sich ziehen hiefs.

Es gehörten daher immer besonders eintretende Umstände dazu, um eine solche Regel von der Ausnahme statt finden zu lassen, und die Obrigkeit wufste ihre Concessionen nicht vorsichtig genug zu beschränken und zu modificiren, um den nie ausbleibenden Gegenvorstellungen der Geistlichkeit einigermafsen zu begegnen, und die Ausübung des öffentlichen Kanzelstrafamtes, wozu diese bei solchen Veranlassungen ein göttliches Recht zu haben behauptete, möglichst zu vermeiden.

Im Jahre 1688 erhielt die Kurfürstl. Sächsische Hofschauspieler-Gesellschaft Erlaubnifs, eine Anzahl Vorstellungen zu geben, und es wurde eine Kommission des Senats zu vorgängiger Prüfung der aufzuführenden Stücke ernannt.

Im Jahre 1695 eröffnete der Kapellmeister Kreyenburg ein Theater in einem Privathause auf der Langenstrafse, in welchem mit vielem Beifalle Opern aufgeführt wurden.

Im Jahre 1718 bemühte sich die Haskarlische wandernde Truppe vergebens um die Erlaubnifs, ihre Bühne in Bremen aufschlagen zu dürfen. Sie wendete sich dann mit glücklicherem Erfolge an die Hannöverschen Behörden, und eröffnete ihr Theater in dem nur eine halbe Stunde von Bremen belegenen, damals unter Hannöverischer Hoheit stehenden Dorfe Hastedt, wo sie von Bremen aus grofsen Zuspruch fand, der aber zu so vielen Unordnungen führte, dafs der Senat sich veranlafst fand, den Bürgern den Besuch der Hastedter Bühne, unter der Drohung, dafs den des Abends von derselben Heimkehrenden die dann geschlossenen Thore nicht wieder geöffnet werden sollten, zu untersagen. Darüber beschwerte sich das Collegium der Aeltermänner, als über eine Beeinträchtigung der bürgerlichen Freiheit, jedoch umsonst.

Im Jahre 1739 wurde der Veltheimischen Gesellschaft der Schützenwall für ihre Vorstellungen eingeräumt, die indefs nicht lange dauerten, da in diesem Jahre ein Blitzstrahl den Pulverthurm am Weser Brückenkopfe in die Luft sprengte, wobei viele Menschen ihr Leben verloren, und der grofse Haufe darin ein Strafgericht Gottes zu erkennen glaubte, welches Bufse und Entsagung weltlicher Gelüste predige.

Das Vorherrschen ähnlicher Ansichten führte mehreren anderen Theaterunternehmern, welche in Bremen concessionirt zu werden wünschten, abschlägige Antworten herbei. So namentlich der bekannten Neuberin, obgleich sie in ihrer Vorstellung erklärte, dafs sie den Harlequin sowohl als den unfläthigen Hanswurst ganz von ihrem Theater verbannt habe, und ihre Gesellschaft sich auch aufser der Bühne des befsten Lebenswandels befleifse.

Im Jahre 1745 hatte eine wandernde Truppe ihre Bude eine zeitlang auf dem Schwachhauser Felde unweit des Barkhofes, damals unter Hannöverischer Hoheit stehend, aufgeschlagen. — Den Unordnungen, zu welchen dies Feldleben Veranlassung gab, glaubte man durch eine temporäre Erlaubnifs zur Verlegung dieser Bühne in die Heerdenthorsvorstadt vorzubeugen; es wurde dabei ausdrücklich bestimmt, daſs keine geistlichen oder biblischen Gegenstände vorgestellt werden sollten.

Im Jahre 1762 sahen die Einwohner Bremens eine zeitlang die Josephische Bande in einer Bretterbude zwischen den beiden Weserbrücken agiren. — Josephi verdankte seine Aufnahme einer dringenden Empfehlung des Herzogs Ferdinand von Braunschweig, dem er lange als Kammerdiener aufgewartet hatte. Er muſste sich verbindlich machen, die aufzuführenden Stücke einer Commission zur Genehmigung einzusenden, auch wöchentlich den Ertrag einer Vorstellung an das Armenhaus abzuliefern. — Das Publikum fand indeſs diesesmal an einem Vergnügen, das ihm von einer im Laufe des siebenjährigen Krieges mehr als einmal unfreundlich erschienenen Hand aufgedrungen war, kein sonderliches Behagen. Das Schauspielhaus wurde so wenig besucht, daſs Josephi bereits nach zwei Monaten von dannen zog. Dagegen fand die berühmte Ackermannische Gesellschaft aus Hamburg, in der auch Eckhof und Schröder glänzten, wie sie im Jahre 1765 auf einige Monate nach Bremen kam, eine desto willkommnere Aufnahme.

Im Frühling 1780 kam Abt mit seiner Frau von Holland nach Bremen, wo er den Virtuosen Romberg mit seinen beiden Söhnen antraf. Er vereinigte sich mit diesen zu einer Reihe von Concerten auf der Börse, bei denen besonders Abts Gattin als Intermezzo's kleine Melodramen (Medea, Ariadne auf Naxos u. dergl.) so anmuthsvoll zu geben wuſste, daſs die

Neigung fürs Schauspiel dadurch auf's Neue aufgeregt ward. Man veranlafste Abt um die Concession zur Errichtung einer Bühne anzuhalten, die ihm auch ertheilt ward. Er zog dann den Schauspieldirector Wäser mit seiner Truppe an sich, trennte sich aber bald wieder von ihm, um eine eigne Gesellschaft zu errichten, mit welcher er bis zu seinem 1783 in Bremen erfolgten Absterben spielte. Abt erhielt sich fortwährend in Achtung und gutem Rufe, wodurch die gegen das Theater herrschenden Vorurtheile allmählig zu verstummen begannen; seine Leiche wurde mit grofser Feierlichkeit in der Klosterkirche beerdigt. Nach seinem Tode setzten die Schauspieler Kessel und Diedrichs als Regisseure die Unternehmung mit der vormaligen Abtschen Gesellschaft fort, jedoch mit weniger Talent und Beifall, wodurch denn nach einigen Jahren deren Auflösung herbei geführt wurde.

Unterdessen hatte sich bei fortschreitender Geistesbildung auch die Neigung zum Theaterwesen mehr in allen Ständen entwickelt, und da wegen schlechten Erfolgs einiger ephemerischer Directionen das öffentliche Schauspiel ganz einging, so bildete sich unter der Anleitung des bekannten Freiherrn von Knigge, der selbst mit ausgezeichneten Anlagen für die Bühne ausgestattet war, ein Liebhaber-Theater für eine gewählte Anzahl von Zuschauern, von welchem alle, die es noch gesehen, mit grofser Zufriedenheit sprechen. Diejenigen, denen der Zugang zu diesem Tempel Thaliens auf dem Saale der Domschule nicht verstattet war, gingen nach dem Neuen-Lande, wo ein zweites

Liebhaber-Theater, auf welchem einige Barbiere, Handwerker-Gesellen und Nätherinnen figurirten, in einem Bauerhause errichtet war; so sprach sich damals der Geschmack an theatralischen Vorstellungen aus.

Kein Wunder also, dafs, da der jetzt noch lebende Hofrath Dr. Schütte den genialen Grofsmann zu bewegen gewufst hatte, nach Bremen zu kommen, um auf dem gedachten Knigge'schen Liebhabertheater einige Rollen zu spielen, der Wunsch, diesen grofsen Künstler hier mit einer guten Gesellschaft zu sehen, so allgemein wurde, dafs der Senat keinen Anstand nahm, demselben im Sommer 1792 die Erlaubnifs zu spielen, auf 5 Jahre zu ertheilen. — Da es an einem schicklichen Locale fehlte, so wurde in einer Bastion am Osterthore das jetzt noch stehende Schauspielhaus auf Actien in Zeit von 6 Wochen erbaut. Am 17. October zogen endlich die Musen des Drama, nachdem sie bisher in Scheunen, Buden und Reitbahnen unbehaglich gehauset hatten, in einen ihnen geweihten Tempel ein.

Nach Grofsmanns Tode übernahm Koch, gegenwärtiges Mitglied des Nationaltheaters in Wien, die Direction für die Grofsmannischen Erben, und Ignatz Walter, jetziger Director der Regensburger Bühne, die Regie der Oper. — Im folgenden Jahre kaufte der Hofrath Schütte das Haus in Verbindung mit einigen anderen Theilnehmern und unterzog sich der Leitung der Bühne mit lobenswerthem Eifer. Die Oper wurde vorzüglich begünstigt; aufser dem Genusse, welchen ein vortreffliches Orchester gewährte, in welchem die Herren Löwe, Calmus, Ries, Schöne, Zuccada als eben so viele Virtuosen auf ihrem Instrumente glänzten, gab uns Madame Lange, der Tenorist Marschall, die Bassisten Scholz und Schlegel, der Komiker Elmenreich, unvergefsliche Abende.

Diese Unternehmung endete 1800, oder ging einigermafsen in eine andere über, die der Advocat Reineke und Ignatz Walter mit der in Hannover spielenden Truppe bis zum Jahre 1806 fortsetzten.

Im folgenden Jahre erhielt der Hofrath Schütte und die Schauspieler Städler und Schwadtke eine neue Concession auf fünf Jahre, während welchen wir mehrere ausgezeichnete Künstler aufser den beiden dirigirenden Schauspielern, namentlich einen Vespermann, Gafsmann, Wachsmuth, Pistor, Leo, Hanf, Spengler, eine Karly, eine Karschin die unseren nannten und auch Iffland, Opitz, Frau Händel und Fräulein Bock in Gastrollen zu bewundern Gelegenheit hatten. Leider scheiterte diese Unternehmung schon 1811.

Bis zum Jahre 1816 kränkelte die Unternehmung unter mehreren Directionen. Herr Pichler übertrug sie endlich dem Herrn Gerber, dieser dem Herrn Ringelhardt, der sie — aber ohne besondere Theilnahme des Publikums daran, — bis zum Frühjahr 1820 führte. Ein Versuch, die Bühne durch Actien zu einer sogenannten Nationalbühne unter der Leitung sachverständiger Bürger zu erheben, ward rückgängig, aus Mangel an lebhaftem Interesse, welches sich fast bei dem ganzen Publikum aus mancherlei Ursachen verloren hatte. Herr Pichler erhielt daher im September 1820 die nachgesuchte Concession von neuem auf 5 Jahre.

Gerichtswesen.

Die Quellen des bürgerlichen und peinlichen Rechts sind für Bremen zunächst einheimische Rechtsnormen und in deren Ermangelung das gemeine Recht.

Die Grundlage jener einheimischen Rechtsquellen findet sich in dem Stadtbuche, welches aus den beiden ältesten uns bekannten Gesetzsammlungen von den Jahren 1303 und 1428 entstand und im Jahre 1433 publicirt ward *). Es besteht aus 106 Statuten, 5 Artikeln, welche für gewisse Verbrechen und Vergehen Strafverfügungen enthalten (Ordeele sunder Gnade), und aus 102 Rechtssprüchen (Ordeelen). Aufser einigen Bestimmungen über Verfassungs- und Verwaltungs-Angelegenheiten enthält es Vorschriften für Gegenstände des bürgerlichen und peinlichen Rechts, der Polizey, wie auch des Processes, indem es überhaupt das damals in Bremen geltende Recht darstellen sollte. Denn, wie es im zweiten Statut heifst, der Rath und die ganze Gemeinheit zu Bremen hatten den Entschlufs gefafst, dafs sie ihr Recht be-

---

*) Vgl. Vollständige Sammlung alter und neuer Gesetzbücher der Kaiserl. und des heil. Röm. Reichs freien Stadt Bremen, aus Original-Handschriften herausgegeben von Gerh. Oelrichs. Bremen 1771.

schreiben wollten, so wie es dort beschrieben steht, und wie es ewig bleiben und gehalten werden sollte für alle gleich, für den Reichen wie für den Armen.

Vielfache bürgerliche Unruhen hatten im Jahre 1534 ein zweites Grundgesetz, die sogenannte neue Eintracht, zur Folge, wodurch die entstandenen Unruhen beigelegt und Maaſsregeln gegen künftige aufrührerische Versuche getroffen wurden.

Endlich gehört hierher auch noch die Kundige Rulle, welche aus der Mitte des funfzehnten Jahrhunderts herstammt. Sie enthält indeſs gröſstentheils nur polizeyliche Vorschriften.

Alle diese Gesetze sind in plattdeutscher Sprache abgefaſst. Sie tragen das Gepräge ihres Zeitalters und man darf daher bei ihnen weder systematische Ordnung noch Vollständigkeit erwarten. Aber indem sich der eigenthümliche Geist unsrer biedern Vorfahren darin ausspricht, indem sie uns Aufschlüsse über damalige Sitten, Gebräuche und städtische Einrichtungen ertheilen, gewährt ihr Studium ein vielfaches Interesse. Ein groſser Theil derselben hat zwar durch den Untergang der Institute, worauf sie sich beziehen, so wie durch neuere Gesetze seine practische Bedeutung verloren, aber bei vielen wichtigen Verhältnissen, z. B. in Ansehung der Vermögensrechte der Ehegatten, der gesetzlichen Erbfolge u. s. w. bilden sie fortwährend die hauptsächlichste Entscheidungsnorm.

Seit jener Zeit hat das Bedürfniſs verschiedene neue gesetzliche Bestimmungen veranlaſst. Mit der Erweiterung des Handels und Verkehrs bildeten sich

Institute, für welche selbst das seitdem eingeführte Römische Recht nicht ausreichte, oder wenigstens ohne Verletzung ihrer Eigenthümlichkeit nicht wohl anwendbar war. Manche sonstige Localverhältnisse erforderten bei ihrer rechtlichen Beurtheilung eine besondere Rücksicht. So entstanden das **Hanseatische Seerecht**, eine **Wechselordnung**, eine **Gesindeordnung** und mehrere einzelne gesetzliche Vorschriften, wodurch theils eine Abänderung des geltenden Rechts, theils eine Ergänzung der darin sich zeigenden Lücken bezweckt ward. — Von allen diesen Verordnungen sind zweckmäfsige Sammlungen veranstaltet.

Einen besondern Abschnitt in der Bremischen Rechtsgeschichte bildet die Einführung des Französischen Rechts im Jahre 1811, wodurch, ohne Rücksicht auf Individualität der Verhältnisse, eine fremdartige Gesetzgebung die Stelle der gröfstentheils seit Jahrhunderten bestandenen und bewährten Rechtsnormen einnahm. Bald nach der Wiederherstellung der Bremischen Verfassung ward indefs das frühere Justizwesen — wiewohl mit schonender Berücksichtigung der unter den Französischen Gesetzen entstandenen Rechtsverhältnisse und mit einigen Abänderungen der vormaligen Organisation der Justizbehörden — wieder hergestellt.

Der Verbesserung der Justizpflege hat man in Bremen in neuern Zeiten eine vorzügliche Sorgfalt gewidmet, überzeugt, dafs in einem Staate, wo ein lebhafter Handel und Verkehr herrscht, dieser Theil der

Gesetzgebung eine besondere Rücksicht erheischt. An die Stelle der ältern Gerichtsordnung führte man bei Aufhebung des französischen Rechts eine neue ein, wodurch eine gröfsere Vereinfachung der Justizbehörden und des gerichtlichen Verfahrens bewirkt wurde. In Folge des zwölften Artikels der deutschen Bundesacte ward im Jahre 1819 von den freien Städten ein gemeinsames Ober - Appellationsgericht zu Lübeck angeordnet, welches nicht nur eine durch die Aufhebung der vormaligen Reichsgerichte entstandene Lücke, ohne mit den Gebrechen jener Gerichte behaftet zu seyn, ausfüllt, sondern auch nach seiner Organisation und nach der bisherigen Erfahrung eine wohlgeordnete Rechtspflege in höchster Instanz zu verbürgen scheint. Zugleich wurde auch die im Jahre 1814 publicirte Bremische Gerichtsordnung einer gänzlichen Revision unterworfen, theils um dieselbe zu verbessern, theils um die in Beziehung auf das Ober-Appellationsgericht erforderlichen abändernden Bestimmungen zu treffen. Durch diese revidirte Gerichtsordnung wird in Verbindung mit derjenigen, welche für das Ober-Appellationsgericht erlassen ist, der Wirkungskreis der Justizbehörden und das Verfahren bei denselben geregelt. Es liegt ihr der gemeine deutsche Procefs zum Grunde, wobei indefs mehrere Controversen entschieden, manche Verfahrungsarten abgekürzt und vereinfacht, und verschiedene durch Localverhältnisse herbeigeführte Vorschriften getroffen sind.

Außer dem Ober-Appellationsgerichte, welches für Bremen in allen bedeutenden bürgerlichen und peinlichen Sachen in letzter Instanz entscheidet, sind in Bremen selbst folgende Justizbehörden:

1) **Das Obergericht**, welches für alle Civilsachen, deren Gegenstand den Werth von dreihundert Reichsthalern übersteigt, so wie in bedeutenden Kriminalfällen die erste Instanz bildet und in allen andern Rechtssachen in zweiter Instanz zu entscheiden hat.

2) **Das Untergericht.** Vor dieses gehören alle Civilsachen, für welche nicht das Obergericht die erste Instanz bildet. Für besonders geringfügige Sachen ist bei demselben ein sehr summarisches Verfahren, wobei die Partheien in der Regel persönlich erscheinen müssen, angeordnet.

3) **Das Kriminalgericht**, welches in allen peinlichen Fällen die Untersuchung führt, und, insofern es sich nicht um eine Strafe handelt, die nur vom Obergerichte erkannt werden kann, die Entscheidung erläßt.

4) Das Amt **Vegesack**. Dieses hat für den Flecken Vegesack den dem Untergerichte und dem Kriminalgerichte für die Stadt und den übrigen Theil des Gebiets zustehenden Wirkungskreis.

5) Die sogenannten **Morgensprachen**, in welchen alle Zunftsachen in erster Instanz entschieden werden.

Verbrechen, deren sich Wehrmänner oder Militärpersonen in Dienstsachen schuldig machen, werden von Gerichten, die aus Mitgliedern der

Bürgerwehr oder des Stadtmilitärs für jeden einzelnen Fall gebildet werden, abgeurtheilt.

Staatshaushaltung.

Nur zu sehr hat sich in der Geschichte der neueren Staaten bewährt, daſs Geld der Nerve des Staatsorganismus sey. In früherer Zeit fand einfaches Bedürfniſs leicht die Mittel der Befriedigung. Einfach war daher die Finanzverwaltung in den Ländern, die jetzt zum groſsen Staatensystem gehören. Tausendfache Verwickelungen und mit ihnen entstandene unzählige Bedürfnisse haben genöthigt, die Mittel zu vervielfachen, und das Finanzwesen ist jetzt das Hauptgetriebe des Staatslebens.

Den nemlichen Weg hat auch unser kleiner Freistaat wandern müssen. Wie die jetzige Verfassung in ihrem Entstehen auf sehr einfachen Grundlagen beruht und sich erst in der Zeit ausgebildet hat, so war auch der Staatshaushalt ursprünglich höchst einfach. Das tägliche Bedürfniſs bestritte der Senat aus seinen Domainen; war auſserordentliche Aufwendung nöthig, so gab die Bürgerschaft dazu einen Zuschuſs, nicht durch bleibende Abgaben, sondern durch Beiträge, für welche zwar das Verhältniſs festgesetzt ward, die aber hernach jeder selbst ohne Nachforschung der Regierung nach seinem Vermögen auf Treue und Glauben berechnete und einlieferte (Schoſs). Regelmäſsige Abgaben führte vornemlich erst der dreifsigjährige Krieg herbei. Historisch erklärt es sich, dafs bei der Bewilligung wie bei der Verwendung des Bewilligten die Bürgerschaft eine Stimme nahm und erhielt. Wenn aber so die Zeit, welche die Bedürfnisse schuf, auch zu den Mitteln führte, ihnen zu begegnen, so erklärt es sich daher nicht minder, dafs für die Einsammlung dieser Mittel und für deren Verwendung jedesmal eine abgesonderte Behörde geordnet wurde. So entstanden fast für alle verschiedenen Zweige des Staatshaushalts besondere Departements (Stationen), gebildet aus Mitgliedern des Senats und der Bürgerschaft, die zwar in der Oberaufsicht des Ersteren und dem bei Rath und Bürgerschaft beruhenden Dispositionsrecht über die Staatskräfte ihr Centrum fanden, sich aber doch möglichst selbstständig und getrennt zu halten strebten, und dadurch den richtigen Ueberblick und mit ihm oft die angemessenste Verwendung für das jedesmalige dringendere Bedürfnifs hinderten.

Auf das höchste angespannt wurden die Anforderungen seit der französischen Revolution, sich immer mehr steigernd in dem ersten Jahrzehend unsers Jahrhunderts. Abgaben aller Art, wie die neueste Staatskunst sie nur ersonnen hat, mufsten im Drange der Noth bewilligt werden. Aber auch sie reichten nicht aus, um so weniger bei den widernatürlichen Beschränkungen, die des Staates Hauptkraft, der Handel, erleiden mufste, wodurch mit seinen Quellen die Einflüsse, die von daher dem Haushalte zukommen sollten, sich minderten. Von neuem mufste die Finanzkunst aushelfen, auf dem Wege, der so manche Staaten zu einem unnatürlichen Zustande geführt hat. Schulden wurden auf Schulden gehäuft und auch hierbei wurde dem Staate die Anwendung nicht vieler der Aushülfen erlassen, die der geschwächte Kredit anderer Staaten dafür ausgefunden hat.

Der vielgepriesene Reichthum der Hansestädte bestand Gottlob nie in dem schreienden Gegensatz grofser Reichthümer in einzelner Hand zu tiefer Armuth der Menge, sondern in einer ziemlich allgemein verbreiteten Wohlhabenheit, dem Ergebnifs einfacher Sitten und treuen Zurathehaltens des Erworbenen. Aber in jener unseligen Zeit, die im raschen Fluge das Ersparte verschlang und zugleich die Quellen gewohnten Erwerbes verschlofs, sank dieser Wohlstand, mit ihm auch der öffentliche Kredit. Das lästigste aller Mittel, dem gegenwärtigen Staatsbedürfnisse abzuhelfen, gezwungene Anleihen, war zuletzt der einzig übrig gebliebene Ausweg. So hatte Bremen bis zum Augenblick der Einverleibung des nördlichen Deutschlands in das grofse Kaiserreich fast eine Million Reichsthaler Schulden angehäuft.

Ordnung und Einheit in dieses so zersplitterte und auf das höchste zerrüttete Finanzwesen zu bringen, und zugleich die Einnahme mit dem Bedürfnifs auszugleichen, war nach Wiedererstehung der alten Verfassung eine schwierige, fast unauflösbar sich darstellende Aufgabe, bei den in den ersten Kriegsjahren des allgemeinen Freiheitskampfs gesteigerten Anforderungen und bei den jetzt noch sich mehr und mehr trübenden Aussichten nutzenbringender Anlage des ohnehin geschwächten und zerstreuten Handelskapitals der Klasse der Bürger, die dem Staate seine Hauptkraft verleihen.

Dennoch ist es den von dem besten Willen belebten und von dem klaren Blick, den der Handel gibt, zu konsequenten Maasnahmen geleiteten Bestrebungen Aller, die für das Staatswohl mitzuwirken berufen waren, und der Einigkeit, die zwischen dem Senat und der Bürgerschaft gewaltet hat, früh genug gelungen.

Es ist erreicht, dafs Ordnung und Klarheit im Staatshaushalte herrscht; dafs den ungeheuern Bedürfnissen der ersten Kriegsjahre begegnet ist, ohne die früheren Schulden zu mehren; dafs die Zinsenrückstände der französischen Zeit gleich in den ersten Jahren und ohne Abzug nachbezahlt werden konnten; dafs durch Gründung eines Schuldentilgungsfonds der allmählige Abtrag der Schulden eingeleitet worden, und dennoch die Friedensjahre zu manchen nützlichen Werken und Anstalten benutzt werden konnten.

Als die hauptsächlichste Ursache, die diese wohlthätigen Erfolge herbeigeführt haben dürfte, müssen wir die Centralisirung aller früher getrennten Finanzdepartements und dadurch zersplitterten Staatskräfte in eine einzige **Generalkasse** und die Uebertragung der gesammten oberen Leitung des Finanzwesens an einen **Finanzausschufs**, angeben, weil dadurch eine klare Uebersicht der vorhandenen Mittel, eine genaue Abwägung der Einkünfte mit den Bedürfnissen und eine sorgfältige Berücksichtigung der jedesmaligen angemessensten Verwendung erreicht ist.

Die Finanzdeputation, aus vier Senatoren und zwölf Bürgern gebildet, ist indessen nicht blofs verfassungsmäfsig von Rath und Bürgerschaft abhängig, sondern mufs auch alljährlich ein von ihr ausgearbeitetes und von Rath und Bürgerschaft geprüftes und festgestelltes Budget sich zur genauen Richtschnur dienen lassen. Ihr Hauptwirkungskreis ist die allgemeine Finanzkontrolle und die nächste Aufsicht auf das Hauptrechnungswesen, womit zugleich verschiedene Spezialverwaltungen, als die der Domanial-Aufkünfte, des Bauwesens u. s. w. verbunden sind. Doch hat man die Absicht, die Kontrolle künftig ganz von der Verwaltung zu trennen. Die andern Spezialverwaltungen, wie die des Militärwesens, des Strombaues, der Abgabenerhebungen u. s. w. werden theils durch besondere Deputationen, theils durch eigene Beamte besorgt. Alle Einnahmen aber fliefsen in die Generalkasse und alle Ausgaben werden unmittelbar aus dieser bestritten, mittelst Anweisungen der Finanzdeputation, an die sich die Spezialverwaltungen zu wenden haben, auf den dafür im Budget ausgesetzten und ohne besondern Beschlufs von Rath und Bürgerschaft nicht zu erhöhenden Spezialfonds. Besondere Kassen finden überall nicht mehr Statt.

Die Staatseinnahmen bestehen theils in Domanialaufkünften, theils in directen und indirecten Abgaben. Unter jenen ist eine an sich nur mäfsige Grundsteuer (2 per Mille vom Schätzungswerth) die hauptsächlichste, unter diesen eine Konsumtionssteuer, die jedoch nur von den Stadtbewohnern getragen wird. An Stempelgebühren und mehreren Luxussteuern, desgleichen an verschiedenen Handelsabgaben, die indessen zum Theil wieder unmittelbar zum Besten des Handels und der Schifffahrt verwandt werden, wie namentlich das sogenannte Convoy- und Tonnen-, das Schlacht- und Hafengeld, fehlt es auch nicht. — Am wenigsten belastet sind die Gebietsbewohner, indem sie nur die Grundsteuer mitbezahlen und dazu etwa 11000 Rthlr. beitragen. — Der Hafenort Vegesack ist hierbei nicht mitgerechnet, der zwar für die Handlung wichtig ist, aber fast nicht die Verwaltungskosten aufbringt.

Haben aber die Abgaben, die vor der französischen Zeit eingeführt worden, nicht vermindert vielmehr noch durch Hinzufügung einiger andern vermehrt werden müssen, so darf man nach dem ordentlichen Eingang derselben dennoch annehmen, dafs sie nicht drückend sind. Ihre regelmäfsige Vertheilung und der Umstand, dafs sie vornemlich nur den Wohlhabendern treffen, während der geringere Bürger wenig davon berührt wird, mögen die Ursache seyn.

Wenn diese ordentlichen Staatseinnahmen nicht hinreichen, wird als aufserordentliches Hülfsmittel ein sogenannter Schofs bewilligt. Diese aus den ältesten Zeiten beibehaltene Vermögenssteuer, die, wie schon gesagt ist, das Eigenthümliche hat, dafs jeder sich selbst schätzt, und mit seinem darnach selbst berechneten verhältnifsmäfsigen Ansatz allein seinem Gewissen überlassen bleibt, indem er ihn in die verdeckte Schofskiste zu dem andern Gelde wirft, bedarf zwar jedesmal einer besondern Bewilligung, pflegte aber sonst regelmäſsig alle Jahr in bald gröſserem, bald geringerem Verhältnisse (von $\frac{1}{18}$ bis zu $\frac{1}{4}$, in höchstseltenen Fällen $\frac{1}{2}$ pro Cent) wiederzukehren, ist aber jetzt seit mehreren Jahren nicht erforderlich gewesen.

Unter den **Staatsausgaben** machen die Zinsen der Staatsschuld bei weitem die gröſste aus. Eben weil, um sie zu berichtigen, eine Menge Abgaben haben geschaffen werden müssen, die nach deren Tilgung zum Theil aufhören können, läſst sich der Gesammtbetrag der ordentlichen Einkünfte nicht wohl angeben. Jedoch die in mehreren statistischen Schriften angegebenen 300,000 fl. Rhein. dürften wohl zu gering seyn, und man könnte, um der Wahrheit am nächsten zu kommen, beinahe Reichsthaler dafür setzen.

Die Amtseinkünfte der Mitglieder des Senats bestanden sonst in den Intraden der ihm privativ gehörenden Güter, in den Aufkünften der Gerichtsbarkeit und in mancherlei Sporteln. In neuerer Zeit hat er sich mit der Bürgerschaft dahin vereinigt, daſs er alle seine Privatdomänen zum gemeinen Staatsgut geschlagen hat und alle sonstige Einkünfte in die Generalkasse flieſsen läſst, wogegen ihm aus derselben jährlich eine feste Summe als Entschädigung in monatlichen Raten ausgezahlt wird, deren Vertheilung unter seinen Mitgliedern nach vereinbarten Sätzen von ihm selbst beschafft wird, eine für die Regierung eines Freistaats gewiſs ungleich würdigere Stellung.

Dieser Ehrengehalt der Regierung, so wie der Beitrag zu den Kosten des neuerrichteten Oberappellationsgerichts, die Besoldungen der Staatsdiener, die Unterhaltung aller öffentlichen Gebäude, Anstalten und Anlagen, der Sold und die Verpflegung des Militärs, die bedeutenden zum Besten des Handels und der Schifffahrt, besonders für die Schiffbarerhaltung der Weser, zu machenden Aufwendungen nehmen den übrigen Theil der Einnahmen in Anspruch.

Hat auch in diesen Jahren vieles neugebaut oder angelegt werden müssen, was theils in der französischen Zeit verfallen, theils durch veränderte Einrichtungen nothwendig oder aus andern Gründen gemeinnützlich war, so waren es weniger die Ueberschüsse der ordentlichen Einnahme, als verschiedene aufserordentliche Einflüsse und Hülfsquellen, die dazu benutzt wurden.

Besonders wohlthätig hat sich die schon im Jahre 1816 errichtete **Schuldentilgungsanstalt** bewährt, welche unter der besonderen Aufsicht von zwei Senatoren und acht Bürgern steht. Nicht wie in manchen anderen Staaten erhält sie ihre Zuflüsse aus Ueberschüssen der ordentlichen Einnahmen, noch hat man zu Zinsreductionen seine Zuflucht nehmen mögen, sondern sie ist auf den einfachen Grundsatz gebaut, daſs alles, was vom Kapitalbestande des Staatsvermögens realisirt wird, zum Abtrag der Schulden verwandt werden muſs. Es wurde daher beschlossen, von den Domänen die entbehrlichsten bis zum Belaufe einer gewissen Summe allmählig zu verkaufen und mit dem Erlöse den Tilgungsfonds zu dotiren. Diesen Fonds sollte die Anstalt anwenden, zinstragende Staatsschuldbriefe anzukaufen und mit den dafür zu erhebenden Zinsen weiter operiren. Um indessen auch die Staatskasse durch die allmählige Schuldentilgung zu erleichtern, besonders weil ihre Einkünfte durch den Verkauf der Staatsgüter vermindert wurden, ward festgesetzt, dafs die Tilgungsanstalt von den angekauften Schuldbriefen nur die halben Zinsen erheben, die andere Hälfte der Staatskasse verbleiben soll. Mehrere Generationen werden zwar darüber hingehen, bis auf diesem Wege Bremen zu dem Zustande zurückgeführt seyn wird, in dem sein Staatshaushalt sich beim Schlusse des vorigen Jahrhunderts befand; allein, wird auch die Wirksamkeit des Tilgungsfonds geschwächt und der völlige Abtrag der Staatsschuld hinausgeschoben, dadurch, dafs die vierprozentigen Schulddokumente schon über 90 pro Cent, die zu höheren Zinsen stehenden al Pari oder wenig darunter gelten, er sie also zu einem höheren Preise ankaufen mufs, als man bei der Errichtung berechnet hat: der Einsichtsvollere bedauert es nicht, denn es erscheint ihm als ein Zeichen des Glaubens an die Gewissenhaftigkeit des Staats und an die Dauer des allgemeinen Friedenszustandes.

Die Neustadt.

1) Entstehung derselben.

Wer mit einem aufmerksamen Blicke die Neustadt Bremens betrachtet und sich dabei der Periode erinnert, in der sie ihr Entstehen erhielt, muſs sich wundern, wie ein Werk von solchem Umfange, das an der Weserseite die Länge der ganzen Altstadt einnimmt, an der Landseite aber mit einem Festungsgraben von 7620 Fuſs Länge eingeschlossen ist, gerade in den trübsten Zeiten, die über Deutschland hereingebrochen waren, mitten unter den Stürmen des dreiſsigjährigen Krieges, habe beschlossen und ausgeführt werden können; zu einer Zeit, wo fast keine Gegend Deutschlands unverwüstet blieb, viele Städte gänzlich zerstört, andere ihres Wohlstandes so beraubt wurden, daſs die Spuren davon noch immer sichtbar geblieben sind.

Nur dann wird dies erklärbar, wenn man sich erinnert, welcher Glücksstern in jenen blutigen Jahren über Bremen waltete, wie es, damals von Schweden begünstigt, im Verhältniſs zu andern Städten wenig zu leiden hatte, und wie für Bremen die schwereren Tage erst nach dem Westphälischen Frieden, welcher das Erzstift dem Schwedischen Zepter unterwarf, herein brachen. Schwerlich aber würde man damals, dieser Verhältnisse ungeachtet, ein so bedeutendes

Werk unternommen haben, hätte nicht die gegründete Sorge für die Selbsterhaltung dazu aufgefordert.

Blos das Stephani- und Dovethor waren seit dem Jahre 1602 mit Bastionen nach der neueren Kriegskunst befestigt; von dort an bis zum Osterthorszwinger umgab nur ein einfacher Wall und Graben, wenig Schutz gewährend, die Landseite der Stadt. Noch offener aber lag die Wasserseite, wo sie von den Blockhäusern auf dem Stavendamme (der Morgenstern genannt) der Achenburg und Wichelnburg nur schwach vertheidigt, fast offen und jedem Anfalle, jeder Zerstörung blos gestellt lag.

Am 24sten Januar 1615 ernannte daher der Senat zu Prüfung der auf sein Verlangen durch einen geschickten niederländischen Ingenieur, Johann von Valkenburg, entworfenen Pläne zu vollständigerer Befestigung der Stadt eine Kommission aus seiner Mitte, und wiederholte demnächst die erforderlichen Untersuchungen an Ort und Stelle mit dem Generalartilleriemeister der Hansestädte, dem Obrist-Lieutenant Dado von Kniephausen, welcher durchgehends sich mit Valkenburgs Plänen einverstanden erklärte.

Die Sorge vor einem befürchteten Ueberfalle des spanischen Heerführers Spinola, der, mit einem beträchtlichen Korps in den Niederlanden stehend, Miene machte, in das nördliche Deutschland, wo der Protestantismus schon vorherrschend geworden, einzufallen, veranlaſste indeſs vor der Hand alle Kräfte an die Festungswerke der Altstadt zu legen, und so gelangte man erst am 28sten Juni 1618 dazu, die projectirten

Werke der Neustadt abstecken zu können. Diese sollten dem Osterthorswalle gegenüber beginnen und sich der Stephanibastion gegenüber endigen, aus sieben Bastionen, denen noch eine achte im Werder beigefügt wurde, bestehen und mit zwei Thoren versehen werden. Den dadurch eingeschlossenen Raum, die jetzige Neustadt, wollte Valkenburg, aufser einem Wege an der Weser, dem jetzigen Deiche, ihrer Länge nach mit drei Hauptstrafsen, ihrer Breite nach aber mit neun Strafsen durchschneiden, von diesen letztern sollten fünf eine solche Breite haben, dafs sie in der Mitte, nach Art mehrerer holländischen Städte, mit fünf Ruthen breiten Kanälen versehen werden könnten.

Den vollständigen Rifs der neuen Werke übergab Valkenburg jedoch erst im Juli 1619, und noch langsamer schritt man zur Ausführung. Da theils die Aufbringung der grofsen Kosten Schwierigkeiten machte, theils bei vielen Altstädtischen Bürgern eine Eifersucht gegen diesen neuen Theil der Stadt sich äufserte, die im Verfolge der Arbeit noch oft hindernd einwirkte. Einige fürchteten einen Abbruch an ihren Geschäften durch die neuen Ansiedler zu leiden, andere die Verminderung des Werthes ihrer Häuser durch den Anbau der Neustadt erwarten zu müssen, und eben deshalb waren viele gegen die Anlegung der erwähnten Kanäle gestimmt, weil die daran zu erbauenden Kaufmannshäuser durch das erleichterte Ein- und Ausladen der Kähne unmittelbar vor den Packräumen einen zu bedeutenden Vorzug vor den Altstädtischen Häusern gewinnen würden. Bedenklichkeiten dieser Art nöthigten wenigstens wohl eben so sehr, wo nicht noch mehr, wie die besorgte Verschlammung der Kanäle in den Sommermonaten, von deren Anlage abzustehen.

Ueber dergleichen Hindernisse und deren Beseitigung verstrichen wieder einige Jahre, ohne dafs die Befestigung an der linken Weserseite begonnen wurde, und doch lag von dorther die Stadt so offen, dafs man, nach einer im Jahre 1621 dem Senate gemachten Anzeige, bei dem damaligen niedrigen Wasserstande die Weser von dem Stephani-Werder und der Gröpelinger Weide bis zum Theerhofe durchwaden konnte.

Erst am 21sten März 1622 entschlofs man sich endlich, einen in Emden sich aufhaltenden Ingenieur, Joh. v. Leer, mit einigen Gehülfen in Dienst zu nehmen, um durch diese die längst projectirten Arbeiten ausführen zu lassen, und wahrlich schien es dazu die höchste Zeit, denn schon war der Graf Mansfeld mit seinem Heere bis Lingen vorgerückt und mehrseitige Warnungen ergingen, gegen Tilly auf der Hut zu seyn, der es auf die Stadt abgesehen habe. Bei dieser dringenden Gefahr, wo man schon damit umging, die Landleute des Gebietes zur Vertheidigung der Stadt einzuberufen, begann die Arbeit, und wie am 11ten Dec. der Rath der Bürgerschaft die Nothwendigkeit vorstellte, dieselbe noch thätiger zu betreiben, erklärte diese, der Rath möge die Wallarbeiten nur anordnen, jeder Bürgerkompagnie aber eine gewisse Strecke anweisen, die dann diese selbst oder durch gedungene Arbeiter fertig liefern solle. Im folgenden Frühjahre änderte man dies dahin, daſs man beschloſs, den noch unvollendeten Theil der Arbeiten an Unternehmer zu verdingen, und setzte eine gemeinschaftliche Deputation von vier Rathsherren und vier Bürgern nieder, dies ins Werk zu richten, die dann auch am 22sten Mai 1623 mit dem Wallmeister Jacob Clauſsen einen Kontract schloſs, wornach dieser die Vollendung der Werke nach Valkenburgs Rissen, für die Summe von 102,000 Bremer Mark und unentgeldliche Anweisung eines Wohnplatzes innerhalb der neuen Festung, übernahm.

Eine neue Schwierigkeit erhob sich indeſs jetzt, indem der damalige Dompropst, Herzog Friedrich von Braunschweig-Lüneburg, es nicht zugeben wollte, daſs verschiedene zur Dompropstei gehörige Ländereien theils in den Bereich der neuen Werke gezogen, theils zu denselben verwendet würden; der Rath erwiederte ihm aber, daſs diese Arbeiten sowohl zur Sicherung der Stadt, als auch des Erzstiftes und des ganzen niedersächsischen Kreises unternommen würden, daſs man ihm die eingezogenen Ländereien billig vergüten werde, und fuhr des fortgesetzten Einspruches ungeachtet mit der Arbeit fort.

Nicht so leicht zu überwinden waren die Schwierigkeiten zu Herbeischaffung der Geldmittel, indem der Verkauf der neuen Bauplätze, auf welchen man vorzugsweise gerechnet hatte, nur äuſserst langsam und schlecht von Statten ging, während die wöchentliche Ausgabe sich auf 2000 bis 3000 Bremer Mark belief. Als endlich alle Quellen erschöpft waren, mußte man sich sogar zu dem nur durch die äußerste Noth zu entschuldigenden Mittel entschließen, einen Vorrath von 10,000 Mark ungangbarer, sogenannter Fürstengroschen mit dem Bremer Stempel zu versehen und das Stück für sechs Schware bei den Wallarbeiten auszugeben, wo sie dann als Stadtmünze in Umlauf kamen.

Im Sommer des Jahres 1624 suchte der Ingenieur Valkenburg, der bis dahin die Aufsicht über die Werke geführt hatte, um seine Entlassung nach, weil er nunmehr das Seinige gethan habe, und eine zur Besichtigung der Werke abgeordnete Kommission berichtete am 17ten Sept., daß er entlassen werden könne.

Am 14ten Mai 1625 waren die Werke so weit vorgerückt, daß der Bau des Buntenthors und Hohenthors vorgenommen werden konnte, indeß fehlte noch so viel an deren gänzlichen Vollendung, daß sie schwerlich hinreichende Sicherheit gewährt haben würden, wären die Absichten der Liga zur Ausführung gekommen, gegen welche der Statthalter Moriz von Oranien schon im Anfange des Jahres 1625, unter Anerbietung schleuniger Hülfe im Nothfalle, den Senat warnte, und wegen deren die verbündete Stadt Magdeburg mehrere Gefahr drohende Pläne vertraulich mittheilte. Dringend forderte unter diesen Umständen der Rath die Bürgerschaft zu noch beschleunigter Beihülfe auf, und so gelangte man dahin, daß noch in diesem Jahre die Aufführung des Deiches verdungen, im folgenden 1626sten Jahre aber die Arbeit an den Bastionen und Courtinen beendigt werden konnte. Schwerlich möchte dies aber erreicht worden seyn, hätte nicht das Einrücken des, die zu Lutter am Barenberge geschlagenen Dänen verfolgenden, Grafen Anhalt in das Holler- und Werdeland die Beschleunigung der Arbeit dringend geboten, und dies zugleich Gelegenheit gegeben, dieselbe durch die vielen von Haus und Hof gejagten und zur Stadt geflüchteten Landleute kräftig zu fördern. Endlich war die Festungslinie vollständig geschlossen, allein der Anbau der neuen Stadt rückte wenig vorwärts, wiewohl der Senat, um denselben zu fördern, im Jahre 1630 den Bau einer eigenen Kirche begann, welche, da man sie nachher bei der Errichtung der jetzigen an der Wehre liegenden Kirche wieder verkaufte, ein der nunmehrigen Kirche gegenüber stehendes Wirthshaus ist. Nur in der Nähe des Buntenthors, der Brautstrafse und des Deichs geschahen einige Ansiedelungen, da die Abneigung der Altstädtischen Bürger gegen die neue Kolonie noch zu vorherrschend war, um dieser ein schnelles Gedeihen zu sichern. Noch im Jahre 1632, als die Schweden sich des Erzstiftes bemächtigt hatten, und man von Seiten des Generals Tott einen Angriff fürchtete, trug die Bürgerschaft am 25sten März darauf an: die Werke jenseits der Weser so enge und genau zusammenzuziehen, als nur immer möglich; dann aber das grofse weitläuftige Werk der neuen Stadt wieder zu demoliren, da jeder sich überzeugen würde, dafs dieses nur das Verderben und der Untergang der Altstadt seye. Einen gleichen Widerwillen äufserte die Bürgerschaft noch in dem Konvente vom 25sten Juni 1638, in welchem sie sich beklagte: „dafs mit so unsäglich grofsen Kosten und zu unwider-„bringlichem Schaden der Stadt diese Neustadt auf-„geführt sey, die doch zu jedermanns Despect und „nicht geringer Verwunderung den Winter über im „Wasser schwimme, des Sommers aber mit Schafen, „Schweinen und Kühen bestallt würde."

Die Bevölkerung der Neustadt war damals so gering, dafs sich bei einer vorgenommenen Zählung nur sechszig zum bürgerlichen Wachtdienste fähige Einwohner in derselben fanden, vermehrte sich indefs nachgehends durch verschiedene, den neuen Anbauern bewilligte Begünstigungen, wenn man gleich den im Jahre 1635 von einer Gesellschaft englischer Kaufleute gemachten Antrag: ein bedeutendes Quartier der Neustadt anbauen, dann aber in diesem eine eigene Kolonie unter einem Courtmaster bilden zu wollen, ablehnen zu müssen glaubte. Ein im Jahre 1664 von Caspar Schulz in Kupferstich herausgegebener Grundrifs der Neustadt zeigt dieselbe schon fast durchgängig angebaut.

Die Ansprüche des Domprobstes Friedrich auf einen Theil des Grunds und Bodens der neuen Festung, waren indefs während des Baues unerledigt geblieben, und dieser Gegenstand wurde, nachdem das Erzstift zu Gunsten Schwedens säcularisirt worden, um so bedenklicher, da dies bald alles hervorsuchte, was ihm zum Vorwande eines Anspruches an die Stadt dienen konnte, und in dieser Hinsicht darauf hindeutete, daſs wenn man nicht ein ungeheures Geldopfer bringen wolle, man die Neustadt selbst als zum Theil wenigstens auf königlichem Grund und Boden angelegt, zu sich nehmen werde. Der Senat muſste daher alles anzuwenden suchen, diese Ansprüche zu beseitigen, und es gelang nach vielen desfallsigen Verhandlungen die Krone Schweden zur Aufgebung ihrer Ansprüche zu bewegen und sich diese durch den vierzehnten Artikel des bekannten Stader Recesses vom Jahre 1654 garantiren zu lassen, wodurch dann dieser Streitpunct für immer beseitigt wurde.

2) Jetziger Zustand.

Nach und nach gewann die jüngere Schwesterstadt die Zuneigung der ältern. Sie verschönerte sich; stattliche Häuser erschienen in der Hauptstraſse, wenn auch gleich die meisten übrigen breiten, schnurgeraden Straſsen das Ansehen kleiner niedlichen Landstädtchen behielten. Die reichen Altstädter bauten sich Gartenhäuser längs der Weser hinab an dem sogenannten Deiche, brachten daselbst ihre Sommermonate zu, und bewirtheten ihre Freunde; daher noch vor kaum verflossenen fünf und zwanzig Jahren dieser Theil der Neustadt an Sonn- und schönen Wochentagen ein recht glänzendes Ansehen hatte. Obgleich dieses jetzt aufgehört hat, so besitzt die Neustadt doch an dem Deiche eine der schönsten Parthien, welche daher auch, wie die damit zusammenhangende Allee, wie in früheren Zeiten, ehe die Wallanlagen zu Stande gekommen waren, noch jetzt zum Spaziergehen benutzt zu werden verdient. Die an dem Deiche liegenden ehemaligen Gartenhäuser sind jetzt zu beständigen Wohnhäusern geworden, aus deren vorderen Seiten man die durch Fahrzeuge belebte Weser und die ansehnlichen Kaufmannshäuser und Waarenlager längs derselben erblickt.

Die Neustadt wird nach der Landseite durch zwei Thore, das Bunte- und Hohethor, geschlossen. Jenes führt auf die Rheinische Strafse, dieses ist die Strafse nach dem Oldenburgischen. Derjenige Theil der Neustadt, der auf der Halbinsel oder zwischen den beiden Brücken der grofsen und kleinen Weser liegt, heifst die Herrlichkeit, und verlängert sich links in den Werder, rechts hinab in eine verlängerte Spitze, den Theerhof.

Für die Altstadt rechnet man gegenwärtig eine Bevölkerung von 20,754 Seelen, für die Neustadt 7,920, auf die Vorstädte 8,354. Im Ganzen 37,028 Menschen. Die Anzahl der Bewohner des Stadtgebiets kann man auf 12,000 anschlagen.

Stadtgebiet von Bremen.

Das zur Stadt Bremen gehörende Gebiet ist etwa fünf Quadratmeilen grofs und wird durch die Weser zerschnitten, dann auch von den kleinen Flüssen Wumme (die etwa eine Stunde von ihrem Ausflusse bei dem Eintritt der Hamme in dieselbe den

Namen Leesum annimmt), und Ochtum oder Ochum theils begränzt, theils durchzogen.

Die Umgegend von Bremen theilt daher mit der ganzen untern Wesergegend die Natur des Bodens; aus sumpfigen und moorigten Niederungen mit hie und da angehäuften Sanddünen bestehend. Darum finden sich in den ältesten Urkunden häufig die Ausdrücke: paludes et deserta oder insula Bremensis. Unter insula Bremensis wird eigentlich nur das Werderland verstanden, so wie der zuerst angebaute Theil des Ober- und Niederviehlandes sich als insula Lechter bezeichnet findet. S. Wersabe über die Niederländ. Kolonien S. 91.

Auch hier waren ohne die künstliche Beschränkung durch Deiche diese Flächen zu keiner Jahreszeit vor Ueberschwemmung sicher, daher schon in den frühesten Zeiten auf die Anlegung von Deichen grofser Fleifs gewandt worden. Vorher, und selbst nach den ersten Versuchen des Eindeichens, da diese noch unvollkommen genug seyn mochten, war an Ackerbau, aufser auf den höherliegenden, der Ueberschwemmung nicht ausgesetzten Stellen (Wurteni, daher die Wurstner oder Wurstsaten, die auf den Wurten sich angesetzt hatten), kaum zu denken. Viehzucht war die Hauptsache.

Die Unterhaltung der Deiche an der Weser, Wumme und Ochtum liegt den Landbesitzern nach Verhältnifs ihres Landes ob und ist für sie eine beschwerliche Last, wird aber mit grofser Sorgfalt beachtet, weil ihr Wohlseyn davon abhängig ist.

Wann die Eindeichungen zuerst geschehen sind, läfst sich nicht mehr genau ausmitteln. Aus einer Stelle in Renners Chronik vom Jahre 1020 und der daraus verfafsten Reimchronik

> *Der Elbe und der Wesser Floth*
> *Sind dusser Tiedt geworden grot*
> *Und hebben groten Schaden dahn*
> *Darup man is to Schade ghan*
> *Dan man den Wesser Diek gelecht*

u. s. w. schliefst man, dafs damals die Weserdeiche zuerst angelegt worden. Allein es ist nicht zu bezweifeln, dafs die Deiche schon früher, wenn auch im unvollkommenen Zustande, vorhanden gewesen sind. So viel ist aber gewifs, dafs erst die durch die Erzbischöfe Friedrich (1106) und Siegfried (1180) zum Anbau der wüsten und sumpfigen Strecken des Hollerlandes herbeigerufene Belgier die Eindeichung und den Deichbau zweckmäfsig betrieben haben.

Eine von jeher ausgeübte strenge Aufsicht auf das Deichwesen von Seiten des Senats hat die Beschaffenheit der Deiche, vornemlich an der Weser, allmählig sehr verbessert, wenn gleich auch hier Eisgang und heftige Sturmfluthen häufig genug zeigen, dafs die Gewalt der Naturkräfte alles Menschenwerk verhöhne. Wegen des dadurch entstehenden ungemeinen Schadens ist die Handhabung der Oberdeichpolizei von grofser Wichtigkeit, und macht deshalb einen bedeutenden Geschäftszweig einiger besonders damit beauftragten Mitglieder des Senats aus, (ehemals der Gohgräfen, jetzt der Landherren) mit Ausnahme des Blocklandes, wo die Gutsherren berechtiget sind, aus ihrer Mitte einen Deichrichter (Deichgräfen) zu wählen, welche Wahl jedoch seit mehreren Menschenaltern immer ein Mitglied des Senats getroffen hat.

In den ältesten Zeiten war, wie schon früher gezeigt worden, das Verhältnifs der Unterthanen im Stifte Bremen wie in einem grofsen Theil des übrigen Deutschlands. Nur der Landesherr, die Edlen, die Stifter, die Klöster und die Städte besafsen den Boden; die Bauern waren unfrei und an den Boden gebunden, und wurden mit demselben oder ohne denselben verkauft und vertauscht. Dafs dieses Verhältnifs noch neben dem durch das jus hollandricum und das daraus hervorgegangene Meierrecht gebildeten freieren Landbesitze Jahrhunderte lang fortbestanden hat, zeigen urkundlich Beispiele von 1363 und 1407.

Allein zu spärlich war das sumpfige Land noch mit Anbauern besetzt, und durch die Vortheile, welche die Kreuzzüge selbst den unter der Härte ihrer Bande und der Undankbarkeit des Bodens erliegenden Leibeigenen darboten, (Dominus non audebat prohibere servum; omnibus liberum erat iter propter timorem et amorem Dei (Bei Mabillon; und in Botho's Braunschweigischer Chronik: da Buren löpen von dem Ploge oppe den Velde u. s. w. S. Pütters deutsche Geschichte S. 202) verlor das Land noch viele seiner Bewohner, so dafs Friedrich der Erste, Erzbischof von Bremen im Jahre 1106 theils um die Bevölkerung zu mehren, theils um der Natur des Bodens zu Hülfe zu kommen, Holländer (eigentlich Auswanderer aus den Landstrichen diesseits des Rheins, die man damals alle mit dem Kollektivnamen Holländer bezeichnete; cis Rhenum commorantibus, qui dicuntur Hollandi, sagt die Urkunde), als Kolonisten heranzog, und sie in das jetzt sogenannte Hollerland setzte, welches im Jahre 1180 Erzbischof Siegfried der Stadt Bremen verkaufte. (Wahrscheinlich war die Marsch schon längst bevölkert und angebaut, und wurden diese Kolonien nur zu Anbauung der Moore oder Brüche angelegt. Indessen ist diese Ansiedelung der Belgier im Hollerland nur ein Beispiel. Ihre Kolonien verbreiteten sich über einen weiten Strich Norddeutschlands. S. das gründliche Werk des Oberhauptmanns von Wersabe: Ueber die niederländischen Kolonien in Norddeutschland. Und Eelking Dissert. de Belgicis Sect. XII. in Germaniam advenis). Diese neuen Anbauer konnten aber nur durch ein besseres bäuerliches Verhältnifs gelockt werden, als das bestehende war. Es wurde ein Grundstück, wovon der Erzbischof Eigenthümer blieb, zur Benutzung, und zwar mit Erbrecht, dem neuen Kolonisten übergeben, dessen Hauptverpflichtung war, es urbar zu machen, und ausserdem nur einen unbedeutenden nicht zu erhöhenden jährlichen Grundzins (einen Denar oder etwa 18 Pfennige heutigen Geldes) dem Grundherrn und den Zehndten der Kirche zu entrichten hatte. Dagegen wurde ihnen das Recht zugestanden, ihre Streitigkeiten selbst zu schlichten, unter Vorbehalt der Berufung an den Erzbischof, und zu dem Ende sich aus ihrer Mitte einen Gemeinderichter zu wählen. Dieses Rechtsverhältnifs nennt man das jus hollandicum; es hatte zur Folge, dafs sich auch andere Leibeigene gern ihren Herren entzogen und sich in die Länder begaben, wo jenes Recht galt, um des Vortheils desselben theilhaftig zu werden. Doch hatte dieses zuweilen Kriege zur Folge, wie den mit dem Grafen von Hoya. Wollten also die Grundeigenthümer auf diese Art nicht ihre Unterthänigen ganz verlieren und dem Ackerbaue alle Hände entzogen sehen, so mufsten sie ihnen das nemliche Recht verleihen. Solchergestalt bildete sich allmählig das Meierrecht, wie es jetzt im Bremischen Stadtgebiet als Regel besteht, aus, und die eigentliche Leibeigenschaft war im vierzehnten Jahrhundert schon fast ganz verschwunden, wenn gleich Spuren davon in dem meierrechtlichen Verhältnisse stehen geblieben sind und es gleichsam eine Verschmelzung der Leibeigenschaft mit dem jure hollandico wurde. Durch das neunundzwanzigste Statut ward dieses Verhältnifs noch stabiler gemacht, weil nach demselben nur Bürger Grundeigenthum erwerben und besitzen durften. So konnte der Bauer zu keinem freien Grundbesitze gelangen, sondern nur durch Abschliefsung von Meierkontrakten das Benutzungsrecht erwerben. Zwar scheint es, dafs der Bauer durch Erwerbung des Bremer Bürgerrechts, welches durch Erlegung einer nicht bedeutenden Summe zu erlangen war, sich zugleich die Fähigkeit, eigenen Grundbesitz zu erwerben, aneignen konnte, indem kein Staatsgesetz dem entgegen stand; allein es werden sich dafür kaum Beispiele auffinden lassen. Der Meiernexus hatte im

Laufe der Zeit gewissermafsen den Charakter eines väterlichen Schutzverhältnisses angenommen, das dem Bauer durch Gewohnheit lieb geworden war, weshalb auch in der französischen Zeit, wo durch ein eigenes kaiserliches Dekret die Ablösung des Meierbandes verstattet war, nur wenige diese Freiheit benutzt haben.

Doch waren die Ideen der neuern Zeit bei einigen Landleuten des Bremischen Gebiets nicht ohne Einwirkung geblieben. Sie trugen im Jahre 1818 darauf an, dafs die Landbewohner bei der Anordnung solcher Verfügungen, die ausschliefslich oder vorzugsweise das Land beträfen, zugezogen werden möchten. Nur durch Einräumung einer direkten Repräsentation der Landleute bei der Gesetzgebung war dieses ausführbar, und schon im Jahre 1815 bei den Vorarbeiten zur Verbesserung der Verfassung war davon die Rede gewesen.

Zur Beschliefsung allgemeiner Gesetze konkurriren nur Rath und Bürgerschaft auf den sogenannten Bürgerkonventen, von denen sie ausgeschlossen waren, und wenn auch die Bürgerschaft an der Verwaltung des Gebiets keinen verfassungsmäfsigen Antheil hat, so haben doch auch die Landleute dabei keine Stimme, sondern die für dieselben zu erlassenden besondern Verfügungen gehen vom Senat allein aus.

Um sie aber zu dieser direkten Repräsentation zu befähigen, schien es nöthig, dafs sie erst in freie Gutsbesitzer umgewandelt werden müfsten, und dafs daher unter Aufhebung des angeführten Prohibitivgesetzes ihnen die Gelegenheit verschafft würde, die gutsherrlichen Rechte an ihren Meierländereien abzukaufen und sonstiges Grundeigenthum erwerben zu können.

Hierauf hat daher der Senat bei der Bürgerschaft angetragen, und ist einer Deputation die Berathung übertragen, welche auch gegen eine Idee nichts einzuwenden gefunden hat, die der allgemeinen Volksstimme entspricht. Man darf schon jetzt den Senat und die Bürgerschaft über die Aufhebung des neunundzwanzigsten Statuts, wodurch jene Scheidewand niedergerissen wird, einverstanden achten, und werden nur die Modalitäten noch näher berathen. (S. den kommissarischen Bericht über die Aufhebung des neunundzwanzigsten Statuts und den Loskauf der Meierpflichtigkeit der Meiergüter im Bremischen Gebiet. Bremen 1820.)

Daſs durch jene Befreiung vom Meierrechte aus wenigen wohlhabenden eine Menge unbegüterter Bauern entstehen werde, ist nicht zu fürchten. Einer unbegränzten Parcellirung der Höfe wird die Gesetzgebung vorzubeugen wissen, und eine Vertheilung des Bodens innerhalb der durch die Umstände gebotenen Gränzen wird hoffentlich eine sorgfältigere Kultur des Bodens, die in manchen Feldmarken noch sehr zurück ist, einen höhern Aufschwung der Bevölkerung, der Wohlhabenheit und der Civilisation herbeiführen. Das Stadtgebiet hat ohngefähr 12000 Einwohner, also (ohne die Stadt) ohngefähr 2400 Seelen auf die Quadratmeile, was auf einem Terrain, das gröſstentheils nur zu Wiesen und Weideland benutzt werden kann, überreichlich scheint; allein der Besitz des Bodens ist sehr ungleich vertheilt. Die Anfertigung eines allgemeinen Katasters, das neben anderen Vortheilen auch eine richtigere Anlegung der Grundsteuer möglich machen würde, und die Anlegung eines Deichverbands für das ganze Gebiet gemeinschaftlich oder in geeigneter Abtheilung, gehört zu den ferneren Wünschen, welche für dasselbe laut geworden sind und deren Verwirklichung nicht mehr fern zu seyn scheint.

Das Gebiet der Stadt Bremen wird, wie die Stadt selbst, durch die Weser in zwei ungleiche Hälften getheilt.

Vor dem Jahre 1802 verhielt es sich damit also: Auf dem rechten Weserufer lag 1) das Gowgericht Hollerland mit den Dörfern Horn, Lese, Vahr (Lese und Vahr zum Theil), Rockwinkel, Oberneuland und Osterholz. In dieser Gowe sind die meisten und schönsten Landgüter der Bremer, unter welchen die der HH. Dr. Schultz, Bürgermeister Heineken und Senator Löning zu Oberneuland und des Herrn Dr. Post und Herrn Focke zu Horn Erwähnung verdienen.

2) Das Gowgericht — Blockland, welches sich in Ober- und Niederblockland theilt.

3) Das Gowgericht Werderland, enthaltend die Dorfschaften Walle, Gröpelingen, Aslebshausen, Gramke, Mittelsbühren, Dunge und Lesumbrok.

4) Das Gericht Borgfeldt mit den Dorfschaften Borgfeldt, Wart, Butendiek, Timmersloh und Verenmohr, sonst ein Patrimonialgericht unter Bremischer

Hoheit, der Familie von der Lit gehörig. Von zwei Brüdern verkaufte der eine 1595 die Hälfte des Gerichts an den Rath zu Bremen, die andere Hälfte kam durch Erbschaft an die Familie Brandt, deren Nachkommen sie bis in die neueste Zeit besessen haben. Vor einigen Jahren sind abermals einige Stammtheile von der Stadt angekauft worden.

Am linken Weserufer: 1) Das Gowgericht Obervieland mit den Dorfschaften: Neueland, Habenhausen, Arsten, Kirchhuchting, Mittel- und Brok-Huchting.

2) Das Gowgericht Niedervieland; mit den Dörfern: Voltmershausen, Rablinghausen, Lankenau, Strohm, Seehausen und Hasenbüren.

Dieses Gebiet wurde durch den Regensburger Reichsdeputationshauptschluſs vom Jahre 1802 in der Art abgerundet, daſs Kurhannover an Bremen den Flecken Vegesack, den Barkhof, die Dörfer Schwachhausen, Hastedt, Vahr (den übrigen Theil) und alles zwischen den Flüssen Weser, Wumme, den Gränzen des bisherigen Stadtgebiets und einer von der Sebaldsbrücke durch die Hemelinger Mühle bis an das linke Weserufer gezogene Gränzlinie Gelegene, Oldenburg aber das Grolland abtrat, welche Gränzlinie durch nochmalige nähere Uebereinkunft einige unerhebliche Veränderungen erlitt. Zugleich erlangte Bremen die im Stader Vergleich von 1741 an Hannover abgetretene Hoheit über die zwischen den gedachten Flüssen belegenen Dörfer: Mohr, Gramke, Mittels- und Niederbühren, Burg, Aslebshausen, Wasserhorst,

Wumsiel, Nieder-Blockland und einige kleinere Theile wieder. Jeder Gow stand unter einem Mitglied des Senats, als Gowgräfe, der die niedere Jurisdiktion und zugleich die Polizei und Administration hatte. Borgfeldt hatte seinen eigenen Richter.

Die ebenangegebene Eintheilung in Gowe und Gerichte hat seit der Wiederherstellung der Verfassung ganz aufgehört. Die niedere Civil- und Kriminalgerichtsbarkeit ist dem Untergerichte der Stadt zugewiesen. Hinsichtlich der Administration und Polizei ist das Gebiet in den Distrikt am rechten und linken Weserufer getheilt. Jedem steht ein Mitglied des Senats (die Landherren) vor. Uebrigens hat jede Dorfschaft einen oder mehrere Landgeschworene als Vorsteher, welches Amt jährlich unter den Landbesitzern nach Verhältnifs ihres Landes wechselt. Durch diese Geschworen sind die Ortschaften der alten Gowen noch in einer gewissen Verbindung geblieben, indem die Geschwornen jeder Gowe für die gemeinsamen Angelegenheiten derselben eine Körperschaft bilden, deren Vorstand Landesvorsprecher heifst. Vegesack hat seinen besonderen, vom Senat ernannten Amtmann, der für die Kriminalverwaltung Ortsvorstände zur Seite hat.

So wie die Weser das Gebiet in zwei Hälften theilt, so theilt sich auch die Natur des Bodens. Auf der linken Weserseite, zwischen der Weser und Ochum, ist vortrefflicher Marschboden, der in seinen höhern Lagen reichliches und treffliches Getreide liefert und in den niederen grasreiche Weide darbietet. Aufserhalb und weiter von der Ochum entfernt, ist schlechter Moorboden. Auf dem rechten Ufer hat das Werderland meistens Geeste- oder Sandboden, auf welchem in den höhern Lagen Getreide gezogen wird, das aber meistens kärglich, nur nach Mittelsbüren hin etwas ergiebiger wächst. In den Niederungen sind gute Wiesen. Das Blockland bringt nur schlechtes Heu. Das Hollerland hat zum Theil Marsch-, zum Theil Moor- und Sandboden. Die höhere Gegend wird zum Korn, die niedrige als Grasland benutzt. Treffliche Eichen stehen noch in dieser Gegend und geben vornemlich Oberneuland und Rockwinkel einen besonderen Reiz. Unterirdische Spuren zeigen, dafs hier einst dichter Wald gewesen ist, und vorzüglich in der Nähe der Wumme finden sich auf einer grofsen Fläche, wenige Fufs unter dem Boden, dichte Lagen von halb vermoderten Baumstämmen in ununterbrochener Reihe, die auf eine Naturrevolution hinweisen, welche nicht in die entfernteste Vergangenheit gehört. Das Obst ist auf der Geest nicht so häufig, als auf der Marsch, aber wohlschmeckender. Der Geesthanf ist feiner, als der auf der Marsch, und wird dort fleifsig gebaut.

Die Viehzucht ist wegen der trefflichen Weiden in diesem wasserreichen Lande der wichtigste Theil der Landökonomie. Der Kornbau reicht aber bei weitem nicht zum heimischen Bedarf hin. Wenige Dörfer können einen Ueberschufs an den Markt bringen. Roggen ist die Hauptfrucht, Flachs wird nur nothdürftig zum eigenen Verbrauch,

Hanf etwas zum Verkauf gezogen. Rationelle Landwirthschaft war bisher so wenig im Gebiete zu Hause, dafs die Stadt sogar noch bedeutendes Geld bezahlen mufste, um den Strafsenunrath wegzuschaffen. Doch vermindert sich diese Ausgabe allmählig, mit der Vermehrung der Chausseen. Aufhebung des Meierrechts durch Abkauf und daraus hervorgehende bessere Vertheilung des Bodens würde die Bauern bald aus ihrem Schlendrian aufscheuchen.

Weiden und Erlen sind in einer den Ueberschwemmungen ausgesetzten Gegend eine Wohlthat der Natur. Sie sind daher häufig in unserm Gebiet zu finden, und der fleifsige Landwirth sorgt für ihre Unterhaltung, weil sie zum Deichbau und zu den der Verbesserung der Strombahn wegen angelegten Schlengenwerken unentbehrlich sind, und ihm daher manchen baaren Gewinn verschaffen. Pferde werden nur zum Bedarf des Landmanns gezogen. Auch die Hornviehzucht liefert geringen Ueberschufs für die bedeutende Konsumtion der Stadt. Der Krieg und einige ungünstige Jahre nach dem Frieden haben den Viehstand auf den Bauerhöfen sehr heruntergebracht, und erst jetzt fängt er an, sich wieder etwas zu heben. Darum werden die herrlichen Weiden am linken Ufer der Weser meistens mit in Ostfriesland und dem Oldenburgischen aufgekauftem, magern Vieh besetzt. Bienenzucht kommt wenig in Betracht, Schafzucht eben so wenig. Die Schweinmast, welche von den Eichen im Hollerland gewonnen wird, ist dagegen bedeutender. Das Bauholz reicht zum eigenen

Bedarf nicht hin. Die Jagd ist unbedeutend und die Weser wird vornemlich nur von der städtischen Fischergilde beschifft, deren Fischereigerechtigkeit sich indessen nicht blos auf den das Gebiet durchströmenden Theil des Flusses beschränkt, sondern sich auch weiter hinab in das angränzende Flufsgebiet erstreckt. Nur einige Dörfer dürfen einen beschränkten Antheil an der Weserfischerei nehmen, wogegen aber den Landbewohnern die Beschiffung der Wumme, Lesum und Ochum einen nicht unergiebigen Nahrungszweig darbietet. Auch an mannigfachem andern Erwerbe fehlt es ihnen nicht. Die Schifffahrt, besonders die Grönlandsfahrt auf den Wallfischfang, die den Matrosen nur einen Theil des Jahrs beschäftigt und ihm noch immer Zeit zu seinen ländlichen Geschäften läfst, desgleichen der Schiffbau auf mehreren Werften zu Vegesack und in der Burg, und der Betrieb, der durch drei Ziegelbrennereien, einige Kalkbrennereien u. s. w. geschafft wird, müssen zunächst angeführt werden. In einigen Dörfern halten die Landleute besondere Gespanne von Pferden zu Frachtfuhren, in andern beschäftigen sich die Häuslinge mit Strafsenpflastern und machen auf dieses Geschäft weite Wanderungen, selbst bis nach Rufsland; Flechten von Netzen, Körben und Matten im Winter, Leinweberei (wenn gleich durch die Eifersucht der städtischen Zunft unnatürlich beschränkt) und dergleichen dient zum Geldgewinne, vornemlich den geringeren Landbewohnern, deren übergrofse Menge ohne die Nähe einer reichen Stadt auf dem zum Theil schlechten, zum Theil aus Mangel an Industrie versäumten und schlecht gebauten Boden unmöglich bestehen könnte. Doch auch hierin ist in neuerer Zeit schon vieles besser geworden. Die nächsten Umgebungen der Stadt darf dieser Vorwurf kaum mehr treffen; alle Spuren von Heide sind bis auf einige kleinen Stellen, die kaum eines Anbaues fähig sind oder diesen wenigstens nicht lohnen möchten, verschwunden, und schöne Saaten wallen da, vermischt mit Gemüsepflanzungen aller Art, wo noch vor wenigen Jahren nichts als öder Boden oder dürrer Sand zu sehen war. Anmerkenswerth ist es, wie von Jahr zu Jahr der Kornbau dem Gemüsebau mehr und mehr weichen muſs, und dieser immer gröſsern Raum einnimmt, nicht ohne günstigen Einfluſs auf die entfernten Dörfer, wo, durch Nacheiferung aufgereizt, auch mehr Regsamkeit sich zu zeigen beginnt.

Vieles hat dazu die Anlegung und kräftige Durchführung der vier Kunststraſsen gethan. Die dadurch vermehrte Leichtigkeit und Sicherheit des Absatzes aller Erzeugnisse des Bodens, der leichte Transport und die Wohlfeilheit des Düngers, sind die wirksamsten Beförderungsmittel des Anbaues gewesen, die ihren Einfluſs mit jedem Jahre immer mehr bewähren, und abermals einen Beweis ablegen werden, daſs die Geldopfer, welche die Staatskasse für dergleichen Anlagen bringt, wenn sie auch durch direkte Einnahmen keine sonderlichen Zinsen für ihr Anlage-Kapital erhält, mittelbar die schönsten und reichlichsten Früchte tragen.

Erwähnt mufs deshalb noch einer andern ähnlichen Anlage neuerer Zeit werden, deren Nützlichkeit sich immer mehr zeigt. Ein an der östlichen Seite der Vorstädte befindlicher Kanal (der Kuhgraben), schon im dreizehnten Jahrhundert zum Schutz gegen unerwartete feindliche Anfälle angelegt, dient durch seine Verbindung mit der Wumme vornemlich dazu, aus den hannöverschen Aemtern Lilienthal und Ottersberg den Torf herbei zu führen. Diese Zufuhr war aber für den grofsen Bedarf unzureichend und das Meiste mufste aus den innern Moorgegenden des Herzogthums Bremen auf einem grofsen Umwege durch die Hamme, Lesum und so auf der Weser nach Bremen geschafft werden, nicht ohne beträchtliche Vertheuerung dieses nothwendigen Bedürfnisses. Jetzt ist auch an der westlichen Seite der Vorstädte ein ähnlicher Kanal gegraben, der mit anderen Kanälen im Hannöverschen korrespondirt, und den neuen Moorkolonisten in dem Amte Osterholz und den entfernten Aemtern, Gelegenheit gibt, selbst ohne Zwischenkunft von Aufkäufern ihren Torf und andere Produkte an die Stadt zu bringen.

Zunftmäfsige Gewerbe dürfen im Stadtgebiete in der Regel nicht getrieben werden. In dem Flecken Vegesack, der eine besondere Municipaleinrichtung erhalten, ist dies anders gestaltet. Dann haben ausnahmsweise Hastedt und Schwachhausen, wo vor 1803 unter hannöverscher Hoheit mehrere Handwerker sich befanden, denen Fortbestand versprochen ist, den Vorzug, dafs sich daselbst eine Menge Gewerbsleute aufhalten, wodurch namentlich Hastedt mehr das Ansehn einer großen Vorstadt, als eines Dorfes erlangt hat. Hier allein ist auch noch einigen früher dort ansässig gewesenen jüdischen Familien der Aufenthalt gestattet.

Vegesack.

Da, wo die Lesum und die Aue in die Weser münden, liegt zwischen Sandhügeln der Flecken Vegesack, zum Gebiete der Stadt Bremen gehörig. Die Häuser sind reinlich und wohnlich; man sieht, daß hier größtentheils Schiffer hausen, denen es durch den Aufenthalt auf den Schiffen zur andern Natur geworden ist, sich auch auf dem Lande im kleinen rein, bequem und zierlich einzurichten; daher haben in älteren Häusern die Zimmer viele Aehnlichkeit mit den Kajüten; holländische Bauart läßt sich nicht verkennen. In neuerer Zeit neigt man sich jedoch auch hier mehr zur moderneren Bauart.

Vegesack ist für den Seehandel Bremens sehr wichtig. Als daher 1741 mit dem Amte Blumenthal auch Vegesack an Hannover abgetreten wurde, verblieb der Stadt nicht nur der Hafen daselbst mit dem Hafenhause, sondern auch die niedere Jurisdiction über den Ort. Im Jahre 1803 wurde die Landeshoheit über Vegesack und Zubehör an Bremen zurückgegeben. Der 1619 zuerst angelegte wohlverwahrte Hafen, in welchem die entfrachteten Seeschiffe liegen, steht unter der nächsten Aufsicht des Hafenmeisters, und dieser unter der ihm vorgesetzten Deputation aus Rath und Bürgerschaft. Seine Obliegenheiten sind in einer am 26sten März 1821 erlassenen Rathsverfügung deutlich ausgedrückt. Schiffe von zweihundert bis funfzig und wenigeren Lasten zahlen für die Durchwinterung in den Monaten November bis März von zehn bis vier Reichsthaler. Der Hafenmeister wohnte sonst im Hafenhause und trieb zugleich Wirthschaft. Jetzt ist der Dienst von der Wirthschaft getrennt; doch dauert diese fort und ist man dort wohl bedient und aufgehoben.

In den Berathungen über Verbesserung der Bremischen Verfassung wurde beschlossen, nach Vegesack einen, nicht wie vorher zum Rath gehörenden, Rechtsgelehrten als Amtmann zu setzen, dem die Unter-Civil- und Unter-Kriminal- und Polizei-Gerichtsbarkeit und die Administrationspolizei aufgetragen ist.

Außerdem hat der Ort im Jahre 1819 eine eigene Gemeindeordnung erhalten. Eigene von den Einwohnern selbst gewählte Vorstände besorgen die Ortsangelegenheiten und verwalten die durch einige ihr zugewiesenen Staats- und Lokaleinkünfte reichlich ausgestattete Gemeindekasse.

Wer das Seeschiffswesen nicht kennt, kann hier manches sehr Interessante sehen, und auf echt-seemännische Art wird alles freundlich gezeigt. Auf den Schiffsbauplätzen ist manche sinnreiche Vorrichtung kennen zu lernen, und erhaben ist das Schauspiel, wenn nun das fertig gewordene Schiff, das Meisterstück des menschlichen Verstandes, vom Stapel läuft. Es ist ein heiterer Sonntag, Tausende von festlichgeputzten Menschen bedecken das Ufer, oder schweben in leichten Fahrzeugen auf dem Flufs; die Fenster sind gedrängt voll; alles ist in der gespanntesten Erwartung. Das neue Schiff ist mit Menschen angefüllt, welche seinen ersten Weg auf die Wasserbahn begleiten wollen. *) Auf der Spitze stehen Musikanten. Das Signal wird durch drei Kanonenschüsse gegeben; die Flagge wallt, und ein donnerndes Freudengeschrei braust in die Lüfte; Hüte und Tücher werden geschwenkt. Man fühlt sich wie im Schwindel, wenn die ungeheure Masse sich regt; man hält es für Schein, bis erst langsam und majestätisch der künftige Bewohner der See, der den tropischen Stürmen Trotz bieten soll, seine Geburtsstätte, die schmale Flufsbucht, verläfst, rasch Schnelligkeit gewinnt und dann brausend mit dem Vordertheil tief hinab in den Strom schiefst, sich von dem Sturz gewaltig wieder aufrichtet, dafs die Wellen nach dem andern Ufer stürzen, dafs alle Kähne und Schiffe auf dem Flusse tanzen, dafs weithin, was nur die Augen erreichen

---

*) Dafs dies zuweilen nicht ohne Unglück abgeht, hat die Stadt Emden im Jahre 1651 zu beklagen gehabt. Viele hundert Menschen erfüllten ein Schiff, das vom Stapel lief. Beim Ablaufen stürzte es um, so dafs der Boden in die Luft ragte. Obgleich augenblicklich Löcher in den Boden gehauen und so manche Menschen gerettet wurden, so fanden dennoch 225 den Tod. In Emden war fast keine Familie, die nicht in Trauerkleidern ging. Die Zimmerleute waren nicht vorsichtig genug gewesen, sonst hätte dieses sonst sehr seltene Unglück nicht geschehen können. Wiarda, Ostfries. Gesch. VI.

können, die sommerlich-glatte Fluth wie plötzlich von Winden durchwühlt erscheint; und welch' ein wahrhaft zauberisches Schauspiel, als einmal bei einer solchen Veranlassung das zierliche Dampfboot, mit allen seinen Reisenden gleichsam nach dem Takte der Musik Kreise zog, wie tanzend im Wasser gleich einer Najade scherzte, auf den erregten Wogen sich hob und senkte, und dann, wie triumphirend, den Fluſs hinauf gegen den Strom hinwegschwebte, indeſs die es in Bewegung setzenden Dämpfe schräg hinauf in das blaue Luftreich wogten.

Die lutherischen Einwohner Vegesacks waren ehemals nach Lesum und die reformirten nach Blumenthal eingepfarrt, haben aber nun, besonders durch die ausserordentlich reichen Gaben der Bremer unterstützt, auf einem wohlgelegenen Platze eine treffliche, für jetzt hinlänglich geräumige, aber bei zu erwartender gröſserer Bevölkerung des Orts wohl zu kleine Kirche erbaut. Derjenige, dessen Bemühungen man hauptsächlich dieses Werk zu verdanken hat, ist der nach Verdienst geschätzte Amtmann Wilmanns, indem er bei dem Reformationsfeste im Jahre 1817 die erste Anregung dazu gab, daſs die Einwohner beschlossen, sich zu einer evangelischen Gemeinde zu vereinigen. Dieser von vielen mit Beifall aufgenommene Gedanke erweckte zuerst die allgemeine Theilnahme, die dann durch den unverdrossenen Eifer des Beamten rege gehalten wurde. Um die Idee ganz ins Leben zu führen, glückte es, einen trefflichen Mann als Prediger für diese Kirche zu gewinnen, und so hat die kleine Gemeinde der Stadt Bremen das erste Muster zu einer Kirchenvereinigung gegeben.

Der wissenschaftlich Gebildete besucht den Doctor Roth, den Ersten, der eine Flora Deutschlands geschrieben, und seinen botanischen Garten, auf dem höhern Ufer der Weser, wo man sich einer sehr weiten und angenehmen Aussicht erfreut. Das trefflich angebauete fruchtbare Stedingerland an dem andern Ufer der Weser übersieht man hier wie einen Garten. Manchem, der keine weite Badereise machen will, ist es erwünscht, bei dem Landaufenthalt in Vegesack hier auch eine Badeanstalt zu finden.

Seitdem das Dampfboot regelmäfsig geht und bequeme und angenehme Fahrt täglich gewährt, werden nicht allein häufig Lustparthien nach Vegesack gemacht, sondern förmliche Villeggiaturen da gehalten und nicht mit Unrecht. Das Land hat hier weit mehr Abwechselungen von Höhen, Wald und klaren Bächen, als näher bei Bremen. Die Spaziergänge nach Ronnebeck und Blumenthal sind wirklich reizend. Diese Dörfer, besonders Blumenthal, sind auf der Landseite von den schönsten Waldungen eingefafst. Hier stehen die Häuser nicht gedrängt zusammen, wie am Rhein, sondern jedes bildet ein Gehöfte. Viele haben den Blick auf die Weser, welche hier zu beiden Seiten flache, weite aber fruchtbare Ufer darbietet. An dem Ufersaum stehen zu beiden Flufsseiten Gehöfte an Gehöfte hinter den Deichen, und jedes bildet für sich ein kleines idyllisches Bild. In der Ferne sieht man Seeschiffe liegen; Kähne voll Marktleute, die in

Bremen ihre Naturalien abgesetzt, fahren zurück in das Stedingerland. Männer und Frauen auf leeren Körben, Tonnen und Säcken sitzend, plaudern zusammen, und ihre Gestalten spiegeln sich in dem stillen Wasser. Solche Scenen hat Bonav. Peters gemalt, wenn er sich erinnerte, dafs nicht blofs dies feuchte Element in seiner Schrecklichkeit malerisch ist, sondern auch in seiner Ruhe auf dem Landsee und dem Flusse.

Bei den geringen historischen Erinnerungen, die sich an die Orte um Bremen knüpfen, darf nicht vergessen werden, dafs Lipsius in seinem Commentar zum Tacitus das idistavische Schlachtfeld in die Gegend von Vegesack versetzt, welches längst widerlegt ist.

Erwiesener ist es, dafs der dänische König Sueno, als er mit seinen Normännern ins Erzstift brach, in dieser Gegend von den Dienstmannen des Erzbischofs gefangen worden. Dieser nahm ihn jedoch freundlich und gastlich auf, und hielt es der Klugheit gemäfs, ihn wieder zu entlassen. Auch die Askomannen, welche die Weser hinauf bis Lesum raubten, wurden in dieser Gegend auf dem Rückzuge geschlagen.

Eine der schönsten Landschaften der Niederweser zeigt sich, wenn man von Bremen zu Wasser kommend, eben indem man bald den Damm von Vegesack berühren will, sich mit dem Gesicht nach der Mündung der Lesum und zu dem Brok wendet. Die Höhe des Ufers der Lesum, die Baumgruppen auf dem Brok, die zerstreuten Hütten, das weidende Vieh, segelnde

Schiffe und die schöne Wasserfläche — das Alles gibt ein ruhiges und malerisches Landschaftsbild.

Bremens Umgebungen, nähere und entferntere.

Die Nordwestküste Deutschlands ist dem Meere abgewonnenes Land. Einzelne kleine Hügel und Hügelstrecken, welche auch in der Umgegend Bremens sich hie und da sparsam über die Fläche derselben erheben und jetzt mit schattigem Laubholze geschmückt sind, mögen früher als kahle Sanddünen den Meereswellen einen Damm geboten haben, wie gegenwärtig nach vermehrten Anschwemmungen die Watten an der Mündung der Weser. — Diese wenigen kleinen Anhöhen und das eigenthümliche Leben, welches einer der bedeutendsten schiffbaren Ströme Deutschlands und einige kleinere in denselben sich ergießsende Nebenströme auf ihre Ufer verbreiten, abgerechnet, besteht das Anziehendste, dessen Genuſs wir dem Freunde der schönen Natur bei uns anzubieten haben, aus Landschaften in Ruysdaels oder Waterloos Style. An diesen fehlt es unsern Umgebungen indeſs nicht, und der in Bremen so allgemein vorherrschende Sinn für das Landleben hat die minder reichlichen Gaben der Natur um so dankbarer zu benutzen verstanden. — Wo immer an den Ufern der Weser, der Wumme und der Lesum oder in den Schatten der tausendjährigen Eichen des Hollerlandes eine ausgezeichnet genuſsreiche Aussicht oder ein liebliches Plätzchen der Ruhe sich bot, fand es sich seit Jahrhunderten mit Landhäusern und Gärten versehen, in denen die wohlhabenden, durch ererbten Landbesitz begünstigten Bremischen Familien die schönsten Sommermonate zu verleben gewohnt waren. Aus ihren einfachen Vorwerken sind in den letzten funfzig Jahren nicht wenige geschmackvolle Villen und Lustgärten erwachsen, und in der jüngsten Zeit ist fast kein Jahr verstrichen, welches nicht neue anmuthige Schöpfungen dieser Art entstehen sah.

Auch auf die Mittelklasse der Bewohner Bremens hat sich das Bedürfnifs, einen Theil der Sommerzeit, und vorzugsweise den Monat August, der für unsere sämmtlichen zahlreich besuchten Schulen als Ferienmonat zu gelten pflegt, im Freien zu verleben, so sehr ausgedehnt, dafs es ein bedeutender Nahrungszweig mehrerer von der Natur begünstigten Dörfer des Bremischen Gebiets geworden ist, in den Häusern der Landleute einzelne Zimmer zur Sommeraufnahme der Städter zu erbauen und einzurichten und ihren Aeckern und Holzungen einen beschatteten Rasenplatz für sie abzugewinnen. So werden manchen Sommer drei- bis vierhundert städtische Familien gezählt, welche sich einer freiwilligen Beschränkung auf den engsten Platz und auf die nothdürftigsten Geräthe bei ländlicher Kost mit Freuden unterziehen, um in einem solchen ländlichen Sorgenfrei, das mehr oder minder geräumig und gesucht um den Miethzins von zwei bis zehn Louisd'or für einige Monate zu haben ist, der erfrischenden Landluft zu geniefsen. Der weibliche Theil der Familie ist hier dann ganz heimisch, während die durch ihr Geschäfte zu einem öfteren Besuche der Stadt genöthigten Männer zugleich die Landstrafsen durch eine gehäuftere Zahl von Fuhrwerken, Reitern und Fufsgängern Morgens und Abends, gehend und kommend, beleben.

Wem sein Vermögen oder der Drang der täglichen Arbeit eine solche Ausspannung nicht erlaubt, der sucht sich wenigstens durch einen Sonntagsbesuch auf dem Lande zu entschädigen; in manchen Gegenden sind die Wirthshäuser dann von den übrigen Häusern nicht zu unterscheiden, jedes Bauerhaus ist gefüllt, die Vorhöfe sind mit geselligen Tischen übersäet, es sieht allenthalben aus, als würde ein Jahrmarkt gehalten.

Der Anblick, welchen die Dörfer in den nördlichen Gegenden Niedersachsens und Westphalens darbieten, ist überhaupt von dem der Dörfer des südlichen Deutschlands so durchaus verschieden, dafs ein Reisender aus unserm Umkreise, wenn sein Weg ihn nach Oberdeutschland führt, behaupten möchte, man komme dort nirgends in ein Dorf, man sehe nur Landstrafsen und gröfsere und kleinere Städte und Flecken. Wenn uns dagegen Walter Scott in seinem vielgelesenen Ivanhoe die Wohnungen der Sachsen in Britannien schildert, so verstehen wir ihn vollkommen, es ist uns, als wären wir zu Hause.

Um über die Lage und den Anblick der Dörfer dieser Gegenden etwas sagen zu können, ist es erforderlich zuvor die einzelnen Wohnungen, aus denen sie gebildet worden, näher kennen zu lernen. Das Haus eines **Bauern**, so nennt man hier den eigenthümlichen oder meierrechtlichen Besitzer eines gröfsern Grundstücks, (die Wohnungen kleinerer Besitzer, Halbbauern, Köther, Brinksitzer genannt, sind weniger in der Art, als in der Gröfse von jenen unterschieden) ist ein grofses geräumiges Gebäude, etwa 150 Fufs lang und halb so breit, nie von mehr als einem Stocke. Die Wände sind gröfstentheils von Fachwerk erbaut und mit Backsteinen ausgemauert, selten ganz massiv. Das grofse drei Viertel der Höhe des ganzen Gebäudes einnehmende, oben spitzzulaufende Giebeldach ist zu gröfserer Winterwärme für Menschen und Vieh nicht mit Ziegeln, sondern mit Schilfrohr oder Stroh dicht und künstlich gedeckt. Vor dem Hause befindet sich ein grofser viereckiger Vorhof, dessen Raum oft den Flächeninhalt des Hauses übersteigt, an dessen Seiten oft eine oder mehrere Scheunen, der mit Ziegeln gedeckte Backofen, die Mistgrube und der Stall für die Schweine, das einzige Vieh, welches nicht mit ins Haus aufgenommen zu werden pflegt, befindlich. Hinter oder neben dem Hause ein grofser Obst- und Gemüsegarten, alles dies in der Regel von einem Kranze hochstämmiger Eichen, Linden, Erlen, Eschen, oder wenigstens hoch aufgezogenen Weidenbäumen eingeschlossen. Die höchsten Bäume sind zum Schutze gegen Sturm und Regen dicht um das Haus gepflanzt und ragen mit ihren Wipfeln hoch über dasselbe hinaus, so dafs sich der auf der Spitze des Rohrdachs nistende Storch ihres Schirms erfreut. — Die Gebäude sind in der Regel zum Schutz gegen Ueberschwemmung auf einer kleinen Erhöhung (Wurth, Werft) erbaut, deren Abhänge zu dem Vorhofe und den Gärten benutzt sind. Eine grofse bogenförmige Flügelthüre, welche einem hoch und breit geladenen vierspännigen Fuder Heu von sechszehn bis zwanzig Zentnern bequeme Einfahrt verstattet, führt vorn in das Wohnhaus; neben derselben ist eine kleine Oeffnung zum Ein- und Ausgang für das Federvieh und den nirgends fehlenden grofsen Haushund angebracht. Zu beiden Seiten der Hausthüre in den beiden Ecken der Hausfronte finden sich zwei kleinere Thüren, deren eine in den Kuhstall, die andere in den Pferdestall führt. Diese erstrecken sich im Innern des Hauses längs der mit einem Lehmboden belegten Hausdiele bis zum Hintertheile des Hauses unter dem auf sie herabfallenden Strohdache, das oberhalb der Ställe noch Raum zu Schlafstätten, für Knechte und Mägde, zur Aufbewahrung der Ackergeräthe, so wie zur Nachtherberge für das zahlreiche Federvieh bietet, mit welchem die zwischen den Spalten der Hausbalken nistenden Schwalben sich freundlich vertragen. Nach den Ställen folgen die Milch- und Vorrathskammern zu beiden Seiten der Hausdiele. Auf dieser erhebt sich dann in der ganzen Breite derselben ein Pflaster von kleinen, bisweilen nach einer grofsen Symmetrie mosaisch geordneten Kieselsteinen, welches zu dem der Hauptthür gegenüber liegenden Heerde führt, wo das Feuer nie erlischt, und welches die der Küche vorstehende Hausfrau bei Tage selten verläfst, indem sie das auf der Hausflur beschäftigte Gesinde, die nach der Seite derselben offenen Ställe, den Ein- und Ausgang des Federviehs, kurz die ganze häusliche Wirthschaft mit sorgsamen Blicken von hieraus überschaut. In diesem weiten Hausraume werden nemlich alle nicht auf dem Felde vorzunehmenden ländlichen Arbeiten verrichtet, und hier wird Heu und Korn eingefahren und vom Wagen durch eine Oeffnung mit grofsen Heugabeln auf den geräumigen Hausboden gebracht. Von demselben wird es im Winter durch die nemliche Oeffnung wieder herabgeworfen, und auf der Hausdiele ausgedroschen. Hier wird Hanf und Flachs bereitet und das Ackergeräth reparirt. Hier wird bei Hochzeiten und anderen häuslichen Festen getanzt, und für die Bewirthung zahlreicher Gäste gesorgt.

Von dem gepflasterten Platze im Hintertheil des Hauses führen zwei Seitenthüren auf den Hof oder in den Garten zum Brunnen, Bleichplatz und zu dem seitwärts angebrachten vorerwähnten Nebengebäude. Endlich kommen hinter diesem Platze und dem Heerde die die ganze Hinterseite des Hauses einnehmenden Wohnzimmer. Die Wand, durch welche die Thüren zu diesen Zimmern führen, so wie das Gesimse des Heerdes, sind mit zahlreichen grofsen zinnernen Schüsseln, Krügen und sonstigen Geräthen geziert, die in der Regel schon beim Beginnen der Haushaltung als Hochzeitgabe von Verwandten, Freunden und Nachbarn zugebracht und mit dem eingegrabenen Namen der Schenker versehen zum Gebrauche bei festlichen Gelegenheiten aufbewahrt werden. Diese Ziergeräthe schimmern im Glanze des hochauflodernden Heerdes bis an die Decke, von der ein grofser Vorrath geräucherter Schinken, Würste und Speckseiten auf denselben herabhängt.

Nur ein einziges Zimmer, in welchem zugleich der Hausvater und die Hausmutter mit den kleinen Kindern ihre in der Wand angebrachte Schlafstellen (Alkoven) finden, dient der Familie zum täglichen Bedarf, die übrigen werden zum Sonntagsgebrauch, zu Besuchen und im Sommer zum Vermiethen an herausziehende Städter in ungestörter stets reinlicher Ordnung gehalten.

Kein Haus gränzt dicht an das andere. Nur mit Ausnahme einzelner, besonders der der Stadt zunächst gelegenen Dörfer, wo der Ackerbau nach und nach in Gemüsebau überzugehen begonnen und damit auch die Wohnungen einander näher gerückt hat, wohnt jeder Bauer auf seinen Wiesen oder seinem Ackerfelde und erst da, wo seine funfzig, hundert oder zweihundert Morgen Landes, die eines anderen Besitzers begränzen, erblickt er das Wohnhaus seines Nachbars — Kirchen und Schulwege werden dadurch freilich weit, aber die zur Schenke werden es nicht minder, und die gröfsere Sittsamkeit auf dem Lande möchte wohl in den Dörfern zu finden seyn, wo die isolirte Lage der Wohnungen jenes patriarchalische Leben ungestört erhalten hat.

Die Weser durchschneidet das Bremische Gebiet in zwei ungleiche Hälften, die kleinere auf dem linken

Weserufer wird von der Ochum, die gröfsere am rechten Weserufer von der Wumme (später Lesum), sowohl oberhalb als unterhalb der Stadt, wo sich diese kleinen Flüsse in die Weser ergiefsen, theils durchschnitten, theils begränzt.

Interessante Parthien und Aussichten sind auf dem linken Weserufer und den hohen Weserdämmen (Deichen), die zugleich einen Kranz von Dörfern um die fetten, gröfstentheils mit Wiesenwachs versehenen Ländereien bilden, anzutreffen. Besonders ist dies unterhalb der Stadt im Niedervielande der Fall, wo vorzugsweise die Dörfer Woltmershausen, Rabblinghausen und Lankenau interessante Landsitze und besuchte ländliche Gasthöfe darbieten. Das Klattesche Haus zu Lankenau, eine kleine Stunde von der Stadt, zeichnet sich unter diesen besonders aus. Zahlreiche Lustschiffe mit flaggenden Wimpeln führen demselben an jedem schönen Tage auch aus den höheren geselligen Zirkeln viele Gäste zu, die seit einigen Jahren das Dampfschiff, welches auf seinen täglichen Fahrten nach Vegesack, Braake u. s. w. hier einen kleinen Anhaltspunkt zu machen pflegt, sehr zu vermehren begonnen hat. Geräumige reinliche Zimmer und schattige Lauben am hohen Weserdeiche nehmen die Wallfahrenden freundlich auf. Die Bewirthung ist prompt und anständig und der schöne Blick auf die Stadt und auf den zwischen grünen Wiesenufern mit zahlreich kreuzenden Schiffen fluthenden Weserstrom geben der Landschaft ein eigenes heiter geselliges Leben. Vor allem ist es, wenn nach anhaltendem östlichen Winde, der die Seeschiffe vom Einlaufen in die Mündung der Weser zurückgehalten hat, ein plötzlicher Wechsel eintritt, sehr interessant hier einen schönen Tag im Freien zu verleben. Oft sieht man dann bei günstigem Nordwest funfzig bis hundert Lichterschiffe oder Kähne mit schwellenden Segeln, einem Schwanenzuge gleich, hintereinander die Weser heraufschweben. Der ganze Fluſs stellt ein lebendiges Panorama dar, an dem das Auge sich nicht satt sehen kann.

An der Südseite des Niedervielandes bietet die kleine fischreiche Ochum mit ihren unzähligen Windungen längs dem Dorfe Strohm den Freunden der Einsamkeit manches trauliche belaubte Plätzchen bei den an dem Ufer zerstreuten Wohnungen. Auch hier giebt es einen zur Aufnahme von Gästen eingerichteten, obgleich minder besuchten freundlichen Vergnügungsort.

Auf dem rechten Weserufer werden in der Nähe der Stadt und an den äuſsersten Gränzen der Vorstädte oberhalb die Kaffeehäuser am Eisenradsdeiche, wo zugleich mehrere Badehäuser auf der Weser zu finden sind, und unterhalb die freundliche Kohrmannsche Wohnung, an dem nach der Thranbrennerei führenden Bollwerke, zu Nachmittagsspatziergängen fleiſsig benutzt; das Dorf Gröplingen, eine kleine Stunde unterhalb Bremen, vorzüglich zur Erdbeerenzeit. Bei weitern Ausflügen nach dieser Seite, durch eine in diesem Jahre (1822) vollendete Chaussee ungemein erleichtert, pflegt man nicht eher zu rasten, bis man bei dem Dorfe Burg, eine gute Meile von der Stadt, die schönen Ufer der Lesum erreicht hat, wo die Wahl schwer fällt zu der ferneren kleinen Meile bis Vegesack den Weg an dem linken Lesumufer durch die Bremischen Dörfer Dungen und Lesumbrook, oder die Burgbrücke passirend, an dem rechten, durch die hannöversche Dörfer Lesum, St. Magnus und Groden vorzuziehen, oder endlich, was bei heiterem Wetter und günstiger Stromzeit (denn Ebbe und Fluth wollen hier zu Rathe gezogen seyn) wohl den vorzüglichsten Genuſs gewähren dürfte, auf einem bei den Schiffswerften zur Burg oder am Dunger Deiche gemietheten Nachen den lieblichen Strom bis zu seiner Vereinigung mit der Weser hinabzugleiten.

Die Erdzunge zwischen der Weser und der Lesum bietet einen weiten, zur Sommerzeit mit dem schönsten weidenden Rindvieh bedeckten grünen Wiesenplan dar, der an den Ufern mit einem Kranze von baumumpflanzten, auf den schützenden Deichen erbauten Dörfern eingefaſst ist. Der Spatziergang durch denselben längs des Lesumflusses ist vorzüglich reizend, da sich an der gegenüberstehenden Seite, von der Brücke zur Burg an, eine freundliche Hügelkette erhebt, mit den malerischen Dörfern Marsol, Lesum (die Kirche und der Kirchhof gewähren ausgezeichnete Ansichten und Aussichten), St. Magnus und Groden, die sich mehr oder minder scharf auf den Fluſs herabsenken. Hier fanden sich vor undenklichen Zeiten wahrscheinlich die hohen Ufer des damals mit der Lesum eine

Wasserfläche bildenden Weserstroms, bis die Landzunge des Lesumbrooks durch Eindeichung demselben entwunden ward. Die Windungen des Lesumflusses um jene Hügel sind ungemein lieblich. Mehrere Schiffsbauwerfte, die immer lebhafte Torfschifffahrt, der Wohnsitz mehrerer Grönlandsfahrer, deren zahlreiche Schaluppen nach geendigter Reise hier ihren Ruheplatz finden, ein emsiger Fischereibetrieb, der Ueberzug der Prahnen mit beladenen Heu- und Kornwagen zum Austausche der verschiedenartigen Produkte beider Ufer, die Vegesacker Lustfahrtböte, das auf dem einzeln vorspringenden Aussendeichslande weidende Rindvieh, — alles dieses trägt zur Belebung dieser anmuthigen Gegend so sehr bei, dafs schon seit den ältesten Zeiten die Städter sich hier anzusiedeln aufgefordert waren. Der Landbesitz zu Dunge und Lesumbrok steht noch jetzt gröfstentheils einzelnen Bremischen Familien zu, die hier ihre Sommerwohnsitze haben, und auf den Hügeln von St. Magnus sind deren seit einer Reihe von Jahren ebenfalls mehrere in einem sehr vorzüglichen Geschmack erbaut. *)

---

*) Der Verfasser des gröfsten Theils dieser Blätter hoffte vergebens der reinen Luft der Höhen von St. Magnus die Wiederbelebung seiner gestörten Gesundheit abzugewinnen; er verlebte hier die letzten Sommermonate seines thätigen Lebens, mit der Vollendung dieser seiner letzten Arbeit beschäftigt. Wir geben daher mit seinen eigenen Worten, was sich unter seinen hinterlassenen Papieren an historischen und topographischen Notizen über diesen seinen Lieblingsaufenthalt vorgefunden hat. (S. am Schlufs die Anlage A.)

An St. Magnus schliefst sich das eben so freundliche auf den Lesumhügeln hart am Flusse belegene hannöversche Fischerdorf Groden an, bis man über den Auebach, der hier in die Weser fällt, kurz nachdem sich die Lesum mit der Weser vereinigt hat, in den Bremischen Flecken Vegesack und damit auf einmal wieder in ein völlig seestädtisches Leben tritt. Der schöne geräumige Hafen mit zahlreichen Seeschiffen gefüllt, deren dichtgedrängte Masten und Wimpel schon von den benachbarten Hügeln herab einen überraschenden Anblick gewähren, das immer lebendige Getöse der Schiffswerfte, das Läuten der Arbeits- und Feierstundsglocken, die Ruderschläge der immer abfahrenden und ankommenden Böte und das ganze nicht im Einzelnen zu beschreibende, Auge und Ohr zugleich in Anspruch nehmende Gewühl und Getreibe, welches ein Seehafen darbietet, gewährt hier den mannigfaltigsten Genufs.

Der sich immer vergröfsernde Flecken, der in seiner Ausdehnung manche Stadt am Rhein übertrifft, ist in holländisch-englischem Geschmacke erbaut, die neuen Häuser ganz von Backsteinen, die ältern zum Theil ganz von Fachwerk. Reinlichkeit ist allenthalben vorherrschend und die Gewohnheit der Seeschiffer, ihre Kajüten und Schiffsgeräthe fast in jedem Jahre neu mit Oelfarbe anstreichen und kein Stück Holz ungetheert zu lassen, scheint auch auf die Behandlung ihrer Wohnungen auf dem festen Lande einen unwiderstehlichen Einflufs zu äufsern.

Das eigenthümliche Leben dieses Orts, die schöne Lage desselben am Zusammenfluſs zweier schiffbaren Ströme, die gesunde bei dem täglichen Ebbe- und Fluthwechsel immer neu erfrischte Luft und die Nähe vielfach und mannigfaltig schöner Gegenden haben Vegesack, besonders seitdem dieser im Jahre 1741 an Hannover abgetretene Flecken im Jahre 1802 wieder unter Bremische Landeshoheit zurück gekehrt ist, zu einem vielbesuchten Sommeraufenthalt der Städter gemacht. Auſser dem an der schönsten Stelle des Hafens belegenen, zur Aufnahme zahlreicher Gesellschaften mit geräumigen Sälen und Zimmern versehenen Hafenhause, gibt es mehrere andere gute Gasthöfe, und in einer Menge Privathäuser, besonders in denen der auf Seereisen befindlichen Schiffskapitäne, werden während der Sommermonate oft elegant möblirte Zimmer vermiethet und vorzugsweise von denen gesucht, deren Geschäft einen häufigern Verkehr mit der Stadt erfordert. Das Dampfschiff gibt hier zur täglichen Kommunikation mit derselben Gelegenheit. Die Person bezahlt für die über zwei Meilen betragende Fahrt von Bremen nach Vegesack und umgekehrt 48 Groten (16 gGr.) — für einen Platz in einem Miethwagen, deren täglich mehrere hin und zurück fahren, die Hälfte.

Der westliche Theil des Fleckens, Neu-Vegesack, zieht sich amphitheatralisch auf die höchsten Weserdämme hinauf. Die reizende Aussicht, deren man hier genieſst und wodurch vorzüglich der hier belegene schöne Garten des auch als Botaniker bekannten

Dr. Roth sich auszeichnet, steht der von den hohen Elbufern zwischen Hamburg und Blankenese wenig nach. Vor allen gewährt die Ankunft der mit vollen Segeln dem Hafen zueilenden Seeschiffe in der Mitte einer Menge leichter Fahrzeuge, von denen der Strom nie leer wird, von hier aus den genufsreichsten Anblick.

Vegesack ist besonders dazu geeignet, den Genufs des Landlebens mit der Befriedigung städtischer Bedürfnisse auf die leichteste Weise zu vereinigen. An geselligen Zirkeln, selbst an Klubbs und Bällen, fehlt es bei der Menge durch die Schifffahrt und aus der Umgegend hier zusammenkommender Fremden schon in der minder begünstigten Jahreszeit und vollends im Sommer nicht. Lebensmittel aller Art sind in Ueberflufs zu haben, an Handels- und Kaufläden ist kein Mangel. Arzt, Wundarzt, Apotheker, Badeanstalten und ein ausgezeichneter Prediger werden nicht entbehrt. Dabei gibt es im Umkreis einer Stunde der genufsreichen, ländlichen Umgebungen so viele, dafs die Auswahl schwer wird, und man nicht besorgen darf, die gesellige ländliche Excursion auf einen Flecken zusammen gedrängt zu finden und so der Gesellschaft nicht entfliehen zu können, wenn man die Einsamkeit suchte. Aufser den zahlreichen Wasserfahrten auf der Weser und Lesum sind Blumenthal *)

---

*) Ueber Blumenthal hat sich in dem Nachlasse des verstorbenen Prof. Storck das unten (Anl. B.) folgende Fragment gefunden.

mit seinen herrlichen Eichen, Ronnebeck, Burgwalde, Lehmhorst, Hohnforst, Heltforst, Wohla und die anmuthigen mit den schönsten hohen Buchen besetzten Hügel von Schönebeck zu den einladendsten Nachmittagsspaziergängen geeignet.

Das Hollerland am rechten Ufer der Weser und am linken der Wumme auf der Nordostseite der Stadt bietet eine andere, von vielen noch vorgezogene, interessante Parthie des Bremischen Landlebens dar. Landgüter, Vorwerke, Lustgärten, Treibhäuser, zu Spatziergängen heckenartig ausgehauenes Gehölz, theils einfach, theils mit ausgezeichnetem Geschmack erbaut und angelegt, freundliche zur Aufnahme von Städtern geeignete Sommerwohnungen auf den Bauerhöfen, alles dies ist hier noch in bei weitem größerer Anzahl, wie längs den Ufern der Weser und Lesum zu finden. Auch an öffentlichen mit Wirthschaft versehenen Vergnügungsorten fehlt es nicht, unter denen die Häuser von Jürgens zu Oberneuland, kleineres Holz zu Rockwinkel, das Rosenthal zur Vahr und das Knochsche Landhaus zum Horn die besuchtesten sind. Letzteres läfst selbst den Feinzünglern aus den ersten Gesellschaftszirkeln nichts zu wünschen übrig.

Diese Gegend ist ganz flach; der Boden, mitunter von Sand und Moor gemischt, ist weniger zur Viehzucht, wie zum Ackerbau und zu Holzungen geeignet. Alle Felder sind von malerischem Gebüsch umfafst und wunderschöne uralte Eichen umschatten Dörfer und Wohnungen. Zwei neuangelegte Kunststrafsen erleichtern die Kommunikation. Die erste führt neben einer grofsen der Kommune der Stadt zustehenden Viehweide, auf welcher im Sommer über tausend Milchkühe grasen, vorbei, über Schwachhausen, Rhinsberg (mit einer schönen Eichenstrafse), Horn, Lehe, Landruh nach Rockwinkel und Oberneuland. Hier vornemlich sind die lieblichen Eichenhaine mit ihrer wunderbaren Mannigfaltigkeit der Formen, der Stämme und des wechselnden Lichts und Schattens zu Hause, welche auf Johann Heinrich Menkens vielgesuchten Gemälden so glücklich und so charakteristisch dargestellt sind. In dieser anmuthigen Gegend zum Hadenberg, an der Gränze der Dörfer Oberneuland und Rockwinkel, blüht seit einer Reihe von Jahren das treffliche Institut des Arztes Dr. Friedrich Engelken zur Heilung von Gemüthskranken, dessen zweckmäfsiger und sorgsamer Behandlung viele dieser Unglücklichen, auch aus entfernten Gegenden Deutschlands, ihre völlige Herstellung verdanken. Auch sein Bruder, Dr. Hermann Engelken, hat nicht weit davon eine ähnliche Anstalt seit kurzem errichtet, ob mit gleichem Erfolge, ist uns nicht bekannt. Die andere Chaussee führt auf der Strafse nach Hamburg durch Hastedt, einen oberhalb Bremen an der Weser belegenen fleckenähnlichen, mehr zur Vorstadt, als zum Lande gehörigen Dorfe, nach Sebaldsbrück, wo die Eichenschatten schon wieder beginnen, dann nach den noch reichlicher damit versehenen, auf dieser Seite äufsersten Bremischen Dörfern Osterholz und Tenever; dieses lehnt sich seitwärts an die Wumme, die, hier schon für Torfschiffe fahrbar, hinter Oberneuland nach Borgfeldt führt, wo der Einfluſs von Ebbe und Fluth auf dieselbe schon bedeutend sichtbar wird. Eine mit den kleineren Dörfern Verenmohr, Timmersloh und Butendiek besetzte groſse Wiesenstrecke dehnt das Bremische Gebiet hier noch beträchtlich über das rechte Wummeufer aus. An diese schlieſst sich das mit anmuthigen Gehölzen und einer im Sommer fleiſsig besuchten Badeanstalt versehene hannöversche Dorf Lilienthal *), noch vor kurzem der Wohnsitz des verstorbenen berühmten Astronomen Schröter, dessen Sternwarte in der Geschichte dieser Wissenschaft einen bleibenden Namen behaupten wird. Die trefflichen Instrumente, worunter ein achtundzwanzigfüſsiger Spiegelteleskop, besitzt seit seinem Tode die Universität Göttingen.

Nordwestwärts von Borgfeldt bildet die Wumme wieder die Gränze des Bremischen Gebiets, indem

---

*) Auf Vandamme's grausamen Befehl wurde das Dorf Lilienthal im Frühlinge 1813, wo die Vortruppen der Verbündeten sich zuerst in der hiesigen Gegend sehen lieſsen, von französischen Truppen angezündet und niedergebrannt. Kaum retteten die Einwohner ihr Leben. Ein groſser Theil des Viehs und Geräthes wurde ein Raub der Flammen. Der Vorwand war ein bloſser, bei der späteren Untersuchung völlig ungegründet befundener Verdacht, daſs einzelne Einwohner des Dorfs mit den Kosacken auf die französischen Truppen geschossen haben sollten. Der Ort wurde indessen nach Abzug der Franzosen schöner wieder aufgebaut. Bremische Mildthätigkeit zeigte sich auch hier mit reichlicher Hülfe.

sie die zu derselbigen gehörigen Dörfer Ober- und Niederblockland umströmt, bis sie bei Wasserhorst, sich mit der Hamme vereinigend, die Lesum bildet, welche nach einer guten halben Stunde das Bremische Dorf Burg erreicht, von wo aus des weiteren Laufes derselben bis zu ihrer Vereinigung mit der Weser bei Vegesack schon oben gedacht ist.

Das Blockland mit seinen Umgebungen stellt eine wenig besuchte, aber in ihrer Art ganz eigenthümliche und in manchen Jahrszeiten wirklich höchst anmuthige Parthie unserer Umgebungen dar. Die grofse Wiesenfläche, welche mit der obengeschilderten Viehweide schon in der Vorstadt Bremens gegen Norden beginnt, erstreckt sich in allmähliger Abdachung bis an die Wumme, vor deren Fluthen sie durch einen den vielfachen Windungen dieses Flusses in seinen Krümmungen folgenden Deich geschützt wird. In der Richtung nach demselben ist das Land allenthalben mit Gräben und mehreren zur Erleichterung des auf der Wumme vorzüglich stark betriebenen Torfhandels gegrabenen schiffbaren Kanälen durchschnitten. An diesem das Stadtgebiet nordwärts in einem Halbzirkel umkreisenden Deiche sind die blockländischen Bauernhöfe auf einzelnen, zu der Höhe des Deichs aufgefahrenen Anhöhen, jeder in der Entfernung mehrerer Büchsenschüsse von dem anderen erbaut. Offenbar ist diese Gegend viel zu frühe eingedämmt worden und wird daher in jedem Winter und Frühlinge von dem durchziehenden Wasser überschwemmt, das durch vielfache Abzugsgräben und Schleusen erst allmählig wieder abgeführt werden kann, und bei nassen Sommern in der niederen Gegend der Abdachung oft so lange verweilt, dafs das Gras noch im Wasser stehend gemäht und dann auf dem Deiche oder einzelnen höher belegenen Stellen aufgehäuft und getrocknet werden mufs, ehe es in die Wohnung und Scheunen gebracht werden kann. Pferde werden hier deshalb nur ausnahmsweise gehalten, statt der Heuwagen sieht man dagegen das Feld von gröfseren und kleineren Heuschiffen übersäet. — Erst seit den letzten funfzig Jahren ist der Blockländer Deich, durch verbesserte Konstruktion und Aufsicht vor Durchbrüchen sorgfältiger gesichert, bequemer geworden. Früher fanden dergleichen fast in jedem Winter Statt und liefsen da, wo der Strom sich durchgewühlt hatte, grofse oft funfzig bis hundert Fufs tiefe mit Wasser gefüllte Schluchten, sogenannte Braaken, zurück, deren noch jetzt fast bei jeder Wohnung zu finden sind, und neben derselben einen mitunter einem kleinen Landsee ähnlichen grofsen Teich bilden, den eine unter dem Deiche durchgeführte Schleuse mit der Wumme verbindet. Diese Teiche, an deren Ufern sich die Gemüsegärten der Blockländer zu erstrecken pflegen, so wie die Wohnungen auf dem Deiche, sind mit einem Kranze von hohen Eschen und Weidenbäumen (die hier nicht gekappt, sondern hochstämmig gezogen werden und so oft sehr malerische Baumgruppen bilden) umgeben, dessen Grün von den braunen Rohr- und Strohdächern der Häuser in mannigfaltigen Schattirungen gebrochen wird. Bei dem Amphibienleben der Blockländer bleiben Jagd und Fischfang von ihren Feldarbeiten, für welche Tag und Nacht keine bestimmten Abtheilungen bilden, unzertrennlich; sie sind geborne Fischer und Schützen von Wasservögeln, besonders Wasserschnepfen, wilden Gänsen und wilden Enten. Letztere sind hier so sehr zu Hause, daſs selbst die zahme Hausente sich ihnen näher verwandt zu fühlen scheint, und durch die Kunst der Landleute zum Locken derselben abgerichtet wird. Eine solche dressirte Lockente, welche dem blockländischen Jäger statt des Hundes dient, wird mit einem Thaler und darüber bezahlt.

Ein Spatziergang oder Spatzierritt an einem schönen Frühlingstage von Bremen über Horn oder Borgfeld durch das Blockland nach der Burg gewährt ein ganz eigenthümliches, nur in wenigen Gegenden anzutreffendes Landvergnügen. Auf dem an beiden Seiten fast bis zum obersten Rande vom Wasser bespülten, kaum für zwei Fuſsgänger nebeneinander Platz lassenden Deichrücken, wandert man in beständigen Krümmungen zwischen zwei kaum absehbaren Wasserflächen, links in weiter Ferne von den Thürmen der Stadt, rechts von dem des hannöverschen Kirchdorfs St. Jürgen begränzt, wie mitten im Meere, über vier Stunden lang, alle fünf bis zehn Minuten von der Oase eines freundlichen, auf einer kleinen Anhöhe zwischen hohen Baumgruppen, mit seinem Strohdache hervorschimmernden, von Fischernetzen und Körben umhangenen, von Menschen und Vieh zahlreich bevölkerten Hauses angenehm unterbrochen, und, will man mit einem Gerichte Hechte, geräucherter Aale, Wasservögel oder Schinken sein Mittagsmahl machen, freundlich aufgenommen *), bis man mit der Höhe von Wasserhorst ein enger und zahlreicher bebautes Dorf erreicht, von dessen hohem

---

*) Die Lust zu dergleichen Delikatessen und jugendlicher Uebermuth veranlaſste in einem der auf die Schlacht bei Jena folgenden Jahre, wo Bremen und dessen Umgebungen von Einquartierung fremder Truppen unaufhörlich belästigt wurden, eine Anzahl muthwilliger junger Leute bei einem Abendzechgelage in der Vorstadt, sich zu einem nächtlichen Streifzuge in das Blockland zu vereinigen. Mit aufgesuchten alten Gewehren und Montirungsstücken versehen, von einem Bauernhofe zum andern ziehend, gab man sich dort für fremde Einquartirung aus und lies nach militärischer Sitte des Tages vom Besten auftischen. Die Nacht begünstigte anfangs eine glückliche Durchführung dieses Muthwillens. Die geängstigten Blockländer, durch die Gunst ihrer insularischen Lage von dem wasserscheuen Militär bis dahin fast gänzlich verschont geblieben, gaben, was sie hatten; aber wie mit Tagesanbruch die junge Mannschaft der Eingesessenen mit ihren Flinten vom Enten- und Aalfang allenthalben zurückkehrte, ward der Irrthum bald entdeckt. Das ganze Wasserfeld ertönte von Signalschüssen — die flachen Böte mit ihren bewaffneten Fischjägern strömten von allen Seiten herbei und die Rolle der Fürchtenden und Gefürchteten wechselte nun schnell. Ohne Blutvergieſsen muſste sich Alles ergeben, und gebunden in ihre Böte gelegt schafften die rüstigen Blockländer die Gefangenen nach der Stadt zur Ueberlieferung an die Polizei.

Kirchhofe eine der interessantesten Aussichten den Wanderer vollends belohnt. Der Blick südwärts auf die Stadt hin fällt hier auf ein Wasserbecken von solchem Umfange, daſs man einen Theil des Bodensees in seinen niedrigen Ufern vor sich zu sehen glauben könnte, während nordwärts jenseits des Zusammenflusses der Wumme und Hamme die lieblichen Anhöhen von Marsel, Ritterhude und des waldigten hannöverschen Osterholz, und in noch weiterer Ferne die Höhen des Weiherberges die Wasserfläche freundlich begränzen.

Daſs bei dieser Beschaffenheit der Bremischen Gegenden auch der Winter hier seine eigenthümlichen Reize habe, daſs für Schrittschuhlauf und Schlittenfahrten die mannigfaltig wechselndsten Gelegenheiten und Vergnügungsörter sich darbieten und benutzt werden, bedarf wohl kaum einer ausdrücklichen Erwähnung. Jeder längere städtische Sommeraufenthalt auf dem Lande führt im Winter seine kürzer erscheinenden Revenants herbei und findet allenthalben vorbereitete freundliche Aufnahme. Eine besonders in unseren Gegenden zahlreich gebaute Gattung braunen Winterkohls, der bei sorgfältiger Kultur eine Höhe von sechs bis sieben Fuſs erreicht und völlig gefroren für die schmackhafteste Zubereitung am geeignetsten ist, pflegt mit geräucherten Fleischspeisen aller Art bei diesen ländlichen Winterparthien das Hauptgericht zu bilden. Der Anblick dieser in einer Farbenmischung von braun, grün und violett zwischen dem Schnee hervorschimmernden und die zerstreuten Landwohnungen in der Ferne zu einem Ganzen verbindenden hohen Kohlfelder ist ein charakteristisches Merkmal jeder Winterlandschaft des nördlichen Deutschlands.

Anlage A.

(Zu S. 556.)

Der Wigmodurgau führte seinen Namen von der Wumme oder Wimme, welche unterhalb des alten Erbsitzes der nun ausgestorbenen Freiherren von Marsel (Marisgate), indem sie sich mit der Hamme vereinigt, ihren Namen in Lese oder Lesum verwandelt.

Dieser fischreiche Fluſs entspringt im Herzogthum Lüneburg, strömt durch leicht zu überschwemmende treffliche Viehweiden und theilt sich in dem weichen Boden in viele Arme, welche sich hier und da wieder vereinigen. Nach ihm nannten sich jene alten Herren von Lesmon *) oder Lesmund (Mündung der Lese), und ihr Hof, wo jetzt noch das Dorf Lesum zu sehen ist. Der Ursprung dieses Geschlechts geht hinauf bis zur Zeit Karls des Groſsen.

Nur kurze Zeit werden jedoch die Lesmon genannt, bis unter Otto dem Groſsen der Sohn Hermann Billings von Sachsen, Lothar der Zweite, diesen Titel wieder führte. Seine Wittwe war die heilige

---

*) In Urkunden Lismona, Lismonia, Liastmona, Listmuone, Liesmunde, Liestimunde u. s. w. Sie heiſsen auch Grafen von Wigmodia. S. Mushard Brem. Rittersaal.

Emma, Schwester Bischofs Mainards von Paderborn, die im Dom zu Bremen begraben liegt und sich durch Schenkung der Bürgerviehweide um die Stadt Bremen verdient machte. „Se gaff ock der Stadt eine grosse Wische und Weide, welche nu de Bürger-Weide het, up welkern de Beester kene Noth hebben von Brömsen, Wöspen oder Fliegen, and düt was anno 1032", sagt Renner. Die zum Curtis Lesmon gehörige Güter *) schenkte sie dem Kaiser Conrad, der sie hinwiederum dem Stifte zu Bremen übergab.

Erzbischof Adalbert von Bremen, der gewinnsüchtige, vielbedürftige, schlaue Priester, trachtete ihrem Schwager Ditmar, Bruder Lothars, die ganze fürs Erzstift wohlgelegene Grafschaft zu entreifsen. Als daher Heinrich der Vierte von Bremen nach der Grafschaft Lesmon, oder, wie Andere wollen, nach St. Magnus, wo Ditmar gewohnt haben soll, zog, um den Grafen zu besuchen, brachen aus einem Busche, wahrscheinlich von dem Erzbischof dazu verordnet, Bewaffnete hervor, und wie durch Zufall mufste es Adalbert seyn, der den Kaiser aus den Händen der Mörder rettete.

Ditmar, dem dieser Frevel, auf das Zeugnifs seines bestochenen Knappen, Schuld gegeben wurde, mufste sich durch einen Zweikampf reinigen, und als er in demselben erlag, kaufte Adalbert die an den Kaiser verfallene Grafschaft für neun Pfund

---

*) 700 mansi und das Land Hadeln. Ad. Br.

Gold *), und stiftete da, wo die Herren von Lesmon gewohnt, eine Probstei und Kirche, hielt sich in späteren Jahren wegen der gesunden Luft und des anmuthigen Anblicks auf das tiefer liegende Land gerne da auf, und mag besonders, als sein Bruder, der Pfalzgraf Friedrich, ihn in St. Magnus besuchte, um ihm ins Gewissen zu reden, dort manchmal in Betrachtung der Eitelkeit aller menschlichen Größe mit Reue auf sein früheres Leben zurückgeblickt haben. Wie noch mehr, als er den schrecklichen Traum gehabt, in welchem ihm in der Kirche alle seine Vorfahren im Amte erschienen waren und ihm seinen Hochmuth vorgeworfen hatten, nach welcher Zeit er nie wieder froh wurde. In Goslar ereilte ihn der Tod und im Chor der Domkirche zu Bremen ward er begraben.

Die Grafschaft Lesmon ward nach Adalberts Tode zertheilt. Die Kirche zu Lesmon sammt dem Zehnten des Dorfes wurde dem von Volda nach Lilienthal verlegten Kloster gegeben; das Vieland (insulae Bre-

---

*) Gründliche Untersuchungen über dieses Ereigniſs findet man in Wersabe über die niederdeutschen Kolonien. Nach dem bei Eelking angeführten Diplom Heinrichs des Vierten erstreckten sich Adalberts bei dieser Gelegenheit gemachte Erwerbungen auch auf bedeutende Striche am linken Weserufer. „Curtem Liestmuone in comitatu Marchionis Uddonis (von Stade) et in pago Wigmodia cum insulis ibi sitis, nec non paludibus Linnebroch, Aldenebroch, Weigeribroch, Huchtingebrock, Brinsoimibrock, Weigenbrok, Adalberto Archiep. donavit."

mensis paludis) kam an die Stadt Bremen; das Werderland ebenfalls, durch Verheirathung der adeligen Geschlechter von Gröpelingen und Walle; das Blockland und Burgdamm durch die Junker von Marseln.

Dafs auf den Höhen der Lesum noch oft Bremer Erzbischöfe sich aufgehalten, zeigt der vom Erzbischof Gerhard mit der Stadt Bremen geschlossene merkwürdige Vergleich, der von Lesmona (1246) datirt ist. Abgerechnet, dafs wenn von Lesmon in den ältesten Nachrichten die Rede, hierunter nicht nur der Wohnplatz, sondern die ganze so genannte Besitzung mit siebenhundert mansi verstanden ist, so mag es doch nicht unwahrscheinlich seyn, dafs das ganze Ufer an der Lesum mit allen seinen Häfen Lesmon insbesondere genannt wurde und die Benennung St. Magnus später allgemein wurde. Magnus war ein Zeitgenosse Adalberts, der ihn nach dem Norden schickte. In Kistwall in Nordschottland ist ihm eine Kirche gewidmet.

Auf den Höhen nun, wo einst der Stammsitz der uralten Grafen von Lesmon sich erhoben, wo einst der Lieblingsaufenthalt des Erzbischofs Adalberts war, deren längst in dem Strom der Zeiten untergegangene Wohnungen kein Stein und keine Trümmer bezeichnen, liegt nun mit zerstreuten ländlichen Hütten, im Schatten von Obst- und wilden Bäumen, das Dorf St. Magnus, dessen Bewohner eben so wie den Boden das Meer durchpflügen, zugleich sich den Wellen der See als Westindienschiffer und Grönlandsfahrer anvertrauen, im Frühling und Sommer den Wallfischen nachtrachten und im Herbst das Getreide einfahren; manche beschäftigen sich auch mit Schiffszimmern. Die Abreise wie die Rückkunft der Grönlandsfahrer ist für die Einwohner Lesumbroks, St. Magnus und der Umgegend das wichtigste Ereignifs im Jahr. Das Unternehmen ist gefahrvoll und von einem günstigen Fang hängt viel der Jahreserwerb des baaren Geldes ab. Ihre Todten werfen sie auf der Fahrt nicht ins Meer. Mit rührender Pietät hat vor einigen Jahren ein St. Magnusser Grönlandsfahrer einen Hausvater, der schon auf der Hinreise gestorben war, auf dem Schiffe behalten und ihn nach vollendetem Robbenschlag und Wallfischfang zurückgebracht, damit er unter seinem Volke ruhen möge.

Nur in Sagen noch erhält sich das Andenken an eine dem heiligen Magnus geweihte Kirche. Die kleine Umwallung, die auf dem sogenannten Henizberg sichtbar ist, diente vielleicht zur Befestigung dieser Kirche, so wie denn alle Kirchen in den Niederweserlanden befestigt waren und als Burgen gebraucht wurden. Die Einwohner von St. Magnus sind nach Lesum eingepfarrt.

Wenn die Bremer sich den Anblick der Gebirgsländer im Kleinen verschaffen wollen, so wallfahrten sie nach St. Magnus. Dieses Dorf liegt auf einer ziemlichen Höhe, deren Fufs die sanftfliefsende Lesmona (Lesum) bespült. Die Höhe selbst ist mannigfaltig durch Getreidefelder, kleine zu den verschiedenen Höfen gehörige Hochwaldungen, die sehr gut unterhalten sind, und Oekonomiegärten. Dieses Alles ist sehr ländlich und gewährt dem zufriedenen und genügsamen Spatziergänger, vorzüglich dem Kenner landschaftlicher Eigenthümlichkeit, in welcher Gestalt die Natur auch immer erscheinen mag, manchen anmuthigen Genuſs.

Der Blick von St. Magnus hinab beherrscht ein von der Lesum und Weser eingeschlossenes weites Grasland. Breite mit Schilf bewachsene Gräben ziehen sich nach allen Richtungen hindurch und geben dieser Fläche eine gewisse Regelmäſsigkeit. In verschiedener Gestalt erscheint dies Grasland in dem frischen Frühlingsgrün, in der Ueppigkeit des Sommers, mit unzähligem Rindvieh bedeckt, das hier weidet, bis endlich, wie aufgestellte Truppen, lange regelmäſsige Reihen von Heuhaufen die gelbgrüne Fläche bedecken. Hin und wieder findet sich ein höherer Grund, wie eine Oase, auf welcher, sicher vor Ueberschwemmungen, sich der Landmann vor Alters ansiedelte und seine Hütte mit Bäumen umpflanzte. Man nannte sie Tungen (erst Dungen), vielleicht Landzungen, zur Zeit, als dieses Grasland, welches der Brook (Bruch) genannt wird *), noch unter Wasser

---

*) Ein Brook ist eigentlich halb Marsch, halb Moor. Der Grund ist Moor. Er brennt getrocknet wie Torf. Er ist nur mit einer Kruste von Marscherde überzogen, und nur nach vieljähriger Kultur ist er, vermittelst Durchziehung mit Gräben und Beweiden mit Vieh, so nutzbar geworden, daſs man ihn zum Marschboden rechnet.

stand. Später wurden es Landsitze angesehener Bremischen Familien, und noch jetzt wird ein grofser Theil der Feldmark, die nun diesen Namen führt, durch die daselbst befindlichen Landgüter gebildet. Die dazugehörenden Landhäuser und Gartenanlagen geben der Fläche eine angenehme Unterbrechung.

Wie anders erscheint dies niedrige Land wenn die Aequinoctialstürme anfangen zu wehen, Wasser Alles bedeckt, die Bewohner der Oasen nur mit Kähnen ihre Gehöfte verlassen können, im Falle, dafs nicht besondere Verbindungsdeiche vorhanden, oder nicht im Stande sind; und wie, wenn endlich nur eine Eisfläche nah und fern erscheint! Aber auch selbst im Anfang des Sommers ist ein Theil dieser Fläche oft noch so überschwemmt, dafs das Gras unter dem Wasser gemäht, schwimmend aufgenommen und in Kähne geworfen werden mufs. An dem Weserufer dieses Graslandes liegt Dorf an Dorf; zwischen entfernteren und näheren Bäumen ragt eine vorzüglich hohe Baumgruppe hervor, zu dem ehemaligen Sitze der in Bremen erloschenen, in Schweden noch fortblühenden Familie Steding, to den Föten, am Ausflufs der Lesum gehörend, und wenn der Tag hell ist, erkennt man zwischen derselben die Moorlose Kirche (mutterlose? Filial, das die Mutter verloren) an der Weser, dem Dorfe Mittelsbüren zugehörend. In blauer Ferne dahinter, liegt das Oldenburgische mit den Anhöhen Nutzhorn und Kloster Hude. Links hinaus sieht man die Stadt Bremen liegen und dicht unterhalb ist der mit Dämmen befestigte Rand der Lesum, ganz mit Hütten besetzt, die anmuthig in ihrer Baumfülle theils von Obstbäumen theils von Eschen ruhen. Auch drängt sich an jedem Bauerhaus, an jeder Scheune ein alter knorriger Hollunderbaum, der oft sich zur Laube wölbt, im Frühjahr durch seine weifsen Blüthen das Grün erheitert und dem Landmann für das ganze Jahr seine Universal-Medicin bietet.

Die Gegenden, die man stromabwärts auf den Höhen von Vegesack und St. Magnus zum Theil übersieht und die sich jenseits bis Blexen, diesseits bis Lehe ziehen, sind sehr fruchtbar. Marsch und Moor dienen zur Viehzucht und zum Ackerbau, und das letztere spendet auch in dem Torf ein treffliches und wohlfeiles Brennmaterial. Nur das Vieland *) hat Sandboden.

Auch der kommende Sturm hat auf diesen Höhen etwas Erhabenes. Dann fliegen die Vorboten des Sturms, die Seemöven, kreischend den Flufs herauf; ihr weifses Gefieder schneidet sich scharf an dem schwarzen Gewölk ab, indem sie auf und nieder schiefsen.

---

*) Vie kommt nicht von Vieh, sondern das Vie heifst eine am Wasser leicht überschwemmte Gegend. Der Graf von Stotel vermachte dem vor dem Osterthore in Bremen liegenden St. Pauli Kloster Einkünfte im Vie. Daher also auch wahrscheinlich die Benennung der beiden Stadt Bremischen Gowe Ober- und Niedervieland, die hier im Texte nicht, sondern der Landstrich gleiches Namens im Herzogthum Bremen gemeint sind.

Zu andern Zeiten ist es anmuthig, die weifsen Segel fern die Weser auf und nieder gehen zu sehen zwischen Dörfern, Bäumen und Wiesen, wo man kein Wasser geahnet hätte, und von den Schiffen selbst, aufser dem Segel, nichts sichtbar ist.

Sieht man diese Flächen, die einen grofsen Theil des Jahrs bis auf die kleine zum Hof benutzte Höhe überflossen sind, so wundert man sich über die Richtigkeit der Aeufserung Plinius des Aeltern, wenn er von dem Lande der Chauken also schreibt: „Die Fluth überströmt dieses Land und läfst zweifeln, ob man Erde oder Meer vor sich hat. Das arme Chaukenvolk hat sich durch seiner Hände Arbeit Höhen aufgeworfen und Hütten darauf gebaut, die, während die Ueberschwemmung da ist, wie Schiffbruchtrümmer erscheinen. Tritt das Wasser zurück, so fangen sie mit ihren Schilfnetzen die Fische, die ihre Nahrung ausmachen, da sie weder Vieh, noch Wild, noch Pflanzen haben. Ihr Trank ist in Gruben gesammeltes Regenwasser, ihre Feuerung eine Erde, die mehr von Wind als von Sonne trocknen mufs. Und da nun dieses arme, aber freie Volk von den Römern besiegt wird, so fühlt es sich, wie in einem Sklavenzustande." Aber wir lachen, wenn er uns erzählt, wie in dieser Meergegend die Römer erschraken, als sich stehend schwimmende Bäume mit der Ebbe vor die Schiffe legten, und die Römer, eine Kriegslist erwartend, sich kampfbereit machten; und doch ist es leicht denkbar, dafs ein Baum, der im Moor steht, sammt dem durch die Wurzeln zusammen gehaltenen Boden durch die Wellen losgerissen und fortgeführt wird *).

Vor ungefähr funfzig Jahren wurde ein Bremer Kaufmann auf die reizende Lage des Dorfes St. Magnus aufmerksam und richtete sich eine kleine ländliche Wohnung ein, die theils durch die nächsten Umgebungen theils durch die weite Aussicht noch jetzt die Freude derer ist, die hier zu seyn Gelegenheit haben. Jener erste Besitzer, der bald die Wohnung zu enge fand, erbauete daneben ein schönes Landhaus mit angemessenen Umgebungen, das jedem, der von Bremen herkommt, angenehm von fern in die Augen leuchtet und dem Herrn von Heymann gehört. Das dazu gehörige Waldthal ist eine schön ersonnene Anlage. Hier ist wahrhafte Einsamkeit und Waldesnacht, und doppelt erfreulich sind die wenigen gebrochenen Sonnenblicke, die zwischen dem Dunkel der Blätter herein spielen.

Einige Jahre später wurden die trefflichen, seit einigen Jahren dem Kaufmann Focke gehörigen Anlagen gemacht, die durch geschmackvolle Disposition,

---

*) In der schrecklichen Weihnachtsfluth im Jahre 1717 wurde in Ostfriesland ein Haus, das auf Moorgrund stand, mit der ganzen Familie und dem Vieh nach einem anderen Orte versetzt, der eine Stunde entfernt lag. Bei Ayenwald kamen sechs Aecker mit grüner Roggensaat angetrieben. Bei Westerholz hatten sich zweitausend Quadratruthen Land, drei bis vier Fuſs dick, losgerissen und auf ein anderes Land gesetzt. (Wiarda Ostfriesl. Gesch.)

durch weise Benutzung des Vorhandenen, des Kenners Auge erfreuen. Das Wohnhaus dieses reizenden Landguts, das von dem jetzigen Besitzer erbaut worden, ist einfach, aber geschmackvoll, und bildet mit dem Hof und den Nebengebäuden ein wohl zusammenstimmendes und gefälliges Ganze. Die Natur bot hier reiche Mittel. Auf den verschiedenen wohlangebrachten schattigen Sitzen auf der Höhe des Ufers die Wirkungen der Morgen- oder Abendbeleuchtung zu sehen, muſs selbst dem, der romantische Gegenden kennt, herrlichen Genuſs gewähren. Zwischen den in röthlichen Duft gehüllten Ufern wallt die Lesum in der mildern Gluth der Abendsonne. Das Grün der Viehweiden verliert sich allmählig in das Blau des fernern Horizonts. Still liegen die Hütten am Ufer hin zwischen Weiden, Eichen und Eschen, und nur einzelne Fischerkähne beleben dieses sanfte idyllische Gemälde.

Auch dicht am Wasser vorbei den Schiffsbauplatz hindurchzuwandeln, wenn die Sonne am Untergehen ist, erfüllt ein fühlendes Herz mit stiller Freude. Dann schwebt die Sonne nur kaum noch über der weiten Wasserfläche, ihr Bild verlängert sich zitternd in der kräuselnden Fluth bis zu uns her. Der röthliche Ton umflieſst die Schiffe, die Segel, die Menschen und die entfernteren Baumgruppen, und gibt allen Gegenständen eine zauberische, warme Tinte. Oft zeigt auch der Abendhimmel, wie in allen wasserreichen der See nahen Gegenden, jene seltsamen Gestalten, wobei man an die Fata Morgana denkt:

Wie wenn hinab die Sonne zieht,
In tausendfarbigen Geweben
Der heitre Sommerhimmel glüht,
Und in der lichten Wölkchen Schweben,
Die aufgereizte Phantasie
Gedräng von Feen und Rittern sieht. *)

Und dieser Flufs, die Lesum, oder wie die Alten wohlklingender ihn nannten, **Lesmona**, geht überall so behaglich in mancherlei Windungen und bewässert die reichsten Viehweiden. Das schönste Hornvieh steht in seinen sanften Wellen, wenn der Sommer glüht und nährt sich von dem üppigen Gras, dem sein Wasser Gedeihen gibt. Manches Dorf, mancher Edelsitz, mancher Hof und manche malerische Fischerhütte, durch Granitblöcke geschützt und befestigt, von Eschen umgrünt, stehen an seinen niederen Ufern, blicken hinter seinen Deichen hervor, oder schauen von den sanft aufsteigenden Höhen herab. Die Ufer haben keinen trockenen, sandigen oder steinigen Rand, wie die Gebirgsflüsse, sondern theils durch die herauf dringende Fluth, theils durch die Natur des Bodens ist dieser Flufs von einem grünen Ufer eingefafst, das sich bis dicht ans Wasser zieht.

---

*) W. Scott, Fräulein vom See, Gesang VI. Diese Schilderung möge nicht mit der wirklich verhafsten Landschaftsziererei der malerischen Reisebeschreiber verwechselt werden; es galt nier die Individualität einer bestimmten Natur demjenigen zu schildern der sie nicht durch Anschauung kennt.

Und die näher am Wasser stehenden Hütten sind voll Schwalbennester, nicht blofs von aufsen, sondern auch von innen. Das fliegt aus und ein durch das weite Thor, ungestört durch die darin wohnenden und wirkenden Menschen. Lautes Gezwitscher tönt am Tage, und spät Abends das leise Plaudern der Alten und Jungen im Neste. „Einst erwachte ich Morgens," erzählte mir eine Frau, „da konnte ich vor allem Gezwitscher mein eigenes Wort nicht hören, und als ich aus der Kammer trat, war das ganze Haus schwarz von Schwalben, die bei mir zur gemeinsamen Abfahrt sich versammelt hatten. Ein andermal hörte ich Morgens ein lebhaftes Klopfen am Fenster; als ich zusah, so waren es meine zurückgekehrten Frühlingsgäste, die Schwalben, die das Thor zugeschlossen gefunden hatten, und nun, an dem Fenster pickend, Einlafs begehrten."

Erst vor wenigen Jahren erbauete der Kaufmann Heymann, der durch langen Aufenthalt in London dem heimathlichen Boden seine Neigung nicht entzogen hatte, auf derjenigen Höhe, welche die Umwohnenden den Heinzberg nennen, sein Tuskulanum, aber nicht blofs zum Sommeraufenthalt, sondern um da für immer zu wohnen. Die Lage dieser im Geschmack der englischen Landhäuser gebaueten Villa ist vortrefflich, der Garten ist zwar nicht grofs, wird aber, wenn erst die Pflanzungen herangewachsen sind, von den Freunden der Natur eben so der Anlage als der Aussicht wegen mit Vergnügen besucht werden. Leider nur zu kurz war es dem braven, gastfreundschaftlichen Manne vergönnt, sich seines Tusculanums zu erfreuen; er ruht auf dem Kirchhofe des benachbarten Vegesack und er war der erste Todte der dort auf dem neuen Kirchhofe beerdigt wurde.

Der Weg von Bremen nach St. Magnus ist zu weit, zu sandig, die Kaufleute können nicht so leicht nach vollendeten Geschäften zu den Ihrigen, die auf dem Lande wohnen, kommen, sonst würden die Höhen der Lesum schon in allen Richtungen mit Landhäusern besetzt seyn. Eine in diesem Jahre vollendete Kunststraße, wenigstens bis zur Burg, wird die Verbindung erleichtern und Veranlassung zu neuen Anlagen geben.

Ein viel besuchter Platz in der Nähe von St Magnus ist der Fuchsberg, dessen runde Form und isolirte Lagen auf der Ebene einen altdeutschen Grabhügel vermuthen lassen *).

Jetzt haben Füchse den Hügel unterwühlt, Bäume sind überall herausgewachsen und wölben sich über dem Rasensitz. Der einzige Anblick rechts beherrscht die weite Gegend über die Weser hinaus ins Oldenburgische. In der Nähe sind Getreidefelder, weiter-

---

*) Im Jahre 1647 hat man in der Gegend von Lehe und Bederkesa Chaukengräber gefunden mit irdenen Vasen, welche Asche und Gebeine enthielten; auch Wurfspiese, verrostetes Eisengeräth, Zierrathen und zerschnittene und polirte Steine.

hin an den Ufern der Lesum Grasland und dazwischen durch blickt oft ein weifses Segel hervor. Das Wäldchen, in welchem dieser Grabhügel liegt, wird viel zum Spatzieren benutzt und hin und wieder ladet eine Bank zum Ausruhen ein.

Die Höfe Wellen, Holthorst, Hohnhorst, werden mit Vergnügen besucht. Weite Getreidefelder mit Wald umgeben, an dessen Rand die langen Höfe liegen, dann tiefer liegende Wiesenthäler: solcherlei bildet diese kleinen Landschaften. Das Dorf Wolda vereinigt vorzüglich Alles, was eine solche Natur Schönes haben kann, und man überzeugt sich auch hier, dafs die Stifter der Klöster nicht die schlechtesten Gegenden zur Anlegung derselben wählten. Uebrigens ist keine Spur mehr von dem Nonnenkloster vorhanden, das schon früh nach Lilienthal verlegt, aber auch dort einige Zeit nach der Reformation aufgehoben wurde. Der Landstrich zu dem Kloster Wolda wurde im Jahre 1188 vom Erzbischof Hartwich dem Zweiten dem Junker Wilken von Marsel abgekauft. Das leere aber bewohnbare Schlofs Schönebeck*) mit seiner Wassermühle bildet besonders in der Abendbeleuchtung ein anziehendes Gemälde. Sein brei-

---

*) Die Herren von Oumünde, Vasallen des Erzstifts, baueten Schönebeck und nannten sich darnach. Joh. von Oumünde kommt zuerst mit dem Namen Schönebeck in einer Urkunde vom Jahre 1357 vor. Von jener ältern Burg ist keine Spur. Die Schönebeckschen Güter kamen an das Haus von der Borg.

ter Graben ist mit mancherlei Wasserpflanzen erfüllt, die gelbe und weiſse Wasserlilie (Nymphaea alba und lutea) mit den breiten runden Blättern haben ihn in eine blumenreiche Wiese verwandelt. „Wo unter Rohr und Binsen auf ihrem grünen Thron die groſse Lilie als des Wassers Königin sitzt *). Das daranstoſsende Holz mit den kerzengeraden, hohen und dicken Buchen muſs man am Abend durchwandeln, wenn die Strahlen der scheidenden Sonne schräg zwischen den hohen Stämmen herein fallen, in dem Laube spielen und die Riesenschatten der Stämme sich weithin strecken. Anmuthig ist es auch, auf den Hügeln am rechten Ufer der Lesum zu wandeln, wo in uralten Zeiten das freiherrliche Geschlecht Marisgale (Marsel) seinen Sitz hatte. Es wird genannt vom Jahre 1188 bis 1457. Hier wurde auch Willehads Jünger, Atrebanus, von den Heiden erschlagen.

Der Charakter der Natur ist sich hier zwar überall ziemlich gleich. Wer aber diese einfachen Scenen in den verschiedenen Tageszeiten zu beobachten weiſs, und nicht allein Salvator Rosa's wilde Gebirgsgegenden, sondern auch Waterloo's und Ruysdaels Landschaften in ihrer Eigenthümlichkeit schätzen gelernt hat, wird diese niederdeutschen mit Stroh oder Ried bedeckten langen Höfe, mit den sie umgebenden Scheunen, und die gewaltigen Eichen, welche ihr

---

*) Where — upon her throne of green,
 Sits the large Lily as the waters queen.
  Crabbe, The borough.

dunkles Grün über die grauen bemoosten Dächer breiten, sehr malerisch finden. Vor Allem aber, was dem Grofsstädter, der dem Geräusch und dem Menschengedränge entflohen ist, so lieblich ums Herz schmeichelt, ist die Ruhe und Stille dieser noch in ihrer urdeutschen Form bestehenden Höfe und ihrer Eichenhaine; und die männliche Schönheit unserer alten deutschen Eichenwälder, das lebende saftige Grün deutscher Wiesen, das die sonst so gepriesenen südlichen Länder Europens nicht bieten, wird auch den Verehrer deutscher Freiheit und Eigenthümlichkeit zu manchem erhebenden Gedanken stimmen!

Anlage B.

(Zu Seite 559.)

Schon seit Jahrhunderten ist die Gegend von Blumenthal bei den Bremern beliebt gewesen. Dilich erklärt, der poetische Name komme von der Anmuth, welche die Natur so reich über diesen Fleck der Erde ausgegossen, indem auf der einen Seite die anmuthigsten Gehölze, von der anderen Höhen von heiterem und reizendem Anblick und weite Triften erscheinen.

Die Geschlechter von Steding, Oumünde, Reten, Borch und Weyhe erbauten im Jahre 1355 die Burg Blumenthal und errichteten eine Burgmannschaft. Was man hinter dem Amthause noch jetzt den Burgwall nennt ist wahrscheinlich die Burg gewesen; man sieht noch Erhöhungen, die wohl Reste des Walls seyn könnten.

Aus dieser Burg mögen die Bremer manche Beeinträchtigungen ihres Handels und Wandels erlitten haben. Friedliche Versuche wurden daher erst gemacht, die räuberischen Burgmänner in Blumenthal zur Ruhe zu bringen. Seit dem Jahre 1380 machten die Herren von Oumünde, von Reten, später die von Schönebeck und von Weyhe mit der Stadt wiederholte Verträge, einmal, daſs dies Schloſs zwölf Jahre lang für die Stadt Bremen offen seyn sollte, zu zwei anderen Malen, daſs die Junker sich aller Gewalt wider die Bremer zu Wasser und zu Lande enthalten, auch dem Rath zur Folge bereit seyn wollten. Sie mögen aber nicht lange diesem Versprechen nachgelebt haben, und es entstand Fehde, welche durch die Vermittlung des Erzbischofs Balduin in der Art beigelegt wurde, daſs die von der Borch Blumenthal der Stadt Bremen einräumten, und dafür 1400 Pfund Pfennige erhielten (1436). Das Schloſs war darauf als Pfand im Verlauf der Jahre in den Händen verschiedener adlichen Familien. Die Zeit, wann die alte Burg zerstört oder auch vielleicht dem Verfall überlassen worden, kennt man nicht *). Das Amt Blumenthal sammt dem Gericht Neuenkirchen ist seitdem von Bremen besessen und durch ein Mitglied des Senats als Drosten verwaltet worden. Die Erzbischöfe haben aber fortwährend auf die Landeshoheit Anspruch gemacht, bis endlich durch den Stader Vergleich vom 28sten November 1654 und den Habenhauser Frieden

---

*) Dreizehn Urkunden in Cassels Sammlung: Bremische Urk. S. 337. ff. geben diese Resultate.

1666 die Hoheit der Krone Schweden eingeräumt ward, im übrigen es aber noch Bremen verblieb. Die völlige Abtretung geschah erst durch den zweiten Stader Vergleich 1741.

Anhang.

Berichtigungen, Erläuterungen und Zusätze.
(Siehe die Vorrede.)

Zu Seite 31. Eine sehr interessante wissenschaftliche Erörterung über den Ursprung und Inhalt des ältesten Bremischen Gesetzbuches von 1303. findet sich in einem Aufsatze des Dr. J. F. Gildemeister, in Smidts Hanseatischem Magazin 6ten Bandes 2tem Heft. Bremen bey Seyffert 1804.

S. 35. Es giebt mehrere historische Spuren, welche es wahrscheinlich machen, daſs Bremens Eintritt in die Hanse schon früher als im Jahre 1284. statt fand. Auch gehörte Bremen eine Zeitlang zum Rheinischen Städtebunde, dessen Anfang in das Jahr 1254. fällt. Ausser Bremen nahmen noch drey andere deutsche Städte, die zugleich Hansestädte waren, (Cöln, Wesel und Münster) an demselben Theil.

S. 47. Note: Das alte Wort "Gleve,, bezeichnet ursprünglich eine Lanze oder einen Spiefs, daher auch die damit bewaffneten Reuter Gleven, und die also ausgerüsteten Bürger der Städte, Glevenbürger hiefsen. Im uneigentlichen Sinne versteht man unter einer Gleve auch wohl ein Häuflein von 4 bis 5 Glevenreutern. So hat es der Verfasser hier in der unter dem Text befindlichen Note gedeutet. Die 600 Lanzenträger mit denen Graf Engelbert von der Mark der Stadt zu Hülfe kam, bildeten aber in jener Zeit schon eine sehr bedeutende Kriegsschaar und es ist nicht wahrscheinlich, daſs ihm deren 3000 zu Gebote gestanden. (Man vergleiche Adelungs Wörterbuch unter dem Worte Gleve und Sartorius Geschichte der Hanse 3ten Bands Seite 197.)

S. 67. Note. Gicht oder Gichting heifst; Bekenntnifs. Der Rath gab seine Gichting darin, will so viel' sagen, als er berief sich auf das frühere Bekenntnifs des Delinquenten. — S. das Bremisch Niedersächsische Wörterbuch und Adelung unter dem Worte Gicht. — Desgleichen Deneken Bruchstücke zur Bremischen Geschichte S. 57.

S. 69. Nicht auf dem Paulsberge, sondern in der Nähe des Pauls-Klosters in der sogenannten Fedelhören, wo noch jetzt das steinerne Kreuz sich befindet, war die Richtstätte des unschuldigen Vafsmer.

S. 72. Das Geschlecht der Vafsmer ist nicht ausgestorben. Abkömmlinge der männlichen Linie leben in Holstein, der weiblichen in Bremen.

S. 73. Die hier erwähnte neueste Veränderung betrifft blos die Ergänzung des Senats, wobei die Bürgerschaft, in Gemäfsheit des im Jahre 1816. beschlofsenen neuen Statuts über die Rathswahlen, gegenwärtig concurrirt. Es ist merkwürdig, dafs der Senat selbst auf diese Theilnahme der Bürgerschaft bei der Wahl seiner Mitglieder antrug, nachdem die Bürgerschaft bei Gelegenheit der Verhandlungen über die Revision der Verfassung bereits einige Monate früher erklärt hatte, dafs sie mit der Fortsetzung der Selbstergänzung des Senats einverstanden sey. Der erste ansführlich motivirte Antrag zu dieser Abänderung welchen der Senat, auf einem Convente vom 22sten September 1815. der Bürgerschaft machte, findet sich vollständig abgedruckt im Octoberhefte des Niederelbischen Merkurs Hamburg 1815.

S. 76. Heinrich Möller von Zütphen hielt seine erste Reformationspredigt in der Ansgarii Kirche zu Bremen am 8ten November 1522.

S. 117. richtiger: Bürgermeister Statius Speckhan — er resignirte erst im December 1654.

S. 120. — 125. Die Aeltermänner oder Aelterleute, wie man sie früherhin nannte, waren ursprünglich Vorsteher der Kaufmannschaft, und so konnte es nicht fehlen dafs sie bei allen Berathungen des Senats mit der Bürgerschaft vorzugsweise zugezogen wurden. Diese Zuziehung wurde ihnen, obgleich die Neue Eintracht dem Rathe darin freie Hand gelassen hatte, mehrmals von demselben zugesichert. Es wurde deshalb nicht blos jeder Aeltermann persönlich, sondern auch das ganze Collegium gemeinschaftlich zu den Bürgerconventen eingeladen. Hier traten sie zwar nur wie einfache Bürger in den Reihen der übrigen und im Range nach den graduirten Gelehrten auf, und die Bürgerschaft bewahrte ihre Rechte eben so eifersüchtig gegen sie, wie gegen den Rath. Dennoch mufste ein sehr bedeutender Einflufs derselben auf die Verhandlungen der Bürgerschaft sich schon dadurch gestalten, dafs die Bürgerschaft als solche, kein eignes Archiv besafs, und die Akten jener Verhandlungen, seit dieselben aus mündlichen zu schriftlichen erwuchsen, von dem Collegio der Aeltermänner auf dem Schüttinge aufbewahrt zu werden pflegten. Die Mitglieder dieses Collegii waren also die einzigen, welche sich in einer fortlaufenden genauen Kunde des geschichtlichen Fadens erhalten konnten, und der Syndikus oder Consulent des Collegii, wozu gewöhnlich einer der ausgezeichnetesten Rechtsgelehrten von demselben gewählt wurde, war daher vorzugsweise geeignet, das Resultat der Berathungen und Beschlüfse der Bürgerschaft zusammenzufassen und dem Senat vorzutragen; sich seiner dazu fast ohne Ausnahme zu bedienen, war seit langer Zeit herkömmlich geworden. — Auch konnte es unter diesen Umständen nicht fehlen, dafs bei der Bestellung aller gemeinschaftlichen Ausschüfse, seltene Ausnahmen abgerechnet, jederzeit auch einige Aeltermänner unter die Deputirten der Bürgerschaft gewählt zu werden pflegten, wodurch denn dieser Einflufs auch auf die besonderen Verwaltungszweige ausgedehnt ward. Dafs den Aeltermännern aber als Collegium eine besondere Rechenschaft über die Verwaltung der Stadtgüter abgelegt sey, dafs sie als solches zu Krieg, Frieden und Bündnissen hätten ihre Zustimmung geben müssen, wie der Verfasser S. 120. erzählt, ist irrig. Die Deputirten bei der Rhederkammer, bei den sogenannten Sorten u. s. w. waren nicht Deputirte des Collegii und der Bürgerschaft, sondern unter den Deputirten der Bürgerschaft befanden sich auch Mitglieder des Collegii. — Die bei den Verwaltungsbehörden angestellten Bürger wurden anfangs gröfstentheils vom Rathe ernannt, später von der Bürgerschaft, niemals aber von den Aeltermännern als Collegium. Blofs zur Mitaufsicht über den Wasserschout wählte es als Handelskammer selbst zwei aus seiner Mitte.

S. 122. u. 123. Der Aeltermann Burchhard Lösekanne, wurde nicht eines blofsen Verdachts halber, sondern als durch sein eignes Geständnifs überwiesener Staatsverräther enthauptet. Bei seiner Arretirung fand man ihn gerade mit einem Schreiben an die Schwedische Regierung beschäftigt, woraus seine Absicht, die Stadt den Schweden in die Hände zu spielen, hervorging. Nach geschlofsener Untersuchung erfolgte am 12ten May 1654. gegen ihn das Todesurtheil, worin es heifst: "dafs er, als ein geborner Bürgerssohn, auch nachgehends wirklich geschworner Bürger und Aeltermann, der seinen Eid nimmer aufgerufen, nicht allein in der Oldenburger Zollsache für ein Stück Geld alles was er nur penetriren können dem Gegentheil offenbart, sondern auch vornehmlich dieser Stadt Feinden, den Königlich Schwedischen Ministern, gleichfalls für ein Stück Geld und Hoffnung, dadurch ein grofser Mann zu werden, alles eröffnet, was er erfahren können, dieselben auch immerfort wider diese gute Stadt animirt, auch worin Mangel gewesen, und was er sonst immer gefährliches gewufst, **seinem eigenen Bekenntnifse nach**, seine Gedanken, auch consilia, wie dieser Stadt am besten beizukommen, entdeckt habe, u. s. w. weshalb ihm die beiden Schwörfinger der rechten Hand abgehauen und er dann geköpft werden solle.„

Der neue Aeltermanns Eid, dessen hier erwähnt wird, war schon im Jahr 1653. von Lösekanne, welcher damals Subsenior des Collegii der Aeltermänner war, entworfen und eingeführt;

er wurde von dem Rathe für nichtig erklärt, weil es dessen Behauptung nach einer Corporation nicht zustehen könne ihre Mitglieder durch eine nicht von der Regierung sanctionirte sondern vor derselben geheim gehaltene Eidesleistung zu verpflichten. Von dieser Cassation appellirten die Aelterleute an den Kaiser, es wurden aber, unter dem Verbot, Neuerungen vorzunehmen, Appellationsprozesse nicht erkannt, dagegen durch ein Kaiserliches Rescript vom 28sten Februar 1679 dem Könige von Dännemark als Herzog von Holstein aufgetragen, einen gütlichen Vergleich zu befördern, welchem durch ein späteres Kaiserliches Rescript vom 19ten April 1681 der Kaiserliche Resident von Kurzrock surrogirt ward. Um sich nach Einlegung der gedachten Appellation im Besitze zu erhalten, hatte das Collegium am 30sten Januar 1679 schnell einige neue Mitglieder gewählt und sich von denselben den erwähnten neuen Eid ablegen lassen. Diese neuen Aeltermänner wollte der Rath als solche nicht anerkennen, und ließ deshalb ihre Wappen, welche sie mit ihren Namen unter Hinzufügung ihrer Aeltermanns-Eigenschaft in ein Fenster des Hafenhauses zu Vegesack hatten einsetzen lassen, aus demselben wieder herausnehmen.

S. 125. Der Ausdruck Rescript ist hier unpassend gewählt. Die Declaration welche Georg der 2te von Richmond den 14/25sten May 1731 datirt erließ, war nichts anders als die Erfüllung einer der Bedingungen, unter welchen er die Investitur mit den Herzogthümern Bremen und Verden erhalten hatte. Bei den früheren Schwedischen Bestreitungen der Immedietät der Stadt hatten Kaiser und Reich fortwährend die letztere unterstützt. Die Gelegenheit der Abtretung jener Herzogthümer an Churbraunschweig war daher besonders günstig diese Fehde für immer zu beendigen und die desfallsigen Unterhandlungen der Stadt am Kaiserlichen Hofe hatten den glücklichsten Erfolg. König Georg der 2te wurde vom Kaiser bewogen, eine feierliche, demnächst den Investituracten annectirte Erklärung auszustellen, daß die Stadt Bremen der Reichs Immedietät, des Sitzes und der Stimme auf Reichs- und Kreisconventen, des unmittelbaren Beitrags ihrer Contingente zu Reichs-Steuren, desgleichen des Reichsstädtischen Prädikats geniefsen und gebrauchen möge. Diese Anerkennungsakte wurde vom Kaiser der Stadt mitgetheilt. Sie findet sich abgedruckt in Rollers Versuch einer Geschichte der kaiserlichen und reichsfreien Stadt Bremen 3ter Theil Bremen bei Seyffert 1802.

S. 126. Aus den in der Vorrede angeführten Gründen wird es erklärbar, weshalb des Merkwürdigsten in den Ereignissen Bremens von der Zeit des siebenjährigen Krieges bis zum 19ten Jahrhundert, wozu gewifs nicht der dreitägige Handwerksgesellentumult im Jahre 1791 gehörte, hier erst nachträglich gedacht werden kann.

In diese Zeit fällt die praktische Ausbildung der Bremischen Verfassung, wie sie gegenwärtig im Leben existirt. Was der Verfasser Seite 130 Reform der Verfassung nennt, wurde nemlich nicht erst nach der französischen Occupation als etwas Neues begonnen. Diese Reform war vielmehr ihrem Wesen nach an der Hand der Zeit und im Laufe der Begebenheiten bereits allmählig erwachsen; die gewaltigen Ereignifse der letzten dreifsig Jahre hatten diesen Wachsthum beschleunigt, und in der Hauptsache handelte es sich bei den seit der Befreiung von der fremden Herrschaft statt gefundenen, und noch fortwährend statt findenden constitutionellen Berathungen zwischen dem Senat und der Bürgerschaft nicht sowohl von der Anordnung einer neuen Verfassung, als von der Art und Weise, wie die bereits existirende, in einer aus gemeinsamer Uebereinstimmung hervorgehenden Urkunde, eine gesetzliche Beschreibung erhalten könne.

Die letzte constitutionelle Urkunde, die sogenannte Neue Eintracht vom Jahre 1534, wodurch das revolutionaire Regiment der 104 Männer beseitigt ward, trug den Charakter einer vollen Ermüdung durch die vorhergegangenen Volksstürme und eines allgemeinen Widerwillens gegen jeden Gedanken an deren mögliche Erneuerung. Dafs man nicht Gefahr laufen möge, die unterste Volksklasse sich einmal wieder fast ausschliefslich des

Regiments bemächtigen zu sehen, war das durchgreifende Motiv aller in diesem bürgerlichen Vertrage enthaltenen Anordnungen. Die Zeit der Anstellung von Bürgerconventen wie die Wahl der dazu einzuladenden Bürger wurde daher dem Rathe fast gänzlich in die Hände gegeben. „Wenn der Rath es nöthig und erforderlich halte, mit mehreren Leuten Rücksprache zu nehmen" heifst es im 18ten Artikel der Neuen Eintracht, „so könne er aus der Gemeinheit, den Kaufleuten und den Zünften dazu einladen lassen, welche ihm die verständigsten und tüchtigsten dünkten, und die sonst nach dem Wohlstande dieser guten Stadt, nach Liebe und nach Frieden trachteten, und solche gern fortgesetzt und befördert sähen."

Diese Willkühr fand aber bald und zum Theil durch Anschliefsen an frühere Gewohnheit ihre Schranken in einer fortgesetzten Observanz, und das Herkommen bildete sich dahin aus, dafs aufser den weltlichen graduirten Gelehrten und den Aeltermännern, die Bürger der Altstadt, welche die Hauptabgabe, den Schofs bezahlten, zu den Conventen eingeladen zu werden pflegten, sobald sie mehrere Jahre in der Stadt ansäfsig gewesen und ein Gewerbe getrieben hatten, von dem sich einige Bildung für die Berathung öffentlicher Angelegenheiten erwarten liefs. Die Diakonen, welche die Bürger in den Kirchspielsconventen zur Besorgung des Armenwesens, der Waisen- und Krankenhäuser und anderer frommen Stiftungen selbst wählten und dadurch als ihres Vertrauens werthe Personen bezeichneten, unterliefs der Senat nicht bei den bürgerlichen Berathungen zuzuziehen. Wessen Name einmal auf der Einladungsliste stand, wurde von derselben nur dann wieder gestrichen, wenn ein Fallissement die Abnahme seines Vermögens notorisch gemacht hatte, oder was sich selten zutrug, wenn eine entehrende Bestrafung über ihn verhängt war.

Diese Bürgerconvente wurden indefs sehr sparsam gehalten. Oft verstrichen ein und mehrere Jahre darüber, und äussere Bedrängnisse des Staats gaben häufiger Veranlassung dazu, als die Wiederkehr eines regelmäfsigen finanziellen Bedürfnifses.

Die Staatskasse (Rhederkasse genannt), in welche anfangs alle öffentliche Einnahmen aus den Gütern und Gefällen der Stadt, so wie von einzelnen ständigen Abgaben flofsen, wurde von einigen Mitgliedern des Senats unter der Controlle mehrerer bürgerlichen Deputirten verwaltet, und reichte in der Regel für die Bedürfnifse des Staats und für die Zinszahlung der in drangvollen Zeiten auf den Credit desselben aufgenommenen Capitalien aus. Wenn ausserordentliche Umstände ein Mehreres erforderten, rief der Senat die Bürgerschaft zusammen, ihr das Bedürfnifs vorzulegen und sie zur Abhülfe desselben unter mehr oder minder detaillirten Vorschlägen aufzufordern. Es wurde dann eine sofort baar zu erlegende Vermögenssteuer (Schofs) oder eine andere in längerer Frist zu erhebende, doch immer auf eine bestimmte Zeit beschränkte Abgabe gemeinschaftlich beliebt, und die Bürgerschaft ernannte Deputirte zur Erhebung derselben, welchen der Senat seine Commissarien hinzufügte. Eine solche sogenannte gemeinschaftliche Deputation erlosch dann mit der Dauer der Abgabe von selbst, und die Mitglieder derselben blieben ohne weiteren Einflufs auf die allgemeine Verwaltung der Finanzen. Bei Gelegenheit der Bewilligung solcher aufserordentlichen Abgaben trug die Bürgerschaft denn auch wohl einzelne besondere Wünsche oder Beschwerden (sogenannte gravamina) vor, deren Grund oder Ungrund dann weiter erörtert und bis zur Abstellung oder Berichtigung durchgeführt ward; alles auf die nemliche Weise, wie sich das Verhältnifs zwischen Regierung und Ständen damals auch unter den monarchisch regierten deutschen Staaten gestaltet hatte.

Ueberhaupt lasteten die Ereignisse der nächsten auf die Annahme der Neuen Eintracht folgenden Jahrhunderte so schwer auf der Regierung, wie auf den Bürgern, dafs an Ruhe und Mufse zur Ausbildung der Verfassung wenig gedacht werden konnte. Die Reformation, welcher Bremen sich mit voller Energie hingegeben hatte, mufste durchgekämpft werden. Der Schmalkaldische Krieg brachte die Stadt mehrmals ins Gedränge. Dann folgten in der letzten Hälfte des 16ten Jahrhunderts die Hardenbergischen Unruhen, Seeräuberkriege, Fehden mit Holland und mit Oldenburg. Im siebenzehnten die Weserzollstreitigkeiten und der furchtbare 30 jährige Krieg, an dessen Beendigung sich die Immedietätshändel mit Schweden unmittelbar anschlofsen, deren 1720 auf Hannover übergegangene Erbschaft erst im Jahre 1731 durch die Verzichtleistung Georgs des 2ten und durch den 1741 abgeschlofsenen Stader Vergleich völlig liquidirt und beseitigt ward. — Bald nachher begannen die Leiden des siebenjährigen Krieges, und mit ihnen eine grössere Bedrängnifs des Finanzzustandes der Stadt als sie seit langen Zeiten erprobt worden war. Die französischen und alliirten Truppen occupirten wechselsweise die Stadt, und die nothgedrungene Aufnahme derselben wurde von jedem Theile als eine Begünstigung des Feindes ausgelegt, deren Vorwand zur Forderung beträchtlicher Kriegscontributionen berechtigen dürfe. Im Jahre 1758 erlaubte sich der Herzog Ferdinand von Braunschweig sogar eine solche Contribution, welche über 100,000 Thaler betrug, von den Mitgliedern des Senats durch Geifsel-Aushebung persönlich zu erpressen und die Wiedererstattung derselben von Seiten der Bürgerschaft unter militärischen Drohungen ausdrücklich zu untersagen. Diese Wiedererstattung, welche indefs mit den aufgelaufenen Zinsen nach Beendigung des siebenjährigen Krieges im Jahre 1766 dennoch erfolgte, hatte inzwischen zu ausführlichen Verhandlungen zwischen dem Senat und der Bürgerschaft über das Finanzwesen der Stadt Veranlassung gegeben, wovon eine bedeutende Reform und eine gröfsere bleibende Theilnahme der Bürgerschaft an der Regulirung und Verwaltung desselben die Folge war. Die Deckung und der allmählige Abtrag der Kriegsschulden, so wie der Schulden der einzelnen Verwaltungsdepartements, wurde von nun an geregelter betrieben, als es früher der Fall gewesen war. Es wurde beliebt, dafs in jedem Frühlinge ein besonderer Bürgerconvent gehalten werden solle, um das etwanige Deficit der verschiedenen Verwaltungscassen jährlich übersehen und auf dessen Deckung Bedacht nehmen zu können. Diese

Finanzverhandlungen, so wie die Bewilligung der Kosten für das stehende Militair, welche die Bürgerschaft manchmal auf einen kurzen Zeitraum beschränkte, veranlafsten nun häufigere Bürgerconvente, und die Gelegenheit derselben wurde zu Anträgen und Verhandlungen über andere das Staatswohl und den Staatshaushalt überhaupt betreffende Gegenstände sowohl von Seiten des Senats als der Bürgerschaft fleifsig benutzt.

Dann folgte der Amerikanische Krieg, seit welchem der mit Ausnahme der Grönlandsfischerei bis dahin nur Europäische Seehandel Bremens zum Welthandel erwuchs, und sich nicht blofs nach den vereinigten Staaten des neuen Continents, sondern selbst nach West- und Ostindien Bahn machte. Eine Menge neuer Einrichtungen, Institute und gesetzlicher Modificationen wurden dadurch nach und nach herbeigeführt. Alle diese Gegenstände wurden von dem Senate mit der Bürgerschaft berathen, in gemeinschaftlich bestellten Ausschüfsen discutirt, und die erforderlichen Verwaltungsbehörden gemeinschaftlich organisirt.

Die dann auf den Ausbruch der französischen Revolution folgenden Kriegsjahre Deutschlands und die gemeinsame Noth während derselben bildeten dies Verhältnifs vollends aus und brachten in den Gang der Verhandlungen zwischen dem Senat und der Bürgerschaft eine so regelmäfsige Praxis, dafs die völlige Theilnahme der letzteren an der gesetzgebenden Gewalt und an der Verwaltung der Finanzen jetzt als eine entschiedene Thatsache da steht. — Anträge, Vorschläge, geschehen fortwährend auf den Bürgerconventen sowohl von dem Senate als der Bürgerschaft. Die erforderlichen vorbereitenden Berathungen werden durch Ausschüfse vorgenommen, zu denen der Senat wie die Bürgerschaft eine beliebige Anzahl von Mitgliedern bestellen. Die Berichte derselben werden dem Senate eingereicht, welcher sie der Bürgerschaft auf einem Convente mittheilt. Von beiden Seiten erfolgen dann die weiteren Erklärungen darüber, bei deren etwaniger Verschiedenheit man sich wechselseitig einander zu nähern sucht, bis durch Uebereinstimmung die gemeinsam beliebte neue Anordnung zu einem Staatsgesetze erwächst.

Wem das eigenthümliche Leben dieser innern Verhandlungen unsers kleinen Freistaats fremd ist, der pflegt wohl zu fragen, was denn daraus werde, wenn man sich nicht vereinigen könne, und ob es nicht nothwendig sey, für solche Fälle eine definitiv entscheidende Behörde zu organisiren, damit nicht Alles beim Alten bleibe. Wir können darauf nur erwiedern, dafs wir das bis jetzt nicht nöthig gefunden haben, und dafs es nie beim Alten bleibt, wenn die Unzufriedenheit mit demselben sich in der öffentlichen Meinung ausspricht. Denn da es immer gemeinschaftliche Interessen sind, welche bei diesen Verhandlungen zur Sprache kommen, und das Erfordernifs einer zwiefachen Zustimmung als erprobte Garantie gegen Uebereilung und Einseitigkeit in den gesetzlichen Bestimmungen betrachtet wird, so führt das gemeinsame Bedürfnifs die Vereinigung, sobald sie wirklich Noth ist, immer herbei. Wo aber dies Bedürfnifs sich nicht geltend machen könnte, würde man sich der Mühe einer ausführlichen Berathung und Discussion nicht unterziehen, und eine Vertagung bis zur wirklichen Anerkennung des Bedürfnifses dann nur in der Ordnung erscheinen. Etwanige unüberlegte Motionen Einzelner verhallen sofort in den Mauern des besonderen Versammlungssaals, denn nur was durch die Mehrheit beliebt ist, wird protokollirt, und darf als Antrag förmlich vorgebracht werden. Eigensinniges Beharren auf einer einseitigen Ansicht, so wie leidenschaftliche Verkennung einer mit Gründen unterstützten Meinungsverschiedenheit, können aber da, wo bei dem, jedem Theile zustehenden Veto gar nichts damit gefördert wird, und wo sie die Mehrheit, welche etwas gefördert sehen will, immer gegen sich haben, unmöglich aufkommen. Es ist daher erfreuliche Sitte geworden, die Discussionen durch ruhige Aufstellung der verschiedenen Motive zu würzen und wo man nicht sofort überzeugen zu können glaubt den Gegenstand der Motion nur im Allgemeinen anzuregen und gleich auf Niedersetzung eines gemeinschaftlichen Ausschufses zur Prüfung und Berichtserstattung anzutragen, wodurch der Zweck dann selten verfehlt wird. Durch diese Verfahrungsweise ist es denn dahin gekommen, dafs in der Regel jährlich nicht mehr als 8 — 10 Nachmittage zu den förmlichen Verhandlungen zwischen dem Senate und der Bürgerschaft erfordert werden.

S. 126 — 129. Schon vor dem Anfange des 19ten Jahrhunderts begann Bremen von den Folgen berührt zu werden, durch welche die französische Revolution auch für die Geschichte seines kleinen Freistaats einen der wichtigsten und einflufsreichsten Abschnitte herbeiführte.

Den Begebenheiten der drei ersten Jahre nach dem Ausbruche dieser Umwälzung hatte Bremen in der Ferne noch ruhig zuschauen können. War der friedliche Seehandel mit Frankreich auch in einzelnen Häfen desselben durch den Wechsel der revolutionairen Partheien nicht immer unbeeinträchtigt geblieben, so wufste kaufmännische Klugheit und Vorsicht diesen Nachtheilen doch so zu begegnen, dafs keine bedeutenden Verluste daraus erwuchsen, und die nächsten Landprovinzen des Bremischen Handels blieben von dem ausgebrochenen Kriege noch unberührt. Der Papierhandel hat hier niemals aufkommen können, da die herrschenden Creditansichten unserer Börse Jedem, der sich damit zu befassen Lust haben mogte, immer mehr sichern Nachtheil als der dabei mögliche Gewinn unsichern Vortheil versprach. Dem Fallen und Steigen der französischen Finanzen konnte man daher ruhig zusehen.

Wie aber im Spätjahre 1792 französische Heere übermächtig in die Niederlande eindrangen und den Fortschritten derselben kein Ziel gesetzt zu seyn schien, wie schon vom November dieses Jahres an, 40 mit österreichischer Artillerie beladene Schiffe sich von Holland in die Weser zu flüchten begannen, wie die von dort in Bremen ankommenden Emigranten eine lebendige Ansicht der erlebten Schreckensscenen mitbrachten, und sich nicht genug verwundern konnten, in den hiesigen Zirkeln nur Zeitungsansichten über die Begebenheiten des

Tages und keine politische Partheiungen vorzufinden, da begriff man die Gefahr, mit welcher dieser Krieg nicht blos das Eigenthum, sondern auch den bürgerlichen und Familienfrieden bedrohen zu wollen sich ankündigte.

Von dieser Ansicht geleitet, forderte der Senat die Bürgerschaft in einem am 11ten December 1792 gehaltenen Bürger-Convente zu einem heroischen Entschlusse auf, welchen dieselbe sofort zu dem ihrigen machte. Er stellte derselben vor, daſs das sicherste Mittel einen kleinen Freistaat unter bedrängenden Umständen dieser Art aufrecht zu erhalten nur in einer freiwilligen temporären Koncentrirung der Staatsgewalt zu finden seyn dürfte, da ein schneller Entschluſs, Bereithaltung der erforderlichen Mittel zu seiner Ausführung und volle Verschwiegenheit im Drange kriegerischer Begebenheiten eben so nothwendig erschienen, als ruhige Ueberlegung, sorgsame Auswahl und reife Prüfung des Zweckmäſsigsten, mit voller Offenheit des Verfahrens als Regel des Benehmens im glücklichen Friedensstande gelten müsse. Zu diesem Zwecke schlug der Senat der Bürgerschaft vor, eine Anzahl von Männern aus ihrer Mitte, denen sie ihr volles Vertrauen schenke, zu wählen, und dieselben mit einer so ausgedehnten Vollmacht zu versehen, als sie es mit der bürgerlichen Freiheit nur irgend verträglich glaube. Die Bürgerschaft genehmigte diesen Vorschlag und wählte sofort zwölf Bürger, denen sie die Vollmacht ertheilte, in allen Angelegenheiten, die Verschwiegenheit erforderten und keinen Aufschub litten, mit dem Senate Berathungen anzustellen und Beschlüsse zu fassen, diese in Ausführung zu bringen, die dazu erforderlichen Gelder anzuschaffen und zu verwenden, damit die äuſsere Lage des Staats erhalten und die Quellen seines Wohlstandes weder vorübergehend beeinträchtigt, noch verloren gehen mögten. Der Senat ordnete diesen Bevollmächtigten sechs seiner Mitglieder zu. — Man nannte diesen Ausschuſs die Geheime Deputation. Die in dieselbe gewählten Bürger statteten vor dem versammelten Bürgerkonvente einen Eid ab, durch welchen sie sich nach Analogie des Rathseides zu gewissenhafter und verschwiegener Ausrichtung ihrer Geschäfte verpflichteten. Die gegebene Vollmacht wurde von Zeit zu Zeit erneuert und nach Maafsgabe der mehr oder minder gefahrvoll sich gestaltenden Umstände in einzelnen Punkten bald erweitert, bald beschränkt. Sie hat achtzehn Jahre gedauert und das Vertrauen des Senats und der Bürgerschaft sich jederzeit zu erhalten gewufst. Vielfaches Unheil ist durch ihre Thätigkeit theils abgewendet, theils bedeutend vermindert, und die vortheilhafte Stellung, welche Bremen bei Gelegenheit der Regensburger Reichstagsverhandlungen in den Jahren 1802 und 1803 einnahm und behauptete, wäre ohne ihre thätige Mitwirkung schwerlich erreicht worden.

Der drohende Sturm am Ende des Jahrs 1792 ging zwar glücklich vorüber, und der Kriegsschauplatz entfernte sich wieder aus Bremens Nähe.

Aber schon im Jahre 1795 flüchtete sich eine Menge fran-, zösischer und niederländischer Emigranten nach Bremen, deren gastfreie Aufnahme von ihren republikanischen Landsleuten durch Beeinträchtigung der Bremischen Schifffahrt und Handlung nach Frankreich nicht ungeahndet blieb und manches Opfer nach sich zog. Auch wurde die Stadt im Drange der kriegerischen Begebenheiten in diesem Jahre nicht auf die freundlichste Weise von hannöverischen und englischen Truppen und einzelnen Emigrantencorps eine geraume Zeit militärisch occupirt.

Im Jahre 1796 nahm Bremen an den Kreistagsberathungen zu Hildesheim und an der dort beschlossenen Demarkationslinie für das nördliche Deutschland Theil, sandte auch im Jahre 1797 einen Bevollmächtigten zum Rastadter Kongrefs.

Neue Bedrängnisse begannen mit dem Anfange des neunzehnten Jahrhunderts. Die preufsische Besitznahme des Kurfürstenthums Hannover im Jahre 1801 und die bei dieser Gelegenheit beabsichtigte aber nicht durchgeführte Sperrung der Elbe und Weser gegen die englische Schifffahrt führte im April dieses Jahrs eine militärische Besetzung Bremens durch preussische Truppen herbei, welche indefs die Stadt nach drei Monaten wieder verliefsen.

Erfreulicher waren die Resultate der Jahre 1802 und 1803, wo die von Bremen sehr thätig betriebenen Regensburger Reichsfriedensdeputationsverhandlungen nicht blos die Erhaltung der Selbstständigkeit desselben bei dem Untergang so vieler anderer freien Reichsstädte zur Folge hatten, sondern auch seine Theilnahme an den dort beschlossenen Säkularisationen der geistlichen Staaten und damit verbundenen Gebietsaustauschungen und Abründungen der übrigen konservirten deutschen Reichsstände. — Es gelang ihm bei dieser Gelegenheit, einen Theil des früher an Schweden und Hannover abgetretenen Gebiets wieder abgetreten zu erhalten, und den seinen Handel so drückenden Elsflether Weserzoll aufgehoben zu sehen. — Anstände, welche die Vollziehung eines Theils dieser Beschlüsse wider Erwarten verzögerten, wurden späterhin durch besondere Unterhandlungen und abgeschlossene Vergleiche, (mit Hannover am 16ten August 1804, mit Oldenburg am 25sten August 1819) glücklich erledigt.

Die im Jahre 1803 erfolgte Occupation des Kurfürstenthums Hannover durch französische Truppen veranlafste eine englische Blockade der Weser und Elbe, wodurch der Bremische Handel manche Beeinträchtigung erlitt. Uebrigens wurde die Neutralität der Stadt von den französischen Truppen vollkommen respectirt. Um das Gebiet derselben nirgends betreten zu lassen, wurde bei den Dislokationen der Truppen kein Umweg gescheut.

Mindere Achtung fand diese Neutralität von Seiten der Alliirten im Jahre 1805, wo der Abzug der französischen Truppen aus dem Hannöverischen zwar die Aufhebung der englischen Blockade der Elbe und Weser zur Folge hatte, die preussische Occupation des Kurfürstenthums aber, verbunden mit dem Zusammenziehen russischer, schwedischer, preussischer und englischer Truppen im nördlichen Deutschland, von den beiden letzten wieder eine temporäre militärische Besetzung der Stadt und damit verbundene grofse Einquartierungslast veranlafste.

Nach einer kurzen Unterbrechung führte auch das Jahr 1806 ähnliche Belästigungen wieder mit sich. — Bei der nochmaligen preussischen Besetzung des Hannöverischen erneuerte sich die englische Blokade der Ströme des nördlichen Deutschlands und die preussische Besetzung ihrer Ausflüsse. Vom Februar bis Junius dieses Jahres war Bremen wieder von preussischen Truppen occupirt.

Am 6ten August 1806 wurden die alten Bande, in welchen Bremen sich so lange mit den übrigen deutschen Staaten vereinigt gesehen, durch die Abdikation des Kaisers und die Lossprechung aller Reichsstände von ihren sämmtlichen Reichspflichten vollends gelöst, und die Gefahren einer völlig isolirten, durch kein Bundesverhältnifs gesicherten Souveränität begannen sich schon nach einigen Monaten von ihren drohendsten Seiten zu zeigen.

In der Zwischenzeit geschah, was für den Augenblick geschehen konnte, um von den Lücken, welche der aufgehobene Reichsverband sofort darbieten mufste, das Dringendste wenigstens vorläufig zu ergänzen. Dafs die Anknüpfung neuer Sicherungsverhältnisse durch freundliche Beziehungen zu andern Staaten nur Sache des Bremischen Staats und nicht der einzelnen Staatsbürger desselben seyn könne und dürfe, mufste sofort so vollkommen einleuchten, dafs ein Gesetz, wodurch die Annahme fremder Titel, Aemter und Würden, gewissen, bereits herkömmlich gewordenen Beschränkungen nun durch förmlichen Rath- und Bürgerschlufs, und durch eine sich darauf beziehende Modifikation des Bürgereides, unterworfen ward, bereits am 29sten August 1806 erfolgte. — Das Nächste war dann ein innigeres Aneinanderschliefsen der seit Jahrhunderten neben dem Reichsverbande noch enger mit einander verschwistert gebliebenen drei Hansestädte, welche deshalb jetzt durch Bevollmächtigte in Lübeck zusammentraten, und bei dieser Gelegenheit unter andern einen Plan zu einem gemeinschaftlich zu errichtenden Oberappellationsgerichte bearbeiten liefsen, der indefs erst in späteren und glücklicheren Zeiten seine Ausführung fand. Durch besonders in jeder Stadt errichtete neue oberste Gerichtsinstanzen wurde inzwischen dem Mangel der Reichsgerichte vorläufig begegnet. — Statt der Benennung kaiserlicher freier Reichsstädte wurde die „freier Hansestädte" beliebt, und über die diplomatischen Verhältnisse derselben, so wie über die Grundsätze der von ihnen unter den vorliegenden gefahrvollen Verhältnissen zu beobachtenden Politik freundliche Vereinbarung getroffen.

Nur zu schnell wurde diese kaum begonnene Reorganisation durch die gewaltthätigsten Ereignisse unterbrochen. Die hanseatischen Bevollmächtigten waren noch in Lübeck versammelt, als mit der Kunde von der Schlacht bei Jena (14ten October 1806) zugleich auch die der Annäherung der besiegten und siegenden Heere erschallte. Am 5ten November schlug man sich und plünderte in Lübeck; am 19ten wurde Hamburg, am 20sten auch Bremen von französischen Truppen gewaltsam besetzt.

Um die beschlossene Blockade der brittischen Inseln geltend zu machen, wurden die Flüsse wieder gesperrt. Alles englische Eigenthum, alle von englischen Unterthanen in Kommission oder Konsignation erhaltenen Waaren und Kolonialgüter mufsten bei Todesstrafe aufgegeben werden, und zur Vermeidung der ausgesprochenen Konfiskation derselben blieb den Bewohnern der Städte, die ein sehr bedeutendes eigenes Opfer weniger scheuten, als auch nur den Schatten eines Verdachts bei anvertrauten fremden Gütern fahrläfsig gewesen zu seyn, nichts anders übrig, als der Abkauf dieses Raubes. Der fortgesetzten energischen Thätigkeit der geheimen Deputation hatte man es zu verdanken, dafs dieses Opfer, wenn es gleich für Bremen sehr bedeutend war und einige hunderttausend Thaler betrug, doch bei weitem nicht so beträchtlich ausfiel, als es ohne diese Mitwirkung der Fall gewesen seyn würde.

Wie in den folgenden vier Jahren die militärischen Besetzungen Bremens durch die französischen und mit denselben verbündeten Truppen (Holländer, Westphälinger) gar nicht aufhörten, und unter dem äufsern Schein der Schonung der Unabhängigkeit dennoch die gewaltsamsten Maasregeln statt fanden; wie nicht blofs eine zahlreiche Einquartierung mit allen Lebensmitteln in den Häusern der Bürger und Gebietsbewohner versorgt werden mufste, der Landmann aufserdem noch durch tägliche Kriegerfuhren geplagt ward, sondern auch Requisitionen jeder Art an Kriegs- und Lebensbedürfnissen für die Heere und zur Füllung der Magazine derselben hinzukamen; wie die von den Chefs und ihrem Generalstabe erprefsten Tafelgelder alles Maafs überstiegen; wie täglich neue Bedrückungen versucht wurden, um deren Abkauf durch bedeutende Geldsummen zu veranlassen, und dann wieder andere zu gleichem Zweck an die Stelle derselben traten; wie Geldanleihen zur Bezahlung des rückständigen Soldes, Schiffe und Matrosen geliefert werden mufsten; wie die Stadt fortwährend mit Hospitälern angefüllt ward, die Kranken und Gefangenen weit und breit her derselben zur Versorgung zugeführt wurden; — wie ein Heer von sogenannten Employés bei jedem neuen Truppenzuge sich mit einzuschleichen und unter militärischer Begünstigung mit allem versorgen zu lassen wufste; — wie immer Bezahlung versprochen und niemals geleistet ward; wie der Handelsbetrieb der Stadt unter dem Drucke immer gesteigerter Pafs- und Certificatgebühren fast gänzlich in Stocken gerieth; wie, wenn das Unmögliche geleistet schien, dennoch die sogenannte mauvaise volonté vorwerfend, immer neue und immer härtere Ansprüche gemacht wurden; kurz wie, wenige seltene Ausnahmen abgerechnet, ein vollkommen organisirtes militärisches Raubsystem, während dieser vier Jahre, an der Tagesordnung war: Dies im Detail zu schildern, erscheint der diesen ergänzenden Zusätzen verstattete Raum viel zu eng, so wünschenswerth es übrigens immer bleibt, dafs die Erfahrung dieser Trübsalszeit noch ehe die Augenzeugen derselben zu ihren Vätern versammelt werden, ihre Geschichtschreiber finden möge. — In den drei Jahren der Reunion mit Frankreich (vom December 1810 bis

October 1813) sind von demselben an ordinären und extraordinären Steuern, Kontributionen und Abgaben über zehn Millionen Franken in Bremen erhoben worden, aber wenn man zusammenrechnet, wie theuer der Stadt die Jahre 1806 bis 1810 durch fremde Bedrückung geworden sind, so möchte der Betrag jene Summe wohl übersteigen.

In der innern Organisation des Staates wurde in dieser Zeit nichts geändert. Die äufseren Bedrängnisse führten im Innern ein um so vollkommneres gegenseitiges Vertrauen herbei. — So fabelhaft es klingt, es verhält sich dennoch der Wahrheit gemäfs, dafs in diesen Jahren dreimal gezwungene Staatsanleihen bis zu zwei Prozent vom sämmtlichen Vermögen, in Gemäfsheit eines deshalb erfolgten Rath- und Bürgerschlusses, auf Treu und Glauben nach eigener Schätzung jedes Bürgers, und unter voller Bewahrung des Geheimnisses des Beitrags jedes Einzelnen statt fanden.

Diese Aufgabe wurde folgendergestalt gelöset: Die Gröfse der als Anleihe zu zahlenden Vermögensquote wurde nach Maafsgabe des Bedürfnisses unter Berücksichtigung des Ertrags früherer gewöhnlicher kleinerer Vermögenssteuern durch Rath und Bürgerschaft bestimmt, und ein Zeitraum von vier Wochen zur Auszahlung desselben angesetzt. Jedem Bürger wurde die Freiheit gelassen, seinen Beitrag nicht blofs nach eigener Schätzung zu bestimmen, sondern denselben auch in Verbindung mit andern Beiträgen seiner Freunde und Bekannten in runden Summen abzuliefern. Für das Abgelieferte wurde ihm eine oder mehrere au porteur lautende Staatsobligationen, welche vier Prozent Zinsen trugen, so grofs oder klein er sie bis zum Betrag der angeliehenen Gesammtsumme zu haben wünschte, (jedoch nicht unter $12\frac{1}{2}$ Thaler) ausgestellt und eingehändigt, deren Vertheilung unter die Theilnehmer an der ausgezahlten Gesammtsumme man ihm überliefs. Bei den Zinszahlungen mufsten die Obligationen freilich vorgezeigt werden, aber da kein Gläubiger in denselben benannt war, und die au porteur lautenden Papiere bald einen Kurs erhielten und beim täglichen Verkehre von einer Hand in die andere gingen, konnten sie das Geheimnifs der Beitragsquote des ersten Darleihers nicht verrathen. Bei diesen Anleihen fand überhaupt keine weitere Kontrolle Statt, als dafs nach Ablauf der vierwöchentlichen Einzahlungsfrist jeder Bürger einen Revers zu unterschreiben hatte, in welchem er auf seinen geleisteten Bürgereid versicherte, dafs er sich gewissenhaft geschätzt und seine Quote in Gemäfsheit dieser Schätzung selbst oder durch andere in die Staatskasse geliefert habe. Obgleich bei diesem Verfahren alles nur auf Treu und Glauben berechnet war und kein Gewissenloser die Entdeckung seiner Unredlichkeit zu besorgen hatte, trugen diese Anleihen doch das ein, was man nach einem allgemeinen Ueberschlage davon erwartet hatte. Dafs dergleichen in kleinen Freistaaten ausführbar ist, gehört zu den Geheimnissen der republikanischen Gesinnung, oder wenn man lieber will, zu der aufgeklärten Finanzpolitik republikanischer Bürger, welche das Recht haben, sich ihre Abgaben selbst zu bestimmen. Dem gesunden Menschenverstande leuchtet es ein, dafs eine Abgabe, die der Kontrolle bedarf, das eigentliche Bedürfnifs um soviel übersteigen mufs, als die Kosten der Kontrolle erfordern. Um diesen Mehrbetrag zu ersparen, zahlt man lieber völlig gewissenhaft das, was gezahlt werden mufs, und wenn man einmal aus Erfahrung weifs, dafs diese Ansicht bei der grofsen Mehrzahl die herrschende ist, räumt man zwar gern ein, dafs es Einzelne geben möge, die bei dieser Selbstschätzung nach laxeren Ansichten verfahren, glaubt indefs, solange die Erfahrung noch zeigt, dafs das Geringe, was durch solche Unredlichkeit dem Staate entgehen mag, in keinem Verhältnifs zu den Kosten einer strengern Kontrolle steht, in finanzieller Hinsicht am besten zu fahren, wenn man dergleichen von Seiten des Staats ignorirt und jedem vor dem Richterstuhl des eigenen Gewissens zu verantworten überläfst. — Die Obligationen jener sogenannten gezwungenen Anleihen werden mit unsern übrigen Staatspapieren gegenwärtig durch allmähligen Ankauf von Seiten der hiesigen Schuldenamortisationsanstalt allmählig getilgt und die Zinsen jährlich zum vollen bezahlt, wie auch die während der dreijährigen französischen Usurpation schuldiggebliebenen Zinsen seitdem nachbezahlt sind. Während der Reunion mit Frankreich sank der Werth der Obligationen dieser gezwungenen Anleihen bis auf 15 Prozent. Jetzt stehen sie wieder gegen 90 Prozent.

Ein anderes Beispiel der Fortdauer ächten Gemeinsinnes und Festhaltens an der Staatsehre der Republik, auch während jener Unglückszeit und der darauf folgenden dreijährigen Unterdrückung der Selbstständigkeit Bremens, verdient hier ebenfalls erwähnt zu werden.

Einige Jahre vor dem temporären Untergange des Kurfürstenthums Hessen in das ephemere Königreich Westphalen hatte die Stadt Bremen ein Kapital von zweihunderttausend Thalern von dem Kurfürsten zinslich angeliehen, — Wie Napoleon sich des Landes für seinen Bruder bemächtigt und die Domänen desselben mit ihm getheilt hatte, glaubte man auch die von dem Kurfürsten ausgeliehenen Kapitalien als zur Erbschaft des Ganzen gehörig, in Anspruch nehmen zu können, und machte, wo man dergleichen wufste oder vermuthete, die vortheilhaftesten Anträge zur Ausbezahlung eines Theils dieser Kapitalien gegen die Quittirung über das Ganze der Schuld. — Auch bei Bremen war das der Fall, und es wurden sogar Drohungen hinzugefügt, woraus indefs eine Ungewifsheit über die dermalige Lage der Sache hervorging. Der Senat und die zwölf Mitglieder der Bürgerschaft bei der geheimen Deputation, welche die Anleihe kontrahirt hatten, verpflichteten sich gegenseitig zur konsequenten Durchführung eines verschwiegenen zweckmäfsigen Benehmens in dieser mifslichen Angelegenheit, woran alle Späherblicke der Gegner scheiterten, und dem Kurfürsten wurden auch während seiner Verbannung die Zinsen richtig ausgezahlt. Während der darauf folgenden dreijährigen Reunion mit Frankreich mufste diese Zinsenzahlung freilich unterbleiben; es erfolgte deren Nachzahlung indefs nach hergestellter Freiheit, und das Geheimnifs, um welches in Bremen zweiundvierzig Personen wufsten, blieb den Franzosen während dieser ganzen

Zeit unverrathen. - Der Kurfürst war sehr gerührt, wie ihm im Jahre 1814 wider alle Erwartung vom Senat angezeigt wurde, dafs ihm jene Summe geborgen sey, und dafs man diese Schuld fortwährend anerkenne. —˙ Er wünschte seine sämmtlichen Kapitalien in Bremen belegt zu haben.

Es ist oft gefragt, wie es zugegangen, dafs die Hansestädte sich dem Rheinbunde niemals angeschlossen, da doch mehrere andere kleinere Staaten des nördlichen Deutschlands demselben, wenn auch nicht gleich anfangs, beizutreten rathsam fanden, und gern in denselben aufgenommen wurden? — aber es ist wenig bekannt geworden, dafs Napoleon wirklich am Ende des Jahres 1809 Verhandlungen darüber mit den Städten eröffnen liefs. Die Bedingungen, welche von seiner Seite vorgeschlagen wurden, waren indefs der Art, dafs sie nur abgelehnt werden konnten. Unter andern wurde von den Städten begehrt, dafs sie den französischen Adler in ihre Wappen und Flaggen mit aufnehmen, dafs sie die Ausübung der haute police dem Kaiser als Protector des Bundes überlassen, und einen sogenannten Syndic impérial in die Mitte jedes Senats aufnehmen sollten der seine Instructionen vom Kaiser erhalte. Lieber wollten die Hansestädte es erwarten, wie es denn wirklich in Jahresfrist sich zutrug, ihre Selbstständigkeit durch Gewalt, die kein Recht geben konnte, unterdrückt zu sehen, als sich vertragsweise einer solchen mit ihrer Staatsehre unverträglichen Unterordnung fügen. Die Erfahrung hat gezeigt, dafs ihre Politik die richtige war.

Die erste Sorge Bremens nach der im November 1813 durch die siegreichen Armeen der verbündeten Mächte erfolgten factischen Beseitigung dieser gewaltthätigen Unterdrückung war daher dahin gerichtet, seine vor derselben bestandene völkerrechtliche Selbstständigkeit, als durch jene Gewaltthat nur äufserlich verletzt betrachtet und folglich als vollkommen hergestellt, anerkannt zu sehen. Was die Heerführer bei Vertreibung des Feindes erklärt hatten, konnte desavouirt werden, das Kriegsglück konnte wechseln. — Beim Frieden konnten neue Konjunkturen eintreten, welche das Recht der Politik weichen liefsen. Dabei war Bremen die erste der drei Hansestädte, welche, nachdem Hamburgs und Lübecks frühere energische Bestrebungen zur Abschüttelung des fremden Joches einen so unglücklichen Ausgang gehabt, von demselben befreit ward. Bremen glaubte es daher sich und seinen Schwesterstädten schuldig zu seyn, mit der Vertretung und Besorgung ihrer gemeinschaftlichen höchsten Interessen, nicht zu säumen, und den ersten günstigen Zeitpunkt dazu zu benutzen. Schon am 3ten December 1813 sandte daher der Senat einen Bevollmächtigten in das Hauptquartier der Alliirten nach Frankfurt am Main, der bei den drei Monarchen akkreditirt und von ihnen nicht allein aufs günstigste aufgenommen ward, sondern in Beantwortung der übergebenen Kredentialien von jedem derselben ein Schreiben eingehändigt erhielt, worin dem Begehren jener Anerkennung nicht blofs für Bremen, sondern auch für die beiden andern Hansestädte aufs vollkommenste entsprochen wurde. Diesem Bremischen Bevollmächtigten schlossen sich späterhin Lübeckische und Hamburgische Bevollmächtigte an; sie folgten den Monarchen während des Winterfeldzugs bis zur Einnahme von Paris und kehrten mit der frohen Botschaft des dort am 30sten Mai 1814 abgeschlossenen Friedens, welcher die Unabhängigkeit der deutschen Staaten und deren Vereinigung durch ein föderatives Band aussprach, so wie mit der Einladung, an den wegen der näheren Bestimmungen der Verhältnisse dieses Bundes verabredeten Wiener Kongrefsverhandlungen Theil zu nehmen, in ihre Heimath zurück. — Wie hier denn solche Theilnahme wirklich Statt fand, wie die Städte in Gemeinschaft der übrigen mindermächtigen deutschen Staaten bei dem Wiederausbruche des Krieges nach Napoleons Rückkehr von der Insel Elba, wegen ihrer Theilnahme an diesem Kriege, Accessionsverträge mit den verbündeten gröfsern Mächten abschlossen, und den dadurch eingegangenen Verpflichtungen Genüge leisteten; wie ferner auf diesem Kongresse am 8ten Juni 1815 der Abschlufs der deutschen Bundesakte, wobei die Städte als Compaciscenten auftraten, erfolgte, wie am folgenden Tage diese Bundesakte als integrirender Theil in die europäische Kongrefsakte, (der sie mit den übrigen deutschen Bundesstaaten wiederum accedirten) aufgenommen ward und der deutsche Bund dadurch auch eine europäische völkerrechtliche Garantie erhielt, welche ehrenvolle Stellung den Hansestädten in Verbindung mit der freien Stadt Frankfurt in diesem Bunde zu Theil ward, und wie dieselben in der mit der Besorgung der Angelegenheiten des Bundes beauftragten und seitdem in Wirksamkeit getretenen Bundesversammlung ihren Platz eingenommen, wie sie auch dem zweiten Friedensschlusse mit Frankreich accedirten und von den französischen Kontributionen ihren Antheil erhalten, wie sie der heiligen Allianz sich angeschlossen, den Vereinbarungen des Aachener Kongresses beigetreten, an den Ministerialverhandlungen der deutschen Bundesstaaten zu Wien in den Jahren 1819 und 1820 Theil genommen, und wie sie in allen diesen Verhältnissen ihres selbstständigen politischen Lebens in erneuerter vaterländischer Genossenschaft sich bis diesen Augenblick fröhlich zu erfreuen gehabt, — das alles gehört zur Geschichte unserer Tage und bedarf deshalb hier keiner weiteren Ausführung.

S. 128. Nicht Departement der Unterwesermündung, sondern der Wesermündung (Bouches du Weser).

S. 128. Aufser Kosacken und Lützowern auch eine Abtheilung des Preufsischen Reicheschen Jägerkorps.

S. 129. Das Schreiben des Generals von Tettenborn an den Senat, worin derselbe im Auftrage des Kaisers von Rufsland und des, die in diesen Gegenden versammelten Truppen damals kommandirenden Kronprinzen von Schweden, die Herstellung der alten Verfassung als Selbstfolge der erfolgten Befreiung von dem feindlichen Joche darstellte, wurde dem Bürgermeister, der, wenn die gewaltsame Vereinigung mit Frankreich niemals erfolgt wäre, der Ordnung nach, das Präsidium des Senats zu führen hatte, am 6ten November von demselben zugesandt. Der Senat hatte die Bürgerschaft bereits am 5ten November auf den folgenden Tag zu einem Bürgerkonvente auf die herkömmliche Weise einladen lassen. Der Jubel dieses Tages kann nicht beschrieben werden.

Um die in allen Verhältnissen des Gemeinwesens erforderliche Reorganisation desto schneller und energischer betreiben und die Theilnahme an der kriegerischen Anstrengung gegen den gemeinsamen Feind ohne Aufschub zur That bringen zu können, benutzte man wieder das schon früher als zweckmäfsig erprobte Mittel einer Concentration der Staatsgewalt, durch einen mit weiter Vollmacht versehenen Aufschufs aus Rath und Bürgerschaft. — Der Senat bevollmächtigte noch am nämlichen 6ten November 10 seiner Mtiglieder zur Betreibung aller dahin gehörigen Regierungsgeschäfte, und die Bürgerschaft ernannte 26 Repräsentanten aus ihrer Mitte, um statt des Zeit raubenden Verfahrens auf den Bürgerkonventen mit dem Ausschusse des Senats zu berathen und zu beschliefsen, was Noth sey. — So wie die Zeiten ruhiger wurden, traten zwar die ordentlichen Bürgerkonventsverhandlungen wieder ein; dennoch hat man jenen Ausschufs, wenn gleich mit verminderter Vollmacht, bis jetzt prolongirt, um in einzelnen Fällen der Eile, des Geheimnisses, oder da, wo ein geringfügiges Bedürfnifs die Zeit und Mühe eines besondern Bürgerkonvents nicht verlohnt, einen gültigen Staatsbeschlufs fassen zu können.

S. 130. Ueber die seit der Befreiung von der französischen Herrschaft Statt gefundene Revision und Verbesserung der Verfassung sind die Schilderungen des Verfassers nicht so genau, als sie es hätten seyn können, wenn er an diesen Berathungen selbst Theil genommen, oder doch vollständigere Aktenstücke als die Entwürfe zu diesen Verbesserungen zu benutzen Gelegenheit gehabt hätte, welches ebenfalls nicht der Fall gewesen zu seyn scheint.

Ein Gutachten über die gemeinschaftlich festzusetzenden konstitutionellen Bestimmungen, wobei es vorzugsweise darauf ankam, die schon im Leben bestehenden Einrichtungen und Verhältnisse, wie sie theils durch ausdrückliche Rath- und Bürgerschlüsse, theils durch vieljährige Observanzen sich gestaltet hatten, in einer förmlichen Urkunde gesetzlich zu beschreiben, und die neuesten, durch die totale Desorganisation so mancher früheren Verhältnisse nothwendig gewordenen Abänderungen und neuen Bestimmungen in dieselbe mit aufzunehmen, ist in den Jahren 1814 und 1815 von einem gemeinschaftlichen Ausschusse des Senats und der Bürgerschaft ausgearbeitet und seit dieser Zeit in besonderen Bürgerkonventen zwischen beiden weiter discutirt worden. Ueber den bei weitem gröfsten Theil ist die Vereinbarung bereits zu Stande gekommen, und wo es erforderlich war, ist das Vereinbarte durch besondere Rath- und Bürgerschlüsse gesetzlich sanctionirt und ins Leben eingeführt. Dies ist z. B. mit dem neuen Statut über die Ergänzung des Senats der Fall gewesen, desgleichen mit der Anordnung und Organisation eines gemeinschaftlichen Oberappellationsgerichts der vier freien Städte, so wie mit dem Regulativ der Wahlen zu der von Seiten Bremens bei diesem Gerichte zu besetzenden Richterstelle, welche hier nach Analogie der Rathswahlen geschehen. — Auch für die Ober- und Untergerichte der Stadt ist dergestalt eine neue Gerichtsordnung vereinbart; die Berathungen der Bürgerschaft nach Kirchspielseintheilungen ist abgeschafft; die Theilnahme der in der Neustadt wohnenden Bürger an den Konventen beliebt; über die Wehrpflichtigkeit der Bürgerschaft ist ein Gesetz erfolgt und andere Dinge mehr. Andere Gegenstände dieser konstitutionellen Verhandlungen sind indefs noch weiteren Berathungen unterzogen, und nach Vollendung derselben wird die Haupturkunde ausgearbeitet werden.

Zu den unrichtig dargestellten Verhältnissen gehört unter andern die Eintheilung des Senats in einen Administrations- und Justizsenat und die dabei angeführten Zahlen. Diese Benennungen fanden sich zwar in dem Gutachten vor, sind aber nicht üblich geworden. Dagegen ist die früher für die Regierungsbehörde übliche Benennung Wittheit, deren der Verfasser S. 132 gedenkt, abgeschafft. Der Senat, welcher aus vier Bürgermeistern, vier und zwanzig Senatoren und zwei Syndikern besteht, welche letztern indefs nur konsultative Stimmen haben, bildet die Regierung, unter dem halbjährig wechselnden Vorsitze eines der vier Bürgermeister, welcher für das halbe Jahr seines Präsidiums Präsident des Senats heifst. Die Bürgermeister werden in eintretenden Vakanzfällen vom Senat durch Scrutinium und absolute Stimmenmehrheit aus der Mitte der Senatoren auf Lebenszeit erwählt. Die von der Regierung in ihren Zusammenkünften, Verhandlungen, Protokollen, Kanzleien u. s. w. durchaus getrennte Justiz, wird in der Stadt und dem gröfsten Theile des Gebiets von einzelnen Mitgliedern desselben administrirt, worüber der Aufsatz über das Gerichtswesen Seite 501 nähere Auskunft gibt.

S. 131. Der Senat repräsentirt den Staat nicht blofs im deutschen Bunde, sondern überhaupt, wo es einer solchen Repräsentation bedarf, und delegirt dazu.

S. 133. Mit der Ausschliefsung der Verwandtschaftsgrade verhält es sich so, dafs zwei Brüder, Vater und Sohn, Grofsvater und Enkel fortwährend nicht zugleich active Mitglieder des Senats seyn dürfen. Zur Wahl eines leiblichen Onkels oder Neffen oder Geschwisterkindes mit einem solchen Mitgliede, welche früher ganz untersagt, so wie zur Wahl eines FrauenBruders, Schwester-Mannes, Schwiegersohns oder Schwiegervaters, eines derselben, welche früher völlig frei war, wird die Beschränkung erfordert, dafs von den acht Vorschlagenden aus dem Senate und der Bürgerschaft sechs darüber einverstanden seyn müssen. Ferner wird um in den Senat gewählt werden zu können, ein Alter von wenigstens fünfundzwanzig Jahren erfordert. — Ein in Bremen geborner Bürger mufs zwei Jahre, ein Fremder fünf Jahre zuvor den Bürgereid abgelegt haben und in Bremen angesessen gewesen seyn.

S. 135. Es ist unrichtig, dafs bei den Konventsberathungen nach der Kirchspielseintheilung die Leitung den Aeltermännern zustand, dafs diese die Vota sammelten und ein Gemeinschaftliches daraus bildeten. Vielmehr wählte jedes Kirchspiel beim Zusammentreten für die jedesmalige Versammlung seinen Wortführer, nach völlig freier Auswahl unter den Anwesenden.

Oefterer wurde ein Gelehrter als ein Aeltermann dazu gewählt.— Dieser Wortführer leitete die Deliberationen, führte das Protokoll und verfafste das durch Mehrheit der Stimmen beliebte Kirchspielsvotum. Der Bürgerworthalter bemühte sich dann, die vier Kirchspielsvota in ein Gesammtvotum der Bürgerschaft zu vereinigen, trug solches nach erfolgter Genehmigung der zu diesem Zwecke zusammentretenden vier Kirchspiele in Gegenwart der Bürgerschaft dem Senate mündlich vor, und übergab es demselben zugleich schriftlich.

Auf die Aufhebung dieser Kirchspielsberathungen und Anordnung einer Plenarversammlung der Bürgerschaft wurde von dieser selbst angetragen, als die Berathungen über die Verbesserung der Verfassung im Jahre 1815 das Unzureichende und Unbehülfliche jener alten Einrichtung immer deutlicher zeigte. Bei der Vereinigung der vier Kirchspiele in eine ungetheilte Versammlung beabsichtigte man besonders der Unzuträglichkeit vorzubeugen, welche sich ergab, wenn über Gegenstände des Gesammtinteresses in vier verschiedenen Abtheilungen berathen und beschlossen wurde, die Vereinigung dieser vier verschiedenen Beschlüsse gewöhnlich aber nur durch solche Modifikationen erreicht werden konnte, welche keinem einzigen besondern Kirchspielsvoto vollkommen entsprachen. Ferner wollte man vermeiden, dafs, wie es beim Einfinden eines geringen Personals aus einzelnen Kirchspielen oft der Fall gewesen, die relative Majorität der einzelnen Kirchspiele, gegen die Meinung der überwiegenden Mehrheit der Anwesenden aus allen Kirchspielen, einen Beschlufs zu fassen oder aufzuhalten vermöge. Endlich wollte man dem einzelnen verständigen Bürger, dessen Ansichten bisher nur in dem kleineren Kreise seines Kirchspiels geltend gemacht werden konnten, Gelegenheit zu einem erweiterten Wirkungskreise geben. Diese Rücksichten mufsten auch den Senat bewegen, diesem Vorschlag der Bürgerschaft seine Zustimmung zu ertheilen, und nicht eine Verminderung der Opposition, welche durch diese Abänderung ja vielmehr nur an Einheit und Stärke gewinnen konnte. Ueberhaupt scheint der Verfasser, welcher an den

Konventsversammlungen niemals selbst Theil genommen, über diese von der grofsen Mehrheit der Bürgerschaft als nützlich und zweckmäfsig anerkannte Modification nur Einzelne damit unzufriedene gehört zu haben.

S. 138—140. Es ist allerdings richtig, dafs die Bürger-Konvente selten von der Hälfte der Bürger, welche auf denselben zu erscheinen berechtigt sind, besucht werden, und dafs die gesetzliche Zahl der erforderlichen Anwesenheit von funfzig Bürgern durch die aufser ihnen sich einfindenden in der Regel nicht verdoppelt wird. Gewöhnlich besteht eine solche Versammlung der Bürgerschaft nur aus etwa achtzig Personen. Dieser Kontrast mit dem Drängen zur Theilnahme an ständischen Versammlungen in andern konstitutionellen deutschen Staaten, wo die einmal bestimmte Zahl der ständischen Repräsentation den Wünschen so Vieler, die sich ungern davon ausgeschlossen sehen, Schranken setzt, ist allerdings auffallend. Es verdienen indefs noch andere Ursachen dieser Erscheinung, als die von dem Verfasser angeführten, hier bemerkt zu werden. Sie liegen in dem geregelten Gange der öffentlichen Bedürfnisse eines kleinen, von keinen Leidenschaften und Partheiungen bewegten Freistaats, wo es keine verschiedene Stände gibt, welche einseitige Vortheile zu erstreben oder zu behaupten sich anstrengen, wo es an Veranlassung fehlt, glänzende Rednertalente geltend zu machen, wo die öffentlichen Kassen von den Bürgern selbst mit verwaltet werden und kein Gedanke an Mifsbrauch derselben im Publikum aufkommt. Die Mehrzahl derjenigen, welche von ihrem Rechte, die Bürgerkonvente zu besuchen, seltenen Gebrauch machen, hört man auf Befragen über ihre Gründe dieser Unterlassung nur erwiedern: Es gehen genug hin, um für das gemeine Beste zweckmäfsig zu sorgen; ich weifs in der Regel vorher, was dort vorkommen und beschlossen werden wird und bin damit zufrieden, defshalb will ich durch einen längern Aufenthalt, der bei zahlreicheren Versammlungen unvermeidlich ist, Anderen und mir die Zeit nicht verderben. Und dies ist denn in der That bei Vielen etwas mehr, als eine blose

Entschuldigungsfloskel. Denn das Wesentlichste, was auf einem Bürgerkonvente beschlossen zu werden pflegt, ist zuvor nicht blofs in Ausschüssen diskutirt, sondern, da diese Diskussionen sich nur in seltenen Ausnahmsfällen zu einer Geheimhaltung eignen, auch in geselligen Zirkeln bereits vielfach besprochen und dadurch in der öffentlichen Meinung schon zu einem Beschlusse reif geworden, ehe dieser formell erfolgt. In den einzelnen Fällen aber, wo bei einem allgemein interessirenden Gegenstande über den deshalb zu fassenden Beschlufs wesentlich verschiedene Ansichten im Publikum vorwalten, bleibt auch ein zahlreicherer Besuch der Bürgerkonvente nicht aus. Die nemlichen Motive scheinen auch bei der Konkurrenz der Bürgerschaft zu den Wahlen in den Senat in Anwendung zu kommen. Wenn die öffentliche Meinung über den zu erwählenden Kandidaten sich mit Zuversicht ausgesprochen hat, erwartet man kein anderes Resultat, und nur eine geringe Anzahl von Bürgern findet sich bei einem solchen Wahlkonvente ein; im entgegengesetzten Falle wird der Versammlungssaal zahlreich gefüllt.

S. 141. Das älteste Mitglied des Kollegii der Aeltermänner führt den Titel Senior, eines der jüngern, welches den laufenden Geschäften vorsteht, heifst Praeses Collegii.

S. 147. Nicht Bobert und Erbbrochhausen, sondern Bobart und Erp von Brockhausen.

S. 148. Nicht Smith, sondern Smidt.

S. 164. Die in der Note angegebene Bedeutung des Worts: „Wittheit" mag vor dreihundert Jahren nicht ganz unrichtig gewesen seyn, wo Regierungs- und Justizgeschäfte weniger geschieden, und der ersteren so wenige waren, dafs der sogenannte sitzende Rath, oder die das Obergericht bildende wechselnde Hälfte des Senats in den dazu bestimmten Sitzungen aufserdem auch die minder wichtigen laufenden Regierungsangelegenheiten besorgte und nur in besonderen Fällen mit der anderen Hälfte ein die Wittheit genanntes Plenum für die wichtigsten Regierungssachen bildete. Diese Plenarversammlungen des Senats, welche in alten Zeiten zu den Ausnahmen gehörten, wurden in der Folge die Regel für die Besorgung der Regierungsgeschäfte. — Die Benennung ,, Wittheit " ist abgeschafft.

S. 174. Nach erfolgter Eidesleistung des neuen Senators begibt sich die Versammlung wieder in Procession nach dem Wohnhause desselben, und wird dort auf altherkömmliche Weise mit Wein und Kuchen bewirthet, wozu auch die Nachbarn ihre Häuser willfährig öffnen und leihen, da die Wohnung des Neuerwählten selten grofs genug ist, die Einkehrenden zu fassen. Der Aufwand dieses Ehrentages, welchen der neue Senator aus eigenen Mitteln zu bestreiten hat, erfordert in der Regel über tausend Thaler. Bei der Wahl eines Bürgermeisters findet eine ähnliche solenne Einführung Statt. (Eine bei Gelegenheit der letzten Feier dieser Art an die Bürgerschaft gerichtete öffentliche Anrede des Präsidenten des Senats, welche zugleich von der in Bremen bei der Verwaltung der öffentlichen Angelegenheiten vorherrschenden Gesinnung ein erfreuliches Zeugnifs gibt, findet sich in der zu Ellwangen herauskommenden Nationalchronik der Deutschen, im Blatte vom 12ten October 1822, abgedruckt.)

S. 175. Auf dem Rathhause oder an dessen Eingange ist nichts an Hausirer vermiethet.

S. 177. Der Wein in dem sogenannten Apostelkeller ist aus dem Anfange des achtzehnten Jahrhunderts, meistens Hochheimer und Rüdesheimer. Die Weine aus dem siebenzehnten Jahrhundert werden blofs in der Rose aufbewahrt. Das älteste Stückfafs ist von dem Normaljahre 1624.

S. 178—187. Höchstwahrscheinlich ist die erste Rolandssäule erst gegen die Mitte des vierzehnten Jahrhunderts zur Zeit des Interregnums, kurz vor der Regierung Karls des Vierten, oder gar erst während derselben errichtet. Dieser Kaiser hob vorzüglich die wachsende Macht der Städte, sicherte sie durch manche Privilegien gegen die Eingriffe der Vehmgerichte und setzte durch die goldene Bulle dem Faustrechte einen mächtigen Damm entgegen. Damals wird der Rolandssäule zuerst von gleichzeitigen Schriftstellern erwähnt. Sie wurde ohnehin so ganz im Geiste der damaligen Zeit gebildet, dafs der Kunstkenner ihr Alter nicht höher anschlagen kann. Die gegenwärtige Rolandssäule ist nicht, wie der Verfasser Seite 180 anführt, im Jahre 1512 unter dem Erzbischof Christoph, sondern wie eine aufbewahrte alte Rechnung ergibt, schon bei Gelegenheit des Baus des jetzigen Rathhauses und zwar im Jahre 1404 errichtet. Die Kosten des Baus betrugen nach dieser Rechnung 170 Bremer Mark, nach jetzigem Geldwerthe ungefähr 600 Thaler.

Ein interessantes Factum ist es, dafs während der Reunion mit Frankreich das damalige französische Baudepartement in Bremen, bei Gelegenheit einer Veränderung der Umgebungen des Markts, wirklich den Abbruch der Rolandssäule beabsichtigte, und einen diese Veränderung bezeichnenden Rifs zur Genehmigung an die Oberbehörde nach Paris sandte, welcher von dieser, um die Zeit der Befreiung, mit der Randbemerkung: „approuvé, mais la statue sera conservée" wieder zurückkam.

S. 220. Nicht grofse Wall, sondern alte Wall.

S. 275. Nicht aus Seefahrern und Fischern besteht der gröfste Theil der St. Stephansgemeinde, aber der Wohnort sämmtlicher Fischer und eines grofsen Theils von Seefahrenden findet sich in diesem Kirchspiele, in der Nähe der Weser. Die Mehrzahl der Schiffskapitäne wohnt indefs im Flecken Vegesack.

S. 292. Aufser den beiden gedachten Mönchsklöstern gab es früher auch ein Nonnenkloster zu St. Stephani, dessen der Verfasser S. 273 auch selbst gedacht hat.

S. 296. Es ist unrichtig, dafs der Nachlafs eines Präbenders von St. Remberti und das, was ein solcher während des Aufenthalts in der Stiftung ererbt, derselben anheimfalle. — Es geht damit vielmehr wie mit allen andern Erbschaften.

S. 306. Das St. Gertruden Gasthaus wurde nachmals zu einem Kornhause eingerichtet und später von der Stadt an einen Privatmann verkauft.

S. 309. Aufser diesen Wittwenhäusern gibt es in Bremen eine Menge sogenannter Wittwenkassen, welche theils durch

Stiftungen beträchtlich fundirt sind, theils durch Einkaufssummen und jährliche Beiträge unterhalten werden. So hat der Senat seine Wittwenkasse; die Stadtprediger, die Landprediger, die Lehrer der höheren und niedern Schulen, die unteren Staatsbeamten u. s. w. verwalten und unterhalten ebenfalls besondere Kassen dieser Art.

S. 310. Das Armenhaus gehört fortwährend zu den wohlthätigsten und bedeutendsten hiesigen Stiftungen. Gegenwärtig ist es mit 188 gröfstentheils alten Armen beiderlei Geschlechts besetzt, welche in demselben Wohnung, Nahrung, Kleidung, Arznei und sonstige Pflege erhalten. Ein eigener Prediger ist bei dieser Anstalt angestellt. — Ihre Unterhaltung erfordert jährlich gegen zwölftausend Thaler.

S. 311. Das Krankenhaus wird dem neuesten Beschlusse zufolge nach der Grofsenstrafse an die Weser verlegt, wo das vormalige sogenannte blaue Kinderhaus, dessen Zöglinge in neueren Zeiten mit dem neugebauten reformirten Waisenhause an der Hutfilterstrafse vereinigt worden, dazu eingerichtet, auch noch eine besondere Irrenanstalt damit verbunden werden soll.

S. 311. Die von allen jenen frommen Stiftungen völlig gesonderte allgemeine Armenanstalt, hier das Armen-Institut genannt, wurde in Folge der darüber zwischen dem Senat und der Bürgerschaft schon im Jahre 1775 begonnenen Berathungen im Jahre 1779, nach den damals in Deutschland zur Sprache gekommenen Ansichten über verbesserte Einrichtungen der Armenpflege, errichtet. Braunschweig ging mit seinem Beispiele voran, Bremen folgte und vervollkommnete, Hamburg lernte wieder von Bremen und vervollkommnete noch mehr.

Vor dem Jahre 1779 wurden die Bremischen Armen theils von jenen Stiftungen und besonders von dem Ueberschusse des damals minder zahlreich besetzten Armenhauses, in dessen Kasse auch die in den Kirchen gesammelten Armengaben flossen, versorgt, theils durch die Milde der Bürger, von denen die Wohlhabenderen für eine Anzahl bestimmter Armen durch wöchentliche Austheilungen zu sorgen pflegten. Als Surrogat fanden vierteljährige allgemeine Sammlungen zum Besten der Armen Statt. Eine lästige Strafsenbettelei konnte dabei nicht ausbleiben, deren gänzliche Abstellung bei der neuen Anstalt vorzugsweise beabsichtigt ward, und durch ihre Hülfe fortwährend in einem Grade erreicht ist, wie sich dessen wenige gleich stark bevölkerte Städte rühmen können.

Anweisung und Bezahlung von Arbeit für die arbeitsfähigen Armen, Unterstützung und Versorgung der dazu Unfähigen, ärztliche Behandlung und Pflege der kranken Armen, Unterricht armer Kinder und die Sorge für ein anständiges Begräbnifs der verstorbenen Armen, in allen den Fällen zu leisten, wo die bestehenden milden Stiftungen diese Sorge nicht auf sich zu nehmen im Stande seyen, war der ausgesprochene Zweck dieses neuen Instituts, bei dessen Beginn alles Betteln sofort bei scharfer Strafe untersagt ward.

Die Kosten dieser Anstalt sollten durch freiwillige wöchentliche Beiträge der Bürger, für deren Leistung sich jeder am Ende eines Jahres für das nächstfolgende zu unterzeichnen hatte, herbeigeschafft, die Verwaltung derselben unter Direction eines Mitgliedes des Senats, von den Diakonen oder Armenvorstehern der Kirchen geführt werden, welche von den Gemeindegliedern derselben, herkömmlich in ihren Kirchenkonventen für bestimmte Frist gewählt und ergänzt wurden.

Ein Mifsgriff bei der ersten Einrichtung war es, dafs man nach dem Beispiel ähnlicher Institute an andern Orten den zu unterzeichnenden freiwilligen Beitrag auf ein gewisses Maximum beschränkte, um den Ehrgeiz der minder Wohlhabenden zu schonen und ihnen durch die Unmöglichkeit, sich den Gaben der Reicheren einigermafsen annähern zu können, die Anstalt nicht gleich im Anfange zu verleiden; diese erkrankte sowohl daran, wie an dem Wohlthätigkeitseifer der Administration, welche bei dem grofsen Andrange der Armen das Maafs ihrer Ausgaben nicht immer nach dem ihrer Einnahmen beschränkte, in den ersten zehn bis zwölf Jahren ihres Bestehens, so . dafs ihr von Zeit zu Zeit durch Zuschüsse aus der Staatskasse, die nicht im Zwecke lagen, aufgeholfen werden mufste.

Eine im Jahre 1791 Statt gefundene Revision und Verbesserung der Grundgesetze schaffte indefs jenes Maximum ab und sorgte für strenge Festhaltung der Regel, nach welcher für den ganzen Bedarf nur durch freiwillige Gaben zu sorgen sey, und eine einzige unbedeutende Ausnahme abgerechnet, fand dieselbe in den nächsten zwanzig Jahren, bis zur gewaltsamen Vereinigung der Stadt mit dem französischen Reiche, auch ihre konsequente Anwendung.

Bei der täglich zunehmenden Armuth in den drei unglücklichen Jahren dieser Reunion und der eben dadurch auch verminderten Beitragsfähigkeit, war indefs wieder ein jährlicher Zuschufs aus der damaligen städtischen Centralcasse erforderlich und dieser konnte auch in den nächsten auf die Wiederbefreiung folgenden Jahren nicht entbehrt werden, da die Wirkungen nicht gleichzeitig mit der Ursache jener Unglückszeit sich verloren.

Im Jahre 1819 glaubte man es indefs an der Zeit, wieder zu der früheren Maxime zurückkehren zu können, und obgleich die sehr vergröfserte Menge der Armen einen bei weitem beträchtlicheren Aufwand wie früherhin erforderte, diesen doch von der freiwilligen Selbstschätzung der Bürger erwarten zu dürfen. Um den Wetteifer dazu zu beleben und durch Vergleichung einen richtigen Maafsstab dieser Selbstschätzung zu geben, wurde die Bekanntmachung der jährlichen Gaben, deren der Verfasser Seite 356 gedenkt, für einige Jahre beliebt. Auch früherhin waren diese Gaben nicht geheim gehalten, aber diese Bekanntmachung blieb in der Regel auf die verschiedenen Einsammlungsdistricte, in welchen die zu jedem derselben gehörigen besonderen Bücher circulirten, beschränkt.

Die öffentliche Aufforderung des Senats zur Unterzeichnung höherer Beiträge entsprach der Erwartung vollkommen. Die freiwillige Subscription, welche für das Jahr 1819 nur 20,583 Thaler 50 Groten betragen hatte, stieg im Jahre 1820 auf 30,174 Thaler

34 Groten, im Jahre 1821 auf 30,381 Thaler 66 Groten; für 1822 sind 29,815 Thaler 43 Groten subscribirt und da der weitere Bedarf durch Schenkungen, aufserordentliche Gaben und einige sonstigen Einkünfte des Instituts bisher immer gedeckt worden ist, so hat auf Zuschüsse aus der Staatskasse nun nicht weiter Anspruch gemacht werden dürfen.

Die Einrichtung der Anstalt ist gegenwärtig folgende: An der Spitze derselben steht ein Mitglied des Senats als Director. Dieser hat den Vorsitz in den Sitzungen der Generalverwaltung und die Direction der Armen-Polizey. Bei der Verwaltung sind funfzig Diakonen von den verschiedenen Kirchen angestellt, von denen zehn die Generalverwaltung leiten und vierzig die specielle Aufsicht über die vierzig Armendistricte, in welche die Stadt und die Vorstädte eingetheilt sind, als Armenpfleger führen. Von den zehn Mitgliedern der Generalverwaltung führt eins die Kasse und Rechnung, und hat nebenher die Aufsicht über die aus besondern Ursachen in Pension gegebenen Armen; ein zweites hat die Oberaufsicht über die Arbeitsanstalt, die Anschaffung der dazu erforderlichen Geräthe und Materialien und die Besorgung des Verkaufs der Arbeiten, ein drittes die Aufsicht über die Kranken und die damit verbundene besondere Krankenspeiseanstalt; andere Mitglieder der Generalverwaltung stehen dem Armen-Schulwesen vor, besorgen die Unterhaltung der sogenannten Todtenladen, in welche die Armen sich etwa vor ihrer Verarmung eingekauft, achten auf Erbschaften, die den Armen etwa zufallen könnten, und dergleichen mehr. — Jedem Mitgliede der Generalverwaltung sind vier Districtsarmenpfleger zugeordnet, mit denen es die Aufsicht in den denselben angewiesenen vier Armendistricten gemeinschaftlich führt. Diese in fortwährender Beachtung aller Umstände und Verhältnisse der Armen sich wirksam zeigende Aufsicht wird durch zweimal jährlich Statt findende Generalvisitation aller Armen noch besonders geschärft. Besondere Reglements bestimmen, welche Verfügungen von den Districtsarmenpflegern für sich, welche mit Zuziehung des ihnen zugeordneten Mitgliedes der Generalverwaltung und welche nur in den regelmäfsigen wöchentlichen Sitzungen dieser getroffen werden können.

Die ganze Verwaltung wird unentgeldlich wahrgenommen, blos einige untergeordnete Beamte, Oekonomen, Werkmeister, Schreiber in dem Arbeitshause, ein Bote und eilf Armenvögte, welche die Stadt von allen Bettlern rein halten, werden besoldet.

Die Unterstützungen, welche die Armen erhalten, bestehen in Geld, Kleidungsstücken, Betten und anderen dergleichen nothwendigen Bedürfnissen, Darleihung von Arbeitsgeräthschaften, Anweisung zur Arbeit und zum Absatze derselben, Lieferung von Feurung im Winter, von Speisung und Pflege bei Krankheiten, desgleichen Versorgung mit Arzt, Wundarzt und Arznei, unentgeldlichem Schulunterricht und freiem Begräbnifs. Diese Unterstützungen werden je nachdem die Umstände es mit sich bringen, auf längere oder kürzere Zeit bewilligt und verliehen. — Dem Senate wird jährlich Rechnung abgelegt.

Die Ausgaben, welche die verschiedenen Arten der Unterstützung veranlassen, sind sehr beträchtlich; sie waren bis zum Jahre 1819 so hoch angewachsen, dafs die Ausgabe für die von der Anstalt bewirkte Armenpflege in diesem Jahre 43,383 Thaler 70 Grote betrug. — Durch die seitdem eingetretene Wohlfeilheit der Lebensmittel ist es jedoch möglich geworden, diese Ausgaben bedeutend zu vermindern, so dafs dieselben im Jahre 1820 sich auf 35,698 Thaler 46 Grote beschränkten und im Jahre 1821 nur 34,740 Thaler 7 Grote betragen haben.

Aufser den Armen, welche nur einzelne Unterstützungen erhielten, wurden im Laufe des Jahres 1821 eintausend dreihundert siebenundachtzig Personen fortwährend versorgt, aufserdem noch achtundfunfzig, welche auf dem Lande in Wohnung und Kost untergebracht waren.

Während der Dauer des Armeninstituts vom Herbst 1779 bis zu Ende des Jahres 1821 wurde von demselben überhaupt zur Unterstützung und Versorgung von Armen verwendet 1,166,159 Thaler 25 Grote. — Davon sind durch bestimmte freiwillige Beiträge eingegangen 942,886 Thaler 60½ Grote, die übrigen 223,272 Thaler 36½ Grote sind theils durch aufserordentliche Gaben, Ueberschüsse von Todtenladen, Erbschaftsgelder und andere Zuflüsse, der gröfseren Hälfte nach aber durch Zuschüsse aus der Staatskasse, gedeckt.

Das Armenwesen im Gebiete der Stadt steht mit dem städtischen Armenwesen in keiner Verbindung. — Jede Kirche auf dem Lande hat ihre besondere Armenkasse, welche ebenfalls durch freiwillige Beiträge, die von den Predigern und Kirchgeschwornen erhoben und verwendet werden, unterhalten wird.

Der grofsen Anzahl von Familien- und Privatstiftungen zur Vorbeugung der Ansprüche auf öffentliche Unterstützung, welche in Bremen existiren, hat der Verfasser nicht besonders erwähnt. Es finden sich deren unter allen Klassen der Einwohner. Auch der unbemitteltste Bürger pflegt sich doch in eine sogenannte Brüderschaft oder Todtenlade einzukaufen, um sich und den Seinigen ein anständiges Begräbnifs zu sichern. — Eine aus neuerer Zeit datirende Privatstiftung, wodurch die Zinsen eines Kapitals von 30,000 Thalern theils zu Stipendien für studierende und der Handlung sich widmende Jünglinge, theils zur Unterstützung verschämter Armen bestimmt wurden, verdient hier noch einer besonderen Erwähnung.

Seite 315. Ein bereits früher zur Sprache gekommener Plan, die durch den alten thörichten Zwiespalt der beiden protestantischen Konfessionen begründete Trennung der Waisen nach der Konfession aufzugeben und dieselben in die beiden gleich zweckmäfsig eingerichteten und verwalteten Waisenhäuser nach dem Geschlechte zu vertheilen, scheint immer mehr Beifall zu finden, und die gegenwärtig unter den verschiedenen Konfessionsverwandten vorherrschende Eintracht dürfte ihn daher zu seiner Zeit zur Ausführung bringen.

Seite 352—354. Der Schofs wird nicht nach Procenten vom Einkommen, sondern nach Procenten vom gesammten Vermögen bezahlt, wobei nach der Schofsordnung nicht blos das nutzbar gemachte Vermögen, sondern alles, was Geldeswerth hat, so wie man es an andere abzustehen erforderlichen Falls bereit wäre, gewissenhaft angeschlagen und darnach die eigene Schätzung Statt finden soll. Nur wer nach dieser Schätzung ein Vermögen von wenigstens 3000 Reichsthalern zu besitzen versichert, bezahlt diese Abgabe, mit welcher manche bürgerliche Vorrechte verbunden sind, und hat diesen Besitz durch Darlegung der Quote des Schofses für den Betrag dieser 3000 Thaler zu erweisen. Aller die Quote für diese Summe übersteigender Beitrag wird von dem Kontribuenten selbst verdeckt in eine Kiste geschüttet, die erst, nachdem alle Schofser sich mit ihrem Beitrage eingefunden, geöffnet wird. — Von denen, welche nicht 3000 Thaler zu besitzen behaupten, welches ihnen auf ihr Wort geglaubt wird, da jeder, der irgend dazu im Stande ist, sich der Ehre, zu den Schofsern zu gehören, nicht leicht selbst entschlägt, wird statt des Schofses und nach Maafsgabe der jedesmaligen Gröfse desselben, eine geringere nach einer Klassensteuer vertheilte Abgabe unter dem Namen der Kollecten entrichtet, deren Gesammtertrag nur ungefähr dem zehnten Theile dessen, was ein Schofs einbringt, gleich zu kommen pflegt.

Uebrigens ist der Schofs keine gewöhnliche in jedem Jahre wiederkehrende Abgabe, obgleich es oft Fälle gegeben, wo zur Deckung gewisser Bedürfnisse, oder zum Abtrag kontrahirter Schulden, eine Schofserhebung mehrmals in einem Jahre, auch wohl zehn bis zwölf Jahre hintereinander, Statt gefunden hat. In der Regel aber wird der Schofs nur als Surrogat in besondern Fällen, die sich bei der Formation des jährlichen Budgets nicht im voraus berechnen liefsen, oder bei einem unerwartet geringeren Ertrage der angenommenen jährlichen Einnahme beliebt und erhoben. Aber die Entrichtung vieler anderer öffentlicher Abgaben geschieht demselben analog, und im gewohnten Vertrauen auf die Gewissenhaftigkeit der Zahlenden ebenfalls nach eigener Schätzung. So werden z. B. mehrere Handels- und Konsumtionsabgaben ohne Kontrolle so erhoben, dafs jeder von dem Quantum der besteuerten Artikel, welches er im Handel umgesetzt, in seiner Haushaltung verzehrt, oder zur Konsumtion in der Stadt verkauft hat (wie die Weinhändler) den gesetzlichen Betrag der Abgabe jährlich an die Behörde einsendet.

S. 381. Nicht Verkauf, sondern Vorkauf.

S. 385—397. Dieser Bremische Seeheld hiefs nicht Wilson, sondern Wulsen; die Familie existirt noch in Bremen.

S. 398. Unter der hier erwähnten Verordnung ist wohl die gegen die sogenannten Winkel-Accorde zu verstehen.

S. 403. Der fünf in Bremen bestehenden grofsen Assekuranzcompagnien gegen Seegefahren verdient bei diesem Abschnitte doch gedacht zu werden.— Sie befinden sich sämmtlich in einem sehr blühenden Zustande. — Gegen Feuersgefahr gibt es in Bremen drei Versicherungsanstalten, welche sämmtlich zweckmäfsig organisirt sind; eine derselben beschränkt sich blos auf die Stadt, eine andere versichert auch auswärts gelagerte Waaren. Die dritte ist ausschliefslich für das Gebiet der Stadt bestimmt.

S. 407. Statt Sitz und Stimme richtiger: „Sitz und berathende Stimme" — statt: seinen eigenen Gerichtsstand, richtiger: „in Dienstsachen seinen eigenen Gerichtsstand."

S. 413. Nach den Worten: „vier und zwanzig Diakonen" ist hinzuzufügen: „und denen."

S. 414. letzte Zeile — nicht vom Senate allein, sondern durch Rath- und Bürgerschlufs. Eine Sammlung zur Unterstützung der kirchlichen Bedürfnisse der Katholiken in Bremen brachte gegen 12000 Thaler ein.

S. 415. Noch eine andere Bremische Landgemeinde, die zum Horn, hat im Jahre 1822 ihre Genossen reformirter und lutherischer Konfession in eine gemeinschaftliche evangelische Gemeine vereinigt, — und die städtische St. Ansgarii-Gemeine hat sich in einem bei Gelegenheit der Säkularfeier der ersten vor dreihundert Jahren in ihrer Kirche gehaltenen Reformationspredigt Heinrichs von Zütphen am 8ten November 1822 gehaltenen Kirchenkonvente zu gleicher Vereinigung willig erklärt, sobald die übrigen Stadtgemeinen daran Theil zu nehmen sich entschliefsen würden.

S. 449. Nicht 150 Gulden, sondern 150 Thaler. Es gibt in Bremen eine Menge Stipendien dieser Art zur Unterstützung von Studierenden während ihres akademischen Cursus. Zu einer zweckmäfsigen Vertheilung dieser Beneficien haben die Verwalter derselben vor einigen Jahren die Verabredung untereinander getroffen, sich von ihren Bewilligungen gegenseitig zu unterrichten. Bei den Stipendien, deren Vertheilung dem Senate zusteht, ist der Grundsatz festgestellt, dafs eine solche Unterstützung die Summe von 400 Thalern jährlich für ein Individuum nicht übersteigen dürfe. Diesem Grundsatze haben sich die übrigen Verwalter solcher Privatstiftungen gröfstentheils angeschlossen.

S. 450. Nicht Lichny, sondern Richey.

S. 451. Einer der thätigsten Mitarbeiter an dem aus der deutschen Gesellschaft hervorgegangenen Bremischen Idiotikon oder Versuch eines Bremisch-Niedersächsischen Wörterbuchs war der im letzten Jahrzehend des verflossenen Jahrhunderts verstorbene Professor des Bremischen Gymnasii, Eberhard Tiling.

S. 460. nicht G. N., sondern G. R. Treviranus.

S. 483. Was der Stadtbibliothek besonders an neueren historischen Werken und Reisebeschreibungen fehlt, wird durch die sich jährlich bedeutend vermehrende und jetzt schon über 16000 Bände zählende Bibliothek des Museums ersetzt, zu dessen Mitgliedern der gröfste Theil der hiesigen Gelehrten und Freunde der Wissenschaften gehört.

S. 504. Die hier erwähnte revidirte Gerichtsordnung ist unter dem Titel: „Gerichtsordnung der freien Hansestadt Bremen, Bremen 1820, bei Heinrich Meier," im Druck erschienen.

S. 505. Ueber die näheren Bestimmungen eines ständigen Personals für das Obergericht haben im Spätjahre 1822 weitere Verhandlungen zwischen dem Senat und der Bürgerschaft Statt gefunden, nach welchen dasselbe künftig aus acht Rechtsgelehrten und zwei kaufmännischen Mitgliedern des Senats bestehen und in dieser neuen Einrichtung im Anfange des Jahres 1823 in Wirksamkeit treten dürfte.

S. 508. Die Gröfse der Bremischen Staatsschuldenlast betrug bei der Einverleibung in das französische Reich nicht, wie es hier durch einen Druckfehler irrig angegeben ist: fast eine Million Reichsthaler, sondern fast vier Millionen Reichsthaler.

Man vergleiche S. 512, wo richtig bemerkt wird, dafs der gröfsere Theil der jährlichen Ausgaben durch die Verzinsung dieser Schuldenlast seine Bestimmung erhält.

Namen- und Sachregister.

A.

Abdication (die) des Kaisers löst alle alten Bande der Stadt mit dem deutschen Reiche, 604.

Abentheuer der Seefahrer, 395.

Aberglaube, 321. 335. 337. ff.

Abgaben (Schofs). Ausgezeichnete Art, wie er gehoben wird, 352. 511.

Ablafs. Der päpstl. Legat Bischof von Gurk ist der Ueberbringer, 192.

Abt (Schauspieldirector) wird in die Klosterkirche begraben, 296.

Acht und Oberacht wird ausgesprochen über Bremen, 70.

Adalbert (Erzb.) gibt der Stadt Bremen einen hohen Glanz, 21. beendigt den Bau des Doms, 237. verschwendet die Kostbarkeiten desselben. idem rettet Kaiser Heinr. IV. von Mördern, 570. sein Tod, 571.

Adaldagus (Erzb.), 11. befreit die Stadt von den Königs-Vögten, 12. ist überhaupt ihr gröfster Wohlthäter, 13. 14. Einflufs seiner Begünstigungen auf die Bildung des Bürgerstandes, 15. u. 19.

Aelterleute, vergl. 591. d. Berichtigung wegen Aeltermanns Kollegium, 120. frühere Erwähnung, 78. 86. ihre Anfeindungen, 87. 88. 91. Zwist mit dem Rathe. 122. 593. ihr Geschäft und Einflufs auf den Konventen der Bürger, 135. neuere Veränderung, 141. Tonnenlegen, 384.

Aeltermann Burchard Lösekanne wünscht eine Radikalverbesserung, 121. fällt in Verdacht geheimer Einverständnisse mit den Schweden und wird enthauptet, 122. wegen dieses leztern s. die Berichtigungen, 592.

Albers (J. A.) der unermüdet wirksame, 461.

Albert (Erzb.) seine vorgebliche Zwitterschaft, 55.

Allianz (die heilige), die Hansestädte schliefsen sich an dieselbe, 612.

Altargemälde in der Ansgariikirche, beurtheilt, 270.

Amerikanischer Krieg erhebt Bremens Handel zum Welthandel, 598.

Amtmann zu Vegesack, 541.

Anerkennung der Selbstständigkeit Bremens durch die alliirten Monarchen im December 1813, 611.

Anleihe (die hessische), Gewissenhaftigkeit des Senats und der Bürgerschaft hinsichtlich derselben, 609.

Ansgariikirche, sie hat aufser den zwei reformirten Predigern auch einen lutherischen, 413. Ihre Gemeinde hat sich zur Vereinigung in Eine Evangelische willig erklärt, 628.

Ansgarius, Erzbischof von Hamburg und Bremen, 10. Hymne auf ihn, 265.

Ansicht (allgemeine) der Stadt, 151.

Anstalt zu praktischer Ausbildung junger Künstler und Handwerker, 479.

Anstalten (wohlthätige). 303.

Apostel, die zwölf Apostel sind Weine aus dem Anfange des achtzehnten Jahrh., 177. 619.

Appellationsgericht, 504. schon frühe in Anregung gebracht, 605.

Arensberg (Gottfr. Graf von), Domdechant und sein Gegner Moriz Graf von Oldenburg veranlafsen einen blutigen Krieg, 43.

Armenanstalt, 311. 355. Armeninstitut, vergl. besonders 621.

Armenhaus, 310. vergl. 621.

Armenschulen der verschiedenen Konfessionen werden vereinigt, 478.

Assekuranzkompagnien, 628.

Aufführung, Ceremonie der „Aufführung" eines neuerwählten Rathmannes aufs Rathhaus, 173. vergl. aber 619.

Aufopferung (patriotische) in der lezten Zeit, 354. 405. 408.

Aufstand zu Gunsten des Erzbischofs, 52.

Aufwand-Gesetze, 325.

Auszeichnung der Bürger durch Ehrenämter, 348 f.

Ausfuhr, Verordnung und verbotene Artikel, 398. Werth der Ausfuhr, 402.

Ausgaben, 512.

Ausschufs (noch bestehender) aus Rath und Bürgerschaft, 613.

B.

Balge, 8. Erklärung des Worts, 9.

Balthasar (Junker) von Esens, Krieg mit den Bremern, und Reichsacht, 104. Repressalien gegen die Bremer, 106. dessen Tod, 107.

Bann über Bremen ausgesprochen, 21. Acht und Oberacht, 70.

Bankerotte, 367. 398.

Bardewisch (Rud. von), 80. 84. 102. 284.

Bauart der Stadt im Allgemeinen, 153.

Bederkesa, Entweichung des Raths dahin während der Unruhen der Hundert und Vier, 94.

Befestigung der Stadt, 158.

Beguinen, 292. Beguinen-Haus, 308.

Berg (Joh. Val.), 444.

Besetzung (gewaltsame) der Stadt nach der Schlacht bei Jena, 605. Harte Bedrückung von dem verb. franz. Heer, 606.

Bezelin's prachtvoller Thurm am westlichen Thore, 237.

Bibliotheken (die) des Museums, 208. u. 629. Stadtbibliothek, 481. ff.

Bierbrauereien, 384.

Bilder (einige alte unbedeutende) noch auf dem Rathhause, 168.

Bischofsnadel, ehemals ein Stadtthor, 158. 224.

Bleikeller und dessen eingetrocknete Leichname, 253.

Blockade (englische) der Elbe und Weser, 603. 604. abermals, 605.

Blockland, 563.

Blumenthal, 586. ff.

Boden, seine Bildung, 3. ff. nähere Beschreibung desselben, 534.

Börse, 177.

Bornemacher (Joh.), Pred. an St. Rembert, wird in Verden verbrannt, 277.

Braunschweig (Herzog Ferdinand von), seine Kontribution, 597. Wiedererstattung und dadurch veranlafste Verhandlung zwischen Rath und Bürgern, 597.

Braut und Bräutigam, ehemals Zwinger, flogen auf, 159.

Brücken über die Weser, 153.

Büren (Dan. von), Scholarch und Hardenbergs Freund, 426. 428. 438.

Bürgerkonvent, s. Konvent.

Bürgerfreund, ein Unterhaltungsblatt, 346.

Bürgergarde, Bürgerwehr, 408. 409.

Bürgerschule, 465.

Bürgerwehrstand (alter), 328. neuester, nach völliger Umschaffung, 406.

Bundesakte, Abschlufs derselben und ehrenvolle Stellung der Hansestädte in derselben, 611.

Burchard (Erzbischof) stiftet Turniere, 188.

Busen (Frau Alecke Gerdt), ihre denkwürdige Vermächtnifs-Urkunde, 307.

C.

Carl der Grofse macht Bremen zum Sitz des nördlichen Bisthums, 8. seine Verfügungen in Sachsen, 11. 12.

Cassel, Prof. Sammler von Bremensien, 456.

Catharinen- (St.) Kloster, 288. es wird zu einer lat. Schule eingerichtet, 424.

Chaucen, ihre Wohnplätze, 7.

Christoph Graf von Oldenburg hilft zum Entsatz Bremens, 110.

Chytraeus, Prof. am Gymn., ein vielseitig gebildeter Gelehrter, 435.

Coccejus (Joh.), 442.
Collecten, s. Kollecten.
Collegium seniorum, s. Aelterleute.
Compagnie (die grande), 47.
Comthurey, Plünderung derselben in dem Tumulte gegen Rudolph von Bardewisch, 84.
Contributionen während der Reunion mit Frankreich, über zehn Millionen Franken, 607.
Convoischiff, 394.
Croning (Jobst), kaiserl. Feldherr, zieht gegen Bremen, 108.

D.

Dado und Gerold, Gebrüder, 56. überfallen die Fredeburg, 56. werden zu Bremen enthauptet, 58. Rührender Auftritt dabei, 58.
Dampfboot, 544.
Deichwesen, 525.
Deputation (die geheime), Concentrirte die Staatsgewalt in den Zeiten der durch die französische Revolution herbeigeführten Gefahr, 601.
Deterden (furchtbare Schlacht bei) (1426), 61.
District am rechten und linken Weserufer, 534.
Dörfer dieser Gegend sind ganz verschieden von denen im übrigen Deutschland, 548. Beschreibung derselben, 549.

Dom, sein erster Bau, 157. 235. fernere Schicksale, Ausbau u. Merkwürdigkeiten, 240—258. er wird zum lutherischen Gottesdienste geöffnet, 411.
Dominikaner in Bremen, 288. eifrige Verfechter in den Glaubenskriegen, 289.
Domshof, 187.
Domschule, 462.
Doneldey, Bürgermeister, s. Turniere.
Dordrechter Synode; der Senat schickt drei gelehrte Männer dazu, 439.
Dove (Joh.), Gegner der Aeltermänner, 88. Unruhstifter und Haupt der Faction der Hundert und Vier, 90. 92. 95. seine Hinrichtung, 103.
Dove-Thor, Porta Surdorum, 227.
Drakenburg, die Schlacht bei Drakenburg befreit Bremen von der Gefahr, mit welcher Erich v. Braunschweig drohte, 111. 112.

E.

Einfuhrgegenstände, ihr Werth, 402.
Einkünfte (Staats-), 512. Amts-Einkünfte der Senatoren, 512.
Eintracht (die alte und die neue), 73. 502, 594. Inhalt der letztern, 100.
Einwohnerzahl, 524. 531.
Élsflether Zoll, Entstehen, Fortgang und Ende, 141.

Emigranten (französische und niederländische), 602.

Emma, Gräfin von Lesum; ihre Schenkung an Bremen, 20. 570.

Englisches Eigenthum muſs den Franzosen bei Todesstrafe angegeben werden, 605. Abkauf, 605.

Erich von Braunschweig zieht gegen Bremen mit 29000 Mann, 109. das drohende Ungewitter wird glücklich abgewendet, 111.

Erich, König von Norwegen, begünstigt sehr den Handel „seiner lieben Bürger in Bremen", 380.

Erzbischof von Bremen (erster), 10. Feierlichkeit der Einführung eines Erzbischofs, 193.

Erzbischöfe, ihre Verhältnisse zur Stadt, 22. f. Ihre Cessionen, 23. Ihr Streben, sich wieder in den frühern Besitz zu setzen, 50.

Erzeugnisse des Bodens des Stadtgebiets, 535 f.

Ewald, befördert die Anlegung der Bürgerschule, 468.

F.

Familienleben, 337 f.

Fastnachtslust, 342.

Finanzausschuſs, 509.

Flor, Bremens, besonders im siebenzehnten Jahrhundert, 397.

Focke, Kaufmann, sein Landhaus zu St. Magnus, eine geschmackvolle Nachbildung englischer Landhäuser, 578.

Franciscaner, 291. 294.

Französisch - reformirte Gemeine in Bremen, 297.

Frauenverein. 354.

Frauenzimmer, seine Ausbildung, 369 f.

Fredeburg wird von den Friesen angegriffen, 56. muſs geschleift werden, 61.

Freiheit, sie kommt verschiedentlich in Gefahr, 49.

Freiheitsbrief, zu Gunsten des Handels von Jacob II. von Schottland, 381. Emanuels von Portugal, 382. Carls II. von England, 388.

Freimüthigkeit im Reden, Urtheilen und Schreiben, 344.

Frese (Götje), sein aristokratischer Uebermuth und dessen Folgen, 38. das Rathhaus steht an der Stelle seines Hauses, 163.

— (Joh), seine Thaten im Rüstringer Kriege, 60. 62.

Friederich I. Kaiser, verleiht der Stadt Bremen Rechte, 20.

Friesen, Einfälle ins Bremer Gebiet, 60. ihre Helden Ocko und Focko, 60.

Frömmelei, 336.

G.

Gasthaus für Pilger, 309.

Gebiet der Stadt nach der neuesten Abrundung, 533.

Geest, 4.

Geist, heil. Geistkirche, Schauplatz der Unordnungen des Comthur Bardewisch, 283.

Geistlicher, an Ansgarii Kirche wird zuerst ein lutherischer Prediger angestellt, 270.

Gelehrte (die neuern), aufgeführt von J. J. Stolz, 459. und Rotermund, 460.

Gelehrtengeschichte, 416.

Gelehrtenschule, ein Zweig der Hauptschule, 474.

Gemäldesammlung, 488.

Gemeine (die freie), allgemeine Bildung derselben seit Otto dem Grofsen, 18. in den niederdeutschen Städten, 19. Adaldagus, Wiederhersteller derselben in Bremen, 19 f. wichtiger Fortschritt derselben unter Erzbischof Giselbert, 30.

Gemüthskranke, Heilungsanstalt dafür, 56.

Generalkasse, 509.

Gerhard I., Erzbischof, 15. Streitigkeit wegen der Zollfreiheit, 26.

Gerichtsordnung, Bremische, 504.

Gerichtswesen, 501. 615. Ober- und Untergericht, Kriminalgericht, 505.

Gertruden (St.), Gasthaus, 300. später ein Kornhaus, 620.

Gesellschaft, die deutsche, 450.

Gesellschaft zum guten Endzweck, 458.

Gesetzbuch (ältestes), 31, vergl. mit 589.

Gichting, was es heifse, 67. vergl. 590.

Gildemeister (J. L. F.) Syndicus oder Consulent des Collegii Seniorum, Bremischer Geschichts- und Rechtsforscher, 456.

Giselbert (Erzbischof), unter ihm erhielt das Gemeinwesen wichtige Vergünstigungen, 30.

Gleve, Bedeutung des Worts, 47. vergl. 589.

Gowe, Gowgerichte, 532. diese alte Eintheilung des Stadtgebiets hat aufgehört, 534.

Grabschriften u. Gräber (merkwürdige) im Dom, 252.

Graf von Hoya, Krieg mit demselben, 45.

Gröningk (Heinr.), ein heldenmüthiger Rathmann, 51.

Grönlandsfischerei, 385 ff.

Gröpelingen (Arend von), sein unglückliches Schicksal wird schwer geahndet, 37 ff. sein Denkmal, 271.

Groot (Gerhard) stiftet zu Deventer die erste Bildungsanstalt für die Jugend des nördlichen Deutschlands, 421.

Güding hegen, was es heifse, 166.

Günther (Anton), von Oldenburg setzt seine Ansprüche an den Elsflether Zoll durch, 143.

Gymnasium, Stiftung, 432. sinkt, 455.

H.

Habenhauser Vertrag, 118.

Häfeli, Prediger an Ansgarii Kirche, Verbesserer der niederen Schulen, 465.

Häuser, alte Bauart derselben im Allgemeinen, nach kaufmännischen Bedürfnissen, 155. ihre grofse Sauberkeit, 156. neue Wallhäuser zeichnen sich durch Regelmäfsigkeit aus, 156.

Hafen von Vegesack, Geschichte desselben, 540.

Handel, 377 ff. Zweige desselben, 385. Hindernisse desselben und was für den Handel gethan werden mufs, 403 ff.

Handelsschule, ein Zweig der Hauptschule, 474.

Hannovers Occupation durch die Preussen veranlafst die Blockade der Weser und Elbe, 603.

Handwerker, Würde derselben, 328.

Hanse, 33. Bremen in derselben, 35. vergl. mit 589. ausgestofsen, 49. 63. 70.

Hansestädte (die) treten näher zusammen, 604. freie Hansestädte, 605.

Hardenberg (Alb.) veranlafst Religionsunruhen, 112 fg. die von unberechneten Folgen waren, 114.

Haren (Joh. von), 52.

Hartwich der Zweite wird geächtet und bringt den Bann über die Stadt, 23. seine Gebeine ruhen in der Ansgariikirche, 273.

Hase, Gebrüder, 443.

Hauptschule, 473.

Heerdenthor, gewöhnlich Heerenthor genannt, 225.

Heger (H. W. J.), ein sehr würdiger Jugendlehrer, 470.

Heineken (Chr. Abr.), Bürgermeister, tiefer Kenner der vaterländischen Geschichte, 457.

Heinrich der Löwe behandelt die Stadt feindselig, 14.

Hennink de Hahn, ein Bremisches literarisches Produkt. 451.

Heringsfischerei, 388.

Hexen werden verbrannt, 321. 336.

Heymanns geschmackvolles Wohnhaus zu St. Magnus, 578. 581.

Hildebold, Erzbischof, mufs der Kraft und Festigkeit der Bremer-Bürger nachgeben, 29.

Hildesheimer Kreistags-Berathung, 602.

Hodgkin der reisende Engländer wird abgefertigt, 362 f.

Holländer sind Kolonisten, 527. Jus Hollandicum, 527. 529.

Hollerland, seine Anmuth, 560.

Hollmann (Joh.), Seeräuber, 49. 51. sein Ende, 53.

Horn, diese Landgemeinde hat sich auch zu einer gemeinschaftlich evangelischen vereinigt, 628.

Hulpe (St.), ein wichtiger Bremer Heiliger, 304.

Hundert und Vier, 87. diese Faction wird immer furchtbarer, 91. das Ende ihrer Herrschaft, 99. heilsame Folgen, die daraus hervorgingen, 100 ff. 594.

I (J).

Idistavisische (das) Schlachtfeld wird irrig in die Gegend von Vegesack verlegt, 545.

Iken (Conr.), 441.

Ilsabeen (St.), Gasthaus, 306.

Immediatät der Stadt, Streitigkeit darüber, 116. endliche Entscheidung, 125.

Inschriften (alte) auf Glocken, 161. auf dem Rathhause, 169. im Weinkeller, 176. am Roland, 181, ehemalige am Schütting, 196. am Osterthore, 223. am Heerdenthore, 225. Ansgariithore, 227. Doventhore, 228. Stephanithorsbrücke, 228. merkwürdige des Seniors Friedr. Schulte im Dom, 250. auf der grofsen Glocke in U. L. F. Kirche, 259. auf A. v. Gröpelingen in der Ansgariikirche, 272. auf Friedr. Ad. Lampe, 272. am St. Stephanikirchthurm, 275.

Insula Bremensis, bedeutet das Werderland, 525.

Johann von der Tyver, der treulose Bürgermeister, 50. erhält seinen Lohn.

Johann von Minden, der unwürdige Schwiegersohn Vasmers, 68.

Johanniskloster, 294.

Jürgen (St.), Gasthaus, das älteste, 304.

K,

Kaltau, Marktvogt, stand mit dem Teufel im Bunde, 337.

Kanalanlagen, 539.

Kanonen (die ersten) werden im Jahre 1448 zur Vertheidigung der Stadt gegossen, 160. mehrere gofs man zur Zeit des Schmalkaldischen Krieges, 160.

Kapff (Hermann von), ein Bremischer Freiwilliger, fällt bei St. Amand, 352 f.

Kasals-Brüder, eine Waffenbrüdergesellschaft, 41. Ausgelassenheit derselben, ihr Ende, 42.

Katholiken, ihnen wird eine Kirche angewiesen, 414. Sammlung für ihre kirchlichen Bedürfnisse, 628.

Kirchen, 234. Bau der ersten Kirche in Bremen, 9. alle zeichnen sich wenig durch Bauart aus, 299.

Kirchhof bei der St. Michaeliskirche vor dem Doventhore, 280.

Kirchliche Verfassung, 410.

Kleidung, alte Tracht, 340.

Klöster, 285. und Klostergeistliche, beschränkt und im Interesse des Staats, 292.

Kloster (das schwarze) wird zum Gymnasium eingerichtet, 293.

Klosterkirche, 234. 297. ist jezt dem katholischen Gottesdienste eingeräumt, 299.

Klugkist (Dr.), Conr., 446.

Königsmark (Graf), schwedischer Statthalter der Herzogthümer Bremen und Verden, befehdet die Stadt, 116. Folgen davon, 117.

Königsvögte und ihre Gewalt, 12.

Körperlichkeit der Einwohner, 373.

Kollecten, was darunter verstanden wird, 627.

Kongrefs (der Wiener), 611.

Kontributionen; auch die Hansestädte bekommen einen Antheil an der Rückzahlung, 612.

Konvent, Bürgerkonvent, Bestimmung in der neuen Eintracht, 595 fg. neue Anordnung zur bessern Einrichtung desselben, 135. 136. 138. besonderer Frühlingskonvent, 597. allgemeine Berichtigungen darüber, 615 ff.

Krankenhaus, 311. vergl. 621.

Krefting (H.), ein ausgezeichneter Bürger Bremens in mehreren Verhältnissen, 437.

Kreuzzüge, Antheil der Erzbischöfe daran und Folgen davon, 20. 21. Enthusiasmus dafür, 527.

Kreuzzug gegen die Stedinger, 28.

Kriege mit dem Domdechant Moriz, 43. mit dem Grafen von Hoya, 45. gegen die Butjadinger, 55. mit dem Herzog von Braunschweig Lüneburg, 55. mit den friesischen Seeräubern, 55. 57. mit dem Grafen von Oldenburg, 56. mit den Rüstringern, 59. mit Philipp dem Gütigen von Burgund, 74. gegen den Grafen Gerhard von Oldenburg, 74. die gröfste Niederlage in diesem Kriege, 75. mit Junker Balthasar von Esens und Witmund, 104. mit den Holländern, 392.

Kundige Rolle, 32.

Kunst in Bremen, 483.

Kunststrafsen durchs Gebiet der Stadt führend, 538. 560.

Kurzrockischer Vergleich, 122 bis 124.

L.

Lachse, Weserlachse, Tradition davon, 388.

Lage der Stadt Bremen, 7.

Lampe, Fr. Ad., ein berühmtes Kirchenlicht. 272. 444.

Lampe (H.), Bürgermeister, kräftiger Schulreformator, 468.

Lanzenfest in Bremen gefeiert, 251.

Lappenberg (S. C.), zulezt Prediger in Leesum, 450.

Legat, der päpstliche Kardinal Bischof von Gurk, erhält grofse Ehre in Bremen, 190. Raimund, 287.

Leipziger Schlacht fuhrt Bremens Befreiung vom französischen Joche herbei, 129. jährliche feierliche Begehung des Tages, 187.

Lesmona (Lesum), Vergleich von, 572. Stammsitz uralter Grafen und Lieblingsaufenthalt des Erzbischofs Adalbert, 572.

Lesum (die), 569. schöne Parthien an den Ufern dieses Flusses, 555. 580. Dorf, 569.

Liebfrauenkirche, 258.

Lieder (alte), 184.

Liemarus (Erzbischof), 14.

Lilienthal, 562.

Löschanstalten, 410.

Lösekanne (Burchhard), Aeltermann, 121. 123. Berichtigung, 592.

Lutherische Petrigemeinde, 412. zählt mehr als die Hälfte der Gesammteinwohner Bremens, 413. ihre innere Einrichtung, ebend.

M.

Magd (die unerschrockene), 273.

Magnus (St.), 572. Dorf und liebliche Gegend nach ihm benannt, 556. 572.

Mahlzeiten und Schmäuse (öffentliche), 364.

Maler (frühere), 484. noch lebende, 486 f.

Mannhaus (das alte), 309.

Maria, Herrin von Jever, sucht und erhält Hülfe vom Rathe, 106.

Markt, 163.

Marsch, 4.

Martinikirche, 261.

Medailleur Blum. 485.

Meierrecht, 527, 529. Aufhebung, 531.

Michaelis- (St.) Kirche, 279. wird von Betrunkenen niedergerissen, 280.

Milde Stiftungen, 303.

Ministerium, Einrichtung und Geschäfte, 415.

Mitleid, spielt in Bremen eine wichtige Rolle, 371.

Molanus, Schulvorsteher, 427.

Moore, 5.

Morgensprachen, 505.

Moritz Graf von Oldenburg, Domdechant; sein Gegner Gottfried Graf von Arensberg; ihre blutige Fehde, 43. während welcher eine Pest die Stadt verödet, 44.

Münzbruch (Gust. Ad.), ein frecher Mörder, 334.

Münzer, eines Falschmünzers schreckliche Strafe, 323. 333.

Museum, 196 — 209. Stifter, 457. Geschichte desselben, ebend. Einfluss auf das Publicum, 459.

Museum (das alte), ein Gasthof, 199.

Musik und ihre Beförderer, 488 ff. die neuesten ausgezeichneten Künstler. 490 f. musikalische Zirkel, 376.

N.

Napoleon, begünstigte die Stadt bis zur Einführung seines Continentalsystems, 127. nimmt Bremen in Besitz und macht es zum Hauptorte des Departements der Wesermündung, 128.

Natur des Bodens im Gebiete Bremens, 534.

Navigationsschule, 464. ging nach einem Jahre wieder ein, 476. Einleitung zur Erneuerung, 471.

Neustadt, 515 ff.

Neutralität der Stadt wird von den Franzosen mehr respectirt als von den Alliirten, 603.

Nicolai (St.), Wittwenhaus, 309.

Niederlande, wichtige Rolle derselben in Bremens Literärgeschichte, 420.

Nonnen (Nic.), 445.

Nonnenkloster zu St. Stephani, 620.

November (der sechste), Tag der Wiedergeburt, 612.

O.

Obergericht, 505. 629.

Oelrichs (Gerh.), Sammler der Bremischen Gesetzbücher, 456.

Opposition im Staate, 139.

Otto, Herzog von Braunschweig, will die Vogtei in Bremen wieder herstellen, 15.

Otto, Kaiser, begünstigt den Erzbischof Adaldagus sehr, zum grofsen Vortheil der Stadt, 13 ff.

P.

Pädagogium, 424 ff. Martini gab ihm die bis 1764 bestandene Einrichtung, 437. bedeutende Abänderung mit der ganzen Anstalt, 467.

Palatium, Sitz der alten Bischöfe, wird in der neuesten Zeit das Stadthaus, 193.

Patriciat, ursprünglich keines in Bremen, 16. es bildet sich eins, wird aber nie zu einem Geschlechterregimente, 37.

Pauli- (St.) Kirche in der Neustadt, 275.

Paulsberg mit Vasmers Denkmahl, 72. vergl. 590.

Paulskloster (St.), 285. wird zerstört, 288.

Pest, 44.

Petri (St.) Waisenhaus, 312.

Petri (St.), Wittwenhaus, 310.

Phabiranum des Ptolomäus, 7.

Post (Hermann von), erster Archivar, eine der vornehmsten Zierden Bremens, 447 f. von Seiten des Kopfes wie des Herzens höchst schätzbar, 449.

Praeses Collegii (der Aelterleute), 141. vergl. mit 618.

Probst (Jac.), Prediger an U. L. F., ein Verfechter der guten Sache gegen die Faction der Hundert und Vier, 92. läfst sich zu einem Gewaltstreich gegen den Dom verleiten, 93.

Pröven (der), die Präbende zu St. Remberti, 278. eine Berichtigung darüber, 620.

R.

Rastädter Kongrefs, 602.
Rath (der): frühere Einrichtung, 36. Bestimmung auf Sechs und Dreifsig, 40. 41. auf Vier und Zwanzig, 73. sitzender Rath, 40. man zählt über hundert Rathsglieder, 47. der Rath wird von der Bürgerschaft oft zu verderblichen Schritten gezwungen, 45. 46. Widerspenstigkeit der grande Compagnie, 48. bessere Einrichtung, 62. üble Stimmung der Bürgerschaft gegen denselben, 63. der neue Rath, 62. Entweichung des alten, 62. und Verfügung gegen die Zurückgebliebenen, 64. Festigkeit in den Unruhen der Hundert und Vier, 90. entweicht aber doch nach Bederkesa, 94. glänzende Rückkehr, 99. ist reformirt bis ins neunzehnte Jahrhundert, 115. Zwistigkeiten mit den Aelterleuten, 122 ff. neues Statut über die Rathswahlen, 132. vergl. 590. 615.

Rathhaus, 163.

Redlichkeit und Treue des Bremer Kaufmanns, 366.

Reform der Verfassung, 130. hierüber s. die Berichtigungen, 594.

Reformation der Kirche, 75. Energische Maasregeln des Raths zu deren Einführung, 76. Heinr. Möller v. Zütphen, 590. sie ändert die politischen Verhältnisse der Stadt, 115.

Regensburger Reichsdeputation von 1802 entledigt Bremen von drückenden Verhältnissen, 127. und rundet sein Gebiet, 533. sichert seine Selbstständigkeit, 603.

Reichsachtserklärung wegen der Elsflether Zollgeschichte, 146. Aufhebung derselben nach dargebrachten Opfern, 147.

Reichsunmittelbarkeit endlich entschieden, 125.

Reiselust der Bremer, 365.

Religionsunruhen in Bremen, veranlafst durch Hardenberg, 112.

Religiosität (ächte), 350.

Reliquien und Alterthümer des Doms, s. Dom.

Rembertikirche (St.) in der Vorstadt, 276. ein Hospital für Aussätzige, 276.

Rembertus, der fünfte Bischof von Bremen, 276.

Renner (L. T.), Stadtvogt, Verfasser von Hennink de Han, 451.

Rescript Georgs II., 125. Berichtigung dieses Ausdrucks, 593.

Revision (letzte) der Verfassung, 613.

Revolution (französische), Einflufs derselben auf die Ausbildung der Verhältnisse zwischen Senat und Bürgerschaft, 598. 600.

Rheder-Kasse, ist gleichbedeutend mit Staatskasse, 596.

Rheinbund Napoleons, woran

Bremen sich nicht angeschlossen, 610.

Rheinischer Städtebund; auch Bremen gehörte dazu, 589.

Riga wird von Bremern gegründet, 22.

Rixa Gräfin von Delmenhorst verwendet sich vergebens für Vasmer, 66.

Roland, 178. und 619. Bedeutung dieser Bildsäule, die ehemals hölzerne wird von Aufrührern verbrannt, 51. Volksglaube, 186. seine Erhaltung in der Franzosenzeit, 620.

Rolle (die kundige), Sammlung von Polizeivorschriften, 502.

Roller (Joh. Nic.), Vorarbeiter für Bremens Geschichte, 456.

Rolves (Wulbern), einer der Hauptwortführer unter der Faction der Hundert und Vier, 95. er entgeht der Strafe, 103.

Rose (die), das Allerheiligste des Bremer Weinkellers, 176. 619.

Rotermund (Dr.), Domprediger, sein Lexicon Bremischer Gelehrten, 441. 444.

Rotermund Harger, ein kühner Bremischer Schiffscapitän, 392 ff.

Rudolph von Bardewisch, 80. veranlaßt Unruhen wegen seiner Ansprüche an die Bürgerviehweide, 81. sein Tod, 84. Vergeltung, 102.

Rump, noch lebender Professor, schildert die erneuerte Einrichtung des Pädagogii, 468.

S.

Schauspiel, s. Theater. Schauspielhaus, 224.

Schiffe (Zahl der jährlich einlaufenden), 400.

Schiffbau in Vegesack, 541. St. Magnus, 579.

Schmalkaldischer Bund, Bremen in demselben, 108. geräth dadurch oft ins Gedränge, 109 ff.

Schneidergesellen-Aufruhr, 126. er war nicht das Merkwürdigste unter den Ereignissen seit dem siebenjährigen Kriege, 594.

Schönebeck, 583.

Schofs, eine Vermögenssteuer, 352. vergl. darüber 626. der dem Rathe verweigerte Schofs veranlaßt vielen Unfug von Seiten der grande Compagnie, 48.

Schütting, 195. Versammlungshaus der Aelterleute; sie müssen ihn den Hundert und Vieren einräumen, 91.

Schützen-Compagnie, 331.

Schützenschiefsen, 330.

Schulden, 508. nicht Eine, sondern Vier Millionen, 630.

Schuldentilgungsanstalt, 513.

Schulen, 416 ff. sie fallen mit der Einführung der Reformation zusammen, 424. umständlichere Erwähnung, 462. intendirte Französirung derselben, 472.

Schullehrerseminar, 471.
See-Abentheuer Bremischer Schiffe, 389 ff.
Seefahrthaus, 310.
Seeräuber, Hinrichtung von achtzig, 323.
Senat, seine gegenwärtige Einrichtung und Ansehen, 131. 614.
Senior der Aelterleute, 141. vergl. mit 618.
Siebenjähriger Krieg, beeinträchtigt die Stadt trotz ihrer Neutralität, 125. 597.
Sitten und Sittlichkeit, 320.
Smidt (D.), ausgezeichnet durch unermüdliche Thätigkeit im Gemeinwesen, 447.
Smidt (Joh.), Bemühung um die Aufhebung des Elsflether Zolls, 148.
Sommeraufenthalt auf dem Lande, 547.
Speckhahn (Statius), 117. Bürgermeister, Verräther der Stadt, 590.
Sperrung der Elbe und Weser für die -englische Schifffahrt, 602.
Sprache (die plattdeutsche) ist national, 372.
Spy, the german, würde Bremen jezt anders finden, als vor hundert Jahren, 360.
Staatsanleihen (gezwungene), 607.
Staatseinnahmen, 510.
Staatshaushaltung, 506.

Staatsobligationen, 609. werden nach und nach getilgt, 608.
Stader Vergleich von 1741, 125.
Stadt, schönster Theil derselben, 226.
Stadtbuch, Sammlung der ältesten Gesetze, 501.
Stadtgebiet, 524. theilt sich in zwei ungleiche Hälften, 532. 552. neueste Abrundung desselben, 533.
Stadthaus, aus dem Palatium hervorgegangen, 194.
Stadtrecht, das erste, 31. und 589.
Stadtvogt oder Advocatus Archiepiscopi, hält das Halsgericht, 166.
Städte (älteste) in Norddeutschland, 10. Bremen, 19.
Statutenbuch, das erste, 31.
Stedinger Krieg, erweitert das Gebiet und die Rechte der Stadt, 26. Veranlassung dazu, 28. Fest wegen ihrer Besiegung, 264.
Stephanistadt, früherhin getrennt, 97. 188. Kirche, 273.
Stift Bremen, 8.
Stipendien, 629.
Sueno, König von Dänemark, wurde bei Vegesack gefangen, 545.
Sybeth, der Seeräuber, 74.
Stolz (Dr.), Prediger an St. Martini, zur Erinnerung an ihn, 362.
Strafen, Leib- und Lebensstrafen, 332. 343.

T.

Tafel oder alte Eintracht setzt den alten Rath wieder in seine vorige Rechte, 73.

Taufe; die Bremer Taufe, grofse Niederlage, 75.

Tettenborn und die Kosacken vor Bremen, 128.

— Ueberbringer des Schreibens Alexanders, nach welchem die alte Ordnung wieder hergestellt werden sollte, 612.

Theater, 494. 501.

Thürme (mehrere), zur Befestigung der Stadt gehörig, 159.

Thurm der Ansgariikirche ist einer der schönsten in Nieder-Sachsen und dreihundert vier und zwanzig Fufs hoch, 269.

Tiling (Eberb.), Prof. und thätiger Mitarbeiter am Bremischen Idiotikon, 629.

Timann, Prediger an Martini, seine theologische Spitzfindigkeit über die Ubiquität, 113. 428.

Tiphoiken, eine charakteristische Frauenkleidung, 340.

Tonnen zur Sicherung der Flufsschifffahrt, 384.

Trupen, Aleke, eine wohlthätige Bürgerin, 355.

Tullier, französischer Commandant in Bremen, 128. wird erschossen und die Stadt befreit, 129.

Turniere in Bremen, 188.

Tyver (Joh. von der), 50 ff.

U.

Ubiquitätsstreitigkeiten hatten ihren Heerd zu Bremen, 428.

Umgebungen von Bremen, 546.

Union, ihre glückliche Wirkung auf Geist und Gesinnung kaufmännischer Jünglinge, 374.

Unruhen in der Stadt, 77. wegen der Viehweide, 80 ff.

Unterricht (öffentlicher), lezte Verbesserung desselben, 472 ff.

Unternehmung (Handels-), erste nach Nordamerika verunglückt, 400. neuere desto ergiebiger, 400.

Ursprung der Stadt Bremen, 7.

V.

Vasmer (Joh.), Vermittler unter den friesischen Häuptlingen, 62. vergebliches Bemühen, den neuen und alten Rath wieder zu versöhnen, 65, sein trauriges Schicksal und Ende, 66 ff. Vasmers Kreuz wird noch erhalten, 259.

Vasmer (Heinr.), der Vergelter des seinem Vater erwiesenen Unrechts, 70.

Vasmer (Hermann), der lezte des Geschlechts, starb als Bürgermeister, 72. vergl. aber 590.

Vegesack, 540. 557. Bestimmung darüber durch den Stader Vergleich, 125. 540. durch den Regensburger Reichsdeputationsschlufs, 127. 533. Amt, 505. 511. neue Kirche,

543. erste Vereinigung zu einer evangelischen Kirche bei uns, 543. Roth der Botaniker, 544.

Veits Kirche, 284.

Vereinigung der protestantischen Confessionen, 270. 628.

Verfassung der Stadt, Reform derselben, 130. darüber vergleiche man: practische Ausbildung derselben, 594. und 613. als Berichtigung.

Verfügung zum Besten des Handels, 399.

Verhältnisse zwischen Senat und Bürgerschaft, bilden sich vollends aus gegen das Ende des vorigen Jahrhunderts, 597 fg.

Verwandtschafts-Grade, Ausschliefsung einiger, 133. Berichtigung derselben, 615.

Viehweide, Schenkung derselben, 20. gibt zu schrecklichen Unruhen Anlafs, 78. 93. 96.

Vieland, Namensableitung, 576.

Vierziger, ihre Wahl zur Ausgleichung der Streitigkeit über die Viehweide, 85. sie machen sich eine Parthei von Hundert und Vieren, 86.

Vitalianer, oder die Vitaljen-Brüder finden ihr Widersacher an den Bremern, 383.

Vögte (bischöfliche), sind lieber, als die weltlichen oder die Königsvögte, 15. Beschränkung derselben, 29.

Volksschulen (niedere), 476

Vorschule, ein Theil der Hauptschule, 473.

Vorurtheile des Auslandes gegen das gesellschaftliche Wesen der Bremer, 359.

W.

Waarenbank in der Handelskrise von 1799, 401.

Wachmann (Joh.), d. j. vertritt die Rechte Bremens mit Glück, 440.

Waffenthaten der Bremer, 392.

Wagner (Dr. Elard.), 445.

Wahl der Senatoren, neues Statut darüber, 132.

Wahrzeichen von Bremen, 167.

Waisenhaus St. Petri, 312.

Waisenhaus (reformirtes), 315.

Waisenhäuser, Lieblinge der Bremer, 313. 626.

Wall, 209 ff.

Wall (der alte), 220.

Wallfahrt (kurze), woher der Name, 304.

Wallfisch (Balaena Boops), aufs Land geworfen, Verhandlung deshalb mit Hannover, 173. sein Gerippe im Museum, 207.

Watt, was es heifse, 9.

Wehrstand (alter), 328 ff. neuer, 404.

Weinkeller (Raths-); 175.

Wenzel, bestätigt die Privilegien der Stadt, 55.

Weser, ihr linkes Ufer bietet besonders unterhalb der Stadt interessante Parthien, 553. auf dem rechten oberhalb und unterhalb der Stadt sind ebenfalls Vergnügungsörter, 554.

Weserzollstreitigkeiten, s. Elsfleth.

Westphälischer Friede, Wirkung davon auf die kleinern Reichsstände und auch auf Bremen, 119.

Wienholt (A.), gründlicher Arzt, Stifter und Pfleger des Museums, 457.

Wigmodiagau, 569.

Willehad, erster Bischof von Bremen, 9. 281. Willehadi-Kirche, 234. 281. abgebrochen, 283.

Wilkens (P.), ein Biedermann, 458.

Willerich (Bischof), erbaut die erste steinerne Kirche des Doms, 235.

Wilson (Hermann), ein muthiger Schiffer (er hiefs aber Wulsen, 628.), s. Abentheuer mit einem Dünkircher Kaper, 395. mit französischen Kapern, 396. mit türkischen Schiffen, 397.

Wittheit, Bedeutung dieses Worts, 132. 164. vergl. aber 618. die Berichtigung; diese alte Bezeichnung der Regierungsbehörde ist abgeschafft, 614.

Wittwenkassen, deren eine Menge, 620.

Wörterbuch (Bremisch-Niedersächsisches), herausgegeben von der deutschen Gesellschaft in Bremen, 450.

Woltke, Wöltken, (Heine), ein braver Patriote, 97. Tod vor Esens, 107.

Wrangel, der schwedische General, beginnt Feindseligkeiten gegen die Stadt, 118.

Wriesberg, Kaiser Karls des Fünften Feldherr, belagert Bremen, 109. und abermals, 111. vergeblich.

Wulsen, s. unter Wilson.

Wumme, Gränzflufs, 562. 569.

Z.

Zauberei, Glaube daran und Bestrafung, 322.

Zeit (neue), 344.

Zesterfleth (des Domdechanten) Beschuldigung des Erzbischofs Albert, 55.

Zinsen aus der Franzosenzeit werden nachbezahlt, 609.

Zirkel (gesellschaftliche), 375.

Zünfte, Unzufriedenheit derselben über die Vorzüge der Aelterleute, 87 ff.

Zütphen (Heinr. Möller von), der Augustiner Mönch, predigt zuerst die evangelische Lehre in der Ansgariikirche, 75. 590. stirbt den Märtyrertod, 76.

Zug der Bremer nach Gallicien und Lissabon, 14.

Zwinger, ursprünglich drei, 158. der am Osterthore, 222.

Zwitterschaft (vorgebliche) des Erzbischofs Albert, 55.

Druckfehler.

S. 31. Z. 3. von unten, statt Ordalien l. Ordeele (Rechtssprüche).
— 75. muss 57. heissen.
— 128. Z. 4. st. Unterwesermündungen l. Wesermündungen.
— 148. - 7. — Smith l. Smidt.
— 516. - 10. von oben., st. Achenburg lies Aschenburg.
— 521. - 16. — — — Wehre l. Weser.
— 532. - — — — — Lese l. Lehe.
— 532. - 2. — unten — Werst l. Warf.
— 533. - 1. — oben — Lit l. Lith.
— 533. - 13. — — — Voltmershausen l. Woltmershausen.
— 534. - 9. — — — dem Untergerichte l. den Untergerichten.
— 534. - 8. — unten — Kriminalverwaltung l. Kommunalverwaltung.
— 537. - 9. — oben — Beschiffung l. Befischung.
— 545. - 13. — — — idistavische l. idistavisische.
— 550. - 4. — unten — grossen l. gewissen.
— 551. - 8. — oben das erste und fällt weg.
— 554. - 7. — unten st. Kohrmannsche l. Kehrmannsche.
— 556. - 9. — oben — Prahnen l. Prahmen.
— 560. - 2. — — — Lehmhorst l. Lehnhorst.
— — - — — — — Hohnforst l. Hahnhorst.
— — - — - — — — Heltforst l. Holthorst.
— — - 19. — — — Kleineres l. Klüvers.
— 561. - 11. — — — Hadenberg l. Hodenberg.
— 564. - 14. — — — gesichert, bequemer l. zu sichern begonnen.
— 569. - 1. — — — Wigmodungau l. Wigmodiagau.
— 571. - 2. — unten — Volda l. Wolda.
— 572. - 14 — oben — Häfen l. Höfen.
— 573. - 7. — — naeh viel muss ein Komma stehen.
— 573. - 17. — — st. Henizberg l. Heinzberg.
— 574. - 3. — unten — erst l. jetzt.
— 576. - 2. der Note v. oben statt am lies vom.
— 580. - 4. — — — — nier l. hier.
— 600. - 14. v. unten st. herrschenden Creditansichten lies herrschende Creditansicht.
— 607. - 10. v. unten st. wurde l. wurden.
— 612. - 11. — oben — accedirten l. accedirt.
— 614. - 15. — — — der l. den.
— — - 17. — — — Richterstelle l. Richterstellen.
— — - 19. — — — Berathungen l. Berathung.
— 615. - 9. — — — desselben l. des Senats.
— — - 22. nach Schwiegervaters ist hinzuzusetzen: Stiefsohnes oder Stiefvaters.
— 616. - 15. v. oben st. zeigte lies zeigten.
— 625. - 24. — — — Ausgaben l. Ausgabe.
— — - — — — — dieselben l. dieselbe.
— 626. - 12. — — — Vorbeugung l. Verminderung.
— 630. - 3. — — — dürfte l. wird.

Buchdruckerei von Heinr. Wilmans u. Naumann in Frankfurt a. M.